Bechara
para
concursos

Evanildo Bechara

Colaboração de
Shahira Mahmud
Fatima Amendoeira Maciel

Bechara para concursos

Enem, vestibular e todo tipo de prova de Língua Portuguesa

Rio de Janeiro, 2019

© 2018 by Evanildo Bechara

Direitos de edição da obra em língua portuguesa no Brasil adquiridos pela EDITORA NOVA FRONTEIRA PARTICIPAÇÕES S.A. Todos os direitos reservados. Nenhuma parte desta obra pode ser apropriada e estocada em sistema de banco de dados ou processo similar, em qualquer forma ou meio, seja eletrônico, de fotocópia, gravação etc., sem a permissão do detentor do copirraite.

EDITORA NOVA FRONTEIRA PARTICIPAÇÕES S.A.
Rua Candelária, 60 – 7º andar – Centro – 20091-020
Rio de Janeiro – RJ – Brasil
Tel.: (21) 3882-8200 – Fax: (21) 3882-8212/8313

CIP-BRASIL. CATALOGAÇÃO NA PUBLICAÇÃO
SINDICATO NACIONAL DOS EDITORES DE LIVROS, RJ

B354b

Bechara, Evanildo
    Bechara para concursos : ENEM, vestibular e todo tipo de prova de Língua Portuguesa / Evanildo Bechara; colaboração de Shahira Mahmud, Fatima Amendoeira Maciel. - 1. ed. - Rio de Janeiro: Nova Fronteira, 2019.
    736 p.

    ISBN 9788520923450

    1. Língua portuguesa - Problemas, questões, exercícios. 2. Serviço público - Brasil - Concursos. I. Mahmud, Shahira. II. Maciel, Fatima Amendoeira. III. Título.

19-58307   CDD: 469.5
                                         CDU: 821.134.3

Vanessa Mafra Xavier Salgado - Bibliotecária - CRB-7/6644
27/06/2019 01/07/2019

Sumário

Para quem este livro é dedicado 7
Apresentação 9
Cuidado com as armadilhas! 11
Ponto de partida: conceitos iniciais 21
    Questões do ponto de partida 26
    Gabarito comentado do ponto de partida 42

Passo 1: Função sintática (sintaxe da oração e do período) — Sujeito e predicado, predicado e seus outros termos constitutivos, expansões do nome e do verbo 47
    Questões do Passo 1 65
    Gabarito comentado do Passo 1 84

Passo 2: Classes gramaticais — Substantivo, adjetivo, artigo, pronome, numeral, verbo, advérbio, preposição, conjunção, interjeição 93
    Questões do Passo 2 175
    Gabarito comentado do Passo 2 236

Passo 3: Orações complexas e grupos oracionais — Subordinação, coordenação, justaposição, orações reduzidas, frases (enunciados sem núcleo verbal) 265
    Questões do Passo 3 288
    Gabarito comentado do Passo 3 300

Passo 4: Concordância, regência e colocação 307
    Questões do Passo 4 338
    Gabarito comentado do Passo 4 363

Passo 5: Figuras de sintaxe, vícios e anomalias de linguagem......... *379*
    Questões do Passo 5..................*384*
    Gabarito comentado do Passo 5 ....*405*

Passo 6: Estrutura das palavras — Elementos estruturais das palavras, renovação do léxico (criação de palavras), lexemática (semântica estrutural)..................*415*
    Questões do Passo 6..................*443*
    Gabarito comentado do Passo 6 ....*483*

Passo 7: Fonemas (valores e representações) — Fonética e fonologia, ortoepia, prosódia..................*501*
    Questões do Passo 7..................*514*
    Gabarito comentado do Passo 7 ....*519*

Passo 8: Ortografia e novo Acordo Ortográfico..................*523*
    Questões do Passo 8..................*552*
    Gabarito comentado do Passo 8 ....*574*

Passo 9: Pontuação..................*587*
    Questões do Passo 9..................*599*
    Gabarito comentado do Passo 9 ....*610*

Passo 10: Compreensão e interpretação de textos (intelecção textual)..................*615*
    Questões do Passo 10 ....*621*
    Gabarito comentado do Passo 10..................*707*

Para quem este livro é dedicado

Costumamos dizer que existem duas maneiras de aprender. A primeira ensina a pessoa, no mar de dúvidas, a manter-se à superfície. A segunda ensina-lhe dar braçadas e ir mais além. Assim, pela primeira maneira, a pessoa boia; pela segunda maneira, avança e chega a seu destino.

Ao se preparar para qualquer prova, Enem, vestibular e concurso público ou privado, o candidato se acha diante do mar revolto e precisa fazer a travessia a nado. Mais do que saber dar braçadas, é necessário ter treinamento que lhe garanta fôlego, disciplina, resistência e perseverança. Vai encarar água congelante, fortes ventos e correnteza traiçoeira. Mas a vontade de vencer o leva a prosseguir em busca de seus sonhos.

Para ajudá-lo a atingir seu objetivo diante de provas preparadas por inteligentes e perspicazes bancas examinadoras, o valente estudante precisa de manuais também preparados por especialistas da outra margem da competição. São treinadores ou professores que já fizeram essa travessia, conhecem o percurso e podem orientá-lo sobre a melhor forma de aprender, recordar e avançar. Esse é o propósito da presente obra.

Esperamos que este livro seja um companheiro de todos os momentos de estudo e um guia seguro para transformar seu sonho em venturosa realidade nos meandros desta rica Língua Portuguesa.

Evanildo Bechara
Shahira Mahmud
Fatima Amendoeira Maciel

Apresentação

Bechara para concursos está organizado em etapas: o Ponto de Partida e 10 Passos, que conciliam parte teórica e exercícios. A teoria abrange o essencial a saber e o que costuma ser cobrado em concursos públicos; os exercícios foram selecionados de provas de diversos níveis e bancas examinadoras, com gabarito comentado em praticamente todas as questões, muitas vezes analisando uma a uma as alternativas, de forma didática e com orientações confiáveis, que complementam a parte teórica.

Nosso objetivo foi abarcar todo o conteúdo normalmente cobrado pelas bancas examinadoras, com ênfase naquilo que é recorrente nas provas. A divisão por etapas visa otimizar o tempo de estudo do candidato. Ele pode decidir estudar a obra desde o início, para um aprendizado completo, ou dedicar-se especialmente a um ou outro passo em que supõe ter maior dificuldade.

Vale ressaltar que as questões, em geral, não se concentram em apenas um ou outro ponto da gramática, pois exigem que o candidato conheça diversos tópicos para chegar ao gabarito. Por isso, apesar da distribuição das questões pelos capítulos, elas muitas vezes combinam conhecimentos de diversos tópicos, ou seja, abarcam assuntos de diferentes partes deste livro. Assim, nesta distribuição levamos em conta não apenas o(s) assunto(s) predominante(s), ou o tema do gabarito, mas também a alusão, em alguma das alternativas, a um tópico pouco abordado (que não deixa de ser relevante para a boa preparação do candidato).

Para melhor aproveitamento, as questões de provas que partem da leitura de um ou mais textos foram mantidas num mesmo capítulo, ainda que tratem de assuntos diversos. E, para facilitar o estudo e agilizar a consulta, o gabarito comentado de cada grupo de questões encontra-se no final de cada capítulo.

Quanto ao grande número de questões no tema "Compreensão e interpretação de textos", cabe dizer que a intelecção textual é uma habilidade que vem sendo cada vez mais exigida nos concursos, especialmente porque se o candidato capta a intencionalidade do comunicador, seja por meio da linguagem verbal (escrita ou falada) e não verbal (imagem, cor, gestual, som, corporal, etc.), seja pela combinação das duas, ele mostrará, também, nas entrelinhas, que conhece a gramática da língua e a domina de tal forma que é capaz de integrá-la à correta compreensão textual.

Cuidado com as armadilhas!

As armadilhas são preparadas pelos examinadores para testar os candidatos inseguros, que, numa prova, escolhem as respostas com base na intuição ou em deduções que podem levá-los, muitas vezes, ao engano. Há também os estratagemas elaborados para desafiar a atenção do candidato ou sua capacidade de saber usar, sem desperdício, o tempo da prova.

Portanto, guie-se pelo conhecimento adquirido no estudo da disciplina; confie em si mesmo, concentre-se na prova e não se deixe influenciar por enunciados ou alternativas capciosos.

Vejamos algumas armadilhas:

I. Opções de resposta com palavras completamente **includentes** ou **excludentes**. Cuidado com as palavras **exclusivamente, inclusive, sempre, nunca, pode, deve** e outras semelhantes!

Opções com palavras completamente **includentes** ou **excludentes** precisam ser vistas com muita cautela pelo candidato, porque, por serem muito radicais, normalmente devem ser descartadas como a melhor opção de resposta. É este o caso da opção B da questão a seguir. Ao afirmar que "o autor se refere **exclusivamente**", a alternativa elimina qualquer possibilidade de exceção, e no texto da questão fica explícito que o fato ocorre "muitas vezes".

Questão (TJ-RJ — Analista Judiciário — Fundação Carlos Chagas — FCC):
Texto: "Entre a palavra e o ouvido"

"Nossos ouvidos nos traem, muitas vezes, sobretudo quando decifram (ou acham que decifram) palavras ou expressões pela pura sonoridade. (...)." [FUAD, Armando. Inédito.]

É correto afirmar que, ao se valer da expressão

(B) *sobretudo quando decifram (...) pela pura sonoridade*, o autor se refere **exclusivamente** ao equívoco causado pela recepção dos sons.

2. Seleção de **alternativas semelhantes** pode induzir à resposta errada.

No quadro a seguir, retirado de uma prova, a seleção de conectores para a primeira lacuna tenta induzir o candidato inseguro a pensar que o pronome relativo *que* na mesma posição (alternativas B e D) seja o mais adequado ("Se há duas com essa opção, uma delas deve ser a correta..."). É preciso ficar atento para não se deixar influenciar por este tipo de armadilha. O gabarito desta questão é a alternativa C.

	1	2	3	4	5	6
(A)	o de que	com o	aquilo que	para	onde	porém
(B)	que	do	o	de que	que	todavia
(C)	a de que	a respeito do	o que o	para que	qual	mas
(D)	que	sobre o	que o	dos quais	de quanto	no entanto
(E)	qual	para com o	nosso	com que	como	porquanto

3. Opção de resposta com **sequência numérica linear**.

Não é comum que uma das opções apresente a numeração com uma sequência tão linear (1234 ou 4321), mas também não é impossível; por isso o candidato deve analisar cada item com muito cuidado, a fim de não se deixar influenciar por fatos como este. Na questão a seguir, o gabarito era a própria sequência linear.

Questão (Conselho Federal de Serviço Social — CFESS — Consulplan — Analista):

Tendo em vista as relações de sintaxe estabelecidas nas orações a seguir, relacione adequadamente as colunas, considerando os termos destacados.

1. Objeto indireto.
2. Sujeito simples.
3. Adjunto adverbial.
4. Predicativo do sujeito.

( ) "[...] que os portugueses lhes davam." (primeiro parágrafo)
( ) "A noção de espaço público lá está muito presente." (segundo parágrafo)
( ) "Cartas e e-mails ficam pacientemente à nossa espera." (segundo parágrafo)
( ) "Em primeiro lugar, eram novidade, coisa desconhecida por ali." (primeiro parágrafo)

A sequência está correta em:

(A) 1, 2, 3, 4.
(B) 2, 4, 3, 1.
(C) 3, 1, 2, 4.
(D) 4, 3, 1, 2.

Observe também que pode ocorrer, na totalidade da prova, a predominância de uma mesma resposta correta (por exemplo, muitas letras C), ou pouca frequência de resposta com determinada letra (por exemplo, ausência de opção A no gabarito). Portanto, o melhor é confiar nos seus conhecimentos.

4. Uso de linguagem coloquial nas alternativas em lugar da norma-padrão.

Em nenhum momento se pode esquecer que a norma-padrão é a exigida nos concursos, portanto aceitar a facilidade acenada pela linguagem coloquial leva o candidato a uma interpretação equivocada e, consequentemente, à escolha inadequada da resposta. A opção com linguagem coloquial só deve ser assinalada se o enunciado determinar.

Na questão a seguir optou-se por não usar a nomenclatura oficial, mas o que se deseja verdadeiramente avaliar é se o candidato identifica qual das opções está de acordo com a norma-padrão da língua.

Questão (Seduc-SP — Professor — Língua Portuguesa — FGV):

Assinale a alternativa que indica um posicionamento diferente dos demais quanto ao emprego de preposição com verbos de movimento.

(A) "Depois voltou em casa, fechou muito bem as janelas e portas..." [Guimarães Rosa]
(B) "Quando chegaram na pensão era noitinha e todos já estavam desesperados." [Mário de Andrade]
(C) "D. Francisquinha deixara até de vir, após meses de assiduidade, na minha casa." [J.L. do Rego]
(D) "... baleou o outro bem na nuca e correu em casa, onde o cavalo o esperava..." [Guimarães Rosa]
(E) "Quando Macunaíma voltou à praia, se percebia que brigara muito lá no fundo." [Mário de Andrade]

Nas quatro primeiras frases, os verbos voltar, chegar, vir e correr estão empregados de acordo com a linguagem coloquial, popular. A língua-padrão recomenda que, com os verbos ir, vir, chegar e equivalentes, deve-se empregar a preposição *a*, junto a expressões locativas; portanto, teríamos: voltou a casa; chegaram à pensão; vir (...) à minha casa; correu à casa. A opção E, que é o gabarito, é a única a apresentar um exemplo em que o padrão da língua foi observado.

5. Opções com supostamente mais de uma resposta possível.

Neste caso, sempre há uma melhor, mais completa ou mais adequada — especialmente uma que atenda com exatidão ao que está sendo pedido no enunciado. Muitas vezes, um único detalhe diferencia a alternativa correta das demais. E para que uma afirmativa seja considerada certa é necessário que a correção se aplique a todos os termos que a integram.

6. Opções com conteúdo subjetivo podem induzir o candidato a erro.

É preciso ater-se ao que está no enunciado. No caso da questão a seguir, a relação estabelecida pela conjunção *mas* — ela tem sentido adversativo, indica oposição, e, em ambas as ocorrências no texto, essa ideia é observada. A alternativa D, por exemplo, leva a uma interpretação subjetiva de que um aspecto possivelmente negativo vem seguido de um positivo. Isto não corresponde à função da conjunção *mas*, conforme pedido no enunciado.

Questão (Câmara Municipal do Recife — PE — Enfermeiro — FGV):

Em 3 de novembro de 1957, a cadela Laika se tornava o primeiro animal da Terra a ser colocado em órbita. A bordo da nave soviética

Sputnik 2, ela morreu horas depois do lançamento, **mas** pôde entrar para a história da corrida espacial. (...) Ela tinha uma proteção e eletrodos para monitorar seus sinais vitais. Os primeiros dados da telemetria mostraram que ela estava agitada, **mas** comia a ração. (...)

No texto há duas ocorrências do vocábulo "mas"; em ambos os casos, esse vocábulo:

(A) marca uma oposição entre dois segmentos;
(B) indica posicionamentos críticos diante de algum fato;
(C) explicita uma relação lógica entre dois termos;
(D) introduz um aspecto positivo após a citação de algo negativo;
(E) esclarece alguma ideia anterior.

7. Enunciados que pedem a alternativa incorreta: EXCETO, INCORRETA, NÃO, ERRO, DESVIO, etc.

Exemplos:
A polissemia — possibilidade de uma palavra ter mais de um sentido — está presente em todas as frases abaixo, <u>exceto</u> em:

Em relação às estruturas linguísticas do texto, assinale a opção <u>incorreta</u>:

Assinale a opção que corresponde a <u>erro gramatical ou de grafia</u> de palavra inserido na transcrição do texto.

Tendo como referência as normas de regência dos verbos da gramática normativa, assinale a oração que apresenta <u>desvio</u>.

8. Enunciados que especificam o tipo de alternativa correta ou incorreta (QUANTO À REGÊNCIA, À ACENTUAÇÃO, À CONCORDÂNCIA, etc.).

Exemplos:
<u>Considerada a norma-padrão escrita no que se refere a regência verbal</u>, a frase em que o trecho destacado está também formulado corretamente é...

<u>Quanto à regência</u>, assinale a afirmativa INCORRETA.

Sobre o uso da <u>pontuação</u>, assinale a opção <u>incorreta</u>.

O segmento destacado na frase acima exerce a mesma função sintática do segmento destacado em...

9. Enunciados que pedem que as respostas sejam dadas **respectivamente**.

Poderá haver opções com respostas corretas, mas em ordem inadequada. O candidato não deve se precipitar e escolher uma alternativa sem analisar todas elas.
Exemplo:
Aponte a alternativa que contém os termos que preenchem, correta e respectivamente, as lacunas no período abaixo.

10. Enunciados que pedem que se assinale **V para a afirmativa verdadeira e F para a falsa** nem sempre apresentam os dois tipos de assertivas (ou seja, todas podem ser verdadeiras ou todas podem ser falsas).

Exemplo:
Questão (SMESP — Professor de Língua Portuguesa — tipo 1 — SP — FGV — Superior):

Um artigo de Marcuschi se intitula "Oralidade e ensino de língua: uma questão pouco 'falada'". Sobre língua falada, assinale V para a afirmativa verdadeira e F para a falsa.
( ) As aulas de língua falada não pretendem ensinar a falar, mas sim mostrar a imensa riqueza e variedade de usos da língua.
( ) A língua falada não é um estudo autônomo, ela deve ser vista integradamente e na relação com a escrita.
( ) Os estudos de língua falada permitem facilmente estudos de aspectos como a variação e a mudança.

As afirmativas são, respectivamente,
(A) V, V e F.
(B) V, V e V.
(C) V, F e V.
(D) F, V e V.
(E) V, F e F.

Nesta questão, todas as alternativas eram verdadeiras.

II. Enunciados que pedem uma análise **conforme o texto ou o autor**. (Os enunciados vêm redigidos da seguinte forma: O autor sugere que..., O autor afirma que..., Tendo em vista as ideias do texto..., De acordo com as ideias desenvolvidas no texto..., Em relação às estruturas linguísticas do texto..., etc.)

Ainda que o candidato discorde da opinião do texto, ou que haja entre as alternativas alguma que traga informação melhor e mais completa do que a que é dada pelo texto, ele deve escolher a resposta que segue exatamente o pedido no enunciado — **conforme o texto**. Pode acontecer de o examinador colocar entre as alternativas conclusões equivocadas, distorcidas, generalizadas ou baseadas em apenas uma parte do texto. É preciso tomar cuidado!

Numa questão de interpretação de texto, muitas vezes mais de uma alternativa apresenta informação correta, mas apenas uma delas atende exatamente àquilo que foi pedido no enunciado.

Exemplo:
Questão (ENEM — Exame Nacional do Ensino Médio — 2º dia — Prova azul — Inep):

Com base em fatos históricos, o texto retrata o processo de adaptação pelo qual passou um tipo de brincadeira. Nesse sentido, conclui-se que as brincadeiras comportam o (a)

(A) caráter competitivo que se assemelha às suas origens.
(B) delimitação de regras que se perpetuam com o tempo.
(C) definição antecipada do número de grupos participantes.
(D) objetivo de aperfeiçoamento físico daqueles que a praticam.
(E) possibilidade de reinvenção no contexto em que é realizada.

Nesta questão, sem considerarmos o texto, todas as opções podem ser verdadeiras.
Então vejamos o texto:

Riscar o chão para sair pulando é uma brincadeira que vem dos tempos do Império Romano. A amarelinha original tinha mais de cem metros e era usada como treinamento militar. As crianças romanas, então, fizeram imitações reduzidas do campo utilizado pelos soldados e acrescentaram numeração nos quadrados que deveriam ser pulados. Hoje as amarelinhas variam nos formatos geométricos e na quantidade de casas. As palavras "céu" e "inferno" podem ser escritas no começo e no final do desenho, que é marcado no chão com giz, tinta ou graveto.

Disponível em: <www.biblioteca.ajes.edu.br>.
Acesso em: 20 maio 2015 (adaptado).

O texto explicita que a amarelinha foi modificada pelas crianças romanas para ser usada nas brincadeiras infantis, isto é, num contexto diametralmente oposto ao dos soldados romanos, então a alternativa E é a que melhor atende ao proposto no enunciado.

12. **Textos longos** que fazem o candidato desperdiçar tempo. (As questões relativas aos textos às vezes dizem respeito a apenas uma parte dele.)

Ler o texto uma vez para tomar conhecimento do assunto completo é fundamental, mas depois o candidato deve se concentrar no que está sendo pedido em cada questão. Focar a atenção no parágrafo indicado no enunciado da questão é um passo importante para não se distrair com o desenrolar do texto e acabar perdendo tempo tendo de retomar a leitura em busca do que foi questionado.

A questão a seguir não é sobre qual visão de mundo o autor segue, mas a quais se refere, e ele é claro quando afirma que "existe uma diferença qualitativa no papel que as duas visões de mundo reservam para a lei".

Questão (Vestibular Verão — PUC/SP):
Obs.: Selecionamos apenas o primeiro parágrafo do texto de Hélio Schwartsman.

Da soberania do indivíduo

SÃO PAULO — Alguns leitores ficaram um pouco bravos comigo porque eu afirmei na coluna de ontem que a legislação sobre costumes de um Estado moderno deve sempre seguir a inspiração liberal e não a conservadora. Diferentemente do que sugeriram certos missivistas, não escrevi isso porque minhas preferências pessoais coincidem com as ideias ditas progressistas, mas porque existe

uma diferença qualitativa no papel que as duas visões de mundo reservam para a lei.
(...)

SCHWARTSMAN, Hélio. "Da soberania do indivíduo".
Folha de S.Paulo. São Paulo, 24 out. 2015.
Disponível em: <https://www1.folha.uol.com.br/colunas/helioschwartsman/2015/10/1698017-da-soberania-do-individuo.shtml>

No primeiro parágrafo do texto de Hélio Schwartsman, as duas visões de mundo às quais o autor se refere são

(A) a progressista e a liberal.
(B) a qualitativa e a quantitativa.
(C) a dos missivistas e a dos progressistas.
(D) a liberal e a conservadora.

Portanto, opção D.

Na questão seguinte, ainda sobre o mesmo texto, o enunciado pede apenas uma análise do primeiro parágrafo. Ou seja, o candidato precisa ler o texto, mas não pode perder tempo numa análise aprofundada de todo ele, se as questões concentram-se no primeiro parágrafo.

Questão:
Ainda no primeiro parágrafo, ao justificar seu ponto de vista sobre as diferenças das visões de mundo, o autor estabelece uma relação de

(A) concessão.
(B) causa.
(C) inclusão.
(D) dúvida.

Mas é melhor começarmos logo nosso treinamento, porque há muitas outras armadilhas a serem descobertas nas questões selecionadas neste livro...

Bom estudo!

Ponto de partida: conceitos iniciais

Fundamentos da teoria gramatical

Há diversos tipos de enunciado, mas nem todos têm a mesma importância para a exposição gramatical, pois a gramática pouco tem de dizer diante de enunciados como: *Bom dia!* / *Adeus*.

Além de muito depender da situação e do contexto em que se encontram falante e ouvinte, a gramática dirá que *bom* está no masculino e no singular porque *dia* tem o mesmo gênero e número.

Já diante de *Maria das Dores, outra xícara de café*, a gramática falará da classe de palavra, do gênero e número de *outra* referidos, por exemplo, a *xícara* e até esboçará a equivalência de tal enunciado, conforme a situação linguística em que se empenham falante e ouvinte, com: Maria das Dores, *traga-me* outra xícara de café.

Dadas as diversas equivalências possíveis, recomenda-se que, diante de enunciado do tipo de *Bom dia!*, não se deva subentender nenhum verbo, alterando assim modos de dizer expressivos, naturais e completos por si mesmos.

A enunciados completos sem verbo a gramática dá o nome de *frase*. Àqueles enunciados com verbo a gramática chama *oração*.

A oração pode transmitir uma declaração do que pensamos, observamos ou sentimos, e neste caso se chama *declarativa* (afirmativa ou negativa): *O dia está agradável. O dia não está agradável.*

Pode encerrar uma pergunta sobre algo que desejamos saber — é a oração *interrogativa*: *O dia está agradável?*

Pode encerrar uma ordem, súplica, desejo ou pedido para que algo aconteça ou deixe de acontecer. Chama-se, então, oração *imperativa* (ordem, pedido) ou *optativa* (súplica, desejo): *Sê forte!*; *Queira Deus!*

Pode encerrar o nosso estado emotivo de dor, alegria, espanto, surpresa, desdém — é a oração *exclamativa*: *Ele chegou cedo!*

> **Obs.**: Muitas vezes, o predomínio emocional do falante o leva a combinar a oração interrogativa com a exclamativa ou com as reticências numa atmosfera subjetiva. Daí poder aparecer o ponto de interrogação seguido do de exclamação: *Ele chegou cedo?!*, que será proferido diferente de *Ele chegou cedo?* e *Ele chegou cedo!* Ou ainda: *Ele chegou tarde...!*

Importância da oração para a gramática

É a oração que dá condições à gramática para estabelecer relações das sintaxes de concordância, de regência e de colocação.

Constituição das unidades: Morfologia

Ao lado dessas relações sintáticas (concordância, regência e colocação), é competência da gramática também estudar *como* aparecem e *por que* aparecem as expressões gramaticais das unidades linguísticas.

A parte da gramática que se ocupa da constituição material das unidades linguísticas chama-se **Morfologia** (*morfo* diz respeito à "forma" e *logia* traduz a ideia de "estudo descritivo").

Disciplinas das unidades não significativas

As unidades linguísticas são materialmente constituídas de *fonemas* (vogais, consoantes e semivogais). Embora não sejam dotados de significado, eles ajudam essas unidades a adquirir significado e se distinguir de outras unidades significativas:

*m*ato / *g*ato / *r*ato / *f*ato
t*a*la / t*e*la / t*o*la,

razão por que merecem estudo especial feito pela **Fonética e Fonologia**.

Ortoepia, Prosódia e Ortografia

Na representação oral ou escrita das unidades linguísticas, merecem atenção especial a *Ortoepia* (a correta articulação dos fonemas), a *Prosódia* (a correta posição da sílaba tônica da palavra) e a *Ortografia* (a correta maneira de grafar as palavras no texto escrito).

Disciplina das unidades significativas

Sendo a linguagem um código de comunicação entre as pessoas, é natural que as unidades linguísticas tenham, além de sua expressão material (suas "formas"), seu *significado*, isto é, seu *conteúdo*.

Esse conteúdo faz referência a tudo o que existe no mundo em que vivemos, ou ao mundo exclusivo da gramática.

A referência aos "objetos" do nosso mundo se acha expressa por *lexemas*, unidades representadas pelo que conhecemos por *substantivo*, *adjetivo*, *verbo* e *advérbio*. Relacionados a estes estão ainda o *pronome* (incluindo o artigo) e o *numeral*.

Pertencem exclusivamente ao mundo da gramática, na condição de **instrumentos gramaticais** que têm por missão articular, no discurso, as unidades acima enumeradas: o *artigo*, a *preposição*, a *conjunção*, além dos *afixos* (prefixos e sufixos) e das *desinências*.

O conteúdo significativo do substantivo, do adjetivo, do verbo e do advérbio (em especial o de modo) integra o *Léxico* de uma língua, que se acha registrado e explicado mais particularmente no *Dicionário*.

Os saberes da competência linguística

A língua não é o único saber que usamos para nos expressar. A atividade comunicativa pela linguagem para ser eficiente requer que o falante tenha bom desempenho em três domínios do saber, respectivamente: *saber elocutivo, saber idiomático* e *saber expressivo*.

O **saber elocutivo** consiste em falar em conformidade com: a) os princípios gerais do pensamento; b) o conhecimento das coisas existentes no mundo em que vivemos; c) a interpretação do que uma língua particular (no caso aqui, o português) deixa em aberto.

Um exemplo de mau desempenho do saber elocutivo é: *Os cinco continentes são quatro: Europa, Ásia e África*.

O **saber idiomático** consiste em saber uma língua particular. E saber uma língua é expressar-se em conformidade com o saber tradicional de uma comunidade, com sua norma tradicional, corroborada pelo uso.

Por exemplo, ter consciência de que **tradicionalmente não se diz em português**: *O de Pedro livro é* em vez de *O livro é de Pedro*. Ou: *Queremos falarmos com você* em vez de *Queremos falar com você*.

O **saber expressivo** consiste em saber construir o discurso e o texto conforme as circunstâncias, isto é, levando em conta a situação e a pessoa com quem falamos ou aquela que nos vai ler.

Por exemplo, é inadequado apresentar desta maneira os pêsames a um colega que perdeu o pai: *Meus sentimentos, colega. Só hoje soube que seu pai bateu as botas.*

A linguagem e outros meios de comunicação

Este tema tem aparecido com títulos do tipo *linguagem verbal e não verbal*, que só são entendidos se levarmos em conta o significado metafórico de *linguagem*, razão por que preferimos o que usamos aqui.

A linguagem verbal é o objeto central deste livro. É talvez a manifestação mais característica da produção física e mental do ser humano.

Entre os outros meios de comunicação podemos citar a chamada "linguagem dos animais", o rico sistema de gestos usado pelos humanos, como os diversíssimos sinais luminosos à disposição da sociedade, entre os quais estão os sinais de trânsito (verde = siga, vermelho = pare, amarelo = atenção), as placas de orientação de trânsito aos condutores de veículos, entre muitos outros exemplos.

Fala-se muito em "linguagem dos animais", para aqueles mais desenvolvidos. Todos nós entendemos a "intenção" de nossos cachorros quando modulam suas "vozes" ao chamar a nossa atenção para a sua presença (latir), ameaçar um estranho (ladrar, rosnar), demonstrar dor (ganir) ou anunciar o desconhecido, misterioso (uivar).

Todavia, a experiência e a investigação de estudiosos têm mostrado que o emprego do termo linguagem aqui usado só metaforicamente pode ser entendido. Dessas investigações surpreende-nos a lição do zoólogo alemão Karl von Frisch, citado por Benveniste, segundo a qual neste particular se destaca a comunicação entre as abelhas, em que a abelha operária, ao descobrir alimentação para as companheiras, "comunica-lhes o fato por meio de evoluções aéreas em oito, para a direita e a esquerda, e assim lhes transmite três mensagens: a existência do alimento, a distância e a orientação para encontrá-lo". No entanto, o procedimento não caracteriza "linguagem", mas, como nos ensina Benveniste, se trata de "um código de sinais".

Língua exemplar ou padrão

Uma língua histórica como o português é constituída de várias "línguas" mais ou menos próximas entre si, mais ou menos diferenciadas, mas que não chegam a perder a configuração de que se trata "do português", quer na convicção de seus falantes nativos, quer na convicção dos falantes de outros idiomas. Há uma *diversidade* na *unidade* e uma *unidade* na *diversidade*. Cada variedade constitui uma língua "funcional", isto é, uma variedade de língua que funciona efetivamente entre os falantes de uma determinada porção da sociedade ou uma certa localidade do país.

Pode-se desenvolver dentro da língua comum um tipo de outra língua comum, mais disciplinada, normatizada idealmente, mediante a eleição de usos fonético-fonológicos, gramaticais e léxicos como padrões exemplares a toda a comunidade e a toda a nação. É a modalidade a que podemos chamar *língua exemplar*, também dita *língua-padrão*.

Há de distinguir-se cuidadosamente o *exemplar* do *correto*, porque pertencem a planos conceituais diferentes. Quando se fala do exemplar, fala-se de uma forma eleita entre as várias formas de falar que constituem a língua histórica, razão por que o eleito não é nem correto nem incorreto. É apenas um uso em consonância com a etiqueta social.

Já quando se fala do correto, que é um juízo de valor, fala-se de uma conformidade com tal ou qual língua funcional de qualquer variedade regional, social e de estilo.

Por exemplo: há variedades de línguas funcionais em que o normal é empregar-se *Hoje é cinco* ou *Cheguei no trabalho*. Nessas variedades tais práticas são *corretas*; todavia, na língua exemplar, a eleição tendeu para *Hoje são cinco* ou *Cheguei ao trabalho*. Confunde conceitos quem considera como *corretas* apenas as duas últimas construções eleitas.

A gramática dita normativa só leva em conta a língua exemplar. Tanto o correto como o exemplar integram a competência linguística geral dos falantes. A competência linguística ideal é aquela que põe o falante na condição de ser *um poliglota na sua própria língua*, isto é, estar em condições de se expressar adequadamente na sua variedade e também entender, e até usar, a variedade em que se expressa a pessoa com quem se comunica.

QUESTÕES DO PONTO DE PARTIDA

1) (SMESP — Professor de Língua Portuguesa — tipo 1 — SP — FGV — Superior)
Um artigo de Marcuschi se intitula "Oralidade e ensino de língua: uma questão pouco 'falada'" (MARCUSCHI, L.A. "A oralidade e o ensino de língua: uma questão pouco falada". *In:* DIONÍSIO, A.P.; BEZERRA, M.A. (Orgs.). *O livro didático de português: múltiplos olhares.* Rio de Janeiro: Lucerna, 2001. p. 19-34.)
Sobre língua falada, assinale V para a afirmativa verdadeira e F para a falsa.

( ) As aulas de língua falada não pretendem ensinar a falar, mas sim mostrar a imensa riqueza e variedade de usos da língua.
( ) A língua falada não é um estudo autônomo, ela deve ser vista integradamente e na relação com a escrita.
( ) Os estudos de língua falada permitem facilmente estudos de aspectos como a variação e a mudança.

As afirmativas são, respectivamente,

(A) V, V e F.
(B) V, V e V.
(C) V, F e V.
(D) F, V e V.
(E) V, F e F.

2) (ENEM — Redação e linguagens, códigos e suas tecnologias, matemática e suas tecnologias)

Salvador, 10 de maio de 2012.
Consultoria PC Speed
Sr. Pedro Alberto
Assunto: Consultoria

Prezado Senhor,

Manifestamos nossa apreciação pelo excelente trabalho executado pela equipe de consultores desta empresa na área de revisão de todos os controles internos às áreas administrativas.

As contribuições feitas pelos membros da equipe serão de grande valia para o aperfeiçoamento dos processos de trabalho que estão sendo utilizados.
Queira, por gentileza, transmitir-lhes nossos cumprimentos.

Atenciosamente,

Rivaldo de Oliveira Andrade
Diretor Administrativo e Financeiro

Disponível em: www.pcspeed.com.br. Acesso em: 1 mai. 2012 (adaptado).

A carta manifesta reconhecimento de uma empresa pelos serviços prestados pelos consultores da PC Speed.

Nesse contexto, o uso da norma-padrão

(A) constitui uma exigência restrita ao universo financeiro e é substituível por linguagem informal.
(B) revela um exagero por parte do remetente e torna o texto rebuscado linguisticamente.
(C) expressa o formalismo próprio do gênero e atribui profissionalismo à relação comunicativa.
(D) torna o texto de difícil leitura e atrapalha a compreensão das intenções do remetente.
(E) sugere elevado nível de escolaridade do diretor e realça seus atributos intelectuais.

3) (ENEM — Redação e linguagens, códigos e suas tecnologias, matemática e suas tecnologias)

RIC. Disponível em:
www.nanquim.com.br. Acesso em: 8 dez. 2012.

O texto faz referência aos sistemas de comunicação e informação. A crítica feita a uma das ferramentas midiáticas se fundamenta na falta de

(A) opinião dos leitores nas redes sociais.
(B) recursos tecnológicos nas empresas jornalísticas.
(C) instantaneidade na divulgação da notícia impressa.
(D) credibilidade das informações veiculadas nos *blogs*.
(E) adequação de linguagem jornalística ao público jovem.

4) (ENEM — Redação e linguagens, códigos e suas tecnologias, matemática e suas tecnologias)

Da corrida de submarino à festa de aniversário no trem
Leitores fazem sugestões para o Museu das Invenções Cariocas

"Falar 'Caraca!' a cada surpresa ou acontecimento que vemos, bons ou ruins, é invenção do carioca, como também 'vacilão.'"

"Cariocas inventam um vocabulário próprio." "Dizer 'merrmão' e 'é merrmo' para um amigo pode até doer um pouco no ouvido, mas é tipicamente carioca".

"Chamar um quase desconhecido de 'querido' é um carinho inventado pelo carioca para tratar bem quem ainda não se conhece direito."

"O 'ele é um querido' é uma forma mais feminina de elogiar quem já é conhecido."

SANTOS, Joaquim Ferreira dos. "Da corrida de submarino à festa de aniversário no trem. Leitores fazem sugestões para o Museu das Invenções Cariocas. *O Globo*, Rio de Janeiro, 17 mar. 2012. "Segundo Caderno", Coluna Gente Boa, p. 5.

Entre as sugestões apresentadas para o Museu das Invenções Cariocas, destaca-se o variado repertório linguístico empregado pelos falantes cariocas nas diferentes situações específicas de uso social. A respeito desse repertório, atesta-se o (a)

(A) desobediência à norma-padrão, requerida em ambientes urbanos.

(B) inadequação linguística das expressões cariocas às situações sociais apresentadas.
(C) reconhecimento da variação linguística, segundo o grau de escolaridade dos falantes.
(D) identificação de usos linguísticos próprios da tradição cultural carioca.
(E) variabilidade no linguajar carioca em razão da faixa etária dos falantes.

5) (ENEM — Exame Nacional do Ensino Médio)

Embora particularidades na produção mediada pela tecnologia aproximem a escrita da oralidade, isso não significa que as pessoas estejam escrevendo errado. Muitos buscam, tão somente, adaptar o uso da linguagem ao suporte utilizado: "O contexto é que define o registro de língua. Se existe um limite de espaço, naturalmente, o sujeito irá usar mais abreviaturas, como faria no papel", afirma um professor do Departamento de Linguagem e Tecnologia do Cefet-MG. Da mesma forma, é preciso considerar a capacidade do destinatário de interpretar corretamente a mensagem emitida. No entendimento do pesquisador, a escola, às vezes, insiste em ensinar um registro utilizado apenas em contextos específicos, o que acaba por desestimular o aluno, que não vê sentido em empregar tal modelo em outras situações. Independentemente dos aparatos tecnológicos da atualidade, o emprego social da língua revela-se muito mais significativo do que seu uso escolar, conforme ressalta a diretora de Divulgação Científica da UFMG: "A dinâmica da língua oral é sempre presente. Não falamos ou escrevemos da mesma forma que nossos avós." Some-se a isso o fato de os jovens se revelarem os principais usuários das novas tecnologias, por meio das quais conseguem se comunicar com facilidade. A professora ressalta, porém, que as pessoas precisam ter discernimento quanto às distintas situações, a fim de dominar outros códigos.

SILVA JR., M.G.; FONSECA. V. "Especial". *Revista Minas Faz Ciência*. Minas Gerais, nº 51. set.-nov. 2012. p. 6-11. Disponível em: https://issuu.com/fapemig/docs/minas_faz_ci__ncia__51

Na esteira do desenvolvimento das tecnologias de informação e de comunicação, usos particulares da escrita foram surgindo. Diante dessa nova realidade, segundo o texto, cabe à escola levar o aluno a

(A) interagir por meio da linguagem formal no contexto digital.
(B) buscar alternativas para estabelecer melhores contatos on-line.
(C) adotar o uso de uma mesma norma nos diferentes suportes tecnológicos.
(D) desenvolver habilidades para compreender os textos postados na web.
(E) perceber as especificidades das linguagens em diferentes ambientes digitais.

6) (ENEM — Exame Nacional do Ensino Médio)

Palavras jogadas fora

Quando criança, convivia no interior de São Paulo com o curioso verbo pinchar e ainda o ouço por lá esporadicamente. O sentido da palavra é o de "jogar fora" (pincha fora essa porcaria) ou "mandar embora" (pincha esse fulano daqui). Teria sido uma das muitas palavras que ouvi menos na capital do estado e, por conseguinte, deixei de usar. Quando indago às pessoas se conhecem esse verbo, comumente escuto respostas como "minha avó fala isso". Aparentemente, para muitos falantes, esse verbo é algo do passado, que deixará de existir tão logo essa geração antiga morrer.

As palavras são, em sua grande maioria, resultados de uma tradição: elas já estavam lá antes de nascermos. "Tradição", etimologicamente, é o ato de entregar, de passar adiante, de transmitir (sobretudo valores culturais). O rompimento da tradição de uma palavra equivale à sua extinção. A gramática normativa muitas vezes colabora criando preconceitos, mas o fator mais forte que motiva os falantes a extinguirem uma palavra é associar a palavra, influenciados direta ou indiretamente pela visão normativa, a um grupo que julga não ser o seu. O pinchar, associado ao ambiente rural, onde há pouca escolaridade e refinamento citadino, está fadado à extinção?

É louvável que nos preocupemos com a extinção de ararinhas-azuis ou dos micos-leão-dourados, mas a extinção de uma palavra não promove nenhuma comoção, como não nos comovemos com a extinção de insetos, a não ser dos extraordinariamente belos. Pelo contrário, muitas vezes a extinção das palavras é incentivada.

VIARO, M.E. "Palavras jogadas fora". *Revista Língua Portuguesa*. São Paulo, v. 77, 2012, p. 52-55.

A discussão empreendida sobre o (des)uso do verbo "pinchar" nos traz uma reflexão sobre a linguagem e seus usos, a partir da qual se compreende que

(A) as palavras esquecidas pelos falantes devem ser descartadas dos dicionários, conforme sugere o título.
(B) o cuidado com espécies animais em extinção é mais urgente do que a preservação de palavras.
(C) o abandono de determinados vocábulos está associado a preconceitos socioculturais.
(D) as gerações têm a tradição de perpetuar o inventário de uma língua.
(E) o mundo contemporâneo exige a inovação do vocabulário das línguas.

7) (ENEM — Exame Nacional do Ensino Médio)

Azeite de oliva e óleo de linhaça: uma dupla imbatível
Rico em gorduras do bem, ela combate a obesidade, dá um chega pra lá no diabete e ainda livra o coração de entraves

Ninguém precisa esquentar a cabeça caso não seja possível usar os dois óleos juntinhos, no mesmo dia. Individualmente, o duo também bate um bolão. Segundo um estudo recente do grupo EurOlive, formado por instituições de cinco países europeus, os polifenóis do azeite de oliva ajudam a frear a oxidação do colesterol LDL, considerado perigoso. Quando isso ocorre, reduz-se o risco de placas de gordura na parede dos vasos, a temida aterosclerose — doença por trás de encrencas como o infarto.

MANARINI, T. "Azeite de oliva e óleo de linhaça: uma dupla imbatível". *Saúde é vital*, n° 347, fev. 2012.

Para divulgar conhecimento de natureza científica para um público não especializado, Manarini recorre à associação entre vocabulário formal e vocabulário informal.
Altera-se o grau de formalidade do segmento no texto, sem alterar o sentido da informação, com a substituição de

(A) "dá um chega pra lá no diabete" por "manda embora o diabete".
(B) "esquentar a cabeça" por "quebrar a cabeça".
(C) "bate um bolão" por "é um show".
(D) "juntinhos" por "misturadinhos".
(E) "por trás de encrencas" por "causadora de problemas".

INSTRUÇÃO: A questão 8 refere-se ao texto abaixo. Leia-o atentamente antes de respondê-la.

Jean. *Folha de S.Paulo*. São Paulo, 26 abr. 2008. "Opinião".
Disponível em: <https://www1.folha.uol.com.br/fsp/opiniao/inde26042008.htm>

8) (Universidade Federal de Minas Gerais — Administrador — Pró-reitoria de Recursos Humanos — Departamento de Desenvolvimento de Recursos Humanos)

O autor desse texto critica

(A) o avanço das vendas do setor de padaria.
(B) a nova forma de empreendedorismo das padarias.
(C) o aumento dos preços dos pães nas padarias.
(D) o crescimento dos consórcios nos serviços das padarias.

9) (Exame Nacional do Ensino Médio — ENEM — 2º dia — Caderno Amarelo)

NASA DIVULGA A PRIMEIRA FOTO FEITA PELO ROBÔ OPPORTUNITY NO SOLO DE MARTE. VEJA:

WILL. Disponível em: www.willtirando.com.br.
Acesso em: 7 nov. 2012.

Opportunity é o nome de um veículo explorador que aterrissou em Marte com a missão de enviar informações à Terra. A charge apresenta uma crítica ao (à)

(A) gasto exagerado com o envio de robôs a outros planetas.
(B) exploração indiscriminada de outros planetas.
(C) circulação digital excessiva de autorretratos.
(D) vulgarização das descobertas espaciais.
(E) mecanização das atividades humanas.

10) (Exame Nacional do Ensino Médio — ENEM — 2º dia — Caderno Amarelo)

Só há uma saída para a escola se ela quiser ser mais bem-sucedida: aceitar a mudança da língua como um fato. Isso deve significar que a escola deve aceitar qualquer forma da língua em suas atividades escritas? Não deve mais corrigir? Não!
Há outra dimensão a ser considerada: de fato, no mundo real da escrita, não existe apenas um português correto, que valeria para todas as ocasiões: o estilo dos contratos não é o mesmo do dos

manuais de instrução; o dos juízes do Supremo não é o mesmo do dos cordelistas; o dos editoriais dos jornais não é o mesmo do dos cadernos de cultura dos mesmos jornais. Ou do de seus colunistas.

> POSSENTI, S. "Gramática na cabeça". *Revista Língua Portuguesa.*
> São Paulo, vol. 5, fac. 67, mai. 2011, p. 16-17.

Sírio Possenti defende a tese de que não existe um único "português correto". Assim sendo, o domínio da língua portuguesa implica, entre outras coisas, saber

(A) descartar as marcas de informalidade do texto.
(B) reservar o emprego da norma-padrão aos textos de circulação ampla.
(C) moldar a norma-padrão do português pela linguagem do discurso jornalístico.
(D) adequar as formas da língua a diferentes tipos de texto e contexto.
(E) desprezar as formas da língua previstas pelas gramáticas e manuais divulgados pela escola.

11) (Exame Nacional do Ensino Médio — ENEM — 2º dia — Caderno Amarelo)

Centro de Defesa da Criança e do Adolescente Yves de Roussan.

Os meios de comunicação podem contribuir para a resolução de problemas sociais, entre os quais o da violência sexual infantil. Nesse sentido, a propaganda usa a metáfora do pesadelo para

(A) informar crianças vítimas de abuso sexual sobre os perigos dessa prática, contribuindo para erradicá-la.
(B) denunciar ocorrências de abuso sexual contra meninas, com o objetivo de colocar criminosos na cadeia.
(C) dar a devida dimensão do que é o abuso sexual para uma criança, enfatizando a importância da denúncia.
(D) destacar que a violência sexual infantil predomina durante a noite, o que requer maior cuidado dos responsáveis nesse período.
(E) chamar a atenção para o fato de o abuso infantil ocorrer durante o sono, sendo confundido por algumas crianças com um pesadelo.

12) (Exame Nacional do Ensino Médio — ENEM — 2º dia — Caderno Amarelo)

> eu acho um fato interessante... né... foi como meu pai e minha mãe vieram se conhecer... né... que... minha mãe morava no Piauí com toda família... né... meu... meu avô... materno no caso... era maquinista... ele sofreu um acidente... infelizmente morreu... minha mãe tinha cinco anos... né... e o irmão mais velho dela... meu padrinho... tinha dezessete e ele foi obrigado a trabalhar... foi trabalhar no banco... e... ele foi... o banco... no caso... estava... com um número de funcionários cheio e ele teve que ir para outro local e pediu transferência prum local mais perto de Parnaíba que era a cidade onde eles moravam e por engano o... o... escrivão entendeu Paraíba... né... e meu... e minha família veio parar em Mossoró que era exatamente o local mais perto onde tinha vaga pra funcionário do Banco do Brasil e: ela foi parar na rua do meu pai... né... e começaram a se conhecer... namoraram onze anos... né... pararam algum tempo... brigaram... é lógico... porque todo relacionamento tem uma briga... né... e eu achei esse fato muito interessante porque foi uma coincidência incrível... né... como vieram a se conhecer... namoraram e hoje... e até hoje estão juntos... dezessete anos de casados...

> CUNHA, M.A.F. (org.). *Corpus discurso & gramática: a língua falada e escrita na cidade do Natal.* Natal: EdUFRN, 1998.

Na transcrição de fala, há um breve relato de experiência pessoal, no qual se observa a frequente repetição de "né". Essa repetição é um (a)

(A) índice de baixa escolaridade do falante.
(B) estratégia típica de manutenção da interação oral.
(C) marca de conexão lógica entre conteúdos na fala.
(D) manifestação característica da fala regional nordestina.
(E) recurso enfatizador da informação mais relevante da narrativa.

13) (Câmara Municipal do Recife — Arquiteto — FGV Projetos)

Bichos de estimação.
Não há um limite que estabelece até quando o apego a bichos de estimação é normal ou não. Ter um animal de estimação, na maioria dos casos, é benéfico para a saúde física e mental por ser uma forma de ter companhia e um meio de expressar emoções. Quem tem um bichinho sabe muito bem disso.

Superinteressante, 2007.

Entre as observações sobre a estruturação desse parágrafo no texto, a mais adequada é:

(A) a forma verbal "estabelece" deveria ser substituída por "estabeleça" já que se refere a um fato real;
(B) a expressão "até quando" deveria ser substituída por "até que ponto", já que não se trata de referência a tempo;
(C) o termo "bichos de estimação" deveria ser substituído por "animais de estimação" por ser um termo não coloquial;
(D) o termo "disso" deveria ser substituído por "disto" já que tem por antecedente um elemento próximo;
(E) o termo "bichinho" deveria ser substituído por "bicho" já que se trata de um texto científico, e não familiar.

Leia o texto para responder às questões de números 14 e 15.

Poupar é possível

Sempre dá para separar um dinheirinho para o futuro. Em sete passos fáceis, veja como: 1. Ande com um caderninho na bolsa e anote tudo o que gasta para saber para onde está indo seu dinheiro. 2. Se você não tem certeza de que conseguirá conter seus impulsos, deixe em casa cartões de crédito e cheques. Estabeleça um limite em dinheiro para carregar na carteira. 3. Planeje suas compras, todas elas, e pague apenas à vista. 4. Sempre pesquise preços e pechinche. 5. Só compre pela internet ou pelo telefone se for algo necessário, oferecido a um preço ótimo (a internet é um prato cheio para compradores compulsivos). 6. Passe longe das liquidações. 7. Pesquise pacotes econômicos para celular, telefone fixo, internet e TV a cabo.

TOLEDO, Elaine. "Poupar é possível". *Revista Claudia*. São Paulo, p. 83, fev. 2009.

14) (Câmara Municipal do Recife — Arquiteto — FGV Projetos)

A frase do texto que traz somente marcas de linguagem formal é:

(A) "sempre dá para separar um dinheirinho";
(B) "para saber para onde está indo seu dinheiro";
(C) "sempre pesquise preços e pechinche";
(D) "a internet é um prato cheio para compradores";
(E) "pesquise pacotes econômicos para celular".

15) (Câmara Municipal do Recife — Arquiteto — FGV Projetos)

A marca que indica uma preocupação com o paralelismo na construção de grande parte das frases do texto é:

(A) o início traz sempre uma forma verbal;
(B) o emprego de formas de imperativo;
(C) o apelo ao humor nas instruções;
(D) o uso de formas coloquiais de linguagem;
(E) a presença de testemunhos de autoridade.

16) (Câmara Municipal do Recife — Arquiteto — FGV Projetos)

Um adolescente manda, por meio das novas tecnologias da comunicação, a seguinte mensagem para a namorada: Ñ preciso dzer o qto amo vc né? A linguagem empregada, nesse caso, mostra:

(A) a utilização de gírias e neologismos;
(B) o emprego de variedades regionais de nossa língua;
(C) o excessivo emprego de linguagem figurada;
(D) o apelo a muitas imagens;
(E) a preocupação com a brevidade.

17) (Vestibular para Administração e Ciências Econômicas — INSPER)

Sotaque carioca

Quando esteve aqui pela primeira vez, no início dos anos 1960, (...) o escritor cubano Guillermo Cabrera Infante se encantou com o sotaque carioca — sobretudo com o das cariocas. Pareceu-lhe semelhante demais ao de Havana. Delírio auditivo de Cabrera Infante, que se orgulhava de ter conseguido, no romance *Três tristes tigres*, transpor o enunciado oral havanês para o registro escrito? Não. Desde que lá também se faça chiar o S, traço mais marcante no falar do Rio. Nosso famoso chiado teria sido introduzido pela corte de dom João VI. Já por volta de 1860, baianos podiam distinguir a fala "bastante aportuguesa" do sotaque carioca, que, com o tempo, incorporou elementos africanos — daí a conexão com Havana.

Sotaque, seja daqui ou de alhures, é natural. Pode-se ter orgulho dele, invejar ou fazer chacota. E pode-se — caso dos jogadores de futebol que vão para o exterior — perdê-lo para sempre. O estranho é virar "patrimônio cultural de natureza imaterial", como na lei agora aprovada na Câmara Municipal, que ainda depende da sanção do prefeito. (...)

A rigor, falar como carioca não quer dizer nada além do óbvio. O que interessa é o que falamos e como agimos.

SILVA, Alvaro Costa e. "Sotaque carioca". *Folha de S.Paulo*. São Paulo, 6 jul. 2015.
Disponível em: <https://www1.folha.uol.com.br/colunas/alvaro-costa-e-silva/2015/07/1651992-sotaque-carioca.shtml>

Toda língua apresenta uma sonoridade própria, uma certa musicalidade que a distingue e a torna reconhecida mesmo por quem não a fala. Em relação ao sotaque carioca, o cronista defende que

(A) o tratamento diferenciado é desnecessário, já que a ocorrência de sotaques é inerente a qualquer idioma.
(B) a semelhança com o sotaque cubano remonta ao processo de colonização portuguesa.

(C) o marcante chiado produzido pelo S confere charme inigualável à língua portuguesa.
(D) a impossibilidade de mimetizar os traços da oralidade torna inútil a lei aprovada pelos vereadores.
(E) a pronúncia peculiar dos moradores do Rio de Janeiro é motivo de orgulho para turistas cubanos que visitam o Brasil.

18) (ESPM — Escola Superior de Propaganda e Marketing — prova P — Vestibular)

> PRODUTORES DE PETRÓLEO VÃO SE REUNIR EM ABRIL PARA DISCUTIR CONGELAMENTO.
>
> AO QUE PARECE NEM TODO MUNDO ENTENDEU O NOSSO MEMORANDO.

Velati. *Folha de S.Paulo*. São Paulo, 20 mar. 2016, p. 2. Mercado.

A graça da tira acima se concentra no(a):

(A) desapontamento do presidente da reunião ao constatar um "ruído" na comunicação interna da empresa, devido à limitada capacidade interpretativa por parte dos subordinados.
(B) fala irônica do superior de uma empresa, criticando a falta de compreensão, por parte de seus funcionários, de uma linguagem figurada num memorando.
(C) providência tomada por um dos participantes da reunião, depois de ter feito uma leitura literal de um memorando.
(D) repreensão enérgica do dirigente, dirigida a um dos elementos da palestra, por não entender mensagem ambígua utilizada em informativo.
(E) crítica subjacente no discurso do falante, direcionada a um dos presentes na reunião, por desconhecer jargão comercial em aviso da empresa.

19) (Universidade Federal de Uberlândia — MG — 1ª prova comum — Tipo 1)

Se quer medir forças, sei que eu me garanto,
Sem conversa frouxa, sem me olhar de canto,
Fecha a boca, ouça, eu não tô brincando,
Sua estratégia é fraca, já vou chegar te derrubando.

CONKA, Karol. "Me garanto". Download digital, 2001.

Karol Conka é uma *rapper* brasileira reconhecida por canções que exaltam a mulher. No refrão de *Me garanto*, de sua autoria, a forma *tô*

(A) representa uma inadequação ao grau de formalidade exigido pela letra da canção, um gênero escrito que circula oralmente em contextos públicos.
(B) caracteriza uma variedade linguística estigmatizada, já que, no Brasil, o *rap* está associado a comunidades socialmente marginalizadas.
(C) desmistifica a dicotomia entre a fala e a escrita, visto que figura em um gênero que apresenta um meio de produção sonoro e uma concepção discursiva gráfica.
(D) indicia a inclusão de uma variante típica da fala informal à norma-padrão, visto que figura em um texto escrito formal.

20) (Exame Nacional do Ensino Médio — 1º dia — Caderno Amarelo)

Sítio Gerimum
Este é o meu lugar [...]
Meu Gerimum é com g
Você pode ter estranhado
Gerimum em abundância
Aqui era plantado
E com a letra g
Meu lugar foi registrado.

OLIVEIRA, H. de. *Revista Língua Portuguesa*.
São Paulo, nº 88, fev. 2013 (fragmento).

Nos versos de um menino de 12 anos, o emprego da palavra "Gerimum" grafada com a letra "g" tem por objetivo

(A) valorizar usos informais caracterizadores da norma nacional.
(B) confirmar o uso da norma-padrão em contexto da linguagem poética.
(C) enfatizar um processo recorrente na transformação da língua portuguesa.
(D) registrar a diversidade étnica e linguística presente no território brasileiro.
(E) reafirmar discursivamente a forte relação do falante com seu lugar de origem.

GABARITO COMENTADO DO PONTO DE PARTIDA

1) Gabarito: B
Comentário:
Todas as alternativas estão corretas porque uma língua não apresenta um só estilo, a língua é viva e, como tal, apresenta variações que o falante precisa conhecer para poder usá-las adequadamente. Daí dizer-se que o bom e eficiente falante é o que se mostra poliglota na sua própria língua.

2) Gabarito: C
Comentário:
O objetivo da questão é claro: o candidato reconhecer a norma-padrão da língua como o registro a ser aplicado em determinadas situações de maior formalidade.

3) Gabarito: C
Comentário:
No texto é clara a crítica de que a mídia impressa não tem mais, atualmente, prioridade na divulgação de notícias, tendo em vista a instantaneidade da internet.

4) Gabarito: D
Comentário:
Na língua portuguesa o espaço geográfico abarca diferentes falares que são marcas do falar de cada região. O texto ressalta recursos linguísticos próprios da tradição cultural do carioca, portanto opção D.

5) Gabarito: E
Comentário:
Segundo o texto, a escola não pode continuar insistindo "em ensinar um registro utilizado apenas em contextos específicos", quer exemplares, quer coloquiais, e "as pessoas precisam ter discernimento quanto às distintas situações, a fim de dominar outros códigos", especialmente os digitais.

6) Gabarito: C
Comentário:
Pode-se depreender a partir da leitura do texto que determinados vocábulos são abandonados pelos falantes por estarem associados "ao ambiente rural, onde há pouca escolaridade e refinamento citadino", o que demonstra que o preconceito sociocultural está relacionado ao preconceito linguístico.

7) Gabarito: E
Comentário:
A opção em que a substituição da informalidade pela norma-padrão não altera o sentido é a da letra E.

8) Gabarito: C
Comentário:
O autor critica o preço dos pães e, ironicamente, oferece a alternativa de consórcio para a compra de pão; ainda assim, está difícil vender (note-se a ausência de clientes).

9) Gabarito: C
Comentário:
A primeira foto feita pelo robô é um *selfie* em que ele exibe uma imagem semelhante à de pessoas que se acham especiais por estarem em algum lugar invejado por todos (piscando um olho e numa pose de agradecimento, como se estivesse sendo aplaudido). E Marte? Ficou em segundo plano (exatamente como os lugares visitados). A crítica é esta: o excesso de autorretratos divulgados nas redes sociais, que demonstra a preocupação exagerada das pessoas em exibir a própria imagem.

10) Gabarito: D
Comentário:
O texto visa transmitir ao leitor a ideia de que "não existe apenas um português correto", mas que há uma norma-padrão que norteia os estilos mais formais e que, de acordo com a situação, é possível ainda aceitar um emprego menos formal da língua. Não há apenas um português correto, mas "formas da língua" que se adequam a diferentes contextos.

11) Gabarito: C
Comentário:
Ao combinar as duas formas de linguagem — verbal e não verbal —, o candidato pode identificar a metáfora do pesadelo (a imagem do monstro, com sua bocarra voraz) e perceber a dimensão que tem "o abuso sexual para uma criança": um pesadelo com monstro (que, especialmente na infância, é algo muito assustador). Observe que o alerta da denúncia é feito fora do pesadelo, pois é denunciando que se consegue afastar o "monstro" da criança.

12) Gabarito: B
Comentário:
Muitas vezes na tentativa de manter a atenção do interlocutor, o falante faz uso de termos como "né", "tá", "certo", "aí", etc. na busca de maior interação. É um emprego que ocorre de forma generalizada na língua, sem estar mais ligada a uma ou outra região em especial. Neste caso o importante é o contato com o interlocutor: cada vez que ele pronuncia "né", é como se ele tocasse o receptor com as mãos.

13) Gabarito: B
Comentário:
Opção A — incorreta: a forma verbal "estabelece" já está se referindo a um fato real (modo indicativo), a forma "estabeleça" é que faria referência a um fato hipotético, por estar no modo subjuntivo;
Opção B — correta: a expressão "até quando" indica tempo, enquanto a expressão "até que ponto" é mais adequada ao contexto por estabelecer um limite na intensidade do apego ao animal de estimação. Este é o gabarito;
Opção C — incorreta: "bichos" ou "animais de estimação" são expressões adequadas tanto à linguagem coloquial quanto à norma-padrão;
Opção D — incorreta: o pronome demonstrativo "disso" não tem como antecedente um elemento próximo;
Opção E — incorreta: o texto não é científico.

14) Gabarito: E
Comentário:
Somente a frase da opção E foi redigida segundo a norma-padrão da língua; as demais apresentam marcas de oralidade, tais como
    A) "um dinheirinho" em vez de <u>algum dinheiro</u>;
    B) "onde" em vez de <u>aonde</u>;
    C) "pechinche" em vez de <u>barganhe, negocie</u>;
    D) "é um prato cheio para" em vez de <u>é favorável, atrativa aos</u>.

15) Gabarito: B
Comentário:
O emprego do imperativo em todas as frases (1: "ande"; 2:"deixe"; 3: "planeje" e "pague"; 4: "pesquise"; 5: "compre"; 6: "passe; e 7: "pesquise") mostra a preocupação com o paralelismo na construção das frases, visando influenciar o destinatário de tal forma que o convença a seguir as orientações da autora dessa "receita" para economizar.

16) Gabarito: E
Comentário:
O primeiro ponto a ser observado nesta questão é o fato de ter havido a preocupação de deixar clara a informação de que a mensagem foi enviada por um adolescente, o que indica uma pessoa mais dinâmica, mais ativa. Analisando cada opção de resposta apresentada, temos:

    A) incorreta ao referir-se a neologismos;
    B) incorreta, porque não há registro de regionalismo;
    C) incorreta, uma vez que não há presença de linguagem figurada;
    D) incorreta, pois não foi usada linguagem figurada (imagens);
    E) correta, se o emissor da mensagem é um adolescente, há "a preocupação com a brevidade", e a linguagem direta, abreviada, mostra isso.

17) Gabarito: A
Comentário:
O autor defende — como se pode depreender dos trechos "sotaque, seja daqui ou de alhures, é natural" — que a ocorrência do sotaque é natural por ser inerente a qualquer idioma e que o tratamento diferenciado é desnecessário: "O estranho é virar 'patrimônio cultural de natureza imaterial'."

18) Gabarito: C
Comentário:
O humor decorre de acontecer uma quebra de expectativa por parte do leitor ao final de um texto, e quanto mais inesperada for a surpresa, mais esse tipo de texto alcança seu objetivo. Na tira apresentada no enunciado, o fato de um dos participantes da reunião ter entendido "congelamento" em seu sentido literal, denotativo, e se agasalhar ao máximo como resposta à leitura do memorando é que concentra a graça da tira.

19) Gabarito: C
Comentário:
O emprego de "tô" (em vez de "estou") pertence à oralidade.
Este uso, na letra da canção, desmistifica, mostra que não ocorre, a dicotomia (divisão, cisão) entre língua falada e língua escrita, uma vez que figura em um gênero que apresenta meio de produção oral e registro escrito (o registro informal circula entre os falantes sem que haja conflito com o registro escrito).

20) Gabarito: E
Comentário:
Ao grafar "Gerimum" com "g" inicial em lugar de "j", o menino estabelece uma relação mais íntima com o sítio por meio do uso da língua escrita, deixando claro que "meu Gerimum" é propriedade emocional dele (note que foi grafado com inicial maiúscula) e "é com g", isto é, especial. Grafar "Gerimum", portanto, é bastante adequado no contexto e acentua "discursivamente a forte relação do falante com o seu lugar de origem".

Passo I

Função sintática (sintaxe da oração e do período)

Sujeito e predicado, predicado e seus outros termos constitutivos, expansões do nome e do verbo

SUJEITO E PREDICADO

Sem verbo não temos oração. É o verbo, núcleo da declaração, ou da predicação verbal, que vai exigir a presença de outros termos componentes da oração. A referência expressa no verbo se chama *predicado* da oração. E o termo referente desta predicação se chama *sujeito*: *Eu* estudo. *Tu* brincas. Estudamos (sujeito *nós*).

Conhecido o sujeito, ele pode não ser expresso na continuação do enunciado:

Os meninos já chegaram. Vieram com os pais.

Dizemos que vieram tem seu sujeito léxico oculto. O sujeito léxico está representado por substantivos ou pronomes.

Em português, em geral não são explicitados os sujeitos quando representados por desinências verbais, especialmente de 1ª e 2ª pessoas: *Ando* pouco (eu). *Fizeste* os deveres? (tu).

Quando há ênfase ou oposição de pessoa gramatical, não se recomenda a omissão do pronome sujeito: Enquanto *eu estudo, tu brincas*.

SUJEITO SIMPLES E COMPOSTO

O sujeito referido na predicação pode ser *simples* ou *composto*. Diz-se que o sujeito é simples quando só tiver um *núcleo*.

> **Obs.: Núcleo** é o termo fundamental ou básico de uma função linguística. Só com ele, em geral, é que os outros termos da oração contraem a relação gramatical de concordância.

O sujeito simples pode constituir-se de uma ou mais palavras, mas só terá um núcleo: O meu **livro** de Português *está emprestado*. O núcleo deste sujeito simples é **livro**.

Diz-se que o sujeito é composto quando tiver mais de um núcleo: O **canto** dos pássaros e a **riqueza** da vegetação *encantam os amantes da natureza*. Os núcleos deste sujeito composto são **canto** e **riqueza**.

PRINCÍPIOS GERAIS DE CONCORDÂNCIA VERBAL

O verbo concorda com o sujeito explícito em pessoa e número, segundo os seguintes princípios gerais:

a) sujeito simples constituído por pronome pessoal: o verbo irá para a pessoa e o número do sujeito explícito: Eu quero. / Nós queremos.

b) sujeito simples constituído por substantivo, palavra ou expressão substantivada: o verbo irá para a 3ª pessoa e para o número em que se achar o núcleo do sujeito, ainda que seja um coletivo: As meninas *ainda não* chegaram. / A gente viaja *hoje*. / A turma viajará *amanhã*.

c) sujeito composto constituído por substantivos: o verbo irá para a 3ª pessoa do plural, qualquer que seja a sua posição em relação ao verbo: O menino e a menina conheciam o vizinho. / Eram conhecidos o menino e a menina.

d) sujeito composto constituído por pronomes pessoais, ou por pronome + substantivo: o verbo irá para a 1ª pessoa do plural, se houver um pronome de 1ª pessoa (*eu* ou *nós*); irá para a 2ª ou 3ª pessoa do plural, se não houver pronome da 1ª pessoa; irá para a 3ª pessoa do plural, se não houver pronome da 1ª ou da 2ª pessoa: Eu e tu iremos *ao cinema*. / Nós e ele iremos *ao cinema*. / Tu e ele irão (ou ireis, hoje mais raro) *ao cinema*. / Ele e Janete irão *ao cinema*.

POSIÇÃO DO PREDICADO E DO SUJEITO

O sujeito composto pode vir antes ou depois do predicado: O menino e a menina *eram conhecidos*. / *Chegarão hoje de Lisboa* meu tio e meu primo.

A língua portuguesa permite esta liberdade na colocação dos termos oracionais, desde que não se mude o conteúdo da mensagem ou não se traga dificuldade na sua interpretação: *O caçador feriu o leão* não é a mesma coisa de *O leão feriu o caçador*.

Nestas possibilidades de colocação do sujeito e do predicado, entra em ação o nosso saber elocutivo. Assim, pode-se dizer *A floresta iluminava o sol* e *O sol iluminava a floresta*, pois sabemos que o sol ilumina a floresta, e não o contrário. A maneira de pronunciar a oração (a entoação) também ajudará no entendimento das orações.

A ordem sujeito e predicado chama-se *direta*; a ordem predicado (ou um dos seus componentes) e sujeito chama-se *inversa*.

ORAÇÃO SEM SUJEITO

Pela mesma natureza semântica e sintática, é fácil concluirmos que em algumas orações não temos predicação referida a nenhum sujeito: *Chove pouco no Nordeste*.

Estas orações se dizem *sem sujeito*, e os verbos de predicação não referida a sujeito se chamam *impessoais*.

Os principais verbos ou expressões impessoais da nossa língua são:

a) os que denotam fenômenos atmosféricos ou cósmicos: chover, trovejar, relampejar, nevar, anoitecer, fazer (frio, calor, etc.), estar (frio, quente, etc.), entre outros.

b) *haver* e *ser*, principalmente na expressão de início de histórias (era uma vez), em orações equivalentes às constituídas com *existir*, do tipo de: *Há bons livros.* / *Era uma vez dois irmãos.*

c) *haver, fazer* e *ser* nas indicações de tempo: *Há cem anos nasceu meu avô.* / *Faz cinco anos não aparece aqui.* / *É uma hora.* / *São duas horas.*

d) *fazer* nas indicações de fenômenos atmosféricos ou fenômenos devidos a fatos astronômicos: *Faz sol o ano todo.* / *Faz trinta graus esta tarde.*

e) *bastar, chegar* + *de* (nas ideias de suficiência): *Basta de histórias.* / *Chega de promessas.*

f) *ir* acompanhado das preposições *em* ou *para* exprimindo o tempo em que algo acontece ou aconteceu: *Vai em dois anos ou pouco mais.*

g) *vir, andar* acompanhados das preposições *por* ou *a* exprimindo o tempo em que algo acontece: *Andava por uma semana que não comparecia às aulas.*

h) *passar* acompanhado da preposição *de* exprimindo tempo: *Já passava de duas horas.*

i) *tratar-se* acompanhado da preposição *de* em construções do tipo: *Trata-se de assuntos sérios.*

> **Obs.:** *Trata-se de assuntos sérios* (oração sem sujeito) exemplifica um caso diferente de *Precisa-se de empregados* (sujeito indeterminado). Neste último, o emprego do pronome *se* junto ao verbo faz com que a oração passe a equivaler a outra que tem por sujeito *alguém, a gente*: *Alguém precisa de empregados.* O mesmo não acontece com o verbo *tratar-se*.

A principal característica dos verbos e expressões impessoais é que (salvo em alguns casos do verbo *ser*) aparecem, na língua exemplar, sempre na 3ª pessoa do singular.

Faz exceção o verbo *ser* em construções do tipo: *São* duas horas. / *Eram* vinte pessoas no máximo.

Evite-se dizer <u>Haviam</u> *várias pessoas*. / <u>Devem haver</u> *soluções para tudo*, em vez de <u>Havia</u> *várias pessoas*. / <u>Deve haver</u> *soluções para tudo*. (É importante lembrar que a impessoalidade do verbo principal se transmite ao verbo auxiliar.)

SUJEITO INDETERMINADO

Há orações que não apresentam nenhuma unidade linguística para ocupar a casa ou função de sujeito. Todavia, nelas há uma referência a sujeito, mas só de maneira indeterminada, imprecisa: *Estão batendo à porta.* / *Precisa-se de empregados*. Diz-se nestes casos que o sujeito é indeterminado.

A língua portuguesa procede de três maneiras na construção de orações com sujeito indeterminado:

a) verbo na 3ª pessoa do plural sem referência a qualquer termo que, anterior ou seguinte, lhe sirva de sujeito: Nunca me *disseram* isso.

b) verbo na 3ª pessoa do singular com valor de 3ª pessoa do plural, nas mesmas circunstâncias do emprego anterior. Este uso do singular é menos frequente que o do plural: *Diz* que o fato não aconteceu assim (diz = dizem).

c) verbo na 3ª pessoa do singular acompanhado do pronome **se**, não seguido ou não referido a substantivo que sirva de sujeito do conteúdo predicativo. Trata-se de um sujeito indiferenciado, referido à massa humana em geral; dizemos, neste caso, que o **se** é *índice de indeterminação do sujeito* ou *pronome indeterminador do sujeito*: *Vive-se* bem aqui. / *Precisa-se* de empregados.

> **Obs.**: Cuidado especial há que se ter em construções do tipo *Alugam-se casas*. / *Consertam-se bicicletas*, onde o *se* não é índice de indeterminação, mas sim pronome apassivador. O sujeito do verbo na voz passiva pronominal é geralmente um nome de coisa, um ser inanimado, incapaz de praticar a ação expressa pelo verbo. Na voz passiva pronominal, o verbo pode estar na 3ª pessoa do singular ou do plural, para concordar com o sujeito: em *Alugam-se casas*, o sujeito é *casas*. Já em *Precisa-se de empregados*, não há voz passiva; *de empregados* é objeto indireto e não leva o verbo ao plural. Os verbos transitivos indiretos e os intransitivos não se constroem na passiva, porque só o objeto direto da ativa pode transformar-se em sujeito da passiva.

A indeterminação do sujeito nem sempre significa nosso desconhecimento dele; serve também de manobra inteligente de linguagem, quando não nos interessa torná-lo conhecido, como em situações do tipo: Pedro, *disseram-me* que você falou mal de mim.

Muitas vezes, o nosso saber do mundo percebe que se trata de uma só pessoa a praticar a ação verbal, mas se usa o plural por ser a norma frequente da indeterminação do sujeito: *Estão batendo à porta*.

Por fim, evite um cacoete de expressão que se propaga principalmente na língua falada: a repetição do sujeito por meio dos pronomes *ele, eles, ela, elas*. Exemplos:

O vizinho, *ele* não aceita mais desculpas. (E sim: *O vizinho não aceita mais desculpas*.)

A pátria, *ela* precisa de seus filhos. (E sim: *A pátria precisa de seus filhos*.)

Os erros, *eles* nos aprisionam para sempre. (E sim: *Os erros nos aprisionam para sempre*.)

PREDICADO E SEUS OUTROS TERMOS CONSTITUTIVOS

Predicado simples e complexo

A natureza semântico-sintática do verbo pode encerrar-se nele mesmo, em face da sua significação muito definida, como ocorre nas seguintes orações: Isabel *dorme*. / A temperatura *desceu*.

Nestes casos, dizemos que é um predicado **simples** ou **incomplexo**.

Se, entretanto, a significação do verbo for muito ampla, torna-se necessário delimitá-la mediante um termo complementar: Clarice comprou *livros*. / Diva gosta *de Teresópolis*.
Nestes casos, dizemos que é um predicado complexo.

Desta maneira, torna-se necessário delimitar a coisa comprada: *comprou **livros*** (e não ***um vestido**, **um carro***, etc.). A este termo delimitador da significação do verbo chama-se *complemento verbal*, e pode não estar introduzido por preposição pedida pelo verbo (*Clarice comprou **livros***) ou estar introduzido por preposição (*Diva gosta **de Teresópolis***).

Verbo intransitivo e transitivo

O verbo de significação definida, que não exige complemento verbal, chama-se *intransitivo*: ***dorme*** e ***desceu*** foram empregados nos exemplos anteriores como intransitivos.

O verbo que é empregado acompanhado de complemento verbal chama-se *transitivo*: ***comprou*** e ***gosta*** foram empregados como transitivos.

Embora seja um verbo empregado normalmente como intransitivo ou transitivo, a língua permite que um intransitivo possa ser empregado transitivamente, ou que um transitivo seja empregado intransitivamente: *Clarice **dorme** o sono dos inocentes*. / *Clarice **compra** no supermercado*.

Portanto, é o **emprego** na oração que assinalará se o verbo aparece como intransitivo ou transitivo.

Objeto direto e complementos preposicionados

O complemento verbal não introduzido por preposição chama-se *objeto direto*: em *Eduardo viu o primo*, *o primo* é objeto direto.

Ao complemento verbal introduzido por preposição necessária chamaremos, por enquanto, *complemento preposicionado*. Assim, em *Diva gosta de Teresópolis* e *Márcio assistiu ao jogo*, *de Teresópolis* e *ao jogo* são complementos preposicionados.

Dizemos que a preposição é necessária quando a sua não presença ou provoca um uso incorreto da língua ou da modalidade exemplar, ou altera o significado do verbo. A preposição *de* é necessária em *Diva gosta de Teresópolis*, porque, se usarmos sem preposição *Diva gosta Teresópolis*, estaremos cometendo um erro de português, pois se tratará de uma construção anormal em nossa língua, em qualquer das suas variedades.

Já o não emprego da preposição *a* em *Márcio assistiu o jogo* muda, na norma da língua exemplar, o significado do verbo *assistir*. Na norma da língua exemplar, há *assistir ao jogo* 'presenciá-lo', 'vê-lo', e *assistir o doente* 'prestar-lhe assistência', 'socorrê-lo'. Como o verbo está empregado no primeiro significado, deve-se dizer *Márcio assistiu ao jogo*. Nas variedades informal e popular, só há o emprego do verbo *assistir* no significado de 'presenciar', 'ver', e só aparece construído sem preposição *a*: *assistir o jogo, assistir a cena*.

Objeto direto preposicionado

O objeto direto é o complemento verbal não introduzido por preposição. Mas, às vezes, a preposição aparece sem ser necessária, e assim pode ser dispensada. Diz-se, então, que o objeto direto é *preposicionado*. Eis os principais casos em que isto pode ocorrer:

a) quando o verbo exprime sentimento ou manifestação de sentimento, e o objeto direto designa pessoa ou ser animado: Amar *a Deus* sobre todas as coisas (= *Amá*-lo *sobre todas as coisas*).

b) quando se deseja assinalar claramente o objeto direto nas inversões: *Ao leão* feriu o caçador.

Há três casos em que a preposição junto ao objeto direto é obrigatória:

a) quando está representado por pronome pessoal oblíquo tônico: Entendemos *a ele* muito bem (= nós o entendemos).

b) quando está representado pela expressão de reciprocidade *um* ao *outro*: Conhecem-se *um ao outro* (= eles se conhecem).

c) quando o objeto direto é composto, sendo o segundo núcleo representado por substantivo: Conheço-o e *ao pai*. [E não: Conheço-o e *o* pai.]

> **Obs.:**
> → Quando há, por ênfase, repetição do objeto direto mediante substantivo, o emprego da preposição antes deste substantivo complemento é facultativo: *Ao mau amigo* não o prezo (= *O mau amigo* não o prezo).
> → Às vezes, a preposição que acompanha o objeto direto tem por função dar certo colorido semântico ao verbo: Chamar *por Nossa Senhora* (= *chamar para pedir proteção*). À preposição com esta função chama-lhe Antenor Nascentes *posvérbio*.

Complementos verbais preposicionados

A tradição gramatical, confirmada pela Nomenclatura Gramatical Brasileira (NGB), chama *objeto indireto* a todo complemento verbal introduzido por preposição necessária. Mas entendemos que a língua parece indicar dois tipos distintos de complemento verbal preposicionado: o *complemento relativo* e o *objeto indireto*.

I) O complemento relativo se identifica:

a) pela delimitação *imediata* da significação ampla do verbo: *gostar de x, assistir a x*.

b) pela possibilidade de acompanhamento por qualquer preposição exigida pela significação do verbo: *de* em *gostar de* indica a "origem" do afeto; *a* em *assistir a* indica "direção" ao ser visualizado; *em* indica "lugar", no exemplo *Marcelinho pôs o livro em cima da mesa*.

c) pela impossibilidade de se substituir o complemento preposicionado pelo pronome pessoal átono *lhe*: a substituição só é possível mediante pronome pessoal tônico *ele, ela, eles, elas* precedido da preposição pedida pelo verbo: *Diva gosta de Teresópolis* → *Diva gosta dela* (da cidade).

2) Já o objeto indireto se distingue:

a) pela delimitação *mediata* da significação do verbo: O escritor dedicou o romance *à sua esposa / a seu filho / a seus pais*.

b) pelo aparecimento exclusivo da preposição **a** (raramente *para*) como introdutora de tais complementos verbais: *à sua esposa*.

c) pela possibilidade de se substituir este complemento verbal preposicionado pelo pronome pessoal átono *lhe*, que marca apenas o número do substantivo comutado (*lhe, lhes*): *O escritor dedicou o romance à sua esposa* → *O escritor dedicou-lhe o romance*.

Por isso, no exemplo *Diva gosta de Teresópolis*, o complemento não pode ser substituído por *lhe*: *Diva gosta-lhe*[*1] (mas *Diva gosta de Teresópolis*).

> **Obs.**: Em provas de concurso, normalmente não aparece a distinção que fazemos entre objeto indireto e complemento relativo entre os complementos verbais, chamando a ambos objeto indireto.

Predicativo

Outro tipo de complemento verbal é o **predicativo**, que delimita a natureza semântico-sintática de um reduzido número de verbos: *ser, estar, ficar, parecer, permanecer* e mais alguns, conhecidos como *verbos de ligação*. Às vezes vem introduzido por preposição: *Brasília é a capital. / A casa ficou em ruínas*.

---

[1] O asterisco (*) indica construção agramatical, isto é, construída erradamente ou hipotética.

> **Obs.**: Os *verbos de ligação* caracterizam-se por ligar ao sujeito um estado, qualidade, condição ou classificação que pode ser, entre outras indicações: a) *estado permanente*: José *é* estudioso. / Aurora *vive* cansada. b) *estado passageiro*: José *está* estudioso. / Maria *anda* triste. / Antônio *acha-se* preocupado. / Pedro *encontra-se* doente. c) *continuidade de estado*: José *continua* estudioso. / Maria *permanece* triste. d) *mudança de estado*: José *ficou* estudioso. / Maria *tornou-se* triste. / Antônio *acabou* preocupado. / Pedro *caiu* doente. / O vizinho *fez-se* professor. / A crisálida *virou* borboleta. / Ela *converteu-se* em culpada. / Quem *servirá* de meu advogado? / Ele *se meteu* poeta (ou a poeta). e) *aparência*: José *parece* estudioso (parece ser). / Maria *parece* triste (parece estar).

O predicativo difere dos complementos anteriores pelas características seguintes:

a) é expresso por substantivo, adjetivo, pronome, numeral ou advérbio.

b) concorda com o sujeito em gênero e número, quando flexionável.

c) é comutado pelo pronome invariável *o*: *O aluno é estudioso.* → *O aluno o é. A aluna é estudiosa.* → *A aluna o é.*

Como ocorre com os predicados até aqui estudados, pode a predicação com predicativo ser referida a um sujeito ou não: *O aluno é estudioso* (sujeito: *o aluno*). / *É noite* (oração sem sujeito).

> **Obs.**: Ocorre o mesmo com a expressão das horas, em oração sem sujeito seguida de predicativo: *Já são três horas? — Já o são.*

Além do predicativo que acompanha os chamados verbos de ligação, há outro que acompanha qualquer tipo de verbo, e se refere tanto ao sujeito quanto ao objeto direto, ao complemento relativo e ao objeto indireto, com os quais também concorda em gênero e número: O vizinho caminha *preocupado*. / Encontraste a porta *aberta*. / Trata-se da questão como *insolúvel*. / Não lhe chamávamos *professor*.

Os predicativos deste tipo diferem dos que acompanham os verbos de ligação porque não são comutáveis pelo pronome invariável *o*: *O vizinho caminha preocupado*. / *O vizinho o caminha** (comutação impossível).

Para representar este tipo de predicativo, usa-se um advérbio, como *assim*: *O vizinho caminha preocupado.* → *O vizinho caminha assim*.

Por isso é que podemos ter a construção com predicativo ao lado da construção com advérbio: *A cerveja que desce redonda* (*redonda*, adjetivo, predicativo). / *A cerveja que desce redondo* (*redondo*, advérbio, não é predicativo).

> **Obs.**: Uma tradição mais recente na gramática portuguesa, incorporada pela Nomenclatura Gramatical Brasileira (NGB), distingue o predicado em *verbal* (quando constituído por qualquer tipo de verbo, exceto o de ligação), *nominal* (quando se trata de verbo de ligação + predicativo) e *verbo-nominal* (quando se trata de verbo que não seja de ligação + predicativo). Não seguimos essa tradição, porque entendemos que toda relação predicativa que se estabelece na oração tem por núcleo um verbo. É esta, por sinal, a lição dos nossos primeiros grandes gramáticos, que não faziam tal distinção, e de notáveis linguistas modernos.

Complemento de agente da passiva

É o *complemento* pelo qual se faz referência a quem pratica a ação sobre o sujeito paciente, na voz passiva: *O livro foi escrito por Graciliano Ramos*.

Voz passiva é a forma que o verbo assume para indicar que seu sujeito sofre a ação por ele indicada. Em nosso exemplo, *o livro*, sujeito de *foi escrito*, não pratica a ação, mas recebe-a, sofre-a; quem a pratica é *Graciliano Ramos*, que, por isso mesmo, se diz *agente da passiva*.

Na chamada *voz ativa*, o agente da passiva passa a sujeito, enquanto o sujeito da passiva passa a objeto direto. Daí, normalmente, essa mudança de voz só ocorrer com o verbo transitivo direto: *O livro foi escrito por Graciliano Ramos* (voz passiva) → *Graciliano Ramos escreveu o livro* (voz ativa). Os outros termos da oração continuam nas mesmas funções sintáticas.

O complemento agente da passiva é introduzido pela preposição *por* e, nas formas combinadas com artigo, pela forma antiga *per* (*pelo, pela, pelos, pelas*): A República foi proclamada *pelo general Deodoro da Fonseca*. Com verbos que exprimem sentimento, pode aparecer neste emprego a preposição *de*: O professor é estimado *de todos* (ou *por todos*).

Verbos na voz passiva

Em português obtém-se a voz passiva de um verbo utilizando-se dois procedimentos:

a) com a ajuda dos verbos auxiliares da voz passiva (ser, estar, ficar) acompanhados do particípio do verbo principal, em geral seguidos do complemento de agente da passiva: O livro *foi escrito* por Graciliano Ramos. / O trânsito *ficou prejudicado* pela forte chuva. / O assunto agora *está resolvido*.

b) com a utilização do pronome apassivador *se* combinado com verbo transitivo direto (*se* apassivador seguido de sujeito): *Alugam--se* casas. / *Consertam-se* bicicletas. / *Bebe-se* muita água no verão.

Obs.: Embora, neste último exemplo, a presença de um verbo transitivo direto (*beber água*) leve o rigor gramatical a classificar a oração como dotada de sujeito (*muita água*), o sentimento linguístico do falante moderno vem aproximando construções deste tipo com expressões de sujeito indeterminado e, por este novo modelo, passando a usar o verbo no singular, construído agora com o pronome *se* na condição de indeterminador do sujeito. Quer isto dizer que a oração *Bebe-se muita água no verão* passa a ser entendida como "As pessoas bebem muita água no verão", com sujeito indeterminado, e *muita água* como objeto direto. Se o substantivo estiver no plural, o verbo não irá para o plural neste novo sentido: *Aluga-se* casas. / *Conserta-se* bicicletas. Esta nova sintaxe não deve ser adotada por candidato de concursos. A norma gramatical ainda não aceitou a mudança e a caracteriza como uso coloquial e popular. Para este novo entendimento, devem ter colaborado as construções com objeto indireto do tipo de *Precisa-se de empregados*.

> **Obs.:** Veja o Apêndice (p. 158-159) para orientação sobre a passagem da voz ativa à passiva e vice-versa.

EXPANSÕES DO NOME E DO VERBO

Noção de adjunto

Chama-se **adjunto** o termo sintático não obrigatório, cuja missão é ampliar a informação ou o conhecimento do núcleo que integra o sujeito e o predicado com seus complementos.

Adjunto adnominal

A expansão do núcleo substantivo chama-se *adjunto adnominal* e está fundamentalmente representado por um adjetivo, locução adjetiva ou unidade equivalente: *Bons* ventos o tragam! / Palavra *de rei* não volta atrás.
Tal adjetivo pode ser acompanhado de determinantes que, englobadamente com ele, se classificam como adjunto adnominal: *Os bons* ventos o tragam! / *Todos os meus três* amigos chegaram hoje.

Adjunto adverbial

A expansão do núcleo pode dar-se mediante um adjunto adverbial, representado formalmente por um advérbio ou expressão equivalente. Semanticamente exprime uma circunstância e sintaticamente representa uma expansão do verbo, do adjetivo ou do advérbio: Paula estudou *muito*. / O mar está *muito* azulado. / Bebel dançou *muito* bem.
Chamam-se *circunstâncias* em gramática as unidades linguísticas que, referindo-se à significação do verbo, assinalam o modo, o tempo, o lugar, a causa, etc.: Jantamos *ontem* (circunstância de tempo), *no clube* (circunstância de lugar), *na companhia de vários amigos* (circunstância de companhia) *por motivo do aniversário de nosso tio* (circunstância de causa).
O adjunto adverbial pode ser expresso por advérbios (*ontem*) ou por locuções adverbiais (*no clube*, etc.).

Os que exprimem intensidade podem, além do verbo, modificar adjetivos e advérbios: Ela é *muito* inteligente. / O professor jantou *muito* cedo.

Complemento nominal

O sujeito e o complemento verbal podem passar a ser representados por substantivos, por exemplo: *O ladrão fugiu do presídio* pode passar a uma estrutura derivada do tipo de: *A fuga do ladrão do presídio*. Assim também a oração *O vizinho comprou um quadro célebre* pode passar à estrutura derivada: *A compra de um quadro célebre pelo vizinho*. Neste último exemplo o verbo passa a ser representado pelo substantivo *compra*; o objeto direto (*um quadro célebre*) passa a complemento preposicionado; e o sujeito (*o vizinho*) passa a agente.

Tais formas derivadas pela passagem de um verbo a nome (processo chamado *nominalização*) dão ensejo ao aparecimento de um complemento preposicionado desse mesmo substantivo, chamado *complemento nominal*: *do ladrão* e *de um quadro célebre* são complementos nominais de *fuga* e *compra*, respectivamente.

Ocorre complemento nominal também com adjetivos (e advérbios seus derivados): *O jogador mostrou-se responsável* pela situação. / *Ele é um jovem desejoso* de sucesso. / *A situação mostrou-se desfavoravelmente* a todos (*desfavoravelmente*, advérbio derivado do adjetivo *desfavorável*).

Nestes casos fica muito patente que os termos preposicionados funcionam como complemento nominal dos adjetivos e do advérbio. Mas, se se trata de substantivo, pode ocorrer dúvida se estamos diante de complemento nominal ou de adjunto adnominal. Como fazer a distinção?

Formalmente, o complemento nominal se assemelha ao adjunto adnominal, quando em ambos temos a estrutura substantivo + preposição + substantivo: *a chegada do trem* / *a casa do vizinho*.

A diferença consiste em que o complemento nominal *do trem* em *a chegada do trem* resulta da nominalização de *o trem chegou*, o que não se dá com o adjunto adnominal *do vizinho* em *a casa do vizinho*.

Aposto

Chama-se *aposto* a um substantivo ou expressão equivalente que modifica um núcleo nominal (ou pronominal ou palavra de natureza substantiva como *amanhã*, *hoje*, etc.), também conhecido pela denominação *fundamental*, sem precisar de outro instrumento gramatical que marque esta função adnominal. Exemplos: O rio *Amazonas* deságua no Atlântico. / O professor *Machado* honrou o magistério. / Clarice, *a primeira neta da família*, cursa Direito. / Pedro II, *imperador do Brasil*, protegia jovens talentosos.

Há diferença de conteúdo semântico entre uma construção do tipo *O rio Amazonas* e *Pedro II, imperador do Brasil*; na primeira, o substantivo que funciona como aposto se aplica diretamente ao nome núcleo (ou fundamental) e restringe seu conteúdo semântico de valor genérico, tal como faz um adjetivo, enquanto na segunda a sua missão é tão somente explicar o conceito do termo fundamental, razão pela qual é em geral marcado por pausa, indicada por vírgula ou por sinal equivalente (travessão e parêntese). Daí a aposição do primeiro tipo se chamar *específica* ou *especificativa* e a do segundo, *explicativa*.

Este aposto explicativo pode apresentar valores secundários que merecem descrição especial, como:

a) Aposto enumerativo

A explicação consiste em desdobrar o fundamental representado por um dos pronomes (ou locuções) *tudo, nada, ninguém, cada um, um e outro*, etc., ou por substantivos:

Tudo — *alegrias, tristezas, preocupações* — ficava estampado logo no seu rosto.

Duas coisas o encorajavam, *a fé na religião e a confiança em si*.

Às vezes este tipo de aposto precede o fundamental:

A matemática, a história, a língua portuguesa, nada tinha segredos para ele.

Em todos estes exemplos, o fundamental (*tudo, nada*) funciona como sujeito das orações e, por isso, se estabelece a concordância entre ele e o verbo.

b) Aposto distributivo

Faz-se uma distribuição de alusões no período:

Machado de Assis e Gonçalves Dias são os meus escritores preferidos, *aquele na prosa e este na poesia*.

c) Aposto circunstancial

Expressa comparação, tempo, causa, etc., precedido ou não de palavra que marca esta relação, já que este aposto acrescenta um dado a mais acerca do fundamental:

"As estrelas, *grandes olhos curiosos*, espreitavam através da folhagem."
[Eça de Queirós]

> **Obs.**: Muitas vezes, em construção do tipo *O rio Amazonas*, a língua permite a alternância do aposto com o adjunto adnominal introduzido pela preposição *de*. Assim, a norma permite a construção com aposto em: *O rio Amazonas*, mas também com adjunto adnominal em: *Ilha de Marajó*.

Vocativo: uma unidade à parte

Desligado da estrutura da oração e desta separado por curva de entoação exclamativa, o *vocativo* cumpre uma função apelativa de 2ª pessoa, pois, por seu intermédio, chamamos ou pomos em evidência a pessoa ou coisa a que nos dirigimos: *José*, vem cá! / Tu, *meu irmão*, precisas estudar!

O vocativo pode estar precedido de *ó* (e não *oh!*): Ó José, vem cá!

Funções sintáticas e classes de palavras

Vimos até aqui ressaltando que as funções sintáticas dos termos da oração se acham representadas normalmente pelas espécies de classes de palavras conhecidas por substantivos, adjetivos, artigos, pronomes, numerais, verbos e advérbios, ou marcadas por instrumentos gramaticais, como é o caso das preposições e conjunções, ou pela sua disposição à esquerda e à direita do verbo, que é o núcleo fundamental da oração.

> **Obs.**: As funções estão sempre relacionadas com as classes de palavras, mas uma palavra não é substantivo, por exemplo, porque funciona como sujeito; pelo contrário, pode ser sujeito porque é um substantivo ou seu equivalente.

Daí, torna-se importante o conhecimento das diversas classes de palavras existentes na língua portuguesa: *substantivo, adjetivo, pronome, artigo, numeral, verbo, advérbio, preposição* e *conjunção*.

A tradição gramatical tem incluído aí a *interjeição*; entretanto, a interjeição não é, a rigor, uma *palavra*, mas uma *palavra-frase*, que só por si vale por um conteúdo de pensamento da linguagem emocional.

Em geral, a interjeição vem separada dos demais elementos do texto por um ponto de exclamação ou por uma vírgula:

"Oh! que saudades que tenho
Da aurora da minha vida. (...)" [Casimiro de Abreu, "Meus oito anos"].

QUESTÕES DO PASSO I

1) (Analista de Finanças e Controle — AFC/STN — ESAF)
De acordo com o texto, assinale a opção correta.

> **Valor: O Sr. espera uma piora de crise financeira global?**
> **Fernando Cardim:** O que estamos assistindo agora no mercado financeiro dos EUA é altamente preocupante.
> 5   Em menos de duas semanas, após o governo Bush injetar US$200 bilhões nas duas casas hipotecárias, quebra o Lehman Brothers, quarto maior banco de investimento local, e é vendido, preventivamente, em apenas dois dias, o Merril Lynch, banco de investimento
> 10 independente. E a maior seguradora do mundo, a AIG, está ameaçada. Isso abre uma frente nova na crise. As seguradoras são grandes fornecedoras de CDS para bancos comerciais. O CDS é um derivativo de crédito que serve como seguro. Quando os bancos
> 15 fazem empréstimos e os tomadores não pagam, eles recorrem às seguradoras para recuperar os valores dos empréstimos. Uma quebradeira nas seguradoras pode significar que a segurança do sistema bancário está sem proteção, os bancos estão nus.
>
> DURÃO, V.S. "Crise pode estar no auge".
> *Valor Econômico.* São Paulo, 17 set. 2008.

(A) A expressão "estamos assistindo" (linha 3) indica que o entrevistado fala em nome exclusivamente dos representantes do Governo.
(B) As vírgulas após "Brothers" (linha 7) e após "local" (linha 8) justificam-se por isolar aposto explicativo.
(C) O pronome "eles" (linha 15) é elemento coesivo que se refere ao antecedente "tomadores".
(D) O sinal indicativo de crase em "às seguradoras" (linha 16) justifica-se pela regência de "fazem" (linha 15) e pela presença de artigo definido feminino plural.
(E) A expressão "estão nus" (linha 19) está sendo empregada em sentido denotativo ou literal.

2) (Analista de Finanças e Controle — AFC/STN — ESAF)
Com base no texto, assinale a opção incorreta.

Ao lado de características inéditas, a crise **cevada** no mercado imobiliário e financeiro americano, com reverberações mundiais, apresenta aspectos também verificados em outras situações de nervosismo global.
5 Não há medida mágica e salvadora que faça cotações se estabilizarem e o investidor recuperar o sono. Só uma sucessão de ações consegue mudar expectativas como as atuais. A Casa Branca, ao contrário da postura que assumira no caso do Lehman Brothers —
10 tragado, sem socorro, por um rombo de US$600 bilhões — decidira estender a mão para a maior seguradora do país, a AIG.
Aos bilhões empenhados para permitir ao Morgan digerir o Bear Stearns, em março; ao dinheiro sacado
15 a fim de evitar a quebra das gigantes Fannie Mae e Freddie Mac, redescontadoras de hipotecas, o governo e o Fed, o BC dos EUA, decidiram somar US$85 bilhões para salvar a AIG. Decepcionou-se quem esperava tranquilidade. O emperramento do crédito —
20 ninguém emprestava a ninguém, por não se saber ao certo o risco do tomador — continua a travar o mercado global, e as ações novamente desceram a ladeira, empurradas por boatos sobre quais serão, ou seriam os próximos a cair.

"Questão de tempo. *O Globo*. Rio de Janeiro, 18 set. 2008. Opinião, p. 6.

(A) A expressão "cevada" (linha 1) está em sentido conotativo e apresenta significado relativo às seguintes ideias: alimentada, ampliada, crescida.
(B) Em "se estabilizarem" (linha 6), o "se" indica que o sujeito é indeterminado.
(C) O emprego de preposição em "Aos bilhões" (linha 13) e em "ao dinheiro" (linha 14) justifica-se pela regência de "somar" (linha 17).
(D) Em "Decepcionou-se" (linha 18), o "se" justifica-se porque o verbo está sendo empregado como pronominal.
(E) A expressão "desceram a ladeira" (linha 22) confere ao texto um tom de informalidade e está sendo empregada em sentido conotativo.

3) (FCC — Fundação Carlos Chagas — Defensoria Pública do Estado do Rio Grande do Sul — Defensor Público)

Receio, porém, que **essa linha de raciocínio** deixa uma fronteira jurídica desguarnecida.
O segmento destacado na frase acima exerce a mesma função sintática do segmento destacado em:

(A) A máquina registra uma imagem maravilhosa que ganha inúmeros prêmios.
(B) Ninguém hesitaria em creditar a imagem a esse outro profissional.
(C) Ninguém hesitaria em creditar a imagem a esse outro profissional.
(D) Imaginemos agora que Slater está andando pela trilha.
(E) A máquina registra uma imagem maravilhosa, que ganha inúmeros prêmios.

> **Obs.:** O texto (SCHWARTSMAN, Hélio. "Fotos, macacos e deuses." *Folha de S.Paulo*. São Paulo, 9 ago. 2014. A2. Opinião.) de onde foi retirado o objeto das questões 4 a 6 não foi incluído no livro por não ser determinante para a resolução das mesmas.

4) (FCC — Fundação Carlos Chagas — Defensoria Pública do Estado do Rio Grande do Sul — Defensor Público)
Considerada a norma-padrão, é correto afirmar:

(A) A palavra *animal* está em relação de hiponímia com a palavra "macaca".
(B) A grafia de *autorretrato* respeita o Acordo Ortográfico aprovado em 1990, que determina também, por exemplo, a eliminação do acento em "pôde" (3ª pessoa do singular do pretérito perfeito do indicativo) e em "pôr" (verbo).
(C) O verbo *querer*, empregado no texto, também está adequadamente flexionado e grafado na frase "Sem que ele quizesse, acabou provocando acalorada discussão".
(D) O radical grego presente em *autorretrato* está presente também em "autógrafo" e "autonomia".
(E) O sufixo presente em *questiúncula* intensifica a natureza grandiosa e desafiadora das questões que o autor não deseja discutir.

5) (FCC — Fundação Carlos Chagas — Defensoria Pública do Estado do Rio Grande do Sul — Defensor Público)

Segmentos do texto são apresentados abaixo seguidos de um comentário acerca de pontuação. Considerada a norma-padrão da língua escrita, assinale a observação correta.

(A) *pedira aos editores da enciclopédia que retirassem a imagem por violação de direitos autorais* / A inclusão de uma vírgula após a palavra *enciclopédia* está em concordância com as orientações da gramática normativa.
(B) *... o direito autoral do autorretrato, o "selfie", para usar o termo da moda, que uma macaca fez* / Levando em conta a sintaxe e a semântica do trecho, é obrigatória a inclusão de uma vírgula após a palavra *"selfie"*.
(C) *Receio, porém, que essa linha de raciocínio deixe uma fronteira jurídica desguarnecida* / A retirada da vírgula após a palavra *Receio* mantém a correção da frase.
(D) *Não são, entretanto, questiúnculas jurídicas que eu gostaria de discutir aqui* / A retirada da vírgula após a palavra *são* é correta.
(E) *Só que não é tão simples* / A inclusão de dois-pontos após a palavra *Só* não prejudica a correção da frase.

6) (FCC — Fundação Carlos Chagas — Defensoria Pública do Estado do Rio Grande do Sul — Defensor Público)

Fazê-lo implica <u>não só decidir quanta consciência devemos atribuir à símia mas também até que ponto estamos dispostos</u> a admitir que nossas vidas são determinadas pelo aleatório.

O trecho destacado acima recebeu formulações alternativas, abaixo transcritas. A única que prejudica o sentido original é:

(A) tanto decidir quanta consciência devemos atribuir à símia, como também até que ponto estamos dispostos.
(B) tanto decidir quanta consciência devemos atribuir à símia, quanto até que ponto estamos dispostos.
(C) decidir quanta consciência devemos atribuir à símia e, igualmente, até que ponto estamos dispostos.
(D) não tanto decidir quanta consciência devemos atribuir à símia, quanto até que ponto estamos dispostos.
(E) quer decidir quanta consciência devemos atribuir à símia, quer até que ponto estamos dispostos.

7) (ESAF — Escola de Administração Fazendária — Analista de Planejamento e Orçamento)

> **Obs.:** O texto (JOBIM, José Luís. *Literatura e cultura: do nacional ao transnacional*. Rio de Janeiro: Eduerj, 2013, p. 67) de onde foi retirado o objeto desta questão não foi incluído no livro por não ser determinante para a resolução da mesma.

Os verbos "perder" e "ter", no período "em outras palavras, presume-se que algo estável (o mundo das finanças, a política, a moral, a existência humana, o livro...) perde esta condição ou tem esta condição colocada em xeque", têm, como sujeito,

(A) "algo".
(B) "algo estável".
(C) "que algo estável".
(D) "algo estável (o mundo das finanças, a política, a moral, a existência humana, o livro...)".
(E) "que algo estável (o mundo das finanças, a política, a moral, a existência humana, o livro...)".

8) (ESAF — Escola de Administração Fazendária — Analista de Planejamento e Orçamento)
Leia com atenção o texto abaixo:

Quando, em 2001, Facundo Manes regressou
a seu país, a Argentina, depois de concluir um
mestrado de ciências em Cambridge, estava
convencido de que, para criar um polo científico
5 relevante, só se necessitava de quatro paredes
e um punhado de mentes brilhantes. O que o
inspirou foi sua passagem pelos Laboratórios
Cavendish, lugar pelo qual já desfilaram mentes
como as de Isaac Newton e Stephen Hawking.
10 Sem pensar duas vezes, fundou o Instituto de
Neurologia Cognitiva (Ineco) para investigar
temas como a memória, a tomada de decisões
e as emoções de forma multidisciplinar, unindo

os conhecimentos de cientistas de diversas
15 áreas. Hoje, sua criação é um polo de referência na
América Latina. Já produziu mais de 180
trabalhos científicos, publicados em revistas
internacionais de prestígio, como Brain e Nature
Neuroscience.

ELOLA, Joseba. "A multitarefa baixa o rendimento". *El País*.
Madri, 25 jul. 2015. Disponível em: <https://brasil.elpais.com/
brasil/2015/07/09/ciencia/1436463420_426214.html>

Sobre o uso das estruturas linguísticas do texto, assinale a opção incorreta.

(A) O sujeito da oração "só se necessitava de quatro paredes e um punhado de mentes brilhantes" (linhas 5-6) é "quatro paredes e um punhado de mentes brilhantes" (linhas 5 e 6).
(B) "Facundo Manes" (linha 1) é o sujeito das orações contidas no trecho "regressou a seu país, a Argentina, depois de concluir um mestrado de ciências em Cambridge" (linhas 1-3).
(C) O pronome oblíquo "o" (linha 6) funciona, sintaticamente, como objeto direto de "O que o inspirou foi sua passagem pelos Laboratórios Cavendish, lugar pelo qual já desfilaram mentes como as de Isaac Newton e Stephen Hawking".
(D) O sujeito das orações contidas no fragmento "Sem pensar duas vezes, fundou o Instituto de Neurologia Cognitiva (Ineco) para investigar temas como a memória, a tomada de decisões e as emoções de forma multidisciplinar" (linhas 10-13) é Facundo Manes (linha 1).
(E) A relação de atribuição expressa pelo pronome possessivo "sua" (linha 15) no trecho "Hoje, sua criação é um polo de referência na América Latina" (linhas 15 e 16) remete a Facundo Manes (linha 1).

9) (ESAF — Escola de Administração Fazendária — Analista de Planejamento e Orçamento)

Leia atentamente o texto abaixo:

Criado há dois anos, o Programa Mais Médicos
voltou a ser motivo de uma ferina disputa entre
o governo federal e as entidades da área de
saúde. Agora, não é mais a atuação dos cubanos
5   o foco da ira dos profissionais brasileiros, e sim

a expansão dos cursos de medicina no país.
No início de junho, os Ministérios da Saúde e
da Educação autorizaram instituições privadas
a oferecer 2.290 vagas de graduação em 36
10 municípios do interior. Por outro edital, foram
selecionadas mais 22 cidades para abrigar
novas escolas no Norte, Nordeste e Centro-
-Oeste, regiões vistas como prioritárias, por
possuir maior déficit de profissionais.

15 A reação não tardou. O Conselho Federal de
Medicina e a Associação Brasileira de Escolas
Médicas decidiram criar um modelo próprio de
avaliação dos cursos da área, independente
daquele adotado pelo governo. O Conselho
20 Regional de Medicina de São Paulo prometeu
ingressar na Justiça contra a abertura dos
novos cursos. As entidades acusam o governo
de promover uma expansão indiscriminada
das faculdades de medicina em locais com
25 infraestrutura inadequada, o que colocaria em
risco a qualidade da formação.

Rodrigo Martins, "Sobre a quantidade de jalecos brancos".
CartaCapital, 5 ago. 2015, ano XXI, nº 861

Indique a opção <u>incorreta</u> com relação às estruturas linguísticas do texto e à compreensão textual.

(A) A expressão "o Programa Mais Médicos" (linha 1) é o sujeito de todo o período onde está localizado.
(B) Infere-se que a expressão "profissionais brasileiros" (linha 5) está relacionada aos médicos brasileiros.
(C) A expansão dos cursos de medicina no Brasil, por meio do Programa Mais Médicos, é tida como um problema pelas entidades médicas.
(D) As palavras "área" (linha 3), "Ministérios" (linha 7) e "prioritárias" (linha 13) são acentuadas devido à mesma regra de acentuação gráfica.
(E) O sujeito da oração "o que colocaria em risco a qualidade da formação" (linhas 25 e 26) é indeterminado.

10) (ESAF — Escola de Administração Fazendária — Analista de Planejamento e Orçamento)

Leia com atenção o texto abaixo:

> Os cristãos enfrentam uma perseguição
> cada vez maior em todo o mundo, alimentada
> principalmente pelo extremismo islâmico e
> por governos repressivos, o que levou o papa
> 5 a advertir sobre "uma forma de genocídio" e
> ativistas a falarem em "limpeza étnico-religiosa".
> A escala dos ataques a cristãos no Oriente
> Médio, na África Subsaariana, na Ásia e na
> América Latina alarmou organizações que
> 10 monitoram a perseguição religiosa. A maioria
> relata uma deterioração significativa nos últimos
> anos.
>
> Em sua recente viagem à América Latina, o
> papa Francisco disse ter ficado decepcionado
> 15 "ao ver como no Oriente Médio e em outras
> partes do mundo muitos de nossos irmãos e
> irmãs são perseguidos, torturados e mortos
> por sua fé em Jesus". Ele continuou: "Nesta
> terceira guerra mundial, travada em capítulos,
> 20 que hoje experimentamos, ocorre uma forma de
> genocídio, que tem de terminar."
>
> SHERWOOD, Harriet. "Com os leões, sem Daniel". Tradução de Luiz Roberto Mendes Gonçalves. *CartaCapital*, 5 ago. 2015, ano XXI, nº 861.

No que diz respeito às estruturas linguísticas do texto, assinale a opção correta.

(A) O trecho "alimentada principalmente pelo extremismo islâmico e por governantes repressivos" (linhas 2-4) é uma oração reduzida de gerúndio.
(B) O verbo "alarmar" (linha 9) também pode ser usado no plural para concordar com a expressão "ataques a cristãos" (linha 7).
(C) Na expressão "uma deterioração significativa" (linha 11), "deterioração" é o núcleo do objeto direto.

(D) A expressão "nos últimos anos" (linhas 11 e 12) tem a função sintática de adjunto adverbial de lugar.
(E) O autor encerrou o período "Nesta terceira guerra mundial, travada em capítulos, que hoje experimentamos, ocorre uma forma de genocídio, que tem de terminar" (linhas 18-21) entre aspas para conferir-lhe destaque.

II) (ESAF — Analista Técnico-Administrativo, Arquiteto, Contador, Engenheiro e Pedagogo)

Os trechos a seguir constituem um texto adaptado do jornal *Valor Econômico* de 21/6/2013. Assinale a opção transcrita com erro gramatical.

(A) Diferentemente do contágio da crise de 2008, que atuou simultaneamente sobre os canais financeiro e produtivo, as turbulências atuais têm como norte a melhoria das condições econômicas globais, não sua deterioração.
(B) Após o sufoco de alguns dias infernais, é possível que o câmbio arrefeça, embora as cotações possivelmente se situem bem acima do desejável.
(C) As forças de mercado buscam novo equilíbrio. Já estão havendo caçadores de oportunidades de olho em pexinchas emergentes.
(D) Os juros estão subindo nos EUA e a alta pode, se não for temporária ou muito forte, trazer nova dificuldade para a recuperação americana.
(E) A escalada dos rendimentos dos títulos do Tesouro não deve ultrapassar ou estacionar acima dos 3%, indicando um retorno próprio ao de uma economia em tranquilo crescimento.

INSTRUÇÃO: Leia o texto para responder às questões de números 12 a 18.

A Comissão da Verdade

A Comissão da Verdade revelou nesta segunda-feira, 4, que o governo militar determinou a todos os agentes públicos no Brasil e no exterior, a partir de 1972, que não atendessem a nenhum pedido de esclarecimento de organizações nacionais e internacionais sobre mortos e desaparecidos em consequência da repressão. O ato foi uma reação específica às ações da Anistia Internacional, que vinha denunciando e cobrando esclarecimentos sobre violações de direitos humanos, como torturas, desaparecimentos e assassinatos de opositores.

ARRUDA, Roldão. "Governo Médici ordenou por escrito silêncio sobre tortura". *Folha de S.Paulo*. São Paulo, 4 fev. 2013.

12) (Câmara Municipal do Recife — Arquiteto — FGV Projetos)

Com base no texto, o emprego do verbo "revelar" mostra que:

(A) foi algo dito sob ação de tortura;
(B) se tratava de um segredo;
(C) se refere a algo comunicado de forma oficial;
(D) indica uma verdade insuspeitada;
(E) demonstra algo contado com superação do medo.

13) (Câmara Municipal do Recife — Arquiteto — FGV Projetos)

"revelou nesta segunda-feira"; de acordo com o texto, o emprego da forma do demonstrativo "nesta", nessa frase do texto, se deve ao mesmo motivo que levou a seu emprego na seguinte frase:

(A) João e Maria chegaram, mas esta de táxi.
(B) Esta blusa que visto foi presente de meu marido.
(C) Esta é a verdade: todos devem estudar mais.
(D) Esta época é a de maior frio.
(E) Nesta sala todos são luteranos.

14) (Câmara Municipal do Recife — Arquiteto — FGV Projetos)

No texto há uma série de elementos duplos; o par abaixo em que o segundo elemento traz certa intensificação do primeiro é:

(A) no Brasil / no exterior;
(B) nacionais / internacionais;
(C) mortos / desaparecidos;
(D) denunciando / cobrando;
(E) desaparecimentos / assassinatos.

15) (Câmara Municipal do Recife — Arquiteto — FGV Projetos)

Os elementos do texto que mantêm entre si uma relação de concordância nominal ou verbal são:

(A) violações de direitos;
(B) torturas, desaparecimentos e assassinatos;
(C) pedido de esclarecimento;
(D) assassinatos de opositores;
(E) Anistia Internacional.

16) (Câmara Municipal do Recife — Arquiteto — FGV Projetos)

"O ato foi uma reação específica às ações da Anistia Internacional, que vinha denunciando e cobrando esclarecimentos sobre violações de direitos humanos, como torturas, desaparecimentos e assassinatos de opositores." Sobre os componentes desse segmento do texto, a única afirmativa correta é:

(A) o termo "às ações" completa o termo "reação";
(B) Anistia Internacional traz letras maiúsculas iniciais para que sua importância fosse aumentada;
(C) há uma vírgula antes do pronome relativo "que" por tratar-se de uma oração restritiva;
(D) o conector "sobre" deveria ser substituído por "sob";
(E) o termo "de opositores" serve de complemento dos três termos anteriores.

17) (Câmara Municipal do Recife — Arquiteto — FGV Projetos)

A opção abaixo em que a troca de posição dos termos sublinhados altera o significado da frase original é:
(A) "determinou a todos os agentes públicos no Brasil e no exterior, a partir de 1972(...)";
(B) "nenhum pedido de esclarecimento de organizações nacionais e internacionais(...)";
(C) "sobre mortos e desaparecidos em consequência da repressão";
(D) "que vinha denunciando e cobrando esclarecimentos";
(E) "torturas, desaparecimentos e assassinatos de opositores".

18) (Câmara Municipal do Recife — Arquiteto — FGV Projetos)

"que não atendessem a nenhum pedido"; a forma adequada de re-escrever-se essa frase do texto de modo a retirarem-se as negações e mantendo-se o sentido original é:

(A) que nenhum pedido fosse atendido;
(B) que deixassem de atender a qualquer pedido;
(C) que algum pedido fosse atendido;
(D) que não atendessem a pedido algum;
(E) que atendessem a quaisquer pedidos.

19) (Ministério da Fazenda — Secretaria Executiva — Analista Administrativo — ANAC — ESAF)

Assinale a opção correta quanto à justificativa em relação ao emprego de vírgulas.

O mercado de jatos executivos está em alta há alguns anos, e os maiores mercados são Estados Unidos, Brasil, França, Canadá, Alemanha, Inglaterra, Japão e México. Também nesse segmento a Embraer é destaque, apesar de disputar ferozmente esse mercado com outras indústrias poderosas, principalmente a canadense Bombardier. A Embraer S.A. está desenvolvendo também uma aeronave militar, batizada de KC-390, que substituirá os antigos Hércules C-130, da Força Aérea Brasileira. Para essa aeronave a Embraer S.A. já soma algumas centenas de pedidos e reservas.

História da Aviação Civil. Disponível em:
<http://www.portalbrasil.net/aviacao_historia.htm>

As vírgulas no trecho "... os maiores mercados são Estados Unidos, Brasil, França, Canadá, Alemanha, Inglaterra, Japão e México" separam:

(A) aposto explicativo que complementa oração principal.
(B) palavras de natureza retificativa e explicativa.
(C) oração subordinada adjetiva explicativa.
(D) complemento verbal composto por objeto direto.
(E) termos de mesma função sintática em uma enumeração.

20) (Ministério da Fazenda — Secretaria Executiva — Analista Administrativo — ANAC — ESAF)

Assinale a opção que apresenta explicação correta para a inserção de "que é" antes do segmento grifado no texto.

A Secretaria de Aviação Civil da Presidência da República divulgou recentemente a pesquisa O Brasil que voa — Perfil dos Passageiros, Aeroportos e Rotas do Brasil, **o mais completo le-**

vantamento sobre transporte aéreo de passageiros do País. Mais de 150 mil passageiros, ouvidos durante 2014 nos 65 aeroportos responsáveis por 98% da movimentação aérea do País, revelaram um perfil inédito do setor.

Pesquisa revela perfil de passageiros, aeroportos e rotas.
Disponível em: <http://www.anac.gov.br/noticias/2015/
pesquisa-revela-perfil-de-passageiros-aeroportos-e-rotas>

(A) Prejudica a correção gramatical do período, pois provoca truncamento sintático.
(B) Transforma o aposto em oração subordinada adjetiva explicativa.
(C) Altera a oração subordinada explicativa para oração restritiva.
(D) Transforma o segmento grifado em oração principal do período.
(E) Corrige erro de estrutura sintática inserido no período.

21) (Ministério da Fazenda — Secretaria Executiva — Analista Administrativo — ANAC — ESAF)

Assinale a opção que preenche as lacunas do texto de forma que o torne coeso, coerente e gramaticalmente correto.

A auditoria presencial da Organização de Aviação Civil Internacional (OACI) informou recentemente que a Agência Nacional de Aviação Civil (ANAC) alcançou 96,49% __1__ conformidade no *Universal Safety Oversight Audit Programme — Continuous Monitoring Approach* (USOAP CMA), programa lançado __2__ resposta às preocupações __3__ adequação da vigilância da segurança operacional da aviação civil em todo o mundo. O resultado preliminar obtido __4__ Agência coloca o país __5__ quarto lugar no *ranking* de segurança operacional da aviação no mundo, ficando atrás __6__ Coreia do Sul, de Cingapura e dos Emirados Árabes Unidos. A nota obtida pela ANAC demonstra o desenvolvimento da Agência, a evolução de sua maturidade institucional e o aprimoramento da segurança operacional da aviação civil no país.

Brasil entre melhores avaliados em segurança operacional.
Disponível em: <http://www.anac.gov.br/noticias/2015/brasil-
entre-melhores-avaliados-em-seguranca-operacional>

	1	2	3	4	5	6
(A)	em	por	da	da	No	para a
(B)	por	na	sob	com a	com o	só da
(C)	de	em	sobre a	pela	Em	apenas da
(D)	na	de	na	por essa	De	de
(E)	com a	como	de	sobre a	para o	unicamente de

Atenção: Considere o texto a seguir para responder às questões de números 22 a 24.

A justiça é o tema dos temas da Filosofia do Direito por conta da força de um sentimento que atravessa os tempos: o de que o Direito, como uma ordenação da convivência humana, esteja permeado e regulado pela justiça. A palavra direito, em português, vem de *directum*, do verbo latino *dirigere*, 'dirigir', apontando, dessa maneira, que o sentido de direção das normas jurídicas deve ser o de se alinhar ao que é justo.

O acesso ao conhecimento do que é justo, no entanto, não é óbvio. Basta lembrar que os gregos, para lidar com as múltiplas vertentes da justiça, valiam-se, na sua mitologia, de mais de uma divindade: *Têmis*, a lei; *Diké*, a equidade; *Eirene*, a paz; *Eunômia*, as boas leis; *Nêmesis*, que pune os crimes e persegue a desmedida.

No mundo contemporâneo o Direito tem uma complexa função de gestão das sociedades, que torna ainda mais problemático o acesso ao conhecimento do que é justiça, por meio da razão, da intuição ou da revelação. Essa problematicidade não afasta a força das aspirações da justiça, que surge como um valor que emerge da tensão entre o ser das normas do Direito Positivo e de sua aplicação, e o dever ser dos anseios do justo. Na dinâmica dessa tensão tem papel relevante o sentimento de justiça. Este é forte, mas indeterminado. Daí as dificuldades da passagem do sentir para o saber. Por esse motivo, a tarefa da Teoria da Justiça é um insistente e contínuo repensar o significado de justiça no conjunto de preferências, bens e interesses positivados pelo Direito.

LAFER, Celso. "Variações sobre a justiça". *O Estado de S. Paulo*. São Paulo, 18 nov. 2012. A2. Espaço aberto.

22) (Ministério Público do Estado do Amazonas — Agente Técnico Economista — FCC — Fundação Carlos Chagas)

... *para lidar com as múltiplas vertentes da justiça...*
O verbo que exige o mesmo tipo de complemento que o da frase acima se encontra em:

(A) A palavra direito, em português, vem de *directum*, do verbo latino *dirigere*...
(B) ... o Direito tem uma complexa função de gestão das sociedades...
(C) ... o de que o Direito (...) esteja permeado e regulado pela justiça.
(D) Essa problematicidade não afasta a força das aspirações da justiça...
(E) Na dinâmica dessa tensão tem papel relevante o sentimento de justiça.

23) (Ministério Público do Estado do Amazonas — Agente Técnico Economista — FCC — Fundação Carlos Chagas)

Substituindo-se o segmento grifado nas frases abaixo por outro, proposto entre parênteses ao final, o verbo que poderá permanecer corretamente **no singular** está em:

(A) tem papel relevante o sentimento de justiça (**os sentimentos de justiça**).
(B) o de que o Direito (...) esteja permeado e regulado pela justiça (**as normas do Direito**).
(C) que torna ainda mais problemático (**as complexas funções de gestão**).
(D) A justiça é o tema dos temas (**As vertentes da justiça**).
(E) Essa problematicidade não afasta a força (**Esses dilemas da ordem jurídica**).

24) (Ministério Público do Estado do Amazonas — Agente Técnico Economista — FCC — Fundação Carlos Chagas)

No mundo contemporâneo o Direito tem uma complexa função de gestão das sociedades, que torna ainda mais problemático o acesso ao conhecimento do que é justiça, por meio da razão, da intuição ou da revelação.

Considerando-se o segmento acima, a afirmativa que NÃO condiz com a estrutura sintática é:

(A) Trata-se de período composto por coordenação.
(B) O Direito e que exercem função de sujeito, no período.
(C) Gestão e acesso são palavras que possuem, igualmente, complemento nominal.
(D) Ainda mais problemático é um termo que exerce função de predicativo.
(E) O termo por meio da razão, da intuição ou da revelação tem sentido adverbial.

25) (Analista Técnico de Políticas Sociais — IDECAN — MS)
Texto para responder à questão.

A experiência brasileira passou a oferecer novas possibilidades de vida para as pessoas com diagnósticos psiquiátricos: dos cerca de 80 mil leitos existentes na virada dos anos 1970 para 1980, atualmente há menos de 30 mil. E, ao contrário do que argumentam as pessoas prejudicadas por tais mudanças, os pacientes que ocupariam estes leitos não foram abandonados nas ruas, ou deixados como sobrecarga às famílias. Foram e são ainda atendidos por centenas e milhares de novos serviços de atenção psicossocial, como os Centros de Atenção Psicossocial, onde os usuários são acompanhados cotidianamente, em regime aberto e inclusivo.

Dias após o Brasil perder Antonio Lancetti — defensor da luta antimanicomial e das ações de enfrentamento à dependência química, um argentino que escolheu o Brasil para lutar, mesmo enquanto combatia um agressivo câncer, pela população de rua acometida de doenças mentais —, é muito importante lembrar que a reforma psiquiátrica não se reduz à lei ou às portarias ministeriais. Constrói-se cotidianamente no fazer e criar permanente de novas relações de cuidado e solidariedade às pessoas em sofrimento. Muitos daqueles internos em hospitais psiquiátricos, em cujos prontuários se lia que eram incapazes, perigosos e irresponsáveis, são hoje cidadãos em defesa e exercício de seus direitos, inclusive como defensores da reforma psiquiátrica antimanicomial. E isto é fundamental.

AMARANTE, Paulo. "Cidadãos e capazes". *O Globo*. Rio de Janeiro, 19 dez. 2016. Disponível em: <https://oglobo.globo.com/opiniao/cidadaos-capazes-20663456>

A manchete de 5/1/2017 "Bombeiros resgatam homem que caiu no Rio Tamanduateí", publicada em http://g1.globo.com/, apresenta o emprego do pronome relativo "que", sintaticamente a mesma função que tal pronome exerce na manchete pode ser identificada através do destacado em

(A) "atualmente há menos de <u>30 mil</u>".
(B) "Dias após o Brasil perder <u>Antonio Lancetti</u>".
(C) "mesmo enquanto combatia <u>um agressivo câncer</u>,".
(D) "lembrar que <u>a reforma psiquiátrica</u> não se reduz à lei".
(E) "oferecer <u>novas possibilidades de vida</u> para as pessoas".

26) (Contador Júnior — IESES — GasBrasiliano)

Assinale a única oração em que o sujeito seja indeterminado.

(A) Todos quiseram dar sua opinião.
(B) Ninguém se manifestou a esse respeito.
(C) Nada foi feito para mudar a realidade.
(D) Assaltaram a casa do ministro.

27) (Administração — IADES — Fundação Hemocentro de Brasília — DF)

Obs.: O texto (BARRUCHO, Luís Guilherme. "O que falta para o Brasil doar mais sangue?". BBC Brasil. São Paulo, 19 ago. 2015. Disponível em: <https://www.bbc.com/portuguese/noticias/2015/08/150812_sangue_doacoes_brasil_lgb>. Acesso em: 20 dez. 2016 [fragmento], com adaptações.) de onde foi retirado o objeto desta questão não foi incluído no livro por não ser determinante para a resolução da mesma.

Considerando como referência as classes de palavras e as relações sintáticas que constituem o período "É preciso um esforço educacional em escolas e por meio de campanhas públicas para garantir que as pessoas entendam a necessidade e se disponham a doar sangue regularmente.", assinale a alternativa correta.

(A) O sujeito da oração "É preciso" é indeterminado, pois a ação expressa pelo verbo não se refere a um ser específico.
(B) A oração "para garantir" relaciona-se por coordenação com a anterior, acrescentando-lhe uma ideia de finalidade.
(C) O termo "regularmente" indica o estado ou a qualidade do sujeito "as pessoas", por isso funciona como predicativo do sujeito.
(D) O termo "a necessidade" está para o verbo "entendam", assim como a oração "que as pessoas entendam a necessidade" está para o verbo "garantir".
(E) A conjunção "e", em suas duas ocorrências, relaciona orações coordenadas entre si.

28) (Analista — CONSULPLAN — CFESS)

Obs.: O texto (SCLIAR, Moacyr. "São só contas de vidro." *Do jeito que nós vivemos*. Belo Horizonte: Ed. Leitura, 2007) de onde foi retirado o objeto desta questão não foi incluído no livro por não ser determinante para a resolução da mesma.

Tendo em vista as relações de sintaxe estabelecidas nas orações a seguir, relacione adequadamente as colunas, considerando os termos destacados.
1. Objeto indireto.
2. Sujeito simples.
3. Adjunto adverbial.
4. Predicativo do sujeito.
( ) "(...) que os portugueses lhes davam."
( ) "A noção de espaço público lá está muito presente."
( ) "Cartas e e-mails ficam pacientemente à nossa espera."
( ) "Em primeiro lugar, eram novidade, coisa desconhecida por ali."

A sequência está correta em:

(A) 1, 2, 3, 4.
(B) 2, 4, 3, 1.
(C) 3, 1, 2, 4.
(D) 4, 3, 1, 2.

29) (Professor PEB I — Ensino Infantil — Big Advice — Prefeitura de Martinópolis — SP)

Este é o assunto de **que** me lembrei. A palavra em destaque é:

(A) Pronome relativo com função de sujeito.
(B) Pronome relativo com função de objeto indireto.
(C) Pronome relativo com função de complemento nominal.
(D) Pronome relativo com função de predicativo do sujeito.
(E) Pronome relativo com função de adjunto adverbial.

30) (Vestibular para Administração e Ciências Econômicas — INSPER — A)

Bruno Galvão.

Considerando os objetivos da charge, sua posição crítica é feita a partir da repetição do sintagma "controle da dengue", em que "da dengue" assume diferentes funções sintáticas em cada ocorrência, sendo respectivamente

(A) sujeito e objeto indireto.
(B) adjunto adnominal e aposto.
(C) complemento nominal e adjunto adnominal.
(D) sujeito e predicativo do sujeito.
(E) aposto e complemento nominal.

GABARITO COMENTADO DO PASSO I

1) Gabarito: B
Comentário:
A questão envolve variados assuntos gramaticais. Vejamos:
- A) A expressão "estamos assistindo" deixa claro que o entrevistado não só se inclui, como também o entrevistador e os leitores.
- C) O pronome "eles" refere-se a "bancos".
- D) O verbo que rege o termo "as seguradoras" não é "fazem", mas "recorrem".
- E) O sentido da expressão "estão nus" é conotativo, uma vez que, fosse ela empregada no sentido denotativo (real, dicionarizado) tornaria o texto incoerente, considerando que personificação, nesse caso, seria impossível.

2) Gabarito: B
Comentário:
A questão envolve variados assuntos gramaticais. A opção B é incorreta, porque:
- 1º) Com o pronome "se" indeterminador do sujeito, o verbo deveria ficar na 3ª pessoa do singular.
- 2º) O verbo está na voz passiva e o pronome "se" é apassivador.
- 3º) "Cotações" é o sujeito da voz passiva: *cotações são estabilizadas*.

3) Gabarito: B
Comentário:
O primeiro passo é identificar a função sintática do termo destacado ("essa linha de raciocínio"), que, no caso, é o sujeito da segunda oração. Agora é encontrar, dentre as opções, a que também tem função de sujeito.
- A) Objeto direto.
- B) Sujeito.
- C) Objeto direto.
- D) Objeto direto (oracional).
- E) Adjunto adnominal (oracional).

Portanto, a resposta é a opção B.

4) Gabarito: D
Comentário:
Observe que a opção está:

A) Errada: hiponímia é a relação que se estabelece entre os vocábulos de uma mesma língua com base da maior para a menor especificidade de significado deles, portanto "macaca" está numa relação de hiponímia com "animal". O caso apresentado é de uma relação de hiperonímia (note que o prefixo "hipo" significa posição inferior, no caso significado mais restrito; já "hiper" significa excesso, no caso significado amplo).
B) Errada: o Acordo Ortográfico não eliminou o acento gráfico em "pôde", nem "pôr", nos casos citados.
C) Errada: o verbo "querer" deve ser grafado com "s" em todos os casos em que o som é /z/ (por exemplo: quis, quisesse, quisessem, etc.).
D) Certa: este é o gabarito. O radical "aut-ós" tem o mesmo significado em todos os exemplos: 'de si mesmo'.
E) Errada: o sufixo "-cula" é formador de diminutivo (por exemplo: radícula, corpúsculo, etc.).

5) Gabarito: B
Comentário:
A vírgula depois de "*selfie*" é obrigatória por ser um aposto explicativo.

6) Gabarito: D
Comentário:
Todas as opções, com exceção da letra D, apresentam alternativas possíveis de reescritura do trecho sem alterar-lhe o sentido. Na opção D não foram respeitadas a relação de sentido observada entre as orações do texto inicial (coerência) nem a coesão textual.

7) Gabarito: D
Comentário:
Os verbos "perder" e "ter", que estão em orações coordenadas de mesma estrutura sintática ligadas pelo conectivo alternativo "ou", apresentam o mesmo sujeito e estão na 3ª pessoa do singular para concordar com o núcleo do sujeito "algo". Obs.: A expressão entre parênteses é um aposto do sujeito e, como tal, faz aqui parte do sujeito.

8) Gabarito: A
Comentário:
Todas as opções estão corretas, exceto A, porque o pronome "se" é indeterminador do sujeito. É importante lembrar que, com o verbo transitivo

indireto na 3ª pessoa do singular acompanhado do pronome se, o sujeito fica indeterminado. O termo "quatro paredes e um punhado de mentes brilhantes" é objeto indireto (lembre-se, ainda, de que o sujeito não pode ser antecedido de preposição).

9) Gabarito: E
Comentário:
Todas as opções estão corretas, exceto a letra E, primeiramente porque para uma oração ter sujeito indeterminado é necessário que o verbo esteja na 3ª pessoa do singular acompanhado do indeterminador "se". O verbo "colocaria" não atende a esse quesito, o que descarta a possibilidade de o sujeito ser indeterminado. Nessa oração o sujeito vem expresso: "o que" (= essa expansão).

10) Gabarito: C
Comentário:
A opção correta é a C: o núcleo do objeto direto é o substantivo "deterioração". As demais opções não estão de acordo com a teoria gramatical e a boa interpretação do texto porque:
A) o verbo da oração "alimentada" está no particípio, portanto a oração é reduzida de particípio.
B) o verbo "alarmar" só pode ficar no singular e, uma vez que o núcleo do sujeito é o substantivo "escala", nenhuma outra concordância é possível.
D) "nos últimos anos" é um adjunto adverbial de tempo.
E) o trecho está entre aspas por ser continuação da reprodução das palavras de papa Francisco.

11) Gabarito: C
Comentário:
Segundo a norma-padrão da língua, o verbo *haver* quando empregado no sentido de 'existir' é impessoal e, portanto, só pode ficar no singular. No caso de ser o verbo principal de uma locução verbal, sua impessoalidade é assimilada pelo auxiliar, daí, de acordo com o padrão formal da língua, o adequado é "está havendo caçadores de oportunidades". O candidato pode ficar confuso, acreditando que "caçadores de oportunidades" é o sujeito, mas nesses casos — o verbo *haver* com o significado de 'existir' — a oração é sem sujeito e o complemento do verbo *haver* é objeto direto.

> **Obs.**: Na parte teórica deste livro, não se falou em predicado verbal, predicado nominal e predicado verbo-nominal, porque na realidade a integração predicativa se faz sempre mediante um verbo. A Nomenclatura Gramatical Brasileira (NGB) mais recente, por isso mesmo, só fala em predicado verbal para os três tipos. Não obstante, ainda há bancas que utilizam a antiga nomenclatura, que, por prudência, devemos respeitar.

12) Gabarito: B
Comentário:
Uma leitura atenta do texto levará o candidato a inferir que o verbo "revelar", cujo significado é 'tornar visível, público', neste texto indica que a Comissão da Verdade tornou público o que, até então, era segredo dos anos da ditadura.

13) Gabarito: D
Comentário:
O pronome demonstrativo, na frase-modelo do enunciado da questão, foi empregado em relação ao tempo presente, o que se observa também na frase da opção D, gabarito da questão.

14) Gabarito: E
Comentário:
O par de palavras em que a segunda intensifica o significado da primeira é o da opção E.

15) Gabarito: E
Comentário:
Nas opções A, C e D, os complementos preposicionados não precisam concordar com o nome. Na opção B há uma enumeração. Apenas na opção E, o adjetivo, adjunto adnominal de *Anistia*, deve concordar com o substantivo a que se refere.

16) Gabarito: A
Comentário:
A opção A está correta, porque "as ações" é complemento nominal do predicativo, cujo núcleo é "reação". A alternativa E foi considerada errada

por se ter concluído que "de opositores" só se referiria aos dois termos anteriores (*desaparecimentos* e *assassinatos*).

17) Gabarito: D
Comentário:
A troca de posição dos termos destacados nas opções A, B, C e E não altera o sentido original. Na opção D não haveria como a Anistia Internacional cobrar e depois denunciar esclarecimentos, essa alternância de posição dos termos destacados deixaria o trecho incoerente.

18) Gabarito: B
Comentário:
Para que as palavras negativas "não" e "nenhum" deixem a frase e ela não tenha qualquer alteração de sentido, é necessário que se faça a substituição por uma expressão correspondente: "não atendessem a nenhum pedido" semanticamente equivale a "deixassem de atender a qualquer pedido".

19) Gabarito: E
Comentário:
As vírgulas foram empregadas para separar termos de mesma função sintática (núcleos do predicativo do sujeito) em uma enumeração.

20) Gabarito: B
Comentário:
A expressão destacada é um aposto explicativo do objeto direto "a pesquisa O Brasil que voa — Perfil dos Passageiros, Aeroportos e Rotas do Brasil". O fato de inserir o pronome relativo "que" e o verbo "ser" (é) transforma o aposto explicativo em oração subordinada adjetiva explicativa.

21) Gabarito: C
Comentário:
Vamos analisar cada lacuna:
1ª — o verbo "alcançar", nessa acepção, é transitivo direto acompanhado de adjunto adnominal introduzido pela preposição "de": "de conformidade".
2ª — o verbo "lançar" no sentido de 'dar, gerar' pede preposição "em" para o termo que exprime a destinação, portanto "em resposta".
3ª — o substantivo "preocupações" pede a preposição "sobre". O artigo "a" antecede o substantivo "adequação".
4ª — a contração da forma antiga *per* da preposição *por* com artigo *a*, "pela", introduz de forma natural o agente da passiva "pela Agência".

5ª — o verbo "colocar", nessa acepção, é transitivo direto (objeto direto: o país) seguido de adjunto adverbial com preposição "em".
6ª — esta lacuna pode ser preenchida pelas expressões "só da" e "apenas da", mas, como as outras lacunas já nos conduziram para a opção C, só é possível optar por "atrás *apenas da* Coreia do Sul...".

22) Gabarito: A
Comentário:
O verbo "lidar", no exemplo, rege complemento preposicionado. Na opção A, o verbo "vem", na acepção de 'originar-se' também rege complemento preposicionado. Este é o gabarito.
Nas opções B, D e E, os verbos "tem", "afastar" e novamente "tem", nas acepções em que foram empregados, regem complemento não preposicionado.
Na opção C, os verbos "permeado" e "regulado" estão na voz passiva, o que implica serem transitivos diretos na voz ativa.

23) Gabarito: D
Comentário:
Nas opções A, B, C e E, as formas verbais devem ficar no plural, para concordar com os sujeitos propostos nos parênteses. Assim, teríamos:
A) têm papel relevante os sentimentos de justiça.
B) o de que as normas do Direito (...) estejam permeadas e reguladas pela justiça.
C) as complexas funções de gestão tornam ainda mais problemático.
E) Esses dilemas da ordem jurídica não afastam a força.
Na opção D, o verbo "ser" tanto pode permanecer no singular como também pode ficar no plural, porque, sendo o sujeito o tema de uma palestra, no plural, antecedido de artigo, a concordância do verbo deve ser com o nome no plural. Mas é possível não flexionar o verbo em número principalmente se o predicativo for um substantivo no singular — que é o caso da opção D: As vertentes da justiça é o tema dos temas.

24) Gabarito: A
Comentário:
A opção A está incorreta porque o período destacado no enunciado da questão é composto por subordinação com três orações: a 1ª, principal ("No mundo contemporâneo o Direito tem uma complexa função de gestão das sociedades"), a 2ª, subordinada adjetiva ("que torna ainda mais problemático o acesso ao conhecimento"), e a 3ª, subordinada substantiva

completiva nominal ("do que é justiça, por meio da razão, da intuição ou da revelação").

25) Gabarito: D
Comentário:
A palavra "que" destacada no enunciado da questão é um pronome relativo e exerce a função sintática de sujeito. Assim, em "Bombeiros resgatam homem que caiu no Rio Tamanduateí", a oração *que caiu* vale por *homem caiu*, já que o pronome relativo é aí o representante do antecedente *homem*. Portanto, *que* funciona como sujeito do núcleo verbal *caiu*. Os termos destacados nas opções A, B C e E são objetos diretos dos verbos a que estão relacionados. Somente na opção D o termo destacado exerce função de sujeito (do verbo "reduzir").

26) Gabarito: D
Comentário:
Quando o sujeito é indeterminado não se indica o agente da ação verbal que é marcada de três formas diferentes: 1ª) verbo na 3ª pessoa do plural, sem referência a qualquer termo que, anterior ou seguinte, lhe sirva de sujeito; 2ª) verbo na voz ativa, 3ª pessoa do singular, acompanhado de pronome "se"; 3ª) verbo na 3ª pessoa do singular ou do plural sem qualquer referência anterior ou seguinte que lhe sirva de sujeito (Diz que tudo aconteceu assim).
Na opção A, o sujeito é simples: "todos";
Na opção B, o sujeito também é simples: "ninguém" — o candidato pode ter dúvida neste caso, confundindo a indefinição semântica do pronome "ninguém" com a função que este pronome ocupa na oração em que aparece. É importante lembrar que a função sintática diz respeito à função que a palavra ocupa na oração e não a seu significado; nesse caso, "ninguém" é um pronome indefinido (não define semanticamente o autor da ação) que exerce a função sintática de sujeito simples que está, claramente, expresso na oração;
Na opção C, o sujeito também é simples — "nada" —, e deve ser analisado pelo candidato com a mesma atenção com que dedicou à opção B;
Na opção D, o sujeito é indeterminado porque o verbo "assaltar" está na 3ª pessoa do plural, sem qualquer referência a qualquer termo que lhe sirva de sujeito.

27) Gabarito: D
Comentário:
Para que uma afirmativa seja considerada correta, é necessário que tudo o que declara seja verdadeiro; se somente parte dela estiver certa, a opção é considerada incorreta. A alternativa
- A) está incorreta: o sujeito da oração do verbo "ser" na expressão "é preciso" é simples — "um esforço educacional";
- B) está incorreta: a oração "para garantir" realmente tem ideia de finalidade, mas relaciona-se por subordinação com a anterior, é subordinada adverbial final reduzida de infinitivo — sua forma desenvolvida seria: a fim de que se garanta;
- C) está incorreta: o termo "regularmente" é um adjunto adverbial e não um predicativo;
- D) está correta: o termo "necessidade" é objeto direto, enquanto "que as pessoas entendam a necessidade" é, também, um objeto direto na forma oracional;
- E) está incorreta: na primeira ocorrência, a conjunção "e" liga dois termos de mesma função sintática: adjuntos adverbiais — que estão coordenados entre si; na segunda ocorrência, sim, relaciona duas orações subordinadas substantivas objetivas diretas coordenadas entre si.

28) Gabarito: A
Comentário:
Na primeira oração, o pronome "lhes" exerce a função sintática de objeto indireto pedido pelo verbo "dar"; portanto, os parênteses devem ser preenchidos com o número 1.

Na segunda oração, a expressão "a noção de espaço" exerce a função sintática de sujeito simples, portanto os parênteses devem ser preenchidos com o número 2.

Na terceira oração, o advérbio "pacientemente" exerce a função sintática de adjunto adverbial que indica a circunstância em que se dá o verbo "ficar", portanto os parênteses devem ser preenchidos com o número 3.

Na quarta e última oração o substantivo "novidade" é predicativo do sujeito simples "as contas de vidro", anteriormente referido e com o qual o verbo "ser" concorda por, o sujeito, ter o núcleo no plural — "contas", portanto os parênteses devem ser preenchidos com o número 4.

Não é comum a opção correta apresentar sequência numérica tão linear, mas também não é impossível, por isso o candidato deve analisar cada item com muito cuidado, a fim de não se deixar influenciar por fatos como este.

29) Gabarito: B
Comentário:
O pronome relativo "que" tem como antecedente o substantivo "assunto". O verbo da oração adjetiva — lembrar — é transitivo indireto. O pronome relativo "que", antecedido da preposição "de", é o objeto indireto (de que = do assunto) pedido pelo verbo.

30) Gabarito: C
Comentário:
É complemento nominal na primeira ocorrência, porque o termo "da dengue" é o alvo da ação expressa pelo nome "controle" que pede um complemento; apresenta, portanto, característica passiva: controlar a dengue (a dengue é controlada). E é adjunto adnominal na segunda ocorrência, porque o termo "da dengue", neste caso, é o agente do nome "controle": a dengue controla [tudo].
Esta lição baseia-se em doutrina firmada pelo prof. Rocha Lima, lição que é atualmente adotada por muitas bancas examinadoras. Todavia, existe razão para propor outra solução, considerando que "controle" é um substantivo de ação nos dois casos, ligados ao verbo *controlar*. Daí a melhor doutrina nos parece considerar, em ambos os exemplos, complemento nominal.

Passo 2

Classes gramaticais

Substantivo, adjetivo, artigo, pronome, numeral, verbo, advérbio, preposição, conjunção, interjeição

SUBSTANTIVO

É a classe de palavra que se caracteriza por significar o que convencionalmente chamamos *objetos substantivos*, isto é, substâncias (*homem, casa, livro*) e quaisquer outros objetos mentalmente apreendidos como substâncias, quais sejam: qualidades (*bondade, maldade, ligeireza*), estados (*saúde, doença*), processos (*chegada, entrega, aceitação*). Qualquer palavra tomada materialmente pode substantivar-se (o *se*, o *de*, o *não*, o *porquê*) e estará sujeita às regras de flexão e derivação dos substantivos (os *ses*, os *des*, os *nãos*, os *sins*, os *porquês*).

Concretos e abstratos

A tradição gramatical divide os substantivos em *concretos* e *abstratos*. Os concretos são *próprios* e *comuns*.

Substantivo concreto é o que designa ser de existência independente; nomeia pessoas, lugares, animais, vegetais, minerais e coisas: *casa, mar, sol, automóvel, filho, mãe.*

Substantivo abstrato é o que designa ser de existência dependente; designa ação (*beijo, trabalho, saída*), estado (*cansaço, doença, felicidade*) e qualidade (*prazer, beleza*), considerados fora dos seres, como se tivessem existência individual: *prazer, beijo, trabalho, saída, beleza, cansaço*, mas cuja existência depende de pessoa ou coisa que dê ou apresente prazer, beijo, trabalho, e assim por diante.

É muito frequente o emprego de substantivos abstratos como concretos quando aplicados a nomes de coisas relacionadas com o ato ou qualidade que designam. Quando dizemos que o país precisa de *inteligências*, facilmente percebemos que o substantivo abstrato está usado concretamente, para designar as pessoas inteligentes.

Próprios e comuns

Dividem-se os substantivos concretos em *próprios* e *comuns*, divisão que pertence a planos diferentes.

Substantivo próprio é o que se aplica a um objeto ou a um conjunto de objetos, *mas sempre individualmente*. Os substantivos próprios mais importantes são os *antropônimos* e os *topônimos*. Os primeiros se aplicam às pessoas que, em geral, têm *prenome* (nome próprio individual), [João], e *sobrenome* ou *apelido* (que situa melhor o indivíduo em função da sua proveniência geográfica [*Coimbra*], da sua profissão [*Caeiro*], da sua filiação (patronímico) [*Soares*, filho de Soeiro], de uma qualidade física ou moral [*Cão*], de uma circunstância de nascimento [*Neto*].
Os topônimos se aplicam a lugares e acidentes geográficos.

Substantivo comum é o que se aplica a um ou mais objetos particulares que reúnem características comuns inerentes a dada classe: *homem, mesa, livro, cachorro, lua, sol, fevereiro, segunda-feira, papa*.

> **Obs.**: Nomes empregados no plural com referência a uma pluralidade de objetos que individualmente têm o mesmo nome (os *Antônios*, as *Marias*, as *Romas*), ou que se aplicam ao conjunto de membros de uma mesma família ou nacionalidade (os *Azevedos*, os *Maias*), ou que significam "entes como..." (os *Tiradentes*, os *Ruis*, os *Pelés*, os *Eldorados*), ou, ainda, se aplicam aos objetos

designados pelos nomes dos autores, fabricantes, produtores (os *Rembrandts*, os *Machados de Assis* e os *Fords*) são na realidade nomes da "classe" e, portanto, substantivos comuns. A inicial maiúscula aqui empregada se explica por convenção ortográfica.

Quando não nos prendemos apenas à pessoa ou coisa nomeada, mas observamos-lhes qualidades e defeitos que se podem transferir a um grupo mais numeroso de seres, o nome próprio passa a comum: *Judas*, o nome de um dos doze apóstolos, aquele que traiu Jesus, é também a encarnação mesma do *traidor*, do *amigo falso*, em expressões do tipo: *Fulano é um judas*.

Da mesma forma passam a substantivos comuns os nomes próprios de fabricantes e de lugares onde se fazem ou se fabricam certos produtos: *estradivário* (= violino de Stradivarius).

Coletivos

São coletivos e nomes de grupo usuais: por exemplo, caravana, clientela, colmeia, rebanho, etc.

Obs.: Não confundir com os coletivos os *nomes de grupo* (*bando*, *rebanho*, *cardume*, etc.), embora assim o faça a gramática tradicional. Na realidade, os nomes de grupos são nomes de conjunto de objetos contáveis, que se aplicam habitualmente ou a uma espécie definida (*cardume*, *alcateia*, *enxame*) ou total ou parcialmente indefinida (*conjunto*, *grupo*, *bando*: *bando de pessoas*, *de aves*, *de alunos*). Ao contrário dos coletivos, os nomes de grupos, principalmente os que se referem a espécie indefinida, requerem determinação explícita do tipo de objeto que compõe o conjunto: *um **bando** de pessoas, de adolescentes*, etc.; *um **cardume** de baleias, de sardinhas*, etc. Já não seria possível *um vinhedo de vinhos*. Vale ressaltar que há bancas que não fazem a distinção entre coletivos e nomes de grupo.

Flexões do substantivo

1. Número

É a categoria gramatical que se refere aos objetos substantivos considerando-os na sua unidade da classe a que pertencem (é o número *singular*) ou no seu conjunto de dois ou mais objetos da mesma classe (é o número *plural*).

a) Formação do plural com acréscimo de -s

Forma-se o plural dos substantivos com o acréscimo do morfema pluralizador (desinência do plural) -s, quando terminados explicitamente por:

1 — vogal átona ou tônica ou ditongo oral: *livro* → *livros*; *cajá* → *cajás*; *lei* → *leis*.

2 — vogal nasal tônica ou átona: *irmã* → *irmãs*; *ímã* → *ímãs*; *dom* → *dons* (grafando-se *ns*); *álbum* → *álbuns*; *totem* → *totens* (O *m* final pode guardar sua integridade de pronúncia, não nasalizando o *e* anterior, no vocábulo *totem*, admitindo a grafia *tóteme*.).

3 — ditongos nasais *-ãe* (tônicos ou átonos) e *-ão* (átono): *mãe* → *mães*; *bênção* → *bênçãos*; *sótão* → *sótãos*.

> **Obs.:** Vários substantivos de origem estrangeira, em geral grega, admitem forma com -s final ou sem ele, mas tratados como singular: o/a *diabete* ou o/a *diabetes*; o *cosmo* ou o *cosmos*.

b) Formação do plural com acréscimo de -es

Quando não está explícita a vogal temática, suprimida no singular, deverá ser restituída para constituir a forma teórica (*ás* → **ase*² → *ases*) e depois ser acrescida a desinência -s. Isto ocorre quando o singular termina por:

1 — -s (em sílaba tônica): *ás* → *ases*; *freguês* → *fregueses*

---

2   O uso de asterisco (*) significa que a forma ou expressão não está documentada ou é hipotética.

Cós serve para os dois números e ainda possui o plural reduplicativo ou cumulativo *coses*.

2 — -z (em sílaba tônica): *luz* → *luzes*; *giz* → *gizes*; *cicatriz* → *cicatrizes*

3 — -r: *cor* → *cores*; *elixir* → *elixires*

c) Plural de nomes gregos em -*n*

Nos nomes de origem grega terminados em -*n*, pode-se obter o plural com o acréscimo da desinência -*s*, ou recorrer à forma teórica com a recuperação do -*e* (*abdômen* → **abdomene* → *abdômenes*). Melhor fora dar a estes substantivos feição mais de acordo com o sistema fonológico do português, eliminando o -*n* final ou substituindo-o por -*m* e procedendo-se à formação do plural com o só acréscimo do -*s* (*abdome* → *abdomes*; *pólen* → *polem* → *polens*, grafando -*ns*):

abdômen → abdomens ou abdômenes
certâmen → certamens ou certâmenes
dólmen (dolmem) → dolmens ou dólmenes
espécimen → espécimens ou espécímenes
gérmen → germens ou gérmenes
hífen → hifens ou hífenes
pólen (polem) → polens ou pólenes
regímen → regimens ou regímenes

> **Obs.:**
> → *éden* (melhor seria *edem*, que o *Vocabulário Ortográfico* não registra) faz *edens*.
> → *cânon*, melhor grafado *cânone*, faz *cânones*.
> → Recorde-se que são acentuados os paroxítonos em -*n* e não os em -*ens*. Daí *hífen*, mas *hifens* (sem acento gráfico).

d) Plural dos nomes em -*ão* tônico

Os nomes em -*ão* tônico a rigor pertencem à classe dos temas em -*o* ou em -*e*, conforme o plural respectivo: *irmãos* (= irmão + s), *pães* (= *pãe + s), *leões* (= *leõe + s). Para uma descrição coerente Mattoso propõe que se parta das formas teóricas do plural para se chegar ao tema, suplementadas pelas regras morfofonêmicas pertinentes, no processo de formação de plural.

Destacando-se a vogal temática (que passa a semivogal de ditongo em contato com a vogal anterior), teremos o radical em -õ (*leõ*) e o radical em -ã (*irmã, pã*).

1) os substantivos em -õ com tema em -*e* fazem o plural com acréscimo da desinência -*s*:
leão (*leõ + e + s) → *leões*
coração (*coraçõ + e + s) → *corações*

Assim, temos os plurais: *questões, melões, razões*, etc. Este grupo é o mais numeroso e, por isso mesmo, tende, no uso espontâneo, a assimilar outras formas de plural que a língua exemplar não adota. Neste grupo estão incluídos todos os substantivos abstratos formados com os sufixos -*ção*, -*são* e -*ão* e grande parte de substantivos concretos.
comoção → *comoções*; *adoração* → *adorações*
apreensão → *apreensões*; *compreensão* → *compreensões*
abusão → *abusões*; *visão* → *visões*
caminhão (*camião*) → *caminhões* (*camiões*); *barracão* → *barracões*

O radical teórico em -õ (*leõ) aparece evidente em adjetivos e verbos da mesma família do substantivo, o que é sinal de que este faz o plural em -*ões*; por exemplo, *leonino* denuncia o plural correto de *leão*: *leões*.

2) os substantivos em -ã com tema em -*o* (*irmão*) fazem o plural com o acréscimo da desinência -*s*:
irmão (irmã + o + s) → *irmãos*
cidadão (cidadã + o + s) → *cidadãos*

O radical teórico em -ã aparece evidente em adjetivos e verbos da mesma família dos substantivos *irmão* (irm*an*ar) e *cidadão* (cidad*an*ia).

3) os substantivos em -ã com vogal temática -*e* (*pã - e* de *pães*) fazem o plural com o acréscimo da desinência -*s*:
pão → (pã + e + s) → *pães*
capitão → (capitã + e + s) → *capitães*

Descrito o processo de flexão, cabe perguntar como, partindo da forma teórica do plural, se chega às formas do singular em -*ão*. Destacando-se a vogal temática, como já vimos, obtemos duas estruturas fonológicas para os radicais: em -õ (leõ) e em ã (irmã, pã). Os de tema em -*o* não sofrem alteração: *irmão*; os de tema em -*e* ou mudam a vogal para -*o* (*pão*) ou, se a vogal do radical for -*õ*, apresentam duas mudanças: a vogal temática passa de -*e* a -*o* e a vogal do radical passa de *õ* a *ã*: *leão*.

Dada a confluência das formas do singular num único final -*ão* (diferençadas no plural, como acabamos de ver), surgem muitas dúvidas no uso do plural, além de alterações que se deram através da história da língua, algumas das quais se mantêm regional ou popularmente, em geral a favor da forma plural -*ões*, por ser a que encerra maior número de representantes.

Diante do exposto, oferecemos ao leitor relação dos dois grupos de substantivos em -*ão* que não fazem o plural mais frequente em -*ões*:

1) plural em -*ães*:
cão → cães
capelão → capelães
alemão → alemães
capitão → capitães
mata-cão → mata-cães

escrivão → escrivães
tabelião → tabeliães
pão → pães
maçapão → maçapães
catalão → catalães

2) plural em -*ãos*:
chão → chãos
cidadão → cidadãos
cristão → cristãos
desvão → desvãos
grão → grãos

irmão → irmãos
mão → mãos
pagão → pagãos
e os paroxítonos terminados em -*ão*
(*bênção* — *bênçãos*, *sótão* — *sótãos*, etc.)

Muitos substantivos apresentam dois e até três plurais:

aldeão →	aldeãos	aldeões	aldeães
ancião →	anciãos	anciões	anciães
charlatão →	—	charlatões	charlatães
corrimão →	corrimãos	corrimões	—
cortesão →	cortesãos	cortesões	—
deão →	deãos	deões	deães
ermitão →	ermitãos	ermitões	ermitães
fuão →	fuãos	fuões	—
guardião →	—	guardiões	guardiães
refrão →	refrãos	—	refrães
sacristão →	sacristãos	—	sacristães
truão →	—	truões	truães

vilão → vilãos   vilões   vilães
vulcão → vulcãos vulcões —

e) Plural dos nomes terminados em -l

1 — Plural dos nomes terminados em *-al, -el, -ol, -ul*
Nos nomes em *-l*, temos de partir da forma teórica com restituição da vogal temática *-e*, acréscimo do pluralizador *-s*, posterior às regras morfofonêmicas: queda do *-l-* intermediário e passagem da vogal temática a semivogal (grafada *-i*).
carnaval → *carnavale → carnavales → carnavaes → carnavais
papel → *papele → papeles → papees → papéis (tônico)
lençol → *lençole → lençoles → lençoes → lençóis
nível → *nivele → niveles → nívees → níveis (átono)[3]
paul → *paule → paules → paues → pauis

> **Obs.:**
> → *cônsul* e *mal* fazem *cônsules* e *males*.
> → *cal* e *aval* fazem *cales* (= cano) e *cais*, *avales* (mais comum em Portugal) e *avais*.
> → *real* faz *réis* (moeda antiga) e *reais* (moeda nova).

2 — Plural dos nomes terminados em *-il*

a) *-il* em vogal átona: ocorre a passagem do *i* a *e* e posteriormente o mesmo que o caso anterior:
fóssil → *fóssile → *fossele → fosseles → fossees → fósseis

b) *-il* com vogal tônica: ocorre o acréscimo do pluralizador *-s* e posterior supressão do *-l*, já que não é necessário recorrer à vogal temática, por não aparecer no plural:
funil → *funils* → *funis*

---

[3] *Mel* e *fel* fazem *meles* ou *méis*, *feles* ou *féis*, respectivamente, sendo as segundas formas mais frequentes por conformes no processo regular.

Obs.: *mírtil* faz *mírtiles* e *mírteis*; *móbil* faz *móbiles* e *móbeis*. *Réptil* e *projétil*, como paroxítonos, fazem *répteis* e *projéteis*; como oxítonos, *reptil* e *projetil* fazem *reptis* e *projetis*.

f) Plural dos nomes terminados em -x (= ce)
Os terminados em *-x* com o valor de *ce* (final com que podem também ser grafados) fazem o plural normalmente em *-ces*:
cálix (ou *cálice*), *cálices*; *apêndix* (ou *apêndice*), *apêndices*.

g) Palavras que não possuem marca de número
Há significantes terminados por *-s* em sílaba átona (como *lápis*, *pires*, ou monossílabos como *cais*, *xis*) que não possuem marca de número, quer no singular quer no plural, pois se mostram alheios à classe gramatical de número. Cremos ser a melhor lição a de Herculano de Carvalho, segundo a qual não se pode aceitar a doutrina corrente que vê nessas formas um singular que permanece invariável no plural. É um caso de sincretismo, e não de neutralização. A pluralidade é marcada pelos adjuntos (artigo, adjetivo, pronome, numeral): *o lápis, os lápis; um pires, dois pires; este xis, estes xis*. Estão neste caso os terminados em:

1) *-s* (em sílaba átona; palavras sigmáticas):
o pires, os pires; o lápis, os lápis; a cútis, as cútis.

Obs.: *Simples* faz *símplices* ou, o que é mais comum, não varia. *Cós*, *lais* e *ferrabrás* são mais usados invariáveis, mas possuem o plural *coses*, *laises* e *ferrabrases*.

2) *-x* (com o valor de *cs*): *o tórax, os tórax; o ônix, os ônix; o fax, os fax; a fênix, as fênix; a xerox, as xerox.*

Obs.: Alguns nomes com *x = cs* possuem a variante em *ce*: *índex* ou *índice*, *ápex* ou *ápice*; *códex* ou *códice*. Seus plurais são, respectivamente, *índices*, *ápices*, *códices*.

h) **Plurais com alteração de *o* fechado para *o* aberto (metafonia)**
Muitas palavras com *o* fechado tônico, quando passam ao plural, mudam esta vogal para *o* aberto: miolo — miolos.

Dentre as que apresentam esta mudança (chamada metafonia) na vogal tônica lembraremos aqui as mais usuais: abrolho, antolho, caroço, choco, corcovo, coro, corpo, corvo, despojo, destroço, escolho, esforço, fogo, forno, foro, fosso, imposto, jogo, miolo, mirolho, olho, osso, ovo, poço, porco, porto, posto, povo, reforço, rogo, sobrolho, socorro, tijolo, torto, troco, troço.

Esta alternância constitui a única marca do feminino em *avô* e formas com ela relacionadas, onde se acha suprimida a desinência *-a*: avô — avó (< *avoa* < lat. *aviola*). Nos casos de metafonia, o plural é marcado pelo morfema pluralizador *-s* e pelo morfema suprassegmental.

Continuam com *o* fechado no plural: acordo, adorno, almoço, alvoroço, arroto, boda, bojo, bolo, bolso, cachorro, caolho, coco, contorno, esboço, esposo, estorvo, ferrolho, fofo, forro, gafanhoto, globo, gorro, gosto, gozo, horto, jorro, logro, morro, repolho, rolo, sogro, soldo, sopro, soro, toco, toldo, topo, torno, transtorno.

> **Obs.**: Como no caso dos plurais em *-ão* (*-ões, -ães, -ãos*), a inclusão da palavra no grupo dos metafônicos ou não metafônicos apresenta muitas indecisões. O esforço para dirimir dúvidas nestes casos se tem regulado pela origem do timbre da vogal tônica em latim e na forma paralela das correspondentes em espanhol, onde, como regra, do timbre fechado resulta uma vogal simples e do timbre aberto uma ditongação: *gozo* (esp.) — gozo (port.) — gozos (ô); *fuego* (esp.) — fogo (port.) — fogos (ó). Tanto a etimologia do latim quanto o paralelismo do espanhol nem sempre têm a boa resposta às dúvidas. Não sofrem alteração os nomes próprios e os de família: os *Diogos*, os *Mimosos*, os *Raposos*, os *Portos*.

i) **Plurais com deslocação do acento tônico**
Há palavras que, no plural, mudam de sílaba tônica:
caráter — caracteres
espécimen — especímenes
júnior — juniores
Júpiter — Jupíteres

*Lú*cifer — Luc*í*feres
*sê*nior — sen*i*ores
O plural *sorores* é de *soror*, oxítono, o que se estende a *sóror*.

j) Variações semânticas do significado entre o singular e o plural

Normalmente, o plural guarda o mesmo significado do singular. Isto não acontece, porém, em alguns casos, principalmente se se trata de substantivos abstratos em sentidos contextuais:
bem (o que é bom) — *bens* (propriedades)
féria (produto do trabalho diário) — *férias* (dias de descanso)
"Onde não se preza a *honra* se desprezam as *honras*." [Marquês de Maricá]

Em nomes abstratos como *injustiças, crueldades, gentilezas*, o plural denota atos repetidos, ora multiplicidade dos mesmos atos, com certa conotação aumentativa.

Também em nomes concretos pode o plural acusar mudança de significado:
ferro (metal) → *ferros* (algemas).

Estão nestes casos os nomes que no plural indicam o casal:
os pais (pai e mãe), *os irmãos* (irmã e irmão), *os reis* (rei e rainha).

k) Palavras só usadas no plural (*pluralia tantum*)

Eis as principais: ademanes, afazeres, alvíssaras, anais, arredores, avós (antepassados), belas-artes, belas-letras, confins, costas, endoenças, exéquias, férias (= repouso), núpcias, óculos (mas também óculo, singular, apesar de raro), trevas, víveres, e nomes de naipes: copas, ouros, espadas, paus

> **Obs.:** Todos estes substantivos levam ao plural seus adjuntos e predicados. Portanto, deve-se dizer: *Quebraram-se os óculos novos*.

l) Plural de nomes próprios

Os nomes próprios usados no plural flexionam-se obedecendo às normas dos nomes comuns, e a língua-padrão recomenda se ponham no plural, e não no singular: Os *Maias*; "O fidalgo dos *Vitos Alarcões* tratou da cabeça na cama, uns quinze dias" [Camilo Castelo Branco]; "(...) seria um garfo meritório do tronco dos *Parmas d'Eça*, ao qual ele Rui de

Nelas se glorificava de ser estranho?" [Idem]. Todavia, não é raro o uso do singular na língua literária: "Os brasileiros do sul, os *Correia de Sá*, perdiam muito do encanto dessas obras (...)" [Graça Aranha].

> **Obs.:**
> → Em se tratando de nomes compostos, ambos os termos vão ao plural — caso mais comum — ou só o primeiro: os *Vitos Alarcões*, os *Albuquerques Maranhão*.
> → Quando entre os termos aparece a preposição *de*, só o primeiro vai ao plural: *os Correias de Sá*.
> → Não se flexiona o nome próprio em aposição, geralmente designativo de marcas ou especificação: Comprou dois automóveis *Ford*; Escreveu uma crônica de guerra sobre os aviões *Mirage*.

m) Plural dos nomes estrangeiros não assimilados

Os nomes estrangeiros que se adaptaram ao sistema fonológico do português têm o seu plural consoante as normas vigentes: *clube* → *clubes*; *dólar* → *dólares*; *repórter* → *repórteres*; *abajur* → *abajures*; *ultimato* → *ultimatos*; *memorando* → *memorandos*; *confete* → *confetes*. Os não assimilados ao nosso idioma tomam duas direções: a) terminam com -s, sem pretender coincidir com as regras do plural da língua originária, ou b) regulando-se pelas normas da língua estrangeira, o que, em geral, é o procedimento recomendado na língua-padrão e nos textos científicos.

Do primeiro caso, temos: *films, leaders, ladys, dandys, lieds, blitzes, hussards*. Este último aportuguesa-se em hussardo (plural hussardos) ou hússar (plural hússares).

Do segundo temos, entre os latinismos: *curriculum* → *curricula*, *memorandum* → *memoranda*, *corpus* → *corpora*, etc., que podem ser aportuguesados, no singular, em: *currículo, memorando, corpo* (raro), e *campus* → *campi* (*o campus, os campi*).

n) Plural dos nomes de letras

Os nomes de letras vão normalmente ao plural, de acordo com as normas gerais: Escreve com todos os *efes* e *erres*. / Coloquemos os pingos nos *is*.

> **Obs.:** *Xis* serve para singular e plural.

Podemos ainda indicar o plural das letras com a sua duplicação: *ff*, *rr*, *ii*.

Este processo ocorre em muitas abreviaturas: *E.E.U.U.* (Estados Unidos, também representado por EUA, Estados Unidos da América, ainda U.S.A.).

o) Plural dos nomes com o sufixo -*zinho*
Põem-se no plural os dois elementos e suprime-se o *s* do substantivo, consoante a regra ortográfica oficial:
animalzinho = animal + zinho → animaizinhos
coraçãozinho = coração + zinho → coraçõezinhos
florzinha = flor + zinha → florezinhas
papelzinho = papel + zinho → papeizinhos
pazinha = pá + zinha → pazinhas

> **Obs.**: Se o sufixo não tem tem *z*- inicial, só se faz o plural do sufixo: *lapisinho — lapisinhos*; *luzinha — luzinhas*; *cuscuzinho — cuscuzinhos*; *rapazinho — rapazinhos*; *pazinha* (curta *paz*) *— pazinhas*. Se o radical permitir indiferentemente *-zinho* ou *-inho*, haverá duplicidade de procedimento de plural: *florzinha — florezinhas / florinha — florinhas*; *mulherzinha — mulherezinhas*; *mulherinha — mulherinhas*.

Com esta sistematização, evitaremos plurais de difícil explicação morfológica, do tipo de *pazezinhas* (curtas *pazes*), *rapazezinhos*, *luzezinhas* e assemelhados.

NOTA ORTOGRÁFICA: Os sufixos diminutivos *-inho* (*-ito*, etc.), *-zinho* (*-zito*, etc.) têm hoje uma distribuição regular, conforme o final da palavra básica: a) se termina por vogal átona ou consoante (exceto *-s* e *-z*), a escolha é materialmente indiferente, mas o uso faz as suas opções, além de aparecerem nuanças de sentido contextuais: corpo → *corpinho* (com queda da vogal temática) / *corpozinho* (a forma básica intacta); *flor* → *florinha / florzinha*; *mulher* → *mulherinha / mulherzinha*; b) se termina por vogal tônica, nasal ou ditongo, é de emprego obrigatório *-zinho* (*-zito*, etc.); *boné* → *bonezinho*; *siri* → *sirizinho*; *álbum* → *albunzinho*; *bem* → *benzinho*; *rei* → *reizinho*. Com *-zinho* evitam-se hiatos do tipo *irmãinha*, *raioíto*, etc.; c) se termina em *-s* ou *-z*, o emprego normal é com *-inho* (*-ito*, etc.), repudiando-se *-zinho* (*-zito*, etc.), ficando intacta a palavra básica: *lapisinho* (lápis + inho), *cuscuzinho* (cuscuz + inho), *japonesinho* (japonês + inho), *rapazinho* (rapaz + inho), cartazinho (cartaz + inho), exatamente como escrevemos *lapiseira* (*lápis* + *eira*), *lapisar* (lápis + ar), *lapisada* (lápis + ada), etc.

> **Obs. 1**: Às vezes há convergências gráficas: *pazinha* (*paz* + *inha*) e *pazinha* (*pá* + *zinha*), que o contexto dissolverá.

> **Obs. 2**: A norma acolheu algumas divergências à regra, como, por exemplo: *barzinhos, colherzinhas, sinhorzinhos*.

p) Plural das palavras substantivadas

Qualquer palavra, grupo de palavras, oração ou texto pode substantivar-se, isto é, passar a substantivo, que, tomados materialmente, isto é, como designação de sua própria forma externa, valem por um substantivo masculino e singular: o *sim*, o *não*, o *quê*, o *pró*, o *contra*, o *h*.

Tais palavras vão normalmente ao plural: os *sins*, os *nãos*, os *quês*, os *prós*, os *contras*, os *hh* (agás).

Enquadram-se neste caso os nomes que exprimem número, quando aludem aos algarismos: Na sua caderneta há três *setes* e dois *oitos*. / Tire a prova dos *noves*. / Há dois *quatros* a mais e três *onzes* a menos nessas parcelas. Vale lembrar que, enquanto numerais propriamente ditos, não vão ao plural, como em: Os *quatro cantos* da sala (e não: os *quatros cantos*).

Fazem exceção os terminados em -s (*dois, três, seis*), -z (*dez*) e *mil*, que são invariáveis: quatro *seis* e cinco *dez*.

q) Plural cumulativo

Alguns nomes possuem duas formas: uma, básica, singular e outra flexionada em plural que passa a valer como se singular fora:
ananá → ananás
eiró (iró) → eirós (irós)
filhó → filhós
ilhó → ilhós
lilá → lilás
o ananá, os ananás; o lilá, os lilás.

> **Obs.:** *Cós* fica invariável ou tem plural cumulativo *coses*.

Passando a forma plural a ser empregada como um singular (*o ananás, o lilás*, etc.), por semelhança de singulares em *-ós* (*retrós*, por exemplo), admite um novo plural, chamado cumulativo, por esquecimento da etapa de pluralização: *o ananás, os ananases; o eirós, os eiroses; o filhós, os filhoses; o ilhós, os ilhoses; o lilás, os lilases*.

r) **Plural nos etnônimos**
Etnônimo é o nome que se aplica à denominação dos povos, das tribos, das castas ou de agrupamentos outros em que prevalece o conceito de etnia. Estes nomes utilizados na língua comum admitem a forma plural, como todos os outros: *os brasileiros, os portugueses, os espanhóis, os botocudos, os tupis, os tamoios*, etc. Por convenção internacional de etnólogos, está há anos acertado que, em trabalhos científicos, os etnônimos que não sejam de origem vernácula, ou nos quais não haja elementos vernáculos, não são alterados na forma plural, sendo a flexão indicada pelo artigo plural: *os tupi, os nambiquara, os caiuá, os tapirapé, os bântu, os somáli*, etc.

s) **Plural indevido (quando o singular tem valor generalizante)**
Modernamente se vem usando o plural onde melhor caberia o singular, por se referir a unidade, quando esta tiver efeito generalizante, como ocorre em exemplos do tipo: *Aquelas mulheres já usaram seu corpo como arma* (e não: seus corpos); *Foram discriminados em razão da cor de sua pele* (e não: de suas peles); *O pássaro voava acima da nossa cabeça* (e não: das nossas cabeças); *O pesquisador estudou* o cérebro *dos fetos* (e não: os cérebros); *A babá limpava* o nariz *das crianças* (e não: os narizes); *Envergonhados, abaixaram* a cabeça (e não: as cabeças).

t) **Plural dos nomes compostos**
Merece especial atenção o plural dos nomes compostos, uma vez que as dúvidas e vacilações são frequentes. A questão envolve dificuldades de ordem ortográfica (uso ou não do hífen) e de ordem gramatical. Torna-se imperiosa uma sistematização que venha pôr simplificação ou minorar as dúvidas ainda existentes, mesmo com as últimas propostas do Acordo Ortográfico. Sem pretendermos esgotar o assunto, apresentamos os seguintes critérios:

A — SOMENTE O ÚLTIMO ELEMENTO VARIA:

1) nos compostos grafados ligadamente:
fidalgo → fidalgos
girassol → girassóis
madressilva → madressilvas
mandachuva → mandachuvas
pontapé → pontapés
vaivém → vaivéns

2) nos compostos com as formas adjetivas *grão, grã e bel*:
grão-prior → grão-priores
grã-cruz → grã-cruzes
bel-prazer → bel-prazeres

3) nos compostos de tema verbal ou palavra invariável seguida de substantivo ou adjetivo:
furta-cor → furta-cores
beija-flor → beija-flores
abaixo-assinado → abaixo-assinados
alto-falante → alto-falantes
vice-rei → vice-reis
ex-diretor → ex-diretores
ave-maria → ave-marias

4) nos compostos de três ou mais elementos, não sendo o 2º elemento uma preposição:
bem-te-vi → bem-te-vis

5) nos compostos de emprego onomatopeico em que há repetição total ou parcial da primeira unidade:
lenga-lenga → lenga-lengas
reco-reco → reco-recos
tique-taque → tique-taques
zum-zum → zum-zuns

B — SOMENTE O PRIMEIRO ELEMENTO VARIA:

1) nos compostos em que haja preposição, clara ou oculta:
cavalo-vapor (= de, a vapor) → cavalos-vapor

cana-de-açúcar → canas-de-açúcar
jararaca-de-cauda-branca → jararacas-de-cauda-branca

2) nos compostos de dois substantivos, em que o segundo exprime a ideia de *fim, semelhança*, ou limita a significação do primeiro:
aço-liga → aços-liga
bomba-relógio → bombas-relógio
caneta-tinteiro → canetas-tinteiro
carta-bomba → cartas-bomba
cidade-satélite → cidades-satélite
decreto-lei → decretos-lei
elemento-chave → elementos-chave
fruta-pão → frutas-pão
homem-rã → homens-rã
licença-prêmio → licenças-prêmio
manga-rosa → mangas-rosa (= de casca rosada)
navio-escola → navios-escola (= para escola)
peixe-boi → peixes-boi
público-alvo → públicos-alvo
salário-família → salários-família
pombo-correio → pombos-correio
tatu-bola → tatus-bola

> **Obs.**: Os compostos incluídos neste último caso também admitem a flexão dos dois elementos: *aços-ligas, bombas-relógios, canetas-tinteiros, cidades-satélites, decretos-leis*, etc.

C — AMBOS OS ELEMENTOS VARIAM:

1) nos compostos de dois *substantivos*, de um *substantivo* e um *adjetivo* ou de um adjetivo e um *substantivo*:
amor-perfeito → amores-perfeitos
cabra-cega → cabras-cegas
gentil-homem → gentis-homens
guarda-civil → guardas-civis
guarda-mor → guardas-mores
lugar-comum → lugares-comuns

salário-mínimo → salários-mínimos
segunda-feira → segundas-feiras

> **Obs.**: *lugar-tenente* faz o plural *lugar-tenentes*.

2) nos compostos de temas verbais repetidos:
corre-corre → corres-corres
pula-pula → pulas-pulas
ruge-ruge → ruges-ruges

> **Obs.**: Os compostos incluídos neste caso também admitem o plural flexionando-se apenas o segundo elemento: *corre-corres, pula-pulas, ruge-ruges*.

D — OS ELEMENTOS FICAM INVARIÁVEIS:

1) nas frases substantivas:
a estou-fraca (ave) → as estou-fraca
o não sei que diga → os não sei que diga
o disse me disse → os disse me disse
o bumba meu boi → os bumba meu boi
a fora da lei → as fora da lei

2) nos compostos de tema verbal e palavra invariável:
o ganha-pouco → os ganha-pouco
o pisa-mansinho → os pisa-mansinho
o cola-tudo → os cola-tudo

3) nos compostos de dois temas verbais de significado oposto:
o leva e traz → os leva e traz
o vai-volta → os vai-volta

E — ADMITEM MAIS DE UM PLURAL, ENTRE OUTROS:
guarda-marinha → guardas-marinha, guardas-marinhas ou guarda-marinhas
padre-nosso → padres-nossos ou padre-nossos
salvo-conduto → salvos-condutos ou salvo-condutos

2. Gênero

A nossa língua conhece dois gêneros para o substantivo: o *masculino* e o *feminino*.

São masculinos os nomes a que se pode antepor o artigo *o* (*o linho, o sol, o clima, o poeta, o grama, o pente, o raio, o prazer, o filho, o beijo*) e são femininos os nomes a que se pode antepor o artigo *a* (*a linha, a lua, a grama, a ponte, a poetisa, a filha, a dor*).

A distinção do gênero nos substantivos só tem fundamento na tradição fixada pelo uso e pela norma; nada justifica serem, em português, masculinos *lápis, papel, bolo* e femininos *caneta, folha, bola*.

Mesmo nos seres animados, as formas de masculino ou de feminino podem não determinar a diversidade de sexo, como ocorre com os substantivos chamados *epicenos* (aplicados a animais irracionais), cuja função semântica é só apontar para a espécie: *a cobra, a lebre, a formiga, o tatu, o colibri, o jacaré*, ou os substantivos aplicados a pessoas, denominados *comuns de dois*, distinguidos pela concordância: *o/a* **estudante**; *este/esta* **consorte**; *reconhecido/reconhecida* **mártir**, ou ainda os substantivos de um só gênero, denominados *sobrecomuns*, aplicados a pessoas cuja referência a homem ou a mulher só se depreende pela referência do contexto: *o* **algoz**, *o* **carrasco**, *o* **cônjuge**.

> **Obs.:** Toda palavra substantivada é considerada masculina (*o a, o sim, o não*, etc.): "Não tem santo que me faça mencionar *os issos*. *Os aquilos*, então, nem pensar." (RIBEIRO, João Ubaldo. "Sim, mas quem não é?". *O Globo*. Rio de Janeiro, 21 ago. 2005. Opinião. p.7.)

Há substantivos que são masculinos ou femininos, conforme o significado com que se achem empregados: cabeça, como 'parte do corpo', é feminino (*a cabeça*, o corpo e os membros), mas com o significado de 'chefe' é masculino (*o cabeça* do grupo); capital como 'cidade principal' é feminina (*a capital* do Brasil), mas com o significado de 'dinheiro, bens' é masculino (*o capital* da empresa).

Formação do feminino
Podemos distinguir, na manifestação do feminino, os seguintes processos:

a) mudança ou acréscimo ao radical, suprimindo a vogal temática:

1 — os terminados em -*o* mudam o -*o* em -*a*, por analogia com a flexão dos adjetivos biformes: filho/ filha; gato/ gata.

2 — os terminados em -*e* uns há que ficam invariáveis (substantivo de dois gêneros), outros acrescentam -*a* depois de suprimir a vogal temática: *alfaiate* → alfaiat(e) + a → *alfaiata*. Não variam de forma à semelhança dos adjetivos: o *amante* / a *amante*, o *cliente* / a *cliente*, o *doente* / a *doente*, o *habitante* / a *habitante*, o *inocente* / a *inocente*, o *ouvinte* / a *ouvinte*, o *servente* / a *servente*, etc. Variam: o *alfaiate* / a *alfaiata*, o *infante* / a *infanta*, o *mestre* / a *mestra*, o *monge* / a *monja*, o *governante* / a *governanta* (ou invariável: a *governante*), o *presidente* / a *presidenta* (ou invariável: a *presidente*), o *parente* / a *parenta* (ou invariável: a *parente*).

3 — os terminados em -*or* formam geralmente o feminino com acréscimo de *a*: doutor / doutora, professor / professora.

> **Obs.:** Incluem-se aqui terminados em -*eira*: *arrumadeira, lavadeira, faladeira* (a par de *faladora*).

4 — os terminados em vogal atemática (tônica), -*s*, -*l*, -*z* acrescentam *a*, sem qualquer alteração morfofonêmica: o *freguês* / a *freguesa*, o *guri* / a *guria*, o *juiz* / a *juíza*, o *oficial* / a *oficiala*, o *peru* / a *perua*, o *português* / a *portuguesa*, o *zagal* / a *zagala*.

5 — os terminados em -*ão* (dada a confluência no singular e permanência de formas diferençadas no plural), apresentam os seguintes casos: a) feminino em -*ã*: o *alemão* / a *alemã*, o *bretão* / a *bretã*, o *catalão* / a *catalã*, o *irmão* / a *irmã*, o *saxão* / a *saxã*; b) feminino em -oa: o *bom* / a *boa*, o *leitão* / a *leitoa*; c) feminino em -ona: o *folião* / a *foliona*, o *valentão* / a *valentona*.

> **Obs.:** A forma feminina *ladra* não efetiva a flexão feminina morfológica de *ladrão*. Suas flexões são *ladroa* e *ladrona*. (*Ladra* é o feminino do substantivo e adjetivo *ladro* que, por circunstâncias posteriores, acabou desviando-se da sua referência à pessoa ou coisa que rouba ou subtrai algo, deixando nessa referência apenas a sua forma feminina *ladra*.)

> Dada a frequente lição de que *ladra* é um dos femininos de *ladrão*, e como o termo *ladro* como sinônimo de *ladrão* é um arcaísmo na moderna língua escrita, é possível dizer que se usa *ladra* para indicar o gênero feminino.

6 — os terminados em sufixo derivacional -*eu*, normalmente formam o feminino em -eia: o *ateu* / a *ateia*, o *egeu* / a *egeia*, o *filisteu* / a *filisteia*, o *giganteu* / a *giganteia*, o *pigmeu* / a *pigmeia*. Fazem exceção: o *judeu* / a *judia*,[4] o *sandeu* / a *sandia*.

7 — os que manifestam o feminino por meio dos sufixos derivacionais -*esa*, -*essa*, -*isa*, -*ina*, -*triz*: o *abade* / a *abadessa*, o *alcaide* / a *alcaidessa* (ou *alcaidina*), o *ator* / a *atriz*, o *barão* / a *baronesa*, o *bispo* / a *episcopisa*, o *conde* / a *condessa*, o *condestável* / a *condestabelesa*, o *cônego* / a *canonisa*, o *cônsul* / a *consulesa*, o *czar* / a *czarina* (o *tzar* / a *tzarina*), o *diácono* / a *diaconisa*, o *doge* / a *dogesa* (também *dogaresa* ou *dogaressa*), o *druida* / a *druidesa* (ou *druidisa*), o *duque* / a *duquesa*, o *embaixador* / a *embaixatriz* (ou *embaixadora*), o *etíope* / a *etiopisa*, o *felá* / a *felaína*, o *herói* / a *heroína*, o *imperador* / a *imperatriz*, o *jogral* / a *jogralesa*, o *landgrave* / a *landgravina*, o *mandarim* / a *mandarina*, o *maestro* / a *maestrina* (ou *maestra*), o *papa* / a *papisa*, o *píton* / a *pitonisa*, o *poeta* / a *poetisa*,[5] o *príncipe* / a *princesa*, o *prior* / a *priora* (ou *prioresa*), o *profeta* / a *profetisa*, o *sacerdote* / a *sacerdotisa*, o *visconde* / a *viscondessa*.

> **Obs.:** Não se enquadram nos casos precedentes: o *avô* / a *avó*, o *capiau* / a *capioa*, o *dom* / a *dona*, o *galo* / a *galinha*, o *grou* / a *grua*, o *ilhéu* / a *ilhoa*, o *marajá* / a *marani*, o *pierrô* / a *pierrete*, o *raja* ou *rajá* / a *râni* ou *rani*, o *rapaz* / a *rapariga*, o *rei* / a *rainha*, o *réu* / a *ré*, o *silfo* / a *sílfide*, o *sultão* / a *sultana*, o *tabaréu* / a *tabaroa*.

b) com palavras diferentes para um e outro sexo (heterônimos):

Em relação a pessoas: o *cavaleiro* / a *amazona*, o *cavalheiro* / a *dama*, o *confrade* / a *confreira*, o *compadre* / a *comadre*, o *frade* / a *freira*, o *frei* / a *sóror*, *soror* ou *sor*, o *genro* / a *nora*, o *homem* / a *mulher*, o *marido* / a

---

[4] Vale mencionar que *Judeia* é uma antiga região da Palestina e não outra forma feminina de *judeu*.
[5] Mais modernamente, usa-se a forma *poeta* aplicada a *poetisa*.

mulher,[6] o *padrasto* / a *madrasta*, o *padre* / a *madre*, o *padrinho* / a *madrinha*, o *pai* / a *mãe*, o *patriarca* / a *matriarca*, o *rico-homem* / a *rica-dona*; em relação a animais: o *bode* / a *cabra*, o *boi* / a *vaca*, o *burro* / a *besta*, o *cão* / a *cadela*, o *carneiro* / a *ovelha*, o *cavalo* / a *égua*, o *veado* / a *cerva* (é) ou *veada*, o *zangão*, *zângão* / a *abelha*.

c) feminino com auxílio de outra palavra:

Há substantivos que têm uma só forma para os dois sexos: *estudante, consorte, mártir, amanuense, constituinte, escrevente, herege, intérprete, etíope* (ao lado de *etiopisa*), *ouvinte, nigromante, servente, vidente, penitente*. São por isso chamados comuns de (ou a) dois. Tais substantivos distinguem o sexo pela anteposição de *o* (para o masculino) e *a* (para o feminino): o *estudante* / a *estudante*, o *camarada* / a *camarada*, o *mártir* / a *mártir*.

Incluem-se neste grupo os nomes de família: "(...) redarguiu colérica a *Pacheco* (...)" [Camilo Castelo Branco].

Os nomes terminados em *-ista* e muitos terminados em *-e* são comuns de dois: o *capitalista* / a *capitalista*, o *doente* / a *doente*.

Enquadram-se neste grupo os nomes de animais para cuja distinção de sexo empregamos as palavras *macho* e *fêmea*: cobra macho; jacaré fêmea. Podemos ainda fazer de outra forma: o macho da cobra; a fêmea do jacaré. Estes se chamam *epicenos*.

d) sobrecomuns:

São nomes de um só gênero gramatical que se aplicam, indistintamente, a homens e mulheres:[7] o *algoz*, o *carrasco*, o *cônjuge*, a *criatura*, a *criança*, o *ente*, o *indivíduo*, a *pessoa*, o *ser*, a *testemunha*, o *verdugo*, a *vítima*.

Gêneros que podem oferecer dúvida

a) *São masculinos*: os nomes de letra de alfabeto, clã, champanha, coma (estado de inconsciência), dó, eclipse, formicida, grama (unidade de peso), jângal (jângala), lança-perfume, milhar, orbe, pijama, proclama, saca-rolhas, sanduíche, sósia, telefonema, soma (o organismo tomado como expressão material em oposição às funções psíquicas).

---

[6] As formas *mulher* e *esposa* são corretas para designar a 'companheira conjugal'. Mas a forma feminina de *marido* é *mulher* (e não *esposa*).

[7] Embora esta seja a norma exemplar, o idioma não está fechado a feminizações expressivas, especialmente em nível coloquial e popular, com reflexos em estilizações literárias: *a carrasca, a verduga, a pássara*, etc.

b) *São femininos*: aguardente, alface, alcunha, alcíone, análise, anacruse, azáfama, bacanal, fácies, fama, cal, cataplasma, cólera, cólera-morbo, coma (cabeleira e vírgula), dinamite, elipse, faringe, fênix, filoxera, fruta-pão, gesta (= façanha), libido, polé, preá, soma (adição), síndrome, tíbia, variante e os nomes terminados em -*gem* (exceção de *personagem*, que pode ser masculino ou feminino[8]).

c) *São indiferentemente masculinos ou femininos*: ágape, avestruz, caudal, componente (masculino no Brasil e feminino em Portugal), crisma, diabete, gambá, hélice, íris, juriti, igarité, lama ou lhama, laringe (mais usado no feminino), ordenança, personagem, renque, sabiá, sentinela, soprano, suástica, suéter, tapa, trama (intriga), véspora.

Obs.:
→ Apresentam mais de um feminino, além dos já apontados, os seguintes, entre outros: *aldeão / aldeã, aldeoa; deus / deusa, deia* (poético); *diabo / diaba, diabra, diáboa; elefante / elefanta, elefoa, aliá;*[9] *javali / javalina, gironda; ladrão / ladrona, ladroa; melro / mélroa, melra; motor / motora, motriz* (adj.); *pardal / pardoca, pardaloca, pardaleja; parvo / párvoa, parva; polonês / polonesa, polaca; varão / varoa, virago; vilão / vilã, viloa*.
→ As orações, os grupos de palavras, as palavras e suas partes tomadas materialmente são consideradas como do número singular e do gênero masculino: É bom *que estudes*; *o sim*; *o não*; *o re-*, etc.

O gênero nas profissões femininas
A presença, cada vez mais justamente acentuada, da mulher nas atividades profissionais que até bem pouco eram exclusivas ou quase exclusivas do homem tem exigido que as línguas — não só o português — adaptem o seu sistema gramatical a essas novas realidades. Já correm

---

[8] O substantivo *personagem* é de dois gêneros. Podemos dizer *a personagem* ou *o personagem* tanto para o sexo masculino quanto para o feminino: *a* personagem Bentinho ou *o* personagem Bentinho.
[9] O feminino de elefante é *elefanta*. As formas *elefoa* e *aliá*, apesar de certa tradição gramatical e lexicográfica, não gozam hoje de aceitação geral, devendo, assim, ser evitadas, pela pouca documentação.

vitoriosos faz muito tempo femininos como *mestra, professora, médica, advogada, engenheira, psicóloga, filóloga, juíza*, entre tantos outros. As convenções sociais e hierárquicas criaram usos particulares que nem sempre são unanimemente adotados na língua comum. Todavia, já se aceita a distinção, por exemplo, entre a *cônsul* (= senhora que dirige um consulado) e a *consulesa* (= esposa do cônsul), a *embaixadora* (= senhora que dirige uma embaixada) e *embaixatriz* (= esposa do embaixador). Já para *senador* vigoram indiferentemente as formas de feminino *senadora* e *senatriz* para a mulher que exerce o cargo político ou para a esposa do senador, regra que também poucos gramáticos e lexicógrafos estendem a *consulesa* e *embaixatriz*.

Na hierarquia militar, a denominação para mulheres da profissão parece não haver uma regra generalizada. Correm com maior frequência os empregos: *a cabo* Ester, *a sargento* Andreia, *a primeiro-sargento* Denise, *a primeiro-tenente* Elisa, etc. "A Marinha destaca-se, nesse sentido, pelo pioneirismo em dois aspectos. Foi a primeira das três Forças a aceitar o ingresso das mulheres, em 1980, e é a única a ter uma oficial general, *a contra-almirante* médica Dalva Mendes." (Primeira turma de mulheres ingressa na Escola Naval, 07 fev. 2014. Disponível em: <http://www.brasil.gov.br/noticias/seguranca-e-justica/2014/02/primeira-turma-de-aspirantes-mulheres-ingressa-em-escola-militar>)

Na linguagem jurídica, as petições iniciais vêm com o masculino com valor generalizante, dada a circunstância de não se saber quem examinará o processo, se juiz ou juíza: *Meritíssimo Senhor Juiz / Excelentíssimo Senhor Desembargador*.

Note-se, por fim, que algumas formas femininas podem não vingar por se revestirem de sentido pejorativo: *chefa, caba*, por exemplo.

3. Grau (aumentativos e diminutivos)

Os substantivos apresentam-se com a sua significação aumentada ou diminuída, auxiliados por sufixos derivacionais: *homem — homenzarrão — homenzinho*.

Homenzarrão e homenzinho são formas *derivadas* de *homem*, e não flexões dela.

A Nomenclatura Gramatical Brasileira (NGB), confundindo flexão com derivação, estabelece dois graus de significação do substantivo:

a) aumentativo: *homenzarrão*.
b) diminutivo: *homenzinho*.

A derivação gradativa do substantivo se realiza por dois processos, numa prova evidente de que estamos diante de um processo de derivação e não de flexão:

a) *sintético* — consiste no acréscimo de um final especial chamado *sufixo derivacional aumentativo* ou *diminutivo*: homenzarrão, homenzinho;
b) *analítico* — consiste no emprego de uma palavra de aumento ou diminuição (grande, enorme, pequeno, etc.) junto ao substantivo: *homem grande, homem pequeno*.

Fora da ideia de tamanho, as formas aumentativas e diminutivas podem traduzir o nosso desprezo, a nossa crítica, o nosso pouco-caso para certos objetos e pessoas, sempre em função da significação lexical da base, auxiliados por uma entoação especial (eufórica, crítica, admirativa, lamentativa, etc.) e os entornos que envolvem falante e ouvinte: *poetastro, politicalho, livreco, padreco, coisinha, issozinho, gentinha*.
Dizemos então que os substantivos estão em sentido *pejorativo*.
A ideia de pequenez se associa facilmente à de carinho que transparece nas formas diminutivas das seguintes bases léxicas: *paizinho, mãezinha, queridinha*.

Função sintática do substantivo
Quanto à função sintática, o substantivo exerce por excelência a função de sujeito (ou seu núcleo) da oração e, no domínio da constituição do predicado, agente da passiva, aposto, as funções de objeto direto, complemento relativo, objeto indireto, predicativo, adjunto adnominal e adjunto adverbial. Em geral, na função de sujeito, de predicativo, de aposto e de objeto direto dispensa o substantivo estar acompanhado de qualquer outro elemento; nas outras, acompanha-se de preposição: gosta *de Clarice*, escreveu *à Isabel*, homem *de coragem*, dançou *com prazer*.

ADJETIVO

É a classe que se caracteriza por constituir a *delimitação* do substantivo, orientando a referência a uma *parte* ou a um *aspecto* do denotado.
Entre os aspectos, há os adjetivos pátrios ou gentílicos, que se referem à nacionalidade ou ao local de origem do substantivo: povo *brasileiro*.

Locução adjetiva

É a expressão formada de preposição + substantivo ou equivalente com função de adjetivo: Homem *de coragem* = homem *corajoso*; livro *sem capa* = livro *desencapado*; estátuas *de ouro* = estátuas *áureas*; nuvens *de chumbo* = nuvens *plúmbeas*; colunas *de mármore* = colunas *marmóreas*.

Note-se que nem sempre encontramos um adjetivo da mesma família de palavras e de significado perfeitamente idêntico ao da locução adjetiva: colunas *marmóreas* (de mármore), mas colega *de turma*.

Flexões do adjetivo

O adjetivo se combina com certos signos gramaticais para manifestar o número, o gênero e o grau. O grau, entretanto, não constitui, no português, um processo gramatical de flexão. O grau figura aqui por ter sido contemplado pela Nomenclatura Gramatical Brasileira. A gradação em português, tanto no substantivo quanto no adjetivo, se manifesta por procedimentos sintáticos (*casa pequena, casa grande*) ou por sufixos derivacionais (*casinha, casarão*).

1. Número

O adjetivo acompanha o número do substantivo a que se refere: *aluno estudioso, alunos estudiosos*. Ele pode estar, portanto, no *singular* ou no *plural*.

Formação do plural dos adjetivos — Aos adjetivos se aplicam, na maioria dos casos, as mesmas regras de plural dos substantivos. Alguns poucos adjetivos, como já ocorreu nos substantivos, se mostram indiferentes à marca de número, servindo indistintamente para a indicação do singular ou plural: *simples, isósceles,*[10] *piegas, grátis, somenos*, etc. Assim: critério *simples* / critérios *simples*; sentimento *piegas* / sentimentos *piegas*.

Quanto aos adjetivos compostos, lembraremos que normalmente só o último varia, quando formados por dois adjetivos: amizades *luso-brasileiras*, reuniões *lítero-musicais*, saias *verde-escuras*, folhas *azul-claras*.

Variam ambos os elementos, entre outros exemplos: *surdo-mudo*: *surdos-mudos*.

---

[10] A melhor forma seria *isóscele*, pois o *-s* final é desnecessário.

Com exceção dos casos mais gerais, não tem havido unanimidade de uso no plural dos adjetivos compostos, quer na língua literária, quer na variedade espontânea da língua. A dificuldade fica ainda acrescida pelo fato de uma mesma forma poder ser empregada como adjetivo ou como substantivo, e a cada uma dessas funções são atribuídos plurais distintos, especialmente nos dicionários. As denominações de cores é que mais chamam a nossa atenção neste particular.

Nos adjetivos compostos referentes a cores, quando o segundo elemento é um adjetivo, flexiona-se apenas esse segundo elemento:
olho *verde-claro* → olhos *verde-claros*
calça *azul-escura* → calças *azul-escuras*
Exceções: *Azul-marinho* e *azul-celeste*, como adjetivo, ficam invariáveis:
jaqueta *azul-marinho* → jaquetas *azul-marinho*
olho *azul-celeste* → olhos *azul-celeste*

> **Obs.**: Nos substantivos compostos que designam cores, ambos os elementos vão para o plural: os *verdes-claros*, os *amarelos-esverdeados*, os *azuis-escuros*.

Ambos os elementos ficam invariáveis nos adjetivos compostos que designam cores quando o segundo elemento é um substantivo:
olho *verde-água* → olhos *verde-água*
olho *azul-turquesa* → olhos *azul-turquesa*
uniforme *verde-oliva* → uniformes *verde-oliva*
carro *vermelho-sangue* → carros *vermelho-sangue*

> **Obs.**: Nos substantivos compostos deste tipo, admitem-se dois plurais:
> o *verde-água* → os *verdes-águas* ou os *verdes-água*
> o *verde-abacate* → os *verdes-abacates* ou os *verdes-abacate*
> o *azul-turquesa* → os *azuis-turquesas* ou os *azuis-turquesa*

Podemos também usar nossas tradicionais maneiras de adjetivar, com o auxílio da preposição *de* ou das locuções *de cor, de cor de* ou, simplesmente, **cor de**: *olhos de verde-mar, ramagens de cor verde-garrafa, luvas de* *cor de pele, olhos cor de safira, olhos verdes da cor do mar*. Mário Barreto, lembrando a possibilidade da elipse da preposição *de* ou da locução *cor de*, recomenda a invariabilidade do substantivo empregado adjetivamente, em *fitas creme, luvas café*, isto é, fitas de cor de creme, e rejeita *fitas cremes, luvas cafés*. Ensina ainda que, sendo frequente o emprego do nome do objeto colorido para expressar a cor desse mesmo objeto: *o **lilá** pálido, um **violeta** escuro*, aplica-se aos nomes *lilá, violeta* o gênero masculino na acepção da cor: "Prefiro o *rosa* ao *violeta*", em vez de "Prefiro *a* rosa à violeta", oração que pode ser entendida de maneira ambígua.

2. Gênero

O adjetivo não tem gênero como tem o substantivo. Concorda em gênero com o substantivo a que se refere como simples repercussão da relação sintática de concordância que se instaura entre o determinado e o determinante: *tempo bom, vida boa*.

Formação do feminino dos adjetivos

Os adjetivos *uniformes* são os que apresentam uma só forma para acompanhar substantivos masculinos e femininos. Geralmente estes uniformes terminam em *-a, -e, -l, -m, -r, -s* e *-z*: povo *lusíada* / nação *lusíada*; *breve* exame / *breve* prova; trabalho *útil* / ação *útil*; objeto *ruim* / coisa *ruim*; estabelecimento *modelar* / escola *modelar*; homem *audaz* / mulher *audaz*; conto *simples* / história *simples*.

Exceções principais: *andaluz, andaluza; bom, boa; chim, china; espanhol, espanhola*.

Os adjetivos *biformes*, isto é, que têm uma forma para o masculino e outra para o feminino (por exemplo, vaso *chinês* / louça *chinesa*), seguem de perto as mesma regras que apontamos para os substantivos. Lembraremos aqui apenas os casos principais:

a) Os terminados em *-ês, -or* e *-u* acrescentam no feminino um *a*, na maioria das vezes: *chinês, chinesa; lutador, lutadora; cru, crua*.
Exceções: 1) *cortês, descortês, montês* e *pedrês* são invariáveis; 2) *incolor, multicor, sensabor, maior, melhor, menor, pior* e outros são invariáveis. Outros em *-dor* ou *-tor* apresentam-se em *-triz*: *motor, motriz* (a par de *motora*, conforme vimos nos substantivos); outros terminam em *-eira*: *trabalhador, trabalhadeira* (a par de *trabalhadora*). *Superiora* (de convento) usa-se como substantivo; 3) *hindu* é invariável; *mau* faz *má*.

b) Os terminados em *-eu* passam, no feminino, a *-eia*: *europeu, europeia; ateu, ateia.*
Exceções: *judeu — judia; réu — ré; sandeu — sandia; tabaréu — tabaroa.*

c) Alguns adjetivos, como já ocorreu nos substantivos, apresentam uma forma teórica básica do feminino singular com vogal aberta que estará presente também no plural; no masculino esta vogal aberta passa a fechada: *laborioso* (ô), *laboriosa* (ó); *disposto* (ô), *disposta* (ó).

Este procedimento de partir do timbre da vogal tônica aberta do feminino, e não o inverso, explica-se pelo fato de que há adjetivos em que a vogal tônica fechada do masculino se mantém fechada também no feminino: *encantador, encantadora; português, portuguesa.*

3. Gradação do adjetivo

Há três tipos de gradação na qualidade expressa pelo adjetivo: **positivo, comparativo** e **superlativo**, quando se procede a estabelecer relações entre o que são ou como se mostram dois ou mais seres.

O **positivo**, que não constitui a rigor uma gradação, enuncia simplesmente a qualidade: O rapaz é *cuidadoso*.

O **comparativo** compara qualidade entre dois ou mais seres, estabelecendo:

a) uma *igualdade*:
O rapaz é *tão cuidadoso quanto* (ou *como*) os outros.

b) uma *superioridade*:
O rapaz é *mais cuidadoso que* (ou *do que*) os outros.

c) uma *inferioridade*:
O rapaz é *menos cuidadoso que* (ou *do que*) os outros.

O **superlativo**:

a) ressalta, com vantagem ou desvantagem, a qualidade do ser em relação a outros seres: é o *superlativo relativo*, estabelecendo:

1. Superioridade:
O rapaz é *o mais cuidadoso dos* (ou *dentre os*) pretendentes ao emprego.
2. Inferioridade:
O rapaz é *o menos cuidadoso dos* pretendentes.

b) indica que a qualidade do ser ultrapassa a noção comum que temos dessa mesma qualidade: é o *superlativo absoluto* ou *intensivo*. Pode ser:
1. Analítico:
O rapaz é *muito cuidadoso*.
2. Sintético:
O rapaz é *cuidadosíssimo*.

> **Obs.:** O superlativo absoluto pode ser *analítico* ou *sintético*.

Forma-se o analítico com a anteposição de palavra intensiva ou intensificador (*muito, extremamente, extraordinariamente*, etc.) ao adjetivo: *muito elegante*.

O *sintético* é obtido por meio do sufixo derivacional *-íssimo* (ou outro de valor intensivo) acrescido ao adjetivo: O fato é *revelho* (= velhíssimo).

Alterações gráficas no superlativo absoluto
Ao receber o sufixo intensivo, o adjetivo pode sofrer certas modificações na sua forma:

a) os terminados em *-a, -e, -o* perdem essas vogais:
cuidadosa — cuidadosíssima
elegante — elegantíssimo
cuidadoso — cuidadosíssimo

b) os terminados em *-vel* mudam este final para *-bil*:
terrível — terribilíssimo
amável — amabilíssimo

c) os terminados em *-m* e *-ão* passam, respectivamente, a *-n* e *-an*:
comum — comuníssimo
são — saníssimo

d) os terminados em -z passam esta consoante a -c:
feroz — ferocíssimo
sagaz — sagacíssimo

Há adjetivos que não alteram sua forma, como é o caso dos terminados em -u, -l (exceto -vel), -r:
cru — cruíssimo; fácil — facílimo — facilíssimo; regular — regularíssimo

Afora estes casos, outros há em que os superlativos se prendem às formas latinas. Apontemos os mais frequentes:

acre — acérrimo
amargo — amaríssimo
amigo — amicíssimo
antigo — antiquíssimo
áspero — aspérrimo
benéfico — beneficentíssimo
benévolo — benevolentíssimo
célebre — celebérrimo
célere — celérrimo
cristão — cristianíssimo
cruel — crudelíssimo
difícil — dificílimo
doce — dulcíssimo
fiel — fidelíssimo
frio — frigidíssimo
geral — generalíssimo
honorífico — honorificentíssimo
humilde — humílimo
incrível — incredibilíssimo
inimigo — inimicíssimo
íntegro — integérrimo
livre — libérrimo

magnífico — magnificentíssimo
magro — macérrimo[11]
malédico — maledicentíssimo
malévolo — malevolentíssimo
maléfico — maleficentíssimo
mísero — misérrimo
miúdo — minutíssimo
negro — nigérrimo
nobre — nobilíssimo
parco — parcíssimo
pessoal — personalíssimo
pobre — paupérrimo
pródigo — prodigalíssimo
público — publicíssimo
provável — probabilíssimo
sábio — sapientíssimo
sagrado — sacratíssimo
salubre — salubérrimo
soberbo — superbíssimo
simples — simplicíssimo
tétrico — tetérrimo

Ao lado do superlativo à base do termo latino, pode circular o que procede do adjetivo acrescido da terminação -íssimo:
agílimo — agilíssimo
antiquíssimo — antiguíssimo
humílimo — humildíssimo, humilíssimo
macérrimo — magríssimo

---

[11] *Magérrimo* é forma popular.

crudelíssimo — cruelíssimo
dulcíssimo — docíssimo
facílimo — facilíssimo
nigérrimo — negríssimo
parcíssimo — parquíssimo
paupérrimo — pobríssimo

> **Obs.1**: Chamamos a atenção para as palavras terminadas em *-io* que, na forma sintética, apresentam dois *is*, por seguirem a regra geral da queda do *-o* final para receber o sufixo:
> cheio → cheiíssimo, cheiinho
> feio → feiíssimo, feiinho
> frio → friíssimo, friinho
> necessário → necessariíssimo
> precário → precariíssimo
> sério → seriíssimo, seriinho
> sumário → sumariíssimo
> vário → variíssimo

> **Obs.2**: A tendência da língua à fuga ao hiato leva a que apareçam formas com fusão dos dois ii, embora num ou noutro adjetivo a eufonia impede a mudança: **fríssimo*, **varíssimo*, por exemplo, embora Dias Gomes (século XVIII) escrevesse *propríssimo*. Ainda que escritores usem formas com um só *i* (*cheíssimo*, *cheinho*, *feíssimo*, *seríssimo*, etc.), a língua-padrão insiste no atendimento à manutenção dos dois ii.

Comparativos e superlativos irregulares
Afastam-se dos demais na sua formação de comparativo e superlativo os adjetivos seguintes:

Positivo	Comparativo de superioridade	Superlativo	
		absoluto	relativo
bom	melhor	ótimo	o melhor
mau	pior	péssimo	o pior
grande	maior	máximo	o maior
pequeno	menor	mínimo	o menor

Não se diz *mais bom* nem *mais grande* em vez de *melhor* e *maior*; mas podem ocorrer *mais pequeno, o mais pequeno, mais mau,* por *menor, o menor, pior*. Também se podem empregar *bom* e *grande* nas expressões *mais ou menos grande, mais ou menos bom*, pois que os tais adjetivos se regulam pela última palavra:
"Os poemas completos do desterrado do Ponto, todas as literaturas europeias os ambicionavam, e os meteram em si, com *mais ou menos boa mão*." [Antônio Feliciano de Castilho]
Note-se o jogo de alternância de *mais pequeno* e *menor* em:
"Em matéria de amor-próprio o *mais pequeno* inseto não o tem *menor* que a baleia ou o elefante." [Marquês de Maricá]
É ainda oportuno lembrar que às vezes *bom* e *mau* constituem com o substantivo seguinte uma só lexia, uma só unidade léxica, de modo que, nesta situação, podem ser modificados pelos advérbios *mais, menos, melhor, pior*, que passam a referir-se a toda a expressão: *homem de mais mau-caráter, pessoa de menos más intenções, palavras da melhor boa-fé*:
"Pode ser que ele ainda venha para ti com o coração purificado, e o tributo da mocidade avaramente pago. *Mais bom marido* será então." [Camilo Castelo Branco]
Ao lado dos superlativos *o maior, o menor*, figuram ainda *o máximo* e *o mínimo* que se aplicam a ideias abstratas e aparecem ainda em expressões científicas, como *a temperatura máxima, a temperatura mínima, máximo divisor comum, mínimo múltiplo comum, nota máxima, nota mínima*.
Em lugar de *mais alto* e *mais baixo* usam-se os comparativos *superior* e *inferior*; por *o mais alto* e *o mais baixo*, podemos empregar os superlativos *o supremo* ou *o sumo*, e *o ínfimo*.
Comparando-se duas qualidades ou ações, empregam-se *mais bom, mais mau, mais grande* e *mais pequeno* em vez de *melhor, pior, maior, menor*:
É mais bom do que mau (e não: *é melhor do que mau*).
A escola é mais grande do que pequena.
Escreveu mais bem do que mal.
Ele é mais bom do que inteligente.
Por fim, assinalemos que, depois dos comparativos em *-or* (*superior, inferior, anterior, posterior, ulterior*), se usa a preposição *a*:
*Superior **a** ti, inferior **ao** livro, anterior **a** nós*

ARTIGO

Chamam-se *artigo definido* **o, a, os, as** que se antepõem a substantivos, com função precípua de adjunto desses substantivos.

A tradição gramatical tem aproximado este verdadeiro artigo de ***um, uns, uma, umas***, chamados *artigos indefinidos*, que se assemelham a ***o, a, os, as*** pela mera circunstância de também funcionarem como adjunto de substantivo.

Do ponto de vista semântico e consequentes resultados nas funções gramaticais, o artigo definido identifica o objeto designado pelo nome a que se liga, delimitando-o, extraindo-o de entre os objetos da mesma classe, como aquele que já foi (ou será imediatamente) conhecido do ouvinte.

Outra função é a da substantivação: qualquer unidade linguística, do texto ao morfema, pode substantivar-se quando é nome de si mesma, tomada materialmente: "*o o* é artigo."

Emprego do artigo definido

De largo uso no idioma, o artigo assume sentidos especialíssimos, graças aos entornos verbais e extraverbais.

a) Denota, junto dos nomes próprios, nossa familiaridade (neste mesmo caso pode ser também omitido): O *Antônio comunicou-se com* o *João*.

b) Costuma aparecer ao lado de certos nomes próprios geográficos, principalmente os que denotam países, oceanos, rios, montanhas, ilhas: *a* Suécia, *o* Atlântico, *o* Amazonas, *os* Andes, *a* Groenlândia.

c) Entra em numerosas alcunhas e cognomes: Isabel, *a Redentora*.

d) Aparece em certos títulos: *o* professor João Ribeiro.

e) É omitido nos títulos de *Vossa Alteza, Vossa Majestade, Vossa Senhoria* e outras denominações, além das formas abreviadas *dom, frei, são* e as de origem estrangeira, como *Lord, Madame, Sir* e o latinismo *sóror* ou *soror* (oxítono): *Vossa Alteza passeia*.

f) Antecede o artigo os nomes de trabalhos literários e artísticos (se o artigo pertence ao título, há de ser escrito obrigatoriamente com maiúscula): a *Eneida*, *Os Lusíadas*.

g) É omitido antes da palavra *casa*, designando residência ou família, nas expressões do tipo: *fui a casa* (este *a* é preposição; se houvesse artigo ficaria *a+a=à*), *estou em casa*.

h) Omite-se, ainda, o artigo junto ao vocábulo *terra*, em oposição a *bordo* (que também dispensa artigo): Iam de bordo *a* terra (este *a* é preposição; se houvesse artigo ficaria *a+a=à*).

i) Aparece junto ao termo denotador da unidade quando se expressa o valor das coisas (aqui o artigo assume o valor de *cada*): Maçãs de poucos reais *o* quilo.

j) Aparece nas designações de tempo com os nomes das estações do ano: *Na primavera* há flores em abundância.

k) Nas indicações de tempo com a expressão *uma hora*, significando *uma a primeira hora*, o emprego do artigo é facultativo: Era perto *da/de uma hora*. Por ser mais antigo na língua, fixou-se o emprego do *a* acentuado em expressões como *à uma hora*: Marcamos o almoço *à uma hora*.

l) É, na maioria dos casos, de emprego facultativo junto a possessivos em referência a nome expresso: *Meu livro* ou *O meu livro*.

> **Obs.**: Na expressão de um ato usual, que se pratica com frequência, o possessivo vem normalmente sem artigo: Às oito toma *seu* café.

m) Pode vir a palavra *todo*, no singular, seguida ou não de artigo, com os significados de *inteiro*, *total* e *cada*, *qualquer*: *Todo* mundo sabe. / *Toda a* cidade conhece.

n) Costuma-se dispensar o artigo depois de *cheirar a*, *saber a* (= ter o gosto de) e expressões sinônimas: Isto *cheira a* jasmim. / Isto *sabe a* vinho. (Nos exemplos, este *a* é preposição; se houvesse artigo, ficaria *a+a=à*.)

o) Aparece o artigo definido na sua antiga forma *lo, la*, em frases feitas: "Tenho ouvido os quinhentistas a *la* moda, e os galiparlas." [Camilo Castelo Branco]

Emprego do artigo indefinido

O artigo indefinido pode assumir matizes variadíssimos de sentido:

a) Usa-se o indefinido para aclarar as características de um substantivo enunciado anteriormente com artigo definido: Estampava no rosto o sorriso, *um* sorriso de criança.

b) Procedente de sua função classificadora, *um* pode adquirir significação enfática, chegando até a vir acompanhado de oração com *que* de valor consecutivo, como se no contexto houvesse *um tal*: Ele é *um* herói!, Falou de *uma* maneira que pôs medo nos corações.

c) Antes de numeral denota aproximação: Terá *uns* vinte anos de idade.

d) Antes de pronome de sentido indefinido (*certo, tal, outro*, etc.), dispensa-se o artigo indefinido, salvo quando o exigir a ênfase: Depois de *certa* hora não o encontramos em casa. (E não: *uma certa hora*)

e) Não se emprega o artigo definido antes do primeiro termo da sequência *um... e o outro* em sentido distributivo: *Um* irmão ia ao teatro e *o outro* ao cinema. (E não: *O* irmão ia ao teatro e *o outro* ao cinema.)

f) Note-se a expressão *um como*, empregada no sentido de 'uma coisa como', 'um ser como', 'uma espécie de', onde *um* concorda com o substantivo seguinte: Fez *um como* discurso.

O artigo partitivo

A língua portuguesa de outros tempos empregava *do, dos, da, das* junto a nomes concretos para indicar que os mesmos nomes eram apenas considerados nas suas partes ou numa quantidade ou valor indeterminado, indefinido: Comi *do* pão e bebi *da* água.

É o que a gramática denomina *artigo partitivo*. Modernamente, o partitivo não ocorre com frequência

PRONOME

É a classe de palavra que se refere a um significado léxico indicado pela situação ou por outras palavras do contexto.

Classificação dos pronomes

Os pronomes podem ser: *pessoais, possessivos, demonstrativos, indefinidos, interrogativos* e *relativos*.

Pronome substantivo e pronome adjetivo

O pronome pode aparecer em referência a substantivo claro ou oculto: *Meu* livro é melhor que o *teu*.

Meu e *teu* são pronomes porque, dando ideia de posse, fazem referência à pessoa do discurso: *meu* (1ª pessoa, a que fala), *teu* (2ª pessoa, a com quem se fala). Ambos os pronomes estão em referência ao substantivo *livro* que vem expresso no início, mas se cala no fim, por estar perfeitamente claro ao falante e ouvinte. Esta referência a substantivo caracteriza a função *adjetiva* ou de *adjunto* de certos pronomes. Muitas vezes, sem que tenha vindo expresso anteriormente, dispensa-se o substantivo, como em: Quero o *meu* e não o *seu* livro (onde ambos os pronomes possessivos são adjetivos).

Já em *Isto é melhor que aquilo*, os pronomes *isto* e *aquilo* não se referem a nenhum substantivo determinado, mas fazem as vezes dele. São, por isso, pronomes *absolutos* ou *substantivos*.

Pronome pessoal

Os pronomes pessoais designam as pessoas do discurso:
1ª pessoa: *eu* (singular) *nós* (plural)
2ª pessoa: *tu* (singular) *vós* (plural)
3ª pessoa: *ele, ela* (singular) *eles, elas* (plural)

As formas *eu, tu, ele, ela, nós, vós, eles, elas*, que funcionam como sujeito, se dizem *retas*. A cada um destes pronomes pessoais retos corresponde um pronome pessoal oblíquo que funciona como complemento e pode apresentar-se em forma átona ou forma tônica. Ao contrário das formas átonas, *as tônicas vêm sempre precedidas de preposição.*

Pronomes pessoais:	retos	oblíquos átonos (sem preposição)	oblíquos tônicos (com preposição)
Singular:			
1ª pessoa:	eu	me	mim
2ª pessoa:	tu	te	ti
3ª pessoa:	ele, ela	lhe, o, a, se	ele, ela, si
Plural:			
1ª pessoa:	nós	nos	nós
2ª pessoa:	vós	vos	vós
3ª pessoa:	eles, elas	lhes, os, as, se	eles, elas, si

Se a preposição é *com*, dizemos *comigo, contigo, consigo, conosco, convosco*, e não *com mim, com ti, com si, com nós, com vós*. Empregam-se, entretanto, *com nós* e *com vós*, ao lado de *conosco* e *convosco*, quando estes pronomes tônicos vêm seguidos ou precedidos de *mesmos, próprios, todos, outros, ambos, numeral, aposto* ou *oração adjetiva*, a fim de evidenciar o antecedente: *Com vós todos* ou *com todos vós.*

Pronome oblíquo reflexivo

É o pronome oblíquo da mesma pessoa do pronome reto, significando *a mim mesmo, a ti mesmo*, etc.: Eu *me* vesti rapidamente.

Pronome oblíquo reflexivo recíproco

É representado pelos pronomes *nos, vos, se* quando traduzem a ideia de *um ao outro, reciprocamente*: Nós *nos* cumprimentamos. (um ao outro)

Formas de tratamento

Ao lado dos pronomes pessoais, que se referem às pessoas do discurso (a primeira pessoa, a que fala, o falante: *eu* e *nós*; a segunda pessoa, a com quem se fala, o ouvinte: *tu, vós* e a terceira pessoa ou coisa de que se fala: *ele, ela, eles, elas*), possui a nossa língua formas substantivas de tratamento (*a gente, você, senhor, senhora, senhorita, vossa excelência*) que pelo sentido valem como as três pessoas do discurso e gramaticalmente como formas de terceira pessoa; por isso, levam o verbo e seus adjuntos flexionados também para a terceira pessoa: *a gente trabalha, você trabalha, Vossa Excelência trabalha*. São as que a gramática chama formas ou pronomes de tratamento:

1) O substantivo *gente*, precedido do artigo *a* e em referência a um grupo de pessoas em que se inclui a que fala, ou a esta sozinha, passa a locução pronominal e se emprega fora da linguagem cerimoniosa. Em ambos os casos o verbo vai para a 3ª pessoa do singular: "É verdade que *a gente*, às vezes, *tem* cá as suas birras." [Alexandre Herculano]

2) *Você*, hoje usado familiarmente, é a redução da forma de reverência *vossa mercê*. Caindo o pronome *vós* em desuso (só usado nas preces religiosas e no estilo solene), emprega-se *vocês* como o plural de *tu*.

3) Contrastando com a atmosfera de intimidade que envolve *a gente* e *você*, usam-se *senhor, senhora, senhorita* no tratamento cerimonioso e em circunstâncias estilísticas de fingido respeito: "Era uma vez uma agulha que disse a um novelo de linha: — Por que está você com esse ar, toda cheia de si, toda enrolada, para fingir que vale alguma coisa neste mundo? — Deixe-me, *senhora*" [Machado de Assis]; "Lulu — Viva! Está mais calmo? Pinheiro: — Calmo sempre, menos nas ocasiões em que és... indiscreta. Lulu — Indiscreta! Pinheiro — Indiscreta, sim *senhora*! Para que veio aquela exclamação quando eu falava com Elisa?..." [Machado de Assis]; "A *senhorita* está pensando que já é dona do seu nariz?"

4) A estas formas de tratamento pertencem as expressões de reverência que consistem em nos dirigirmos às pessoas pelos seus atributos, qualidades ou cargos que ocupam: *Vossa Alteza* (V. A., para príncipes, duques); *Vossa Eminência* (V. Em^a, para cardeais); *Vossa Excelência* (V.Exª. para altas patentes militares, ministros, Presidente da República, pessoas de alta categoria, bispos e arcebispos), *Vossa Magnificência* (para reitores de

universidades), *Vossa Majestade* (*V.M.*, para reis, imperadores), *Vossa Mercê* (*V.M.*^{cê} para pessoas de tratamento cerimonioso), *Vossa Reverendíssima* (*Rev^{ma}*, para sacerdotes), *Vossa Senhoria* (*V.S^a*, para oficiais até coronel, funcionários graduados, pessoas de cerimônia). Obs: 1ª): Emprega-se *Vossa Alteza* (e demais) em referência à segunda pessoa, isto é, em relação àquele com quem falamos; emprega-se *Sua Alteza* (e demais) em referência à terceira pessoa, isto é, à pessoa de quem falamos. 2ª): Usa-se de *Dom*, abreviadamente *D.*, junto ao nome próprio: *D. Afonso, D. Henrique, D. Eugênio*; às vezes aparece em autores junto a nome de família, mas esta prática deve ser evitada por contrariar a tradição da língua. Usa-se ainda *D.* junto a outro título: *D. Prior, D. Abade*. 3ª): A indicação do plural com as formas de tratamento se faz com a repetição de letras: *VV.MM.* (Vossas Majestades).

Pronomes possessivos

São os que indicam a posse em referência às três pessoas do discurso: meu / nosso (1ª pessoa); teu / vosso (2ª pessoa); seu / seu-seus (3ª pessoa).

Pronomes demonstrativos

São os que indicam a posição dos seres em relação às três pessoas do discurso.
Esta localização pode ser no *tempo*, no *espaço* ou no *discurso*.
Este livro é o livro que está perto da pessoa que fala; *esse livro* é o que está longe da pessoa que fala ou perto da pessoa com quem se fala; *aquele livro* é o que se acha distante da 1ª e da 2ª pessoa.
São ainda pronomes demonstrativos *o, mesmo, próprio, semelhante* e *tal*.
Considera-se **o** pronome demonstrativo, de emprego absoluto, invariável no masculino e singular, quando funciona com o valor *grosso modo* de *isto, isso, aquilo* ou *tal*: Não *o* consentirei jamais.
Mesmo, próprio, semelhante e *tal* têm valor demonstrativo quando denotam identidades ou se referem a seres e ideias já expressas anteriormente, e valem por *esse, essa, aquele, isso, aquilo*: "Depois, como Pádua falasse ao sacristão baixinho, aproximou-se deles; eu fiz a *mesma* coisa." [Machado de Assis].

Obs.: *Mesmo* e *próprio* aparecem ainda reforçando pronomes pessoais, com os quais concorda em número e gênero: Ela *mesma* quis ver o problema. / Nós *próprios* o dissemos.

Pronomes indefinidos

São os que se aplicam à 3ª pessoa quando têm sentido vago ou exprimem quantidade indeterminada.

Funcionam como pronomes indefinidos substantivos, todos invariáveis: *alguém, ninguém, tudo, nada, algo, outrem*.

São pronomes indefinidos adjetivos variáveis: *nenhum, outro* (também isolado), *um* (também isolado), *certo, qualquer* (só variável em número: *quaisquer*), *algum*. E o único invariável: *cada*.

Aplicam-se a quantidades indeterminadas os indefinidos, todos variáveis (com exceção de *mais* e *menos*): *muito, mais, menos, pouco, todo, algum, tanto, quanto, vário, diverso*.

Locução pronominal indefinida

É o grupo de palavras que vale por um pronome indefinido. Eis as principais locuções: *cada um, cada qual, alguma coisa, qualquer um, quem quer, quem quer que, o que quer que, seja quem for, seja qual for, quanto quer que, o mais* (hoje menos frequente que *a maior parte, a maioria*).

Pronomes interrogativos

São os pronomes indefinidos *quem, que, qual* e *quanto* que se empregam nas perguntas, diretas ou indiretas: *Quem* veio aqui?, *Que* compraste?

Obs.: Em lugar de *que* pode-se usar a forma interrogativa enfática *o que*.

Diz-se *interrogação direta* a pergunta que termina por ponto de interrogação e se caracteriza pela entoação ascendente: *Quem* veio aqui?
Já *interrogação indireta* é a pergunta que:

a) se faz indiretamente e para a qual não se pede resposta imediata;

b) é proferida com entoação normal descendente;

c) não termina por ponto de interrogação;

d) vem depois de verbo que exprime interrogação ou incerteza (*perguntar, indagar, não saber, ignorar*, etc.):
Quero saber *quem* veio aqui.

Pronomes relativos

São pronomes relativos:

> *que, quem, o qual (a qual, os quais, as quais), cujo (cuja, cujos, cujas) e quanto (quanta, quantos, quantas),*

quando se referem a um antecedente:
Eu sou o freguês que *por último compra o jornal* (o *que* se refere ao antecedente *freguês*).

O pronome relativo *que* difere da conjunção integrante *que* porque esta última tem por missão introduzir oração subordinada substantiva e, na condição de mera conjunção, não exerce função sintática. Já o pronome relativo *que* introduz oração subordinada adjetiva e, como pronome, exerce nela uma função sintática. No exemplo acima, *que* referido a *freguês* exerce a função de sujeito da oração: *que* (= o freguês) *compra o jornal*.

A conjunção integrante *que*, como conjunção, não exerce função sintática. Desta diferença resulta que ela pode ser omitida no início da oração subordinada substantiva, o que não ocorre quando o *que* é pronome relativo: *Espero que sejas feliz* OU *Espero sejas feliz*. O mesmo não ocorre se omitirmos o *que* em: *Eu sou o freguês* (que) *compra o jornal*.

O pronome relativo *quem* se refere a pessoas ou coisas personificadas, e sempre aparece precedido de preposição: *As pessoas de* quem *falas não vieram.* / *As companhias* com quem *andas são péssimas.* / *O amigo* por quem *fomos enganados desapareceu.*

Usamos *que* e *o qual* para nos referirmos a pessoas ou coisas: *O ônibus que esperamos está atrasado.* / *Não são poucas as alunas que faltaram.* / *Este é o assunto sobre o qual falaremos.*

Já o pronome relativo *cujo* traduz a ideia de posse, com o valor de *dele, do qual,* e tem como flexões *cuja, cujos, cujas:* O livro *cujas* páginas... (= as páginas *do qual,* as páginas *dele,* as *suas* páginas).

Sempre com função adjetiva, *cujo* reclama, em geral, antecedente e consequente expressos e indica que o antecedente é possuidor do ser designado pelo substantivo a que se refere: Ali vai o *homem cuja casa* comprei. O antecedente é *homem;* o consequente, *casa* (a casa do homem).

Conforme a função do núcleo do sintagma nominal, do qual este pronome serve de adjunto, *cujo* pode vir precedido de preposição: *O proprietário* cuja casa *aluguei* (a casa *do qual* aluguei) / *Os pais* a cujos filhos *damos aula* (aos filhos *dos quais*) / *Os pais* de cujos filhos *somos professores* (dos filhos *dos quais*) / *O clube* em cujas dependências *faço ginástica* (nas dependências *do qual*) / *A cidade* por cujas ruas, *na infância, arrastou seus sonhos* (pelas ruas *da qual*) / *A prova* com cujas questões *me atrapalhei* (com as questões *da qual*).

> **Obs.:** É erro usar artigo definido antes e depois de *cujo.* Por isso é considerada incorreta a construção: *O pai* cujos os *filhos estudam aqui.* A construção apropriada é: *O pai* cujos *filhos estudam aqui.*

No exemplo: *Este é o autor* a cuja *obra te referiste,* não há acento indicativo da crase, por não vir *cujo* precedido de artigo; *a* é pura preposição. O verbo *referir-se* se acompanha da preposição *a,* daí a construção: *a cuja obra te referiste.*

O pronome relativo *quanto* tem por antecedente um pronome indefinido (*tudo, todo, todos, todas, tanto*): *Esqueça-se de* tudo quanto *lhe disse.*

> **Obs.:** Os advérbios *onde, como* e *quando,* referidos a antecedentes, são classificados como advérbios relativos: *A casa* onde (= na qual) *moro é espaçosa.* / *Conheci-o na época* quando (= em que) *estudava em Belo Horizonte.*
>
> *Onde* vale por *em que* e se refere a um lugar fixo. Difere de *aonde,* que exprime movimento: *O lugar* onde *moro.* / *O lugar* aonde *vou.* / *O lugar* donde *venho é turístico.*

Emprego dos pronomes

1. Pronome pessoal

A rigor, o pronome pessoal reto funciona como sujeito ou complemento predicativo, enquanto o oblíquo como os demais complementos: **Eu** *saio*. **Eu** *não sou* **ele**. *Eu* **o** *vi*. *Não* **lhe** *respondemos*.

Cuidado especial hão de merecer, na língua exemplar, as coordenações de pronomes ou de pronome com um substantivo introduzidas pela preposição *entre*: entre *eu e tu* (por entre *mim e ti*), entre *eu* e o aluno (por entre *mim* e o aluno), entre José e *eu* (por entre José e *mim*).

> **Obs.:** Já há concessões de alguns gramáticos quando o pronome *eu* ou *tu* vem em segundo lugar: Entre *ele e eu*. Entre *o José e eu*.

A língua exemplar, como dissemos, insiste na lição do rigor gramatical, recomendando, nestes casos, o uso dos pronomes oblíquos tônicos: Entre *mim e ti*. Entre *ele e mim*.

O pronome *se* na construção reflexa

A reflexividade consiste, na essência, que a ação denotada pelo verbo não passa a outra pessoa, mas reverte-se à pessoa do próprio sujeito (ele é, ao mesmo tempo, agente e paciente):

1.a) *João se banha.*
    João se banha.   A⟵⟶   Reflexivo "próprio"

1.b) *João e Maria se amam.*
    João e Maria se amam.   A ⇌ B   Reflexivo recíproco

Mudando as unidades linguísticas que se combinam com o pronome *se*, poderemos ter:

2) *O banco só se abre às dez horas.*

No presente exemplo, *banco* é um sujeito constituído por substantivo que, por inanimado, não pode ser agente da ação verbal; por isso, a construção é interpretada como "passiva": é o que a gramática chama voz "média" ou "passiva com *se*".

A última acepção a que poderemos chegar nas construções do pronome *se* é a da oração:

3) *Abre-se às dez.*
Temos aqui um *se* na construção em que não aparece substantivo, claro ou subentendido, que funcione como sujeito do conteúdo predicativo. Interpreta-se a construção como impessoal ou indeterminada, e o *se* como índice de indeterminação do sujeito.

2. Pronome possessivo

***Seu* e *dele* para evitar confusão**
Em algumas ocasiões, o possessivo *seu* pode dar lugar a dúvidas a respeito do possuidor. Remedeia-se o mal com a substituição de *seu, sua, seus, suas* pelas formas *dele, dela, deles, delas, de você, do senhor*, etc., conforme convier.
Em: José, Pedro levou o *seu* chapéu, o pronome *seu* não esclarece quem realmente possui o chapéu, se Pedro ou José. Para esclarecer, pode-se usar: José, Pedro levou o chapéu *dele* ou, ainda: José, Pedro levou o *seu* chapéu *dele*.
Foge-se ainda à confusão empregando-se *próprio*: José, Pedro levou o *seu próprio* chapéu.

Possessivo para indicar ideia de aproximação
Junto a números o possessivo pode denotar uma quantidade aproximada: Nessa época, tinha *meus* quinze anos (aproximadamente).

Valores afetivos do possessivo
O possessivo não se limita a exprimir apenas a ideia de posse. Adquire variados matizes contextuais de sentido, muitas vezes de difícil delimitação. Pode apenas indicar a coisa que nos interessa, por nos estarmos referindo, com ele, à causa que nos diz respeito, ou por que temos simpatia: O *nosso* herói (falando-se de um personagem de histórias) não soube que fazer.
Além de exprimir a nossa simpatia, serve também para traduzir nosso afeto, cortesia, deferência, submissão, ou ironia: *Meu* prezado amigo.
Notemos, porém, as expressões do tipo: "Qual cansadas, *seu* Antoninho!" [Lima Barreto]; *seu* não é a forma possessiva de 3ª pessoa do singular. Trata-se aqui de uma redução familiar do tratamento *senhor*.

Pela forma abreviada *seu* modelou-se o feminino *sua*: "E ri-se você, *sua* atrevida?! — exclamou o moleiro, voltando-se para Perpétua Rosa." [Alexandre Herculano]

O possessivo em referência a um possuidor de sentido indefinido

Se o possessivo faz referência a pessoa de sentido indefinido expresso ou sugerido pelo significado da oração, emprega-se o pronome de 3ª pessoa: "É verdade que *a gente*, às vezes, tem cá as *suas* birras — disse ele, com certo ar que queria ser fino e saía parvo." [Alexandre Herculano]

Se o falante se inclui no termo ou expressão indefinida, usar-se-á o possessivo de 1ª pessoa do plural: "*A gente* compreende como estas cousas acontecem em *nossas* vidas." [Camilo Castelo Branco]

O possessivo e as expressões de tratamento do tipo *Vossa Excelência*

Empregando-se as expressões de tratamento do tipo de *Vossa Excelência*, *Vossa Reverendíssima*, *Vossa Majestade*, *Vossa Senhoria*, onde aparece a forma possessiva de 2ª pessoa do plural, a referência ao possuidor se faz hoje em dia com os termos *seu*, *sua*, isto é, com possessivo de 3ª pessoa do singular: Vossa Excelência conseguiu realizar todos *os seus* propósitos. (E não: todos *os vossos* propósitos.)

3. Pronome demonstrativo

A posição indicada pelo demonstrativo pode referir-se ao espaço, ao tempo (demonstrativos dêiticos espaciais e temporais) ou ao discurso (demonstrativo anafórico).

Demonstrativos referidos à noção de espaço

Este (e flexões) aplica-se aos seres que pertencem ou estão perto da 1ª pessoa, isto é, daquela que fala: *Este livro* é o livro que possuo ou tenho entre mãos.

Esse (e flexões) aplica-se aos seres que pertencem ou estão perto da 2ª pessoa, isto é, daquela com quem se fala: *Esse livro* é o livro que nosso interlocutor traz.

Na correspondência, *este* se refere ao lugar donde se escreve, e *esse* denota o lugar para onde a carta se destina: Escrevo *estas* linhas para dar-te notícia *desta* nossa cidade e pedir-te as novas *dessa* região aonde foste descansar.

Quando se quer apenas indicar que o objeto se acha afastado da pessoa que fala, sem nenhuma referência à 2ª pessoa, usa-se *esse*: "Quero ver *esse* céu da minha terra. / Tão lindo e tão azul!" [Casimiro de Abreu].

Estas expressões não se separam por linhas rigorosas de demarcação; por isso exemplos há de bons escritores que contrariam os princípios aqui examinados.

Demonstrativos referidos à noção de tempo

O demonstrativo que denota um período mais ou menos extenso, no qual se inclui o momento em que se fala, é *este* (e flexões): *Este mês* (= no mês corrente) não houve novidades.

Aplicado a tempo já passado, o usual é *esse* (e flexões): *Nessa época* atravessávamos uma fase difícil.

Se o tempo passado ou futuro está relativamente próximo do momento em que se fala, pode-se fazer uso de *este*, em algumas expressões: *Esta noite* (= a noite passada) tive um sonho belíssimo. / Há previsão de chuva para *esta noite*.

Demonstrativos referidos a nossas próprias palavras

Quando o falante deseja fazer menção ao que ele acabou de narrar (anáfora) ou ao que vai narrar (catáfora), emprega *este* (e flexões): "Se não existisse Ifigênia... acudiu Calisto. Já *este* nome (isto é: o nome que proferi) me soava docemente..." [Camilo Castelo Branco]

> **Obs.:** Há construções fixas que nem sempre se regulam pelas normas precedentes; entre estas, estão:
> → *isto é* (e nunca *isso é*) com o valor de 'quer dizer' ou 'significa', para introduzir esclarecimentos;
> → *por isso, nem por isso, além disso* são mais frequentes que *por isto, nem por isto, além disto*, como a introduzir uma conclusão ou aduzir um argumento;
> → *isto de* (e não *isso de*) com o valor de 'no que toca', 'no que diz respeito a'.

4. Pronome relativo

Em lugar de *em que, de que, a que*, nas referências a lugar, empregam-se respectivamente *onde, donde, aonde* (que funcionam como adjunto adverbial ou complemento relativo):
O colégio *onde* estudas é excelente.
A cidade *donde* vens tem fama de ter bom clima.
A praia *aonde* te diriges parece perigosa.

Modernamente os gramáticos têm tentado evitar o uso indiscriminado de *onde* e *aonde*, reservando o primeiro para a ideia de repouso e o segundo para a de movimento a algum lugar: O lugar *onde* estudas... / O lugar *aonde* vais...

Evite-se o emprego de *onde* em lugar de *que* / *qual*, precedido ou não da conveniente preposição, como na frase: "Está sendo aberto um inquérito contra os policiais, *onde* (= *pelo qual*) eles podem perder o emprego" (notícia de jornal).

NUMERAL

É a palavra de função quantificadora que denota valor definido: "A vida tem *uma* só entrada: a saída é por *cem* portas." [Marquês de Maricá]

Os numerais propriamente ditos são os *cardinais*: *um, dois, três, quatro*, etc., e respondem às perguntas *quantos?, quantas?*.

Na escrita podem ser representados por algarismos arábicos (1, 2, 3, 4, etc.) ou romanos (I, II, III, IV, etc.).

A tradição gramatical, levando em conta a significação de certas palavras denotadoras da quantidade e da ordem definidas, tem incluído entre os numerais próprios — os cardinais — ainda os seguintes: os *ordinais*, os *multiplicativos* e os *fracionários*. Tais palavras não exprimem propriamente uma quantidade do ponto de vista semântico, e do ponto de vista sintático se comportam, em geral, como adjetivos que funcionam como adjuntos e, portanto, passíveis de deslocamentos dentro do sintagma nominal:
Ele era o *segundo* irmão entre os homens.
Ele era o irmão *segundo* entre os homens.

> **Obs.:**
> → Evite-se o erro, hoje comum: *algumas milhares de pessoas, as milhares de pessoas, as milhões de mulheres*, etc. em vez de *alguns milhares, os milhares, os milhões*, etc. Então temos este emprego correto na frase: Ela era mais *uma dos milhares* que estão vindo para o Brasil.
> → Também não são numerais as letras do alfabeto referidas em sequências ou qualificações do tipo:
> Mora na casa *A* da vila.
> O leite é tipo *B*.
> Era uma revista dirigida às classes *A* e *B*.

Ordinais

São as palavras que denotam o número de ordem dos seres numa série: *primeiro, segundo, terceiro, quarto, quinto,* etc.

> **Obs.:** *Último, penúltimo, antepenúltimo, anterior, posterior, derradeiro, anteroposterior* e outros tais, ainda que exprimam posição do ser, não têm correspondência entre os numerais e devem ser considerados adjetivos.

Leitura de expressões numéricas abreviadas

Atenção especial merecem entendimento e leitura de certas expressões numéricas abreviadas de uso moderno na linguagem jornalística e técnica: *1,4 milhão* (com 1 o numeral coletivo fica no singular); *3,2 bilhões*; *8,5 bilhões*, etc. devem ser entendidos e lidos "um milhão e quatrocentos mil"; "três bilhões e duzentos milhões"; "oito bilhões e quinhentos milhões" ou "oito bilhões e meio".

Note-se que, embora em *1,4 milhão* o substantivo esteja no singular, o verbo vai ao plural: 1,4 milhão de estudantes *conseguiram* vagas no ensino superior.

Multiplicativos

São as palavras que exprimem a multiplicidade dos seres. Os mais usados são: *duplo* ou *dobro, triplo* ou *tríplice, quádruplo, quíntuplo, sêxtuplo, sétuplo, óctuplo, nônuplo, décuplo, cêntuplo.*

Fracionários

São as palavras que indicam frações dos seres: *meio, terço, quarto, quinto, sexto, sétimo, oitavo, nono, décimo, vigésimo, centésimo, milésimo, milionésimo*, empregados como equivalentes de *metade, terça parte, quarta parte*, etc.

Para muitos fracionários empregamos o cardinal seguido da palavra *avos*, extraída de *oitavo*, como se fora sufixo: onze avos, treze avos, quinze avos, etc.

> **Obs.:** A tradição da língua estabelece que, se o ordinal é de 2.000 em diante, o primeiro numeral usado é cardinal: 2.345ª — duas milésimas trecentésima quadragésima quinta. A língua moderna, entretanto, parece preferir o primeiro numeral como ordinal, se o número é redondo: décimo milésimo aniversário.

VERBO

Entende-se por *verbo* a unidade que significa ação ou processo, unidade esta organizada para expressar o modo, o tempo, a pessoa e o número.

No verbo português há categorias que sempre estão ligadas: não se separa a "pessoa" do "número" nem o "tempo" do "modo".

As pessoas do verbo

Geralmente as formas verbais indicam as três pessoas do discurso, para o singular e o plural:

1ª pessoa do singular:	eu	canto
2ª pessoa do singular:	tu	cantas
3ª pessoa do singular:	ele	canta
1ª pessoa do plural:	nós	cantamos
2ª pessoa do plural:	vós	cantais
3ª pessoa do plural:	eles	cantam

Os tempos do verbo

1. Presente

Em referência a fatos que se passam ou se estendem ao momento em que falamos: (*eu*) *canto*.

2. Pretérito
Em referência a fatos anteriores ao momento em que falamos, é subdividido em *imperfeito, perfeito* e *mais-que-perfeito*: *cantava* (*imperfeito*), *cantei* (*perfeito*) e *cantara* (*mais-que-perfeito*).

3. Futuro
Em referência a fatos ainda não realizados, é subdividido em *futuro do presente* e *futuro do pretérito*: *cantarei* (*futuro do presente*), *cantaria* (*futuro do pretérito*).

Os modos do verbo

São, conforme a posição do falante em face da relação entre a ação verbal e seu agente, os seguintes:

1. Indicativo
Em referência a fatos verossímeis ou tidos como tais: *canto, cantei, cantava, cantarei*.

2. Subjuntivo (conjuntivo)
Em referência a fatos incertos: talvez *cante, se cantasse*.

3. Imperativo
Em relação a um ato que se exige do agente: *cantai*.

As vozes do verbo

As vozes do verbo são: *ativa, passiva* e *reflexiva*.

1. Ativa
Forma em que o verbo se apresenta para, normalmente, indicar que a pessoa a que se refere é o *agente* da ação: *Eu escrevo a carta*.

2. Passiva
Forma verbal que indica que a pessoa é o *objeto* da ação verbal. A pessoa, neste caso, diz-se *paciente* da ação verbal: *A carta é escrita por mim*. A passiva é formada com um dos verbos: *ser, estar, ficar* seguido de *particípio*.

Voz passiva e passividade — É preciso não confundir voz passiva e passividade. *Voz* é a forma especial em que se apresenta o verbo para indicar que a pessoa recebe a ação:
Ele *foi visitado* pelos amigos.
Passividade é o fato de a pessoa receber a ação verbal. A passividade pode traduzir-se, além da voz passiva, pela ativa, se o verbo tiver sentido passivo:
Os criminosos *recebem* o merecido castigo.
Portanto, nem sempre a passividade corresponde à voz passiva.

3. Reflexiva

Forma verbal que indica que a ação verbal não passa a outro ser: 1) podendo reverter-se ao próprio agente (sentido reflexivo propriamente dito); 2) podendo atuar reciprocamente entre mais de um agente (reflexivo recíproco); 3) podendo indicar movimento do próprio corpo ou mudança psicológica (reflexivo dinâmico); 4) podendo expressar sentido de "passividade com *se*" (reflexivo passivo); e 5) podendo expressar sentido de impessoalidade (reflexivo indeterminado), conforme as interpretações favorecidas pelo contexto. É formada de verbo seguido do pronome oblíquo de pessoa igual à que o verbo se refere:
1) Eu *me visto*; tu *te feriste* sozinho; ele *se enfeita*.
2) Eles *se amam*; nós *nos carteamos*.
3) Ela *sentou-se*; ela *zangou-se*.
4) *Alugam-se* casas.
5) *Assistiu-se* a festas.
O verbo, empregado na forma reflexiva propriamente dita, diz-se *pronominal*.

Formas nominais do verbo

Assim se chamam o *infinitivo*, o *particípio* e o *gerúndio*, porque, ao lado do seu valor verbal, podem desempenhar função de nomes. O infinitivo pode ter função de substantivo (*Recordar é viver* = A recordação é vida); o particípio pode valer por um adjetivo (*homem sabido*) e o gerúndio por um advérbio ou adjetivo (*Amanhecendo, sairemos* = Logo pela manhã sairemos; *água fervendo* = água fervente).
As formas nominais do verbo, com exceção do infinitivo, não definem as pessoas do discurso e, por isso, são ainda conhecidas por *formas*

infinitas. O particípio possui, quando possível, desinências nominais idênticas às que caracterizam os nomes (gênero e número).

O infinitivo português, ao lado da forma infinita, isto é, sem manifestação explícita das pessoas do discurso, possui outra flexionada:

Infinitivo flexionado	Infinitivo sem flexão
Cantar	Cantar eu
Cantares tu	
Cantar ele	
Cantarmos nós	
Cantardes vós	
Cantarem eles	

As formas nominais do verbo se derivam do tema (radical + vogal temática) acrescido das desinências:
a) **-r** para o infinitivo: canta-*r*, vende-*r*, parti-*r*.
b) **-do** para o particípio: canta-*do*, vendi-*do*, parti-*do*.
c) **-ndo** para o gerúndio: canta-*ndo*, vende-*ndo*, parti-*ndo*.

Conjugar um verbo

É dizê-lo, de acordo com um sistema determinado, um paradigma, em todas as suas formas nas diversas pessoas, números, tempos, modos e vozes.

Em português temos três conjugações caracterizadas pela vogal temática:
1ª conjugação — vogal temática **a**: am*a*r fal*a*r tir*a*r
2ª conjugação — vogal temática **e**: tem*e*r vend*e*r varr*e*r
3ª conjugação — vogal temática **i**: part*i*r fer*i*r serv*i*r

> **Obs.:** Não existe a 4ª conjugação; *pôr* é um verbo da 2ª conjugação cuja vogal temática desapareceu no infinitivo, mas permanece em outras formas do verbo. Veja-se a correspondência: vend-*e*-s / põ-*e*-s.

Verbos regulares, irregulares e anômalos

Diz-se que um verbo é *regular* quando se apresenta de acordo com o modelo de sua conjugação: *cantar, vender, partir,* sendo suas formas predizíveis, graças às regras definidas e gerais de flexionamento. No verbo regular também o radical não varia. Tem-se o radical de um verbo privando-o, no infinitivo sem flexão, das terminações *-ar, -er, -ir*: *am-ar / fal-ar / tir-ar / tem-er / vend-er / varr-er / part-ir / fer-ir / serv-ir*

Irregular é o verbo que, em algumas formas, apresenta modificação no radical ou na flexão, afastando-se do modelo da conjugação a que pertence:

a) variação no radical em comparação com o infinitivo:
ouvir — ouço / dizer — digo / perder — perco

b) variação na flexão, em relação ao modelo: *estou* (veja-se *canto*, um representado por ditongo oral tônico e outro por vogal oral átona); *estás* (veja-se *cantas*, um tônico e outro átono).

Irregulares fortes são aqueles cujo radical do infinitivo se modifica no pretérito perfeito:
caber — coube / fazer — fiz

> **Obs.**: Não entram no rol dos verbos irregulares aqueles que, para conservar a pronúncia, têm de sofrer variação de grafia:
> carregar — carregue — carreguei — carregues
> ficar — fico — fiquei — fique
> Não há, portanto, *irregulares gráficos*.

Anômalo é o verbo irregular que apresenta, na sua conjugação, radicais primários diferentes: *ser* (reúne o concurso de três radicais: *sou, és, fui*) e *ir* (reúne o concurso de três radicais: *vou, irmos, fui*).

Verbos defectivos e abundantes

Defectivo é o verbo que, na sua conjugação, não apresenta todas as formas: *colorir, precaver-se, reaver,* etc. É preciso não confundi-lo com os verbos chamados *impessoais* e *unipessoais*, que só se usam nas terceiras pessoas.

Quase sempre faltam as formas rizotônicas dos verbos defectivos. Chama-se *rizotônica* a forma verbal que tem a sílaba tônica no radical (*canto*, em oposição a *cantei*). Suprimos, *quando necessário*, as lacunas de um defectivo empregando um sinônimo (derivado ou não do defectivo): eu *recupero* (para reaver); eu *redimo* (para remir); eu *me acautelo* (para precaver-se). *Arrizotônica* é a forma verbal cuja sílaba tônica se acha fora do radical: *queremos, cantais, direi, vendido*. Na língua portuguesa há predomínio de formas arrizotônicas.

> **Obs.:**
> → Muitos verbos apontados outrora como defectivos são hoje conjugados integralmente: *aderir, agir, advir, compelir, computar, desmedir-se, discernir, emergir, explodir, imergir, fruir, parir, polir, submergir*, entre outros. *Ressarcir* e *refulgir* (que alguns gramáticos só mandam conjugar nas formas em que o radical é seguido de *e* ou *i*) tendem a ser empregados como verbos completos.
> → Os verbos que designam vozes de animais (*balir* [ovelha e cordeiro], *cacarejar* [galinha], *grunhir* [porco, javali, etc.], *ladrar* [cão], *latir* [cão], *miar* [gato], *mugir* [bovídeo], *relinchar* [cavalo, burro, etc.], *regougar* [gambá, raposa, etc.], *rugir* [leão, tigre e outros felinos], *zurrar* [burro, jumento], etc.) geralmente só aparecem nas terceiras pessoas do singular e plural, em virtude de sua significação (exceto quando usados metaforicamente), e são indevidamente arrolados como defectivos. Melhor chamá-los, quando no seu significado próprio, *unipessoais*.
> → Também são indevidamente considerados defectivos os verbos *impessoais* (pois não se referem a sujeito), que só são empregados na terceira pessoa do singular: *Chove* muito e *relampeja*. Quando em sentido figurado, os verbos deste item, assim como os que designam vozes de animais, conjugam-se em quaisquer pessoas: *Chovam as bênçãos do céu*.

Abundante é o verbo que apresenta duas ou três formas de igual valor e função: *traduze* tu (ou *traduz*); *faze* tu (ou *faz*); *havemos* e *hemos*; *constrói* e *construi*; *pagado* e *pago*; *nascido, nato, nado* (pouco usado). Normalmente esta abundância de forma ocorre no particípio. Existe grande número de verbos que admitem dois (e uns poucos até três) particípios: um *regular*, terminado em *-ado* (1ª conjugação) ou *-ido* (2ª e 3ª conjugações), e outro irregular, proveniente do latim ou de nome que passou a ter aplicação como verbo, terminado em *-to, -so* ou criado por analogia com modelo preexistente.

Eis uma relação dessas formas duplas de particípio, indicando-se entre parênteses se ocorrem com a voz ativa [a.] (auxiliares *ter* ou *haver*) ou passiva [p.] (auxiliares *ser, estar, ficar*), ou com ambas: aceitar, aceitado (a., p.), aceito (p.) e aceite (p.) / acender, acendido (a., p.), aceso (p.) / arrepender, arrependido (a., p.), repeso por arrepeso (a., p.) / assentar, assentado (a., p.), assento (p.) e assente (p.) / desabrir, desabrido (a., p.), desaberto (p.) / desenvolver, desenvolvido (a., p.), desenvolto (a.,p.) / eleger, elegido (a.), eleito (a., p.) / entregar, entregado (a., p.), entregue (p.) / envolver, envolvido (a., p.), envolto (a., p.) / enxugar, enxugado (a., p.), enxuto (p.) / erigir, erigido (a., p.), erecto (p.) / expressar, expressado (a., p.), expresso (p.) / exprimir, exprimido (a., p.), expresso (a., p.) / expulsar, expulsado (a., p.), expulso (p.) / extinguir, extinguido (a., p.), extinto (p.) / fartar, fartado (a., p.), farto (p.) / findar, findado (a., p.), findo (p.) / frigir, frigido (a.), frito (a., p.) / ganhar, ganhado (a., p.), ganho (a., p.) / gastar, gastado (a.), gasto (a., p.) / imprimir, imprimido (a., p.), impresso (a., p.) / inserir, inserido (a., p.), inserto (a., p.) / isentar, isentado (a.), isento (p.) / juntar, juntado (a., p.), junto (a., p.) / limpar, limpado (a., p.), limpo (a., p.) / matar, matado (a.), morto (a., p.) / pagar, pagado (a.), pago (a., p.) / pasmar, pasmado (a., p.), pasmo (a.) / pegar, pegado (a., p.), pego (é ou ê) / prender, prendido (a., p.), preso (p.) / revolver, revolvido (a., p.), revolto (a.) / salvar, salvado (a., p.), salvo (a., p.) / suspender, suspendido (a., p.), suspenso (p.) / tingir, tingido (a., p.), tinto (p.).

Obs. 1: Em geral emprega-se a forma regular, que fica invariável com os auxiliares *ter* e *haver*, na voz ativa, e a forma irregular, que se flexiona em gênero e número, com os auxiliares *ser, estar* e *ficar*, na voz passiva.
Nós temos *aceitado* os documentos. / Os documentos têm sido *aceitos* por nós.

Obs. 2: O particípio do verbo *trazer* é *trazido* (e não *trago!*): O portador havia *trazido* o documento. / Foi *trazido* pela ambulância. A forma *trago* é 1ª pessoa do singular do verbo *trazer*: Se quiser, eu *trago* os documentos. Da mesma forma, o particípio do verbo *chegar* é *chegado* (e não *chego!*): Todos tinham *chegado* cedo. A forma *chego* é a 1ª pessoa do singular do verbo *chegar*: Eu *chego* a acreditar em fantasmas.

Locução verbal. Verbos auxiliares

Chama-se *locução verbal* a combinação das diversas formas de um verbo auxiliar com o infinitivo, gerúndio ou particípio de outro verbo que se chama principal: *hei de estudar, estou estudando, tenho estudado*. Muitas vezes o auxiliar empresta um matiz semântico ao verbo principal, dando origem aos chamados *aspectos do verbo*.

Entre o auxiliar e o verbo principal no infinitivo, pode aparecer ou não uma preposição (*de, em, por, a, para*). Na locução verbal é somente o auxiliar que recebe as flexões de pessoa, número, tempo e modo: *haveremos de fazer; estavam por sair; iam trabalhando; tinham visto*.

Várias são as aplicações dos verbos auxiliares da língua portuguesa:

1) *ter, haver* (raramente) e *ser* (mais raramente) se combinam com o particípio do verbo principal para constituírem novos tempos, chamados *compostos*, que, unidos aos simples, formam o quadro completo da conjugação da voz ativa. Estas combinações exprimem que a ação verbal está concluída.

Temos nove formas compostas:

Indicativo	
1) **Pretérito perfeito composto:**	tenho ou hei cantado, vendido, partido
2) **Pretérito mais-que-perfeito composto:**	tinha ou havia cantado, vendido, partido
3) **Futuro do presente composto:**	terei ou haverei cantado, vendido, partido
4) **Futuro do pretérito composto:**	teria ou haveria cantado, vendido, partido

Subjuntivo	
5) Pretérito perfeito composto:	tenha ou haja cantado, vendido, partido
6) Pretérito mais-que-perfeito composto:	tivesse ou houvesse cantado, vendido, partido
7) Futuro composto:	tiver ou houver cantado, vendido, partido

FORMAS NOMINAIS	
8) Infinitivo composto:	ter ou haver cantado, vendido, partido
9) Gerúndio composto:	tendo ou havendo cantado, vendido, partido

2) *ser, estar, ficar* se combinam com o particípio (variável em gênero e número) do verbo principal para constituir a voz passiva (de ação, de estado e de mudança de estado): *é amado, está prejudicada, ficaram rodeados*.

3) os auxiliares *acurativos* se combinam com o infinitivo ou gerúndio do verbo principal para determinar com mais rigor os aspectos do momento da ação verbal que não se acham bem definidos na divisão geral de tempo presente, passado e futuro:

início de ação:	começar a escrever, pôr-se a escrever, etc.
iminência de ação:	estar para (por) escrever, pegar a (de) escrever, etc.
continuidade da ação:	continuar escrevendo, continuar a escrever (sendo a primeira forma a que é mais antiga no idioma).
desenvolvimento gradual da ação; duração:	estar a escrever, andar escrevendo, vir escrevendo, ir escrevendo, etc.

Obs.: O gerundismo é o uso indevido e abusivo do gerúndio, que se instalou na oralidade da linguagem moderna, especialmente comercial. É inadequado o gerúndio no exemplo: *Vou estar transferindo sua ligação*, em lugar de *Vou transferir sua ligação*. Já no exemplo: *Às oito horas de amanhã ele estará entrando no avião*, o uso do gerúndio é perfeitamente cabível e não constitui erro.

repetição de ação:	tornar a escrever, costumar escrever (repetição habitual), etc.
término de ação:	acabar de escrever, cessar de escrever, deixar de escrever, parar de escrever, vir de escrever, etc.

4) os auxiliares *modais* se combinam com o infinitivo ou gerúndio do verbo principal para determinar com mais rigor o modo como se realiza ou se deixa de realizar a ação verbal:

necessidade, obrigação, dever:	haver de escrever, ter de escrever, dever escrever, precisar (de) escrever, etc.

Obs.:
→ Em vez de *ter* ou *haver de* + infinitivo, usa-se ainda, mais modernamente, *ter* ou *haver que* + infinitivo: *tenho que estudar*. Neste caso, *que*, como índice de complemento de natureza nominal, funciona como verdadeira preposição. Não se confunda este *que* preposição com o *que* pronome relativo em construções do tipo: *nada tinha que dizer, tenho muito que fazer*, etc. A língua exemplar evita neste caso o emprego da preposição *a* em vez do pronome relativo *que*, por considerar imitação do francês: *Temos muito que te contar.* (E não *a te contar.*)
→ Muitas vezes, no português contemporâneo, não é indiferente o sentido da expressão com preposição ou sem ela: ***deve resultar*** exprime certa precisão de resultado; ***deve de resultar*** traduz a probabilidade do resultado.

possibilidade ou capacidade:	poder escrever, etc.
vontade ou desejo:	querer escrever, desejar escrever, odiar escrever, abominar escrever, etc.
tentativa ou esforço; às vezes com o sentido secundário depreendido pelo contexto, de que a tentativa acabou em decepção (foi buscar lã e saiu tosquiado):	buscar escrever, pretender escrever, tentar escrever, ousar escrever, atrever-se a escrever, etc.
consecução:	conseguir escrever, lograr escrever, etc.
aparência, dúvida:	parecer escrever, etc.
movimento para realizar um intento futuro (próximo ou remoto):	ir escrever, etc.
resultado:	vir a escrever, chegar a escrever, etc.

Elementos estruturais do verbo: desinências e sufixos verbais

Ao radical do verbo, que é o elemento que encerra o seu significado lexical, se juntam as formas mínimas chamadas *desinências* para constituir as flexões do verbo, indicadoras da *pessoa* e *número*, do *tempo* e *modo*. Segundo Mattoso, a constituição da forma verbal portuguesa é: t (r + vt) + d (dmt + dnp), em que t = tema; r = radical; vt = vogal temática; d = desinência; dmt = desinência modo-temporal; e dnp = desinência número-pessoal.

Tempos primitivos e derivados

No estudo dos verbos, principalmente dos irregulares, torna-se vantajoso o conhecimento das formas verbais que se derivam de outras chamadas *primitivas*.

1) Praticamente do radical da 1ª pessoa do presente do indicativo sai todo o presente do subjuntivo, bastando que se substitua a vogal final por *e*, nos verbos da 1ª conjugação, e por *a* nos verbos da 2ª e 3ª conjugações:

Verbo	Presente do indicativo	Presente do subjuntivo
cantar	canto	cante
vender	vendo	venda
partir	parto	parta

Exceções: verbos ser, dar, estar, haver, ir, querer e saber.

2) Praticamente da 2ª pessoa do singular e do plural do presente do indicativo saem a 2ª pessoa do singular e do plural do imperativo, bastando suprimir o *s* final:

Verbo	Presente do indicativo	Imperativo
cantar	cantas	canta
	cantais	cantai
vender	vendes	vende
	vendeis	vendei
partir	partes	parte
	partis	parti

Exceção: verbo ser.

O imperativo em português só tem formas próprias para as segundas pessoas, e apenas no afirmativo; as pessoas que faltam são supridas pelos correspondentes do presente do subjuntivo. Não se usa o imperativo de 1ª pessoa do singular como tal, mas com valor optativo. As terceiras pessoas do imperativo se referem a *você, vocês*, e não a *ele, eles*. Também não há formas especiais para o imperativo nas orações negativas; neste caso, empregam-se as formas correspondentes do presente do subjuntivo.

A sílaba tônica nos verbos

Aguar, desaguar e *enxaguar* modernamente constituem também exceção entre brasileiros: *águo, deságuo, enxáguo*, etc. Entre portugueses e regionalmente vivem as pronúncias regulares: *aguo, enxaguo*, etc., como ocorre com *averiguar, apaziguar: averiguo, apaziguo*.

Verbos notáveis quanto à pronúncia ou flexão

a) *Aguar, apaniguar, apaziguar, apropinquar, averiguar, desaguar, enxaguar, obliquar, delinquir* e afins podem ser conjugados de duas formas:

1) ou têm as formas rizotônicas com o ***u*** do radical tônico, mas sem o acento agudo, conforme o modelo:

Pres. ind.:	aguo (ú), aguas (ú), agua (ú), aguamos, aguais, aguam (ú)
Pres. subj.:	ague (ú), agues (ú), ague (ú), aguemos, agueis, aguem (ú)

2) ou têm as formas rizotônicas com ***a*** ou ***i*** do radical com acento agudo, conforme o modelo:

Pres. ind.:	águo, águas, água, aguamos, aguais, águam
Pres. subj.:	águe, águes, águe, aguemos, agueis, águem

b) *Apaziguar, averiguar, obliquar, santiguar* conjugam-se pelo seguinte modelo:

1) ou têm as formas rizotônicas com o *u* do radical tônico, mas sem o acento agudo, conforme o modelo:
Pres. ind.: apaziguo (ú), apaziguas (ú), apazigua (ú), apaziguamos, apaziguais, apaziguam (ú)
Pres. subj.: apazigue (ú), apazigues (ú), apazigue (ú), apaziguemos, apazigueis, apaziguem (ú)

2) ou têm as formas rizotônicas com o *a* ou *i* do radical com acento agudo, conforme o modelo:
Pres. ind.: apazíguo, apazíguas, apazígua, apaziguamos, apaziguais, apazíguam
Pres. subj.: apazígue, apazígues, apazígue, apaziguemos, apazigueis, apazíguem

Verbos em -*ear* e -*iar*
Os verbos terminados em -*ear* trocam o *e* por *ei* nas formas rizotônicas: **nomear** → *presente do indicativo*: nomeio, nomeias, nomeia, nomeamos, nomeais, nomeiam; *presente do subjuntivo*: nomeie, nomeies, nomeie, nomeemos, nomeeis, nomeiem; *imperativo afirmativo*: nomeia, nomeie, nomeemos, nomeai, nomeiem

Os verbos em -*iar* são conjugados regularmente:
premiar → *presente do indicativo*: premio, premias, premia, premiamos, premiais, premiam; *presente do subjuntivo*: premie, premies, premie, premiemos, premieis, premiem; *imperativo afirmativo*: premia, premie, premiemos, premiai, premiem

Cinco verbos em -*iar* se conjugam, nas formas rizotônicas, como se terminassem em -*ear* (**mario** é o anagrama que deles se pode formar):
mediar: medeio, medeias, medeia, mediamos, mediais, medeiam
ansiar: anseio, anseias, anseia, ansiamos, ansiais, anseiam
remediar: remedeio, remedeias, remedeia, remediamos, remediais, remedeiam
incendiar: incendeio, incendeias, incendeia, incendiamos, incendiais, incendeiam
odiar: odeio, odeias, odeia, odiamos, odiais, odeiam

Emprego do verbo

Atenção para os verbos derivados! Muitos não observam que os verbos derivados de *ter*, *pôr* e *vir* acompanham as irregularidades dos primitivos; por isso é comum encontrarmos frases como estas: "quem se *deter* [em vez de *detiver*] a observar os fatos"; "*entreteram-se* [em vez de *entretiveram-se*] no passeio"; "*entretia-se* [em vez de *entretinha-se*] a atirar pedras por cima do muro"; "quem *supor* [em vez de *supuser*] que faltamos à verdade vá lá ver"; "poderá adquirir terrenos onde lhe *convir* [em vez de *convier*]".

Emprego de tempos e modos

Indicativo

É o modo que normalmente aparece nas orações independentes, e nas dependentes que encerram um fato real ou tido como tal.

- **Presente**

    O presente denota uma declaração: a) que se verifica ou que se prolonga até o momento em que se fala: "*Ocorre*-me uma reflexão imoral, que é ao mesmo tempo uma correção de estilo" [Machado de Assis]; b) que acontece habitualmente: *A Terra gira em torno do Sol*; c) que representa uma verdade universal (o "presente eterno"): "O interesse *adota* e *defende* opiniões que a consciência reprova." [Marquês de Maricá]

- **Pretérito imperfeito**

    Emprega-se o pretérito imperfeito quando nos transportamos mentalmente a uma época passada e descrevemos o que então era presente: "Eugênia *coxeava* um pouco, tão pouco, que eu cheguei a perguntar-lhe se machucara o pé." [Machado de Assis]

- **Pretérito perfeito**

    "O pretérito imperfeito é o tempo da ação prolongada ou repetida com limites imprecisos; ou não nos esclarece sobre a ocasião em que a ação terminaria ou nada nos informa quanto ao momento do início. O pretérito perfeito, pelo contrário, fixa e enquadra a ação dentro de um espaço de tempo determinado" [Said Ali]:
    "Marcela *teve* primeiro um silêncio indignado; depois *fez* um gesto magnífico: *tentou* atirar o colar à rua. Eu *retive*-lhe o braço; *pedi*-lhe muito

que não me fizesse tal desfeita, que ficasse com a joia. *Sorriu e ficou.*" [Machado de Assis]

- **Pretérito mais-que-perfeito (simples e composto)**
Denota uma ação anterior a outra já passada:
"No dia seguinte, antes de me recitar nada, explicou-me o capitão que só por motivos graves *abraçara* a profissão marítima..." [Machado de Assis]

- **Futuro**
O futuro do presente e o do pretérito denotam uma ação que ainda se vai realizar:
"Os homens nos *parecerão* sempre injustos enquanto o forem as pretensões do nosso amor-próprio." [Marquês de Maricá]
"Sem a crença em uma vida futura, o presente *seria* inexplicável." [Marquês de Maricá]

Subjuntivo
O modo subjuntivo ocorre normalmente nas orações independentes optativas, nas imperativas negativas e afirmativas (nestas últimas com exceção da 2ª pessoa do singular e plural), nas dubitativas com o advérbio *talvez* e nas subordinadas em que o fato é considerado como incerto, duvidoso ou impossível de se realizar:
Bons ventos o *levem*.
"Não *desenganemos* os tolos se não queremos ter inumeráveis inimigos." [Marquês de Maricá]
"*Louvemos* a quem nos louva para abonarmos o seu testemunho." [Marquês de Maricá]
"Talvez a estas horas *desejem* dizer-te peccavi! Talvez *chorem* com lágrimas de sangue." [Alexandre Herculano] (*peccávi* [lat.] = pequei)

Imperativo
Cumpre apenas acrescentar ao que já se disse:

a) que o infinitivo pode substituir o imperativo nas ordens instantes:
"Todos se chegavam para o ferir, sem que a D. Álvaro se ouvissem outras palavras, senão estas: *Fartar*, rapazes." [Alexandre Herculano]
Atenção: *Marchar!*

b) que se usa o imperativo do verbo *querer* (ou, melhor dizendo, o subjuntivo presente) seguido de infinitivo para suavizar uma ordem ou exprimir o desejo de que um fato aconteça:
Queira aceitar meus cumprimentos.

> **Obs.:** Os casos aqui lembrados estão longe de enquadrar a trama complexa do emprego de tempos e modos em português. São várias as situações que podem, ferindo os princípios aqui expostos, levar o falante ou escritor a buscar novos meios expressivos. São questões que fogem ao âmbito da Gramática e constituem preocupação da Estilística.

Formas nominais

A respeito das formas nominais, cumpre acrescentar ao que já se disse:

1) Infinitivo pertencente a uma locução verbal:
Não se flexiona normalmente o infinitivo que faz parte de uma locução verbal:
"E o seu gesto era tão desgracioso, coitadinho, que todos, à exceção de Santa, *puseram-se a rir*." [Aluízio Azevedo]

2) Infinitivo fora da locução verbal:
Fora da locução verbal, "a escolha da forma infinitiva depende de cogitarmos somente da ação ou do intuito ou necessidade de pormos em evidência o agente do verbo". [Said Ali]

O infinitivo sem flexão revela que a nossa atenção se volta com especial cuidado para a ação verbal; o flexionamento serve de insistir na pessoa do sujeito:

Estudamos { *para vencer na vida.*
para vencermos na vida.

Se o sujeito léxico estiver expresso, é obrigatória a flexão do infinitivo:
Estudamos para nós vencermos na vida. (Nunca: para nós vencer na vida.)

APÊNDICE

Passagem da voz ativa à passiva e vice-versa

Em geral, só pode ser construído na voz passiva verbo que pede objeto direto, acompanhado ou não de outro complemento.

Na passagem da voz ativa para a voz passiva obedece-se às seguintes normas:

1º) o sujeito da ativa, se houver, passa a agente da passiva, em geral regido da preposição *por*;
2º) o objeto direto da ativa, se estiver expresso, passa a sujeito da passiva;
3º) o verbo da voz ativa passa para a voz passiva, conservando-se o mesmo tempo e modo da ativa;
4º) não sofrem alterações de função sintática os outros termos, se houver, da voz ativa.

Exemplo 1 (com pronome oblíquo):

Ativa	Passiva
Nós o ajudamos ontem.	Ele, ontem, foi ajudado por nós.
Sujeito: Nós	Sujeito: Ele
Verbo: ajudamos	Verbo: foi ajudado
Obj. direto: o	Agente da passiva: por nós
Adj. adverbial: ontem	Adj. adverbial: ontem

Exemplo 2 (com o pronome *se* apassivador):

Ativa	Passiva
Alugam casas.	Alugam-se casas.
Sujeito: (indeterminado)	Sujeito: casas
Verbo: Alugam	Verbo: Alugam-se
Objeto direto: casas	Agente da passiva: (indeterminado)

Obs.: A indeterminação do sujeito assinala-se, em geral, com o verbo na 3ª pessoa do plural.

Da mesma forma, se quiséssemos passar para a voz reflexiva de sentido passivo um verbo de oração de sujeito indeterminado, bastaria que lhe acrescentássemos o pronome *se* e corrigíssemos sua concordância de acordo com o sujeito da passiva.

Ativa	Passiva
Alugam casas.	Alugam-se casas.
Vendem este apartamento.	Vende-se este apartamento. (Aqui o verbo fica no singular porque o sujeito da passiva está no singular.)

ADVÉRBIO

É a expressão modificadora do verbo, que, por si só, denota uma circunstância (de lugar, tempo, modo, intensidade, condição, etc.) e desempenha na oração a função de adjunto adverbial:

Aqui tudo vai *bem*. (lugar, modo)

O *advérbio* é constituído por palavra de natureza nominal ou pronominal e se refere geralmente ao verbo, ou ainda, dentro de um grupo nominal unitário, a um adjetivo, a um advérbio (como intensificador), ou a uma declaração inteira:

José escreve *bem*. (advérbio em referência ao verbo)

José é *muito* bom escritor. (advérbio em referência ao adjetivo *bom*)

José escreve *muito* bem. (advérbio em referência ao advérbio *bem*)

Felizmente José chegou. (advérbio em referência a toda a declaração: José chegou); o advérbio deste tipo geralmente exprime um juízo pessoal de quem fala e constitui um comentário à oração.

Locução adverbial

É o grupo geralmente constituído de preposição + substantivo (claro ou subentendido) que tem o valor e o emprego de advérbio: *com efeito, de graça, às vezes, em silêncio, por prazer, sem dúvida, à toa*, etc.

Circunstâncias adverbiais

O advérbio apresenta certa flexibilidade de posição.
As principais circunstâncias expressas por advérbio ou locução adverbial, graças ao significado das palavras empregadas e ao nosso saber do mundo, são:
1) *assunto*: Conversar *sobre música*.
2) *causa*: Morrer *de fome*.

3) *companhia*: Sair *com os amigos*.
4) *concessão*: Voltaram *apesar do escuro*.
5) *condição*: Só entrará *com autorização*. Não sairá *sem licença*.
6) *conformidade*: Fez a casa *conforme a planta*.
7) *dúvida*: *Talvez* melhore o tempo. *Acaso* encontrou o livro.
8) *fim*: Preparou-se *para o baile*.
9) *instrumento*: Escrever *com lápis*.
10) *intensidade*: Andou *mais depressa*.
11) *lugar*: Estuda *aqui*. Foi *lá*. Passou *pela cidade*. Veio *dali*.
12) *modo*: Falou *assim*. Anda *mal*. Saiu *às pressas*.
13) *negação*: *Não* lerá sem óculos. Sei *lá*. (= não sei)
14) *referência*: "O que nos sobra *em glória* de ousados e venturosos navegantes, míngua-nos *em fama* de enérgicos e previdentes colonizadores." [Latino Coelho]
15) *tempo*: Visitaram-nos *hoje*. *Então* não havia recursos. *Sempre* nos cumprimentaram. *Jamais* mentiu. *Já* não fala. Não fala *mais*.

> **Obs.**: A Nomenclatura Gramatical Brasileira põe os denotadores de *inclusão, exclusão, situação, retificação, designação, realce*, etc. à parte, sem a rigor incluí-los entre os advérbios, mas constituindo uma classe ou grupo heterogêneo chamado *denotadores*, que coincide, em parte, com a proposta de José Oiticica das *palavras denotativas*, muitas das quais têm papel transfrástico (além do limite da frase) e melhor atendem a fatores de função textual estranhos às relações semântico-sintáticas inerentes às orações em que se acham inseridas:
> → *inclusão*: também, até, mesmo, inclusive, ademais, além disso, de mais a mais, etc.:
> *Até* o professor riu-se.
> → *exclusão*: só, somente, salvo, senão, apenas, exclusive, tirante, exceto, etc.:
> *Apenas* o livro foi vendido.
> → *situação*: mas, então, pois, afinal, agora, etc.:
> *Mas* que felicidade!
> → *retificação*: aliás, melhor, isto é, ou antes, etc.:
> Comprei cinco, *aliás*, seis livros.

→ *designação*: *eis*:
Eis o homem.
→ *realce*: *é que*, etc.:
Nós *é que* somos brasileiros.
→ *expletivo*: *lá, só, ora, que, cá*, etc.:
E eu *lá* disse isso? Vejam *só* que coisa! *Ora* decidamos logo o negócio!
→ *explicação*: *a saber, por exemplo*, etc.:
Eram três irmãos, *a saber*: Pedro, Antônio e Gilberto.

Advérbios de base nominal e pronominal
O advérbio, pela sua origem e significação, se prende a nomes ou pronomes, havendo, por isso, advérbios nominais e pronominais. Entre os *nominais* se acham aqueles formados de adjetivos acrescidos do "sufixo" -*mente*: *rapidamente* (= de modo rápido), *pessimamente*.

Obs.: Estes advérbios em -*mente* se caracterizam por conservar o acento vocabular de cada elemento constitutivo, ainda que mais atenuado, o que lhes permite, numa série de advérbios, em geral só apresentar a forma em -*mente* no fim: Estuda *atenta* e *resolutamente*. Havendo ênfase, pode-se repetir o advérbio na forma plena:
"A vida humana é uma intriga perene, e os homens são *recíproca* e *simultaneamente* intrigados e intrigantes." [Marquês de Maricá]
"Depois, ainda falou *gravemente* e *longamente* sobre a promessa que fizera." [Machado de Assis]

Entre os *pronominais*, temos:
a) *demonstrativos*: *aqui, aí, acolá, lá, cá*.
b) *relativos*: *onde* (em que), *quando* (em que), *como* (por que).
c) *indefinidos*: *algures, alhures, nenhures, muito, pouco, que*.
d) *interrogativos*: *onde?, quando?, como?, por que...?, por quê?*.

Os advérbios relativos, como os pronomes relativos, servem para referir-se a unidades que estão postas na oração anterior. Nas ideias de lugar empregamos *onde*, ao lado de *em que, no qual* (e flexões):

A casa *onde* mora é excelente.
Precedido das preposições *a* ou *de*, grafa-se *aonde* e *donde*:
O sítio *aonde* vais é pequeno.
É bom o colégio *donde* saímos.

Os advérbios interrogativos de base pronominal se empregam nas perguntas diretas e indiretas em referência ao lugar, tempo, modo ou causa:
Onde está estudando o primo? / Ignoro *onde* estuda.
Quando irão os rapazes? / Não sei *quando* irão os rapazes.
Como fizeram o trabalho? / Perguntei-lhes *como* fizeram o trabalho.
Por que chegaram tarde? / Dir-me-ás *por que* chegaram tarde.

> **Obs.**: O *Vocabulário* oficial preceitua que se escreva em duas palavras o advérbio interrogativo *por que*, distinguindo-o de *porque* conjunção.

Adverbialização de adjetivos

Muitos adjetivos, permanecendo imóveis na sua flexão de gênero e número, podem passar a funcionar como advérbio. O critério formal de diferenciação das duas classes de modificador (adjetivo: modificador nominal; advérbio: modificador verbal) é a variabilidade do primeiro e a invariabilidade do segundo:
Eles vendem muito *cara* a fruta. (adjetivo)
Eles vendem *caro* a fruta. (advérbio)

Intensificação gradual dos advérbios

Há certos advérbios, principalmente os de modo, que podem manifestar uma relação intensificadora gradual, empregando-se, no comparativo e superlativo, de acordo com as regras que se aplicam aos adjetivos:

1) Comparativo de:
   a) *inferioridade*: Falou *menos alto que* (ou *do que*) o irmão.
   b) *igualdade*: Falou *tão alto quanto* (ou *como*) o irmão.
   c) *superioridade*: 1) *analítico*: Falou *mais alto que* (ou *do que*) o irmão.; 2) *sintético*: Falou *melhor* (ou *pior*) *que* (ou *do que*) o irmão.
2) Superlativo absoluto:
   a) *sintético*: Falou *pessimamente; altíssimo; baixíssimo; dificílimo*.

b) analítico: Falou *muito mal; muito alto; extremamente baixo; consideravelmente difícil; o mais depressa possível.* (indica o limite da possibilidade)

PREPOSIÇÃO

Chama-se *preposição* a uma unidade linguística desprovida de independência — isto é, não aparece sozinha no discurso — e, em geral, átona, que se junta a outra palavra para marcar as relações gramaticais que ela desempenha no discurso, quer nos grupos unitários nominais, quer nas orações.

Exerce papel de índice da função gramatical do termo que ela introduz.

Em *Aldenora gosta de Belo Horizonte*, a preposição *de* une a forma verbal *gosta* ao seu termo complementar *Belo Horizonte* para ser o índice da função gramatical preposicionada *complemento relativo*.

Já em *homem de coragem*, a mesma preposição *de* vai permitir que o substantivo *coragem* exerça o papel de *adjunto adnominal* do substantivo *homem* — função normalmente desempenhada por adjetivo: homem *corajoso*. Funciona, neste caso, como **transpositor**.

Locução prepositiva

É o grupo de palavras com valor e emprego de uma preposição. Em geral, a locução prepositiva é constituída de advérbio ou locução adverbial seguida da preposição *de, a* ou *com*: O garoto escondeu-se *atrás do* móvel.

Às vezes a locução prepositiva se forma de duas preposições, como: *de per* (na locução *de per si*), *até a, para com* e *conforme a*: Foi *até a*o colégio.

Algumas das principais locuções prepositivas: *abaixo de, a respeito de, de acordo com, dentro de, detrás de, embaixo de, junto de, na conta de, para com, perante a, por cima de,* etc.

Há palavras que só aparecem na língua como preposições e, por isso, se dizem **preposições essenciais**: *a, ante, após, até, com, contra, de, desde, em, entre, para, perante, por [per], sem, sob, sobre, trás.*

São **acidentais** as palavras que, perdendo seu valor e emprego primitivos, passaram a funcionar como preposições: *durante, como, conforme, feito, exceto, salvo, visto, segundo, mediante, tirante, fora, afora,* etc.

Só as preposições *essenciais* se acompanham de formas tônicas dos pronomes oblíquos:
Sem mim não fariam isso.
Exceto eu, todos foram contemplados.

Entretanto, com a preposição *entre* nas construções do tipo *entre mim e ti*, *entre você e mim*, a língua moderna permite, ainda, o emprego de outros pronomes, como, nos exemplos citados, *entre eu e tu*, *entre você e eu*.

Acúmulo de preposições

Não raro duas preposições se juntam para dar maior efeito expressivo às ideias, guardando cada uma seu sentido primitivo: Andou *por sobre* o mar.

Estes acúmulos de preposições não constituem uma locução prepositiva porque valem por duas preposições distintas.

Combinação e contração com outras palavras

Diz-se que há *combinação* quando a preposição, ligando-se a outra palavra, não sofre redução. A preposição *a* combina-se com o artigo definido masculino: *a + o = ao; a + os = aos*.

Diz-se que há *contração* quando, na ligação com outra palavra, a preposição sofre redução. As preposições que se contraem são:

A: *a + a = à; a + as = às* (esta fusão recebe o nome de *crase*); *a + aquele = àquele; a + aqueles = àqueles* (crase), etc.
De: *de + o = do; de + a = da; de + os = dos; de + as = das; de + um = dum; de + uns = duns*, etc.
Em: *em + o = no; em + os = nos; em + a = na; em + as = nas; em + um = num; em + uns = nuns*, etc.
Per: *per + lo = pelo; per + los = pelos; per + la = pela; per + las = pelas*, etc.
Para (pra): *para (pra) + o = pro; para (pra) + os = pros; para (pra) + a = pra; para (pra) + as = pras*, etc.
Co(m): *co(m) + o = co; co(m) + os = cos; co(m) + a = coa; co(m) + as = coas*, etc.

> **Obs.:**
> → *Crase* é um fenômeno fonético cujo conceito se estende a toda fusão de vogais iguais, e não só ao *a* acentuado.
> → Não há razão para condenar-se o verbo *crasear* para significar "pôr o acento grave indicativo da crase". O que não se deve é chamar *crase* ao acento grave.

Ocorre a crase nos seguintes casos principais:
a) Diante de palavra feminina, clara ou oculta, que não repele artigo:
Fui *à* cidade. / Chegou *às* dez horas. / Dirigia-se à Bahia e depois a Paris.

Obs.: Para sabermos se um substantivo feminino não repele artigo, basta construí-lo em orações em que apareçam regidos das preposições *de, em, por*. Se tivermos puras preposições, o nome dispensa artigo; se tivermos necessidade de usar, respectivamente *da, na, pela*, o artigo será obrigatório: Fui *à* Gávea. (Venho *da* Gávea. / Moro *na* Gávea. / Passo *pela* Gávea.) Fui *a* Copacabana. (Venho *de* Copacabana. / Moro *em* Copacabana. / Passo *por* Copacabana.) O nome que sozinho dispensa artigo pode tê-lo quando acompanhado de adjetivo ou locução adjetiva: Fui *à* Copacabana *de minha infância*. Assim se diz também: Irei *à* casa paterna

b) Diante do artigo *a* (*as*) e do *a-* inicial dos demonstrativos *aquele, aquela, aquilo*:
Referiu-se *à* / *àquele* que estava do seu lado.

c) Diante de possessivo em referência a substantivo oculto ou substantivo expresso no plural:
Dirigiu-se àquela casa e não *à* sua. (= à sua casa)

d) Diante de locuções adverbiais constituídas de substantivo feminino plural: *às* vezes, *às* claras, *às* ocultas, *às* escondidas, *às* pressas.

Obs.: Quando o *a* representa a *pura preposição* que rege um substantivo feminino singular, formando uma locução adverbial, por motivo de clareza usa-se o acento grave diferencial: *à força, à míngua, à bala, à faca, à espada, à fome, à sede, à pressa, à noite, à tarde, barco à vela*, etc.

Assim, *não ocorre a crase nos seguintes casos principais*:
a) diante de palavra masculina: Graças *a* Deus. / Foi *a* Ribeirão. / Pediu um bife *a* cavalo.

> **Obs.**: Quando está subentendida a expressão *à moda de* ou *à maneira de*, ocorre a crase mesmo diante de substantivo próprio masculino: *sapatos* à Luís XV; *vestidos* à Dior.

b) diante de palavra de sentido indefinido: Falou *a uma / a certa / a qualquer /a cada / a toda* pessoa.

> **Obs.**: Há acento antes do numeral *uma*: Irei vê-la *à uma* hora.

c) diante dos pronomes relativos *que* (quando o *a* anterior for uma preposição), *quem, cuja*: Está aí a pessoa *a* que fizeste alusão. / O autor *a* cuja obra a crítica se referiu é muito pouco conhecido. / Ali vai a criança *a* quem disseste a notícia.

d) diante de verbo no infinitivo: Ficou *a* ver navios. / Livro *a* sair em breve.

e) diante de pronome pessoal e expressões de tratamento como V.Exa, V.Sa, V.M., etc. que dispensam artigo: Não disseram *a* ela e *a* você toda a verdade. / Requeiro *a* V. Exa com razão. Mas: Requeiro *à* senhora. / Cedeu o lugar *à* senhorita. Em certos empregos, algumas formas de tratamento admitem a presença do artigo e, portanto, da crase: Falei *à/a* d. Margarida. / Cedeu o lugar *à/a* senhorita Maria.

f) nas expressões formadas com a repetição de mesmo termo (ainda que seja um nome feminino), por se tratar de pura preposição: cara *a* cara, face *a* face, frente *a* frente, gota *a* gota.

g) diante da palavra *casa* quando desacompanhada de adjunto, e da palavra *terra* quando oposta a *bordo*: Irei *a* casa logo mais. / Entrei *em* casa. / Saí *de* casa. / Foram os primeiros a chegar *a* terra firme.

h) nas expressões de duração, distância e em sequência do tipo de *de... a...*: As aulas serão *de* segunda *a* quinta. / Estes fatos ocorreram *de* 1925 *a* 1930. / O programa abrange *de* quinta *a* sétima série. / A aula terá *de* três *a* cinco horas de duração.

> **Obs.:** Se as expressões começam com preposição combinada com artigo, emprega-se *à* ou *às* no segundo termo: A aula será *das* 8 *às* 10 horas. / O treino será *das* 10 *à* 1 da tarde. / *Da* uma *às* duas haverá intervalo. / O programa abrange *da* quinta à sétima série.

i) Depois de preposição, exceto *até* (= limite): Só haverá consulta *após as* dez horas. / *Desde as* nove espero o médico. / O presidente discursou *perante a* Câmara.

A crase é facultativa nos seguintes casos principais:

a) antes de pronome possessivo com substantivo feminino claro: Dirigiu-se à/a minha casa, e não à sua. No português moderno dá-se preferência ao emprego do possessivo com artigo e, neste caso, ao a acentuado.

b) antes de nome próprio feminino: As alusões eram feitas à/a Ângela.

c) antes da palavra *casa* quando acompanhada de expressão que denota o dono ou morador, ou qualquer qualificação: Irei à/a casa de meus pais.

> **Obs.:**
> → É preciso não identificar *crase* e *craseado* com acento e acentuado. Em tempos passados, principalmente entre os românticos, a preposição pura *a* levava acento diferencial, ainda diante de masculino, sem que isso quisesse indicar a craseado. Daí os falsos erros que se apontam em escritores dessa época, principalmente em José de Alencar.
> → A locução *à distância* deverá, a rigor, ser iniciada por à. (*Ficou à distância, Ensino à distância.*) Todavia, uma tradição tem-se orientado no sentido de só a usar com acento grave quando a noção de distância estiver expressa: "(...) formigam lá embaixo, por entre casas, quelhas e penedos, *à distância* dum primeiro andar" [José Cardoso Pires]. A prática dos bons escritores nem sempre obedece a esta última tradição.

A e há

Na escrita há de se ter o cuidado de não confundir a preposição *a* e a forma verbal *há* nas indicações de tempo. Usa-se *a* (preposição) para o tempo que ainda vem: Daqui *a* três dias serão os exames. / Daqui *a* pouco sairei. / A resposta estava *a* anos de ser encontrada. Usa-se *há* (verbo) para o tempo passado: *Há* três dias começaram os exames. Ainda *há* pouco estava em casa.

Cuidado especial merecem também as expressões *a cerca de* e *há cerca de*, onde a locução *cerca de* (= aproximadamente, perto de, mais ou menos) vem precedida da preposição *a* ou da forma verbal *há*:
Ele falou *a cerca de* mil ouvintes. (= para cerca de mil ouvintes)
Há cerca de trinta dias foi feita esta proposta.

Temos, ainda, a locução *acerca de*, que significa 'sobre', 'a respeito de', 'em relação a':
O professor dissertou *acerca dos* progressos científicos.

CONJUNÇÃO

A língua possui unidades que têm por missão reunir orações num mesmo enunciado.

Estas unidades são tradicionalmente chamadas *conjunções*, que se têm repartido em dois tipos: *coordenativas* e *subordinativas*.

Conector e transpositor

As conjunções coordenativas reúnem orações que pertencem ao mesmo nível sintático: dizem-se *independentes* umas das outras e, por isso mesmo, podem aparecer em enunciados independentes:
Pedro fez concurso para medicina e Maria se prepara para a mesma profissão.
Pedro fez concurso para medicina. Maria se prepara para a mesma profissão.

Daí ser a conjunção coordenativa um *conector*.

Como sua missão é reunir unidades independentes, pode também "conectar" duas unidades menores que a oração, desde que de igual valor funcional dentro do mesmo enunciado. Assim:
Pedro *e* Maria (dois substantivos)
Ele *e* ela (dois pronomes)
Ontem *e* hoje (dois advérbios)

Bem diferente é, entretanto, o papel da chamada conjunção subordinativa. No enunciado:
Soubemos que *vai chover*.

A missão da conjunção subordinativa é assinalar que a oração que poderia constituir sozinha um enunciado: *vai chover* se insere num enunciado complexo em que ela (*vai chover*) perde a característica de enunciado independente, de oração, para exercer, num nível inferior da estruturação gramatical, a função de *palavra*, já que *vai chover* é agora objeto direto do núcleo verbal *soubemos*.

Assim, a conjunção subordinativa é um *transpositor* de um enunciado que passa a uma função de palavra, portanto de nível inferior dentro das camadas de estruturação gramatical.

Conectores ou conjunções coordenativas

Os conectores ou conjunções coordenativas são de três tipos, conforme o significado com que envolvem a relação das unidades que unem: *aditivas*, *alternativas* e *adversativas*.

Conjunções aditivas

A conjunção aditiva apenas indica que as unidades que une (palavras, grupos de palavras e orações) estão marcadas por uma relação de adição. Temos dois conectores aditivos: *e* (para a adição das unidades positivas) e *nem* (para as unidades negativas):
"O velho teme o futuro *e* se abriga no passado."
"Não emprestes o vosso *nem* o alheio, não tereis cuidados *nem* receio."

Em lugar de *nem* usa-se *e não*, se a primeira unidade for positiva e a segunda negativa: rico *e não* honesto. (Compare com: Ele *não* é rico *nem* honesto.)

> **Obs.:** A expressão enfática da conjunção aditiva *e* pode ser expressa pela série de valor aditivo *não só... mas também* e equivalentes (*não só... como; não só... senão também*, etc.): *Não só* o estudo *mas também* a sorte são decisivos na vida.

Conjunções alternativas

Como o nome indica, a conjunção alternativa enlaça as unidades coordenadas matizando-as de um valor alternativo, quer para exprimir

a incompatibilidade dos conceitos envolvidos, quer para exprimir a equivalência deles. A conjunção alternativa por excelência é *ou*, sozinha ou duplicada, junto a cada unidade:
"Quando a cólera *ou* o amor nos visita, a razão se despede." [Marquês de Maricá]

A enumeração distributiva que matiza a ideia de alternância leva a que se empreguem neste significado advérbios como *já, bem, ora* (repetidos ou não) ou formas verbais imobilizadas como *quer... quer, seja... seja*. Tais unidades não são entendidas como conectores por alguns autores e, por isso, as orações enlaçadas são consideradas justapostas.

> **Obs.**: "Cumpre lembrar que o par *seja... seja* não está de todo gramaticalizado, tanto que, em certas construções, aparece flexionado. *Sempre discordavam de tudo*, sejam *as discordâncias ligeiras*, sejam *de peso*. *Sempre discordavam de tudo*, fossem *as discordâncias ligeiras*, fossem *as de peso*." [Adriano da Gama Kury, *Novas lições de análise sintática*.]

Conjunções adversativas
Enlaça a conjunção adversativa unidades apontando uma oposição entre elas. As adversativas por excelência são *mas, porém* e *senão*:
"Acabou-se o tempo das ressurreições, *mas* continua o das insurreições." [Marquês de Maricá]

Unidades adverbiais que não são conjunções coordenativas
Levada pelo aspecto de certa proximidade de equivalência semântica, a tradição gramatical tem incluído entre as conjunções coordenativas certos advérbios que estabelecem relações interoracionais ou intertextuais. É o caso de *pois, logo, portanto, entretanto, contudo, todavia, não obstante*. Assim, além das conjunções coordenativas já assinaladas, teríamos as *explicativas* (*pois, porquanto*, etc.) e *conclusivas* (*pois* [posposto], *logo, portanto, então, assim, por conseguinte*, etc.), sem contar *contudo, entretanto, todavia*, que se alinhavam junto com as *adversativas*.

Transpositores ou conjunções subordinativas
O transpositor ou conjunção subordinativa transpõe oração subordinada ao nível de equivalência de um substantivo capaz de exercer na *oração complexa* uma das funções sintáticas que têm por núcleo o substantivo.

Além do *que* transpositor de oração ao nível de substantivo, chamado *conjunção integrante*, e do *que* pronome relativo, que transpõe oração ao nível de adjetivo, a língua portuguesa conta com poucos outros transpositores:

1) *Se*, como *conjunção integrante*, a exemplo do *que* anterior:
Ela não sabe *se terá sido aprovada*.

2) *Se*, que transpõe oração ao nível de advérbio, e como tal está habilitada a exercer a função de adjunto adverbial, com valor de circunstância de condição, chamada *conjunção condicional*:
"Não acabaria *se houvesse de contar pelo mundo o* que padeci nas primeiras horas." [Machado de Assis]

Listamos a seguir as principais conjunções e locuções conjuntivas subordinativas, agrupadas pelo matiz semântico:

1) **Causais**: quando introduzem oração que exprime a causa, o motivo, a razão do pensamento da oração principal: *que* (= porque), *porque, como* (= porque, sempre anteposta à sua principal, no português moderno), *visto que, visto como, já que, uma vez que* (com verbo no indicativo), *desde que* (com o verbo no indicativo), etc.:
"*Como* ia de olhos fechados, não via o caminho." [Machado de Assis]

2) **Comparativas**: quando iniciam oração que exprime o outro termo da comparação. A comparação pode ser *assimilativa* ou *quantitativa*. É assimilativa "quando consiste em assimilar uma coisa, pessoa, qualidade ou fato a outra mais impressionante, ou mais conhecida" [Mattoso Câmara]. As unidades comparativas assimilativas são *como* ou *qual*, podendo estar em correlação com *assim* ou *tal* postos na oração principal, ou ainda aparecer *assim como*:
"O medo é a arma dos fracos, *como* a bravura a dos fortes." [Marquês de Maricá]
"A ignorância, *qual* outro Faetonte, ousa muito e se precipita *como* ele." [Marquês de Maricá]
"O jogo, *assim como* o fogo, consome em poucas horas o trabalho de muitos anos." [Marquês de Maricá]
A comparação *quantitativa* "consiste em comparar, na sua quantidade ou intensidade, coisas, pessoas, qualidades ou fatos" [Mattoso Câmara]. Há três tipos de comparação quantitativa:

a) *Igualdade* — introduzida por *como* ou *quanto* em correlação com o advérbio *tanto* ou *tão* da oração principal:
"Nenhum homem é *tão* bom *como* o seu partido o apregoa, nem *tão* mau *como* o contrário o representa." [Marquês de Maricá]
"Nada incomoda *tanto* aos homens maus *como* a luz, a consciência e a razão." [Marquês de Maricá]

b) *Superioridade* — introduzida por *que* ou *do que* em correlação com o advérbio *mais* da oração principal:
"O orgulho do saber é talvez *mais* odioso *que* o do poder." [Marquês de Maricá]
"O homem bom espera *mais do que* teme, o mau receia *mais do que* espera." [Marquês de Maricá]

c) *Inferioridade* — introduzida por *que* ou *do que* em correlação com o advérbio *menos* da oração principal:
"Tempos há em que é *menos* perigoso mentir *que* dizer verdades." [Marquês de Maricá]

3) **Concessivas**: quando introduzem oração que exprime que um obstáculo — real ou suposto — não impedirá ou modificará a declaração da oração principal: *ainda que, embora, posto que* (= ainda que, embora), *se bem que, apesar de que*, etc.:
"*Ainda que* perdoemos aos maus, a ordem moral não lhes perdoa, e castiga a nossa indulgência." [Marquês de Maricá]

4) **Condicionais** (e *hipotéticas*): quando introduzem oração que em geral exprime:
   a) uma condição necessária para que se realize ou se deixe de realizar o que se declara na oração principal;
   b) um fato — real ou suposto — em contradição com o que se exprime na principal.
Este modo de dizer é frequente nas argumentações. As principais conjunções condicionais (e hipotéticas) são: *se, caso, sem que, uma vez que* (com o verbo no subjuntivo), *desde que* (com o verbo no subjuntivo), *dado que, contanto que*, etc.:
"*Se* os homens não tivessem alguma coisa de loucos, seriam incapazes de heroísmo." [Marquês de Maricá]

5) **Conformativas**: quando introduzem oração que exprime um fato em conformidade com outro expresso na oração principal: *como, conforme, segundo, consoante*:

"Tranquilizei-a *como* pude." [Machado de Assis]

6) **Consecutivas**: quando iniciam oração que exprime o efeito ou consequência do fato expresso na oração principal. A unidade consecutiva é *que*, que se prende a uma expressão de natureza intensiva como *tal, tanto, tão, tamanho*, posta na oração principal. Estes termos intensivos podem facilmente calar-se:
"Os povos exigem *tanto* dos seus validos, *que* estes em breve tempo se enfadam e os atraiçoam." [Marquês de Maricá]
"Os vícios são *tão* feios *que*, ainda enfeitados, não podem inteiramente dissimilar a sua fealdade." [Marquês de Maricá]
"Vive de maneira *que* ao morrer não te lastimes de haver vivido." [Marquês de Maricá]
Isto é: *vive de tal maneira que* (que em consequência...).

7) **Finais**: quando introduzem oração que exprime a intenção, o objetivo, a finalidade da declaração expressa na oração principal: *para que, a fim de que, que* (= para que), *porque* (= para que):
"Levamos ao Japão o nosso nome, *para que* outros mais felizes implantassem naquela terra singular os primeiros rudimentos da civilização ocidental." [Fausto Barreto]

8) **Modais**: quando introduzem oração que exprime o modo pelo qual se executou o fato expresso na oração principal: *sem que, como*:
Fez o trabalho *sem que* cometesse erros graves.

> **Obs.**: A Nomenclatura Gramatical Brasileira não reconhece as conjunções modais e, assim, as orações modais, apesar de pôr o modo entre as circunstâncias adverbiais.

9) **Proporcionais**: quando introduzem oração que exprime um fato que ocorre, aumenta ou diminui na mesma proporção daquilo que se declara na oração principal: *à medida que, à proporção que, ao passo que*:
Progredia *à medida que* se dedicava aos estudos sérios.

10) **Temporais**: quando introduzem oração que exprime o tempo da realização do fato expresso na oração principal. As principais conjunções e "locuções temporais" são:

a) para o tempo anterior: *antes que, primeiro que* (raro):
Saiu *antes que* eu lhe desse o recado.
b) para o tempo posterior (de modo vago): *depois que, quando*:
Saiu *depois que* ele chegou.
c) para o tempo posterior imediato: *logo que, tanto que* (raro), *assim que, desde que, apenas, mal, eis que,* (*eis*) *senão quando, eis senão que*:
Saiu *logo que* ele chegou.
d) para o tempo frequentativo (repetido): *quando* (estando o verbo no presente), *todas as vezes que,* (*de*) *cada vez que, sempre que*:
Todas as vezes que saio de casa, encontro-o à esquina.
e) para o tempo concomitante: *enquanto,* (*no*) *entretanto que* (hoje raro):
Dormia *enquanto* o professor dissertava.
f) para o tempo limite terminal: *até que*:
Brincou *até que* fosse repreendido.

INTERJEIÇÃO

É a expressão com que traduzimos os nossos estados emotivos. Têm elas existência autônoma e, a rigor, constituem por si verdadeiras orações.

As interjeições se repartem por quatro tipos:

1) Certos sons vocálicos que na escrita se representam de maneira convencional: *ah!, oh!, ui!, hum* (o *h* no final pode marcar uma aspiração, alheia ao sistema do português).

2) Palavras já correntes na língua, como: *olá!, puxa!, bolas!, bravo!, homem!, valha!, viva!* (com contorno melódico exclamativo).

3) Palavras que procuram reproduzir ruídos de animais ou de objetos, ou de outra origem, como: *clic* (*clique*), *pá!, pum!*

4) Locuções interjetivas: *ai de mim!, cruz-credo!, valha-me Deus!, aqui d'el-rei!*

Locução interjetiva
É um grupo de palavras com valor de interjeição: *Ai de mim!, Ora bolas!, Com todos os diabos!, Valha-me Deus!, Macacos me mordam!*

QUESTÕES DO PASSO 2

1) (IBGE — Analista — Análise de Projetos — tipo 1 — Superior — FGV Projetos)
A frase abaixo em que o emprego do demonstrativo sublinhado está inadequado é:

   (A) "As capas deste livro que você leva são muito separadas". (Ambrose Bierce)
   (B) "Quando alguém pergunta a um autor o que este quis dizer, é porque um dos dois é burro". (Mário Quintana)
   (C) "Claro que a vida é bizarra. O único modo de encarar isso é fazer pipoca e desfrutar o show". (David Gerrold)
   (D) "Não há nenhum lugar nessa Terra tão distante quanto ontem". (Robert Nathan)
   (E) "Escritor original não é aquele que não imita ninguém, é aquele que ninguém pode imitar". (Chateaubriand)

2) (IBGE — Analista — Análise de Projetos — tipo 1 — Superior — FGV Projetos)
"Por favor, ajude-me. Sou cego"; reescrevendo as duas frases em uma só, de forma correta e respeitando-se o sentido original, a estrutura adequada é:

   (A) Embora seja cego, por favor, ajude-me;
   (B) Me ajude, por favor, pois sou cego;
   (C) Ajude-me já que sou cego, por favor;
   (D) Por favor, ainda que seja cego, ajude-me;
   (E) Ajude-me, por favor, contanto que sou cego.

3) (IBGE — Analista — Análise de Projetos — tipo 1 — Superior — FGV Projetos)
O termo em função adjetiva sublinhado que está substituído por um adjetivo inadequado é:

   (A) "A arte da previsão consiste em antecipar o que irá acontecer e depois explicar por que não aconteceu". (anônimo) / divinatória;
   (B) "Por mais numerosos que sejam os meandros do rio, ele termina por desembocar no mar". (Provérbio hindu) / pluviais;

(C) "A morte nos ensina a transitoriedade de todas as coisas." (Léo Buscaglia) / universal;
(D) "Eu não tenho problemas com igrejas, desde que elas não interfiram no trabalho de Deus". (Brooks Atkinson) / divino;
(E) "Uma escola de domingo é uma prisão onde as crianças pagam penitência pela consciência pecadora dos pais." (H.L.Menken) / dominical.

4) (IBGE — Analista — Análise de Projetos — tipo 1 — Superior — FGV Projetos)
A frase em que o vocábulo *mas* tem o valor aditivo é:

(A) "Perseverança não é só bater na porta certa, mas bater até abrir." (Guy Falks);
(B) "Nossa maior glória não é nunca cair, mas sim levantar toda vez que caímos". (Oliver Goldsmith);
(C) "Eu caminho devagar, mas nunca caminho para trás." (Abraham Lincoln);
(D) "Não podemos fazer tudo imediatamente, mas podemos fazer alguma coisa já." (Calvin Coolidge);
(E) "Ele estudava todos os dias do ano, mas isso contribuía para seu progresso." (Nouvailles)

5) (Analista de Finanças e Controle — AFC/STN — ESAF)
Analise as quatro asserções sobre aspectos linguísticos do trecho abaixo e assinale, a seguir, a opção correta.

   Em matéria concernente a responsabilização de sócios e gestores pelas dívidas tributárias da pessoa jurídica, os tribunais vêm se posicionando assim: sejam as dívidas estritamente fiscais, sejam previdenciárias, se as
5 empresas não tiverem como pagá-la, os sócios e gestores só respondem por tal pagamento caso tenham agido de modo afrontoso aos estatutos, ao contrato social ou cometido ato de fraude ou sonegação, ou se, em última instância, diligenciaram a liquidação
10 irregular da empresa.

   Para se prevenirem, os credores públicos devem correr para cobrar as dívidas enquanto há solvabilidade social,

ao invés de incomodarem sócios e gerentes que não
praticaram atos fraudulentos com execuções indevidas
15 e constrangedoras, as quais, nessa circunstância, e
frente a determinação contundente do Judiciário, se
continuam, podem dar margem a indenizações por dano
moral.

ROCHA, João Luiz Coelho da. Sociedade, "Dívidas, Sócios e administradores". *Correio Braziliense*. Brasília, 29 set. 2008. Direito&Justiça

I. Falta o acento indicador de crase em: "concernente a" (linha 1); "frente a determinação" (linha 16) e "margem a indenizações" (linha 17).
II. Os verbos "diligenciaram" (linha 9) e "se prevenirem" (linha 11) possuem o mesmo sujeito gramatical, que é: **sócios e gestores**.
III. As palavras sublinhadas em "<u>se</u> as empresas" (linhas 4 e 5); "<u>caso</u> tenham agido" (linhas 6 e 7) e "<u>se</u> continuam" (linhas 16 e 17) expressam ideia de condição.
IV. Os pronomes relativos "que" (linha 13) e "quais" (linha 15) assumem os respectivos antecedentes como sujeito gramatical da oração que iniciam, respectivamente: **sócios e gerentes** (linha 13) e **execuções indevidas e constrangedoras** (linhas 14 e 15).

(A) Todas as asserções estão corretas.
(B) Estão corretas as asserções I, II e III.
(C) Estão corretas as asserções I, II e IV.
(D) Estão corretas apenas as asserções III e IV.
(E) Está correta apenas a asserção IV.

6) (Auditor Fiscal da Receita Federal do Brasil — ESAF)
Assinale a opção que preenche as lacunas do texto de forma gramaticalmente correta e textualmente coerente.

Sem __1__ pujança econômica de outrora, __2__ Europa registra nos últimos tempos o fortalecimento de pressões xenófobas e anti-imigração. Após __3__ crise global, iniciada em 2008, e o consequente aumento dos índices de desemprego no continente, grupos de extrema-direita conquistaram níveis inéditos de participação nos Parlamentos nacionais da Suécia e da Grécia. Não satisfeitos em exercer __4__ representação política, tais agremiações têm protagonizado lamentáveis episódios de agressão _5_ minorias de outras nacionalidades.

"O preço do nacionalismo". *Folha de S.Paulo*.
São Paulo, 12 fev. 2014. A2. Opinião.

	1	2	3	4	5
A)	à	a	à	a	as
B)	a	a	a	a	às
C)	a	à	a	à	as
D)	a	a	à	a	às
E)	à	à	a	à	as

Leia o texto abaixo e responda às questões 7 e 8.

No Brasil, a criação e a paulatina expansão das ouvidorias são consequência da centralidade dos direitos fundamentais e do princípio da dignidade da pessoa humana na Constituição de 1988,
5 relacionando-se à democratização do Estado e da sociedade brasileira.

Na administração pública, além de concretizar o direito constitucional de petição, fornecendo aos cidadãos um canal adequado para tratamento
10 de reclamações, denúncias e sugestões, as ouvidorias ampliam a transparência de órgãos e entidades estatais, além de ensejar o contato do gestor público com problemas da população.

De forma complementar, as ouvidorias públicas
15 emergem como um importante instrumento de gestão participativa, aproximando o Estado da população, que pode sugerir correções de medidas governamentais e se informar do amplo portfólio de políticas públicas. Ademais, podem impedir a
20 judicialização de pleitos ordinários, o que não é

pouco, visto que os direitos podem ser efetivados com mais celeridade.

SPERLING, Paulo Otto von. "Ouvidorias, eficiência e efetivação de direitos". *Correio Braziliense*. Brasília, 18 mar. 2014. Opinião. p.15.

7) (Auditor Fiscal da Receita Federal do Brasil — ESAF)

No desenvolvimento da textualidade, ficam prejudicadas as relações de coesão e a coerência argumentativa ao retirar do texto:

(A) o artigo em "a paulatina" (linha 1).
(B) o artigo na contração em "Na administração" (linha 7).
(C) o artigo em "o direito" (linhas 7 e 8).
(D) o artigo em "as ouvidorias" (linhas 10 e 11).
(E) o artigo na contração em "da população" (linhas 16 e 17), escrevendo apenas **de**.

8) (Auditor Fiscal da Receita Federal do Brasil — ESAF)
Analise as seguintes afirmações em relação às ideias do texto.

I. Ouvidorias tornaram possível a inserção do princípio da dignidade da pessoa humana na Constituição de 1988.
II. A transparência de órgãos e entidades estatais é ampliada com o direito à petição e com a aproximação entre o gestor e os problemas da população.
III. A diminuição na judicialização de pleitos ordinários permite uma efetivação mais rápida dos direitos.

Encontram respaldo na argumentação do texto:

(A) apenas I.
(B) apenas II.
(C) apenas III.
(D) apenas I e II.
(E) apenas II e III.

Leia o texto abaixo e responda às questões 9 e 10.

A prefeitura municipal, através da Secretaria de Assistência Social, promove a Campanha Imposto de Renda Solidário, projeto cujo objetivo é, através de doação do imposto de renda devido, ajudar

5 a financiar projetos de defesa e promoção dos
direitos de crianças e adolescentes de Chapadão do
Sul.

A ideia é que todos que queiram participar
direcionem parte do valor devido ao Fundo
10 Municipal dos Direitos da Infância e Adolescência
(FMDCA) e assim participem da Campanha. A
doação, estabelecida pela Lei n. 8.069/90, é
simples, não traz ônus a quem colabora e os valores
doados são abatidos do imposto de renda devido.

15 O valor destinado ao Fundo Municipal dos Direitos
da Criança e do Adolescente, respeitados os limites
legais, é integralmente deduzido do IR devido na
declaração anual ou acrescido ao IR a restituir.
Quem quiser contribuir deve procurar um escritório
20 de contabilidade e solicitar que seu imposto de
renda seja destinado ao FMDCA de Chapadão do
Sul.

A doação pode ser dirigida a um projeto de escolha
do doador, desde que esteja inscrito no CMDCA —
25 Conselho Municipal de Direitos da Criança e do
Adolescente, que analisará e aprovará o repasse do
recurso e posteriormente fiscalizará sua execução.

Adaptado de: <http://www.ocorreionews.com.br>.
Acesso em: 19 mar. 2014.

9) (Auditor Fiscal da Receita Federal do Brasil — ESAF)

Assinale a opção correta a respeito da justificativa para o uso da preposição **a** nas relações de regência do texto.

(A) Em "ao Fundo Municipal..." (linhas 9-11), é exigida pelo termo "devido" (linha 9)
(B) Em "a quem" (linha 13) introduz um complemento do verbo **trazer**.
(C) Em "ao Fundo Municipal..." (linha 15), é exigida pelo termo "valor" (linha 15).

(D) Em "ao IR" (linha 18), introduz um paralelo entre os complementos de "declaração anual" (linha 18).
(E) Em "a um projeto" (linha 23), introduz um complemento para o substantivo "doação" (linha 23).

10) (Auditor Fiscal da Receita Federal do Brasil — ESAF)
No desenvolvimento da argumentação do texto, o modo e tempo verbais são usados para indicar uma possibilidade, uma hipótese em:

(A) "ajudar a financiar" (linhas 4 e 5).
(B) "queiram participar" (linha 8).
(C) "são abatidos" (linha 14).
(D) "deve procurar" (linha 19).
(E) "analisará e aprovará" (linha 26).

11) (Auditor Fiscal da Receita Federal do Brasil — ESAF)
Assinale a opção incorreta a respeito do uso das estruturas linguísticas no texto

A despeito das suas imperfeições, a Lei da
Transparência Tributária representa um notável
avanço institucional. A conscientização da população
brasileira é fundamental para a construção de uma
5 República efetivamente democrática, em que os
eleitores tenham plena ciência da repercussão
das decisões tomadas pelos seus representantes.
Somente assim poderão exigir a construção de um
sistema tributário simples, coerente e justo, que não
10 onere os cidadãos carentes e não seja regressivo,
gravando os contribuintes menos abastados de
modo (proporcionalmente) mais severo que os mais
favorecidos economicamente.

VELLOSO, Andrei Pitten. "Lei da transparência tributária: vitória da cidadania". *Carta Forense*, 01 fev. 2013. Disponível: <http://www.cartaforense.com.br/conteudo/colunas/lei-da-transparencia-tributaria-vitoria-da-cidadania/10377>.

(A) O uso da preposição em "em que" (linha 5) torna-se desnecessário se, no lugar de **que**, o pronome utilizado for **a qual**.
(B) O uso do modo subjuntivo em "tenham" (linha 6) remete à possibilidade de uma "República" efetivamente democrática (linha 5).
(C) O advérbio "assim" (linha 8) tem a função coesiva de resumir e retomar as ideias do período sintático imediatamente anterior.
(D) O uso do gerúndio em "gravando" (linha 11) imprime à oração uma ideia do modo de funcionamento do sistema tributário.
(E) A retirada dos sinais de parênteses não prejudica sintaticamente a oração, mas sua presença diminui a relevância da ideia expressa por "proporcionalmente" (linha 12).

12) (SEE/SP — Professor de Educação Básica II/ Língua Portuguesa/ SP — FGV)
Uma das características das construções sintáticas modernas é o reduzido emprego de "cujo", já apontado por Sírio Possenti em *Mal comportadas línguas* (p. 37). Assinale a alternativa que apresenta o segmento — retirado desse mesmo livro — que comprova essa afirmativa.

(A) "Quando as pessoas que definem o padrão mudaram de comportamento sem dar-se conta de que mudaram, isso é um sinal dos tempos."
(B) "Responda primeiro às questões das quais tem certeza da resposta, desse modo você está utilizando bem o tempo disponível da prova".
(C) "O leitor poderia imaginar, e estaria equivocado, que estou caçando erros para aconselhar os distraídos a terem mais cuidado com o uso de nossa língua."
(D) "Alguém poderia alegar que se trata de despreparo, que nem os melhores escritores conhecem nossa língua, que a maltratam."
(E) "Se os fatos mostram que a pressão aumenta ou diminui conforme a altitude, eles adaptam sua crença, de forma que se torna impossível testá-la:..."

13) (ENEM — Redação e linguagens, códigos e suas tecnologias, matemática e suas tecnologias)
Descubra e aproveite um momento todo seu. Quando você quebra o delicado chocolate, o irresistível recheio cremoso começa a derreter na sua boca, acariciando todos os seus sentidos. Criado por nossa empresa. Paixão e amor por chocolate desde 1845.

Veja, n.2320, 8 mai. 2013 (adaptado).

O texto publicitário tem a intenção de persuadir o público-alvo a consumir determinado produto ou serviço. No anúncio, essa intenção assume a forma de um convite, estratégia argumentativa linguisticamente marcada pelo uso de

(A) conjunção (quando).
(B) adjetivo (irresistível).
(C) verbo no imperativo (descubra).
(D) palavra do campo afetivo (paixão).
(E) expressão sensorial (acariciando).

14) (ESAF — Escola de Administração Fazendária — Analista de planejamento e Orçamento)
Leia o texto que segue:
  Na área ficcional, opondo-se __1__ inconsciência, ou seja, reagindo __2__ má consciência, haveremos de governar, dentro do possível, a obra em geral e, em particular, as personagens. Negaremos __3__ personagens, honestamente, qualquer parcela de vontade. Cada uma será assim porque nos pareceu, quase sempre ao cabo de cálculos e ensaios, acréscimos e cortes, que assim devia ser; e está no relato porque foi necessário, porque julgamos oportuno dar-lhe uma função ainda que fosse __4__ de parecer disponível. Nem uma palavra lhes será disponível sem licença ou aprovação. Ainda que alguns dos seus remotos modelos possam existir fora de nós, só existem __5__ partir do momento em que nossas palavras o efetivam.

LINS, Osman. *Guerra sem testemunhas: o escritor, sua condição, e a realidade social.* São Paulo: Editora Ática, 1974. p. 16.

Quanto ao uso do sinal indicativo da crase, assinale a opção que preenche, de forma gramaticalmente correta, as lacunas do texto.

(A) a (1), a (2), as (3), a (4), a (5)
(B) a (1), a (2), às (3), a (4), a (5)
(C) a (1), a (2), as (3), à (4), a (5)
(D) a (1), a (2), às (3), à (4), a (5)
(E) à (1), à (2), às (3), a (4), a (5)

15) (Enem – Exame Nacional do Ensino Médio)
— Famigerado? [...]
— Famigerado é "inóxio", é "célebre", "notório", "notável"...
— Vosmecê mal não veja em minha grossaria no não entender. Mais me diga: é desaforado? É caçoável? É de arrenegar? Farsância? Nome de ofensa?
— Vilta nenhuma, nenhum doesto. São expressões neutras, de outros usos...
— Pois... e o que é que é, em fala de pobre, linguagem de em dia de semana?
— Famigerado? Bem. É: "importante", que merece louvor, respeito...

(ROSA, G. "Famigerado". In: *Primeiras estórias*.
Rio de Janeiro: Nova Fronteira, 2001.)

Nesse texto, a associação de vocábulos da língua portuguesa a determinados dias da semana remete ao

(A) local de origem dos interlocutores.
(B) estado emocional dos interlocutores.
(C) grau de coloquialidade da comunicação.
(D) nível de intimidade entre os interlocutores.
(E) conhecimento compartilhado na comunicação.

16) (Prefeitura Municipal de Indiaporã — Coordenador / Professor — Projeto Esporte Social)
A locução verbal está corretamente grifada em:

(A) <u>Pode ocorrer algo muito</u> importante hoje.
(B) Pode <u>ocorrer algo</u> muito importante hoje.
(C) <u>Pode ocorrer algo</u> muito importante hoje.
(D) Pode ocorrer algo <u>muito importante hoje.</u>
(E) <u>Pode ocorrer</u> algo muito importante hoje.

17) (Prefeitura Municipal de Indiaporã — Coordenador / Professor — Projeto Esporte Social)
É substantivo abstrato:

(A) Beijo
(B) Formiga
(C) Sereia
(D) Brasil
(E) Vento

18) (Prefeitura Municipal de Indiaporã — Coordenador / Professor — Projeto Esporte Social)
É substantivo comum de dois gêneros:

(A) Gato
(B) Monge
(C) Criatura
(D) Ré
(E) Jornalista

19) (Prefeitura Municipal de Indiaporã — Coordenador / Professor — Projeto Esporte Social)
A locução adjetiva foi corretamente grifada em:

(A) <u>Uma atitude</u> sem qualquer cabimento.
(B) Uma <u>atitude</u> sem qualquer cabimento.
(C) Uma atitude <u>sem qualquer cabimento</u>.
(D) <u>Uma atitude sem</u> qualquer cabimento.
(E) Uma atitude sem <u>qualquer cabimento</u>.

20) (Prefeitura Municipal de Indiaporã — Coordenador / Professor — Projeto Esporte Social)
O adjetivo está no grau superlativo absoluto sintético em:

(A) Ele é um artista muito original.
(B) Ele é o mais exigente de todos os irmãos.
(C) Somos excessivamente tolerantes.
(D) Essa solução é melhor do que a outra.
(E) Ele é exigentíssimo.

21) (Prefeitura Municipal de Indiaporã — Coordenador / Professor — Projeto Esporte Social)
"Diga-me por que você aceita tudo passivamente."
No fragmento acima o advérbio desempenha o papel interrogativo, é ele:

(A) Diga-me.
(B) Por que.
(C) Você.
(D) Aceita.
(E) Por que você aceita.

22) (Prefeitura Municipal de Indiaporã — Coordenador / Professor — Projeto Esporte Social)
Pretérito imperfeito do indicativo:

(A) Volto hoje à noite.
(B) Naquele instante, não pensei em nada e agi compulsivamente.
(C) Viajarei nas próximas férias.
(D) Anos depois, teríamos a oportunidade de perceber nossa falha.
(E) O dia clareava quando chegamos à fazenda.

23) (Prefeitura Municipal de Indiaporã — Coordenador / Professor — Projeto Esporte Social)
Pretérito mais-que-perfeito do subjuntivo:

(A) Se vier aqui no próximo mês, trarei seu presente.
(B) Pena que a vida seja tão difícil para muitos.
(C) Chovesse ou não, eu corria todas as madrugadas.
(D) Desejo que você já tenha encontrado uma solução.
(E) Aguardei até que tivesse completado seu discurso para então começar a expor minha ideia.

24) (Prefeitura Municipal de Indiaporã — Coordenador / Professor — Projeto Esporte Social)
O verbo está no particípio em:

(A) Não há nada que possa ser feito.
(B) Perguntei se havia algo para fazer.
(C) O querer excessivo é prejudicial aos homens.
(D) Você quer saber se há algo para fazermos?
(E) Vejo ali alguns meninos brincando.

Atenção: As questões de números 25 a 28 referem-se ao texto a seguir.

Creio que, pelo gosto de Gastão Cruls, a modernização do Rio se teria feito, desde os dias do Engenheiro Passos, com muito menor sacrifício do caráter e das tradições da cidade à mística do Progresso com P maiúsculo. Mas nunca se esquece ele de que, sob as descaracterizações e inovações brutais e tantas vezes desnecessárias por que vem passando a mais bela das cidades do Brasil, continua a haver um

Rio de Janeiro do tempo dos Franceses, dos Vice-reis, de Dom João VI, dos Jesuítas, dos Beneditinos, dos começos da Santa Casa [...]. Por mais que tudo isso venha desaparecendo dos nossos olhos e se dissolvendo em passado, em antiguidade, em raridade de museu, continua a ser parte do espírito do Rio de Janeiro. Pois as cidades são como as pessoas, em cujo espírito nada do que se passou deixa inteiramente de ser. O Rio descaracterizado de hoje guarda no seu íntimo para os que, como Gastão Cruls, sabem vê-lo histórica e sentimentalmente, uma riqueza de característicos irredutíveis ou indestrutíveis, que as páginas de *Aparência do Rio de Janeiro* nos fazem ver ou sentir. E este é o maior encanto do guia da cidade que o autor de *A Amazônia que eu vi* acaba de escrever: dar-nos, através da aparência do Rio de Janeiro, traços essenciais do passado e do caráter da gente carioca. Comunicar-nos do Rio de Janeiro que Gastão Cruls conhece desde seus dias de menino de morro ilustre — menino nascido à sombra do Observatório — alguma coisa de essencial. Alguma coisa do que a cidade parece ter de eterno e que vem de certa harmonia misteriosa a que tendem o branco, o preto, o roxo e o moreno — principalmente o moreno — da cor da pele dos seus homens e das suas mulheres, com o azul e o verde quente de suas águas e de suas matas. (Rio, setembro, 1948) Obs.: Texto transcrito de acordo com as atuais normas ortográficas.

FREYRE, Gilberto. Trecho do Prefácio. In: CRULS, Gastão. *Aparência do Rio de Janeiro*. Rio de Janeiro: José Olympio, Coleção documentos brasileiros, 2. ed., v. 1, 1952. p. 15-17.

25) (TJ/RJ — Analista Judiciário — Especialidade Analista de Sistemas) O texto deixa claro, principalmente, que a cidade do Rio de Janeiro

(A) acaba por perder suas características mais importantes em benefício de um discutível progresso, que põe em risco sua beleza natural.
(B) representa, de maneira visível, as tradições do povo brasileiro e, portanto, é essencial a manutenção das suas características urbanas originais.
(C) precisa preservar sua identidade original, pois a natureza, que lhe garante o título de a mais bela cidade do Brasil, deve ser tida como intocável.
(D) mantém elementos tradicionais, ao lado de uma necessária transformação, ainda que essa transformação possa descaracterizá-la em alguns aspectos.
(E) deve voltar-se para a modernidade, assim como as pessoas, em uma evolução natural e necessária para a adequação aos tempos atuais.

26) (TJ/RJ — Analista Judiciário — Especialidade Analista de Sistemas)
Os dois-pontos que aparecem no 2º parágrafo denotam

(A) inclusão de segmento especificativo.
(B) interrupção intencional do fluxo expositivo.
(C) intercalação de ideia isolada no contexto.
(D) constatação de fatos pertinentes ao assunto.
(E) enumeração de elementos da cidade e do povo.

27) (TJ/RJ — Analista Judiciário — Especialidade Analista de Sistemas)
Com as alterações propostas entre parênteses para o segmento grifado nas frases abaixo, o verbo que se mantém corretamente no singular é:

(A) a modernização do Rio se teria feito (**as obras de modernização**)
(B) Mas nunca se esquece ele de que (**esses autores**)
(C) por que vem passando a mais bela das cidades do Brasil (**as mais belas cidades do Brasil**)
(D) continua a haver um Rio de Janeiro do tempo dos Franceses (**tradições no Rio de Janeiro**)
(E) do que a cidade parece ter de eterno (**as belezas da cidade**)

28) (TJ/RJ — Analista Judiciário — Especialidade Analista de Sistemas)
... e que vem de certa harmonia misteriosa *a que* tendem o branco, o preto, o roxo e o moreno... O segmento grifado preenche corretamente a lacuna da frase:

(A) As autoridades contavam...... se fizessem consultas à população para definir os projetos de melhoria de toda a área.
(B) As transformações...... se refere o historiador descaracterizaram toda a área destinada, de início, a pesquisas.
(C) A necessidade de inovações foi o argumento...... se valeram os urbanistas para defender o projeto apresentado.
(D) A ninguém ocorreu demonstrar...... não seria possível impedir a derrubada de algumas antigas construções.
(E) Seriam necessários novos e diferentes projetos urbanísticos,...... permanecessem intocadas as construções originais.

29) (TJ/RJ — Analista Judiciário — Especialidade Analista de Sistemas)
... dia em que a circulação duplicava. O verbo flexionado nos mesmos tempo e modo em que se encontra o grifado acima está em:

(A) ... e já fez muitas moçoilas e rapazes barbados chorarem.
(B) ... editaria a obra às próprias custas...
(C) ... a produção jornalística é pouco divulgada.
(D) Macedo era mesmo um agitador.
(E) Nosso escritor usaria de suas boas relações...

Atenção: Considere o texto a seguir para responder às questões de números 30 a 32.

QUANDO A CRASE MUDA O SENTIDO

Muitos deixariam de ver a crase como bicho-papão se pensassem nela como uma ferramenta para evitar ambiguidade nas frases.

Luiz Costa Pereira Junior

O emprego da crase costuma desconcertar muita gente. A ponto de ter gerado um balaio de frases inflamadas ou espirituosas de uma turma renomada. O poeta Ferreira Gullar, por exemplo, é autor da sentença "A crase não foi feita para humilhar ninguém", marco da tolerância gramatical ao acento gráfico. O escritor Moacyr Scliar discorda, em uma deliciosa crônica "Tropeçando nos acentos", e afirma que a crase foi feita, sim, para humilhar as pessoas; e o humorista Millôr Fernandes, de forma irônica e jocosa, é taxativo: "ela não existe no Brasil."

O assunto é tão candente que, em 2005, o deputado João Herrmann Neto propôs abolir esse acento do português do Brasil por meio do projeto de lei 5.154, pois o considerava "sinal obsoleto, que o povo já fez morrer". Bombardeado, na ocasião, por gramáticos e linguistas que o acusavam de querer abolir um fato sintático como quem revoga a lei da gravidade, Herrmann logo desistiu do projeto.

A grande utilidade do acento de crase no a, entretanto, que faz com que seja descabida a proposta de sua extinção por decreto ou falta de uso, é: crase é, antes de mais nada, um imperativo de clareza. Não raro, a ambiguidade se dissolve com a crase – em outras, só o contexto resolve o impasse. Exemplos de casos em que a crase retira a dúvida de sentido de uma frase, lembrados por Celso Pedro Luft no hoje clássico *Decifrando a crase*: cheirar a gasolina X cheirar à gasolina; a moça correu as cortinas X a moça correu às cortinas; o homem pinta a máquina X o homem pinta à máquina; referia-se a outra mulher X referia-se à outra mulher.

O contexto até se encarregaria, diz o autor, de esclarecer a mensagem; um usuário do idioma mais atento intui um acento necessário, garantido pelo contexto em que a mensagem se insere. A falta de clareza, por vezes, ocorre na fala, não tanto na escrita. Exemplos de dúvida fonética, sugeridos por Francisco Platão Savioli: "A noite chegou"; "ela cheira a rosa"; "a polícia recebeu a bala". Sem o sinal diacrítico, construções como essas serão sempre ambíguas. Nesse sentido, a crase pode ser antes um problema de leitura do que prioritariamente de escrita.

Adaptado de: PEREIRA Jr., Luiz Costa. *Língua portuguesa*, ano 4, nº 48. São Paulo: Segmento, out. 2009. p. 36-38.

30) (TRF — 1ª Região — Analista Judiciário — Área Apoio Especializado Especialidade Biblioteconomia)
Logo na abertura do texto, o autor destaca a importância da crase como *uma ferramenta para evitar ambiguidade nas frases*. Ideia semelhante é reafirmada no trecho:

(A) O emprego da crase costuma desconcertar muita gente.
(B) sinal obsoleto, que o povo já fez morrer.
(C) crase é, antes de mais nada, um imperativo de clareza.
(D) só o contexto resolve o impasse.
(E) A falta de clareza, por vezes, ocorre na fala.

31) (TRF — 1ª Região — Analista Judiciário — Área Apoio Especializado Especialidade Biblioteconomia)

Acerca dos exemplos utilizados nos dois últimos parágrafos para ilustrar o papel da crase na clareza e na organização das ideias de um texto, é correto afirmar:

(A) quando se escreve *cheirar a gasolina*, o sentido do verbo é de "feder" ou "ter cheiro de".
(B) em *a polícia recebeu a bala*, afirma-se que a polícia foi vitimada pelo tiro.
(C) na frase *À noite chegou*, "noite" assume função de sujeito do verbo chegar.
(D) no trecho a moça *correu as cortinas*, o verbo assume o sentido de "seguir em direção a".
(E) em *o homem pinta à máquina*, diz-se que o objeto que está sendo pintado é a máquina.

32) (TRF — 1ª Região — Analista Judiciário — Área Apoio Especializado Especialidade Biblioteconomia)
A melhor explicação para o uso da vírgula, na frase do último parágrafo "Nesse sentido, a crase pode ser antes um problema de leitura do que prioritariamente de escrita", é:

(A) "As orações coordenadas aditivas ligadas pela conjunção *e* devem ser separadas por vírgula se os sujeitos forem diferentes. Se o sujeito for o mesmo, não há o uso da vírgula, presume-se."
(B) "As orações adverbiais, desenvolvidas ou reduzidas, podem iniciar o período, findá-lo ou interpor-se na oração principal. Quase sempre aparecem separadas ou isoladas por vírgula."
(C) "O vocativo é um termo relacionado com a função fática da linguagem; como regra, isola-se por vírgula."
(D) "A datação que se segue a nomes de documentos, periódicos, atos normativos, locais etc., como regra geral, separa-se ou isola-se por vírgula."
(E) "É comum vir isolado por vírgula o vocábulo ou expressão com valor retificativo ou explanatório, embora, às vezes, possa aparecer sem esse sinal de pontuação."

Atenção: Considere o texto a seguir para responder às questões de números 33 a 35.

Antes que o céu caia

Líder indígena brasileiro mais conhecido no mundo, o ianomâmi Davi Kopenawa lança livro e participa da FLIP enquanto relata o medo dos efeitos das mudanças climáticas sobre a Terra.

Leão Serva

Davi Kopenawa está triste. "A cobra grande está devorando o mundo", ele diz. Em todo lugar, os homens semeiam destruição, esquentam o planeta e mudam o clima: até mesmo o lugar onde vive, a Terra Indígena Yanomâmi, que ocupa 96 km² em Roraima e no Amazonas, na fronteira entre Brasil e Venezuela, vem sofrendo sinais estranhos. O céu pode cair a qualquer momento. Será o fim. Por isso, nem as muitas homenagens que recebe em todo o mundo aplacam sua angústia.

Ele decidiu escrever um livro para contar a sabedoria dos xamãs de seu povo, a criação do mundo, seus elementos e espíritos. Gravou 15 fitas em que narrou também sua própria trajetória. "Não adianta só os brancos escreverem os livros deles. Eu queria escrever para os não indígenas não acharem que índio não sabe nada."

A obra foi lançada em 2010, na França (ed. Plon), e no ano passado, nos EUA, pela editora da universidade Harvard. Com o nome *A Queda do Céu*, está sendo traduzido para o português pela Companhia das Letras. No fim de julho, Davi vai participar da Feira Literária de Paraty/FLIP, mas a versão em português ainda não estará pronta. O lançamento está previsto para o ano que vem.

O livro explica os espíritos chamados "xapiris", que os ianomâmis creem serem os únicos capazes de cuidar das pessoas e das coisas. "Xapiri é o médico do índio. E também ajuda quando tem muita chuva ou está quente. O branco está preocupado que não chove mais em alguns lugares e em outros tem muita chuva. Ele ajuda a nossa terra a não ficar triste."

Nascido em 1956, Davi logo cedo foi identificado como um possível xamã, pois seus sonhos eram frequentados por espíritos. Xamã, ou pajé, é a referência espiritual de uma sociedade tribal. Os ianomâmis acreditam que os xamãs recebem dos espíritos chamados "xapiris" a capacidade de cura dos doentes. Davi descreve assim sua vocação: "Quando eu era pequeno, costumava ver em sonhos seres assustadores. Não sabia o que me atrapalhava o sono, mas já eram os xapiris que vinham a mim". Quando jovem, recebeu a formação tradicional de pajé.

Com cerca de 40 mil pessoas (entre Brasil e Venezuela), em todo o mundo os ianomâmis são o povo indígena mais populoso a viver de forma tradicional em floresta. Poucos falam português. Davi logo se tornou seu porta-voz.

SERVA, Leão. "Antes que o céu caia". *Serafina*.
Número 75. São Paulo, jul. 2014, p. 18-19.

33) (TRF — 1ª Região — Analista e Técnico Judiciário — Área Apoio Especializado — Especialidade Biblioteconomia)
Considerando as informações do texto, é correto afirmar sobre o autor e o livro apresentados na reportagem:

(A) tendo recebido quando jovem a formação necessária para se tornar pajé, o autor de *A Queda do Céu* explica no livro as funções dos espíritos xapiris segundo seu povo, os ianomâmis.
(B) originalmente escrito em português, o livro de Davi Kopenawa vem acompanhado de 15 fitas, nas quais o autor relata em língua nativa indígena histórias mitológicas do seu povo.
(C) lançado no exterior, durante a FLIP, *A Queda do Céu* motivou muitas homenagens a Davi Kopenawa, líder indígena brasileiro que já viveu na França e nos Estados Unidos.
(D) destinado aos não indígenas, o livro de Davi Kopenawa busca orientar leitores com problemas de saúde ocasionados pela ação predatória do homem branco sobre o meio ambiente.
(E) narrando sua própria trajetória de porta-voz dos costumes de uma sociedade tribal tradicional, o autor de *A Queda no Céu* foi homenageado em Paraty por cerca de 40 mil pessoas.

34) (TRF — 1ª Região — Analista e Técnico Judiciário — Área Apoio Especializado — Especialidade Biblioteconomia)
Sobre a flexão de alguns verbos utilizados no texto são feitas as seguintes afirmações:

I. Em *Os ianomâmis acreditam que os xamãs recebem dos espíritos chamados xapiris*, o verbo "receber" está no plural porque concorda com o sujeito cujos núcleos são "ianomâmis" e "xamãs".
II. Em *E também ajuda quando tem muita chuva ou está quente*, o verbo "ajudar" concorda com o sujeito elíptico "xapiri".
III. Em *O céu pode cair a qualquer momento*, o verbo "poder" concorda em número com "céu", sujeito simples no singular.

Está correto o que se afirma APENAS em
(A) II e III.
(B) I e III.
(C) I e II.
(D) I.
(E) III.

35) (TRF — 1ª Região — Analista e Técnico Judiciário — Área Apoio Especializado — Especialidade Biblioteconomia)
No período *O livro explica os espíritos chamados 'xapiris', **que** os ianomâmis creem serem os únicos capazes de cuidar das pessoas e*

das coisas (quarto parágrafo), a palavra grifada tem a função de pronome relativo, retomando um termo anterior. Do mesmo modo como ocorre em:

(A) *Os ianomâmis acreditam **que** os xamãs recebem dos espíritos chamados "xapiris" a capacidade de cura.*
(B) *Eu queria escrever para os não indígenas não acharem **que** índio não sabe nada.*
(C) *O branco está preocupado **que** não chove mais em alguns lugares.*
(D) *Gravou 15 fitas em **que** narrou também sua própria trajetória.*
(E) *Não sabia o **que** me atrapalhava o sono.*

36) (Fundação Vunesp — Câmara Municipal de Itatiba — Advogado)
Assinale a alternativa em que a forma verbal destacada está empregada de acordo com a norma-padrão da língua portuguesa.

(A) Para que fossem mais organizadas, seria importante que as pessoas **mantessem** um planejamento mínimo de suas atividades.
(B) Se **dispôssemos** de mais tempo, certamente cultivaríamos melhor o habito da leitura, fazendo dele uma atividade prazerosa.
(C) Poderia ser muito construtivo para o seu futuro que o homem **retesse** consigo objetos com significados importantes para a sua vida.
(D) E se, quando fazemos a escolha errada, a vida nos **reposse** a chance de poder rever a nossa escolha?
(E) Seria realmente muito gratificante se os caprichos do destino sempre **interviessem** a nosso favor, realizando nossos desejos.

37) (ESAF — Analista Técnico-Administrativo, Arquiteto, Contador, Engenheiro e Pedagogo)
Assinale a opção que preenche corretamente as lacunas do texto.

O presidente do Federal Reserve (o banco central americano), Ben Bernanke, anunciou que até o final do ano que vem serão retirados os estímulos monetários que ajudaram __1__ reequilibrar o sistema financeiro e __2__ impulsionar __3__ economia dos EUA. Uma parte do mercado financeiro já especulava que __4__ eliminação dos estímulos começaria este mês, mas Bernanke disse que o início desse processo ocorrerá logo que condições da economia americana assim o permitirem, provavelmente até dezembro. A recuperação econômica dos Estados Unidos vem agitando os mercados pelo mundo todo, com valorização do dólar em relação __5__ demais moedas e flutuações expressivas nos preços dos títulos mais negociados, __6__ começar pelos papéis emitidos pelo próprio Tesouro dos Estados Unidos.

"Brasil tem de se preparar para o dólar mais forte". O Globo. Rio de Janeiro, 21 jun. 2013. Opinião. p. 22.

	1	2	3	4	5	6
(A)	À	à	Uma	a	a	à
(B)	Ao	ao	Na	uma	essas	de
(C)	A	a	A	a	às	a
(D)	para	para	com a	essa	tais	ao
(E)	em	em	Essa	tal	outras	se

38) (ESAF — Analista Técnico-Administrativo, Arquiteto, Contador, Engenheiro e Pedagogo)
Assinale a opção que preenche corretamente as lacunas do texto a seguir.
Salvo uma improvável grande decepção __1__ economia americana, nos próximos anos haverá um enxugamento do capital farto __2__ circulação __3__ mundo. O Brasil está mais preparado __4__ no passado para enfrentar a turbulência: tem US$ 375 bilhões __5__ reservas, e a dívida __6__ dólar do governo foi eliminada, entre outros fatores.

Folha de S.Paulo, 21 jun. 2013.

	1	2	3	4	5	6
(A)	na	de	No	em que	nas	de
(B)	da	pela	Do	cujo	com as	com
(C)	pela	com a	Ao	para	das	do
(D)	com a	em	Pelo	que	em	em
(E)	em	da	Ao	de que	pelas	ao

39) (ESAF — Analista Técnico-Administrativo, Arquiteto, Contador, Engenheiro e Pedagogo)
Assinale a opção que preenche corretamente as lacunas do texto a seguir.

O minério de ferro tem liderado a pauta de exportações, tanto por sua qualidade __1__ pela competitividade de algumas mineradoras. No passado, a mineração já foi uma atividade com muitos pontos negativos, especialmente __2__ impacto ambiental. No entanto, por pressão da sociedade e do próprio mercado é crescente o número de empresas que buscam desenvolver tecnologias capazes de reduzir significativamente __3__ impacto. Isso significa que o Brasil tem condições de tirar bom proveito de seus recursos minerais no presente, __4__ beneficiar também as gerações futuras. É preciso que haja marcos regulatórios adequados __5__ equacionar expansão do setor, preocupação com meio ambiente e criação de riquezas, principalmente __6__ às áreas mais atingidas pela atividade.

	1	2	3	4	5	6
(A)	E	no	Tal	para	ao	nas
(B)	quanto	pelo	Um	a fim de	em	pelas
(C)	quão	com o	O	de forma a	a fim de	para
(D)	mas	em	este	em	de forma a	com
(E)	como	quanto ao	esse	de modo a	para	em relação

40) (ESAF — Analista Técnico-Administrativo, Arquiteto, Contador, Engenheiro e Pedagogo)
Em relação às estruturas linguísticas do texto a seguir, assinale a opção correta.

    Aspiradores de pó, liquidificadores, espremedores e batedeiras, aquecedores e secadores de cabelo consumidos no Brasil já não são produzidos pela indústria local, e, sim, importados, em especial, do
5 Sudeste Asiático e da China, segundo a Associação Brasileira da Indústria Eletroeletrônica (Abinee). Mas é ocioso lamentar a perda de mercado ou pleitear medidas protecionistas para a indústria local, como fazem seus

representantes nos gabinetes de Brasília, pois o principal
10 problema é o custo de produzir aqui, mais oneroso
do que na maioria dos países concorrentes, deixando o
produto local fora do mercado internacional.

Na China, além de mão de obra barata, tributação
módica, infraestrutura adequada, uma logística de
15 alto nível permite o embarque e o desembarque de
mercadorias em portos modernos, com custos razoáveis
e muito mais eficiência do que no Brasil. O mesmo
acontece em outros países voltados para a exportação.
Isso faz toda a diferença.

"Tapete vermelho para a indústria chinesa entrar". *O Estado de S. Paulo*. São Paulo, 18 jun. 2013. Disponível em: <https://economia.estadao.com.br/noticias/geral,tapete-vermelho-para-a-industria-chinesa-entrar-imp-,1043683>.

(A) As vírgulas das linhas 1 e 2 justificam-se porque isolam elementos de mesma função sintática componentes de uma enumeração.
(B) Ao se substituir o termo "Mas" (linha 6) por Todavia, Entretanto ou Contudo prejudica-se a correção gramatical e alteram-se as informações originais do período.
(C) A substituição de "pois" (linha 9) por "porquanto" altera as informações originais do período.
(D) A forma verbal "fazem" (linha 8) está no plural porque concorda com "medidas protecionistas" (linhas 7 e 8).
(E) Prejudica-se a correção gramatical dos períodos ao se eliminar o termo "do" em "do que" nas suas duas ocorrências (linhas 11 e 17).

41) (ESAF — Analista Técnico-Administrativo, Arquiteto, Contador, Engenheiro e Pedagogo)
Assinale a opção que corresponde a erro gramatical na transcrição do texto a seguir.

Não existe sistema de educação de alta qualidade em **que** (1) o exercício do magistério não seja equiparado a profissões de alta complexidade e prestígio. Professores **têm** (2) de ser recrutados **a partir** (3) da nata dos graduados, amparados com políticas e instrumentos para aprimorar e compartilhar conhecimentos e desafiados **à tratar** (4) as necessidades de seus alunos de forma multidisciplinar e inovadora. Não existe compromisso com a educação sem aperfeiçoamento constante e continuado, **estratégia** (5) eficaz, conexão com a realidade global e valores éticos difundidos e assumidos por todos.

"Respostas para a educação". *Zero Hora*. Porto Alegre, 18 jun.2013. Editorial.

(A) 1
(B) 2
(C) 3
(D) 4
(E) 5

42) (UFPR — Prefeitura Municipal de Colombo — Professor)
Assinale a alternativa em conformidade com o uso da norma-padrão da língua portuguesa contemporânea.

(A) Abracei alguém, cujas mãos residia meu destino.
(B) Olhou-a longamente, mas não lhe prestou socorro.
(C) Os moradores contrataram a empresa, mas ela não os realizou o serviço.
(D) O projeto, onde iremos alcançar seus resultados, foi redigido todo em inglês.
(E) Os pais deram a ela o casaco, mas ela não lhe aceitou.

43) (UFPR — Prefeitura Municipal de Colombo — Professor)
Considere o período a seguir:
Mesmo que antes não tenham sido consideradas dessa forma, certas manifestações culturais, como danças e comidas, hoje são patrimônios da humanidade; e como tais devem ser preservadas, portanto, na memória do povo. Uma possível preservação, ainda assim, corre riscos de não acontecer. Portanto é necessário que medidas sejam tomadas nesse sentido, nas esferas pública e privada.
Assinale a alternativa que preserva o sentido desse período.

(A) Ainda que antes não tenham sido consideradas patrimônios da humanidade, certas manifestações culturais, a exemplo de danças e comidas, hoje são consideradas como tais. Por conseguinte, devem ser preservadas na memória de um povo. Uma possível preservação corre riscos, ainda assim, de não acontecer. Daí ser

necessário que medidas sejam tomadas para tanto, pelas esferas pública e privada.
(B) Apesar de não terem sido consideradas dessa forma em outros tempos, certas manifestações culturais, tais como danças e comidas, constituem hoje patrimônios da humanidade. Cabia, portanto, havê-las preservado na memória de um povo, mas uma tal preservação não foi possível acontecer, pois elas correram riscos irreversíveis, e nesse sentido é necessário tomar medidas cabíveis nas esferas pública e privada.
(C) Antes consideradas como manifestações culturais, danças e comidas são hoje apenas patrimônios da humanidade, e devem ser preservadas na memória do povo, porque, como tais, uma possível preservação sua corre riscos de não acontecer. É necessário tomar medidas no sentido de que tais elementos estejam presentes nas esferas pública e privada.
(D) Já que não foram consideradas patrimônios da humanidade, certas manifestações culturais, a exemplo de danças e comidas, hoje são consideradas, ainda assim, como formas a serem preservadas na memória de um povo. Por consequência, sua preservação corre riscos de não acontecer, sendo necessário que medidas reguladoras do sentido dessas manifestações sejam tomadas pela esfera pública e privada.
(E) Embora manifestações culturais como danças e comidas não sejam patrimônios da humanidade, cabe considerar que devam ser preservadas na memória de um povo, mesmo sob riscos de isso não acontecer. Pois é assim que medidas necessárias na esfera pública e privada tomam sentido.

44) (Tribunal de Justiça Militar do Estado de São Paulo — Agente administrativo Judiciário — Vunesp)
Leia as afirmações:

I. Nunca **me** preocupo com situações desse tipo.
II. Em 2008, a escola de Ismael já tinha 39 anos de existência, portanto, em 2009, completaria o seu **quadringentésimo** aniversário.
III. Se Sofia **querer** reencontrar Ismael, deverá voltar à escola.

Considerando, respectivamente, de acordo com a norma culta, a colocação de pronome na frase, o emprego do numeral e do verbo, verifica-se que está correto apenas o que consta em

(A) I
(B) II
(C) III
(D) I e II
(E) II e III

Nas questões 45 e 46, assinale a alternativa que preenche, correta e respectivamente, os espaços das frases.

45) (Tribunal de Justiça Militar do Estado de São Paulo — Agente administrativo Judiciário — Vunesp)
Com as amigas, Sofia começou _____ falar sobre algumas atitudes _____ não gostava.

(A) à...que.
(B) a...de que.
(C) à...com que.
(D) à.. de que.
(E) a...com que.

46) (Tribunal de Justiça Militar do Estado de São Paulo — Agente administrativo Judiciário — Vunesp)
Hoje cedo, eu e Ismael _____ encontramos com as garotas, que já estavam _____ preocupadas.

(A) nos...menas.
(B) se...menos.
(C) si...menas.
(D) nos...menos.
(E) se...menas.

Instrução: Leia o texto a seguir, para responder às questões de números 47 a 49

A mulher que está esperando o homem está sujeita a muitos perigos entre o ódio e o tédio, o medo, o carinho e a vontade de vingança.
Se um aparelho registrasse tudo o que ela sente e pensa durante a noite insone, e se o homem, no dia seguinte, pudesse tomar co-

nhecimento de tudo, como quem ouve uma gravação numa fita, é possível que ele ficasse pálido, muito pálido.

Porque a mulher que está esperando o homem recebe sempre a visita do Diabo e conversa com ele. Pode não concordar com o que ele diz, mas conversa com ele.

BRAGA, Rubem. *Ai de ti, Copacabana*. São Paulo: Global Editora, 2019.

47) (Câmara Municipal de São José do Rio Preto — Advogado — Vunesp) Dizer que a mulher recebe a visita do Diabo equivale a dizer que ela

(A) prefere ficar longe de parentes próximos.
(B) tem maus pensamentos a respeito do homem.
(C) é pessoa de pouca religiosidade.
(D) em sua angústia, não abre mão da proteção divina.
(E) se conforma, naquelas horas, em ser traída.

48) (Câmara Municipal de São José do Rio Preto — Advogado — Vunesp) No trecho — Pode não concordar com o que ele diz, mas conversa com ele. —, a ideia é a de que a mulher

(A) pode pensar em algo negativo, mas não aderir a esse pensamento.
(B) fica completamente à mercê de pensamentos mórbidos.
(C) tem fraco poder de argumentação.
(D) chega a duvidar de sua própria espiritualidade.
(E) é uma pessoa educada em seus relacionamentos.

49) (Câmara Municipal de São José do Rio Preto — Advogado — Vunesp) Os termos **Se** e **Porque**, em destaque nas frases — **Se** um aparelho registrasse tudo o que... e **Porque** a mulher que está esperando o homem... — podem ser substituídos, no contexto, sem alteração do sentido, por:

(A) Conquanto / A menos que
(B) Ainda que / Porque
(C) Posto que / Isto é
(D) À medida que / Porquanto
(E) Caso / Pois

50) (Câmara Municipal de São José do Rio Preto — Advogado — Vunesp) Levando em conta o sentido da frase — As pessoas conscientes **não** devem praticar o bem apenas no Natal. —, assinale a alternativa em que o deslocamento do advérbio **não** conserva o sentido original da frase.

(A) As pessoas conscientes devem praticar o bem, apenas não no Natal.
(B) As pessoas conscientes devem praticar o bem não apenas no Natal.
(C) As pessoas conscientes devem praticar o não bem apenas no Natal.
(D) As pessoas não conscientes devem praticar o bem apenas no Natal.
(E) As pessoas conscientes devem praticar não o bem apenas no Natal.

Leia o texto a seguir, para responder às questões de números 51 a 53

Modelos
   Não existe gente que tem medo de palhaço? Pois eu tenho medo de modelos. Sou provavelmente o único homem no mundo que, se um dia ficasse frente a frente com a Gisele Bündchen, sairia correndo. Não sei qual é a origem desta fobia. Não me lembro de ter sido assustado por uma modelo, quando criança. Nenhuma modelo me fez mal, ainda. Mas elas simplesmente me apavoram. É aquele ar que elas têm.
   Pouca gente sabe que, antes de entrar na passarela, as modelos chupam um limão para desfilar com a correta expressão de desprezo, beirando o nojo pelos seus inferiores, começando por mim. Nunca sorriem. Alimentam-se de pequenos passarinhos, pois não têm um sistema gastrointestinal como o nosso. Só mudam de dieta na lua cheia, quando comem um homem inteiro. Aquela maneira de caminhar cruzando as pernas que só modelos têm é uma amostra do que são capazes.

VERISSIMO. Luis Fernando. "Modelos". *O Estado de S. Paulo*.
São Paulo, 28 dez. 2014. Disponível em: <https://cultura.
estadao.com.br/noticias/geral,modelos-imp-,1612812>.

51) (Câmara Municipal de São José do Rio Preto — Advogado — Vunesp) Assinale a alternativa em que a frase — Não existe gente que tem medo de palhaço? — está reescrita conforme a norma-padrão.

(A) Não tem gente que têm medo de palhaço?
(B) Não há gente que tem medo de palhaço?
(C) Não têm gente que teem medo de palhaço?

(D) Não há gente que têm medo de palhaço?
(E) Não existe pessoas que têm medo de palhaço?

52) (Câmara Municipal de São José do Rio Preto — Advogado — Vunesp)
Os termos em destaque em — Mas elas simplesmente me **apavoram**.
É aquele **ar** que elas têm. — apresentam, no contexto, respectivamente, o antônimo e o sinônimo em:

(A) estimulam / gás
(B) acalmam / aragem
(C) constrangem / hálito
(D) ameaçam / respiração
(E) tranquilizam / aparência

53) (Câmara Municipal de São José do Rio Preto — Advogado — Vunesp)
Assinale a alternativa que completa, correta e respectivamente, de acordo com a norma-padrão, as lacunas das frases a seguir.

I. Não_____ pessoas que sentem pavor de palhaço?
II. Eu_____ medo, se um dia ficasse frente a frente com a Gisele Bündchen.
III. A fobia,_____ origem não está na infância, é desconhecida.

(A) existem... sentiria... cuja
(B) existe... sinto... cuja
(C) existem... sentira... de cuja
(D) existe... sentia... cuja
(E) existem... sentirei... em cuja

54) (Ministério do Desenvolvimento, Indústria e Comércio Exterior — Analista de Comércio Exterior — ESAF)
Para preservar a coerência e a correção gramatical do texto, assinale a opção que corresponde ao termo a que se refere o elemento coesivo constituído pelo pronome "-la" (linha 6).

> A reciprocidade de tratamento é tradicional princípio da liturgia diplomática. Esse pressuposto consagrado na relação entre as nações — econômicas e migratórias, entre outras — é determinante para estimular o equilíbrio

5   e afastar a tensão na convivência entre os países,
    colaborando para mantê-la em desejável harmonia. É
    hipocrisia, por exemplo, cobrar de uma parceria obediência
    a normas de bom trato (ou de acolhimento) se o outro lado
    da fronteira não é contemplado com o
10 respeito ao protocolo da civilidade.
        "Princípio da isonomia". *O Globo*. Rio de Janeiro, 26 mar. 2012. Opinião. p. 6.

(A) "convivência" (linha 5)
(B) "liturgia" (linha 2)
(C) "reciprocidade" (linha 1)
(D) "tensão" (linha 5)
(E) "hipocrisia" (linha 7)

55) (Ministério do Desenvolvimento, Indústria e Comércio Exterior — Analista de Comércio Exterior — ESAF)
Em relação às estruturas linguísticas do texto, assinale a opção incorreta.

    A fraqueza da produção manufatureira, nos últimos meses
    e anos, aqueceu o debate sobre o risco de
    desindustrialização no Brasil. No ano passado, seu
    crescimento foi de apenas 0,3%, uma ninharia em
5   comparação com a alta de 6,7% no varejo. Mesmo
    que se considere um período mais longo, a diferença
    continua dramática: a manufatura está no nível do início
    de 2008, contra quase 35% de aumento nas vendas de
    varejo.
10 Espera-se alguma retomada para este ano. Uma parte
    da desaceleração de 2011 decorreu da diminuição de
    estoques em alguns setores, como o automobilístico,
    pressionados por importações crescentes e vendas
    internas estagnadas. Feito um ajuste, a produção pode
    retornar ao nível normal.
        "Indústria para todos". *Folha de S.Paulo*. São
        Paulo, 29 mar. 2012. A2. Opinião.

(A) A substituição de "se considere" (linha 6) por **sejam considerados** mantém a correção gramatical do texto.

(B) A substituição da expressão "uma ninharia" (linha 4) por **insignificante** respeita as relações de sentido do texto e confere-lhe mais formalidade.
(C) O pronome "seu" (linha 3) retoma o antecedente "produção manufatureira"(linha 1).
(D) O emprego da voz passiva em "Espera-se" (linha 10) é recurso de impessoalização do texto.
(E) A forma verbal "pressionados" (linha 13) está no masculino plural porque concorda com "alguns setores"(linha 12).

56) (Ministério do Desenvolvimento, Indústria e Comércio Exterior — Analista de Comércio Exterior — ESAF)
Assinale a opção que, na sequência, preenche corretamente as lacunas do texto.

Quando a crise financeira eclodiu em 2008, uma das ameaças mais temidas foi __1__ ela trouxesse consigo o protecionismo generalizado. A crise ainda não acabou, as perspectivas pessimistas __2__ comércio mundial não se concretizaram, e __3__ Brasil tenta agora é obter sinal verde para fechar por um tempo sua economia, abrindo caminhos __4__ outros países em situação semelhante façam o mesmo. A Organização Mundial do Comércio — OMC daria então aval a esse protecionismo, supondo que ela fosse capaz de estabelecer __5__ deveria ser a taxa de câmbio de equilíbrio de seus membros, e o período pelo qual uma taxa desalinhada poderia voltar ao seu nível "normal", que é o que o Brasil parece supor ao pedir proteção temporária. A proteção, se concedida ao Brasil, provavelmente elevaria seus substanciais saldos comerciais, valorizando mais sua moeda. __6__ esse é apenas um dos problemas da proposta.

"Entre o velho protecionismo e a valorização cambial".
Valor Econômico. São Paulo, 29 mar. 2012.

	1.	2	3	4	5	6
(A)	o de que	com o	aquilo que o	para	onde	porém
(B)	que	Do	O	de que	que	todavia
(C)	a de que	a respeito do	o que o	para que	qual	Mas
(D)	que	sobre o	que o	dos quais	de quanto	no entanto
(E)	qual	para com o	nosso	com que	como	porquanto

57) (Ministério do Desenvolvimento, Indústria e Comércio Exterior — Analista de Comércio Exterior — ESAF)
O texto abaixo foi transcrito com adaptações. Assinale a opção que corresponde a erro gramatical.

Mais um setor pede proteção **contra a** (1) concorrência externa: em resposta a pedido, de julho de 2011, de entidades de produtores de vinhos finos, o Ministério do Desenvolvimento, Indústria e Comércio Exterior – MDIC abriu investigação para decidir **se** (2) aplica restrições **à** (3) importação do produto. O MDIC vai apurar os motivos **pela qual** (4) a entrada do produto estrangeiro quase triplicou desde 2002, chegando a 72 milhões de litros em 2011. Caso conclua que há prejuízo grave **à** (5) indústria brasileira, pode estabelecer salvaguardas – a saber: cotas para a entrada de vinhos estrangeiros ou aumento da alíquota do imposto de importação (hoje de 27%).

"Vinho de verdade". *Folha de S.Paulo*. São Paulo, 28 mar. 2012. A2. Opinião.

(A) 1
(B) 2
(C) 3
(D) 4
(E) 5

58) (Ministério do Desenvolvimento, Indústria e Comércio Exterior — Analista de Comércio Exterior — ESAF)
Os trechos a seguir compõem um texto adaptado do Editorial do *Valor Econômico* de 29/3/2012.
Assinale a opção em que o fragmento foi transcrito de forma gramaticalmente incorreta.

(A) Parece cada vez mais claro que a tendência de valorização do real vai durar um bom tempo. Há demanda futura garantida para as *commodities* que o país exporta e enormes possibilidades de novos negócios.
(B) Toda a estrutura de defesa comercial deveria ser aperfeiçoada e acelerada para barrar a concorrência desleal. Os instrumentos disponíveis para isso não têm sido usados intensamente como seria necessário. Resta, porém, a competitividade.

(C) A bonança encontrou o país com uma carga de impostos maior do que a de competidores emergentes do mesmo porte, gargalos enormes na infraestrutura e, ainda por cima, uma taxa de juros astronômica — a conhecida conspiração de custos contra as empresas nacionais.

(D) A valorização agravou problemas crônicos, em detrimento da indústria. A licença para se proteger que o Brasil pede agora já existe de alguma forma e ela deveria se voltar prioritariamente contra a China, cuja mágica de formação dos preços dos bens exportados é poderosa.

(E) O investimento externo direto mudou de patamar. Até o ano passado eles cobriam praticamente o *deficit* em conta corrente, ao que limitava o efeito, para explicação da valorização da moeda, de *tsunamis* monetários e capitais especulativos.

Leia o trecho a seguir para responder às questões de números 59 e 60.

Cuidado

O sedentarismo está entre os principais fatores de risco que ameaçam_____ saúde. No entanto, é preciso ter cuidado ao começar _____ praticar atividades físicas. "Exercícios sem orientação profissional ou visando resultado a qualquer custo, normalmente, levam_____ sobrecarga de peso e podem provocar lesões nos ombros, nos joelhos e na lombar", diz Helder Montenegro, diretor do Instituto de Tratamento da Coluna Vertebral.

"Especialista aconselha quem quer deixar o sedentarismo". *O Estado de S. Paulo*. Disponível em: <https://emais.estadao.com.br/galerias/bem-estar,especialista-aconselha-quem-quer-deixar-o-sedentarismo,23140>.

59) (Instituto de Previdência dos Servidores Municipais de Itaquaquecetuba — São Paulo — Agente Administrativo — Vunesp)
Assinale a alternativa que preenche, correta e respectivamente, as lacunas do texto.

(A) a...a... à
(B) à...à... à
(C) a...à... a
(D) à...à... a
(E) à...a... à

60) (Instituto de Previdência dos Servidores Municipais de Itaquaquecetuba — São Paulo — Agente Administrativo — Vunesp)
Assinale a alternativa que reescreve o trecho destacado do texto, de acordo com a norma-padrão da língua portuguesa, mantendo seu sentido original.

(A) O sedentarismo é uma das principais causas de risco à saúde, assim é preciso cautela ao começar a prática de exercícios.
(B) O sedentarismo é uma das principais causas de risco à saúde, contudo é preciso cautela ao começar a prática de exercícios.
(C) Conforme o sedentarismo seja uma das principais causas de risco à saúde, é preciso cautela ao começar a prática de exercícios.
(D) O sedentarismo é uma das principais causas de risco à saúde, para isso é preciso cautela ao começar a prática de exercícios.
(E) Se o sedentarismo fosse uma das principais causas de risco à saúde, seria preciso cautela ao começar a prática de exercícios.

Atenção: As questões de números 61 a 63 referem-se ao texto seguinte.

Uma energia que vem de longe

O aproveitamento de recursos hídricos nas formas e em escala que conhecemos hoje só se tornou possível no final do século XIX, após o domínio das leis da mecânica dos fluidos, o consequente aperfeiçoamento das máquinas hidráulicas até o rendimento máximo e, por fim, o desenvolvimento da fantástica indústria da eletricidade. Sua história, porém, remonta à época da emergência daquelas civilizações, na Ásia e na África, das quais toda a cultura moderna é tributária, e está intimamente associada ao desenvolvimento dos primeiros grandes sistemas energéticos da humanidade, baseados na cultura irrigada de cereais.

LOPES, Bernardina Rein. Inédito.

61) (Eletrobras Eletrosul — Eletrosul Centrais Elétricas S.A — Administração de Empresas — FCC)
Deve-se entender do texto que o aproveitamento de recursos hídricos

(A) mantém-se tecnicamente tão eficaz quanto já o era ao tempo dos primeiros grandes sistemas energéticos.
(B) está dando uma contribuição decisiva para o surgimento da fundamental indústria da eletricidade.

(C) deve muito de seu atual estágio aos avanços resultantes do domínio da mecânica dos fluidos.
(D) remonta ao final do século XIX, quando se aperfeiçoou o sistema de irrigação da cultura de cereais.
(E) é tributário da cultura moderna e ainda se vale significativamente das técnicas das antigas civilizações orientais.

62) (Eletrobras Eletrosul — Eletrosul Centrais Elétricas S.A — Administração de Empresas — FCC)
Sua história, porém, remonta à época da emergência daquelas civilizações (...)
O segmento acima ganha nova e correta redação, sem prejuízo para o sentido original, em:

(A) Ainda assim, sua história retoma o caráter emergencial daquelas civilizações.
(B) Seu passado, portanto, prende-se ao tempo em que despontaram as antigas civilizações.
(C) Assim sendo, sua memória cola-se ao tempo dinâmico daquelas civilizações.
(D) Suas origens, todavia, encontram-se no tempo em que emergiram aquelas civilizações.
(E) Na época das antigas civilizações, por conseguinte, situa-se sua história.

63) (Eletrobras Eletrosul — Eletrosul Centrais Elétricas S.A — Administração de Empresas — FCC)
Transpondo-se para a voz **ativa** a frase **Eficazes sistemas de irrigação teriam sido utilizados pelos antigos em suas culturas de cereais**, a forma verbal resultante deverá ser

(A) seriam utilizados.
(B) teriam utilizado.
(C) foram utilizados.
(D) utilizaram-se.
(E) haveriam de utilizar.

64) (Eletrobras Eletrosul — Eletrosul Centrais Elétricas S.A — Administração de Empresas — FCC)
Está correto o emprego de ambos os elementos sublinhados em:

(A) O efeito de que as moças pretendem obter em suas fainas, ao fim e ao cabo realizam-se como pretendido.
(B) A técnica ilusória com cuja as moças contam acaba por se mostrar favorável diante do batatal.
(C) Consiste a magia das moças maoris, a cada plantação, de cantar e dançar para que se alcance os melhores resultados.
(D) A magia de um rito, cuja força as moças convocam no plantio, não as deixa frustrar-se.
(E) As sementeiras de batatas, de cujo plantio as moças se aplicam, estão sujeitas para com os efeitos do vento leste.

65) (Exame Nacional do Ensino Médio — ENEM — 2º dia — Caderno Amarelo)

E se a água potável acabar? O que aconteceria se a água potável do mundo acabasse? As teorias mais pessimistas dizem que a água potável deve acabar logo, em 2050. Nesse ano, ninguém mais tomará banho todo dia. Chuveiro com água só duas vezes por semana. Se alguém exceder 55 litros de consumo (metade do que a ONU recomenda), seu abastecimento será interrompido. Nos mercados, não haveria carne, pois, se não há água para você, imagine para o gado. Gastam-se 43 mil litros de água para produzir 1 kg de carne. Mas, não é só ela que faltará. A Região Centro-Oeste do Brasil, maior produtor de grãos da América Latina em 2012, não conseguiria manter a produção. Afinal, no país, a agricultura e a agropecuária são, hoje, as maiores consumidoras de água, com mais de 70% do uso. Faltariam arroz, feijão, soja, milho e outros grãos.

SOEIRO, Raphael. "E se a água potável acabar?".
Superinteressante, 24 jun. 2012.
Disponível em: <https://super.abril.com.br/comportamento/e-se-a-agua-potavel-acabar/>.

A língua portuguesa dispõe de vários recursos para indicar a atitude do falante em relação ao conteúdo de seu enunciado. No início do texto, o verbo "dever" contribui para expressar

(A) uma constatação sobre como as pessoas administram os recursos hídricos.
(B) a habilidade das comunidades em lidar com problemas ambientais contemporâneos.

(C) a capacidade humana de substituir recursos naturais renováveis.
(D) uma previsão trágica a respeito das fontes de água potável.
(E) uma situação ficcional com base na realidade ambiental brasileira.

Atenção: Para responder às questões de números 66 a 73, considere o texto a seguir.

Em defesa da dúvida

Numa época em que tantos parecem ter tanta certeza sobre tudo, vale a pena pensar no prestígio que a dúvida já teve. Nos diálogos de Platão, seu amigo Sócrates pulveriza a certeza absoluta de seus contendores abalando-a por meio de sucessivas perguntas, que os acabam convencendo da fragilidade de suas convicções. Séculos mais tarde, o filósofo Descartes ponderou que o maior estímulo para se instituir um método de conhecimento é considerar a presença desafiadora da dúvida, como um primeiro passo.

Lendo os jornais e revistas de hoje, assistindo na TV a entrevistas de personalidades, o que não falta são especialistas infalíveis em todos os assuntos, na política, na ciência, na economia, nas artes. Todos têm receitas imediatas e seguras para a solução de todos os problemas. A hesitação, a dúvida, o tempo para reflexão são interpretados como incompetência, passividade, absenteísmo. É como se a velocidade tecnológica, que dá o ritmo aos nossos novos hábitos, também ditasse a urgência de constituirmos nossas certezas. A dúvida corresponde ao nosso direito de suspender a verdade ilusória das aparências e buscar a verdade funda daquilo que não aparece. Julgar um fato pelo que dele diz um jornal, avaliar um problema pelo ângulo estrito dos que nele estão envolvidos é submeter-se à força de valores já estabelecidos, que deixamos de investigar.

A dúvida supõe a necessidade que tem a consciência de se afastar dos julgamentos já produzidos, permitindo-se, assim, o tempo necessário para o exame mais detido da matéria a ser analisada. A dúvida pode ser o primeiro passo para o caminho das afirmações que acabam sendo as mais seguras, porque mais refletidas e devidamente questionadas.

SILVEIRA , Cássio da. Inédito.

66) (Defensoria Pública do Estado de São Paulo — Agente de Defensoria Pública — Administrador de Redes — FCC)
A valorização da dúvida se deve ao fato de que ela

(A) constitui o meio pelo qual se empreende uma contestação ilusória de verdades dadas como irrefutáveis.
(B) vale-se astutamente de sua fragilidade como método para poder impor algumas verdades definitivas.
(C) permite abrir um caminho para o conhecimento ao questionar verdades dadas como absolutas.
(D) contribui para a valorização de verdades preestabelecidas por métodos seguros de conhecimento.
(E) implica a tentativa de se chegar a um tipo de conhecimento cuja validade dispensa qualquer comprovação.

67) (Defensoria Pública do Estado de São Paulo — Agente de Defensoria Pública — Administrador de Redes — FCC)
Diferentemente da maneira pela qual Sócrates e Descartes qualificavam a dúvida, o texto nos lembra que há

(A) quem pulverize a certeza inabalável com que alguns afirmam seus pontos de vista, juízos e convicções.
(B) aqueles que já de saída se apresentam como especialistas infalíveis em temas da política, da ciência, das artes.
(C) aquele que se dispõe a se pronunciar sobre algum assunto depois de ter aberto várias hipóteses de abordagem.
(D) quem sempre suspenda a verdade das aparências, não se furtando a questioná-las antes de aceitá-las.
(E) quem se afaste de julgamentos definitivos para se deter sobre o que há de problemático numa matéria.

68) (Defensoria Pública do Estado de São Paulo — Agente de Defensoria Pública — Administrador de Redes — FCC)
Considere as afirmações abaixo.

I. Da leitura do 1º parágrafo pode-se deduzir que o método de conhecimento no qual a dúvida exerce um papel importante passou a ser mais reconhecido e utilizado em nossos dias, em função da complexidade da época que estamos atravessando.

II. No 2º parágrafo, é patente o tom irônico com que o autor do texto faz referência aos *especialistas infalíveis em todos os assuntos*, ironia que se ratifica no segmento *Todos têm receitas imediatas e seguras para a solução de todos os problemas*.

III. No 3º parágrafo, todos estes três segmentos referem ações a se **evitar**: *suspender a verdade ilusória das aparências, avaliar um problema pelo ângulo estrito dos que nele estão envolvidos e julgar um fato pelo que dele diz um jornal*.

Em relação ao texto, está correto o que se afirma APENAS em

(A) I e II.
(B) I e III.
(C) II e III.
(D) II.
(E) III.

69) (Defensoria Pública do Estado de São Paulo — Agente de Defensoria Pública — Administrador de Redes — FCC)

Considerando-se o contexto, traduz-se adequadamente o sentido de um segmento em:

(A) *pulveriza a certeza absoluta* (primeiro parágrafo) = aniquila a convicção imperiosa
(B) *ditasse a urgência* (segundo parágrafo) = consumasse a precipitação
(C) *suspender a verdade ilusória* (terceiro parágrafo) = ir ao encontro da ilusão convincente
(D) *avaliar um problema pelo ângulo estrito* (terceiro parágrafo) = retificar uma questão aprimorando o foco
(E) *o exame mais detido da matéria* (terceiro parágrafo) = a prova mais recôndita da tese defendida

70) (Defensoria Pública do Estado de São Paulo — Agente de Defensoria Pública — Administrador de Redes — FCC)

Está clara e correta a redação deste livre comentário sobre o texto:

(A) Uma vez distanciados no tempo, Sócrates e Descartes são parceiros quanto a compartilharem ao mesmo prestígio que costumam atribuir ao valor da dúvida.

(B) Mesmo separados por séculos, os filósofos Sócrates e Descartes parecem acordes quanto ao valor que atribuem ao papel da dúvida na constituição do pensamento.

(C) Muito embora fossem distintos filósofos, é de se constatar que tanto Descartes quanto Sócrates alimentavam sobre as dúvidas a mesma convicção que lhes mantinha.

(D) Descartes e Sócrates, filósofos consagrados, em que pese o valor que se atribuíam às suas dúvidas, tinham estreita relação de pensamento quanto aquilo que lhes era comum.

(E) A par de serem distantes no tempo, ainda que compartilhando suas condições de filósofos, Descartes e Sócrates se identificavam por conta da dúvida que se nutriam.

71) (Defensoria Pública do Estado de São Paulo — Agente de Defensoria Pública — Administrador de Redes — FCC)
As normas de concordância verbal estão plenamente observadas na seguinte frase:

(A) Aos que vivem de apregoar certezas, diga-se que faria melhor duvidarem um pouco, pois a dúvida nunca faz mal ao rigor com que se ordena as ideias.

(B) Fazem-se notar nos jornais e revistas de hoje a convicção com que se manifestam as pessoas a propósito de tudo, como se jamais lhes faltassem competência para julgar o que quer que sejam.

(C) Tomam-se como presunção de incompetência as qualidades de quem hesita e reflete antes de agir, preferindo assim a dúvida à precipitação, a cautela ao açodamento.

(D) Sempre haverá aqueles que prefiram relativizar suas análises, evitando assim, com a dúvida, que se emprestem aos preconceitos o peso que eles jamais poderiam ter.

(E) Não se confunda com a dúvida saudável e metódica as indecisões permanentes de quem jamais se habilitam a percorrer o caminho que leva às decisões finais.

72) (Defensoria Pública do Estado de São Paulo — Agente de Defensoria Pública — Administrador de Redes — FCC)
Os tempos e modos verbais estão adequadamente correlacionados na completude da frase: *Se lêssemos os jornais e revistas de hoje com espírito crítico apurado pela dúvida,*

(A) muitos dos mais notórios preconceitos em que incorremos acabarão sendo evitados.
(B) evita-se a precipitação de julgamento com que estamos respondemos aos fatos.
(C) haveremos de compreender o quanto fôssemos injustos em nossas avaliações precipitadas.
(D) mais complexos acabariam por se revelar aqueles fatos que julgávamos tão cristalinos.
(E) as interpretações que vimos dando aos fatos acabarão sendo outras, mais justas.

73) (Defensoria Pública do Estado de São Paulo — Agente de Defensoria Pública — Administrador de Redes — FCC)
Admite transposição para a voz passiva a forma verbal da frase:

(A) Tantos parecem estar certos sobre tudo.
(B) Sócrates pulverizava as certezas de seus interlocutores.
(C) As notícias em que costumamos acreditar são muitas vezes falsas.
(D) A dúvida corresponde a um legítimo direito nosso.
(E) A suspensão os preconceitos é um dos méritos da dúvida.

Leia o texto para responder as questões de números 74 a 77

Fonte da juventude.
Sempre existiram jovens e velhos. Mas a noção de juventude que a gente tem é bem mais recente: começou nos EUA e na Europa dos anos 20. Foi quando as universidades se tornaram comuns e atrasaram a idade em que as pessoas casavam e tinham filhos. De uma hora para outra, cada vez mais gente passava a desfrutar esse intervalo que quase não existia antes: o limbo entre a infância e a vida adulta para valer. Um limbo, aliás, que fica cada vez mais longo.
"Fonte da juventude". *Superinteressante*, 19 fev. 2011. Disponível em:
<https://super.abril.com.br/comportamento/super-escolhas/>.

74) (Câmara Municipal do Recife — Arquiteto — FGV Projetos)
No texto há duas ocorrências do vocábulo mais: "a noção de juventude que a gente tem é bem mais recente" e "cada vez mais gente passava a desfrutar". Sobre essas ocorrências, a afirmação correta é:

(A) na primeira ocorrência é um termo adverbial determinado por outro advérbio (bem);
(B) na segunda ocorrência é um advérbio de intensidade, ligado ao termo "gente";
(C) nas duas ocorrências, o termo exerce a função de advérbio de intensidade;
(D) na segunda ocorrência, o termo pertence à classe dos pronomes indefinidos, com o valor de quantidade precisa;
(E) na primeira ocorrência se trata de um advérbio de tempo.

75) (Câmara Municipal do Recife — Arquiteto — FGV Projetos)
A frase do texto "Sempre existiram jovens e velhos" pode ser reescrita de forma adequada e mantendo-se o sentido original do seguinte modo:

(A) houveram sempre jovens e velhos;
(B) não só jovens, mas também velhos sempre houveram;
(C) jovens, assim como velhos, sempre houve;
(D) nunca deixaram de haver jovens e velhos;
(E) nunca deixou de existir jovens e velhos.

76) (Câmara Municipal do Recife — Arquiteto — FGV Projetos)
A frase abaixo, retirada do texto, que exemplifica a variedade coloquial da linguagem é:

(A) "sempre existiram jovens e velhos";
(B) "a noção de juventude que a gente tem é bem mais recente";
(C) "foi quando as universidades se tornaram comuns";
(D) "cada vez mais gente passava a desfrutar esse intervalo";
(E) "um limbo, aliás, que fica cada vez mais longo".

77) (Câmara Municipal do Recife — Arquiteto — FGV Projetos)
"Um limbo, aliás, que fica cada vez mais longo". O termo "aliás" equivale semanticamente a diferentes expressões; no caso do texto, seu significado é:

(A) de outra maneira;
(B) do contrário;
(C) além do mais;

(D) não obstante;
(E) a propósito.

Leia o texto para responder as questões de números 78 a 80

Nossa nova língua portuguesa. Julia Michaelis, *Galileu*, agosto 2009
    Logo que comecei a trabalhar como editora, reparei que a diferença entre a língua falada e a escrita é maior em português do que em inglês, meu idioma nativo. Um estrangeiro pode passar anos sem topar com uma ênclise. De repente, abre um livro e "paft!" As pessoas não se sentam; sentam-se. Uma porta não se fecha; fecha-se. O ex-presidente Jânio Quadros uma vez falou "fi-lo porque qui-lo". Tradução: fiz porque quis — e foi por causa da ênclise falada que a frase entrou na história.
    MICHAELS, Julia. "Nossa nova língua portuguesa". *Galileu*, ago. 2009. Disponível em: <http://revistagalileu.globo.com/Revista/Common/0,,EMI112877-17774,00-NOSSA+NOVA+LINGUA+PORTUGUESA.html>.

78) (Câmara Municipal do Recife — Arquiteto — FGV Projetos)
Com base no texto, o ex-presidente Jânio Quadros negou várias vezes ter dito essa frase porque, sendo ele professor de Língua Portuguesa, jamais poderia tê-la dito em função de estar errada. Sua forma correta e mais adequada seria:

(A) Fi-lo porque o quis;
(B) Fiz isso porque qui-lo;
(C) Porque qui-lo, o fiz;
(D) Fiz isso porque isso quis;
(E) Fi-lo porque quis-lhe.

79) (Câmara Municipal do Recife — Arquiteto — FGV Projetos)
A forma enclítica do pronome "o" junto ao pretérito perfeito do verbo "querer" que mostra incorreção é:

(A) Eu qui-lo;
(B) Tu quiseste-o;
(C) Nós quisemos-lo;
(D) Vós quiseste-lo;
(E) Eles quiseram-no.

80) (Câmara Municipal do Recife — Arquiteto — FGV Projetos)

No texto, a "tradução" da frase "Fi-lo porque qui-lo" está:

(A) correta, porque o pronome complemento é indispensável;
(B) inadequada, pois falta o pronome complemento;
(C) incorreta, porque mostra erro de gramática;
(D) adequada, já que os pronomes são redundantes;
(E) imprecisa, pois estão ausentes os sujeitos das frases.

81) (Ministério da Fazenda — Secretaria Executiva — Analista administrativo — ANAC — ESAF)
Assinale a opção que apresenta substituição correta para a forma verbal *contribuiu*.

No início da década de 60, trinta anos depois de sua fundação, a Panair já era totalmente nacional. Era uma época de crise na aviação comercial brasileira, pois todas as companhias apresentavam problemas operacionais e crescentes dívidas para a modernização geral do serviço que prestavam. Uma novidade **contribuiu** para apertar ainda mais a situação financeira dessas empresas — a inflação. Apesar disso, não foram esses problemas, comuns às concorrentes, que causaram a extinção da Panair.

<http://www.areliquia.com.br//Artigos%20Anteriores/58Panair.htm>. Acesso em: 13/12/2015 (com adaptações).

(A) contribuísse
(B) contribua
(C) contribuíra
(D) contribuindo
(E) contribuído

82) (Vunesp – PM-SP – Oficial do Quadro Auxiliar)

> **Obs.:** O texto (ANDRADE, Mário de. *Macunaíma* [Adaptado]) de onde foi retirado o objeto desta questão não foi incluído no livro por não ser determinante para a resolução da mesma.

Assinale a alternativa que atende à norma-padrão de concordância verbal.

(A) No rio, haviam piranhas tão vorazes que era impossível tomar banho ali.
(B) Aconteceu que os manos haviam se banhado na cova de água encantada.
(C) Não tinha mais os Tapanhumas Macunaíma como um filho da tribo.
(D) Ouvia-se os gritos de Macunaíma por causa do frio da água da cova.
(E) Ia os três manos para São Paulo, viagem em que muitos casos aconteceram.

83) (Vunesp – 2018 – PM-SP – Oficial do Quadro Auxiliar)

Obs.: O texto (MELO NETO, João Cabral de. "O carpina fala com o retirante que esteve de fora, sem tomar parte em nada") de onde foi retirado o objeto desta questão não foi incluído no livro por não ser determinante para a resolução da mesma.

No verso – ver a fábrica que ela **mesma**, / teimosamente, se fabrica, –, o termo destacado é um adjetivo, concordando com a palavra que acompanha. Essa mesma concordância ocorre com o termo destacado em:

(A) A escola foi dirigida pelo **mesmo** diretor durante anos.
(B) **Mesmo** estando fora de sua cidade, mantinha contato com seus amigos.
(C) O pai abriu uma poupança; a mãe fez o **mesmo** e ambos economizaram muito.
(D) Trata-se de uma escola longínqua, um lugar ermo **mesmo**.
(E) Ela resolveu que irá viajar no feriado, **mesmo** que caia uma chuva daquelas.

84) (Vunesp – 2018 – PM-SP – Oficial do Quadro Auxiliar)

Obs.: O texto (RAMOS, Graciliano. *Vidas* secas [Adaptado]) de onde foi retirado o objeto desta questão não foi incluído no livro por não ser determinante para a resolução da mesma.

Sinha Vitória avizinhou-se da janela baixa da cozinha, viu os meninos, entretidos no barreiro, fabricando bois de barro. Não encontrou motivo para uma _____ às crianças. Pensou de novo na cama de varas e mentalmente xingou Fabiano. Dormiam _____. Dormiam naquilo _____ tinham-se acostumado, mas seria mais agradável dormirem numa cama de lastro de couro, como outras pessoas.

Em conformidade com a norma-padrão, as lacunas do trecho, adaptado do original, devem ser preenchidas, respectivamente, com:

(A) repreensão ... mau ... porque
(B) repreenção ... mal ... por que
(C) reprensão ... mau ... por que
(D) repreensão ... mal ... porque
(E) repreenção ... mal ... porque

85) (Vestibular para Administração e Ciências Econômicas — INSPER)

Crase errada irrita Caetano
Uma crase fora do lugar certo rendeu uma bronca de Caetano Veloso na sua equipe de produção, responsável pelas suas publicações nas redes sociais. O erro idiota, segundo Caetano, surgiu na legenda de uma foto do cantor e de Milton Nascimento publicada em 11 de junho. A expressão "Homenagem a Bituca", apelido de Milton Nascimento, trazia o sinal de crase em cima da preposição. Errado, diz Caetano que, em tom professoral, dá uma aula sobre o tema, em vídeo divulgado pela sua própria produção. A equipe admite a "falta grave", pede desculpas ao "chefe" e promete revisitar a gramática do português.

PATI, Camila. "Crase errada irrita Caetano; veja a "aula" dada pelo cantor". *Exame*, 23 jun.2015. Disponível em: <https://exame.abril.com.br/carreira/crase-fora-do-lugar-enfurece-caetano-confira-a-aula/>.

A respeito do episódio relatado, é correto afirmar que a irritação do músico se justifica, porque a inclusão do acento grave na expressão "Homenagem a Bituca"

(A) apresenta conotação de caráter malicioso.
(B) desqualifica a reputação do homenageado.
(C) reitera a deferência ao cantor homenageado.

(D) altera a identificação do real homenageado.
(E) impede a decodificação da mensagem.

Texto para as questões 86 e 87

Expedição de 5 anos mapeia preparos, ingredientes e personagens pelo Brasil

À beira do rio Negro, no Amazonas, chega-se de barco a uma comunidade na qual vive Manoel Gomes. Ele colhe mandioca-brava numa pequena roça, faz farinha d'água e enterra bucho de jaraqui, um peixe popular na região, para adubar a terra.

Manuel Bandeira, o poeta, diria que o ribeirinho fala a "língua errada do povo" — o povo que fala "gostoso o português do Brasil". Pois ele mistura banha de cobra com raiz de açaí para lhe servir de cura quando o "corpo rói".

Em outra população remota, em Mangue Seco (BA), uma senhora canta para atrair aratus, aqueles caranguejinhos típicos dos manguezais, que se prestam a preparos como a moqueca enrolada na folha de bananeira, como faria dona Flor, a cozinheira da ficção de Jorge Amado.

Também no mangue, mas dessa vez na Ilha do Marajó, no Pará, dois meninos "parrudinhos", nas palavras de Adriana Benevenuto, a produtora da expedição, entram descalços naquela área lodosa para alcançar um tronco no qual se alojam os turus. Trata-se de moluscos à semelhança de minhocas, degustados com limão e sal e só.

> FECAROTTA, Luiza. "Expedição de 5 anos mapeia preparos, ingredientes e personagens pelo Brasil". *Folha de S. Paulo*. SãoPaulo, 30 mar. 2016. Disponível em: <http://www1.folha.uol.com.br/comida/2016/03/1755173-expedicao-de-5-anos-mapeia-preparos-ingredientes-e-personagens-pelo-brasil.shtml>.

86) (Vestibular para Administração e Ciências Econômicas — INSPER) Na reportagem, as referências literárias usadas para relatar o mapeamento realizado pela expedição destacam a

(A) influência da cultura acadêmica nos hábitos alimentares.
(B) heterogeneidade na constituição da identidade nacional.
(C) supremacia da cultura popular na gastronomia brasileira.
(D) natureza caricatural dos habitantes dos grotões do país.
(E) excentricidade de sabores desconhecidos por estrangeiros.

87) (Vestibular para Administração e Ciências Econômicas — INSPER) Sobre os diminutivos "caranguejinhos" e "parrudinhos", presentes no texto, é correto afirmar que eles

(A) remetem à ideia de compaixão.
(B) indicam marcas de regionalismo.
(C) revelam indícios de afetividade.
(D) manifestam um sentido místico.
(E) desconsideram a noção de tamanho.

88) (ESPM — Escola Superior de Propaganda e Marketing — prova P — Vestibular)

Tensão na véspera
Na noite daquele domingo, a Polícia Federal **monitorava** Alberto Youssef pela cidade de São Paulo. O doleiro era o principal alvo da Operação Lava Jato, marcada para começar no dia seguinte. De Curitiba, na coordenação da operação, o delegado Márcio Anselmo cuidava dos últimos detalhes das buscas e prisões que seriam realizadas nas próximas horas. Especialista em crimes financeiros, ele **havia conseguido**, com apenas dois agentes, em meio a uma greve na PF, puxar o fio do novelo que levaria à Lava Jato.

NETTO, Vladimir. *Lava Jato*. Rio de Janeiro: Primeira Pessoa, 2016.

As formas verbais em destaque "**monitorava**" e "**havia conseguido**" traduzem respectivamente ideia de:

(A) ação contínua ou repetitiva no passado; ação no passado anterior a uma outra ação também no passado.
(B) ação única e acabada no passado; ação contínua ou repetitiva no passado.
(C) ação contínua ou repetitiva no passado; ação única e acabada no passado.
(D) ação frequentativa no presente; ação no passado anterior a uma outra ação também no passado.
(E) ação hipotética no passado ligada a uma condição; ação contínua ou repetitiva no passado.

89) (ESPM — Escola Superior de Propaganda e Marketing — prova P — Vestibular)
Quando se perde o grau de investimento, corre-se o risco de uma debandada dos capitais estrangeiros, <u>aí</u> é preciso tomar medidas mais drásticas do que se desejaria.

Joaquim Levy.

O vocábulo grifado **aí** é:

(A) advérbio, expressando a ideia de "nesse lugar".
(B) interjeição, traduzindo ideia de apoio, animação.
(C) palavra expletiva (dispensável) ou de realce.
(D) advérbio, expressando ideia de conclusão "então".
(E) substantivo, traduzindo ideia de "por outro lado".

90) (FUVEST — Fundação Universitária para o Vestibular — USP — prova V)

    Omolu espalhara a bexiga na cidade. Era uma vingança contra a cidade dos ricos. Mas os ricos tinham a vacina, que sabia Omolu de vacinas? Era um pobre deus das florestas d'África. Um deus dos negros pobres. Que podia saber de vacinas? Então a bexiga desceu e assolou o povo de Omolu. Tudo que Omolu pôde fazer foi transformar a bexiga de negra em alastrim, bexiga branca e tola. Assim mesmo morrera negro, morrera pobre. Mas Omolu dizia que não fora o alastrim que matara. Fora o lazareto.* Omolu só queria com o alastrim marcar seus filhinhos negros. O lazareto é que os matava. Mas as macumbas pediam que ele levasse a bexiga da cidade, levasse para os ricos latifundiários do sertão. Eles tinham dinheiro, léguas e léguas de terra, mas não sabiam tampouco da vacina. O Omolu diz que vai pro sertão. E os negros, os ogãs, as filhas e pais de santo cantam:
    Ele é mesmo nosso pai
    é quem pode nos ajudar...
    Omolu promete ir. Mas para que seus filhos negros não o esqueçam avisa no seu cântico de despedida:
    Ora, adeus, ó meus filhinhos,
    Qu'eu vou e torno a vortá...

* **lazareto**: estabelecimento para isolamento sanitário de pessoas atingidas por determinadas doenças.

E numa noite que os atabaques batiam nas macumbas, numa noite de mistério da Bahia, Omolu pulou na máquina da Leste Brasileira e foi para o sertão de Juazeiro. A bexiga foi com ele.

AMADO, Jorge. *Capitães da areia*. São Paulo: Companhia das Letras, 2008.

Das propostas de substituição para os trechos sublinhados nas seguintes frases do texto, a única que faz, de maneira adequada, a correção de um erro gramatical presente no discurso do narrador é:

(A) "Assim mesmo morrera negro, morrera pobre.": havia morrido negro, havia morrido pobre.
(B) "Mas Omolu dizia que não fora o alastrim que matara.": Omolu dizia, no entanto, que não fora.
(C) "Eles tinham dinheiro, léguas e léguas de terra, mas não sabiam tampouco da vacina.": mas tão pouco sabiam da vacina.
(D) "Mas para que seus filhos negros não o esqueçam [...].": não lhe esqueçam.
(E) "E numa noite que os atabaques batiam nas macumbas [...].": numa noite em que os atabaques.

91) (Agente Penitenciário — Fundação La Salle — SUSEPE — RS)
Assinale a alternativa que apresenta um vocábulo rizotônico.

(A) Permites.
(B) Escreverá.
(C) Fingimento.
(D) Correria.
(E) Partirá.

92) (Administrador Especialista em Administração Hospitalar — COSEAC — UFF)

Obs.: O texto (PERINI, M. *A língua do Brasil amanhã e outros mistérios*, São Paulo: Parábola, 2004, p.11-14) de onde foi retirado o objeto desta questão não foi incluído no livro por não ser determinante para a resolução da mesma.

Leia o fragmento seguinte para responder à questão.

"Não se pode negar que o fenômeno existe: o que mais se faz hoje em dia é surfar, deletar ou tratar do marketing. Mas isso não significa o desaparecimento da língua portuguesa;..."
As classes morfológicas das formas sublinhadas no fragmento em análise são, respectivamente:

(A) pronome demonstrativo / pronome relativo / artigo
(B) artigo / pronome indefinido / conjunção integrante
(C) pronome pessoal oblíquo / pronome relativo / conjunção consecutiva
(D) pronome demonstrativo / conjunção integrante / pronome relativo

93) (Administrador — UFMT — UFSBA)

INSTRUÇÃO: Leia o fragmento do artigo "Metas para o governo" e responda a questão.

Em grandes empresas do setor privado, é comum os gestores receberem metas de desempenho e serem continuamente cobrados pelo resultado do seu trabalho à luz dessas metas. Em vários casos, funcionários recebem bônus por desempenho. Se a empresa vai mal, os gestores devem prestar contas e podem, no limite, até perder seu emprego. Estudos têm indicado que a adoção dessas práticas responde por cerca de 25% das diferenças de produtividade entre empresas.

E no setor público, o que acontece quando o desempenho está aquém do desejado? Com algumas meritórias exceções, nada. [...]

Alguns podem dizer que o problema do setor público não está na falta de metas e gestão, mas sim na falta de recursos para alcançar os objetivos almejados. O remédio normalmente vem na forma de recomendações para aumentar salários e gastos. Eis então uma proposta: qualquer tentativa de aumentar o orçamento de determinadas áreas deve ser necessariamente condicional a metas claras de desempenho, havendo plena responsabilização dos gestores caso os resultados não sejam atingidos. [...]

LAZZARINI, S. *Revista Veja*. Ed. nº 2497.

A respeito de recursos expressivos empregados no texto, analise as afirmativas.

I — Em *Se a empresa vai mal, os gestores devem prestar contas*, o vocábulo mal funciona como substantivo e seu plural é males.
II — O sentido do advérbio *aquém*, em *E no setor público, o que acontece quando o desempenho está aquém do desejado?*, é nível ou qualidade inferior e seu antônimo é *longe*.
III — O vocábulo *bônus*, no trecho *funcionários recebem bônus por desempenho*, é um substantivo que não se flexiona no plural.
IV — Em *havendo plena responsabilização dos gestores caso os resultados não sejam atingidos*, a conjunção *caso* pode ser substituída por *se*, com as devidas alterações na forma verbal.
Está correto o que se afirma em

(A) I, II e IV, apenas.
(B) III e IV, apenas.
(C) II e III, apenas.
(D) I, II e III, apenas.

94) (Especialista Legislativo — FGV — ALERJ)

No Japão, ataque a faca em centro para deficientes deixa 15 mortos.
Ao menos 15 pessoas morreram e 45 ficaram feridas após serem esfaqueadas por um homem que invadiu um centro de assistência a pessoas com deficiência em Sagamihara, no Japão.
O suspeito, que havia trabalhado no local, se entregou à polícia logo após o ataque. A motivação dele ainda é desconhecida.
Segundo o Aurélio, o lide é a "parte introdutória de matéria jornalística, na qual se procura dar o fato, objetiva e sinteticamente, com o fim de responder às questões: o quê, quem, quando, onde, como e por quê".

"Homem assassina 19 a facadas no Japão". *Folha de S.Paulo.*
São Paulo, 26 jul. 2016. A11. Mundo.

No texto há várias ocorrências de preposições; a ocorrência em que a preposição tem seu valor semântico indicado de forma INADEQUADA:

(A) "ataque A faca" / meio ou instrumento;
(B) "ataque a faca EM centro para deficientes" / lugar;
(C) "centro PARA deficientes" / finalidade;
(D) "ficaram feridas APÓS serem esfaqueadas" / tempo;
(E) "pessoas COM deficiência" / companhia.

95) (Advogado — FAUEL — CISMEPAR — PR)

> Obs.: O texto (LEMINSKY, Paulo. "O assassino era o escriba". In: *Toda poesia*. São Paulo: Companhia das Letras, 2013) de onde foi retirado o objeto desta questão não foi incluído no livro por não ser determinante para a resolução da mesma.

No texto, o autor faz menção ao fato do sujeito ser *"regular como um paradigma da primeira conjugação"*. A respeito dos paradigmas de conjugação verbal, considere as afirmativas abaixo e assinale a alternativa que NÃO corresponde corretamente às funções, características e modos desse tópico gramatical.

(A) Em Língua Portuguesa, há três tipos de paradigmas de conjugação verbal, a saber, dos verbos que terminam em -ar; -er e -ir.
(B) Entende-se por "paradigma de conjugação", de uma maneira geral, as terminações correspondentes aos tempos, pessoas e modos, que se repetem a cada vez que conjugamos um verbo.
(C) Verbos regulares e irregulares são iguais em suas formas. Dizemos que um verbo é irregular quando seu sentido é dado de acordo com o contexto.
(D) Não por acaso, os verbos que mais utilizamos têm formas irregulares, donde podemos concluir que um verbo se torna irregular, ou seja, com características diferentes dos verbos regulares, por serem muito usados e, portanto, terem sofrido muitas transformações ao longo do tempo.

96) (Médico — Intensivista Neonatal — PR — UFRJ)
Considere o texto a seguir:

"O tradicional colégio Pedro II, escola federal fundada em 1837, no Rio, não tem mais uniformes masculino e feminino. Na prática, o uso de saias está autorizado para os meninos, que podem usá-**las** livremente. Desde maio deste ano, o Pedro II adota nas listas de chamada o nome social escolhido por alunos e alunas transexuais".

THOMÉ, Clarissa. "Colégio Pedro II, no Rio, libera saia para meninos". *O Estado de S.Paulo*. São Paulo, 19 set. 2016. Disponível: <https://educacao.estadao.com.br/noticias/geral,colegio-pedro-ii-no-rio-libera-saia-para-meninos,10000077010>.

Para o estabelecimento da coesão textual, são diversos os recursos disponíveis na língua portuguesa. Entre eles estão os pronomes. O termo **las**, em destaque no primeiro parágrafo, trata-se de pronome pessoal:

(A) reto, que se refere à palavra *alunas*.
(B) oblíquo átono, que se refere à palavra *transexuais*.
(C) reto, que se refere à palavra *listas*.
(D) oblíquo tônico, que se refere à palavra *meninos*.
(E) oblíquo átono, que se refere à palavra *saias*.

97) (Assistente Administrativo [HUGG — UNIRIO] — IBFC — EBSERH)

Maria chorando ao telefone
O telefone toca aqui em casa, atendo, uma voz de mulher estranhíssima pergunta por mim, e antes que eu tome providências para dizer que é minha irmã que fala, ela me diz: é você mesma. O jeito foi eu ficar sendo eu própria. Mas... ela chorava? Ou o quê? Pois a voz era claramente de choro contido. "Porque você escreveu dizendo que não ia mais escrever romances." "Não se preocupe, meu bem, talvez eu escreva mais uns dois ou três, mas é preciso saber parar. Que é que você já leu de mim?" "Quase tudo, só falta *A cidade sitiada* e *A legião estrangeira*." "Não chore, venha buscar aqui os dois livros." "Não vou não, vou comprar." "Você está bobeando, eu estou oferecendo de graça dois livros autografados e mais um cafezinho ou um uísque." [...]

LISPECTOR, Clarice. *A descoberta do mundo*. Rio de Janeiro: Rocco, 1999.

No trecho "Você está bobeando", percebe-se que, com o emprego do pronome de tratamento, a autora consegue:

(A) dirigir-se aos leitores de modo geral.
(B) fazer referência a um interlocutor específico.
(C) criar uma intervenção formal no diálogo.
(D) afastar-se de um projeto de leitor ideal.
(E) mostrar que não tem intimidade com quem fala.

98) (Auditor — IF — TO)
A questão deve ser respondida a partir da charge abaixo.

> Passe pra cá todo o **SEU** dinheiro...
>
> Calma, eu sou **DEPUTADO**...
>
> Nesse caso, passe pra cá **MEU** dinheiro.

Paulo Baraky Werner.

No caso do uso dos pronomes possessivos, marque a alternativa que apresenta a interpretação adequada da charge.

(A) O pronome "meu" indica que o dinheiro a ser roubado pertence licitamente ao deputado.
(B) A expressão "meu dinheiro" faz referência ao dinheiro de posse do deputado no ato do assalto ser dinheiro público obtido indevidamente.
(C) A expressão "seu dinheiro" aponta que o dinheiro a ser roubado pertence ao assaltante.
(D) O pronome "seu", considerando somente a fala do balão onde se encontra, faz referência ao dinheiro do contribuinte.
(E) Nenhuma das respostas anteriores.

99) (Odontologista — IBFC — Polícia Científica — PR)

Obs.: O texto (BUSCATO, Marcela. "O médico que ousou afirmar que os médicos erram — inclusive os bons". *Época*. São Paulo, 29 jun. 2016. Disponível em: <https://epoca.globo.com/vida/noticia/2016/06/o-medico-que-ousou-afirmar-que-os-medicos-erram-inclusive-os-bons.html>) de onde foi retirado o objeto desta questão não foi incluído no livro por não ser determinante para a resolução da mesma.

O pronome relativo destacado em **"as operações cerebrais, nas quais seus instrumentos cirúrgicos deslizam"** poderia ser substituído, sem prejuízo de sentido e adequando-se à norma, por:

(A) o qual
(B) das quais
(C) que
(D) as quais
(E) em que

100) (Advogado — FUNECE — UECE)

Obs.: O texto (GONZAGA, Luiz; DANTAS, Zé. "Vozes da seca". Universal Music Publishing Ltda. Disponível em: <https://www.letras.mus.br/luiz-gonzaga/47103/>) de onde foi retirado o objeto desta questão não foi incluído no livro por não ser determinante para a resolução da mesma.

Os verbos destacados em "**Dê** serviço a nosso povo, **encha** os rio de barrage / **Dê** cumida a preço bom, não **esqueça** a açudage", referem-se ao interlocutor tratando-o por você. Caso a forma de tratamento fosse "tu", as formas verbais destacadas ficariam, respectivamente:

(A) dá — encha — dá — esqueças
(B) dê — enche — dê — esqueces
(C) dê — encha — dê — esquece
(D) dá — enche — dá — esqueças

101) (Contador — COSEAC — UFF)

Obs.: O texto (ANDRADE, Carlos Drummond de. *Contos plausíveis*. São Paulo: Companhia das Letras, 2012. 1ª. ed.) de onde foi retirado o objeto desta questão não foi incluído no livro por não ser determinante para a resolução da mesma.

"— Se eu deixar para escrever minhas memórias quando tiver 70 anos, vou esquecer muita coisa e mentir demais."
O conectivo sublinhado no período composto acima estabelece uma relação de:

(A) condição.
(B) causalidade.
(C) companhia.
(D) consequência.
(E) finalidade.

102) (Administrador — UFSC — UFSC)

Cazo.

De acordo com o texto e a norma-padrão escrita, o "se" está exercendo a função de:

(A) partícula apassivadora, correspondendo à marca da voz passiva sintética.
(B) índice de indeterminação do sujeito, cujo referente não está expresso na sentença, mas está disponível no contexto da tira.
(C) pronome reflexivo, retomando o referente *chuva*, expresso na imagem acima da sentença.
(D) pronome recíproco, retomando o referente *chuva*, expresso na imagem acima da sentença.
(E) índice de indeterminação do sujeito, cujo referente não está expresso na sentença nem disponível no contexto da tira.

103) (Investigador de Polícia Civil — FUNCAB — PC — PA)

> **Obs.:** O texto (PALOMBA, Guido Arturo. Rev. *Psique*: nº 100 [ed. comemorativa], p. 82) de onde foi retirado o objeto desta questão não foi incluído no livro por não ser determinante para a resolução da mesma.

No período: "E como o psiquismo é responsável pelo modo de agir, por conseguinte, temos em todos os crimes, obrigatoriamente e sempre, elementos objetivos da mente de quem os praticou", a conjunção "como" está empregada com o mesmo valor relacional que em:

(A) Procedia sempre COMO manda a lei
(B) Era um psiquiatra tão bom COMO o pai.
(C) COMO estava ferido, pediu socorro.
(D) COMO um cão, vivia farejando pistas.
(E) Eis o modo COMO o delito foi praticado.

104) (Técnico de Tecnologia da Informação — COPESE — UFJF)
Leia atentamente as frases abaixo:

I. Fiz um apelo à minha colega de trabalho.
II. Escrevi um longo e-mail à Lúcia.
III. Ler faz muito mal às pessoas.
IV. A leitura induz à loucura.

Tendo em vista as regras de uso do sinal indicativo de crase, marque a alternativa **CORRETA:**

(A) O uso da crase é obrigatório em todas as frases.
(B) O uso da crase é facultativo em todas as frases.
(C) O uso da crase é facultativo nas frases I e III.
(D) O uso da crase é obrigatório nas frases II e IV.
(E) O uso da crase é facultativo nas frases I e II.

105) (Administrador — FUNDEP (Gestão de Concursos) — UFVJM — MG).

> **Obs.:** O texto (VARELLA, Drauzio. "Propagnosia". https://drauziovarella.uol.com.br/
> Disponível em: <https://goo.gl/VsXRCj>), de onde foi retirado o objeto desta questão, não foi incluído no livro por não ser determinante para a resolução da mesma.

Leia o trecho a seguir.
"Somos bons reconhecedores de fisionomias, porque essa habilidade foi essencial à sobrevivência."
Em relação ao uso do acento indicativo de crase nesse trecho, assinale a alternativa **INCORRETA**.

(A) Sinaliza a contração de um artigo e uma preposição.
(B) O acento é obrigatório.
(C) É regido pelo adjetivo "essencial".
(D) Indica que o substantivo "sobrevivência" está sendo usado em sentido genérico.

106) (1º Segmento do Ensino Fundamental — Colégio Pedro II — 2016)
"Depois que me casei e tive filhos, não consigo ter tempo para atividade física. É do trabalho para casa, para a creche do filho, para a cozinha e para a cama — porque já estou morta! Estou ficando cada vez mais sedentária, cansada e, o pior, gordinha. Se eu fizesse algum exercício por 20 minutos adiantaria? Qual é mais eficiente para emagrecer?"

ATALLA, Marcio. "Os 20 minutos de exercícios que emagrecem". *Época*. São Paulo, 6 jun. 2016.
Disponível em:<https://epoca.globo.com/colunas-e-blogs/marcio-atalla/noticia/2016/06/os-20-minutos-de-exercicios-que-emagrecem.html>.

A relação de sentido que se estabelece entre as palavras ligadas pela preposição *para* no trecho sublinhado é de *movimento*.
Em qual das opções está correta a associação do valor semântico da preposição destacada?

(A) "não consigo ter tempo **para** emagrecer" — finalidade.
(B) "creche **do** filho" — característica.
(C) "algum exercício **por** 20 minutos adiantaria?" — origem.
(D) "É **do** trabalho para casa" — posse.

107) (Vestibular para Administração e Ciências Econômicas — INSPER — A)
[O ministro] disse que o governo está preferindo "procurar receitas que advenham de soluções e criação de oportunidade ao invés de aumentar a carga tributária".
http.://epocanegocios.globo.com/
A respeito do verbo "advir", empregado na fala do ministro, é correto afirmar que:

(A) contém um desvio de linguagem de natureza ortográfica.
(B) obedece ao padrão formal, pois segue a mesma conjugação de "vir".
(C) apesar de ser comum na linguagem popular, a forma culta é "advejam".
(D) por ser defectivo, não poderia ser conjugado no presente do subjuntivo.
(E) por expressar ideia de possibilidade, deveria ser substituído por "adviessem".

108) (Quadrix — Cobra Tecnologia S/A (BB) — Analista de Operações — Requisitos e Testes de Software)

André Dahmer.

Veja:
"*Aposto que está sonhando com locais abertos de novo...*"

Sobre a sintaxe do trecho, assinale a afirmação correta.

(A) Não há locuções verbais no trecho, até por se tratar de redação jornalística, com linguagem tipicamente formal e absolutamente objetiva e direta.
(B) Ocorre, na passagem, um vício grave de linguagem chamado, popularmente, de "gerundismo", caracterizado pelo uso desnecessário da forma nominal gerúndio.
(C) A palavra "abertos", em "locais abertos", classifica-se, sintaticamente, como "adjetivo"; trata-se de uma forma flexionada de particípio.
(D) A preposição "com", no trecho, introduz uma ideia de causa ou, dependendo da interpretação, de lugar.
(E) Classifica-se morfologicamente como conjunção integrante a palavra "que" do trecho.

109) (2º Exame de Qualificação — UERJ)

Obs.: O texto (STRECKER, Marion. "O futuro era lindo". *Folha de S.Paulo*, São Paulo, 29 jul. 2014. Disponível em: <https://www1.folha.uol.com.br/colunas/marionstrecker/2014/07/1492463-o-futuro-era-lindo.shtml>.) de onde foi retirado o objeto desta questão não foi incluído no livro por não ser determinante para a resolução da mesma.

Ninguém imaginou que o poder e o dinheiro se tornariam tão concentrados em mega-hipercorporações norte-americanas como o Google, que iriam destruir para sempre tantas indústrias e atividades.

O vocábulo *tão*, associado ao conectivo *que*, estabelece uma relação coesiva de:
(A) concessão
(B) explicação
(C) consequência
(D) simultaneidade

GABARITO COMENTADO DO PASSO 2

1) Gabarito: A
Comentário:
O emprego do demonstrativo está inadequado no item A, porque sendo um pronome de 1ª pessoa (este) deve ser aplicado a seres que estão perto da pessoa que fala e não da com quem se fala, portanto, neste caso, o emprego adequado é o do pronome esse (as capas <u>desse</u> livro que você — pessoa com quem se fala). O mesmo caso ocorre no item E, no qual o emprego está adequado, uma vez que se refere à pessoa de quem se fala (aquele). Nos demais itens o emprego do demonstrativo também está adequado porque: a) nos casos B e C os pronomes foram aplicados ao próprio discurso, sendo que em B foi mencionado o autor a quem o narrador acabou de se referir, enquanto em C fez-se alusão a palavras mencionadas anteriormente, o que provoca um afastamento da 1ª pessoa (que narra) ou mesmo do momento em que a declaração foi proferida; b) no item D o emprego do pronome referido à noção de tempo passado está adequada.

2) Gabarito: C
Comentário:
A relação semântica estabelecida entre as duas frases é a de causa: o pedido de ajuda justifica-se em virtude da cegueira do solicitante. A única opção, dentre as apresentadas, que mantém a relação de causa entre as orações na reescrita é a letra C. Nas demais se tem: A) concessão; B) explicação; D) concessão e E) condição.

3) Gabarito: B
Comentário:
O adjetivo correspondente a *do rio* é *fluviais*.

4) Gabarito: E
Comentário:
A conjunção "mas", na opção E, não contrapõe o conteúdo — fato que ocorre nas demais opções — da 2ª oração em relação à 1ª, o que se percebe é a adição de um componente positivo ao fato inicial, apresentada na 1ª oração.

5) Gabarito: D
Comentário:
A questão envolve variados conceitos gramaticais.
I. Errada: em "concernente a", há apenas preposição; em "frente a determinação" realmente faltou o acento grave marcador da fusão da preposição presente na locução "frente a" com o artigo *a* que antecede ao substantivo feminino "determinação"; em "margem a indenizações" há somente preposição (caso houvesse artigo deveria estar no plural, "às", como o substantivo "indenizações").
II. Errada: O sujeito de "diligenciaram" é "sócios e gestores", e o de "se prevenirem" é "os credores públicos".
III e IV. Estão corretas.

6) Gabarito: B
Comentário:
Apenas artigos definidos antepõem os substantivos "pujança", "Europa", "crise" e "representação" nas quatro primeiras lacunas e, por não haver presença da preposição "a", não ocorre crase. Já na quinta lacuna, o substantivo "minorias" é antecedido por artigo — no caso "as" — ao mesmo tempo que o substantivo "agressão" rege preposição "a", o que implica contração da preposição "a" com o artigo "as": crase marcada pelo acento grave.

7) Gabarito: E
Comentário:
O artigo definido apresenta um acentuado valor de particularização do substantivo e, em alguns casos, é indispensável à intenção comunicativa sob pena de prejudicar de forma definitiva o que se deseja transmitir. É exatamente isto que esta questão pretende medir: em qual das opções a presença do artigo particulariza o substantivo a ponto de sua ausência alterar radicalmente a argumentação do autor? A resposta é a letra E, porque aproximar "o Estado da (de + a) população" é muito específico e particular a um determinado Estado e população, enquanto aproximar Estado e população seria tão genérico que se estenderia a qualquer nação.

8) Gabarito: E
Comentário:
A letra E é a opção que respalda a argumentação do texto porque:
I. Está incorreta: o texto não apresenta as ouvidorias como causa da inserção do princípio da dignidade da pessoa humana na Constituição de 1988, mas sim como consequência (ver texto entre as linhas 1 e 4).
II. Está correta: ver texto entre as linhas 7 e 13.
III. Está correta: ver texto entre as linhas 19 e 22.

9) Gabarito: B
Comentário:
A opção B está correta, porque o verbo "trazer", no texto, pede dois complementos: um sem preposição, "ônus", a coisa trazida (objeto direto), e outro preposicionado, "a quem a coisa foi trazida" (objeto indireto). As demais opções apresentam erro no emprego da preposição porque:
A) "devido", no texto, é particípio com valor de adjetivo e não parte da locução "devido a";
C) a preposição "a" de "ao Fundo Municipal" não é pedida pelo substantivo "valor", mas pelo adjetivo "destinado";
D) a preposição em "ao IR" é exigida pelo vocábulo "acrescido", e não pela expressão "declaração anual";
E) finalmente, "a um projeto" é complemento da locução verbal "pode ser dirigida".

10) Gabarito: B
Comentário:
A questão pede que se aponte o modo verbal que indique possibilidade, hipótese, portanto é necessário procurar, entre as opções apresentadas, a que está no modo subjuntivo. A locução "queiram participar" é a única no subjuntivo e, no texto, supõe uma situação que não é real, mas o desejo de que a ideia seja acatada e o projeto viabilizado.

11) Gabarito: A
Comentário:
O pronome relativo "que" tem como antecedente "República efetivamente democrática", o espaço exato "em" que ou "no" (em + o) qual os eleitores podem ter "plena (...) representantes". Pode-se concluir, então, que o uso da preposição "em" é necessário, e não desnecessário como é colocado na opção A, para que o texto atenda à norma-padrão da língua. As demais opções estão corretas:

B) O modo subjuntivo verdadeiramente remete à possibilidade de uma "República efetivamente democrática".
C) O advérbio "assim" resume e retoma as ideias do período anterior ("assim" = "a conscientização da população (...) representantes").
D) O gerúndio "gravando" expressa realmente o modo de funcionamento do sistema tributário, que mantém o sentido de ação constante (os menos abastados mais severamente sobrecarregados com impostos).
E) A retirada dos parênteses reduz, sim, a carga semântica atribuída ao vocábulo "proporcionalmente", mas não prejudica sintaticamente a oração.

12) Gabarito: B
Comentário:
Nas opções C, D e E é impossível fazer a substituição da palavra "que" por "cujo" (ou variações), porque são conjunções e não pronomes relativos. Para se empregar o pronome relativo "cujo" (que encerra ideia de posse), é necessária a presença de um antecedente e um consequente, o que não ocorre na opção A, uma vez que o pronome "que" (o primeiro, porque o segundo é conjunção) apresenta apenas antecedente: "pessoas". Na opção B, "quais" tem como antecedente "questões" e como consequente "respostas", portanto aceita, sem nenhuma alteração de sentido ou prejuízo à coesão textual, a redação: questões de cujas respostas tem certeza.

13) Gabarito: C
Comentário:
O próprio enunciado da questão já induz à resposta ao afirmar: "essa intenção assume a forma de um convite". O modo imperativo é empregado exatamente com a intenção de convidar, pedir, mandar, etc., ou seja, em situações em que impere o desejo do falante, seja por meio autoritário ou do convencimento do interlocutor.

14) Gabarito: E
Comentário:
As lacunas devem ser preenchidas, considerando-se a regência com artigo definido (a); pronome demonstrativo (a); contração de preposição "a" com artigo definido "a"/"as" (à/às) ou preposição (a).
Caso 1: o verbo "opor-se" rege preposição "a" e o substantivo "inconsciência" pode ser antecedido por artigo definido "a" — à.
Caso 2: o verbo "reagir" pede preposição "a" e a locução "má consciência" pode ser antecedida por artigo definido "a" — à.

Caso 3: o verbo "negar" é transitivo direto e indireto e pede objeto indireto iniciado por preposição "a"; o substantivo "personagens" pode ser antecedido pelo artigo definido "as" — às.
Caso 4: o verbo "ser" não rege preposição, portanto a crase, nesse caso, não é possível. O que temos é o pronome substantivo demonstrativo "a" (= aquela), retomando o substantivo "função" — a.
Caso 5: a preposição "a", neste caso, não é pedida pelo verbo "existir", mas parte da locução "a partir de" — a.
Embora a análise da primeira lacuna já conduza à opção E, por ser a única iniciada por "à", o candidato deve analisar todos os demais casos, a fim de confirmar sua resposta inicial.

15) Gabarito: C
Comentário:
Um dos personagens não está entendendo o que significa o termo "famigerado" e pede a explicação em "fala de pobre, linguagem de em dia de semana", ou seja, em linguagem simples, coloquial, do dia a dia, do cotidiano. Costuma-se também dizer que a roupa de domingo é a mais bonita, a melhor ou mais formal, enquanto a de todo dia, a que usamos nos dias de semana, é a mais simples, a mais usual, comum; daí foi feita uma analogia, uma comparação, com a linguagem. Portanto, a expressão "dia de semana" representa a tentativa de haver uma maior coloquialidade, ou seja, informalidade, na explicação.

16) Gabarito: E
Comentário:
Somente na opção E temos a combinação de um verbo auxiliar (forma flexionada no presente do indicativo) com o verbo principal (na forma nominal: infinitivo).

17) Gabarito: A
Comentário:
Substantivo abstrato é aquele que designa ser de existência dependente: beijo, saída, mergulho, trabalho, etc. As opções C e E, que poderiam provocar dúvidas, devem ser excluídas, porque designam seres de existência independente.

18) Gabarito: E
Comentário:
O substantivo comum de dois gêneros é definido pela concordância, portanto um ser feminino é *a jornalista*, já um masculino é *o jornalista*.

Na opção D, o substantivo "ré", no gênero feminino "a ré" (cujo masculino é "réu"), apresenta significado diferente de "o ré" (nota musical).

19) Gabarito: C
Comentário:
A locução adjetiva é formada por preposição e substantivo e pode ser, normalmente, substituída por um adjetivo correspondente. Neste caso a locução adjetiva ainda recebeu o pronome adjetivo "qualquer" que enfatiza o substantivo "cabimento". O adjetivo correspondente é "descabida".

20) Gabarito: E
Comentário:
O grau superlativo absoluto sintético, como se pode depreender pela denominação, sintetiza em uma única palavra a intensificação máxima do adjetivo, com ajuda de sufixo intensificador.

21) Gabarito: B
Comentário:
A tradição ortográfica brasileira preceitua que se escreva em duas palavras o advérbio interrogativo *por que*, por estar preocupado em indicar a origem pronominal do advérbio, distinguindo-o de *porque* conjunção, que, na essência, se prende também a uma combinação de *por + que*. O Acordo Ortográfico de 1990 não tratou desta distinção na grafia do advérbio, que no Brasil se escreve em duas palavras, como está nesta questão, enquanto em Portugal se escreve junto.

22) Gabarito: E
Comentário:
Volto: presente do indicativo; *agi*: pretérito perfeito do indicativo; *viajarei*: futuro do presente do indicativo; *teríamos*: futuro do pretérito do indicativo. Portanto, o gabarito é a letra E, *clareava*: pretérito imperfeito do indicativo.

23) Gabarito: E
Comentário:
No modo subjuntivo, o pretérito mais-que-perfeito só é flexionado na forma composta, portanto a opção E é a única que atende à questão. Nas demais opções, temos: A) futuro do subjuntivo; B) presente do subjuntivo; C) pretérito imperfeito do subjuntivo e D) pretérito perfeito do subjuntivo (tempo flexionado apenas na forma composta).

24) Gabarito: A
Comentário:
As formas nominais do verbo são infinitivo (verbo terminado em -ar, -er, -ir); gerúndio (-ndo) e particípio regular (-ado, -ido), portanto o gabarito é a opção A.

25) Gabarito: D
Comentário:
Após uma leitura atenta do texto, é possível detectar, no segundo parágrafo, a informação que leva o candidato à resposta a esta questão: "Pois as cidades são como as pessoas, em cujo espírito nada do que se passou deixa inteiramente de ser."

26) Gabarito: A
Comentário:
Os dois-pontos foram empregados, nesse caso, antes do aposto que especifica o pronome *este*, mencionado anteriormente.

27) Gabarito: D
Comentário:
A opção D é a única que mantém o verbo no singular porque o verbo *haver* empregado impessoalmente (significando 'existir') fica sempre na terceira pessoa do singular.

28) Gabarito: B
Comentário:
Dois períodos podem ser unidos por um pronome relativo e, ao se desdobrar esse período, como é o caso desta questão, é possível perceber claramente a função sintática do pronome relativo. Consequentemente, se ele deve, ou não, ser precedido de preposição:
1º período: As transformações descaracterizaram toda a área destinada, de início, a pesquisas.
2º período: O historiador se refere "às transformações", que é o objeto indireto do verbo "referir-se".
Como o pronome relativo "que" é invariável e, quando necessário, é antecedido de preposição, "a que" é o objeto indireto do verbo referir-se. Na opção A, teríamos: As autoridades contavam *que* se fizessem consultas... (*que* é conjunção); na C:... foi o argumento *de que* se valeram os urbanistas... (*que* é pronome relativo, objeto indireto de "se valeram"); na D: A ninguém ocorreu demonstrar *que* não seria possível... (*que* é

conjunção); na E: diferentes projetos urbanísticos, *para que* permanecessem intocadas as construções originais (*que* é conjunção).

29) Gabarito: D
Comentário:
O verbo *duplicar* está flexionado no pretérito imperfeito do indicativo, tal como o verbo *ser*, na opção D.

30) Gabarito: C
Comentário:
Certamente a opção que corrobora o trecho destacado no enunciado é a C.

31) Gabarito: B
Comentário:
Somente na opção B a ausência do acento grave, indicador gráfico da crase (fusão de duas vogais iguais), confere ao exemplo o significado apresentado.

32) Gabarito: E

33) Gabarito: A
Comentário:
A resposta para esta questão pode ser claramente percebida, após leitura atenta, nos parágrafos quatro e cinco do texto.

34) Gabarito: A
Comentário:
A opção I está incorreta, porque o verbo "receber" está no plural para concordar com o sujeito "os xamãs". Nas opções II e III, a flexão dos verbos "ajudar" e "poder" está correta.

35) Gabarito: D
Comentário:
O gabarito desta questão é a opção D, embora a opção E também apresente um pronome relativo. O gabarito oficial (D) está fundamentado no enunciado da questão que declara que o pronome relativo do exemplo retoma um termo substantivo anterior e pede que o candidato encontre um exemplo similar. A opção D é a mais adequada, porque o pronome relativo tem como antecedente um substantivo ("fitas"); o mesmo ocorre no modelo: o pronome relativo também tem um substantivo como ante-

cedente ("espíritos"), ao passo que na opção E o antecedente do pronome relativo é um pronome demonstrativo ("o") que, embora em posição substantiva, não é um substantivo propriamente dito.

36) Gabarito: E
Comentário:
De acordo com a norma-padrão as formas verbais são:
A) mantivéssemos (o verbo "manter" segue o modelo de "ter");
B) dispuséssemos (o verbo "dispor" segue o modelo de "pôr");
C) retivesse (o verbo "reter" segue o modelo de "ter");
D) repusesse (o verbo "repor" segue o modelo de "pôr");
E) interviessem (está de acordo com a norma-padrão: o verbo "intervir" segue o modelo de "vir").

37) Gabarito: C
Comentário:
Logo na primeira lacuna é possível identificar a opção C como sendo a resposta correta, porque na locução verbal "ajudaram a reequilibrar" só é possível o emprego da preposição *a*: é uma locução verbal e somente preposição antecede um verbo no infinitivo. Mas o candidato não deve se precipitar, e precisa conferir todas as demais lacunas:
Lacuna 2: preposição *a* antecedendo, mais uma vez, verbo no infinitivo;
Lacuna 3: artigo definido *a*, antecedendo o substantivo "economia", concordando com ele em gênero e número;
Lacuna 4: o mesmo caso da lacuna 3, só que agora antecedendo o substantivo "eliminação";
Lacuna 5: contração da preposição, pertencente à locução "em relação a" com o artigo definido *as* que antecede o substantivo "moedas" com o qual concorda em gênero e número;
Lacuna 6: preposição *a* antecedendo verbo no infinitivo.

38) Gabarito: D
Comentário:
É importante, antes de começar a preencher as lacunas, ler o texto integralmente:
Lacuna 1: o substantivo "decepção" pede preposição *com*, e o substantivo "economia" é antecedido por artigo definido *a*, que concorda com ele em gênero e número, portanto, "decepção *com a* economia";

Lacuna 2: o adjetivo "farto" no sentido de 'rico', que é o caso do texto, rege preposição *em* ou *de*. Como a lacuna 1 é preenchida por *com a*, o estudante deve optar, então, por *em*;
Lacuna 3: o substantivo "circulação", derivado regressivo do verbo *circular*, vem seguido do adjunto adverbial de lugar, portanto "circulação" por algum lugar. Da contração da preposição *por* (que toma a forma latina *per* na contração) com o artigo definido *o* que antecede o substantivo mundo, temos *pelo*: "farto *em* circulação *pelo* mundo";
Lacuna 4: temos, neste caso, a comparação entre duas orações e, nos casos de comparação de superioridade, o segundo elemento pode ser *que* ou *do que*: " O Brasil está mais preparado [hoje] (*do*) *que* [esteve preparado] no passado";
Lacuna 5: a preposição *em* inicia a locução "em reservas";
Lacuna 6: este também é o caso de locução iniciada pela preposição *em*: "em dólar".

39) Gabarito: E
Comentário:
Antes de iniciar o preenchimento das lacunas, é importante ler o texto integralmente para inteirar-se do que ele trata. Somente após a leitura pode-se passar ao preenchimento das lacunas:
Lacuna 1: trata-se do grau comparativo de igualdade, no qual o segundo elemento pode ser *quanto* ou *como*. As duas opções são corretas (B e E);
Lacuna 2: ainda há possibilidade de duas opções (B e E), porque em B temos o sentido de "especialmente *pelo* (= através do) impacto ambiental" ou em E, "especialmente quanto ao (= no que se refere ao, relativamente ao) impacto ambiental";
Lacuna 3: aqui o candidato se decide pela opção E, porque o elemento coesivo adequado é o pronome anafórico *esse*, que retoma a expressão "impacto ambiental". Apesar de estar seguro da resposta, é importante prosseguir para não deixar qualquer dúvida;
Lacuna 4: a locução *de modo a* significa 'de forma a; de maneira que'. A ideia, no texto, é essa: "o Brasil tem condições de tirar bom proveito de seus recursos minerais no presente, *de modo a beneficiar* (= de maneira que beneficie) também as gerações futuras";
Lacuna 5: a preposição *para*, nesse contexto, expressa a ideia de finalidade: "marcos regulatórios adequados *para* (= cuja finalidade seja) equacionar expansão do setor";
Lacuna 6: a locução *em relação a* ao se contrair com o artigo *as* que antecede o substantivo *áreas* é a adequada a esta lacuna.

40) Gabarito: A
Comentário:
A opção A está correta, porque as vírgulas foram empregadas para isolar elementos de uma enumeração que têm a mesma função sintática: núcleos do sujeito composto. As demais opções apresentam incorreções, porque:
- B) a substituição não prejudicaria a correção gramatical nem alteraria as informações, porque "mas", no texto, é uma conjunção adversativa, cujo significado equivale ao das adversativas *todavia, entretanto* e *contudo*;
- C) não há alteração na substituição, porque tanto "pois" quanto "porquanto" têm valor semântico de explicação;
- D) "fazem" concorda com "seus representantes" que, apesar de ser sujeito simples, apresenta o núcleo ("representantes") no plural;
- E) a norma-padrão considera facultativo o emprego do termo "do" no grau comparativo do adjetivo ou do advérbio.

41) Gabarito: D
Comentário:
- A) Correta: o pronome relativo *que* deve ser antecedido de preposição e equivale a *no qual*;
- B) Correta: o verbo *ter* está na 3ª pessoa do plural do presente do indicativo para concordar com o sujeito "professores". (Vale lembrar que, de acordo com as regras de acentuação gráfica os verbos *ter* e *vir* e seus derivados seguem a regra geral de acentuação gráfica na 3ª pessoa do singular do presente do indicativo, mas recebem acento circunflexo na 3ª pessoa do plural (tem / têm); vem / vêm; detém / detêm, etc.);
- C) Correta: antes de verbo no infinitivo não se usa artigo, apenas preposição; portanto, nunca pode ocorrer crase antes de verbo no infinitivo.
- D) Errada: a opção C explica por que não pode ocorrer crase nesse caso. Nunca se antepõe artigo a verbo; portanto, não existe contração de preposição + artigo. O correto é "desafiados a tratar".
- E) Correta: o vocábulo "estratégia" está grafado de acordo com as normas ortográficas oficiais. O acento gráfico obedece às regras gerais de acentuação gráfica: palavra paroxítona terminada em ditongo crescente deve ser acentuada graficamente.

42) Gabarito: B
Comentário:
Estão em desacordo com a norma-padrão as opções:
A) porque o pronome relativo "cujas", nesse caso, precisa ser antecedido da preposição "em" ("meu destino residia nas [em+as] mãos de alguém" — em cujas mãos residia meu destino);
C) porque o pronome os não retoma nenhum termo anterior, é um termo solto, sem qualquer função na frase, que deve ser "mas ela não realizou o serviço";
D) porque o pronome relativo "onde", de acordo com a norma-padrão, só deve ter como antecedente um lugar (praça, rua, cidade, país, etc.) e "projeto", nesse caso, é um trabalho escrito, portanto não cabe o emprego do pronome onde;
E) porque o verbo "aceitar" rege complemento verbal não preposicionado. O pronome lhe é objeto indireto, portanto não pode, de acordo com a norma-padrão, ser empregado nesse caso. O certo é "mas ela não o aceitou".

A opção correta é a B, porque o verbo "olhar" rege complemento verbal não preposicionado e, no exemplo, o pronome empregado foi o adequado: o objeto direto *o*. Também correto está o emprego de *lhe* como objeto indireto de *prestar socorro*.

43) Gabarito: A
Comentário:
A locução "mesmo que" é concessiva, e "ainda que" também, o que preserva o sentido do período.

44) Gabarito: A
Comentário:
Apenas a opção I está de acordo com a norma-padrão da língua, porque o pronome oblíquo fica proclítico (antes do verbo) quando houver palavra de sentido negativo antes do verbo. As demais opções estão incorretas porque:

II — embora os verbos *ter* e *completar* estejam empregados de acordo com a norma-padrão (considerando que a escola de Ismael não mais exista), o numeral correspondente aos 40 anos que completaria é *quadragésimo*.
III — o verbo *querer*, nessa frase, deve ficar no futuro do subjuntivo (*quiser, quiseres, quiser, quisermos, quiserdes, quiserem*), portanto o correto é: " Se Sofia *quiser* (...).

45) Gabarito: B
Comentário:
Antes de verbo não se usa artigo, apenas preposição; por isso é impossível ocorrer crase. A primeira lacuna deve ser preenchida com a preposição *a*. Na segunda lacuna o pronome relativo *que* deve ser precedido da preposição *de*, por ser objeto indireto pedido pelo verbo *gostava* (não gostava de algumas atitudes).
A frase deve ficar: "Com as amigas, Sofia começou *a* falar sobre algumas atitudes *de que* não gostava."

46) Gabarito: D
Comentário:
Na primeira lacuna o pronome pessoal oblíquo átono correspondente a "eu e Ismael" é *nos*, porque a 1ª pessoa prevalece sobre todas as outras. Na segunda lacuna o vocábulo *menos* (advérbio) é invariável, nunca se usa *menas*.
A frase deve ficar: "Hoje cedo, eu e Ismael *nos* encontramos com as garotas, que já estavam *menos* preocupadas."

47) Gabarito: B
Comentário:
No segundo parágrafo, o candidato encontra a base para solucionar esta questão no trecho "se o homem, no dia seguinte (…) muito pálido".

48) Gabarito: A
Comentário:
A questão é clara: se a mulher "conversa" com o Diabo e pode não concordar com ele, fica subentendido que ela pode pensar coisas negativas ("conversar com o Diabo"), mas não precisa acatar o que ele sugere.

49) Gabarito: E
Comentário:
A conjunção *se* é condicional, portanto deve ser substituída por uma equivalente para que não haja alteração de sentido: *caso*. Já a conjunção *porque* é explicativa, e sua equivalente é *pois*.

50) Gabarito: B
Comentário:
A questão foi proposta de forma a levar um candidato menos atento a uma leitura equivocada, isto é, procurar a opção que *não conserva* o sentido original e, neste caso, ficaria bastante confuso.
Entendido o enunciado é necessário que o candidato leia com muita atenção cada opção para perceber que, apesar do advérbio poder se movimentar com bastante liberdade na frase, essa mudança de posição pode acarretar não só alteração de sentido como incoerência textual. Nesta questão, na opção B, o deslocamento do advérbio preserva o sentido da frase original: o bem deve ser sempre praticado.

51) Gabarito: B
Comentário:
De acordo com a norma-padrão, o verbo *ter* não deve ser empregado como sinônimo de *haver*; portanto, as opções A e C, por princípio, são descartadas. O verbo *haver*, ao ser empregado com o significado de *existir*, é impessoal e fica, por isso, sempre na 3ª pessoa do singular; seu complemento é o objeto direto ("gente"). As opções B e D preenchem esse quesito, mas o fato é que, em ambas, "gente" é o antecedente do pronome relativo *que*, que é o sujeito da oração seguinte: "que (= gente) tem medo de palhaço?". O verbo *ter*, nessa oração, deve concordar com o sujeito que, embora seja um substantivo coletivo ("gente"), está no singular.

52) Gabarito: E
Comentário:
É importante ficar atento à sequência: antônimo de "apavoram" e sinônimo de "ar" *respectivamente*.

53) Gabarito: A
Comentário:
I — O verbo *existir* concorda com o sujeito que, no caso, está no plural: "pessoas".
II — O verbo *sentir* deve ficar no futuro do pretérito, porque exprime um fato futuro condicionado a outro ("se um dia ficasse") que é hipotético.
III — O pronome relativo *cujo* requer um antecedente ("fobia") e um consequente ("origem") expressos e indica que o antecedente é possuidor do ser indicado pelo substantivo a que se refere — "a origem da fobia", ou seja, *cuja origem*.

54) Gabarito: A
Comentário:
Para identificar o termo que o pronome oblíquo *a* (-la) retoma, é necessário que o candidato releia o texto, assim poderá perceber que é a palavra "convivência" que o pronome substitui, evitando a repetição: "afastar a tensão na convivência entre os países, colaborando para mantê-la (= manter a convivência) em desejável harmonia".

55) Gabarito: A
Comentário:
A opção que apresenta incorreção é a A, porque, ao passar da voz passiva sintética para a analítica, deixaram de ser respeitados pontos fundamentais, como o verbo concordar com o sujeito, que é "um período mais longo"; portanto, na voz passiva analítica deve ser mantida a concordância e o verbo ficar na 3ª pessoa do singular. O correto, de acordo com a norma-padrão é: "seja considerado". As demais opções estão corretas.

56) Gabarito: C
Comentário:
A seleção de conectores para a primeira lacuna tenta induzir o candidato a pensar que o pronome relativo *que* seja o mais adequado. O candidato deve ficar atento para não cair nesse tipo de armadilha. Em nenhum momento pode esquecer que a norma-padrão é a exigida nos concursos, portanto aceitar a facilidade acenada pela linguagem coloquial levaria o candidato a uma interpretação equivocada e, consequentemente, ao preenchimento inadequado das demais lacunas.
Primeira lacuna: é necessário usar aí uma palavra de gênero feminino, porque o antecedente do pronome relativo é "uma das ameaças". A única opção que oferece o pronome demonstrativo feminino *a* é a C. Fica claro, então, o caminho a seguir: a = aquela [ameaça]. Ainda nessa lacuna o pronome relativo *que* deve ser antecedido de preposição (foi a [ameaça] de que).
Segunda lacuna: a locução "a respeito de" (= sobre) indica o assunto tratado: "as perspectivas pessimistas".
Terceira lacuna: o pronome demonstrativo *o* (= aquilo) seguido do pronome relativo *que* e do artigo definido *o* que antecede o substantivo "Brasil".
Quarta lacuna: a conjunção subordinativa final "para que" é o elemento coesivo perfeito para indicar a finalidade do "sinal verde" que o Brasil tenta obter.

Quinta coluna: o verbo "estabelecer" pede um complemento, objeto direto, que nesse texto vem sob forma oracional e deve ser iniciada por um pronome: "qual deveria ser a taxa de câmbio de equilíbrio de seus membros." Sexta lacuna: a conjunção adversativa "mas" é o elemento coesivo que estabelece a relação semântica adequada de oposição acenada pela última oração do texto.

57) Gabarito: D
Comentário:
O pronome relativo *o qual* refere-se ao substantivo que o antecede e com o qual ele concorda. No caso, o antecedente do pronome é *motivos* (O MDIC vai apurar os motivos / a entrada do produto estrangeiro quase triplicou desde 2002 *pelos motivos* (pelos quais). Portanto o correto é "O MDIC vai apurar os motivos *pelos quais* a entrada...".

58) Gabarito: E
Comentário:
A opção E está incorreta, porque o pronome relativo *que* tem como antecedente o pronome demonstrativo *o* (= esse): "... eles cobriam praticamente o *déficit* em conta corrente, o (= esse) que (= *déficit*) limitava". Pode-se perceber, então, que não é possível neste caso a presença da preposição *a* em combinação com o demonstrativo *o*.

59) Gabarito: A
Comentário:
A opção que preenche adequadamente as lacunas do texto é A, porque:
1ª lacuna — o verbo *ameaçar* é transitivo direto, portanto pede complemento sem preposição, e o substantivo *saúde* é antecedido por artigo definido, por isso não ocorre crase nesse caso, apenas há presença do artigo *a*;
2ª lacuna — antes de verbo no infinitivo não se usa artigo, somente preposição, portanto é impossível a crase, há somente presença da preposição *a*;
3ª lacuna — o verbo *levar* no sentido em que foi empregado no texto é transitivo indireto e pede preposição *a*; o substantivo *sobrecarga* é antecedido por artigo definido *a*; portanto, nessa lacuna ocorre fusão da preposição *a* com o artigo *a*: *à*.

60) Gabarito: B
Comentário:
A opção B está correta porque a conjunção *contudo* introduz a ideia adversativa apresentada no texto original.

61) Gabarito: C
Comentário:
Após leitura atenta do texto, percebe-se no trecho "nas formas e em escala que conhecemos hoje só se tornou possível no final do século XIX, após o domínio das leis da mecânica dos fluidos" a base para apontar a opção C como resposta desta questão.

62) Gabarito: D
Comentário:
A única opção em que a reescritura do trecho interpreta o que foi apresentado no segmento destacado no enunciado da questão é a D, porque foram utilizados termos semanticamente equivalentes (porém — todavia).

63) Gabarito: B
Comentário:
Ao transpor uma frase da voz passiva para a voz ativa, o sujeito da passiva ("eficazes sistemas de irrigação") passa a ser objeto direto na voz ativa; o agente da passiva ("pelos antigos") passa a ser sujeito na voz ativa; o verbo na voz passiva ("teriam sido utilizados") mantém o mesmo tempo e modo ao passar para a voz ativa, e o adjunto adverbial ("em suas culturas de cereais") é mantido. Portanto, ao passar para a voz ativa a frase fica: Os antigos teriam utilizado eficazes sistemas de irrigação em suas culturas de cereais. O gabarito, então, é a opção B.

64) Gabarito: D
Comentário:
A única opção correta é a D, porque o pronome *cuja* apresenta como antecedente "magia" e consequente "força", portanto "força da magia de um rito", e o verbo "deixar" concorda com o sujeito "a magia de um rito": "[a magia de um rito] não as (= elas, as moças) deixa frustrar-se".

65) Gabarito: D
Comentário:
Selecionar o verbo "dever" como auxiliar da locução verbal "deve acabar" logo na abertura do texto é bastante significativo para configurar o efeito trágico "a respeito das fontes de água potável", por indicar grande probabilidade de a ação apresentada no infinitivo "acabar", ocorrer num futuro próximo. O efeito trágico da previsão fica ainda mais acentuado pelo emprego do presente do indicativo ("deve") que enfatiza o significado do verbo "dever" com o matiz de certeza a um fato futuro.

66) Gabarito: C
Comentário:
Ao afirmar que "a dúvida corresponde ao nosso direito de suspender a verdade ilusória das aparências e buscar a verdade funda daquilo que não aparece", o autor valoriza a dúvida, abrindo "um caminho para o conhecimento ao questionar verdades dadas como absolutas".

67) Gabarito: B
Comentário:
O texto é claro ao afirmar a importância da dúvida como fundamental para analisar e se chegar a uma afirmação mais segura, mais fundamentada sobre um assunto. Sócrates e Descartes já valorizavam a dúvida. Contrapondo-se a esse ponto de vista, o autor pontua que, hoje, ainda há pessoas que se consideram "especialistas infalíveis em todos os assuntos".

68) Gabarito: D
Comentário:
A afirmação I está incorreta, porque o que o autor apresenta é exatamente o oposto, ou seja, hoje as pessoas "parecem ter certeza sobre tudo"; II está correto; III está incorreto, porque não se deve "evitar suspender a verdade ilusória das aparências". Este é um direito do qual não se pode abrir mão: o direito de questionar e "buscar a verdade".

69) Gabarito: A
Comentário:
A opção em que a reescritura reproduz de forma adequada, sem alterar o sentido empregado no texto, o segmento destacado é a A. As demais apresentam incorreções porque,
- B) a expressão "ditar a urgência" significa '*impor* a urgência' e não '*consumar, praticar*, a precipitação';
- C) significa exatamente o contrário de aceitar a ilusão, ou seja, convida a não aceitar, a suspender, o que lhe é apresentado, convida a duvidar, a questionar;
- D) significa ratificar, e não retificar, como verdade inquestionável, uma opinião estrita;
- E) analisar mais profundamente o assunto não é buscar "a prova" para defender o que foi apresentado.

70) Gabarito: B
Comentário:
Após leitura atenta do texto é possível apontar como correta apenas a opção B: "séculos mais tarde" Descartes parece concordar com Sócrates sobre o "papel da dúvida na construção do pensamento".

71) Gabarito: C
Comentário:
A opção C está correta, porque o verbo "tomar" deve ficar no plural para concordar com o sujeito "as qualidades de quem hesita", cujo núcleo é o substantivo "qualidades".

72) Gabarito: D
Comentário:
A primeira oração, subordinada adverbial condicional, apresenta a forma verbal no pretérito imperfeito do subjuntivo, o que empresta ao verbo "ler" a ideia de ação hipotética, condicionada a outra que vai estar na oração a que ela se subordina. Ora, o verbo dessa oração, deve ficar no futuro do pretérito, tempo verbal que torna a ação futura dependente de um pretérito condicionador.

73) Gabarito: B
Comentário:
A única opção em que a forma verbal aceita transposição para a voz passiva é a B, por apresentar verbo transitivo direto. A frase na voz passiva é: As certezas de seus interlocutores eram pulverizadas por Sócrates. (Sujeito na voz passiva + verbo na passiva + agente da passiva).
As demais opções não admitem a transposição para a voz passiva, porque:
- A) o verbo principal ("estar") é de ligação;
- C) o verbo principal ("acreditar") é transitivo indireto, e o verbo "são", de ligação, o que impede a transposição para a voz passiva;
- D) o verbo "corresponde" é transitivo indireto;
- E) o verbo "é" é de ligação e, nessa frase, há um erro de regência nominal: o correto é "a *suspensão dos* preconceitos".

74) Gabarito: A
Comentário:
Na frase destacada no enunciado da questão, na sua primeira ocorrência, a palavra *mais* é um advérbio de intensidade, enquanto na segunda é um pronome adjetivo indefinido que exprime a quantidade imprecisa,

conforme explicita sua própria classificação, do substantivo a que se relaciona: *gente*.

75) Gabarito: C
Comentário:
O verbo *haver* quando empregado com o sentido de "existir" é impessoal e deve ficar sempre na 3ª pessoa do singular. Esta impessoalidade é estendida ao verbo auxiliar, caso o verbo *haver* seja o verbo principal de uma locução verbal. Já o verbo *existir* é pessoal, por isso concorda com o sujeito e, quando for o verbo principal de uma locução verbal, fica numa forma nominal (infinitivo, gerúndio ou particípio) e seu auxiliar concorda com o sujeito. Ao reescrever a frase apresentada no enunciado da questão, a única que obedece às regras de concordância da norma-padrão da língua é a C. Para estarem adequadas as demais opções deveriam ser redigidas assim:
  A) Houve sempre jovens e velhos;
  B) Não só jovens, mas também velhos sempre houve;
  D) nunca deixou de haver jovens e velhos;
  E) nunca deixaram de existir jovens e velhos.

76) Gabarito: B
Comentário:
A expressão *a gente* quando é empregada com o significado de *nós* é bastante usada na variedade coloquial da linguagem. O candidato pode ficar em dúvida, questionando por que a palavra "gente", também empregada na opção D, não é considerada exemplo de linguagem coloquial. A resposta é: porque nesse caso "gente" não é empregado em lugar do pronome "nós", mas com seu significado próprio.

77) Gabarito: C
Comentário:
"Aliás" é uma palavra denotativa de retificação ou correção; e, nesse contexto, a expressão que pode substituí-la sem prejuízo do sentido é "além do mais" (= além disso).

78) Gabarito: A
Comentário:
De acordo com a norma-padrão, o pronome oblíquo átono deve ficar enclítico na forma "fi-lo", porque não se inicia período com pronome oblíquo átono, e proclítico na forma "o quis", porque oração subordinada (porque o quis) com verbo flexionado pede próclise do pronome átono.

79) Gabarito: C
Comentário:
Se os pronomes oblíquos átonos *o, a, os, as* estiverem enclíticos à forma verbal terminada em -r, -s ou -z, desparecem estas consoantes e os pronomes assumem as formas *lo, la, los, las*. Se a forma verbal terminar em vogal oral, o pronome átono não sofre alteração; se terminar em vogal nasal ou nasalada, passa a *no, na, nos, nas*. Nas opções A, B, D e E, a colocação enclítica do pronome está correta; já na opção C, o correto é "nós quisemo-lo".

80) Gabarito: B
Comentário:
A reescritura da frase, no texto, não ficou errada ou incorreta ("Fiz porque quis"), mas inadequada gramaticalmente por não incluir o pronome (ou termo equivalente) que aparece na frase inicial. A "tradução" em linguagem coloquial poderia ser: "Fiz isso porque quis."

81) Gabarito: C
Comentário:
A substituição de uma forma verbal no modo indicativo, que se refere a fatos verossímeis, por outra no modo subjuntivo, em referência a fatos incertos, hipotéticos, requer uma mudança na intencionalidade discursiva que não cabe nesta questão, portanto as opções A e B estão descartadas. O gerúndio e o particípio, opções D e E, generalizam a situação, o que implicaria grandes adaptações no texto. Substituir o pretérito perfeito do indicativo — tempo que embute semanticamente a ideia de ação concluída no passado que certamente aconteceu — pelo pretérito mais-que-perfeito do indicativo — que guarda a mesma noção de certeza de um fato concluído em passado anterior a outro fato também no passado — é a única opção possível, embora a forma mais usual fosse a substituição pelo seu correspondente composto: tinha contribuído.

82) Gabarito: B
Comentário:
Nas opções A e B, o emprego do verbo "haver" pode parecer semelhante, mas observe que em:

A) o verbo "haver" tem o sentido de "existir", sendo, portanto, impessoal e devendo ficar sempre na 3ª pessoa do singular (oração sem sujeito). A frase correta, de acordo com a norma-culta, é "No rio, havia piranhas tão vorazes que era impossível tomar banho ali.";

B) o verbo "haver" (= ter) está corretamente empregado, porque, num tempo composto, o verbo auxiliar é que deve ser flexionado, concordando com o sujeito, que está no plural, "os manos". O verbo principal (banhar) fica numa forma nominal, no caso, particípio.

As opções C, D e E estão incorretas, uma vez que os verbos não concordam com os respectivos sujeitos que estão explícitos em cada uma delas;

C) o sujeito do verbo "ter" é "os Tapanhumas". (A frase na ordem inversa pode confundir o candidato na identificação do sujeito.) A forma adequada, de acordo com a norma-padrão da língua, é: "Não <u>tinham</u> mais os Tapanhumas Macunaíma como um filho da tribo." (Na ordem direta: Os Tapanhumas não <u>tinham</u> mais Macunaíma como um filho da tribo.");

D) a oração está na voz passiva pronominal, dita também sintética (verbo na 3ª. pessoa do singular ou do plural, para concordar com o sujeito, no caso, "os gritos de Macunaíma"); portanto, a forma adequada é "<u>Ouviam-se</u> os gritos de Macunaíma por causa do frio da água da cova.";

E) a frase está na ordem inversa e o verbo "ir" deve concordar com o sujeito "os três manos". A forma adequada, de acordo com o padrão da língua, é: "<u>Iam</u> os três manos para São Paulo, viagem em que muitos casos aconteceram." (Na ordem direta: "Os três manos <u>iam</u> para São Paulo, viagem em que muitos casos aconteceram.")

83) Gabarito: A
Comentário:
Excetuando a opção A, na qual o adjetivo "mesmo" concorda com a palavra que acompanha, o substantivo "diretor", todas as outras opções estão em desacordo com o solicitado no enunciado, porque em:

B) "mesmo" (= embora, ainda que) é conjunção e inicia oração subordinada adverbial concessiva reduzida de gerúndio;
C) "mesmo" é substantivo, antecedido de artigo definido "o";
D) "mesmo" (= realmente) é advérbio, que modifica o adjetivo "ermo";
E) "mesmo que" (= ainda que) é locução conjuntiva subordinativa concessiva.

84) Gabarito: D
Comentário:
Esse tipo de questão, salvo se o candidato tiver absoluta segurança na grafia da palavra que preenche a primeira lacuna, deve ser iniciada pela segunda coluna a fim de eliminar algumas opções.

Na segunda lacuna é importante ter claro que o advérbio "mal" tem como antônimo "bem", enquanto o do adjetivo "mau" é "bom". O candidato, então, imagina a frase em seu sentido oposto: "Dormiam bem" ou "Dormiam bom"? A resposta, certamente, será "Dormiam bem", logo a palavra que preenche adequadamente este espaço é "mal". Fica, agora, o candidato com as seguintes opções: B, D e E.

Na terceira lacuna depara-se com a grafia da palavra "porque".

1º. Usa-se "por que": 1. nas interrogações diretas ou indiretas (*Por que você veio hoje aqui?* ou *Quero saber por que você veio hoje aqui.*); 2. quando se trata de preposição "por" + pronome relativo "que" [= pelo qual, etc.] (*As ruas por que passei estão mal iluminadas.*); 3. quando se trata da preposição "por" + pronome indefinido "que" [= por que espécie, por qual, etc.] (*Você sabe por que motivos não pude atender a seu pedido.*); 4. quando se trata da preposição "por" + conjunção integrante "que" [= por isto] (*Anseio por que venhas a nossa festa.*).

2º. Usa-se "porque" quando se trata de conjunção [ideia de causa: já que, uma vez que, etc. ou ideia de explicação: pois, por isso, etc.] (*Não pude sair porque chovia muito. / Não demore, porque temos pouco tempo.*)

Considerando o exposto, é possível perceber que a conjunção "porque" é a que mais adequadamente completa a lacuna.

Entre as opções D e E, o candidato deve escolher a opção D (repreensão...mal...porque), recordando que os sufixos *-são* e *-ção* formam substantivos derivados de verbo, em que a origem etimológica determina a grafia correta. Nestes casos somente a prática de leitura e escrita efetiva o conhecimento.

85) Gabarito: D
Comentário:
Caetano reagiu de forma irritada porque o emprego do acento grave, indicador de crase, nesse caso, altera completamente a identificação do real homenageado. Como aqui não ocorre a fusão de preposição a com artigo feminino a — Bituca refere-se a um nome masculino: Milton —, o equívoco faz pensar que a homenagem é feita a uma "guimba" de cigarro — também chamada de "bituca" — ou a algum nome feminino. A opção A pode confundir um candidato menos atento, mas não houve intenção maliciosa, de acordo com o contexto, no emprego da crase.

86) Gabarito: B
Comentário:
Apesar de citar autores consagrados da literatura brasileira, a intenção do autor é, além de humanizar a expedição, marcar a "heterogeneidade na constituição da identidade nacional".

87) Gabarito: C
Comentário:
O diminutivo, tanto de substantivos — que é o caso de "caranguejinhos" — como de adjetivos — que é o caso de "parrudinhos" —, não tem como único propósito determinar o grau, mas pode, de acordo com o contexto em que é empregado, indicar ironia, depreciação, afetividade, carinho, etc. No caso, o emprego dos diminutivos "caranguejinhos" e "parrudinhos" revela afetividade.

88) Gabarito: A
Comentário:
A opção A é o gabarito da questão porque expressa, respectivamente, a ideia que o pretérito imperfeito do indicativo ("monitorava") e o pretérito-mais-que-perfeito composto do indicativo ("havia conseguido") transmitem.

89) Gabarito: D
Comentário:
O advérbio "aí" tem sentido conclusivo, uma vez que ser preciso "tomar medidas mais drásticas" é o que se pode concluir do fato de haver o risco da "debandada dos capitais estrangeiros", "quando se perde o grau de investimento".

90) Gabarito: E
Comentário:
As opções A e B estão de acordo com a norma-padrão da língua tanto no original quanto na reescritura.
Na opção C, a reescritura apresenta erro ao substituir "tampouco" (= também não) por "tão pouco" (= muito pouco), o que altera completamente o sentido da frase original que não está em desacordo com a norma-padrão.
Na opção D, a reescritura substitui o pronome oblíquo "o" (que exerce a função de objeto direto pedido pelo verbo "querer", transitivo direto, corretamente empregado no discurso do narrador) pelo pronome oblíquo "lhe", que funciona como objeto indireto, o que é incorreto, segundo a norma-padrão, porque o verbo "querer" é transitivo direto.

Na opção E, a correção foi adequada. A frase original apresenta erro gramatical porque o pronome relativo "que" tem como antecedente "noite" e exerce a função de adjunto adverbial de tempo: "em que" (= em uma noite).

91) Gabarito: A
Comentário:
As palavras cujas sílabas tônicas recaem no radical, como em "per<u>mi</u>tes" (radical: permit-), por exemplo, são rizotônicas; as em que a sílaba tônica está fora do radical, como em "escrever<u>á</u>" (radical escrev-), "fing<u>i</u>mento" (radical fing-), "corr<u>e</u>ria" (radical corr-) e "partir<u>á</u>" (radical part-), por exemplo, são chamadas arrizotônicas.

92) Gabarito: A
Comentário:
O pronome relativo "que" tem como antecedente o pronome demonstrativo "o" e o substantivo "desaparecimento" aceita o artigo definido "o".

93) Gabarito: B
Comentário:
A afirmativa
  I. está incorreta, porque a palavra "bem", nesse texto, não está empregada como substantivo, mas como advérbio e, neste caso, não tem flexão de número;
  II. está incorreta, porque, embora a palavra "aquém", neste caso, seja um advérbio e tenha o significado de 'nível ou qualidade inferior', seu antônimo não pode ser "longe", mas sim "superior";
  III. está correta;
  IV. está correta.

94) Gabarito: E
Comentário:
A opção em que o valor semântico da preposição foi indicado de forma inadequada é a da letra E, porque a preposição "com", neste contexto, não apresenta sentido de companhia, mas sim de posse.

95) Gabarito: C
Comentário:
A opção C está incorreta porque, de acordo com a descrição gramatical, os verbos, quanto à conjugação, se classificam em regulares, irregulares,

anômalos, defectivos, abundantes e auxiliares. É importante que o candidato estabeleça a diferenças entre eles.

Regulares são os que seguem um paradigma — modelo comum de conjugação a que pertencem, sendo suas formas predizíveis, graças às regras definidas e gerais de flexionamento. No verbo regular o radical não varia. Tem-se o radical de um verbo privando-o, no infinitivo, das terminações *-ar, -er, -ir*, indicativas de 1ª, 2ª e 3ª conjugação, respectivamente.

Irregulares são os que sofrem alterações no radical e/ou na terminação, afastando-se do modelo da conjugação a que pertencem.

Anômalos são os verbos irregulares cujos radicais sofrem alterações que não os podem enquadrar em modelo algum: *dar, estar, ter, haver, ser, poder, ir, vir, ver, caber*, etc.

Defectivos são os que, quando conjugados, não apresentam todas as formas: *colorir, precaver-se, reaver*, etc. É preciso não confundi-los com os verbos chamados *impessoais* e *unipessoais* que só se usam nas terceiras pessoas.

Abundantes são os que apresentam duas ou três formas de igual valor e função: *havemos* e *hemos*; *pagado* e *pago*, etc. Normalmente esta abundância de forma ocorre no particípio.

> **Obs.:** A forma verbal *trago* é a 1ª pessoa do presente do indicativo do verbo *trazer* e implica grave erro à norma-padrão da língua empregá-la como particípio deste verbo, para o qual só existe a forma *trazido*. Portanto o correto é "tinha trazido", "havíamos trazido", etc.

Auxiliares são os que aparecem flexionados numa locução verbal, na qual há combinação das diversas formas de um verbo auxiliar com o infinitivo, gerúndio ou particípio de outro verbo que se chama principal: *hei de estudar, estou estudando, tenho estudado*. Entre o auxiliar e o verbo principal no infinitivo pode aparecer ou não uma preposição (*de, em, por, a, para*): *hei de estudar*.

96) Gabarito: E
Comentário:
O pronome oblíquo "as" (na forma "las") é importante elemento de coesão textual e retoma o substantivo "saias", exercendo a função de objeto direto do verbo "usar". Quando os verbos aos quais os pronomes *o, a, os, as* estão enclíticos terminam em *r, s* ou *z*, estes pronomes tomam a forma *lo, la, los, las*, e os verbos perdem o *r, s* ou *z* finais.

97) Gabarito: B
Comentário:
O candidato pode se sentir tentado a marcar a opção A, porque o pronome pessoal "você" pode ser empregado para "dirigir-se aos leitores de modo geral", mas uma leitura atenta do texto deixa clara a intenção da autora ao reproduzir um diálogo entre uma leitora e ela mesma — a interlocutora a quem a leitora se dirige — no qual é tratada por "você".

98) Gabarito: B
Comentário:
O pronome adjetivo possessivo "meu", indicativo de a quem pertence o substantivo a que se refere — no caso o dinheiro — é o elemento de criação do humor na tirinha, porque ao assaltar o deputado o ladrão deseja roubar-lhe o dinheiro ("seu" = do deputado), mas considerando que os políticos lesam a população, o foco da posse do dinheiro muda: o ladrão ao assaltar um político, retoma o que era sua posse de direito.

99) Gabarito: E
Comentário:
O pronome relativo destacado no enunciado da questão exerce a função de adjunto adverbial iniciado por preposição "em", portanto o pronome relativo que o substituir, para que não haja prejuízo de sentido, deve ser também antecedido de preposição "em", o que somente ocorre na opção E.

100) Gabarito: D
Comentário:
Os verbos "dar" e "encher" estão flexionados na 3ª pessoa do singular do imperativo afirmativo e o verbo "esquecer", na 3ª pessoa do singular do imperativo negativo. Reescrevendo os versos na 2ª pessoa do singular do imperativo afirmativo e negativo, respectivamente, temos: **Dá** serviço a nosso povo, **enche** os rios de barrage / **Dá** cumida a preço bom, não **esqueças** a açudage.
Relembrando: 1º) no imperativo afirmativo, a 2ª pessoa do singular (tu) e 2ª pessoa do plural (vós) derivam do presente do indicativo sem o "s" final; as demais pessoas saem integralmente do presente do subjuntivo. 2º) no imperativo negativo todas as pessoas são retiradas do presente do subjuntivo, sem qualquer alteração, apenas há o acréscimo do advérbio de negação.

101) Gabarito: A
Comentário:
A relação semântica — estabelecida pela conjunção "se" — entre as duas orações é de condição, uma vez que somente na condição de escrever suas memórias aos 70 anos, o autor terá esquecido muitos fatos e mentirá.

102) Gabarito: A
Comentário:
No cartaz, "Procura-se" está na voz passiva sintética: o sujeito "chuva" aparece somente na imagem.

103) Gabarito: C
Comentário:
No período destacado no enunciado da questão, a palavra "como" é uma conjunção subordinativa causal. Na opção A, a conjunção "como" é conformativa; na B, comparativa; na C, o gabarito, é causal; na D, comparativa e na E, conformativa.

104) Gabarito: E
Comentário:
O emprego do acento grave, indicativo da ocorrência de crase, na afirmativa
    I. é facultativo, por estar antecedendo pronome possessivo. Normalmente, a ocorrência da crase dá mais clareza a esse tipo de oração;
    II. é facultativo, por estar antecedendo nome próprio feminino. Geralmente, ocorre a crase quando a pessoa é íntima de quem fala; caso contrário, é melhor não usar o artigo, apenas a preposição;
    III. é obrigatório, porque "fazer mal" pede complemento com preposição "a" e o substantivo "pessoas" é antecedido pelo artigo "as";
    IV. é obrigatório, porque o verbo "induzir" pede preposição "a" e o substantivo "loucura" é antecedido pelo artigo "a".

105) Gabarito: D
Comentário:
As alternativas A, B e C estão corretas; a D está incorreta, porque o artigo "a" é definido e antecede o substantivo "sobrevivência", determinando-o.

106) Gabarito: A
Comentário:
As preposições estabelecem relações semânticas entre os termos que ligam. O valor semântico associado à preposição destacada na expressão apresentada na opção

A) está correto;
B) está incorreto porque a contração de preposição "de" com artigo "o" expressa o sentido de posse;
C) está incorreto porque a preposição "por" expressa o sentido de tempo;
D) está incorreto porque a contração da preposição "de" com o artigo "o" expressa o sentido de lugar, origem.

107) Gabarito: B
Comentário:
O verbo "advir" não é defectivo. Ele é derivado do verbo "vir", seguindo seu modelo de conjugação. Portanto, no presente do subjuntivo, na 3ª pessoa do plural, tem a forma "advenham".

108) Gabarito: E
Comentário:
A) Está incorreta porque: 1º) há uma locução verbal no trecho — "está sonhando" –; 2º) redação jornalística de forma alguma implica ausência de locuções verbais com o objetivo de ser clara e formal.
B) Está incorreta: o emprego do gerúndio, parte da locução verbal "está sonhando", está perfeitamente adequado ao contexto, expressando uma ação em processo — o personagem olha para fora enquanto "sonha acordado".
C) Está incorreta: "abertos" é um adjetivo, mas adjetivo não é função sintática, mas sim classe gramatical da palavra.
D) Está incorreta: a preposição "com", no trecho, não introduz ideia de causa nem de lugar, mas o assunto.
E) Está correta.

109) Gabarito: C
Comentário:
O vocábulo "tão", quando presente na oração principal associado ao conectivo "que" iniciando a oração subordinada, estabelece uma relação de consequência: ninguém imaginou que a consequência de o poder e o dinheiro se tornarem tão concentrados em "mega-hipercorporações" seria destruir tantas indústrias e atividades para sempre.

Passo 3

Orações complexas e grupos oracionais

Subordinação, coordenação, justaposição, orações reduzidas, frases (enunciados sem núcleo verbal)

SUBORDINAÇÃO

Subordinação: oração complexa

Uma oração independente do ponto de vista sintático constitui um texto se este nela se resumir, como em: A noite chegou.

Pode, entretanto, pelo fenômeno de estruturação das camadas gramaticais conhecido por *subordinação*, passar a uma camada inferior e aí funcionar como membro sintático de outra unidade: O caçador percebeu *que a noite chegou*.

A primitiva oração independente *A noite chegou* transportou-se do nível sintático de independência para exercer a função de complemento ou objeto direto da relação predicativa da oração a que pertence o núcleo verbal *percebeu*: o caçador percebeu.

Dizemos, então, que a unidade sintática *que a noite chegou* é uma oração *subordinada*. A gramática chama a unidade *o caçador percebeu* de oração principal. Gramaticalmente, a unidade oracional *O caçador percebeu que a noite chegou* é uma unidade sintática igual a *O caçador percebeu a chegada da noite*, onde *a chegada da noite* integra indissoluvelmente a relação predicativa que tem por núcleo o verbo *percebeu*, na função de complemento ou objeto direto.

Assim, temos:
Sujeito: *o caçador*
Predicado: *percebeu que a noite chegou*
Objeto direto: *que a noite chegou*

Como o objeto direto está constituído por uma oração subordinada, são passíveis de análise suas unidades sintáticas constitutivas:
Sujeito: *a noite*
Predicado: *chegou*

A rigor, o conjunto complexo *que a noite chegou* não passa de um termo sintático na oração complexa *O caçador percebeu que a noite chegou*, que funciona como objeto direto do núcleo verbal *percebeu*. Estas unidades transpostas exercem função própria de meros substantivos, adjetivos e advérbios, razão por que são assim classificadas na oração complexa: orações subordinadas substantivas, adjetivas e adverbiais.

Diferente deste caso será o *grupo oracional* integrado por orações sintaticamente independentes, que, por isso, poderiam aparecer em separado: *O caçador chegou à cidade e procurou um hotel.*

Temos aqui um grupo de enunciados da mesma camada gramatical, isto é, como *orações*, o que caracteriza uma das propriedades de estruturação das camadas gramaticais conhecida por *coordenação*.

No exemplo *O caçador percebeu que a noite chegou*, a marca de que a oração independente (*A noite chegou*) passou, pelo processo da subordinação, a funcionar como membro de outra oração é o *que*, conhecido tradicionalmente como "conjunção" integrante.

Daí não corresponder à nova realidade material da unidade sintática subordinada a denominação tradicional de *orações compostas* ou *período composto*. Temos sim orações *complexas*, isto é, orações que têm termos determinantes complexos, representados sob forma de outra oração. Rigorosamente, só haverá orações ou períodos *compostos* quando houver *coordenação*. Não obstante, a prática das bancas examinadoras, muitas vezes, não faz esta distinção, classificando ambos os casos como *período composto*.

Orações complexas de transposição substantiva

A oração transposta, inserida na oração complexa, é classificada conforme a categoria gramatical a que corresponde e pela qual pode ser substituída no desempenho da mesma função. Daí ser a oração transposta classificada como *substantiva, adjetiva* ou *adverbial*, segundo a tradição gramatical, pois desempenha função sintática normalmente constituída por substantivo, adjetivo ou advérbio.

A oração subordinada transposta substantiva aparece inserida na oração complexa exercendo funções próprias do substantivo, ressaltando-se que a "conjunção" *que* pode vir precedida de preposição, conforme exerça função que necessite desse índice funcional:

a) Sujeito: Convém *que tu estudes*. / Convém *o teu estudo*.
b) Objeto direto: O pai viu *que a filha saíra*. / O pai viu *a saída da filha*.
c) Complemento relativo: Todos gostam *de que sejam premiados*. / Todos gostam *de prêmio*.
d) Predicativo: A verdade é *que todos foram aprovados*. / A verdade é *a aprovação de todos*.
e) Objeto indireto: Enildo dedica sua atenção *a que os filhos se eduquem*. / Enildo dedica sua atenção *à educação dos filhos*.
f) Aposto: Uma coisa lhe posso adiantar, *que as crianças virão*. / Uma coisa lhe posso adiantar, *a vinda das crianças*.

> **Obs.:** Para as funções de complemento nominal e agente da passiva, veja observação na p. 272.

Características da oração subjetiva e predicativa

A oração substantiva subjetiva apresenta as seguintes características: estar depois da principal, estar o verbo da oração principal na 3ª pessoa do singular e num destes quatro casos:

a) verbo na voz reflexiva de sentido passivo: *Sabe-se* que tudo vai bem.
b) verbo na voz passiva (*ser, estar, ficar*) seguido de particípio: *Ficou provado* que estava inocente.

c) verbos *ser, estar, ficar* seguidos de substantivo ou adjetivo: *É verdade* que sairemos cedo. / *Foi bom* que fugissem. / *Está claro* que consentirei. / *Ficou certo* que me telefonariam.

d) verbo do tipo *parece, consta, ocorre, corre, urge, importa, convém, dói, punge, acontece*: *Parece* que vai chover. / *Urge* que estudem. / *Cumpre* que façamos com cuidado todos os exercícios. / *Acontece* que todos já foram punidos.

Obs. 1:
→ Não se pautam pela tradição literária as construções em que se personaliza o verbo *pesar* significando arrependimento ou dor, do tipo de: *Pesam-me* os dissabores que lhe causei.
A boa construção é dar-lhe objeto indireto de pessoa e complemento relativo de coisa introduzida pela preposição *de*, e na forma de 3ª pessoa do singular: *Pesa-me dos dissabores* que lhe causei.
→ O Prof. Sousa Lima acha que só se poderá considerar *predicativa* a oração que contiver o verbo *parecer* concordando "com outro sujeito que não seja a proposição: *Tu pareces ser estrangeiro*", outro exemplo: "Nunca nos esquecemos de nós, ainda quando *parecemos* que mais nos ocupamos dos outros" [Marquês de Maricá].
A oração substantiva predicativa introduzida pela conjunção complementa, na maioria das vezes, o verbo *ser*: A verdade *é que não ficaremos aqui*.

Obs. 2: Nos casos em que aparece o verbo *ser* em construções enfáticas do tipo *O professor é quem dará a palavra final* (ênfase da oração de base *O professor dará a palavra final*), a análise poderá considerar a oração de *quem* como predicativa, ou considerar uma só oração e *é quem* como expletivo. É bom ficar atento às duas possibilidades de análise que a banca pode adotar.

Orações complexas de transposição adjetiva

Tomemos a seguinte oração:
O aluno estudioso vence na vida,

em que o adjunto adnominal representado pelo adjetivo *estudioso* pode também ser representado por uma oração que, pela equivalência semântica e sintática com *estudioso*, se chama *adjetiva*:
O aluno *que estuda* vence na vida.

O transpositor relativo *que*, na oração subordinada, reintroduz o antecedente a que se refere e acumula também uma função de acordo com a estrutura sintática da oração transposta.

O adjetivo pode antepor-se ou pospor-se ao substantivo e, segundo sua posição, o adjetivo pode variar de valor. Em geral, o adjetivo anteposto traduz, por parte da perspectiva do falante, valor *explicativo*: *a triste vida*. Aqui o adjetivo não designa nenhum tipo de *vida* que se oponha a outro que não seja *triste*; apenas se descreve como a *vida* é. Agora, se disséssemos *a vida triste*, nos estaríamos restringindo a uma realidade que se opõe a outras, como *vida alegre, vida boêmia*, etc. Neste caso, o adjetivo se diz *restritivo*.

A oração adjetiva também conhece esses dois valores; a adjetiva explicativa alude a uma particularidade que não modifica a referência do antecedente e que, por ser mero apêndice, pode ser dispensada sem prejuízo total da mensagem. Na língua oral, aparece marcada por pausa em relação ao antecedente e, na escrita, é assinalada por adequado sinal de pontuação, em geral, entre vírgulas:
O homem, que vinha a cavalo, parou defronte da igreja.

Já em
O homem que vinha a cavalo parou defronte da igreja,

a oração adjetiva, proferida sem pausa e não indicada na escrita por sinal de pontuação a separá-la do antecedente, demonstra que nesta narração havia mais de um homem, mas só o "que vinha a cavalo" *parou defronte da igreja*. A esta subordinada adjetiva se chama *restritiva*.

À semelhança do que se fez com a oração complexa, em *O aluno que estuda vence na vida*, temos:
Sujeito: *O aluno que estuda*
Predicado: *vence na vida*

Adjunto adverbial: *na vida*

Como o adjunto adnominal está constituído por uma oração subordinada adjetiva, são passíveis de análise suas unidades sintáticas constitutivas:
Sujeito: *que* (= o aluno)
Predicado: *estuda*

As orações adjetivas iniciam-se por pronome relativo que, além de marcar a subordinação, exerce uma função sintática na oração a que pertence.

É importante assinalar que a função sintática do pronome relativo nada tem que ver com a função do seu antecedente; *ela é indicada pelo papel que desempenha na oração subordinada a que pertence.*

a) *Que* — não precedido de preposição necessária — pode exercer as funções de sujeito, objeto direto ou predicativo:
O menino *que* estuda aprende. (sujeito)
O livro *que* lemos é instrutivo. (objeto direto)
Somos o *que* somos. (predicativo)

b) *Que* — precedido de preposição necessária — pode exercer as funções de objeto indireto, complemento relativo, complemento nominal, adjunto adverbial ou agente da passiva:
A pessoa *a que* entreguei o livro deixou-o no táxi. (objeto indireto)
Os filmes *de que* gostamos são muitos. (complemento relativo)
O livro *de que* tenho necessidade é caro. (complemento nominal)
A pena *com que* escrevo não está boa. (adjunto adverbial de meio / instrumento)
Este é o escritor *por que* foi escrito o livro. (agente da passiva)

c) *Quem* — sempre em referência a pessoas ou coisas personificadas — só se emprega precedido de preposição, e exerce as seguintes funções sintáticas:
Ali vai o professor *a quem* ofereci o livro. (objeto indireto)
Apresento-te o amigo *a quem* hospedei no verão passado. (objeto direto)
Não conheci o professor *a quem* te referes. (complemento relativo)
As companhias *com quem* andas são péssimas. (adjunto adverbial)
O amigo *por quem* fomos enganados desapareceu. (agente da passiva)

d) *Cujo(s), cuja(s)* — precedidos ou não de preposição — valem sempre *do qual, da qual, dos quais, das quais* (caso em que a

preposição *de* tem sentido de posse) e funcionam como adjunto adnominal do substantivo seguinte com o qual concordam em gênero e número:
O homem *cuja* casa comprei embarcou ontem. (= a casa do qual)
Terminei o livro *sobre cuja* matéria tanto discutíamos. (= sobre a matéria do qual)

Adjetivação de oração originariamente substantiva

A unidade complexa *homem corajoso* pode ser substituída por *homem de coragem*, em que o substantivo *coragem*, transposto por uma preposição ao papel integrante de locução adjetiva, funciona também como adjunto do núcleo nominal.

Esta mesma possibilidade de transposição a adjetivo modificador de um grupo nominal mediante o concurso de preposição conhece a oração originariamente substantiva:

O desejo de que se apurem os fatos é a maior preocupação dos diretores.

O *que* (conjunção) que introduz a oração *que se apurem os fatos* é um transpositor de oração subordinada, igual a *a apuração dos fatos*. Precedida da preposição *de*, a oração substantiva fica habilitada a exercer a função de adjetivo (adjunto adnominal) do substantivo *desejo*. É operação idêntica à que vimos em *homem corajoso* → *homem de coragem*.

Este grupo nominal pode ter como núcleo um substantivo ou um adjetivo.

Núcleo substantivo:
O desejo *de que se apurem os fatos* é a maior preocupação dos diretores.
A crença *em que a crise se espalhe* atormenta todos nós.
A desconfiança *de se devemos ir avante* é logo desfeita.

Núcleo adjetivo:
Estávamos todos desejosos *de que o concurso saísse logo*.
Todos estavam crentes *de que isso aconteceria*.
O policial ficou desconfiado *de que o motorista estivesse alcoolizado*.

> **Obs.**: Sendo as expressões preposicionadas *desejo de glória, ânsia de liberdade, desejoso de glória, ansioso de liberdade* modificadoras dos núcleos nominais e, por isso mesmo, chamadas *complementos nominais* e funcionalmente partícipes da natureza dos adjetivos, manda a coerência que as orações que funcionam como complemento nominal sejam incluídas entre as adjetivas — como fizemos aqui — e não entre as substantivas, como faz a tradição entre nós. Como vimos, elas são primitivamente substantivas, mas que, num segundo momento de estruturação, para funcionarem como modificadoras de substantivos e adjetivos, são transpostas a adjetivas mediante o concurso da preposição. Estamos aqui com a lição do linguista espanhol Alarcos Llorach. Ocorre o mesmo com as orações que funcionam como agente da passiva que, primitivamente substantivas, são transpostas a adverbiais, mediante a preposição *por*.
> Não obstante, a prática das bancas examinadoras quase sempre considera estas orações como substantivas.

Orações complexas de transposição adverbial

Refletindo a classe heterogênea dos advérbios, também as orações transpostas que exercem funções da natureza do advérbio se repartem por dois grupos:

a) as subordinadas adverbiais propriamente ditas, porque exercem função própria de advérbio ou locução adverbial e podem ser substituídas por um destes (advérbio ou locução adverbial): estão neste caso as que exprimem as noções de *tempo, lugar, modo* (substituíveis por advérbio), *causa, concessão, condição, conformidade, proporção* e *fim* (substituíveis por locuções adverbiais formadas por substantivo e grupos nominais equivalentes introduzidos pelas respectivas preposições).

b) as subordinadas *comparativas* e *consecutivas*.

1. Causais

Quando a subordinada exprime a causa, o motivo, a razão do pensamento expresso na oração principal — *que* (= porque), *porque, como* (= porque), *visto que, visto como, já que, uma vez que* (com o verbo no indicativo), *desde que* (com o verbo no indicativo), etc.: *Saiu cedo porque precisou ir à cidade.* / *Como está chovendo,* transferiremos o passeio. / *Desde que assim quiseram,* vão arrepender-se.

2. Comparativas

As orações subordinadas comparativas, geralmente, não repetem certos termos que, já existentes na sua principal, são facilmente subentendidos:
Nada conserva e resguarda tanto a vida *como a virtude.* (*conserva e resguarda...*)
Para evitar confusões no sentido, usam-se as comparativas *como, que, do que* junto ao sujeito e, seguidas de preposição, *como a, que a, do que a* junto de objeto direto (o *a* é preposição):
Estimo-o *como um pai.* (= como pai estima)
Estimo-o *como a um pai.* (= como se estima a um pai)

Por meio de *como se* indicamos que o termo de comparação é hipotético:
"O velho fidalgo estremeceu *como se acordasse sobressaltado.*" [Rebelo da Silva]

> **Obs.:** A maioria dos gramáticos de língua portuguesa prefere desdobrar o *como se* em duas orações, sendo a primeira comparativa e a segunda condicional: *Ele lutaria como se fosse um leão* (comparativa). / *Ele lutaria como lutaria* (comparativa) *se fosse um leão* (condicional).
>
> O verbo *preferir* sugere uma ideia implícita de comparação, à semelhança de *querer mais, querer antes,* mas exige complemento regido da preposição *a*:
> Prefiro a praia *ao campo.*

3. Concessivas

A subordinada exprime que um obstáculo — real ou suposto — não impedirá ou modificará de modo algum a declaração da oração principal. Iniciadas por *ainda que, embora, posto que, se bem que, conquanto*, etc.: *Embora chova*, sairei.

Em vez de *ainda que, ainda quando*, pode-se empregar simplesmente *que* e *quando* em construções que, proferidas com tom de voz descendente e com verbo no subjuntivo, exprimem a ideia concessiva:
Os obstáculos, *que fossem muitos*, não tiravam aos rapazes a certeza da vitória.
E, *quando as palavras não o digam*, aí estão os fatos, para comprovar que só enunciei verdades.

4. Condicionais

A oração condicional exprime um fato que não se realizou ou, com toda a certeza, não se realizará:

a) falando-se do presente:
Se eu sou aplicado, obterei o prêmio.

b) falando-se do passado:
Se eu fosse aplicado, obteria o prêmio.

As orações condicionais não só exprimem condição, mas ainda podem encerrar as ideias de hipótese, eventualidade, concessão, tempo, sem que muitas vezes se possam traçar demarcações entre esses vários campos do pensamento.

5. Conformativas

A subordinada exprime um fato apresentado em conformidade com a declaração da principal (*como, conforme, segundo, consoante*):
Conseguiu fazer o trabalho *como lhe ensinaram*.
Todos procederam *conforme a ocasião* ensejava.

6. Consecutivas

A subordinada exprime o efeito ou consequência do fato expresso na principal. A oração consecutiva é introduzida pelo transpositor *que* a que se prende, na principal, uma expressão de natureza intensiva como *tal, tanto, tão, tamanho*, termos que também se podem facilmente subentender:
Alongou-se tanto no passeio, *que chegou tarde*.
É feio *que mete medo*. (= é tão feio...)

A oração consecutiva não só exprime a consequência devida à ação ou ao estado indicado na principal, mas pode denotar que se deve a consequência ao modo pelo qual é praticada a ação da principal. Para este último caso servimo-nos, na oração principal, das unidades complexas *de tal maneira, de tal sorte, de tal forma, de tal modo*:
Convenceu-se de tal maneira *que surpreendeu a todos*.

7. Finais
A oração subordinada indica a intenção, o objetivo, a finalidade do pensamento expresso na principal: *para que, a fim de que, que* (= para que):
Saíram *para que pudessem ver o incêndio*. / Reclamou *a fim de que o nomeassem*. / Falta pouco *que isto suceda*.

Abreviadamente usa-se *não* + subjuntivo com o valor de *para que não, de modo que não*, quando se quer expressar cautela, cuidado, restrição:
"Senhor, que estás nos céus, e vês as almas,
Que cuidam, que propõem, que determinam,
Alumia minha alma, *não se cegue*
No perigo, em que está." [Antônio Ferreira]

8. Locativas
Iniciam-se com *onde, quem, quanto* sem referência a antecedentes: "Os meninos sobejam *onde estão* e faltam *onde não se acham*"; "Não pode haver reflexão *onde tudo é distração*"; "*Onde o luxo vence* a probidade afraca e desfalece" [máximas do Marquês de Maricá].

9. Modais
"*De um relance* leu na fisionomia do mancebo, sem que suas pupilas estáticas se movessem nas órbitas." [José de Alencar]
Se a oração principal estiver na negativa, usar-se-á de *que não* + subjuntivo:
Não emite um parecer *que não se aconselhe com o diretor*.

Obs.: A Nomenclatura Gramatical Brasileira (NGB) não reconhece as conjunções modais e, assim, as orações modais, apesar de pôr o modo entre as circunstâncias adverbiais.

10. Proporcionais

A subordinada exprime um fato que aumenta ou diminui na mesma proporção do fato que se declara na principal — *à medida que, à proporção que, ao passo que, tanto mais... quanto mais, tanto mais... quanto menos, tanto menos... quanto mais*, etc.:

À medida que a idade chega, a nossa experiência aumenta.
Aprendia *à proporção que* lia o livro.
Aumentava o seu vocabulário *ao passo que* consultava os mestres da língua.

Obs.:
→ A unidade *ao passo que* pode ser empregada sem ideia proporcional, para indicar que um fato não se deu ou não tem as características de outro já enunciado: "A nudez habitual, dada a multiplicação das obras e dos cuidados do indivíduo, tenderia a embotar os sentidos e a retardar os sexos, *ao passo que* o vestuário, negaceando a natureza, aguça e atrai as vontades, ativa-as, reprodu-las[12] e conseguintemente faz andar a civilização" [Machado de Assis]; Ele foi ao cinema, *ao passo que* eu resolvi ir à praia.
→ Evite-se o emprego *mais (menos)... mais (menos)* em lugar de *quanto mais (menos)...tanto mais (menos)* em construções do tipo: *Quanto mais* estudamos, *tanto mais* aumentam nossas possibilidades de vitória (e não: *Mais* estudamos e *mais* venceremos). Pode-se omitir o *tanto* no segundo termo: *Quanto mais* estudamos, *mais*...

11. Temporais

A oração subordinada denota o tempo da realização do fato expresso na principal. As principais conjunções e "locuções" conjuntivas temporais são:

a) para o tempo anterior: *antes que, primeiro que* (raro):
Saiu *antes que* eu lhe desse o recado. / "Ninguém, senhores meus, que empreenda uma jornada extraordinária, *primeiro que* meta o pé na estrada, se esquecerá de entrar em conta com as suas forças..." [Rui Barbosa]

---

[12] Reproduz + as = reprodu-las.

b) para o tempo posterior (de modo vago): *depois que, quando*:
Saiu *depois que* ele chegou.

c) para o tempo posterior imediato: *logo que, tanto que* (raro), *assim que, desde que, apenas, mal, eis que, (eis) senão quando, eis senão que*:
Saiu *logo que* ele chegou. / "*Eis senão quando* entra o patrão..." [Afonso Arinos]

d) para o tempo frequentativo (repetido): *quando* (estando o verbo no presente), *todas as vezes que, (de) cada vez que, sempre que*:
Todas as vezes que saio de casa, encontro-o à esquina. / *Quando o vejo*, lembro-me do que me pediu.

> **Obs.:** Evite-se o erro de se preceder da preposição *em* o *que*, dizendo-se: *todas as vezes em que*.

e) para o tempo concomitante: *enquanto, (no) entretanto que* (hoje raro):
Dormia *enquanto* o professor dissertava.

> **Obs.:**
> → *Entretanto* ou *no entretanto* são advérbios de tempo, com o sentido de *neste ínterim, neste intervalo de tempo, neste meio-tempo*. Mais modernamente, *entretanto* passou a valer por uma unidade de valor adversativo e, por influência do advérbio, tem sido empregado precedido da combinação *no* (*no entretanto*). Muitos puristas não aprovam esta última construção.
> → A rigor, as "conjunções" proporcionais também indicam tempo concomitante; por isso, uns autores não distinguem as *temporais* das *concomitantes*, fazendo destas classes à parte das *temporais*. A Nomenclatura Gramatical Brasileira não fala em *concomitante*.

f) para o tempo limite terminal: *até que*:
Brincou *até que* fosse repreendido.

Assume valor temporal o *que* relativo repetidor de advérbio e expressões que designam "desde que época um fato acontece": *agora que, hoje que, então que, a primeira vez que, a última vez que*, etc.:
Agora que consegui aprender a lição, passarei adiante.
Esta foi *a última vez que* o vi.

Não se fazendo pausa entre o advérbio e o transpositor (*agora que, então que*, etc.) estabelece-se uma unidade de valor semelhante ao que existe em *depois que*, etc., e se pode passar a considerar o todo como "locução conjuntiva":
Agora que tudo está certo vou embora.

Sob o modelo de tais linguagens, desenvolveu-se o costume de se acrescentar o transpositor *que* depois de expressões que denotam "desde que tempo uma coisa acontece", reduzida a simples palavra de realce temporal:
Desde aquele dia *que* o procuro.
Analisando, dispensa-se o *que*.

COORDENAÇÃO

Grupos oracionais: a coordenação

As orações coordenadas são orações sintaticamente independentes entre si e que se podem combinar para formar *grupos oracionais* ou *períodos compostos*:
Mário lê muitos livros e aumenta sua cultura.

As duas orações são sintaticamente independentes, porque, ao analisar a primeira (*Mário lê muitos livros*), verificamos que possui todos os termos sintáticos previstos na relação predicativa, ao contrário da oração complexa:
Sujeito: *Mário*
Predicado: *lê muitos livros*
Objeto direto: *muitos livros*

As orações coordenadas estão ligadas por conectores chamados conjunções coordenativas, que apenas marcam o tipo de relação semântica que o falante manifesta entre os conteúdos de pensamento designado em cada uma das orações sintaticamente independentes. Tais orações ligadas pelas conjunções coordenativas se dizem, por isso, *sindéticas*.

São três as relações semânticas marcadas pelas conjunções coordenativas ou conectores:

1) *Aditiva*: adiciona ou entrelaça duas ou mais orações, sem nenhuma ideia subsidiária. As conjunções aditivas são *e* e *nem* (esta para os conteúdos negativos, e pode vir na 2ª oração ou em ambas).
Pedro estuda *e* Maria trabalha. / Pedro não estuda *nem* trabalha. / *Nem* Pedro estuda *nem* Maria trabalha.

2) *Adversativa*: contrapõe o conteúdo de uma oração ao de outra expressa anteriormente. As conjunções adversativas são *mas, porém, senão* (depois de conteúdo negativo).
João veio visitar o primo, *mas* não o encontrou. / Não saía *senão* com os primos.

3) *Alternativa*: contrapõe o conteúdo de uma oração ao de outra e manifesta exclusão de um deles, isto é, se um se realizar, o outro não se cumprirá: Estudas *ou* brincas.

> **Obs.:** Veja o tópico "Unidades adverbiais que não são conjunções coordenativas" na p. 170.

JUSTAPOSIÇÃO

Ao lado da presença de transpositores e conectores, as orações podem encadear-se, como ocorre com os termos sintáticos dentro da oração, sem que venham entrelaçadas por unidades especiais; basta-lhes apenas a sequência, em geral proferida com contorno melódico descendente e com pausa demarcadora, assinalada quase sempre na escrita por vírgulas, ponto e vírgula e, ainda, por dois-pontos: este procedimento de enlace chama-se *assindetismo* ou *justaposição*.

> **Obs.:**
> → Podem-se incluir nas orações justapostas aquelas que a gramática tradicional arrola sob o rótulo de coordenadas distributivas, caracterizadas por virem enlaçadas pelas unidades que manifestam uma reiteração anafórica do tipo de *ora...ora, já...já, quer... quer, um...outro, este...aquele, parte...parte, seja...seja*, e que assumem valores distributivos alternativos e, subsidiariamente, concessivos, temporais, condicionais.
> → Do ponto de vista constitucional, essas unidades são integradas por várias classes de palavras: substantivo, pronome, advérbio e verbo, e do ponto de vista funcional não se incluem entre os conectores que congregam orações coordenadas:
> *Ora* eram eles capazes de atos de vandalismo, *ora* eram capazes de atos de ajuda ao próximo.

Também se incluem nos grupos oracionais como orações justapostas as *intercaladas*, também caracterizadas por estarem separadas do conjunto por pausa e por contorno melódico particular. Na escrita, aparecem marcadas por vírgula, travessão ou parênteses. Assim, dois períodos independentes, como *Janete viajou para o Recife* e *Deus a acompanhe*, podem se juntar em um só texto do tipo: *Janete — Deus a acompanhe — viajou para o Recife*. O primitivo texto *Deus a acompanhe*, agora incorporado, chama-se oração intercalada, e o faz por justaposição, isto é, sem conectivo para ligá-las. Aparecem, na escrita, indicadas por travessão, parênteses ou simples vírgulas: *Janete (Deus a acompanhe) viajou para o Recife*. Gramáticos há que preferem considerar as duas opções como dois períodos independentes.

Discurso direto, indireto e indireto livre

O português, como outras línguas, apresenta normas textuais para nos referirmos, no enunciado, às palavras ou pensamentos de responsabilidade do nosso interlocutor, mediante os chamados *discurso direto, discurso indireto* e *discurso indireto livre*.

No discurso direto reproduzimos ou supomos reproduzir fiel e textualmente as nossas palavras e as do nosso interlocutor, em diálogo, com a ajuda explícita ou não de verbos como *disse, respondeu, perguntou,*

retrucou ou sinônimos (os chamados verbos *dicendi*). Às vezes, usam-se outros verbos de intenção mais descritiva, como *gaguejar, balbuciar, berrar*, etc. São os *sentiendi*, que exprimem reação psicológica do personagem. No diálogo a sucessão da fala dos personagens é indicada por travessão (outras vezes, pelos nomes dos intervenientes):
José Dias recusou, dizendo:
— *É justo levar a saúde à casa de sapé do pobre.*

No discurso indireto, os verbos *dicendi* se inserem na oração principal de uma oração complexa, tendo por subordinadas as porções do enunciado que reproduzem as palavras próprias ou do nosso interlocutor. Introduzem-se pelo transpositor *que*, pela dubitativa *se* e pelos pronomes e advérbios de natureza pronominal *quem, qual, onde, como, por que, quando*, etc.
Perguntei *se lavou as orelhas*.

O discurso indireto livre consiste em, conservando os enunciados próprios do nosso interlocutor, não fazer-lhe referência direta. Como ensina Mattoso Câmara, mediante o estilo indireto livre reproduz-se a fala dos personagens — inclusive do narrador — sem "qualquer elo subordinativo com um verbo introdutor *dicendi*". Tomando o exemplo anterior (discurso direto), bastaria suprimir a forma verbal *dizendo* e construir dois períodos independentes com as duas partes restantes:
José Dias recusou. Era justo levar a saúde à casa de sapé do pobre.

Uma particularidade do estilo indireto livre é a permanência das interrogações e exclamações da forma oracional originária, ao contrário do caráter declarativo do estilo indireto:
"Minha mãe foi achá-lo à beira do poço, e intimou-lhe que vivesse. *Que maluquice era aquela de parecer que ia ficar desgraçado, por causa de uma gratificação a menos, e perder um emprego interino? Não, senhor, devia ser homem, pai de família, imitar a mulher e a filha...*" [Machado de Assis]

Decorrência de subordinadas

A oração principal é aquela que tem um dos seus termos sob forma de outra oração. Num período, mais de uma oração — qualquer que seja o seu valor sintático — pode acompanhar-se de oração subordinada:
Não sei se José disse que viria hoje.

A 1ª principal pede a oração subordinada objetiva direta *se José disse*, que, por sua vez, pede a terceira, *que viria hoje*. Assim sendo, a 2ª oração se nos apresenta sob duplo aspecto sintático: subordinada em relação à 1ª e principal em relação à 3ª.

Havendo mais de uma oração principal, designá-las-emos, respectivamente, por principal de 1ª categoria, de 2ª categoria, de 3ª categoria, e assim por diante. Então:

1ª oração — principal de 1ª categoria: *Não sei* + *subordinada*.
2ª oração — subordinada substantiva objetiva direta (em relação à anterior) e principal de 2ª categoria (em relação à seguinte): *se José disse* + *subordinada*.
3ª oração — subordinada substantiva objetiva direta: *que viria hoje*.

Concorrência de subordinadas: equipolência interoracional

Assim como uma oração pode depender de outra subordinada, assim também duas ou mais orações subordinadas podem servir à mesma principal:
Espero que estudes e que sejas feliz.

Isto é:
Espero *que estudes* (objetiva direta) e *que sejas feliz* (objetiva direta).

Como a concorrência de subordinadas só é possível se as orações exercem a mesma função, elas estarão coordenadas entre si, porque a coordenação se dá com expressões do mesmo valor e na mesma camada de estruturação gramatical. A 3ª oração se nos apresenta sob duplo aspecto sintático: é coordenada em relação à 2ª (porque são do mesmo valor) e subordinada em relação à principal (*espero*), comum às duas subordinadas. Em vez desta classificação um tanto longa (coordenada à anterior e subordinada à principal), podemos dizer apenas que a 3ª oração é *equipolente* à 2ª oração. Infelizmente, esta denominação cômoda não consta na Nomenclatura Gramatical Brasileira.

A equipolente pode ser: substantiva, adjetiva ou adverbial.

Obs.: Quando o período encerra mais de um tipo de oração, dá-se-lhe comumente o nome de *misto*, denominação que a Nomenclatura Gramatical Brasileira não adota:
"Agora sim, disse então aquela cotovia astuta, agora sim, irmãs, levantemos o voo e mudemos a casa, que vem quem lhe dói a fazenda." [Pe. Manuel Bernardes]
1ª oração do 1º período — coordenada (ou coordenante): *Agora sim, agora sim, irmãs, levantemos o voo*
2ª oração do 1º período — coordenada aditiva e principal da 3ª: *e mudemos a casa*
3ª oração do 1º período — subordinada causal e principal da 4ª: *que vem*
4ª oração do 1º período — subordinada substantiva subjetiva: *quem lhe dói a fazenda*
1ª oração do 2º período — justaposta de citação: *disse então aquela cotovia astuta*

ORAÇÕES REDUZIDAS

Oração reduzida é a que apresenta seu verbo (principal ou auxiliar, este último nas locuções verbais), respectivamente, no infinitivo, gerúndio e particípio (reduzidas infinitivas, gerundiais e participiais).

Obs.:
→ Havendo locução verbal é o auxiliar que indica o tipo de reduzida. Assim são exemplos de reduzidas de gerúndio: *estando amanhecendo, tendo de partir, tendo partido*; são exemplos de reduzidas de infinitivo: *ter de partir, depois de ter partido*; é exemplo de reduzida de particípio: *acabado de partir*. Se, por outro lado, o auxiliar da locução estiver na forma finita, não haverá oração reduzida: *Quanta gente havia de chorar*.

> → Nem toda oração desprovida de transpositor é reduzida, uma vez que este transpositor pode estar oculto: *Espero que sejas feliz* ou *Espero sejas feliz*. Em ambos os exemplos a subordinada *que sejas feliz* ou *sejas feliz* é desenvolvida. O que caracteriza a reduzida é a forma infinita ou nominal do verbo (principal ou auxiliar): infinitivo, gerúndio e particípio.
> → *Infinita* é uma forma verbal normalmente sem flexão, enquanto *infinitivo* é uma das chamadas formas nominais do verbo; assim, se fala em emprego do *infinitivo flexionado*, e não em emprego do *infinito*.

Desdobramento das orações reduzidas

As orações reduzidas são subordinadas e quase sempre se podem desdobrar em orações desenvolvidas.
Vejamos o seguinte exemplo:
Declarei estar ocupado = *declarei que estava ocupado*.

Este desdobramento é mero artifício de equivalência textual, que nos ajuda a classificar as orações reduzidas, uma vez que poderemos proceder da seguinte maneira:
Declarei estar ocupado = *declarei que estava ocupado*.
que estava ocupado: subordinada substantiva objetiva direta.

Logo:
estar ocupado: subordinada substantiva objetiva direta reduzida de infinitivo ou reduzida infinitiva.

Orações substantivas reduzidas

Normalmente as orações substantivas reduzidas têm o verbo, principal ou auxiliar, no infinitivo. São elas:
Subjetiva: "Agora mesmo, custava-me *responder alguma coisa*, mas enfim contei-lhe o motivo da minha ausência." [Machado de Assis]
Objetiva direta: "(...) como se estivesse ainda no vigor da mocidade e contasse como certo *vir a gastar frutos desta planta*." [Latino Coelho]

Objetiva indireta: "Tudo, pois, aconselhava o rei de Portugal *a tentar uma expedição para aquele lado.*" [Alexandre Herculano]
Completiva relativa: "Um povo que se embevecesse na História, que cultivasse a tradição, que amasse o passado, folgaria *de relembrar esses feitos...*" [Carlos de Laet]
Predicativa (do sujeito ou do objeto): "O primeiro ímpeto de Luísa foi *atirar-se-lhe aos braços*, mas não se atreveu." [Mendes Leal] / "O resultado foi *eu arrumar uns cocotes na Germana e esfaquear João Fagundes.*" [Graciliano Ramos]
Apositiva: "Dois meios havia em seguir esta empresa: *ou atacar com a armada por mar, ou marchar o exército por terra e sitiar aquela cidade.*" [Alexandre Herculano]

Orações adjetivas reduzidas

As orações adjetivas reduzidas têm o verbo, principal ou auxiliar, no:

1. Infinitivo
Está marcada a festa *a realizar-se na próxima semana*.

2. Gerúndio, indicando um substantivo ou pronome
a) uma atividade passageira:
"(...) cujos brados selvagens de guerra começavam a soar ao longe como um trovão *ribombando no vale*." [Alexandre Herculano]
b) uma atividade permanente, qualidade essencial, inerente aos seres, própria das coisas:
"Algumas comédias havia com este nome *contendo argumentos mais sólidos*." [Said Ali]
    Aceitar o gerúndio como construção vernácula não implica adotá-lo a todo momento, acumulando-o numa série de mau gosto.

3. Particípio
"Os anais ensanguentados da humanidade estão cheios de facínoras, *empuxados* (= que foram empuxados) *ao crime pela ingratidão injuriosa de mulheres muito amadas, e perversíssimas.*" [Camilo Castelo Branco]

Orações adverbiais reduzidas

Têm o verbo, principal ou auxiliar, no:

1. Infinitivo
Deve-se empregar o verbo regido de preposição adequada. Para o desdobramento da reduzida em desenvolvida, basta substituir a preposição ou locução prepositiva por uma expressão do mesmo valor e pôr o verbo na forma finita. É de toda conveniência conhecermos as principais preposições que correspondem a "conjunções" subordinativas adverbiais: "Porém, deixando o coração cativo, / *Com fazer-te a meus rogos sempre humano*, / Fugiste-me traidor..." [Santa Rita Durão]

(*Com fazer-te* = porque te fizeste sempre humano), portanto a oração destacada é subordinada adverbial causal, reduzida de infinitivo.
Podem ser reduzidas de infinitivo as causais, concessivas, condicionais, consecutivas, finais, locativas, de meio e instrumento e temporais.

2. Gerúndio
Pode equivaler a uma oração causal; uma oração consecutiva; uma oração concessiva; uma oração condicional; uma oração que denota modo, meio, instrumento; uma oração temporal.
Tendo mais do que imaginavam, não socorreu os irmãos.
(*tendo* = embora tivesse), portanto a oração destacada é subordinada adverbial concessiva, reduzida de gerúndio.
Tendo livres as mãos, poderia fugir do cativeiro.
(*tendo* = tivesse), portanto a oração destacada é subordinada adverbial condicional, reduzida de gerúndio.

3. Particípio
Pode equivaler a uma oração causal; uma oração condicional; uma oração temporal.
Quando fazem parte de uma locução verbal, infinitivo, gerúndio e particípio não constituem oração reduzida: *Tinham de chegar* cedo ao trabalho.
Estão saindo todos os alunos.
As lições *foram aprendidas* sem esforço.

FRASES (ENUNCIADOS SEM NÚCLEO VERBAL)

Oração e frase

A unidade sintática chamada *oração* constitui o centro da atenção da gramática por se tratar de uma unidade onde se relacionam sintaticamente seus termos constituintes e onde se manifestam as relações de ordem e regência, que partem do núcleo verbal, e das quais se ocupa a descrição gramatical.

Isto não impede a presença de enunciados destituídos desse núcleo verbal conhecidos pelo nome de *frases*:
Bom dia!

O tipo mais simples de frase é o constituído por *interjeição*: *Psiu!*, que pode aparecer combinada com outras unidades para constituir frases mais complexas: *Ai de mim!*

Outras classes de palavras e grupos nominais se podem transpor ao papel de interjeição, empregados em função apelativa, endereçada ao interlocutor, ou como manifestação da atitude do falante: *Depressa!*

Podem aparecer, também, unidades mais longas resultantes de respostas ou comentários a diálogos reais ou imaginários com o interlocutor:
"— Está bem, deixe-me ficar algum tempo mais, estou na pista de um mistério...
— *Que mistério?*" [Machado de Assis]

Entre essas verdadeiras pro-orações estão as palavras *sim, não, talvez, tampouco* e assemelhadas (sozinhas ou combinadas), que de primitivos advérbios passam ao papel de frases:
"— Já deste a notícia?
— *Ainda não.*" [Lima Barreto]

Algumas vezes, um dos interlocutores ou o autor, num monólogo, faz uso de uma frase exclamativa complexa que vale por uma interjeição:
"Eugênia sentou-se a concertar uma das tranças. *Que dissimulação graciosa! Que arte infinita e delicada! Que tartufice profunda!*" [Machado de Assis]

Diferente contexto linguístico ocorre com frases que entram na indicação de etiquetas, letreiros e rótulos situados em circunstâncias tais que, com ajuda de entornos, são suficientes para constituir informações precisas. Deste rol fazem parte a sinalização verbal das indicações de trânsito, por exemplo (*Entrada, Saída, Retorno,* etc.).

QUESTÕES DO PASSO 3

1) (IBGE — Analista — Análise de Projetos — tipo 1 — Superior — FGV Projetos)
"Sem pedir licença, pegou o cartaz e com o giz escreveu outro conceito"; a oração "Sem pedir licença" pode ser adequadamente substituída pela seguinte oração desenvolvida:

(A) Sem que pedisse licença;
(B) Sem o pedido de licença;
(C) Sem que peça licença;
(D) Sem a petição de licença;
(E) Sem que havia pedido licença.

Leia a tira para responder às questões de números 2 e 3

Eles se ajudam e se revezam para alcançar um bem comum.

Perceberam? Não há nada de humano nos pássaros.

André Dahmer.

2) (Fundação Vunesp — Câmara Municipal de Itatiba — Advogado)
É correto concluir, a partir da leitura da tira, que o autor faz uma crítica ao que ele considera ser uma característica dos

(A) humanos: trabalharem em conjunto com vistas a um objetivo comum, que beneficie a todos os membros do grupo.
(B) pássaros: agirem de modo muito parecido com as ações humanas no que diz respeito ao bem-estar do grupo.
(C) humanos: em vez de se ajudarem, tendo em vista o bem comum de todo o grupo, comportam-se como os pássaros.
(D) pássaros: não serem capazes de imitar as ações dos homens, já que estes são exemplares quanto ao trabalho em grupo.
(E) humanos: atuarem de modo individualista, não se organizando para trabalhar em grupo, em busca de um bem comum.

3) (Fundação Vunesp — Câmara Municipal de Itatiba — Advogado)
O termo destacado na fala do primeiro quadrinho — Eles se ajudam e se revezam **para** alcançar um bem comum. — expressa

(A) condição.
(B) proporção.
(C) concessão.
(D) finalidade.
(E) conformidade.

4) (UFPR — Prefeitura Municipal de Colombo — Professor)
Assinale a alternativa em que a expressão sublinhada é transformada, mas mantendo seu sentido original.

(A) A redução da disponibilidade hídrica intensificará a disputa pela água por seus usuários. *A redução da disponibilidade hídrica fará os usuários disputarem a intensificação da água.*
(B) Os empregos são altamente dependentes dos recursos hídricos. *Os empregos recorrem à alta dependência hídrica.*
(C) Há todo um trabalho para capacitar os empresários para essa transição econômica. *Há todo um trabalho para capacitar os empresários a que transitem com economia.*
(D) A produção de energia possibilita a criação de empregos diretos e indiretos. *A produção de energia traz possibilidades diretas e indiretas de criar empregos.*
(E) A falta de fornecimento de água pode resultar na perda de empregos. *A falta de fornecimento de água pode resultar em que se percam empregos.*

5) (UFPR — Prefeitura Municipal de Colombo — Professor)
Identifique como verdadeiras (V) ou falsas (F) as seguintes afirmativas:

( ) "Todas as alunas da classe que vieram sem uniforme terão que retornar às suas casas." Essa frase necessariamente significa que todas as meninas da classe vieram sem uniforme.
( ) "O diretor do centro hospitalar, médico e escritor, promove atividades literárias para os pacientes." Nessa frase, a pontuação está incorreta, pois nela o sujeito e o predicado são separados por vírgula.
( ) Nas frases "Começa o horário de verão; adiante o relógio à meia-noite de hoje" e "Começa o horário de verão. Adiante o

relógio à meia-noite de hoje", os usos de ponto e vírgula ou de ponto-final após a palavra "verão", em um caso e noutro, são igualmente corretos.

( ) "A empresa adquiriu cem máquinas; e as máquinas, que a empresa comprou via licitação, estão alocadas de forma irregular." Segundo esta frase, entende-se que as cem máquinas foram adquiridas pela empresa via licitação e que todas elas estão alocadas de forma irregular.

Assinale a alternativa que apresenta a sequência correta, de cima para baixo.

(A) V — F — V — F.
(B) F — F — V — V.
(C) V — V — F — V.
(D) F — F — V — F.
(E) F — V — F — V.

Leia o texto para responder as questões de números 6 e 7.

Como surgiu a linguagem humana?

Embora não exista uma resposta fechada para a pergunta, há alguns experimentos e teorias que sugerem que o início do processo se deu entre os antepassados do Homo Sapiens, há 1,5 milhão de anos. A hipótese mais considerada pelos especialistas para o início da linguagem é a antropológica. Segundo ela, o processo resultou da necessidade do homem, além de se comunicar socialmente, garantir sua sobrevivência. (adaptado)

Galileu, junho de 2008.

6) (Câmara Municipal do Recife — Arquiteto — FGV Projetos)
No texto, a frase inicial "Embora não exista uma resposta fechada" tem uma substituição inadequada em:

(A) Posto que não exista uma resposta fechada;
(B) Malgrado não existir uma resposta fechada;
(C) Não obstante não existir uma resposta fechada;
(D) Ainda não existindo uma resposta fechada;
(E) Apesar de não existir uma resposta fechada.

7) (Câmara Municipal do Recife — Arquiteto — FGV Projetos)
No texto, a pergunta do título:

(A) é ignorada no desenvolvimento do texto;
(B) é respondida de forma vaga e imprecisa;
(C) não é respondida satisfatoriamente no texto;
(D) é claramente respondida, ainda que sob um só ponto de vista;
(E) é respondida, mas de forma não técnica.

8) (Assistente Administrativo — Quadrix — CRMV — TO)

Sistema de adestramento promete ensinar gatos a usarem vaso sanitário

Um pet shop *online* está vendendo um produto que pode ser a solução para quem tem gatos e gosta da casa organizada ou mora em lugares pequenos: **é um sistema de adestramento para treinar os bichanos a usarem o banheiro e evitarem o uso de caixa de areia**. O veterinário e fundador do pet shop, Márcio Waldman, explica que o sistema consiste em aros de tamanhos diferentes, que são colocados no assento até que o animal se adapte a usar o vaso sanitário.

"O produto é aplicado em fases e contém vários tamanhos de aros para serem diminuídos aos poucos até chegarem ao tamanho real do vaso sanitário. **Para facilitar a adaptação**, a areia é colocada neste recipiente, durante as fases", explica Márcio.

No início da adaptação, recomenda o especialista, os donos devem retirar a tradicional caixa de areia do alcance do animal por algumas horas e inserir o assento no vaso sanitário. É importante "aumentar gradativamente o período sem a caixa sanitária e com o assento no banheiro até que o gato perceba que o local a ser utilizado é o vaso sanitário", afirma.

O veterinário relata que não existe uma média de tempo para o animal se adaptar. "Alguns gatos se adaptam em poucos dias. Outros podem demorar algumas semanas para mudarem de hábito", explica. O profissional alerta que esse período de adaptação é um dos pontos negativos do produto. Como vantagem, ele ressalta a **ausência** de areia **sanitária** e da necessidade de retirar essa areia em grumos da caixa.

Márcio afirma **que** é muito difícil que o gato caia dentro do vaso sanitário, já que os bichanos têm um senso espacial e de equilíbrio muito maior que o dos humanos.

"Sistema de adestramento promete ensinar gatos a usarem vaso sanitário". G1, 28 abr. 2016. Disponível em: <http://g1.globo.com/sao-paulo/sorocaba-jundiai/mundo-pet/noticia/2016/04/sistema-de-adestramento-promete-ensinar-gatos-usarem-vaso-sanitario.html>.

Releia o último parágrafo do texto e analise a palavra "que", em destaque. Assinale a alternativa que contenha uma afirmativa totalmente correta sobre ela.

(A) Trata-se de uma conjunção explicativa.
(B) Ela introduz uma oração subordinada substantiva subjetiva.
(C) Trata-se de um pronome relativo.
(D) Ela introduz uma oração subordinada substantiva objetiva direta.
(E) Trata-se de um pronome interrogativo.

9) (Enfermeiro — IBADE — SEJUDH — MT)

> **Obs.:** O texto (FELINTO, Marilene. "Te". *Folha de S.Paulo*, São Paulo, 30 jan. 2001. Brasil, Cotidiano, p. C2.) de onde foi retirado o objeto desta questão não foi incluído no livro por não ser determinante para a resolução da mesma.

Sobre a oração destacada em "As primeiras palavras foram pronunciadas para exprimir o QUE NÃO VEMOS" é correto afirmar que:

(A) ocorre no texto sob a forma de um sintagma adjetivo e constitui uma oração adjetiva.
(B) estabelece combinações para expressar um ato discursivo com idêntico valor semântico ao da primeira oração.
(C) a unidade oracional relaciona orações independentes para formar um sintagma adverbial.
(D) utiliza a conjunção adverbial para concretizar a ideia de consequência.
(E) corresponde a um sintagma adverbial em que a conjunção inicia a oração.

10) (Psicólogo — Área: Organizacional e do Trabalho — UFPA — UFPA)

> **Obs.:** O texto (ALVES, Rubem. "Saúde Mental", retirado de <http://www.intitutorubemalves.org.br>. Acesso em 10/12/2016) de onde foi retirado o objeto desta questão não foi incluído no livro por não ser determinante para a resolução da mesma.

As orações destacadas no trecho "Acontece, entretanto, que esse computador **que é o corpo humano** tem uma peculiaridade **que o diferencia dos outros:** o seu hardware, o corpo, é sensível às coisas **que o seu software produz.** Pois não é isso que acontece conosco? Ouvimos uma música e choramos. Lemos os poemas eróticos do Drummond e o corpo fica excitado" são

(A) orações subordinadas substantivas subjetivas.
(B) orações subordinadas adjetivas restritivas.
(C) orações subordinadas substantivas completivas nominais.
(D) orações subordinadas adjetivas explicativas.
(E) orações subordinadas substantivas apositivas.

11) (Analista — CONSULPLAN — CFESS)

> **Obs.:** O texto (SCLIAR, Moacyr. *Do jeito que nós vivemos*. Belo Horizonte: Ed. Leitura, 2007.) de onde foi retirado o objeto desta questão não foi incluído no livro por não ser determinante para a resolução da mesma.

As orações substantivas exercem as mesmas funções, no período, dos termos vistos na análise sintática das orações. Analisando sintaticamente o período: *"E um dia descobrem que as brilhantes contas de vidro são só isto: contas de vidro"* pode-se identificar o mesmo tipo de oração substantiva vista em:

(A) Nunca duvidei de suas palavras.
(B) Ainda não verifiquei os relatórios que foram entregues ontem.
(C) O professor permitiu que vários alunos fizessem nova avaliação.
(D) Minha sensação era de que os alunos haviam compreendido todo o exposto.

12) (Auditor Fiscal da Receita Estadual — Administração Tributária — FCC — SEGEP — MA)
Atenção: Para responder à questão, considere o texto abaixo.

Tolerância brasileira?
A internet vem ajudando a derrubar o mito de que nós, brasileiros, somos tolerantes às diferenças. Expressões preconceituosas predominam em postagens que revelam todo tipo de intransigência em relação ao outro, rejeitado por sua aparência, classe social, deficiência, opção política, idade, raça, religião etc.
Num primeiro momento, parece que a internet criou uma onda de intolerância. O fato, porém, é que as redes sociais apenas amplificaram discursos existentes no nosso dia a dia. No fundo, as pessoas são as mesmas, nas ruas e nas redes.

COSTA, Bob Vieira da. "O mito da tolerância". *Folha de S.Paulo*. São Paulo, 3 ago. 2016. A3. Opinião.

A oração sublinhada exerce a função de **sujeito** no seguinte período:

(A) Parece que o mito da tolerância já não se sustenta entre nós.
(B) A internet derrubou a crença de que somos tolerantes.
(C) As redes sociais deram vazão à intolerância que já se notava nas ruas.
(D) Uma vez disseminados, os preconceitos vão revelando nossa intolerância.
(E) Quando se acessa uma rede social depara-se com uma onda de intolerância.

13) (Enfermeiro — FCM — IF — RJ)

Obs.: O texto (GLEISER, Marcelo. "O aumento da população mundial e a ameaça da predação planetária". *Folha de S.Paulo*. São Paulo, 2 out. 2016. Ilustríssima.) de onde foi retirado o objeto desta questão não foi incluído no livro por não ser determinante para a resolução da mesma.

No trecho: "Ainda que estimativas sejam incertas, parece claro que estamos marchando resolutamente em direção a um ponto de saturação, no qual nossas práticas de extração e de exploração do solo e a demanda de uma população crescente e com afluência maior irão exaurir os recursos planetários", a oração grifada é sintaticamente classificada de oração subordinada adverbial

(A) concessiva.
(B) condicional.
(C) consecutiva.
(D) comparativa.
(E) conformativa.

14) (Engenheiro de Segurança do Trabalho — INAZ do Pará — Prefeitura de Itaúna — MG)

> **Obs.:** O texto (SCHEINBERG, Gabriela. "Câncer: as novas frentes de ataque". *Galileu*. São Paulo, nº 120, p. 41-52.) de onde foi retirado o objeto desta questão não foi incluído no livro por não ser determinante para a resolução da mesma.

Em: "A genética, que já vinha sendo usada contra o câncer em diagnóstico e em avaliações de risco, conseguiu, pela primeira vez, realizar o sonho das drogas 'inteligentes': impedir a formação de tumores", as partes sublinhadas constituem-se como uma Oração:

(A) Absoluta;
(B) Coordenada;
(C) Subordinada;
(D) Principal;
(E) Reduzida.

15) (Diplomata — CESPE — Instituto Rio Branco)

O índio não teve muita sorte na literatura brasileira, depois do Romantismo. Enquanto nas letras hispano-americanas viceja um esplêndido indigenismo pelo século XX adentro, com tantos e tão importantes criadores dedicando-se a transpor o índio para a ficção, no Brasil se podem contar nos dedos das mãos os casos.
Torna a trazer o assunto à baila o aparecimento e grande vendagem de **Maíra**, romance de Darcy Ribeiro. O renomado antropólogo já tinha em seu acervo de realizações uma respeitável brasiliana, incluindo

vários trabalhos sobre os índios, um dos quais, a história de Uirá, fora
10 transformado em filme no início da década de 70. **Maíra** é, portanto, a primeira incursão do autor pelo épico, a menos que se considere a história de Uirá como uma primeira aproximação ao gênero. (…)

GALVÃO, W. N. "Indianismo revisitado". In: *Esboço de figura — Homenagem a Antonio Candido*. São Paulo: Duas Cidades, 1979, p. 379-89.

Obs.: O restante do texto não foi incluído neste livro por não ser determinante para a resolução das questões.

Considerando as relações semântico-sintáticas estabelecidas no texto, julgue (**C** ou **E**) o item a seguir.
A oração reduzida iniciada pelo gerúndio "incluindo" (linha 8) poderia ser corretamente substituída pela seguinte oração desenvolvida: no qual se inclui vários trabalhos sobre os índios.
( ) CERTO
( ) ERRADO

16) (Analista — Processos Administrativos e Disciplinares — FGV — IBGE)

Obs.: O texto ("A eficácia das palavras certas". [Produção de Texto: Maria Luíza M. Abaurre e Maria Bernadete M. Abaurre]) de onde foi retirado o objeto desta questão não foi incluído no livro por não ser determinante para a resolução da mesma.

A frase abaixo em que a substituição de uma oração reduzida por uma desenvolvida equivalente é <u>inadequada</u> é:

(A) "Sou como uma planta do deserto. Uma única gota de orvalho é suficiente <u>para me alimentar</u>". (Leonel Brizola) / para que eu me alimente;
(B) "Você nunca realmente perde <u>até parar de tentar</u>". (Mike Ditka) / até que pare de tentar;
(C) "Uma rua sem saída é apenas um bom lugar <u>para se dar a volta</u>". (Naomi Judd) / para que se dê a volta;

(D) "Amor é um truque sujo que nos impuseram <u>para obter a continuidade de nossa espécie</u>". (Somerset Maugham) / para que se obtivesse a continuidade de nossa espécie;
(E) "O amor é a asa que Deus deu ao homem <u>para voar até Ele</u>". (Roger Luján) / para que voe até Ele.

17) (Analista de TI — Projetos — IDECAN — PRODEB)

> **Obs.:** O texto (GUERREIRO, Antonio. "De Gutenberg a Zuckerberg". Disponível em: <https://medium.com/@a_guerreiro/de-gutenberg-a-zuckerberg-2a186ff1dc80>.) de onde foi retirado o objeto desta questão não foi incluído no livro por não ser determinante para a resolução da mesma.

*"**Ferramentamos, ajudamos e até atrapalhamos, ok.**"* A respeito do período anterior, analise as afirmativas.

I. Há, no período, uma oração reduzida.
II. O período apresenta apenas orações coordenadas.
III. Há ocorrência de oração coordenada sindética aditiva.
IV. O período é composto por duas orações coordenadas e uma subordinada.

Estão corretas apenas as afirmativas

(A) I e II.
(B) II e III.
(C) I, II e IV.
(D) I, III e IV.

18) (Consórcio CEDERJ — Graduação a distância)

> **Obs.:** O texto (BOTELHO, Denilson. "O que Lima Barreto pode ensinar ao Brasil de hoje". *Carta Capital*. São Paulo, 25 jul. 2017. Disponível em: <http://www.cartaeducacao.com.br/artigo/oque-lima-barreto-pode-ensinar-ao-brasil-de-hoje/>.) de onde foi retirado o objeto desta questão não foi incluído aqui por não ser determinante para a resolução da mesma.

Em "Da mesma forma, vivenciou também os desafios de uma república que se fez excludente...", a oração em destaque tem a mesma função sintática que a sublinhada em:

(A) "Nos últimos anos, os grandes grupos empresariais de mídia têm contribuído decisivamente para demonizar a política."
(B) "... a liberdade viesse acompanhada dos direitos de cidadania pelos quais temos lutado desde então..."
(C) "O fato é que encontramos em Lima Barreto um vigoroso antídoto para lidar com essa situação..."
(D) "... sugere que todo político é ladrão e corrupto."

Leia o texto para responder as questões de números 19 a 21.

Triste fim de Policarpo Quaresma

Lima Barreto

Como lhe parecia ilógico com ele mesmo estar ali metido naquele estreito calabouço. Pois ele, o Quaresma plácido, o Quaresma de tão profundos pensamentos patrióticos, merecia aquele triste fim? De que maneira sorrateira o Destino o arrastara até ali, sem que ele
5   pudesse pressentir o seu extravagante propósito, tão aparentemente sem relação com o resto da sua vida? (...)
   Devia ser por isso que estava ali naquela masmorra, engaiolado, trancafiado, isolado dos seus semelhantes como uma fera, como um criminoso, sepultado na treva, sofrendo umidade, misturado com os
10 seus detritos, quase sem comer... Como acabarei? Como acabarei? E a pergunta lhe vinha, no meio da revoada de pensamentos que aquela angústia provocava pensar. Não havia base para qualquer hipótese. Era de conduta tão irregular e incerta o Governo que tudo ele podia esperar: a liberdade ou a morte, mais esta que aquela. (...)
15 Desde dezoito anos que o tal patriotismo lhe absorvia e por ele fizera a tolice de estudar inutilidades. Que lhe importavam os rios? Eram grandes? Pois que fossem... Em que lhe contribuiria para a felicidade saber o nome dos heróis do Brasil? Em nada... O importante é que ele tivesse sido feliz. Foi? Não. Lembrou-se das suas cousas de
20 tupi, do folclore, das suas tentativas agrícolas... Restava disso tudo em sua alma uma satisfação? Nenhuma! Nenhuma! (...)
   A Pátria que quisera ter era um mito; era um fantasma criado por ele no silêncio do seu gabinete. Nem a física, nem a moral, nem

a intelectual, nem a política, que julgava existir, havia. A que exis-
25 tia, de fato, era a do Tenente Antonino, a do Doutor Campos, a do
homem do Itamarati.

> BARRETO, Lima. *Triste fim de Policarpo Quaresma*. Rio de Janeiro:
> Fundação Biblioteca Nacional; Departamento Nacional do Livro, p. 383-387.
> Disponível em: <http://www.ebooksbrasil.org/adobeebook/policarpoE.pdf>.

19) (Consórcio CEDERJ — Graduação a distância)

No excerto em análise, há predominância do discurso:

(A) direto.
(B) indireto.
(C) indireto livre.
(D) direto livre.

20) (Consórcio CEDERJ — Graduação a distância)

"De que maneira sorrateira o Destino o arrastara até ali, sem que ele pudesse pressentir o seu extravagante propósito, tão aparentemente sem relação com o resto da sua vida?" (linhas 4-6)

O pronome possessivo em "seu extravagante propósito" tem função coesiva e retoma o propósito
(A) do Destino.
(B) de Quaresma.
(C) de sua vida.
(D) da pátria.

21) (Consórcio CEDERJ — Graduação a distância)

Em "Era de conduta tão irregular e incerta o Governo que tudo ele podia esperar: a liberdade ou a morte, mais esta que aquela. (...)" (linhas 13-14), o par correlativo "tão... que" expressa a ideia de
(A) condição / conclusão
(B) adversidade / finalidade
(C) causa / consequência
(D) adição / consequência

GABARITO COMENTADO DO PASSO 3

1) Gabarito: A
Comentário:
A opção correta é a A, uma vez que apresenta uma oração desenvolvida que corresponde semanticamente à reduzida apresentada: uma declaração hipotética não realizada no passado, o que, claro, não pode ser obstáculo à realização da ação expressa na principal. As opções B e D nem sequer são orações. As opções C e E não são coerentes com a ação expressa no pretérito da oração principal.

2) Gabarito: E
Comentário:
Para uma leitura adequada da tira é necessário unir linguagem verbal e não verbal. Pode-se perceber, então, a crítica à característica individualista dos humanos.

3) Gabarito: D
Comentário:
A preposição "para" inicia a oração subordinada adverbial final reduzida de infinitivo ("para alcançar um bem comum" = a fim de alcançarem um bem comum), portanto expressa a ideia de finalidade.

4) Gabarito: E
Comentário:
Na opção E o complemento verbal pedido pela locução verbal "pode resultar" é o objeto indireto "na perda de empregos". Esse complemento verbal foi transformado na oração subordinada com a mesma função de objeto indireto, tendo o substantivo "perda" retomado sua forma verbal ("percam"); portanto, o sentido do período simples original foi preservado no período composto correspondente.

5) Gabarito: B
Comentário:
As duas primeiras opções são falsas, porque:
a) o pronome relativo inicia uma oração subordinada adjetiva restritiva; portanto, o sentido da oração principal fica limitado (restrito) a uma parte dos elementos apresentados na oração a que essa oração adjetiva está subordinada. Concluindo: o número de alunas sem uniforme é limitado (restrito) a um grupo;

b) o sujeito é "o diretor do centro hospitalar", o termo entre vírgulas é um aposto explicativo do sujeito; portanto, está seguindo a norma-padrão da língua que manda separar por vírgulas o aposto explicativo.
As duas outras opções são verdadeiras.

6) Gabarito: D
Comentário:
Todas as opções trazem uma substituição adequada à oração apresentada na frase inicial, porque mantêm a ideia concessiva, exceto a opção D, que passa ideia de tempo (ainda = até o momento).

7) Gabarito: D

8) Gabarito: D
Comentário:
A palavra "que" destacada no texto é uma conjunção subordinativa integrante e inicia uma oração subordinada substantiva objetiva direta, porque exerce a função sintática de objeto direto pedido pelo verbo "afirmar" que aparece na oração principal, à qual a oração "que é muito difícil" está subordinada.

9) Gabarito: A
Comentário:
A oração destacada no enunciado da questão é iniciada por pronome relativo "que", e exerce a função sintática de adjunto adnominal em relação ao núcleo do objeto direto — o pronome demonstrativo "o" (= aquilo) — do verbo "exprimir", presente na oração principal, portanto é um sintagma adjetivo por exercer uma função própria de adjetivo — adjunto adnominal — e, consequentemente — por ser um termo oracional, oração adjetiva.

10) Gabarito: B
Comentário:
As orações destacadas no trecho apresentado no enunciado da questão são iniciadas por pronomes relativos — cujos antecedentes são, respectivamente, os substantivos "computador", "peculiaridade" e "coisas" — que iniciam orações subordinadas adjetivas restritivas, uma vez que, em todos os três casos, estas orações restringem, delimitam o campo de significação dos substantivos a que se referem.

11) Gabarito: C
Comentário:
O período destacado no enunciado da questão é composto por duas orações. A primeira é a oração principal à qual se encontra subordinada a segunda oração exercendo a função de objeto direto do verbo "descobrem". Esta oração é, portanto, subordinada substantiva — uma vez que o objeto direto é função própria de substantivo — objetiva direta. O aposto que aparece ao final do período ("contas de vidro"), e que pode confundir o candidato menos atento, não é um termo oracional e, como a questão deixa clara a intenção de que seja identificada a oração que exerça a mesma função sintática da oração substantiva presente no período destacado, não é possível se pensar em aposto, mas em objeto direto, uma vez que somente este aparece expresso sob forma oracional.

Isto exposto, é possível verificar que não é possível ser a opção

A) porque o período é simples;
B) porque a oração subordinada é adjunto adnominal do objeto direto, cujo núcleo — "relatórios" — aparece na oração principal, sendo, portanto, adjetiva restritiva;
D) porque a oração subordinada é o predicativo do sujeito "minha sensação" — presente na oração principal — sendo, portanto classificada como predicativa.

A opção correta é C, por ter a oração "que vários alunos fizessem nova avaliação" a mesma função sintática de "que as brilhantes contas de vidro são só isso: contas de vidro": oração subordinada substantiva objetiva direta.

12) Gabarito: A
Comentário:
A opção
A) está correta;
B) está incorreta, porque a oração destacada — "de que somos tolerantes" — exerce a função de complemento nominal;
C) está incorreta, porque a oração destacada — "que já se notava nas ruas" — exerce a função de adjunto adnominal;
D) está incorreta, porque o termo destacado — "uma vez disseminados" — exerce a função de adjunto adverbial;
E) está incorreta, porque a oração destacada — "quando se acessa uma rede social" — exerce a função de adjunto adverbial.

13) Gabarito: A
Comentário:
As orações subordinadas adverbiais concessivas iniciam-se com *ainda que, embora, conquanto, posto que, se bem que, por muito que, por pouco que* (e semelhantes).

14) Gabarito: D
Comentário:
Embora a oração tenha sido interrompida — por necessidade de o pronome relativo ficar próximo ao substantivo ao qual se refere — pela oração subordinada adjetiva explicativa — "que já vinha sendo usada contra o câncer em diagnóstico e em avaliações de risco" — é ela a oração principal do período, que apresenta três orações:
1ª oração principal;
2ª oração subordinada adjetiva explicativa;
3ª oração subordinada substantiva objetiva direta reduzida de infinitivo.

15) Gabarito: ERRADO
Comentário:
Está errado, porque a oração reduzida de gerúndio — "incluindo vários trabalhos sobre os índios" — destacada no trecho é uma oração subordinada adjetiva que, na sugestão da forma desenvolvida, é iniciada pelo pronome relativo "qual": este pronome tem como antecedente o substantivo feminino "brasiliana" ('coleção de obras sobre o Brasil'), portanto o artigo que o antecede deve ficar no feminino para concordar com o substantivo ao qual o pronome relativo se refere. A preposição "em" é pedida pelo verbo "incluir", então o correto é "na qual".
Continuando: a oração adjetiva está na voz passiva sintética e o sujeito "vários trabalhos" está no plural, portanto o verbo deve ficar no plural para concordar com o sujeito. A substituição correta da oração reduzida "incluindo vários trabalhos sobre os índios" pela desenvolvida correspondente é: "na qual se incluem vários trabalhos sobre os índios".

16) Gabarito: E
Comentário:
As orações reduzidas destacadas nas opções A, B, C e D foram devidamente reescritas de forma desenvolvida. A reescritura correta da opção E, com adequação do tempo verbal, é: para que voasse até Ele.

17) Gabarito: B
Comentário:
A afirmativa
   I. está incorreta, porque não há, nas orações destacadas, nenhuma com a forma verbal no infinitivo, gerúndio ou particípio; todas as formas verbais estão flexionadas no pretérito perfeito do indicativo, o que torna impossível a presença de oração reduzida;
   II. está correta;
   III. está correta;
   IV. está incorreta, porque as três orações são coordenadas: 1ª oração coordenada assindética; 2ª oração coordenada assindética; 3ª oração coordenada sindética aditiva.

18) Gabarito: B
Comentário:
No enunciado, a oração destacada "que se fez excludente", iniciada pelo pronome relativo *que* (conector próprio das orações subordinadas adjetivas), exerce a função sintática de adjunto adnominal do núcleo do objeto direto "república", complemento verbal de "vivenciou", na oração principal. A oração "pelos quais temos lutado desde então", na opção B, apresenta essa mesma função sintática — adjunto adnominal — e é, também, iniciada por pronome relativo, apresentando a mesma classificação — oração subordinada adjetiva restritiva — da oração destacada no enunciado da questão.
As demais opções estão incorretas porque a oração destacada tem função sintática
   A) de adjunto adverbial. É uma oração subordinada adverbial final;
   C) de predicativo. É oração subordinada substantiva predicativa;
   D) de objeto direto. É oração subordinada substantiva objetiva direta.

19) Gabarito: C
Comentário:
Há predominância do discurso indireto livre, porque o discurso do personagem é mantido — até mesmo o do narrador — sem que haja presença do verbo dicendi, característica do discurso direto, ou de qualquer elo subordinativo, característica do discurso indireto.
No texto, o discurso livre é marcado pela permanência de interrogações largamente exemplificadas na forma original da fala do personagem e no discurso do narrador ("o Quaresma de tão profundos pensamentos pa-

trióticos, merecia aquele triste fim?" / "Como acabarei? Como acabarei?" / "Que lhe importavam os rios?", entre outros exemplos).

20) Gabarito: A
Comentário:
Coesão é o mecanismo linguístico que tem como objetivo estabelecer ligações entre as partes do texto — coesão sequencial — e evitar repetições — coesão referencial.
Às conjunções cabe a coesão sequencial, enquanto os pronomes são fundamentais à coesão referencial, uma vez que são os pronomes que evitam a repetição de palavras retomando termos ou expressões mencionados anteriormente.
No trecho destacado no enunciado é possível notar a menção ao Destino que de forma sorrateira arrastava Quaresma até o estreito calabouço. Para não repetir o substantivo "Destino", o autor faz a coesão referencial por meio do pronome "seu" — como Quaresma ("ele") não pressentiu o seu (do "Destino") extravagante propósito?

21) Gabarito: C
Comentário:
A conjunção consecutiva inicia uma oração que exprime consequência de um fato expresso na oração principal, na qual aparece de forma clara ou subentendida um dos vocábulos "tão", "tal", "tamanho", "tanto".
Sendo a oração subordinada consequência da principal, esta só pode apresentar o fato que lhe foi a causa: uma vez que a conduta do Governo foi tão irregular e incerta, a consequência é que ele podia esperar qualquer coisa desse Governo, a liberdade ou a morte — mais a morte que a liberdade.

Passo 4

Concordância, regência e colocação

Em português a *concordância* consiste em se adaptar a palavra determinante ao gênero, número e pessoa da palavra determinada, neste último caso quando verbo.

A concordância pode ser nominal ou verbal.

Diz-se **concordância nominal** a que se verifica em gênero e número entre o adjetivo e o pronome (adjetivo), o artigo, o numeral ou o particípio (palavras determinantes) e o substantivo ou pronome (palavras determinadas) a que se referem.

Diz-se **concordância verbal** a que se verifica em número e pessoa entre o sujeito (e, às vezes, o *predicativo*) e o verbo da oração.

A concordância pode ser estabelecida de *palavra* para *palavra* ou de *palavra* para *sentido*. A concordância de *palavra* para *palavra* será *total* ou *parcial* (também chamada *atrativa*), conforme se leve em conta a totalidade ou a mais próxima das palavras determinadas numa série de coordenação.

CONCORDÂNCIA NOMINAL

A – Concordância de palavra para palavra

1. Há uma só palavra determinada

A palavra determinante irá para o gênero e número da palavra determinada:

Eu estou *quite*. / Nós estamos *quites*.

2. Há mais de uma palavra determinada

a) Se as palavras determinadas forem do mesmo gênero, a palavra determinante irá para o plural e para o gênero comum, ou poderá concordar, principalmente se vier anteposta, em gênero e número com a mais próxima:

A língua e (a) literatura *portuguesas* ou A língua e (a) literatura *portuguesa*.

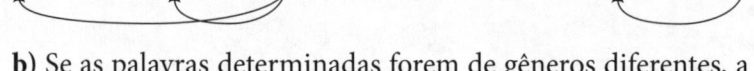

b) Se as palavras determinadas forem de gêneros diferentes, a palavra determinante irá para o plural masculino, ou concordará em gênero e número com a mais próxima:

"Vinha todo coberto de negro: *negros* o elmo, a couraça e o saio." [Alexandre Herculano]

"*Calada* a natureza, a terra e os homens." [Gonçalves Dias]

3. Há uma só palavra determinada e mais de uma determinante

A palavra determinada irá para o plural ou ficará no singular, sendo, neste último caso, facultativa a repetição do artigo:

As séries quarta e quinta.

A quarta e quinta série (*ou séries*).

B — Concordância de palavra para sentido (referência)

A palavra determinante pode deixar de concordar em gênero e número com a *forma* da palavra determinada para levar em consideração, apenas, a referência a que esta alude: *o* (vinho) *champanha*, *o* (rio) *Amazonas*.

Entre os diversos casos de concordância pelo sentido, aparecem os seguintes:

1) As expressões de tratamento do tipo de V. Exª, V. S^a, etc.

V. Exª é { *atencioso* (referindo-se a homem)
         { *atenciosa* (referindo-se a mulher)

2) A expressão *a gente* aplicada a uma ou mais pessoas com inclusão da que fala.
"Pergunta *a gente* a si *próprio* (refere-se a pessoa do sexo masculino) quanto levaria o solicitador ao seu cliente por ter sonhado com o seu negócio." [Pinheiro Chagas *apud* Mário Barreto].

> **Obs.:** Está correto neste caso também o emprego da concordância com a forma gramatical da palavra determinada: "Com estes leitores assim previstos, o mais acertado e modesto é *a gente ser sincera*." [Camilo Castelo Branco *apud* Mário Barreto]

3) O termo determinado é um coletivo seguido de determinante em gênero ou número (ou ambos) diferentes:
Acocorada em torno, *alegres*, a meninada *entusiasmada* brincava.

4) A palavra determinada aparece no singular e mais adiante o determinante no plural em virtude de se subentender aquela no plural: "Não compres *livro* somente pelo título: ainda que pareçam *bons*, são muitas vezes *péssimos*." [João Ribeiro]

C – Outros casos de concordância nominal

1. Um e outro, nem um nem outro, um ou outro
a) Um e outro
   Determinado e verbo no singular ou no plural:
"Alceu Amoroso Lima (...) teve a boa ideia de caracterizar e diferençar o ensaio e a crônica, dizendo que um e outro *gênero* se *afirmam* pelo estilo."
Modificado pelo adjetivo, este vai para o plural:
"(...) e [Rubião] desceu outra vez, e o cão atrás, sem entender nem fugir, um e outro *alagados, confusos*." [Machado de Assis]

b) Nem um nem outro / Um e/ou outro
   Verbo e substantivo no singular:
Nem um nem outro *livro merece* ser lido.

"Um e outro *soldado*, indisciplinadamente, *revidava*, disparando à toa, a arma para os ares." [Euclides da Cunha]

Havendo adjetivo, este vai para o plural:
Nem um nem outro aluno *aplicados*.
Um e/ou outro aluno *aplicados*.

2. Mesmo, próprio, só
Concordam com a palavra determinada em gênero e número:
Ele *mesmo* disse a verdade.
Elas *próprias* foram ao local.
Nós não estamos *sós*.

3. Menos e somenos
Ficam invariáveis:
Mais amores e *menos* confiança. (e não *menas*)
"Há neles coisas boas e coisas más ou *somenos*." [Manuel Bandeira]

4. Leso
É adjetivo, por isso concorda com seu determinado em gênero e número:
"Como se a substância não fosse já um crime de *leso-gosto* e *lesa-seriedade*, ainda por cima as pernas saíam sobre as botas." [Camilo Castelo Branco]

5. Anexo, apenso e incluso
Como adjetivos, concordam com a palavra determinada em gênero e número:
Correm *anexos* (inclusos, apensos) aos processos vários documentos.
Vai *anexa* (inclusa, apensa) a declaração solicitada.

> **Obs.**: Usa-se invariável *em anexo, em apenso*: Vai *em anexo* (*em apenso*) a declaração. Vão *em anexo* (*em apenso*) as declarações.

6. Dado e visto
Usados adjetivamente, concordam em gênero e número com o substantivo determinado:
Dadas (*Vistas*) as circunstâncias, foram-se embora.

7. Meio

Com o valor de 'metade', usado adjetivamente, concorda em gênero e número com o termo determinado, claro ou oculto:
Era *meio-dia e meia*. (Isto é: *e meia hora*.)

8. Pseudo e todo

Usados em palavras compostas ficam invariáveis:
A *pseudo-harmonia* do universo o intrigava.
A fé *todo-poderosa* que nos guia é nossa salvação.

9. Tal e qual

Tal, como todo determinante, concorda em gênero e número com o determinado:
Tais razões não me movem.
Tal qual, combinados, também procedem à mesma concordância:
Ele não era *tal quais* seus primos.
Os filhos são *tais qual* o pai.

> **Obs.:**
> → Em lugar de *tal qual*, podem aparecer: *tal e qual, tal ou qual*.
> → Não confundir *tal qual* flexionáveis com *tal qual, tal qual como* invariáveis, que valem por 'como':
> "Descerra uns sorrisos discretos, sem mostrar os dentes, *tal qual como* as inglesas de primeiro sangue." [Camilo Castelo Branco]

10. Possível

Com *o mais possível, o menos possível, o melhor possível, o pior possível, quanto possível*, o adjetivo *possível* fica invariável, ainda que se afaste da palavra *mais*:
Paisagens o mais *possível* belas.

Com o plural *os mais, os menos, os piores, os melhores*, o adjetivo *possível* vai ao plural:
Paisagens as mais belas *possíveis*.

Fora destes casos, a concordância de *possível* se processa normalmente:
Sob todos os pontos de vista *possíveis*.

11. A olhos vistos

É tradicional o emprego da expressão *a olhos vistos* no sentido de *claramente, visivelmente*, em referência a nomes femininos ou masculinos: "(...) padecia calada e definhava *a olhos vistos*." [Machado de Assis]

12. É necessário paciência

Com as expressões do tipo *é necessário, é bom, é preciso*, significando 'é necessário ter', o adjetivo pode ficar invariável, qualquer que seja o gênero e o número do termo determinado, quando se deseja fazer uma referência de modo vago ou geral. Poder-se-á também fazer normalmente a concordância:
É *necessário* paciência.
É *necessária* muita paciência.
"Eram *precisos* outros três homens." [Aníbal Machado]

13. Adjetivo composto

Nos adjetivos compostos de dois ou mais elementos referidos a nacionalidades, a concordância em gênero e número com o determinado só ocorrerá no último adjetivo do composto:
Lideranças *luso-brasileiras*.

14. Alguma coisa boa ou alguma coisa de bom

Em *alguma coisa boa*, e semelhantes, o adjetivo concorda com o termo determinado.

Em *alguma coisa de bom*, e semelhantes, o adjetivo não concorda com *coisa*, sendo empregado no masculino.

> **Obs.**: Por atração, pode-se fazer a concordância do adjetivo com o termo determinado que funciona como sujeito da oração:
> A vida nada tem de *trágica*.

15. Alternância entre adjetivo e advérbio

Há casos em que a língua permite usar ora o advérbio (invariável) ora o adjetivo ou pronome (variáveis):
"Vamos a falar *sérios*." [Camilo Castelo Branco]
Vamos a falar *sério*.
"Os momentos custam *caros*." [Rebelo da Silva]
Os momentos custam *caro*.

"A vida custa tão *cara* aos velhos quanto é *barata* para os moços." [Marquês de Maricá]
"Era esta a herança dos miseráveis, que ele sabia não escassearem na quase solitária e *meia* arruinada Carteia." [Alexandre Herculano]
"A voz sumiu-se-lhe, *toda* trêmula." [Eça de Queirós]

Observe-se que a possibilidade de flexões é antiga na língua e, assim, não há razão para ser considerada errônea, como fazem alguns autores. A distinção entre adjetivos (e pronomes) e advérbios só se dá claramente quando a palavra determinada está no feminino ou no plural, caso em que a flexão nos leva a melhor interpretar o termo como adjetivo.

Na língua-padrão atual, a tendência é para, nestes casos, proceder dentro da estrita regra da gramática e usar tais termos sem flexão, adverbialmente. Entram nesta possibilidade de flexão as construções de *tanto mais, quanto menos, pouco mais, muito mais*, em que o primeiro elemento pode concordar ou não com o substantivo:
Com *quanto* mais *razão, muito* mais honra.
Com *quanta* mais *razão, muita* mais honra.
"*Poucas* mais *palavras* trocamos." [Camilo Castelo Branco]

Notemos, por fim, que *alerta* é rigorosamente um advérbio e, assim, não aparece flexionado:
Estamos todos *alerta*.

Há uma tendência para se usar desta palavra como adjetivo, mas a língua-padrão recomenda que se evite tal prática. Junto de substantivo, *alerta* adquire significado e função de adjetivo:
"A moça aguardava com inteligência curta, os sentidos *alertas*." [Carlos de Laet]

Em sentido contrário, aparece o engano de não se flexionar o adjetivo *quite*. Deve-se dizer:
Estou *quite*.
Estamos *quites*.

16. Particípios que passaram a preposição e advérbio

Alguns particípios passaram a ter emprego equivalente a preposição e advérbio (por exemplo: *exceto, salvo, mediante, não obstante, tirante*, etc.) e, como tais, normalmente devem aparecer invariáveis. Entretanto, não

se perdeu de todo a consciência de seu antigo valor, e muitos escritores procedem à concordância necessária:
"Os tribunais, *salvas* exceções honrosas, reproduziam... todos os defeitos do sistema." [Rebelo da Silva]
"A razão desta diferença é que a mulher (*salva* a hipótese do cap. CI e outras) entrega-se por amor..." [Machado de Assis]

Como bem pondera Epifânio Dias, flexionar tais termos "é expressar-se na verdade com correção gramatical, mas de modo desusado". Deste modo, a língua moderna dá preferência a dizer "*salvo* exceções", "*salvo* a hipótese".

17. A concordância com numerais
Quando se empregam os cardinais pelos ordinais, não ocorre a flexão: Página *um* (ou *primeira* página). Figura *vinte e um* (ou *vigésima primeira* figura).

> **Obs.**: *Milhar* e *milhão* são masculinos e, portanto, não admitem seus adjuntos postos no feminino a concordar com o núcleo substantivo feminino:
> *Os milhares* de pessoas (e não: *As milhares* de pessoas).
> *Os milhões* de crianças (e não: *As milhões* de crianças).

18. A concordância com os adjetivos designativos de nomes de cores
Surgem as incertezas quando o nome de cor é constituído de dois adjetivos. Neste caso, a prática tem sido deixar o primeiro invariável na forma do masculino e fazer a concordância do segundo com o substantivo determinado:
bolsa amarelo-clara
calças verde-escuras
olhos verde-claros
onda azul-esverdeada

Exceções: *Azul-marinho* e *azul-celeste*, como adjetivo, ficam invariáveis:
jaquetas azul-marinho
olhos azul-celeste

Ambos os elementos ficam invariáveis nos adjetivos compostos que designam cores quando o segundo elemento é um substantivo:
olhos verde-água
lençol azul-turquesa
uniformes verde-oliva
paredes verde-abacate
bolsa amarelo-limão

CONCORDÂNCIA VERBAL

A – Concordância de palavra para palavra

1. Há sujeito simples
  a) Se o sujeito for simples e singular, o verbo irá para o singular, ainda que seja um coletivo:
"Já no trem, o plano *estava* praticamente traçado." [João Ubaldo Ribeiro, *Diário do Farol*]
"*Diz* o povo em Itaparica (...)." [João Ubaldo Ribeiro, *O conselheiro come*]
  b) Se o sujeito for simples e plural, o verbo irá para o plural:
"As mãos de alguém *taparam* os olhos de Bia." [Ana Maria Machado, *A audácia dessa mulher*]

2. Há sujeito composto
Se o sujeito for composto, o verbo irá, normalmente, para o plural, qualquer que seja a sua posição em relação ao verbo:
"Na estação de Vassouras, *entraram* no trem Sofia e o marido, Cristiano de Almeida e Palha." [Machado de Assis, *Quincas Borba*]

> Obs.:
> → Pode dar-se a concordância com o núcleo mais próximo, *se o sujeito vem depois do verbo*.
> "Foi neste ponto que *rompeu* o alarido, os choros e os chamados que ouvimos (...)." [Simão Lopes Neto, *Contos gauchescos e lendas do sul*]
> → Quando o núcleo é singular e seguido de dois ou mais adjuntos, pode ocorrer o verbo no plural, como se se tratasse na realidade de sujeito composto:

"(...) ainda quando a *autoridade paterna e materna fossem delegadas...*" [Almeida Garrett]
A concordância do verbo no singular é a mais corrente na língua-padrão moderna.
→ Pode ocorrer o verbo no singular ainda nos casos seguintes:
a) se a sucessão dos substantivos indicar gradação de um mesmo fato:
"A censura, a autoridade, o poder público, inexorável, frio, grave, calculado, lá *estava*." [Alexandre Herculano]
b) se se tratar de substantivos sinônimos ou assim considerados:
"O ódio e a guerra que declaramos aos outros nos *gasta e consome* a nós mesmos." [Marquês de Maricá]
"A infeliz, a desgraçada, a empesteada da moléstia *se recusara* a lhe dizer uma palavra de consolo (...)." [João Ubaldo Ribeiro, *Miséria e grandeza do amor de Benedita*]
c) se o segundo substantivo exprimir o resultado ou a consequência do primeiro:
"A doença e a morte de Filipe II (...) *foi* como a imagem (...)" [Rebelo da Silva]
d) se os substantivos formam juntos uma noção única:
O fluxo e refluxo das ondas nos *encanta*.

B – Concordância de palavra para sentido

Quando o sujeito simples é constituído de nome ou pronome no singular que se aplica a uma coleção ou grupo, o verbo irá ao singular: O povo *trabalha*. ou A gente *vai*.

C – Outros casos de concordância verbal

1. Sujeito constituído por pronomes pessoais

Se o sujeito composto é constituído por diferentes pronomes pessoais em que entra *eu* ou *nós*, o verbo irá para a 1ª pessoa do plural.
"*Vínhamos* da missa ela, o pai e eu." [Machado de Assis, *Memórias póstumas de Brás Cubas*]

Se na série entra *tu* ou *vós* e nenhum pronome de 1ª pessoa, o verbo irá normalmente para a 2ª pessoa do plural.
"E, assim, te repito, Carlota, que Francisco Salter voltará, será teu marido, e *tereis* [isto é, *tu* e *ele*] larga remuneração dos sofrimentos que *oferecerdes* a seus..." [Camilo Castelo Branco, *Carlota Ângela*]

> **Obs.**: Ou porque avulta como ideia principal o último sujeito, ou porque, na língua contemporânea, principalmente entre brasileiros, vai desaparecendo o tratamento *vós*, nestes casos, a norma consagrou o verbo na 3ª pessoa do plural:
> *Tu e os teus* são dignos da nossa maior consideração.

2. Sujeito ligado por série aditiva enfática

Se o sujeito composto tem os seus núcleos ligados por série aditiva enfática (não só... mas, tanto... quanto, não só... como, etc.), o verbo concorda com o mais próximo ou vai ao plural (o que é mais comum quando o verbo vem depois do sujeito):
"Tanto o lidador como o abade *haviam* seguido para o sítio que ele parecia buscar com toda a precaução." [Alexandre Herculano]

3. Sujeito ligado por *com*

Se o sujeito no singular é seguido imediatamente de outro termo no singular ou no plural mediante a preposição *com*, ou locução equivalente, pode o verbo ficar no singular ou ir ao plural *para realçar a participação simultânea na ação*:
O presidente, com toda sua comitiva, *estava* presente / *estavam* presentes.

4. Sujeito ligado por *nem... nem*

O sujeito composto ligado pela série aditiva negativa *nem... nem* leva o verbo normalmente ao plural e, às vezes, ao singular.
"Mas *nem* a tia *nem* a irmã *haviam almoçado*, à espera dele (...)"; "O silêncio era pior que a resposta; e *nem* o caso *nem* as pessoas *permitiam* tão grande pausa." [Machado de Assis, *Helena*]
"Alguns instantes decorreram em que *nem* um *nem* outro *falou*; ambos pareciam (...). [Machado de Assis, *A mão e a luva*]
Constituído o sujeito pela série *nem um nem outro*, fica o verbo no singular:
Nem um nem outro compareceu ao exame.

5. Sujeito ligado por *ou*
O verbo concordará com o sujeito mais próximo se a conjunção indicar:
a) *exclusão*:
"(...) a quem a doença *ou* a idade *impossibilitou* de ganharem o sustento..." [Alexandre Herculano]
b) *retificação de número gramatical*:
Um *ou* dois livros *foram retirados* da estante.
c) *identidade* ou *equivalência*:
O professor *ou* o nosso segundo pai *merece* o respeito da pátria.

Se a ideia expressa pelo predicado puder referir-se a toda a série do sujeito composto, o verbo irá para o plural; mais frequentemente, porém, pode ocorrer o singular.
"A ignorância *ou* errada compreensão da lei não *eximem* de pena (...)." [Código Civil]
"Mas aí, como se o destino *ou* o acaso, *ou* o que quer que fosse, *se lembrasse* de dar algum pasto aos meus arroubos possessórios (...)." [Machado de Assis, *Memórias póstumas de Brás Cubas*]

6. Sujeito representado por expressão como *a maioria dos homens*
Se o sujeito é representado por expressões do tipo de *a maioria de, a maior parte de, grande parte (número) de, parte de* e um nome no plural ou nome de grupo no plural, o verbo irá para o singular, ou plural, como se a determinação no plural fosse o sujeito: "(...) a maior parte deles *recusou* segui-lo com temor do poder da regente" [Alexandre Herculano] / "... e a maior parte dos esquadrões *seguiram*-nos" [Alexandre Herculano] / "Que quantidade de casas não *ruiu* [ou *ruíram*] com o temporal!" [José Gualda Dantas]

Entram neste caso expressões como *número, preço, custo* e outros seguidos de *de* + plural:
Número cada vez maior *de impostos prejudicam* a economia do homem comum.

Diferente destes é o caso em que o núcleo do sujeito não se refere à ideia de número. Nestas circunstâncias deve prevalecer a concordância do verbo no singular: O nível das inadimplências *eleva* (e não: *elevam*) os cuidados dos comerciantes.

Obs.: Se se tratar de coletivo geral (e não partitivo como nos exemplos até aqui), o verbo ficará no singular: Uma *equipe* de médicos *entrou* em greve. / A totalidade dos feriados *caiu* na quinta-feira.

7. Sujeito representado por *cada um de* + plural

Neste caso, o verbo fica sempre no singular: Cada um dos concorrentes *deve preencher* a ficha de inscrição (e não *devem preencher*!).

8. Concordância do verbo ser

O normal é que sujeito e verbo *ser* concordem em número:
José *era* um aluno aplicado. / Os dias de inverno *são* menores que os de verão.

Todavia, em alguns casos, o verbo *ser* se acomoda à flexão do predicativo:

a) quando um dos pronomes *isto, isso, aquilo, tudo, ninguém, nenhum* ou expressão de valor coletivo do tipo de *o resto, o mais* é sujeito do verbo *ser*:
"*Tudo eram* alegrias e cânticos." [Rebelo da Silva]

b) quando o sujeito é constituído pelos pronomes interrogativos *quem, que, o que*:
Quem *eram* os convidados?

c) quando o verbo *ser* está empregado na acepção de 'ser constituído por':
A provisão *eram alguns quilos de arroz*.

d) quando o verbo *ser* é empregado impessoalmente, isto é, sem sujeito, nas designações de horas, datas, distâncias, imediatamente após o verbo:
São dez horas? Ainda não *o são*.

> **Obs.**: Precedido o predicativo plural de expressão avaliativa de tipo *perto de, cerca de* é ainda possível vir o verbo *ser* no singular: "*Era perto de duas horas* quando saiu da janela." [Machado de Assis]

e) quando o verbo *ser* aparece nas expressões *é muito, é pouco, é bom, é demais, é mais de, é tanto* e o sujeito é representado por termo no plural que denota preço, medida ou quantidade:
Dez reais *é pouco*.

Se o sujeito está representado por pronome pessoal, o verbo *ser* concorda com o sujeito, qualquer que seja o número do termo que funciona como predicativo:
Ela era as preocupações do pai.

Se o sujeito está representado por nome próprio de pessoa ou lugar, o verbo *ser*, na maioria dos exemplos, concorda com o predicativo:
"Santinha *eram* dois olhos míopes, quatro incisivos claros à flor da boca." [Manuel Bandeira]

Na expressão que introduz narrações, do tipo de *era uma princesa*, o verbo *ser* é intransitivo, com o significado de *existir*, funcionando como sujeito o substantivo seguinte, com o qual concorda:
"*Eram quatro irmãs tatibitates* e a mãe delas tinha muito desgosto com esse defeito." [Câmara Cascudo]

Com a expressão *era uma vez uma princesa*, continua o verbo *ser* como intransitivo e o substantivo seguinte como sujeito; todavia, como diz A.G. Kury, "a atração fortíssima que exerce *uma* da locução *uma vez*" leva a que o verbo fique no singular ainda quando o sujeito seja um plural:
"*Era uma vez* três moças muito bonitas e trabalhadeiras." [Câmara Cascudo]

A moderna expressão *é que*, de valor reforçativo de qualquer termo oracional, aparece em geral com o verbo *ser* invariável em número:
Nós *é que* somos brasileiros.

Afastado do *que* e junto do termo no plural, aparece às vezes o verbo *ser* no plural:
São de homens assim *que* depende o futuro da pátria. / De homens assim *é que* depende o futuro da pátria.

Nas expressões que denotam operação aritmética do tipo *um e um, um mais um, um com um*, que funcionam como sujeito do verbo *ser* (*fazer, somar*, etc.), o verbo vai ao plural concordando normalmente com o sujeito:

Sete e sete são catorze.

9. A concordância com *mais de um*
O verbo é em geral empregado no singular, sendo raro o aparecimento de verbo no plural:
"(...) *mais de um* poeta *tem* derramado..." [Alexandre Herculano]
Se se tratar de ação recíproca, ou se a expressão vier repetida ou, ainda, se o sujeito for coletivo acompanhado de complemento no plural, o verbo irá para o plural:
Mais de um *se xingaram*.

10. A concordância com *quais de vós*
Se o sujeito for constituído de um pronome plural de sentido partitivo (*quais, quantos, algumas, nenhuns, muitos, poucos*, etc.), o verbo concorda com a expressão partitiva introduzida por *de* ou *dentre*:
"*Quais de vós sois*, como eu, desterrados no meio do gênero humano?" [Alexandre Herculano]

11. A concordância com os pronomes relativos
a) Se o sujeito da oração é o pronome relativo *que*, o verbo concorda com o antecedente, desde que este não funcione como predicativo de outra oração:
"Ó tu, *que tens* de humano o gesto e o peito." [Luís de Camões]

b) Se o antecedente do sujeito *que* for um pronome demonstrativo, o verbo da oração adjetiva vai para a 3ª pessoa:
Aquele que trabalha acredita num futuro melhor.

c) Se o antecedente do pronome relativo funciona como predicativo, o verbo da oração adjetiva pode concordar com o sujeito de sua principal ou ir para a 3ª pessoa:
"Sou eu o primeiro que não *sei* classificar este livro." [Alexandre Herculano] / Fui o primeiro que *conseguiu* sair. / "Éramos dois sócios, que *entravam* no comércio da vida com diferente capital." [Machado de Assis]

d) É de rigor a concordância do verbo com o sujeito de *ser* nas expressões de tipo *sou eu que, és tu que, foste tu que*, etc.:
"Foste *tu que* me buscaste." [Alexandre Herculano]

e) Se ocorrer o pronome *quem*, o verbo da oração subordinada vai para a 3ª pessoa do singular, qualquer que seja o antecedente do relativo ou indefinido, ou concorda com o antecedente:
És tu quem me dá alegria de viver. / *És tu quem me dás* alegria de viver.

f) Em linguagem do tipo *um dos... que*, o verbo da oração adjetiva pode ficar no singular (concordando com o seletivo *um*) ou no plural (concordando com o termo sujeito no plural):
"*Um dos* nossos escritores modernos *que* mais *abusou* do talento, e que mais portentos auferiu do sistema..." [Alexandre Herculano] / "Demais, *um dos que* hoje *deviam* estar tristes, eras tu." [Carlos de Laet]

O singular é de regra quando o verbo da oração só se aplica ao seletivo *um*. Assim nos dizeres "foi um dos teus filhos que jantou ontem comigo", "é uma das tragédias de Racine que se representará hoje no teatro", será incorreto o emprego do número plural; o singular impõe-se imperiosamente pelo sentido do discurso. [Ernesto Carneiro Ribeiro]

12. A concordância com os verbos impessoais

Nas orações sem sujeito, o verbo assume a forma de 3ª pessoa do singular:
Há vários nomes aqui. / *Deve haver* cinco premiados. / Irei já, *haja* os empecilhos que *houver*. / Não o vejo *há três* meses. / Não o vejo *faz* três meses. / Já *passa* das dez horas. / *Basta* de tantas travessuras! / *Trata-se* de casos absurdos.

Note que, havendo locução verbal, o auxiliar também fica no singular:
Deve haver vários premiados. / *Deve-se tratar* de casos absurdos.

13. A concordância com *dar* (e sinônimos) aplicado a horas

Se aparece o sujeito *relógio*, com ele concorda o verbo da oração:
O relógio deu duas horas.

Não havendo o sujeito *relógio*, o verbo concorda com o sujeito representado pela expressão numérica:
Deram três horas.

14. A concordância com o verbo na reflexiva de sentido passivo

A língua-padrão pede que o verbo concorde com o termo que a gramática aponta como sujeito:
Alugam-se casas. / *Vendem-se* apartamentos. / *Fazem-se* chaves.

15. A concordância na locução verbal

Chama-se *locução verbal* a combinação das diversas formas de um verbo auxiliar com o infinitivo, gerúndio ou particípio de outro verbo que se chama *principal*. Na locução verbal, é somente o auxiliar que recebe as flexões de pessoa, número, tempo e modo: *haveremos de fazer, estavam por sair, iam trabalhando, tinham visto*.

Portanto, havendo locução verbal, cabe ao verbo auxiliar a flexão, concordando com a indicação do sujeito: "Bem sei que me *podem vir* (sujeito indeterminado) com duas objeções que (sujeito explícito) geralmente se *costumam fazer*." [Antônio Feliciano de Castilho]

Com *poder* e *dever* seguidos de infinitivo, a prática mais generalizada é considerar a presença de uma locução verbal, isto é, fazendo-se que *poder* e *dever* concordem com o sujeito plural:

Podem-se dizer essas coisas. / *Devem*-se fazer esses serviços.

Todavia aparece o singular, corretamente:

"Não é como a embriaguez que se *deve celebrar os sucessos* felizes (...)" [Marquês de Maricá]

São ambas construções corretas e correntes que se distinguem por apresentar diferentemente a ênfase sobre o sujeito da oração. Quando, porém, o sentido determinar exatamente o sujeito verdadeiro, a concordância não pode ser arbitrária.

16. A concordância com a expressão *não (nunca)... senão* e sinônimas

O verbo que se interpõe na expressão exceptiva *não... senão* (ou *não... mais que*) concorda com o sujeito:

"Ao aparecer o dia, por quanto os olhos podiam alcançar, *não se viam senão* cadáveres" [Alexandre Herculano].

O mesmo ocorre com *não (nunca)... mais que (mais do que)*:

Não se viam mais do que cadáveres. / *Não me couberam mais que* alegrias na vida.

17. A concordância com títulos no plural

Em geral se usa o verbo no plural, principalmente com artigo no plural:

"Por isso, *as Cartas Persas anunciam* o Espírito das Leis." [Mário Barreto]

Com o verbo *ser* e predicativo no singular pode ocorrer o singular:

"(...) *as Cartas Persas é* um livro genial..." [Mário Barreto]

> **Obs.**: Em referência a topônimos como os Estados Unidos, os Andes, as Antilhas, as Bahamas, etc., em que a presença do artigo é comum, é frequente verbos e determinantes no plural: "— Mas se *os Estados Unidos achassem* que não convinha ceder?" [Ana Maria Machado, *Tropical sol da liberdade*] Com o verbo *ser* há possibilidade normal da concordância com o predicativo: *Os Estados Unidos é* (ou: *são*) *um país* de história muito nova. / *Os Andes é uma cordilheira*.

18. A concordância no aposto

Quando a um sujeito composto se seguem, como apostos, expressões de valor distributivo como *cada um, cada qual*, o verbo, posposto a tais expressões, concorda com elas:

"Pai e filho *cada um seguia* por seu caminho." [Epifânio Dias]

Se o verbo vem anteposto a essas expressões, dá-se normalmente a concordância no plural com o sujeito composto ou no plural:

"(...) não era possível que os aventureiros *tivessem cada um* o seu cubículo" [José de Alencar]. / Eles *saíram cada um* com sua bicicleta.

Se o sujeito aparece ampliado por um aposto, permanece a obrigatoriedade da concordância do verbo com o sujeito:

Muitos aspectos, a maioria talvez, *são* bem diversos.

19. A concordância com *haja vista*

A construção mais natural e frequente da expressão *haja vista*, com o valor de *veja*, é ter invariável o verbo, qualquer que seja o número do substantivo seguinte:

"*Haja vista* os exemplos disso em Castilho." [Rui Barbosa]

Pode, entretanto, ocorrer o plural, considerando-se o substantivo no plural como sujeito:

"*Hajam vista* os seguintes exemplos." [Cândido de Figueiredo]

Ocorre, ainda, a construção com o verbo no singular e substantivo precedido das preposições *a* ou *de*:

"*Haja vista* às tangas." [Camilo Castelo Branco]

Não é correta a expressão *haja visto* (por exemplo: *Haja visto o ocorrido*).

20. A concordância do verbo com sujeito oracional

Fica no singular o verbo que tem por sujeito uma oração, que, tomada materialmente, vale por um substantivo do número singular e do gênero masculino:

Parece que tudo vai bem. / *É bom* que compreendas estas razões. / Ainda *falta* entregar a prova aos alunos retardatários (e não *faltam*!). / *Basta* ver os últimos resultados da pesquisa. / *Falta* apurar os votos de duas urnas. / Eis os fatos que me *compete* explicar a vocês. / Não são poucos os casos que me *falta* elucidar. / Esses crimes *cabe* à polícia averiguá-los.

Permanece no singular o verbo que tem como sujeito duas ou mais orações coordenadas entre si:
"Que Sócrates nada escreveu e que Platão expôs as doutrinas de Sócrates *é sabido*" [João Ribeiro] / Fumar e utilizar celulares não *será permitido* até a parada total da aeronave.
Por isso evitar-se-á o plural em casos como este retirado de jornal:
"Tirar a roupa e pichar o traseiro não *parecem* atos libertários" (e sim: não *parece* atos libertários).

21. Concordância nas expressões de porcentagem
A tendência é fazer concordar o verbo com o termo preposicionado que especifica a referência numérica:
Trinta por cento *do Brasil assistiu* à transmissão dos jogos da Copa. / Trinta por cento *dos brasileiros assistiram* aos jogos da Copa.
Se for *um* o numeral que entra na expressão de porcentagem, o verbo irá para o singular: *Um por cento* dos erros *foi* devido a distrações.
Se o termo preposicionado não estiver explícito na frase, a concordância se faz com o número existente:
Cinquenta por cento *aprovaram* a mudança. (Diferentemente de: Cinquenta por cento do público *aprovou* a mudança.)
Se a porcentagem for particularizada, o verbo concordará com ela:
Os tais 10% do empréstimo *estarão* (e não *estará*) embutidos no valor total. / *Esses 20%* da turma deverão (e não: *deverá*) submeter-se à nova prova.
Se o verbo vier antes da expressão de porcentagem, ou se o termo preposicionado estiver deslocado, a concordância se fará com o número existente:
Ficou excluído 1% dos candidatos. / *Foram admitidos* este mês *10%* da lista. / Da turma, *10% faltaram* às aulas.

22. Concordância em *Vivam os campeões!*
Unidades como *viva!*, *morra!* e similares podem guardar seu significado lexical e aparecer como verbos, ou, esvaziado esse valor, ser tratadas como formas interjetivas.

No primeiro caso, se fará normalmente a concordância com seu sujeito:

"*Vivam* os meus dois jovens, disse o conselheiro, *vivam* os meus dois jovens, que não esqueceram o amigo velho." [Machado de Assis]

Todavia, a língua moderna revela acentuada tendência para usar, nestes casos, tais unidades no singular, dada a força interjetiva da expressão: *Viva os campeões!* A língua-padrão prefere que seja observada a regra geral de concordância com o sujeito.

Salve!, como pura interjeição de aplauso, não se flexiona; portanto: *Salve os campeões!*

Como flexão do verbo *salvar* (= livrar de dificuldade, de perigo), a concordância é feita normalmente:

Salvem os animais silvestres! Eles correm perigo de extinção.

23. Concordância com *ou seja, como seja*

A norma exemplar recomenda atender à concordância do verbo com o seu sujeito:

"Para que uma mina fosse boa, era preciso que desse pelo menos duas oitavas de ouro de 'cada bateada' — *ou sejam* 35.000 em moeda de hoje." [Carlos Góis]

Mas facilmente as expressões *ou seja, como seja* podem ser gramaticalizadas como unidade de significação explicativa e, assim, tornarem-se invariáveis:

Todos os três irmãos já chegaram, *como seja*, Everaldo, João e Janete.

24. Concordância com *a não ser*

Faz-se a concordância normal com o sujeito do verbo:

"Nesta Lisboa onde viveu e morreu, *a não serem* os raros apreciadores do seu talento, poucos o conheciam..." [José Joaquim Nunes]

25. Concordância nas expressões *perto de, cerca de* e equivalentes

O verbo concorda com seu sujeito:

Já *votaram cerca de* mil eleitores. / *Em torno de* dez dias se *passaram* sem que houvesse distúrbios. / *Perto de* dois terços de sua vida *foram perdidos* no jogo.

Se o sujeito está no singular, o verbo vai para o singular:

Apodreceu cerca de uma tonelada de carne.

> **Obs.:** Vale mencionar que o verbo *ser* impessoal, nas designações de horas, datas, distâncias, precedido o predicativo plural de expressão avaliativa do tipo *perto de, cerca de*, pode vir no singular ou no plural:
> "*Era perto de duas horas* quando saiu da janela." [Machado de Assis] / "*Eram perto de oito horas*." [Idem]

26. Concordância com a expressão *que é de*
Ocorrendo a expressão *que é de*, com o valor de *que é feito de*, o verbo aparecerá sempre no singular:
Que é dos papéis que estavam aqui?

27. Concordância com a expressão *que dirá*
Com a expressão *que dirá*, em construções comparativas opositivas com valor aproximado de 'quanto mais / menos', fica invariável o verbo em número e pessoa:
Se você errou, *que dirá* eu. / Se você não é feliz, *que dirá* eles.

REGÊNCIA

É o processo sintático em que uma palavra determinante subordina uma palavra determinada. A marca de subordinação é expressa, nas construções analíticas, pela preposição.

1. A preposição comum a termos coordenados
A preposição que serve a dois termos coordenados pode vir repetida ou calada junto ao segundo (e aos demais termos), conforme haja ou não desejo de enfatizar o valor semântico da preposição:
As alegrias *de* infância e *de* juventude. / As alegrias *de* infância e juventude.

A omissão da preposição parece ser mais natural quando não se combina com artigo.

2. Está na hora da onça beber água
A possibilidade de se pôr o sujeito de infinitivo antes ou depois desta forma verbal nos permite dizer:
Está na hora de beber a onça água. (posição rara)

Está na hora de a onça beber água. (posição mais frequente)

Este último meio de expressão aproxima dois vocábulos (a preposição *de* e o artigo *a*) que a tradição do idioma contrai em *da*, surgindo assim um terceiro modo de dizer:
Está na hora da onça beber água,

construção normal que não tem repugnado os ouvidos dos que melhor falam e escrevem a língua portuguesa.
Outros exemplos: "Sabe como eu sempre apreciei essa espécie de escritos, e o que pensei deste livro antes *dele sair* do prelo." [Machado de Assis]; A febre, já começada antes *dela sair*, tomara conta enfim da pobre moça. [Idem]; É tempo *da gente rir*; Está na hora *dela chegar*, etc.

3. Eu gosto de tudo, exceto isso *ou* exceto disso
Pode-se tanto dizer corretamente *Eu gosto de tudo, exceto isso* ou *Eu gosto de tudo, exceto disso.*

4. Migrações de preposição
Com muita frequência vê-se a preposição que deveria aparecer com o relativo migrar para junto do antecedente deste pronome:
Lisboa e Porto, das quais cidades venho agora por *Lisboa e Porto, cidades das quais venho agora.* [José Leite de Vasconcelos]

5. Repetição de prefixo e preposição
Sem atentar para a tradição do idioma e de suas raízes latinas, alguns autores condenam a concorrência de prefixo com preposição em usos como: *concorrer com, deduzir de, depender de, incluir em, aderir a, concordar com, coincidir com,* etc. Daí repudiarem, por exemplo, a construção *consentâneo com,* recomendando que se diga *duas coisas consentâneas* em vez de *uma coisa consentânea com outra.* Também substituem *uma coisa coincide com outra* por *uma coisa incide na outra.*

6. Complementos de termos de regências diferentes
O rigor gramatical exige que não se dê complemento comum a termos de regência de natureza diferente. Assim não podemos dizer, de acordo com este preceito:
Entrei e saí de casa.
em lugar de
Entrei em casa e dela saí (ou equivalente),
porque *entrar* pede a preposição *em* e *sair* a preposição *de.*

Salvo as situações de ênfase e de encarecimento semântico de cada preposição, a língua dá preferência às construções abreviadas que a gramática insiste em condenar, sem, contudo, obter grandes vitórias.

7. Termos preposicionados e pronomes átonos
Tanto se pode dizer *não fujas **de mim*** como *não **me** fujas*.

8. Pronomes relativos preposicionados ou não
O pronome relativo exerce função sintática na oração a que pertence:
a) *Sujeito*: O livro *que* está em cima da mesa é meu.
b) *Objeto direto*: O livro *que* eu li encerra uma bonita história.
c) *Predicativo*: Dividimos o pão como bons amigos *que* éramos.
d) *Complemento relativo*: O livro *de que* precisamos esgotou-se.
e) *Objeto indireto*: Este é o aluno *a que* dei o livro.
f) *Adjunto adverbial*: O livro *por que* aprendeste a ler é antigo. / A casa *em que* moro é espaçosa.
g) *Agente da passiva*: Este é o autor *por que* a novela foi escrita.

As três primeiras funções sintáticas dispensam preposição, enquanto que as quatro últimas a exigem.

9. Verbos a cuja regência se há de atender na língua-padrão[13]
1) ***Abraçar***: pede objeto direto:
Eu *o* abracei pelo seu aniversário.
2) ***Acudir***: pede complemento preposicionado ou *lhe* quando significa 'socorrer', 'ajudar', 'lembrar', 'responder':
O irmão sempre acudia *ao filho*. / O médico *lhe* acudiu na hora certa.[14] / Não *lhe* acudia no momento o endereço da loja. / A aluna acudirá *ao professor* quando ele a arguir.
3) ***Adorar***: pede objeto direto:
Ela *o* adorava.
4) ***Agradar***: pede objeto direto quando significa 'acariciar', 'fazer carinhos':
O pai *a* agradava.
No sentido de 'ser agradável' exige objeto indireto com a preposição *a*:
A resposta não agradou *ao juiz*. / A resposta não *lhe* agradou.

---

[13] Esta lista não substitui a consulta aos livros vários e estudos sobre regência verbal e nominal, bem como à prática dos escritores modernos compromissados com a língua exemplar.
[14] Nestes dois primeiros empregos, pode construir-se: O irmão sempre acudia *o filho* (acudia-*o*) e O médico *o* acudiu na hora certa.

5) Ajudar: pede objeto direto ou indireto:
Ajudava *os / aos* necessitados.
6) Aspirar: pede objeto direto quando significa 'sorver', 'chupar', 'atrair o ar aos pulmões':
Aspiramos *o perfume das flores*.
No sentido de 'pretender com ardor', 'desejar' pede complemento preposicionado:
Sempre aspirava *a uma boa colocação*.
7) Assistir: pede complemento preposicionado iniciado pela preposição *a* quando significa 'estar presente a', 'presenciar'; 'ver e/ou ouvir':
Assistir *ao* acidente. / Assistir *ao* concerto.
No sentido de 'ajudar', 'prestar socorro' ou 'assistência', 'servir', 'acompanhar' pede *indiferentemente* objeto direto ou complemento preposicionado:
Assistir *o / ao* doente.
No sentido de 'morar', 'residir' — emprego que é clássico e popular — constrói-se com a preposição *em*:
Entre os que assistiam *em* Madri..." [Augusto Rebelo da Silva]
No sentido de 'assistir o direito' pede complemento preposicionado de pessoa:
Não *lhe* assiste o direito de reclamar.
8) Atender: pede objeto direto ou complemento preposicionado:
atender *os / aos* pedidos; atender *as / às* vítimas; atender *o / ao* telefone; atender *os / aos* ministros, etc.
9) Atingir: não se constrói com a preposição *a*:
A quantia *atingiu cinco mil reais*. (E não: *a cinco mil reais*.)
10) Chamar: no sentido de 'solicitar a presença de alguém', pede objeto direto: Eu chamei *José*. / Eu *o* chamei. No sentido de 'dar nome', 'apelidar' pede objeto direto ou complemento preposicionado e predicativo do objeto, com ou sem preposição: Chamam-*lhe* herói. / Chamam-*lhe de herói*. / Nós *o* chamamos *herói*. / Nós *o* chamamos *de herói*. No sentido de 'invocar pedindo auxílio ou proteção', rege objeto direto com a preposição *por* como posvérbio: Chamava *por todos os santos*.
11) Chegar: pede a preposição *a* junto à expressão locativa: Cheguei *ao colégio* com pequeno atraso.

> **Obs.**: Em *cheguei na hora exata*, a preposição *em* está usada corretamente porque indica *tempo*, e não *lugar*.

12) **Conhecer**: pede objeto direto: Ele *a conheceu* na festa.
13) **Convidar**: pede objeto direto: Não *o convidaram* à festa.
14) **Custar**: no sentido de 'ser difícil', 'ser custoso', tem por sujeito aquilo que é difícil:
Custam-me *estas respostas*.
15) **Ensinar**: Constrói-se com objeto indireto de pessoa e direto da coisa ensinada:
Quero ensinar-*lhe esse caminho*.
16) **Esperar**: pede objeto direto puro ou precedido da preposição *por*, como posvérbio (marcando interesse):
Todos esperavam (*por*) *Antônio*.
17) **Esquecer**: pede objeto direto da coisa esquecida:
Esqueci *os* livros na escola.
Esquecer-se, pronominal, pede complemento preposicionado encabeçado pela preposição *de*:
Esqueci-me *dos* livros.
18) **Impedir**: constrói-se com objeto direto de pessoa e é regida da preposição *de* a coisa impedida: Impediu-*o de sair cedo*. Inversamente, pode construir-se com objeto indireto de pessoa e direto da coisa impedida: Impedi *ao José* (impedi-*lhe*) *sair cedo*.
19) **Implicar**: no sentido de 'produzir como consequência', 'acarretar', pede objeto direto:
Tal atitude não implica *desprezo*.

> **Obs.**: Deve-se evitar, na língua-padrão, o emprego da preposição *em* neste sentido (*implica em* desprezo), apesar de uso divulgado.

20) **Informar**: pede tanto objeto direto da pessoa informada e preposicionado de coisa (com *de* ou *sobre*) quanto, inversamente, objeto indireto de pessoa e direto da coisa informada: Informei-*o do* (ou: *sobre o*) *andamento do processo*. Ou: Informei *ao* peticionário (informei-*lhe*) *o andamento do processo*.
21) **Ir**: pede a preposição *a* ou *para* junto à expressão de lugar:
Fui *à* cidade. / Foram *para* Paris. A construção *Fui na cidade* é registro coloquial, informal, popular.
22) **Lembrar**: pede objeto direto na acepção de 'recordar':
As vozes lembram *o pai*.
No sentido de 'trazer algo à lembrança de alguém', constrói-se com objeto direto da coisa lembrada e indireto da pessoa:
Lembrei-*lhe o aniversário da prima*.

Na acepção de 'algo que vem à memória', tem como sujeito a coisa que vem à memória e objeto indireto de pessoa: neste sentido é mais comum o emprego do verbo como pronominal:
O filho pouco *se lembra das feições* do pai.
23) **Morar**: pede a preposição *em* junto à expressão de lugar. É ainda esta preposição que se emprega com *residir, situar* e derivados.
24) **Obedecer**: pede complemento preposicionado:
obedecer às normas de trânsito; *obedecer ao* guarda.
25) **Obstar** (= criar obstáculo a; opor-se): pede complemento preposicionado:
"É certo que outros entendiam serem úteis os castigos materiais para *obstar ao progresso* das heresias..." [Alexandre Herculano]
26) **Pagar**: pede objeto direto do que se paga e indireto de pessoa a quem se paga:
Paguei-lhe a consulta.
27) **Perdoar**: pede objeto direto de coisa perdoada e indireto de pessoa a quem se perdoa:
Eu *lhe perdoei os erros.* / Não *lhe perdoamos.*
No português atual vem sendo empregado objeto direto de pessoa:
Não *o perdoo.*
28) **Pesar**: Na expressão *em que pese a* no sentido de 'ainda que (algo) seja pesaroso, custoso ou incômodo (para alguém)', usa-se o verbo no singular seguido de preposição. O mesmo ocorre com o sentido de 'apesar de; não obstante':
Em que pese aos seus erros, vou perdoar-lhe.
Diferente desta construção é o emprego da locução conjuntiva concessiva *em que* (= ainda que), seguida do verbo *pesar* no seu sentido próprio. Neste caso não temos a locução *em que pese a*, e o verbo *pesar* concorda com seu sujeito:
Em que pesem os novos argumentos, mantive a decisão.
29) **Preferir**: pede a preposição *a* junto ao seu objeto indireto:
Prefiro a praia *ao campo* (e não: *do que o* campo). / Preferia estudar *a não fazer nada* (e não: *do que* não fazer nada).
Os gramáticos pedem ainda que não se construa este verbo com os advérbios: *mais* e *antes: prefiro mais, antes prefiro.*
30) **Presidir**: pede complemento sem preposição ou indireto com a preposição *a: presidir a* sessão ou *presidir* à sessão.
31) **Proceder**: no sentido de 'iniciar', 'executar alguma coisa', pede complemento preposicionado com a preposição *a*:
O juiz vai *proceder ao* julgamento.

32) **Querer**: no sentido de 'desejar' pede objeto direto:
A criança *queria* uma bicicleta nova.
Significando 'querer bem', 'gostar', pede objeto indireto de pessoa:
Despede-se do amigo que muito *lhe quer*.
33) **Requerer**: nos seus diversos sentidos pede objeto direto da coisa requerida e objeto indireto de pessoa a quem se requer:
Requeri *minhas férias* ao diretor. / Requeri-*lhe* minhas férias. (Em lugar da preposição *a* pode aparecer a preposição *de*, neste caso é sinônimo de 'reclamar', 'exigir': Requeri *de todos* a devida atenção.)
34) **Responder**: pede, na língua-padrão, objeto indireto de pessoa ou coisa a que se responde e direto do que se responde:
"O marido respondia *a tudo* com as necessidades políticas." [Machado de Assis]
Admite ser construído na voz passiva:
"... um violento panfleto contra o Brasil que *foi* vitoriosamente *respondido por* De Angelis." [Eduardo Prado]
35) **Satisfazer**: pede objeto direto ou complemento preposicionado:
Satisfaço o seu pedido. / Satisfaço ao seu pedido.
36) **Servir**: no sentido de 'estar ao serviço de alguém', 'pôr sobre a mesa uma refeição', pede objeto direto:
Este criado há muito que *o* serve. / Ela acaba de servir *o* almoço.
No sentido de 'prestar serviço' pede complemento com a preposição *a*:
Sempre servia *aos* amigos. / Ele agora serve *ao* Exército.
No sentido de 'oferecer alguma coisa a alguém' se constrói com objeto direto de coisa oferecida e indireto de pessoa:
Ela *nos* (obj. ind.: a nós) serviu *gostosos bolinhos* (obj. direto).
No sentido de 'ser de utilidade' pede objeto indireto iniciado por *a* ou *para* ou representado por pronome (átono ou tônico):
Isto não *lhe* serve; só serve *para ela*.
37) **Socorrer**: no sentido de 'prestar socorro' pede objeto direto de pessoa:
Todos correram para *socorrê-lo*.
Pronominalmente, com o sentido de 'valer-se de', pede complemento iniciado pelas preposições *a* ou *de*:
Socorreu-se *ao empréstimo*. / Socorremo-nos *dos amigos* nas dificuldades.
38) **Suceder**: no sentido de 'substituir', 'ser o sucessor de', pede complemento preposicionado da pessoa substituída:
D. Pedro I sucedeu *a* D. João VI.
Também ocorre, com menos frequência, acompanhado de objeto direto de pessoa:
O filho sucedeu *o pai*.

No sentido de 'acontecer algo a alguém ou com alguém' teremos sujeito como a coisa acontecida e complemento de pessoa precedida de *a* ou *com*:
Sucederam *horrores a mim* (ou *comigo*).
39) **Ver**: pede objeto direto:
Nós *o* vimos na cidade (e não: *lhe* vimos!).
40) **Visar**: no sentido de 'mirar', 'dar o visto em alguma coisa', pede objeto direto:
Visavam *o chefe da rebelião*. / O inspetor visou *o diploma*.
No sentido de 'pretender', 'aspirar', 'propor-se', pede de preferência complemento preposicionado iniciado pela preposição *a*:
Estas lições visam *ao estudo da linguagem*. / Estas lições visam *a estudar a linguagem*.
41) **Visitar**: pede objeto direto:
Visitamos *a exposição de arte*.

COLOCAÇÃO

Sintaxe de colocação ou de ordem — é aquela que trata da maneira de dispor os termos dentro da oração e as orações dentro do período.

A *colocação*, dentro de um idioma, obedece a tendências variadas, quer de ordem estritamente gramatical, quer de ordem rítmica, psicológica e estilística, que se coordenam e completam. O maior responsável pela ordem favorita numa língua ou grupo de línguas parece ser a entonação oracional.

A ordem considerada *direta, usual* ou *habitual* consiste em enunciar, no rosto da oração, o sujeito, depois o verbo e em seguida os seus complementos.

A ordem que saia do esquema *svc* (*sujeito — verbo — complemento*) se diz *inversa* ou *ocasional*.

Chama-se *anástrofe* a ordem inversa da colocação do termo subordinado preposicionado antes do termo subordinante:
De teus olhos a cor vejo eu agora. (por: *A cor de teus olhos.*)

Quando a colocação chega a prejudicar a clareza da mensagem, pela disposição violenta dos termos, diz-se que há um *hipérbato*:
"*a grita se levanta ao céu da gente* por *a grita da gente se levanta ao céu.*" [Mattoso Câmara Jr.]

Quando a deslocação cria a ambiguidade ou mais de uma interpretação do texto, alguns autores dão à forma o nome *sínquise*. É prática a ser evitada.

Quase sempre essa deslocação violenta dos termos oracionais exige, para o perfeito entendimento da mensagem, nosso conhecimento sobre as coisas e saber de ordem cultural:
Abel matou Caim.

Pronomes pessoais átonos e o demonstrativo *O*

A colocação dos pronomes pessoais átonos e do demonstrativo *o* é questão de fonética sintática.
O pronome átono pode assumir três posições em relação ao vocábulo tônico, do grupo de força a que pertence: *ênclise, próclise* e *mesóclise* (ou *tmese*).
Ênclise é a posposição do pronome átono (vocábulo átono) ao vocábulo tônico a que se liga:
Deu-*me* a notícia.
Próclise é a anteposição ao vocábulo tônico:
Não *me* deu a notícia.
Mesóclise ou *tmese* é a interposição ao vocábulo tônico:
Dar-*me*-á a notícia.

Critérios para a colocação dos pronomes pessoais átonos e do demonstrativo *O* a serem seguidos na língua-padrão:

1. Em relação a um só verbo
1º) Não se inicia *período* por pronome átono.
2º) Não se pospõe, em geral, pronome átono a verbo flexionado em oração subordinada:
"Confesso que tudo aquilo *me* pareceu obscuro." [Machado de Assis]
3º) Não se pospõe pronome átono a verbo modificado diretamente por advérbio (isto é, sem pausa entre os dois, indicada ou não por vírgula) ou precedido de palavra de sentido negativo, bem como de pronome ou quantitativo indefinidos, enunciados sem pausa (*alguém, outrem, qualquer, muito, pouco, todo, tudo, quanto*, etc.):
Sempre *me* recebiam bem. Ninguém *lhe* disse a verdade.
Alguém *me* ama. Todos *o* querem como amigo.
Se houver pausa, o pronome pode vir antes ou depois do verbo:
"O poeta muitas vezes se delicia em criar poesia, não tirando-*a* de si (...)" [Marquês de Maricá]

4º) Não se pospõe pronome átono a verbo no futuro do presente e futuro do pretérito. Se não forem contrariados os princípios anteriores, ou se coloca o pronome átono proclítico ou mesoclítico ao verbo:
"A leitora, que ainda *se lembrará* das palavras, dado que me tenha lido com atenção (...)" [Machado de Assis, *Dom Casmurro*]
"Teodomiro *recordar-se-á* ainda de qual foi o desfecho do amor de Eurico..." [Alexandre Herculano]
5º) Não se pospõe ou intercala pronome átono a verbo flexionado em oração iniciada por palavra interrogativa ou exclamativa:
"Quantos *lhe* dá?" [Machado de Assis] / Como *te* perseguem!
6º) Não se antepõe pronome átono a verbo no gerúndio inicial de oração reduzida:
Encontrei-o na condução, *cumprimentando-o* cordialmente.

2. Em relação a uma locução verbal
Temos de considerar dois casos:
a) Auxiliar + infinitivo: quero falar
OU
Auxiliar + gerúndio: estou falando

Se os princípios já expostos não forem contrariados, o pronome átono poderá aparecer:
1) Proclítico ao auxiliar:
Eu *lhe quero* falar. / Eu *lhe estou* dizendo.
2) Enclítico ao auxiliar (ligado ou não por hífen):
Eu *quero-lhe* falar. / Eu *estou-lhe* dizendo. Ou: Eu quero *lhe* falar. / Eu estou *lhe* dizendo.
A segunda maneira de dizer, isto é, deixar o pronome não hifenizado, é a mais comum entre brasileiros, porque está de acordo com nosso ritmo frasal.

> **Obs.**: Não se usa a ênclise ao auxiliar da construção *haver de* + infinitivo. Neste caso se dirá *Havemos de ajudá-lo* ou *Havemos de o ajudar*.

3) Enclítico ao verbo principal (ligado por hífen).
Eu quero *falar-lhe*. / Eu estou *dizendo-lhe*.

b) Auxiliar + particípio: tenho falado

Não contrariando os princípios iniciais, o pronome átono pode vir:
1) Proclítico ao auxiliar:
Eu *lhe tenho* falado.
2) Enclítico ao auxiliar (ligado ou não por hífen):
Eu *tenho-lhe* falado. / Eu *tenho lhe* falado.

Jamais se pospõe pronome átono a particípio:
Eu tenho *falado-lhe*.

Entre brasileiros é mais frequente a próclise ao verbo principal em todos os exemplos dados:
Eu tenho *lhe falado*.

Depois do particípio usamos a forma tônica do pronome oblíquo, precedida de preposição:
Eu tenho *falado a ele*.

Posições fixas

A tradição fixou a próclise ainda nos seguintes casos:
1) Com o gerúndio precedido da preposição *em*:
Em me vendo, gritou zangado.
2) Nas orações exclamativas e optativas, com o verbo no subjuntivo e sujeito anteposto ao verbo:
Deus *te* ajude!

QUESTÕES DO PASSO 4

1) (Analista de Finanças e Controle — AFC/STN — ESAF)
Assinale a opção em que o termo sublinhado está gramaticalmente correto: O Brasil vem gradativamente progredindo no que diz respeito à (1) administrar o bem público. No século passado, estava arraigado à (2) comportamentos administrativos viciosos, aos quais (3) priorizavam os interesses do administrador e de quem mais lhe conveniesse (4), ficando de lado a real finalidade do serviço público, que é servir o (5) público.

(A) 1
(B) 2
(C) 3
(D) 4
(E) 5

2) (Analista de Finanças e Controle — AFC/STN — ESAF)
Assinale a opção que corresponde a erro gramatical.
Passaram-se (1) anos até que a América do Sul pudesse livrar-se (2) das ditaduras que dominaram o continente, sobretudo na segunda metade do século 20. O custo foi alto, com opressão e mortes. Por isso, faz sentido o apoio que nove presidentes de países do bloco, reunidos em Santiago do Chile, na primeira cúpula da União de Nações Sul-Americanas (Unasul), deram ao (3) governo Evo Morales, legitimamente eleito e confirmado em referendo (4) popular realizado há pouco tempo. Tirando os exageros anti-imperialistas do coronel Hugo Chávez — que procura enxergar nos levantes bolivianos o dedo da política externa americana como forma de capturar a crise para a própria agenda e, com isso, livrar-se do isolamento — os mandatários souberam manter o tom de diálogo que utilizou (5) para a transição em seus países na hora de apoiar o colega andino.

Adaptado de *O Globo*, 17 de setembro de 2008, Editorial.

(A) 1
(B) 2
(C) 3
(D) 4
(E) 5

3) (Auditor Fiscal da Receita Federal do Brasil — ESAF)
Assinale a opção que corresponde a erro gramatical ou de grafia de palavra inserido na transcrição do texto.

O desenho constitucional, os tributos são fonte importantíssima de recursos financeiros de cada ente político, recursos esses indispensáveis para que **façam frente ao** (1) seu dever social. Consequentemente, o princípio federativo é indissociável das competências tributárias constitucionalmente estabelecidas. Isso porque tal princípio **prevê** (2) a autonomia dos diversos entes integrantes da federação (União, Estados, DF e Municípios). A exigência da autonomia econômico-financeira determina que **seja outorgado** (3) a cada ente político vários tributos de sua específica competência, para, por si próprios, **instituírem** (4) o tributo e, assim, **terem** (5) sua própria receita tributária.

REIS JÚNIOR, Ari Timóteo dos. "Tributação no estado democrático de direito: Apontamentos sobre os impostos federais". Âmbito Jurídico. com.br. Disponível em: <http://www.ambito-juridico.com.br/site/index.php?n_link=revista_artigos_leitura&artigo_id=8873>.

(A) (1)
(B) (2)
(C) (3)
(D) (4)
(E) (5)

4) (CONSESP — Advogado — Pref. Euclides da Cunha / SP)
De acordo com a norma-padrão da Língua Portuguesa escrita e em relação à concordância dos nomes, marque a oração em que as regras estão plenamente observadas.

(A) É necessário a tua presença aqui.
(B) É proibido a caça nesta reserva.
(C) Estendeu-me a mão e o braço feridos.
(D) Vilma tinha muitas joias e vestidos caro.

5) (CONSESP — Advogado — Pref. Euclides da Cunha / SP)
    Em "... no relógio deu quatro horas", há um erro de:

    (A) Concordância
    (B) Regência
    (C) Emprego de tempos verbais
    (D) De reticências

6) (CONSULPLAN — Técnico de Laboratório — Informática — Prefeitura de Congonhas — MG)
    Quanto à regência, assinale a afirmativa INCORRETA:

    (A) Os amigos foram ao teatro.
    (B) João namora com Maria.
    (C) Prefiro cinema a teatro.
    (D) Lá em casa, somos três.
    (E) Nós aspiramos a uma boa faculdade.

7) (CONSESP — Advogado — Pref. Euclides da Cunha / SP)
    Aponte a alternativa que contém os termos que preenchem, correta e respectivamente, as lacunas no período abaixo.
    "Os ideais _____ aspiramos são muitos, mas os recursos _____ dispomos não são muitos".

    (A) que / dos quais
    (B) a que / que
    (C) que / que
    (D) a que / de que

8) (SEE/SP — Professor de Educação Básica II / Língua portuguesa / SP — FGV — Superior)
    Assinale a alternativa que indica um posicionamento diferente dos demais quanto ao emprego de preposição com verbos de movimento.

    (A) "Depois voltou em casa, fechou muito bem as janelas e portas..." [Guimarães Rosa]
    (B) "Quando chegaram na pensão era noitinha e todos já estavam desesperados." [Mário de Andrade]
    (C) "D. Francisquinha deixara até de vir, após meses de assiduidade, na minha casa." [J.L. do Rego]

(D) "... baleou o outro bem na nuca e correu em casa, onde o cavalo o esperava..." [Guimarães Rosa]
(E) "Quando Macunaíma voltou à praia, se percebia que brigara muito lá no fundo." [Mário de Andrade]

9) (CONSESP — Advogado — Pref. Euclides da Cunha/SP)
Tendo como referência as normas de regência dos verbos da gramática normativa, assinale a oração que apresenta desvio.

(A) Basta que obedeçam aos conselhos do professor.
(B) O ar que aspiramos em São Paulo é muito poluído.
(C) Informo o senhor da minha profunda repugnância ao ato.
(D) O aluno cujo nome não me lembro colou na prova.

10) (ESAF — Escola de Administração Fazendária — Analista de planejamento e Orçamento)
Assinale a opção que contém erro gramatical.

(A) Mais do que a linha dos prédios espelhados na Avenida Paulista, a imagem que os visitantes têm de São Paulo é a de duas vias castigadas com congestionamentos diários, seguindo o curso de rios infestados de poluição e emparedados pelo concreto.
(B) Não é de se estranhar, portanto, que o prefeito da capital tenha criado uma celeuma quando resolveu diminuir o limite de velocidade das marginais Tietê e Pinheiros, as mais importantes da cidade.
(C) A seção paulista da Ordem dos Advogados do Brasil (OAB) entrou com ação civil pública na Justiça e o Ministério Público abriu inquérito contra a mudança.
(D) As marginais já são vias seguras em comparação com o restante da cidade. Campeãs de movimento e de acidentes fatais no município, em termos proporcionais, no entanto, a figura é diferente. Estima-se que 1 milhão de veículos passem por lá diariamente.
(E) Em 2010, foi proibido a entrada de motos na pista expressa da Marginal Tietê — apesar de muitos motociclistas desobedecerem a regra. (Adaptação da reportagem "Uma medida que para São Paulo", revista *IstoÉ*, n. 2383, 5.8.2015)

II) (Poder Judiciário — Tribunal de Justiça de São Paulo — Fundação Vunesp)
Falha no Facebook _____ dados de 6 milhões de usuários. Números de telefone e *e-mails* de parte dos usuários do *site* _____ para *download* a partir da ferramenta "Baixe uma cópia de seus dados", presente na seção "Geral" da categoria "Privacidade", sem o consentimento dos cadastrados da rede social.

"Falha no Facebook expõe dados de 6 milhões de usuários". *Veja*. São Paulo, 21 jun. 2013. Disponível em: <https://veja.abril.com.br/tecnologia/falha-no-facebook-expoe-dados-de-6-milhoes-de-usuarios/>.

Em norma-padrão da língua portuguesa, as lacunas do texto devem ser preenchidas, respectivamente, com

(A) expõe... estava disponível.
(B) expõe... estavam disponíveis.
(C) expõem... estavam disponível.
(D) expõem... estava disponível.
(E) expõem... estava disponíveis.

Leia o texto para responder às questões de números 12 e 13.

A indústria deu o alerta. Nos próximos três anos, o Brasil vai precisar de mais de sete milhões de profissionais de nível técnico para suprir a demanda do mercado, conforme mostrou o Mapa do Emprego na Indústria 2012, da Confederação Nacional das Indústrias (CNI). <u>Enquanto</u> sobram candidatos com formação superior generalista, faltam técnicos e tecnólogos especializados. Segundo analistas, não _____ que será preciso equilibrar essa equação <u>para</u> evitar um colapso em setores importantes da economia por falta de profissionais qualificados.

JUNGES, Cíntia. "Valorizados, cursos técnicos tem empregabilidade alta". *Gazeta do Povo*. Curitiba, 17 out. 2012. Disponível em:<https://www.gazetadopovo.com.br/economia/valorizados-cursos-tecnicos-tem-empregabilidade-alta-2sueytgcd19wnphru02vhr2oe/>.

Em conformidade com a norma-padrão da língua portuguesa e com o sentido do texto, a lacuna neste presente deve ser preenchida com:

12) (Poder Judiciário — Tribunal de Justiça de São Paulo — Fundação Vunesp)

(A) existe indícios
(B) se questionam de
(C) é provável
(D) há dúvidas de
(E) se vê incerteza

13) (Poder Judiciário — Tribunal de Justiça de São Paulo — Fundação Vunesp)
Os termos *Enquanto* e *para*, em destaque no texto, estabelecem, respectivamente entre as orações, relações de

(A) proporção e finalidade.
(B) tempo e finalidade.
(C) tempo e consequência.
(D) comparação e causa.
(E) proporção e comparação.

Leia o texto para responder às questões de números 14 a 16.

Conselho dado por alguém que entende muito de ganhar dinheiro, Warren Buffett, um dos homens mais ricos do mundo: "Ouça alguém que discorda _____ você". No início de maio, Buffett convidou um sujeito chamado Doug Kass para participar de um dos painéis que _____ a reunião anual de investidores de sua empresa, a Berkshire Hathaway.

Como executivo de um fundo de *hedge*, ele havia apostado contra as ações da Berkshire. Buffett queria entender o _____. Kass foi o chato escolhido para alertá-lo sobre eventuais erros que ninguém havia enxergado.

Buffett conhece o valor desse tipo de pessoa. O chato é o sujeito que ainda acha que as perguntas simples são o melhor caminho para chegar às melhores respostas. Ele não tem medo.

VASSALLO, Cláudia. "O chato é um chato, mas é essencial nos negócios". *Exame*. São Paulo, 22 jun. 2013. Disponível em: <https://exame.abril.com.br/revista-exame/ode-ao-chato/>.

14) (Poder Judiciário — Tribunal de Justiça de São Paulo — Fundação Vunesp)
Em norma-padrão da língua portuguesa, as lacunas do texto devem ser preenchidas, respectivamente, com:

(A) de... compôs... por que
(B) com... compôs... por quê
(C) com... compuseram... por que
(D) ante... comporam... porque
(E) de... compuseram...

15) (Poder Judiciário — Tribunal de Justiça de São Paulo — Fundação Vunesp)
De acordo com o texto, é correto afirmar que, no mundo financeiro, o chato tem o papel de

(A) vislumbrar possibilidades ignoradas pelas outras pessoas.
(B) visualizar a forma de ganhar mais, ludibriando os investidores.
(C) blefar com as pessoas, pondo seus investimentos em risco.
(D) tornar complexa a forma de analisar os investimentos.
(E) jogar contra, para minar a credibilidade de pequenas empresas.

16) (Poder Judiciário — Tribunal de Justiça de São Paulo — Fundação Vunesp)
O texto revela o chato como um investidor

(A) obtuso.
(B) dissimulado.
(C) intrépido.
(D) reticente.
(E) compulsivo.

Considere o período inicial do 2º parágrafo para responder às questões de números 17 e 18.

Como executivo de um fundo de *hedge*, ele havia apostado contra as ações da Berkshire.

17) (Poder Judiciário — Tribunal de Justiça de São Paulo — Fundação Vunesp)

No contexto em que está empregada, a oração — ... ele havia apostado contra as ações da Berkshire. — pode ser corretamente substituída por

(A) ... ele apostara contra as ações da Berkshire.
(B) ... contra as ações da Berkshire foi apostado por ele.
(C) ... as ações da Berkshire tinham sido apostadas por ele.
(D) ... ele apostaria contra as ações da Berkshire.
(E) ... ele teria apostado contra as ações da Berkshire.

18) (Poder Judiciário — Tribunal de Justiça de São Paulo — Fundação Vunesp)
A conjunção que inicia o período estabelece entre as orações relação de

(A) condição.
(B) causa.
(C) consequência.
(D) finalidade.
(E) conformidade.

19) (Fundação Vunesp — Câmara Municipal de Itatiba — Advogado)
Leia o texto para responder à questão.

Meu pai nunca entendeu que eu e minha irmã não tínhamos a mesma idade que ele. Isso não se **restringia**_____ nós nem mudou com o tempo: até hoje ele conversa com uma criança de três anos de igual para igual, o que faz com que elas o adorem, como se o tom as promovesse a outro patamar. Quando você é filho, no entanto, a coisa é um pouco mais complicada.

PRATA, Antonio. "Blowing in the wind". Blog do Antonio Prata, 10 nov. 2008. Disponível em: <http://blogdoantonioprata.blogspot.com/>.

Considerando-se a regência do verbo restringir, em destaque, a lacuna do trecho deve ser preenchida, de acordo com a norma-padrão da língua portuguesa, com

(A) a
(B) de
(C) em
(D) por
(E) com

20) (Tribunal de Justiça Militar do Estado de São Paulo — Agente administrativo Judiciário — Vunesp)
Considerando a concordância das palavras, assinale a alternativa correta.

(A) Ismael e o irmão, ao anoitecer, ia para a escola.
(B) Ouvimos comentários bem esquisito sobre esse costume.
(C) Hoje houve dois jogos na quadra de esportes.
(D) Foram ruim as notícias divulgadas na escola.
(E) Alguns alunos daquela escola costumava conversar no corredor.

21) (Ministério do Desenvolvimento, Indústria e Comércio Exterior — Analista de Comércio Exterior — ESAF)
O texto abaixo foi transcrito com adaptações. Assinale a opção que apresenta erro gramatical ou de grafia de palavra que prejudica a coerência textual.

Constata-se (1) uma discrepância nas carteiras dos maiores detentores de dinheiro no mundo rico: uma pequena fração, menos de 10%, **está investida** (2) nos países emergentes, que, no entanto, **já representa** (3) mais de 50% do PIB global. Nesse cenário o Brasil continuará a conviver com **maciças** (4) entradas de recursos, que devem manter o real ainda valorizado. O governo precisa favorecer investimentos diretos e conter fluxos mais especulativos. É tolerável desestimular a entrada de capital aventureiro, mas cumpre evitar exageros que **afugentem** (5) o dinheiro bom.

"Tsunami de custos". *Folha de S.Paulo*. São Paulo, 25 mar. 2012. Opinião. Disponível em: <https://www1.folha.uol.com.br/fsp/opiniao/33259-tsunami-de-custos.shtml>.

(A) 1
(B) 2
(C) 3
(D) 4
(E) 5

22) (Ministério do Desenvolvimento, Indústria e Comércio Exterior — Analista de Comércio Exterior — ESAF)
Assinale a opção que preenche corretamente as lacunas do texto.

O alto custo da folha de pessoal, __1__ encargos e das regras rígidas __2__ contratação e demissão, é fator decisivo da baixa produtividade do trabalho no Brasil e, __3__ comparação com outros países, seu efeito se torna ainda mais notável __4__ valorização do câmbio. Da mesma forma, o peso excessivo dos tributos e o preço elevado da energia, entre outros itens que compõem os custos industriais, reduzem a competitividade da indústria. Do lado das empresas, o nível muito baixo de investimentos em inovação mostra despreocupação ou desatenção __5__ fatores essenciais para a conquista e preservação dos mercados mais promissores da economia contemporânea. Há muitas coisas além do câmbio nas dificuldades __6__ passa a indústria no País.

"Muito além do câmbio". *Folha de S. Paulo*. São Paulo, 24 mar. 2012. Disponível em: <https://opiniao.estadao.com.br/noticias/geral,muito-alem-do-cambio-imp-,852661>.

	1	2	3	4	5	6
(A)	por causa dos	de	em	diante da	com os	em que
(B)	em razão dos	para	na	por causa da	com um dos	pelas quais
(C)	decorrente dos	da	da	em razão da	sobre	por quem
(D)	em vista dos	na	por	decorrente da	pelo	por que
(E)	diante dos	com a	por	em vista da	com	pela qual

23) (Ministério do Desenvolvimento, Indústria e Comércio Exterior — Analista de Comércio Exterior — ESAF)
O texto abaixo foi transcrito com adaptações. Assinale a opção que manteve o emprego correto do sinal indicativo de crase.

Interessa à (1) todo o País, por sua importância para à (2) produção, à (3) criação de empregos e o desenvolvimento, a agenda levada ao Congresso pelo presidente da Confederação Nacional da Indústria — CNI. Ao apresentar uma lista de 131 projetos considerados favoráveis ou prejudiciais ao setor, ele cobrou dos parlamentares, como de costume, atenção urgente às (4) questões de grande relevância para à (5) economia, especialmente numa fase de crise internacional.

"A importante pauta da CNI". *Folha de S.Paulo*. São Paulo, 29 mar. 2012. Editorial. Disponível em: <https://opiniao.estadao.com.br/noticias/geral,a-importante-pauta-da-cni-imp-,854758>.

(A) 1
(B) 2
(C) 3
(D) 4
(E) 5

24) (Ministério do Desenvolvimento, Indústria e Comércio Exterior — Analista de Comércio Exterior — ESAF)
Os trechos abaixo constituem um texto adaptado do Editorial de *O Globo* de 20/3/2012. Assinale a opção que respeita as exigências gramaticais da norma culta na sua transcrição.

(A) Em geral, quando a economia está em trajetória de crescimento, multiplicam-se as condições para os ganhos de produtividade, pela facilidade de se concretizarem investimentos. Mas não é algo que caia do céu. Sem esforço e determinação, a produtividade não avança.
(B) Mas há também os fatores que não dependem diretamente dos agentes econômicos, como o ambiente institucional para a realização de negócios, a infraestrutura de uso comum, as prioridades e a execução da política econômica, o que se refletem no crédito e na carga tributária.
(C) São vários os fatores que contribuem para os saltos de produtividade. Alguns relacionados do processo produtivo, como à inovação, a melhoria da gestão dos recursos disponíveis, a atualização tecnológica, a motivação dos que produzem, a utilização dos insumos (bens e serviços) mais adequados para se chegarem ao resultado final.
(D) Com uma taxa de investimento relativamente baixa cuja proporção do Produto Interno Bruto (PIB), pouco acima dos 19%, o Brasil conseguiu avançar socialmente sem um crescimento econômico tão forte.
(E) A estabilidade monetária abriu caminhos para ganhos de produtividade que tornou factíveis tais avanços, mas é preciso definir prioridades claras nos gastos públicos.

25) (Ministério do Desenvolvimento, Indústria e Comércio Exterior — Analista de Comércio Exterior — ESAF)
Os trechos abaixo constituem um texto adaptado do Editorial de *O Estado de S. Paulo* de 24/3/2012. Assinale a opção que foi transcrita de forma gramaticalmente correta.

(A) Por tornar mais acentuada a perda de competitividade da indústria brasileira, a valorização do real em relação ao dólar vêm despertando reações cada vez mais ácidas de dirigentes empresariais, mas está muito longe de ser o único, ou o principal, problema que prejudica o desempenho do setor manufatureiro.
(B) Questões estruturais e modelos de gestão empresarial inadequados tem sobre a atividade industrial efeitos negativos muito mais profundos e duradouros e, por isso, mais nocivos do que a taxa de câmbio.
(C) Sem eliminar essas deficiências, o Brasil terá cada vez menos condições de competir com outros países, até mesmo com os vizinhos sul-americanos. É preciso considerar que a valorização do real também fez o custo da mão de obra na indústria aumentar.
(D) Mesmo, porém, que a questão cambial venha a ser superada, a qualidade da atividade industrial continuará prejudicada por deficiências históricas, e por isso muito conhecidas, mas que tem sido toleradas por governantes, empresários, trabalhadores e pela sociedade.
(E) Pesquisas e estudos recentes não deixam dúvidas quanto aos impactos do câmbio valorizado sobre a produtividade da indústria brasileira quando comparadas com a de outros países.

Atenção: As questões de números 26 a 30 referem-se ao texto seguinte.

Inquilinos

    Ninguém é responsável pelo funcionamento do mundo. Nenhum de nós precisa acordar cedo para acender as caldeiras e checar se a Terra está girando em torno de seu próprio eixo na velocidade apropriada e em torno do Sol, de modo a garantir a correta sucessão das estações. Como num prédio bem administrado, os serviços básicos do planeta são providenciados sem que se enxergue o síndico — e sem taxa de administração. Imagine se coubesse à humanidade, com sua conhecida tendência ao desleixo e à improvisação, manter a Terra na sua órbita e nos seus horários, ou se — coroando o mais delirante dos sonhos liberais — sua gerência fosse entregue a uma empresa privada, com poderes para remanejar os ventos e suprimir correntes marítimas, encurtar ou alongar dias e noites, e até mudar de galáxia, conforme as conveniências do mercado, e ainda por cima sujeita a decisões catastróficas, fraudes e falência.

É verdade que, mesmo sob o atual regime impessoal, o mundo apresenta falhas na distribuição dos seus benefícios, favorecendo alguns andares do prédio metafórico e martirizando outros, tudo devido ao que só pode ser chamado de incompetência administrativa. Mas a responsabilidade não é nossa. A infraestrutura já estava pronta quando nós chegamos.

VERISSIMO, Luis Fernando. *O mundo é bárbaro: e o que nós temos a ver com isso*. Rio de Janeiro: Objetiva, 2008. p. 19.

26) (Eletrobras Eletrosul — Eletrosul Centrais Elétricas S.A — Administração de Empresas — FCC)
    Para bem comparar o funcionamento do mundo à boa administração de um prédio, o autor do texto se vale do fato de que, em ambos os casos,

    (A) as necessidades humanas imprimem a tudo as leis do mercado, a fim de evitar nossas falhas pessoais.
    (B) a distribuição e a qualidade dos serviços costumam ser justas, salvo em casos excepcionais.
    (C) a presença de um síndico só se faz sentir de modo positivo quando se trata de prevenir catástrofes.
    (D) a infraestrutura se acomoda às necessidades dos usuários, não cabendo falar em incompetência administrativa.
    (E) os serviços se oferecem com certa naturalidade, sem que se perceba a presença de um responsável.

27) (Eletrobras Eletrosul — Eletrosul Centrais Elétricas S.A — Administração de Empresas — FCC)
    Atente para as seguintes afirmações:

    I.   O autor mostra-se descrente quanto à competência dos homens para administrar o funcionamento do mundo, tal como acusa o segmento mesmo sob o atual regime impessoal.
    II. As expressões "gerência (...) entregue a uma empresa privada" e "conveniências do mercado" ajudam a ilustrar o que entende o autor por sonhos liberais.
    III. Ao dizer que a infraestrutura já estava pronta quando nós chegamos, o autor exime a humanidade de responder pelo que seriam as falhas de funcionamento do mundo natural. Em relação ao texto, está correto o que se afirma em

(A) I, II e III.
(B) I e II, apenas.
(C) I e III, apenas.
(D) II e III, apenas.
(E) II, apenas.

28) (Eletrobras Eletrosul — Eletrosul Centrais Elétricas S.A — Administração de Empresas — FCC)
Considerando-se o contexto, traduz-se adequadamente o sentido de um segmento do texto em:

(A) correta sucessão das estações (1.º parágrafo) = apropriada estabilidade meteorológica.
(B) tendência ao desleixo (1.º parágrafo) = propensão para o descaso.
(C) coroando o mais delirante dos sonhos (1.º parágrafo) = sobrepujando as expectativas irracionais.
(D) mesmo sob o atual regime impessoal (2.º parágrafo) = ainda que personalizando o presente sistema.
(E) andares do prédio metafórico (2.º parágrafo) = escalas da engenharia habitacional.

29) (Eletrobras Eletrosul — Eletrosul Centrais Elétricas S.A — Administração de Empresas — FCC)
As normas de concordância verbal encontram-se plenamente atendidas na seguinte frase:

(A) Não cabe aos responsáveis pelo mau funcionamento do mundo quaisquer tipos de sanção, uma vez que sequer logramos identificá-los.
(B) O desleixo e a improvisação, que na ordem humana constitui um defeito incorrigível, estão perversamente implicados na política e na economia.
(C) Torna-se difícil projetar as imagens de um mundo natural que fosse administrado pela consciência humana, à qual se devem as decisões mais injustas.
(D) Acabam por tornar visíveis as falhas do mundo natural o desequilíbrio injusto na distribuição dos favores e das desgraças que acometem a humanidade.
(E) Os liberais dizem que se devem confiar nas vantagens do livre mercado, cujo funcionamento por si só se responsabilizariam pela estabilidade da economia.

30) (Eletrobras Eletrosul — Eletrosul Centrais Elétricas S.A — Administração de Empresas — FCC)
Há adequada correlação entre os tempos e os modos verbais presentes na seguinte frase:

(A) A responsabilidade pelos defeitos do mundo só seria nossa caso já não estivessem prontos os elementos que constituem essa imensa infraestrutura, à qual todos estamos submetidos.
(B) Nenhum de nós terá qualquer responsabilidade na injusta distribuição dos males e benefícios do mundo, a menos que a algum de nós caberia a tomada de todas as decisões.
(C) Provavelmente o mundo natural apresentaria ainda mais falhas, se viermos a tomar as decisões que implicassem uma profunda alteração na ordem dos fenômenos.
(D) Quem ousará remanejar os ventos e suprimir correntes marítimas, se tais poderes estivessem à disposição dos nossos interesses e caprichos?
(E) Na opinião do autor do texto, o síndico ideal seria aquele cujos serviços sequer se notem, pois ele manterá com discrição sua eficiência e sua dedicação ao trabalho.

Atenção: Para responder às questões de números 31 a 34, considere o texto abaixo.

Barbárie e civilização

Em 1777, o ferino filósofo francês Voltaire escreveu:
"O mundo começa a civilizar-se um pouco; mas que ferrugem espessa, que noite grosseira, que barbárie dominam ainda certas províncias, sobretudo entre os probos agricultores tão louvados em elegias e éclogas, entre lavradores inocentes e vigários de aldeia, que por um escudo arrastariam os irmãos para a prisão e vos apedrejariam se duas velhas, vendo-vos passar, exclamassem: herege!
O mundo está melhorando um pouco; sim, o mundo pensante, mas o mundo bruto será ainda por muito tempo um composto de animais, e a canalha será sempre de cem para um. É para ela que tantos homens, mesmo com desdém, mostram compostura e dissimulam; é a ela que todos querem agradar; é dela que todos querem arrancar vivas; é para ela que se realizam cerimônias pomposas; é

só para ela, enfim, que se faz do suplício de um infeliz um grande e soberbo espetáculo."

Voltaire. *O preço da justiça*. São Paulo: Martins Fontes, 2001. p. 29-30.

31) (Defensoria Pública do Estado de São Paulo — Agente de Defensoria Pública — Administrador de Redes — FCC)
Voltaire não hesita, ao considerar o grau de civilização em que encontra sua época, em

(A) suprimir quaisquer preconceitos contra as classes populares, notadamente as mais laboriosas.
(B) enaltecer a aristocracia, escudado tão somente no argumento de que a nobreza está no sangue.
(C) manifestar seu desprezo pelos que julga néscios, responsabilizados pela prática e expansão da barbárie.
(D) atribuir aos clérigos e fanáticos religiosos a responsabilidade pelo atraso nas letras e no pensamento.
(E) declarar sua admiração pelos campesinos que se conservam humildes e honestos a despeito de sua classe.

32) (Defensoria Pública do Estado de São Paulo — Agente de Defensoria Pública — Administrador de Redes — FCC)
Voltaire associa a quem se manifesta pela acusação de **herege** e pela saudação dos **vivas**

(A) o direito à manifestação pública, desde que interpretada como insensata ou injusta.
(B) a motivação irrefletida dos grosseiros que acatam a acusação leviana e aplaudem a barbárie.
(C) o entusiasmo das massas, quando inflamadas pela fé ou pela opinião de quem difunde a cultura erudita.
(D) a facilidade com que mesmo as criaturas pensantes incorrem no vício de seguir a opinião alheia.
(E) a vantagem que leva sobre as demais criaturas, ao fazer valer a virtude de seu descortino crítico.

33) (Defensoria Pública do Estado de São Paulo — Agente de Defensoria Pública — Administrador de Redes — FCC)
Considere as afirmações abaixo.

I. Nas expressões "probos agricultores" e "lavradores inocentes", os qualificativos devem ser entendidos, em função do contexto, como manifestações da ironia de Voltaire.
II. Voltaire acusa o idealismo de poetas que louvam em suas éclogas ou elegias criaturas que de fato ele reconhece como bárbaros ou grosseiros.
III. Ao se valer da expressão suplício de um infeliz, Voltaire está se referindo às provações que sofre um homem culto diante das manifestações de barbárie.

Em relação ao texto, está correto o que se afirma APENAS em

(A) I.
(B) II.
(C) III.
(D) I e II.
(E) II e III.

34) (Defensoria Pública do Estado de São Paulo — Agente de Defensoria Pública — Administrador de Redes — FCC)
Estão adequadas ambas as construções pronominais indicadas entre parênteses, como alternativas válidas, no contexto, para as expressões sublinhadas em:

(A) Voltaire atribui aos grosseiros (atribui-lhes) a responsabilidade por aplaudirem a barbárie (lhe aplaudirem).
(B) As velhas acusam a vítima (acusam-lhe) de herege e os bárbaros seguem as velhas (seguem-nas) em seu preconceito.
(C) Os poetas idealistas louvam os campesinos (lhes louvam), ignorando os defeitos deles (ignorando-lhes os defeitos).
(D) Muitos homens querem agradar as massas (as agradar), não hesitando em cortejar as mesmas (cortejar-lhes).
(E) Para que aprimoremos a civilização (a aprimoremos), é preciso prestigiar os pensantes (prestigiá-los).

35) (Universidade de São Paulo — USP — Vice-Reitoria Executiva de Administração — Bibliotecário)
A única frase em que a concordância nominal está adequada à norma escrita culta é:

(A) Estamos quite com as obrigações trabalhistas.
(B) Viram paisagens as mais belas possível.
(C) As milhares de pessoas moravam felizes ali.
(D) Os arquivos seguem anexos às mensagens.

36) (Câmara Municipal do Recife — Arquiteto — FGV Projetos)
Um texto publicitário de um plano de saúde emprega a seguinte frase: "Você quer um plano de saúde para seus pais e nenhum te atende?" Se quiséssemos reescrever essa mesma frase dentro das regras da norma culta, deveríamos:

(A) omitir o termo "você" no início da frase;
(B) trocar o pronome possessivo "seus" por "teus";
(C) trocar o pronome "te" por "lhe";
(D) trocar o pronome "te" por "se";
(E) colocar "você quer" no plural: "vocês querem".

37) (Ministério da Fazenda — Secretaria Executiva — Analista administrativo — ANAC — ESAF)
Assinale a opção correspondente a erro gramatical inserido no texto.

A Embraer S. A. atualmente **é destaque** (1) internacional e passou a produzir aeronaves para rotas regionais e comerciais de pequena e média **densidades** (2), **bastante** (3) utilizadas no Brasil, Europa e Estados Unidos. Os modelos 190 e 195 **ocupou** (4) o espaço que era do Boeing 737.300, 737.500, DC-9, MD-80/81/82/83 e Fokker 100. A companhia brasileira é hoje a terceira maior indústria aeronáutica do mundo, com filiais em vários países, **inclusive na** (5) China.

"História da Aviação Civil". Disponível em: <http://www.portalbrasil.net/aviacao_historia.htm>.

(A) é destaque
(B) densidades
(C) bastante
(D) ocupou
(E) inclusive na

38) (Ministério da Fazenda — Secretaria Executiva — Analista administrativo — ANAC — ESAF)
Assinale a opção que preenche as lacunas do texto de forma que o torne coeso, coerente e gramaticalmente correto.

Com capacidade __1__ transportar nove passageiros __2__ velocidade de cruzeiro de 150 knots e altitude de 20.000 pés com MTOW de 3.700 kg, a aeronave EC145 T2 é equipada __3__ dois motores turbo-eixo Turbomeca Arriel 2E, cada um deles controlado __4__ sistema de gerenciamento computadorizado (FADEC) duplicado, que entrega __5__ caixa de redução principal uma potência de 490 kW (710 shp). Uma das principais inovações do modelo foi a substituição do rotor de cauda convencional __6__ do tipo Fenestron que, entre outras características aerodinâmicas, proporciona considerável redução do nível de ruído na cabine. A nova suíte de aviônicos Helionix, da Airbus Helicopters, vem equipada __7__ piloto automático de quatro eixos e displays com novas funcionalidades. O processo de certificação da aeronave na ANAC empregou 350 horas e envolveu seis servidores da Agência (coordenador do programa e cinco engenheiros).

<http://www.anac.gov.br/Noticia.aspx?ttCD_CHAVE=2017&slCD_ORIGEM=29>. Acesso em: 13 dez. 2015. Com adaptações.

	1	2	3	4	5	6	7
(A)	de	de uma	de	num	da	com	no
(B)	para	a uma	com	por um	à	por um	com
(C)	a	com uma	a	com um	para a	com o	do
(D)	em	em uma	por	de um	em	em um	pelo
(E)	por	à	em	em	a	a um	de

Atenção: Considere o texto abaixo para responder às questões de números 39 a 43.

Comunicação

O público ledor (existe mesmo!) é sensorial: quer ter um autor ao vivo, em carne e osso. Quando este morre, há uma queda de popularidade em termos de venda. Ou, quando teatrólogo, em termos de espetáculo. Um exemplo: G.B. Shaw. E, entre nós, o suave fantasma de Cecília Meireles recém está se materializando, tantos anos depois.

Isto apenas vem provar que a leitura é um remédio para a solidão em que vive cada um de nós neste formigueiro. Claro que não me estou referindo a essa vulgar comunicação festiva e efervescente. Porque o autor escreve, antes de tudo, para expressar-se. Sua comunicação com o leitor decorre unicamente daí. Por afinidades. É como, na vida, se faz um amigo.

E o sonho do escritor, do poeta, é individualizar cada formiga num formigueiro, cada ovelha num rebanho — para que sejamos humanos e não uma infinidade de xerox infinitamente reproduzidos uns dos outros.

Mas acontece que há também autores xerox, que nos invadem com aqueles seus best-sellers...

Será tudo isto uma causa ou um efeito?

Tristes interrogações para se fazerem num mundo que já foi civilizado.

QUINTANA, Mário. *Poesia completa*. Rio de Janeiro: Nova Aguilar, 1ª ed., 2005. p. 654.

39) (Ministério Público do Estado do Amazonas — Agente Técnico Economista — FCC — Fundação Carlos Chagas)
Infere-se corretamente do texto:

(A) constatação amarga de que os autores, mesmo aqueles que são aceitos pelo valor de sua obra, somente conseguem manter seu sucesso enquanto estão vivos, desaparecendo da memória do público leitor quando morrem.
(B) desencanto em relação ao instável comportamento do público diante de alguns autores, apesar do reconhecido valor de sua produção escrita, pois toda e qualquer obra pode tornar-se apropriada para a individualização dos leitores.
(C) dúvida em relação ao discernimento do público quanto ao valor literário das produções de determinados autores de sucesso, em razão de serem poucos os leitores que realmente se destacam num grupo em que todos dividem as mesmas aptidões.
(D) anuência a leitores que se deixam conduzir pela opinião da maioria, aceitando as opiniões e compartilhando os mesmos interesses do grupo em que estão inseridos, no sentido de preservação da identidade e dos valores coletivos.
(E) juízo desfavorável quanto à produção de alguns autores superficiais e sem originalidade, considerando-se que a comunicação entre

autor e leitor só será realmente produtiva se houver um processo de identificação, com base em interesses similares de ambos.

40) (Ministério Público do Estado do Amazonas — Agente Técnico Economista — FCC-Fundação Carlos Chagas)
Claro que não me estou referindo *a essa vulgar comunicação festiva e efervescente*.
O vocábulo **a** deverá receber o sinal indicativo de crase se o segmento grifado for substituído por:

(A) leitura apressada e sem profundidade.
(B) cada um de nós neste formigueiro.
(C) exemplo de obras publicadas recentemente.
(D) uma comunicação festiva e virtual.
(E) respeito de autores reconhecidos pelo público.

41) (Ministério Público do Estado do Amazonas — Agente Técnico Economista — FCC-Fundação Carlos Chagas)
Tristes interrogações para se fazerem num mundo que já foi civilizado.
A forma verbal grifada acima tem sentido semelhante a

(A) precisar fazer.
(B) serem feitas.
(C) precisa ser feitas.
(D) virem sendo feitas.
(E) vier a ser feitas.

42) (Ministério Público do Estado do Amazonas — Agente Técnico Economista — FCC-Fundação Carlos Chagas)
... para a solidão *em que* vive cada um de nós...
O segmento grifado acima preencherá corretamente a lacuna da frase:

(A) Muitas obras, ... se regozijam os leitores mais exigentes, nem sempre se transformam em sucesso de vendas.
(B) A leitura aguça o espírito crítico do leitor, e também ensina e distrai, levando-o a um mundo de fantasias ...... não se esgotam.
(C) Alguns temas ...... os leitores se reportam são encontrados frequentemente em obras direcionadas para uma leitura rápida e superficial.

(D) O gosto da leitura é completo quando os leitores se identificam com as ideias do autor em boa parte daquilo ...... eles também creem.
(E) Os autores ...... estamos falando são aqueles que se preocupam em estabelecer uma real comunicação com seu leitor.

43) (Ministério Público do Estado do Amazonas — Agente Técnico Economista — FCC-Fundação Carlos Chagas)
As normas de concordância verbal e nominal estão inteiramente respeitadas em:

(A) Alguns dos aspectos mais desejáveis de uma boa leitura, que satisfaça aos leitores e seja veículo de aprimoramento intelectual, estão na capacidade de criação do autor, mediante palavras, sua matéria-prima.
(B) Obras que se considera clássicas na literatura sempre delineia novos caminhos, pois é capaz de encantar o leitor ao ultrapassar os limites da época em que vivem seus autores, gênios no domínio das palavras, sua matéria-prima.
(C) A palavra, matéria-prima de poetas e romancistas, lhe permitem criar todo um mundo de ficção, em que personagens se transformam em seres vivos a acompanhar os leitores, numa verdadeira interação com a realidade.
(D) As possibilidades de comunicação entre autor e leitor somente se realiza plenamente caso haja afinidade de ideias entre ambos, o que permite, ao mesmo tempo, o crescimento intelectual deste último e o prazer da leitura.
(E) Consta, na literatura mundial, obras-primas que constitui leitura obrigatória e se tornam referências por seu conteúdo que ultrapassa os limites de tempo e de época.

44) (ESPM — Escola Superior de propaganda e Marketing — Prova P — Vestibular)
Assinale a opção em que há uma transgressão às normas de Concordância (nominal ou verbal):

(A) Já passava do meio-dia e meia, quando muitas competições já tinham sido iniciadas.
(B) Valor de bens de candidatos à Prefeitura da Capital superam o declarado à Justiça Eleitoral.

(C) Segundo a defesa, é necessário existência de crime de responsabilidade.
(D) Fizeram críticas meio exageradas ao desempenho da política externa.
(E) Após confrontos, uso de "burquíni", mistura de burca com biquíni, é proibido em 12 cidades francesas.

45) (Administrador Especialista em Administração Hospitalar — COSEAC — UFF)
Leia as frases abaixo.

I. Enquanto houver leitores, haverá livros.
II. Mais de um terço dos jovens no Brasil nunca desliga o celular.
III. Vossa Senhoria tomou posse de seu mandato em dia auspicioso.
IV. Hoje são 08 de março, dia da mulher.

Sobre a concordância verbal empregada nas frases, assinale a afirmativa **INCORRETA**.

(A) O verbo *haver* no sentido de 'existir' flexiona-se somente na 3ª pessoa do singular, como ocorre em I.
(B) Em II, o verbo *desligar* deveria ser pluralizado, visto que a expressão *mais de* é indicativa de plural.
(C) Com pronomes de tratamento, a concordância verbal se dá na 3ª pessoa; em III, no singular, pois o pronome está no singular.
(D) Em IV, o verbo *ser* concorda com o numeral, mas também poderia concordar com a palavra *dia*, subentendida antes do numeral.

46) (Procurador Jurídico — VUNESP — Câmara de Mogi das Cruzes — SP)
Considere o texto baseado na tirinha a seguir.

Fernando Gonsales. *Folha de S.Paulo*. São Paulo, 22 ago. 2013. Ilustrada. E11

Zlitz adverte o companheiro _____ que estão perdidos no espaço. Zlotz, mostrando-se _____, mas _____, afirma que tem um mapa _____ qual poderão se orientar. Porém o mapa _____ que ele faz menção é astrológico, o que é inútil para que possam encontrar a rota desejada.

Para que o texto esteja correto de acordo com a norma-padrão da língua portuguesa e mantenha-se fiel ao sentido da tirinha, as lacunas devem ser preenchidas, respectivamente, por:

(A) de... proativo... inexperiente... com o... a
(B) de... temeroso... inconsequente... do... com
(C) de... diligente... estabanado... do... a
(D) a... voluntarioso... inábil... com o... em
(E) a... intrépido... ingênuo... no... em

47) (Papiloscopista — FUNCAB — PC — PA)

Obs.: O texto (PALOMBA, Guido Arturo. Rev. *Psique*: nº 100 [ed. comemorativa], p. 82)) de onde foi retirado o objeto desta questão não foi incluído no livro por não ser determinante para a resolução da mesma.

Ao substituir-se "um fato" por "fatos", em: "existe um fato na Psicologia-Psiquiatria forense que é 100% de certeza", preserva-se a norma de concordância verbal com a seguinte construção modalizadora:

(A) devem haver fatos.
(B) deve existir fatos.
(C) deve haverem fatos.
(D) devem existirem fatos.
(E) deve haver fatos.

48) (Médico — Posto de Saúde — IESES — Prefeitura de São José do Cerrito — SC)

> **Obs.:** O texto (POSSENTI, Sírio. "Línguas mudam". *Ciência Hoje*, 21 dez. 2015. Disponível em: <http://cienciahoje.org.br/coluna/linguas-mudam/>.) de onde foi retirado o objeto desta questão não foi incluído no livro por não ser determinante para a resolução da mesma.

Assinale a alternativa em que a flexão nominal esteja correta.

(A) Qualquer viagem é ótimo para descansar.
(B) Permitida passagem de bicicletas.
(C) Maçã é boa para a digestão.
(D) Proibida a entrada.

GABARITO COMENTADO DO PASSO 4

1) Gabarito: E
Comentário:
A questão envolve variados conceitos gramaticais.
- A) Incorreta: não ocorre crase antes do verbo, uma vez que não pode haver aí presença de artigo.
- B) Incorreta: não ocorre crase porque o artigo que antecederia o substantivo deveria ficar no masculino plural, gerando a combinação *aos*.
- C) Incorreta: não é possível a presença de preposição porque o pronome relativo se refere ao antecedente "comportamentos administrativos viciosos" que exerce a função de sujeito do verbo "priorizavam", não sendo possível a presença da preposição (o mais adequado é o pronome relativo *que*).
- D) Incorreta: o verbo "convir" é irregular, mas conjuga-se como "vir", portanto a forma correta é "conviesse".
- E) Correta: o verbo "servir", nessa acepção, pode ser empregado como transitivo direto.

2) Gabarito: E
Comentário:
A questão envolve variados conceitos gramaticais. As opções A, B, C e D estão corretas.
A opção E está incorreta, porque apresenta erro de concordância: o verbo utilizar deve ficar no plural, uma vez que o sujeito é desinencial (eles: 3ª pessoa do plural, referindo-se a "os mandatários"). O pronome relativo que tem como antecedente "o tom do diálogo" e exerce a função sintática de objeto direto na oração adjetiva.

3) Gabarito: C
Comentário:
A opção que apresenta erro gramatical é a C, porque o verbo na voz passiva analítica deve concordar com o sujeito "vários tributos de sua específica competência", cujo núcleo está no plural, devendo o verbo, portanto, ficar no plural: *sejam outorgados*.

4) Gabarito: C
Comentário:
"As opções A e B não seguem as regras de concordância nominal, porque expressões do tipo "é necessário", "é proibido", "é bom", etc. ficam invariáveis no caso de o gênero do substantivo não estar marcado por determinante, caso em que o adjetivo, segundo a norma-padrão, deve concordar com o gênero e o número do substantivo; portanto o adequado, nesses casos, seria: É necessária a tua presença aqui e É proibida a caça nesta reserva. A opção C está de acordo com a norma-padrão da língua, porque, referindo-se a dois substantivos de gêneros diferentes, o adjetivo pode ir para o masculino plural (que foi a forma escolhida no exemplo) ou concordar com o mais próximo, portanto também seria adequado Estendeu-me a mão e o braço ferido.
A opção D não atende às regras da norma-padrão da língua, porque, pertencendo ao mesmo caso da opção C, não poderia empregar o adjetivo "caro" no singular. Só tem como opção o masculino no plural, uma vez que, seja para concordar com os dois substantivos de gêneros diferentes, seja para concordar com o mais próximo, a única forma adequada é Vilma tinha muitas joias e vestidos caros.

5) Gabarito: A
Comentário:
Na opção destacada, o termo "no relógio" é um adjunto adverbial de lugar e não o sujeito da oração; portanto, há um erro de concordância, porque, não sendo a palavra "relógio" o sujeito da oração, o verbo "dar" deve concordar com o sujeito representado pela expressão numérica. Ou seja, podemos dizer: *O relógio* deu *quatro horas* ou *No relógio* deram *quatro horas*.

6) Gabarito: B
Comentário:
A opção B está incorreta porque o verbo "namorar" — considerando sua regência segundo a norma-padrão — rege complemento não preposicionado. A preposição "com" caracteriza a variedade coloquial, popular e regional da língua. A tradição das bancas examinadoras tem sido obedecer à norma-padrão. As demais opções estão de acordo com a norma-padrão da língua:
    A) Verbo "ir" rege preposição "a", que aparece em combinação com o artigo *o*: *ao*.

C) Verbo "preferir" sugere a ideia implícita de comparação, mas exige complemento regido da preposição "a".
D) Verbo "ser" rege predicativo sem preposição, portanto *somos três* e não *somos em três*.
E) Verbo "aspirar" no sentido de "desejar" rege complemento com preposição "a".

7) Gabarito: D
Comentário:
O pronome relativo deve ser antecedido de preposição, caso a palavra a que serve de complemento peça complemento preposicionado. No primeiro caso, o verbo "aspirar", empregado no sentido de "desejar", "pretender", pede complemento iniciado pela preposição "a": aspiramos <u>aos ideais</u> > <u>a que</u> aspiramos, <u>aos quais</u> aspiramos. No segundo caso, o verbo "dispor" pede complemento iniciado pela preposição "de": dispomos <u>de recursos</u> > <u>de que</u> dispomos, <u>dos quais</u> dispomos.

8) Gabarito: E
Comentário:
O candidato deve, sempre, ficar muito atento ao enunciado das questões. Nesta questão reproduziram os escritores usos da norma familiar e/ou regional, mas o que se deseja verdadeiramente avaliar é se o candidato identifica qual das opções está de acordo com a norma-padrão da língua. Nas quatro primeiras frases, os verbos <u>voltar</u>, <u>chegar</u>, <u>vir</u> e <u>correr</u> estão empregados de acordo com a linguagem coloquial, popular. A língua-padrão recomenda que, com os verbos <u>ir</u>, <u>vir</u>, <u>chegar</u> e equivalentes deve-se empregar a preposição a, junto a expressões locativas; portanto, teríamos: <u>voltou a casa</u>; <u>chegaram à pensão</u>; <u>vir (...) à minha casa</u>; <u>correu à casa</u>. A opção E, que corresponde ao gabarito, é a única a apresentar um exemplo em que o padrão da língua foi observado.

9) Gabarito: D
Comentário:
As alternativas A, B e C não se desviam das normas de regência dos verbos da gramática normativa, uma vez que os verbos
A) <u>Obedecer</u> rege complemento preposicionado: "obedeçam <u>aos conselhos</u>";
B) <u>Aspirar</u>, empregado na acepção de 'inspirar' pede complemento não preposicionado: "<u>que</u> aspiramos" (aspiramos <u>o ar</u> [que]);

C) Informar pede dois complementos (um preposicionado e outro, não): "informo o senhor (complemento não preposicionado) da minha profunda (complemento preposicionado) ... ato".
D) Já o verbo lembrar, na acepção de "ter na memória; recordar(-se)", é mais comumente empregado como pronominal, portanto, nesta alternativa, a forma correta seria: O aluno de cujo nome não me lembro colou na prova. (= não me lembro do nome do aluno [de cujo nome] que colou na prova.)

10) Gabarito: E
Comentário
A opção E está incorreta, uma vez que com expressões do tipo "é proibido" o adjetivo deve ficar invariável se não houver definição de gênero e/ou número do termo determinado, porque, neste caso, é obrigatória, de acordo com a norma-padrão, a concordância com o termo determinado. Sendo assim, o correto, nessa questão, é "é proibida a entrada (...)" ou "é proibido entrada (...)".

11) Gabarito: B
Comentário:
O verbo "expõe" fica no singular porque concorda com o sujeito simples ("Falha no Facebook") cujo núcleo "falha" — está no singular. A locução verbal "estavam disponíveis" está no plural para concordar com o sujeito composto (números de telefone e e-mails de parte dos usuários do site).

12) Gabarito: D
Comentário:
A opção D está de acordo com a norma-padrão, porque, quando o verbo *haver* tem o sentido de 'existir' é impessoal, a oração é sem sujeito, e "dúvidas", no caso, é o complemento do verbo "haver" (objeto direto), podendo ficar no plural. Esse mesmo complemento verbal ("dúvidas") pede um complemento nominal, iniciado por preposição "de" que, neste caso, é a oração subordinada "que será preciso equilibrar essa equação". A opção A poderia causar dúvidas ao candidato, mas uma análise mais atenta o levaria rapidamente a dissipá-las, uma vez que o verbo *existir*, ao contrário de *haver*, é pessoal, isto é, tem sujeito e com ele deve concordar, portanto a opção A para estar de acordo com a norma-padrão deveria ser "não existem indícios" ("indícios": sujeito do verbo existir).

13) Gabarito: B
Comentário:
Enquanto — conjunção subordinativa temporal.
Para — preposição com ideia de finalidade, que inicia uma oração subordinada adverbial final reduzida de infinitivo.

14) Gabarito: E
Comentário:
De acordo com a norma-padrão:
1º) o verbo "discordar", nessa acepção, é transitivo indireto e pede preposição "de", portanto "discorda de você";
2º) o verbo "compor", tal como os outros derivados de "pôr" (antepor, apor, contrapor, repor, supor, etc.), segue a conjugação do verbo "pôr" e não tem "z" em nenhum de seus tempos (*compus, compusesse*, etc.); no caso em questão, concorda com o antecedente ("um dos painéis") do pronome relativo "que" na função de sujeito. (Lembre-se de que com sujeito formado pela expressão "um dos" + substantivo plural o verbo pode ir para o plural ou ficar no singular, portanto, até aqui, é possível aceitar as alternativas A e E).
3º) "porquê", quando substantivo, deve ser escrito junto e com acento circunflexo, por ser oxítono terminado em -e (como *bebê, você*, etc.), por isso a opção E é a única correta.

15) Gabarito: A
Comentário:
No segundo parágrafo do texto encontramos a fundamentação para marcar a opção A: "o chato escolhido para alertá-lo sobre eventuais erros que ninguém havia enxergado".

16) Gabarito: C
Comentário:
Após a leitura do texto, especialmente o 2º parágrafo, e considerando ser
- A) obtuso — sem inteligência, estúpido;
- B) dissimulado — fingido;
- C) intrépido — audaz, destemido;
- D) reticente — reservado, prudente;
- E) compulsivo — descontrolado;
  não há dúvidas de que o chato, no texto, é intrépido, destemido, "ele não tem medo" (último parágrafo).

17) Gabarito: A
Comentário:
O período apresenta o verbo "apostar" no pretérito mais-que-perfeito composto ("havia apostado"), na voz ativa, A única opção possível é A, porque apresenta o pretérito mais-que-perfeito do indicativo do verbo "apostar". As demais opções estão em tempos verbais incompatíveis com o modelo.

18) Gabarito: B
Comentário:
A conjunção subordinativa *como*, quando significa 'porque' e está anteposta à oração principal, é causal. Nesse período, o verbo da oração subordinada adverbial causal está elíptico (verbo ser).

19) Gabarito: A
Comentário:
O verbo "restringir-se" é transitivo indireto e pede preposição "a".

20) Gabarito: C
Comentário:
Somente a opção C está de acordo com a norma-padrão da língua, porque com o significado de "existir" o verbo haver é impessoal e, por isso, deve ficar sempre na 3ª pessoa do singular. As demais opções apresentam incorreções de acordo com a norma culta porque com
A) o sujeito composto, anteposto ao verbo, só é possível o verbo ir para o plural. A frase deve ser: "Ismael e o irmão, ao anoitecer, iam para a escola".
B) o objeto direto do verbo "ouvimos" é comentários esquisito, o adjunto adverbial de intensidade não impede que a concordância do adjetivo com o substantivo a que se refere seja mantida. A frase deve ser: "Ouvimos comentários bem esquisitos sobre o costume".
D) o predicativo ruim deve concordar com o sujeito. A frase deve ser: "Foram ruins as notícias divulgadas na escola". (na ordem direta — sujeito + verbo + predicativo — As notícias divulgadas na escola foram ruins).
E) o sujeito, embora simples, tem o núcleo no plural — "alunos" —, portanto o verbo deve concordar com o sujeito. A frase deve ser: "Alguns alunos daquela escola costumavam conversar no corredor".

21) Gabarito: C
Comentário:
A opção que apresenta uma incorreção gramatical é a C, porque o pronome relativo *que* é o sujeito da oração subordinada e, portanto, o verbo deve concordar com o antecedente desse pronome que, no caso, é "países emergentes". O correto é "que (= países emergentes), no entanto, já *representam* mais de 50% do PIB global".

22) Gabarito: B
Comentário:
O preenchimento da lacuna 1 abre possibilidades para as cinco opções; em casos como esse, o candidato deve passar logo às colunas seguintes para perceber a intencionalidade textual.
Coluna 2: Aqui o candidato reduz opções. Apenas as colunas B e E apresentam elementos coesivos que apontam um caminho possível.
Coluna 3: O candidato vai focar sua atenção na opção B, porque o conector *na* (em + a) indica um lugar definido: ali, "na comparação".
Coluna 4: Agora o candidato deve confirmar sua resposta. A locução prepositiva causal é semanticamente adequada a esse trecho do texto.
Coluna 5: O substantivo "desatenção" rege preposição "com" na acepção de "desatencioso", portanto "com um dos fatores".
Coluna 6: O verbo "passar" rege preposição "por" na acepção de "suportar" (= "nas dificuldades" / "a indústria do País passa por [per/por + as = pelas] dificuldades" (= quais).

23) Gabarito: D
Comentário:
A única opção correta quanto à ocorrência de crase é a D, porque o substantivo *atenção* pede preposição *a*, e o substantivo *questões* é antecedido por artigo definido *as* (a + as = às). As demais opções estão incorretas porque:
   A) Os pronomes *todo, toda, cada, alguém, tudo, ninguém*, etc. não admitem artigo, somente preposição, portanto "interessa a todo o País";
   B) *para* é preposição que apresenta a mesma significação da preposição a̲, logo não é possível aqui haver duas preposições com o mesmo significado juntas.
As opções B e E apresentam o mesmo caso: os substantivos *criação* e *economia* podem ser antecedidos de artigo definido *a*, mas em face da presença da preposição *para* não há possibilidade do emprego da preposição *a*, portanto somente artigo em "para a produção" e "para a economia".

C) o mesmo caso de B e E; a diferença é que ocorreu elipse da preposição *para* — "[para] a criação".

24) Gabarito: A
Comentário:
A opção que está correta é a A; as demais não estão de acordo com a norma-padrão da língua, porque:
- B) o pronome relativo *que*, em "o que se refletem no crédito e na carga tributária" é sujeito da oração subordinada adjetiva; portanto, o verbo dessa oração deve concordar com o antecedente, que é o pronome demonstrativo *o* e está no singular. O correto é: "o que se *reflete* no crédito e na carga tributária".
- C) Há três incorreções nessa alternativa: 1) no trecho "relacionados do processo produtivo", o adjetivo *relacionados* rege a preposição *a* e não *de*; portanto, "relacionados *ao* (a + o) processo produtivo"; 2) em "como à inovação" não há presença de preposição, apenas o artigo que antecede o substantivo *processo*; portanto, não pode ocorrer crase. O correto é: "como a inovação"; 3) em "para se chegarem ao resultado final", o verbo "chegar" é acompanhado do *se* indeterminador do sujeito; portanto, o sujeito dessa oração é indeterminado e o verbo deve ficar na 3ª pessoa do singular. O correto é "para se chegar ao resultado final".
- D) O pronome relativo *cuja* foi empregado incorretamente, porque não há, aí, uma oração adjetiva, mas um adjunto adverbial. A vírgula que foi colocada após a sigla PIB deve ser retirada e inserida uma vírgula depois da palavra "baixa". O correto é: "Com uma taxa de investimento relativamente baixa, com proporção do Produto Interno Bruto (PIB) pouco acima dos 19%, o Brasil...";
- E) A oração subordinada adjetiva "que tornou factíveis tais avanços" é iniciada pelo pronome relativo *que*. Quando o pronome relativo *que* é o sujeito da oração, o verbo concorda com seu antecedente. Neste caso o antecedente é o substantivo "ganhos"; portanto, o verbo "tornar" deve ficar no plural para concordar com a palavra retomada pelo pronome *que*. O correto é: "... abriu caminhos para *ganhos* de produtividade *que tornaram* factíveis tais avanços".

25) Gabarito: C
Comentário:
A opção C está de acordo com a norma-padrão, porque a vírgula separa a oração subordinada adverbial que vem antes da sua principal. As demais opções apresentam erros de concordância
- A) verbal: o verbo *vir* deve concordar, no singular, com o sujeito. O correto é "a valorização do real... vem despertando";
- B) verbal: o verbo *ter* deve ficar no plural para concordar com o sujeito composto. O correto é "Questões estruturais e modelos de gestão empresarial inadequados *têm* sobre...;
- D) nominal: os adjetivos *conhecidas* e *toleradas* não se referem às "deficiências históricas", mas sim à "qualidade da atividade", devendo, portanto, ficar no singular. O correto é: "... a qualidade da atividade industrial continuará prejudicada por deficiências históricas, e por isso muito *conhecida*, mas que tem sido *tolerada* por governantes," (note que o verbo *ter* está no singular, sinalizando que o sujeito está no singular);
- E) nominal: o adjetivo *comparadas* refere-se ao substantivo *produtividade*, portanto deve ficar no feminino singular: "... a produtividade da indústria brasileira quando *comparada* com a de outros países."

26) Gabarito: E
Comentário:
O candidato encontra, após uma leitura atenta do texto, o embasamento para esta resposta no trecho "os serviços básicos do planeta são providenciados sem que se enxergue o síndico — e sem taxa de administração".

27) Gabarito: D
Comentário:
Na opção I o verbo "acusar" foi empregado no sentido de "mostrar", "tornar evidente". O candidato necessita fazer uma leitura atenta para perceber esse significado do verbo "acusar". A afirmação está incorreta porque o autor não atribui ao homem as falhas geradas na infraestrutura da criação do mundo. As opções II e III estão corretas.

28) Gabarito: B
Comentário:
Considerando que *desleixo* significa 'negligência', 'descaso', a reescritura do trecho da opção B mantém inalterado o sentido original.

29) Gabarito: C
Comentário:
Quanto à concordância, temos:
- A) Incorreta, porque o sujeito do verbo "caber" é "quaisquer tipo de sanção", portanto o correto é "não cabem aos responsáveis... quaisquer tipos de sanção";
- B) Incorreta, porque o verbo "constituir" deve concordar com o sujeito. Nesse caso o sujeito é o pronome relativo *que*, por isso o verbo da oração adjetiva (iniciada pelo pronome relativo) concorda com o antecedente do pronome. O correto é: "O desleixo e a improvisação, que... constituem um defeito incorrigível";
- C) Correta e, portanto, o gabarito;
- D) Incorreta, porque o verbo "acabar" deve concordar com o sujeito "o desequilíbrio injusto na distribuição dos favores e das desgraças", cujo núcleo é o substantivo "desiquilíbrio"; portanto, o correto é "acaba por (...) o desequilíbrio (...) desgraças". Além deste erro de concordância, há outro: o verbo "acometer" deve ficar no singular, porque o sujeito da oração adjetiva é o pronome relativo *que*, por isso o verbo deve concordar com o antecedente desse pronome. O correto é "*que* (antecedente "desequilíbrio") acomete a humanidade";
- E) Incorreta, porque a locução verbal "devem confiar" deve ficar no singular, uma vez que a palavra *se* é índice de indeterminação do sujeito e, nesse caso, o sujeito é indeterminado e o verbo deve ficar na 3ª pessoa do singular. O correto é "que se deve confiar nas vantagens do livre mercado". Há, ainda, outro erro de concordância: o verbo "responsabilizar-se" deve ficar no singular para concordar com o sujeito "o funcionamento do livre mercado". O correto é: "cujo (pronome relativo que tem como antecedente *livre mercado* e como consequente *funcionamento*) *funcionamento* por si só se *responsabilizaria* pela estabilidade econômica".

30) Gabarito: A
Comentário:
A opção A é a única a estabelecer uma relação de coerência entre os tempos e modos verbais, uma vez que, ao iniciar o período com o verbo *ser* flexionado no futuro do pretérito do indicativo, a ideia transmitida é de um futuro condicionado a uma ação possível de ser realizada. O verbo *estar* flexionado no pretérito imperfeito do subjuntivo é o tempo que

estabelece coesão textual porque se relaciona à conjunção condicional *caso*, criando assim a harmonia necessária à inter-relação das ideias no contexto.

31) Gabarito: C
Comentário:
Uma leitura atenta do texto só pode levar o candidato a escolher a opção C: o desprezo de Voltaire pelos que não conseguem expurgar de suas entranhas a "ferrugem espessa" da barbárie de um "mundo bruto".

32) Gabarito: B
Comentário:
A associação entre os que se manifestam pela acusação de herege e os que saúdam com vivas o "mundo bruto" é percebida a partir de leitura bastante atenta e só pode levar à escolha da opção B.

33) Gabarito: D
Comentário:
A opção I está correta, porque tanto os "probos (íntegros) agricultores", quanto os "lavradores inocentes" são tratados com ironia por Voltaire, uma vez que não hesitariam em arrastar irmãos para prisão por um escudo ou apedrejar qualquer um que fosse acusado de herege, mesmo que sem provas. A opção II está correta, porque o idealismo dos poetas os leva a louvar quem é bárbaro ou grosseiro. A opção III está incorreta, porque não há, no texto, qualquer indicação, clara ou subentendida, de que o "infeliz" a que ele se refere seja um homem culto, mas o que se pode perceber é que esse "infeliz" pode ser qualquer pessoa que, por qualquer motivo fútil ou não, enseje um pretexto para protagonizar "um grande e soberbo espetáculo".

34) Gabarito: E
Comentário:
Apenas a opção E está correta, as demais estão incorretas:
    A) o correto é: "atribui-lhes" e "a aplaudirem";
    B) o correto é: "a acusam" e "seguem-nas";
    C) o correto é: "os louvam" e "ignorando-lhes os defeitos";
    D) o correto é: "agradá-las" e "cortejá-las".

35) Gabarito: D
Comentário:
A opção em que a concordância nominal está adequada é a D, porque, como adjetivo, "anexo" concorda com o termo a que se refere (arquivos anexos às mensagens). Já nas opções
   A) O adjetivo "quite" deve concordar com o termo a que se refere, portanto a concordância correta é "quites com as obrigações trabalhistas";
   B) Com a expressão "as mais" o adjetivo possível vai para o plural, portanto a concordância correta é "as mais belas possíveis";
   D) "milhares" é substantivo do gênero masculino, portanto a concordância correta é "os milhares de pessoas".

36) Gabarito: C
Comentário:
Em primeiro lugar temos de corrigir a mudança de tratamento, pois, inicialmente, o interlocutor é tratado por "você", e depois por "tu" ("te"), em vez de *lhe* ou *o*. Como o verbo "atender", nessa acepção, pede preposição *a* (*atender às* suas expectativas), o pronome que deve ser empregado é *lhe* (objeto indireto).

37) Gabarito: D
Comentário:
A opção que não está de acordo com a norma-padrão da língua é a D, porque o verbo "ocupar" deve concordar com o núcleo do sujeito que está no plural: "os modelos 190 e 195 ocuparam o espaço".

38) Gabarito: B
Comentário:
1ª lacuna: o substantivo "capacidade" rege preposição "de" ou "para", o que elimina, de pronto, as opções C, D e E, deixando como possíveis respostas as opções A e B;
2ª lacuna: o verbo "transportar", nessa acepção, rege preposição "a": "transportar… a uma velocidade de cruzeiro", e o substantivo "velocidade" é antecedido do artigo "uma". Pode-se concluir, então, que o gabarito é a opção B, mas é importante continuar, a fim de não deixar dúvidas;
3ª lacuna: o adjetivo "equipada" rege preposição "com" ou "de", mas a escolha deve ser por "com", uma vez que vai confirmar a opção B;
4ª lacuna: "controlado" rege preposição "por", enquanto o substantivo "sistema" é antecedido por artigo "um";

5ª lacuna: o verbo "entregar" rege preposição "a", enquanto o substantivo "caixa" é antecedido pelo artigo "a", o que implica fusão da preposição "a" com o artigo "a", isto é, a crase "à".
6ª lacuna: a preposição "por" é parte da expressão "substituição de uma coisa por outra" ("substituição do rotor de cauda convencional *por um* [rotor] do tipo Fenestron"), o artigo "um" antecede o substantivo "rotor" que, por elipse, deixa de ser repetido;
7ª lacuna: como já foi visto na 3ª lacuna, o adjetivo "equipada" rege preposição "com" ou "de", mas, nesta sétima coluna, não há dúvida de que a escolha deve recair sobre a preposição "com".

39) Gabarito: E
Comentário:
Ao concluir a leitura de um texto, mais do que interpretá-lo, é importante o leitor elaborar opinião acerca do assunto tratado, a fim de embasar seu pensamento crítico. Para isso é importante "ler nas entrelinhas", fazer interferências que estejam vinculadas ao que foi proposto pelo autor, e isso só é possível quando há "um processo de identificação, com base em interesses similares" entre o leitor e o autor.

40) Gabarito: A
Comentário:
Nas opções:
A) ocorre crase, uma vez que há contração da preposição a, presente no exemplo, com o artigo a que antecede o substantivo "leitura" (referindo à leitura apressada);
B) a locução pronominal indefinida "cada um" rejeita a presença do artigo;
C) o substantivo "exemplo" é masculino e, por isso, não aceita anteposição de artigo feminino;
D) o artigo "uma" antecede o substantivo "comunicação";
E) o substantivo "respeito" é masculino.

41) Gabarito: B
Comentário:
A forma verbal "se fazerem" está na voz passiva pronominal, dita também sintética; a correspondente na voz passiva analítica é "serem feitas".

42) Gabarito: D
Comentário:
O pronome relativo pode ser antecedido de preposição; para saber que preposição deverá ser empregada, é preciso identificar o antecedente do pronome relativo e qual sua função na oração adjetiva iniciada por esse pronome. Nas opções:
- A) o pronome relativo, cujo antecedente é "muitas obras", exerce a função de objeto indireto do verbo "regozijar-se", que se constrói com preposição "de". Portanto, na lacuna da frase A: de que ou das quais;
- B) o pronome relativo (antecedente: "fantasias") exerce a função de sujeito do verbo "esgotar"; portanto, na lacuna da frase B: que;
- C) o pronome relativo (antecedente: "alguns temas") exerce a função de objeto indireto do verbo "reportar-se", que pede preposição "a". Portanto, na lacuna da frase C: a que ou aos quais;
- D) o pronome relativo (antecedente: "[d]aquilo") exerce a função de objeto indireto do verbo "crer", que se constrói com preposição "em". Portanto, na lacuna da frase D: em que. Este é o gabarito;
- E) o pronome relativo (antecedente: "os autores") exerce a função sintática de objeto indireto do verbo "falar", que pede preposição "de"; portanto, na lacuna da frase E: de que, de quem ou dos quais.

43) Gabarito: A
Comentário:
A concordância está correta na opção A; nas demais opções são necessárias as seguintes correções:
- B) Obras que se consideram (...) delineiam (...) são capazes de (...) ultrapassarem (...);
- C) (...) lhes permite (...)
- D) (...) se realizam (...) intelectual do leitor (...);
- E) Constam (...) que constituem (...) seus conteúdos que ultrapassam (...).

44) Gabarito: B
Comentário:
A norma-padrão da língua não foi seguida na opção B, porque o verbo "superar" deve ficar no singular para concordar com o sujeito "valor de bens de candidatos à Prefeitura da Capital", cujo núcleo é o substantivo "valor". A forma adequada é: "*Valor* de bens de candidatos à Prefeitura da Capital *supera* o declarado à Justiça Eleitoral".

45) Gabarito: B
Comentário:
A única opção incorreta é B porque, quando o sujeito é constituído de uma expressão quantitativa — como "mais de um terço", por exemplo — seguida de substantivo no plural e o verbo está posposto ao sujeito, o verbo pode ficar no singular — se a intenção for apenas gramatical — ou ir para o plural, se o desejo for uma concordância mais ideológica, com ênfase na ideia de pluralidade sugerida pelo sujeito.

46) Gabarito: A
Comentário:
O preenchimento das lacunas deve ser com
1ª) preposição "de" porque o verbo "advertir", como empregado no trecho, é transitivo direto e indireto; seu complemento direto é "o companheiro" (objeto direto) e seu complemento indireto, para o qual pede preposição "de", é a oração subordinada objetiva indireta "de que estão perdidos no espaço";
2ª) adjetivo "proativo", cujo significado — que age por antecipação para evitar ou resolver problemas — se adequa ao contexto e concorda em gênero e número com o substantivo Zlotz;
3ª) adjetivo "inexperiente", cujo significado — que caracteriza pessoa que não tem prática para realizar uma função — está perfeitamente adequado ao contexto e, como está coordenado ao adjetivo "proativo" é determinante, também, do substantivo Zlotz e com ele concorda em gênero e número;
4ª) a preposição "com" e o artigo "o" que antecedem o pronome relativo "qual": a preposição é regida pela locução verbal "poderão se orientar" e o artigo pedido pelo pronome substantivo relativo "qual" (com o qual → com o mapa);
5ª) preposição "a" regida pelo substantivo "menção" e que antecede o pronome relativo "que" (a que → faz menção ao mapa).

47) Gabarito: E
Comentário:
"Um fato" é o sujeito do verbo "existir", portanto ao se colocar o sujeito no plural é necessário que o verbo concorde com ele, indo, também, para o plural. No caso de se continuar com o verbo "existir" no presente do indicativo, a forma verbal adequada seria "existem". Como as formas apontadas pelas opções são todas de locuções verbais, se o verbo "existir" fosse mantido a forma correta seria "devem existir" (na locução verbal

o verbo auxiliar é flexionado, enquanto o verbo principal fica em uma forma nominal, neste caso o infinitivo).

Embora "haver" entre em construções com o sentido de 'existir', o verbo "haver" fica sempre no singular, enquanto "existir" vai ao plural, porque, nesta acepção, "haver" é impessoal, isto é, não tem sujeito. Na forma de locução verbal, a impessoalidade do verbo "haver" é assimilada pelo auxiliar; "fatos" não é mais o sujeito e sim o objeto direto do verbo "haver". Portanto, a forma verbal que está de acordo com a norma-padrão da língua é "deve haver fatos".

48) Gabarito: D
Comentário:
As opções A, B e C estão incorretas porque com expressões do tipo *é ótimo, é permitido, é bom,* etc. caso o substantivo não venha determinado, o adjetivo fica no masculino singular, concordando com o fato em si e não com o gênero do substantivo; mas, se o substantivo estiver determinado, a concordância será realizada normalmente, portanto: A) qualquer viagem é ótima para descansar; B) permitido passagem de bicicletas; C) maçã é bom para a digestão. A opção D está correta: proibida a entrada.

Passo 5

Figuras de sintaxe, vícios e anomalias de linguagem

FIGURAS DE SINTAXE (OU DE CONSTRUÇÃO)

No esforço de conseguir expressar ao nosso ouvinte, o leitor, ideias e sentimentos com maior força comunicativa ou intenção estética, a linguagem põe à nossa disposição uma série de recursos fonéticos, morfológicos, sintáticos e semânticos. Cabe lembrar que tais recursos são usados não só na prática espontânea da conversação do dia a dia, como na linguagem escrita e literária por deliberada intenção estética. Daí a necessidade de conhecermos alguns desses recursos de expressividade que passaremos a indicar.

Fenômenos de sintaxe mais importantes:

1. Anacoluto — Quebra da estruturação gramatical da oração:
Eu parece-me que tudo vai bem.
A pessoa que não sabe viver em sociedade, *contra ela* se põe a lei.
A construção gramatical seria: *contra a pessoa* que não sabe viver em sociedade se põe a lei.
O anacoluto, fora de certas situações especiais de grande efeito expressivo, é evitado no estilo formal.

2. Anáfora — Repetição da mesma palavra em começo de frases diferentes:
"*Quem* pagará o enterro e as flores / Se eu me morrer de amores? / *Quem*, dentre amigos, tão amigo / Para estar no caixão comigo? / *Quem*, em meio ao funeral / Dirá de mim: — Nunca fez mal… / *Quem*, bêbedo,

chorará em voz alta / De não me ter trazido nada? / *Quem* virá despetalar pétalas / No meu túmulo de poeta?" ["A hora íntima", Vinicius de Moraes]

Também chamamos de anáfora o processo sintático em que um termo retoma outro anteriormente citado:

A *cadela* Laika foi o primeiro *animal* da Terra a ser colocado em órbita. *Ela* morreu horas depois do lançamento.

3. Anástrofe — Inversão de palavras na frase:
De repente *chegou a hora.*

4. Antecipação ou prolepse — Colocação de uma expressão fora do lugar que gramaticalmente lhe compete:
O tempo parece que vai piorar por *Parece que o tempo vai piorar.*

5. Assíndeto — Ausência de conjunção coordenativa entre palavras, termos da oração ou orações de um período:
Vim, vi, venci.

6. Braquilogia — Emprego de uma expressão curta equivalente a outra mais ampla ou de estruturação mais complexa:
Estudou como se fosse passar por *Estudou como estudaria se fosse passar.*

Ainda há braquilogia quando se coordenam dois verbos de complementos diferentes e se simplifica a expressão dando-se a ambos o regime do verbo mais próximo:
Eu vi e gostei do filme (por *Eu vi o filme e gostei dele*).

7. Contaminação sintática — "É a fusão irregular de duas construções que, em separado, são regulares." [Epifânio Dias]
Chegou de a pé (fusão de *Chegou de pé* e *Chegou a pé*).

Também resultam de contaminações sintáticas acumulações de preposições como:
Andar por entre espinhos (*andar por espinhos* + *andar entre espinhos*).

8. Elipse — Omissão de um termo facilmente subentendido por faltar onde normalmente aparece, ou por ter sido anteriormente enunciado ou sugerido, ou ainda por ser depreendido pela situação, ou contexto:
São barulhentos, mas eu admiro *meus alunos.*
Sairei depois do almoço (desnecessário: *Eu* sairei...).

9. Expressão expletiva ou de realce — É a que não exerce função gramatical:
Nós *é que* sabemos viver.

10. Hipérbato — Inversão violenta entre termos da oração:
"Sobre o banco de pedra que ali tens / Nasceu uma canção. (...)" [Vinicius de Moraes, "Copacabana"]

11. Pleonasmo — Repetição de um termo já expresso ou de uma ideia já sugerida, para fins de clareza ou ênfase:
Vi-*o a ele* (pleonasmo do objeto direto).
Vi com estes *olhos* que não se enganam.
 Evite-se o **pleonasmo vicioso**, por desnecessário: *Retroceder para trás.*
 O grande juiz entre os pleonasmos de valor expressivo e os de valor negativo (por isso considerados erro de gramática) é o uso, e não a lógica. Se não dizemos, em geral, fora de situação especial de ênfase, *Subir para cima* ou *Descer para baixo*, não nos repugnam construções como *O leite está saindo por fora* ou *Palavra de rei não volta atrás.*

12. Polissíndeto — Repetição enfática de conectivos:
E corre, *e* chora, *e* cai sem que possamos ajudar o amigo.

13. Silepse — Discordância de gênero, de pessoa ou de número por se levar mais em conta o sentido do que a forma material da palavra:
Saímos todos desiludidos da reunião.

14. Sínquise — Inversão violenta de palavras na frase que dificulta a compreensão. É prática a ser evitada.
 Quase sempre essa deslocação violenta dos termos oracionais exige, para o perfeito entendimento da mensagem, nosso conhecimento sobre as coisas e saber de ordem cultural: *Abel matou Caim.*

15. Zeugma — Costuma-se assim chamar a elipse do verbo:
"Não *queria*, porém, ser um estorvo para ninguém. *Nem atrapalhar* a vida da casa." (omissão do verbo *querer*) [Ana Maria Machado, *Palavra de honra*]

VÍCIOS E ANOMALIAS DE LINGUAGEM

Entre os **vícios de linguagem** cabe menção aos seguintes:

1. Solecismo
Construção (que abrange a concordância, a regência, a colocação e a má estruturação dos termos da oração) que resulta da impropriedade de fatos gramaticais ou da inadequação de se levar para uma variedade de língua a norma de outra variedade; em geral, a norma coloquial ou popular vista pela norma exemplar:
Eu lhe abracei. (Em vez de: *Eu o abracei.*)

2. Barbarismo
Erro no emprego de uma palavra, em oposição ao solecismo, que o é em referência à construção ou combinação de palavra. Inclui o erro de pronúncia (ortoepia), de prosódia, de ortografia, de flexões, de significado, de palavras inexistentes na língua, de formação irregular de palavras:
rúbrica por *rubrica*
a telefonema por *o telefonema*

3. Estrangeirismo
Emprego de palavras, expressões e construções alheias ao idioma que a ele chegam por empréstimos tomados de outra língua. Os estrangeirismos léxicos entram no idioma por um processo natural de assimilação de cultura ou de contiguidade geográfica.
São exemplos de galicismos ou francesismos:
1) Certos empregos da preposição *a* em vez de *de*:
equação a duas incógnitas
2) Certos empregos da preposição *contra*:
pagar contra recibo por *pagar com, mediante recibo*
3) Certos empregos da preposição *de*:
envelhecer de dez anos por *envelhecer dez anos*

São exemplos de anglicismos:
1) Léxicos:
básico (p.ex.: *inglês básico, francês básico*, etc.)
2) Sintáticos: a anteposição do adjetivo ao seu substantivo, com valor meramente descritivo, como nos nomes de hotéis e estabelecimentos comerciais:
Majestoso Hotel.

São exemplos de castelhanismos (léxicos):
entretenimento (= divertimento)
muchacho (= garoto, rapazinho)
piso (= andar, pavimento)
São exemplos de italianismos léxicos (muito frequentes em termos de arte, música):
adágio (= andamento musical vagaroso)
aquarela (= pintura feita com tinta diluída em água)

Anomalias de linguagem

Idiotismo ou *expressão idiomática* é toda a maneira de dizer que, não podendo ser analisada ou estando em choque com os princípios gerais da Gramática, é aceita no falar formal.

São idiotismos de nossa língua a expressão *é que*, o infinitivo (porque a sua flexão contraria o conceito de forma infinita, isto é, não flexionada) flexionado, a preposição em *o bom do pároco* por *o bom pároco*, etc.

QUESTÕES DO PASSO 5

1) (Analista de Finanças e Controle — AFC/STN — ESAF)
   Assinale o segmento inteiramente correto quanto à morfossintaxe, concordância, regência e coerência textual.

   (A) O esgotamento do modelo de administração burocrática, que primava excessivamente pelo respeito as normas e procedimentos internos do setor público, tolhia a criatividade e a autonomia dos profissionais encarregados de ações que melhor atendesse as demandas da sociedade.
   (B) Devido ao esgotamento do modelo de administração burocrática, que primava excessivamente pelo respeito as normas e procedimentos internos do setor público, inibiam-se a criatividade e a autonomia dos profissionais encarregados de ações que melhor atendesse as demandas da sociedade.
   (C) O Esgotamento do modelo de administração burocrática, que primava excessivamente pelo respeito às normas e procedimentos internos do setor público, obstavam-se a criatividade e a autonomia dos profissionais encarregados de ações que melhor atendessem às demandas da sociedade.
   (D) Com o esgotamento do modelo de administração burocrática, que se regia excessivamente pelo respeito às normas e procedimentos internos do setor público, fomentou-se a criatividade e a autonomia dos profissionais encarregados de ações que melhor atendessem as demandas da sociedade.
   (E) Após o esgotamento do modelo administração burocrática que oprimia excessivamente pelo respeito às normas e procedimentos internos do setor público, impedia a criatividade e a autonomia dos profissionais encarregados de ações que melhor atendessem às demandas da sociedade.

Atenção: Para responder às questões de números 2 até 6, considere o texto abaixo, conferência pronunciada por Joaquim Nabuco a 20 de junho de 1909 na Universidade de Wisconsin, nos Estados Unidos.

Viajando uma vez da Europa para o Brasil, ouvi o finado William Gilford Palgrave, meu companheiro de mesa, escritor inglês muito viajado no Oriente, perguntar ao comandante do navio que vantagem lhe parecia ter advindo da descoberta da América. Por sua parte, não lhe ocorria nenhuma, salvo, apenas, o tabaco. Foi a primeira vez que ouvi exprimir essa dúvida, mas anos depois vim a comprar um velho livro francês, de um Abbè Genty, livro intitulado: *L'influence de la découverte de L'Amérique sur le bonheur du genre humain*, e soube então que a curiosa questão havia sido proposta seriamente para um prêmio pela Academia de Lyon, antes da Revolução Francesa, e que estava formulada do seguinte modo: "Tem sido útil ou prejudicial ao gênero humano a descoberta da América?" O trabalho de Genty não passa, em seu conjunto, de uma declamação oca, onde não há nada a colher além da esperança que o autor exprime na regeneração da humanidade pela nova nação americana. Na independência dos anglo-americanos, vê "o sucesso mais apto a apressar a revolução que reconduzirá a felicidade à face da Terra". E acrescenta: "É no seio da República recém-nascida que se acham depositados os verdadeiros tesouros destinados a enriquecer o mundo." O livro merece por isso ser conservado, mas a época em que foi escrito, 1787, não permitia ainda que se pudesse avaliar a contribuição do Novo Mundo para o bem-estar da humanidade. Era já a aurora do dia da América, mas nada mais senão a aurora. George Washington presidia à Convenção Constitucional, porém, a influência desse grande acontecimento ainda não fora além do choque causado ao Velho Mundo. Ainda não produzira a Revolução Francesa. Sua importância não podia por enquanto ser imaginada.

Há na vida das nações um período em que ainda não lhes foi revelado o papel que deverão desempenhar. O feitio que a influência romana tomaria não podia ser previsto nem nos grandes dias da República. Uma conversa entre César e Cícero sobre o papel histórico da Gália ou da Bretanha não poderia levar em conta a França ou a Inglaterra. Hoje mesmo, quem poderia dizer algo essencial sobre o Japão ou a China? Do Japão, pode-se afirmar que, para o mundo exterior, está apenas na aurora. Quanto à China, continua velada na sua longa noite, brilhando apenas para si própria. Na história da humanidade, a impressão de qualquer um deles poderá sequer imaginar-se? Mas já se pode estudar a parte da América na civilização. Podemos desconhecer suas possibilidades no futuro, como desconhecemos as da eletricidade; mas já sabemos o que é eletricidade, e também conhecemos a individualidade nacional do vosso país. As nações alcançam em época determinada o pleno desenvolvimento de sua individualidade; e parece que já alcançastes o vosso. Assim podemos falar com mais base que o sacerdote francês nas vésperas da Revolução Francesa.

"A parte da América na civilização". In: *Essencial Joaquim Nabuco*. Org. e introd. Evaldo Cabral de Mello. São Paulo: Penguin Classics Companhia das Letras, 2010, p.531/532.

2) (FCC — Fundação Carlos Chagas — Defensoria Pública do Estado do Rio Grande do Sul — Defensor Público)
...anos depois vim a comprar um velho livro francês [...], e soube **então** que a curiosa questão havia sido proposta seriamente para um prêmio pela Academia de Lyon...
É correto o seguinte comentário sobre a palavra destacada acima, em seu contexto:

(A) como advérbio, está empregada com o mesmo sentido observável na frase "A protagonista entra correndo e então desaba no sofá, em prantos".
(B) pode ser substituída pela expressão "como conclusão", sem prejuízo do sentido original.
(C) interjeição, constitui uma voz que serve para animar, como se tem em "Então, aceita o convite?".
(D) é substantivo masculino e tem o mesmo sentido que se observa na frase "Na manhã mais chuvosa e fria de então, aparece-lhe a amiga tida como desaparecida".
(E) expressa a mesma modalidade temporal notada na frase "Quando chegar à maioridade, aí então você tomará a decisão que julgar melhor".

3) (FCC — Fundação Carlos Chagas — Defensoria Pública do Estado do Rio Grande do Sul — Defensor Público)
Viajando uma vez da Europa para o Brasil, ouvi o finado William Gilford Palgrave, meu companheiro de mesa, escritor inglês muito viajado no Oriente, perguntar ao comandante do navio que vantagem lhe parecia ter advindo da descoberta da América. Por sua parte, não lhe ocorria nenhuma, salvo, apenas, o tabaco.
Considerada a passagem acima, o texto legitima o comentário expresso em:

(A) A forma nominal do verbo "viajar", no contexto em que está inserida, permite uma única interpretação, a saber, equivale semanticamente a "porque viajava".
(B) As formas verbais *ouvi* e *perguntar*, ainda que espacialmente afastadas nas frases, constituem uma locução verbal.
(C) O modo como foram empregados os pronomes, na última frase, produz ambiguidade, que, nesse específico tipo de texto, é indesejável.
(D) O emprego concomitante de *salvo* e *apenas* constitui pleonasmo vicioso, pois ambas as palavras exprimem exatamente a mesma ideia.
(E) a forma verbal *advindo* está empregada em conformidade com a norma-padrão da língua, assim como o está a forma destacada na frase "Quando <u>advirem</u> as críticas a seu texto, poderemos avaliá-lo melhor".

4) (FCC — Fundação Carlos Chagas — Defensoria Pública do Estado do Rio Grande do Sul — Defensor Público)
Há na vida das nações um período em que ainda não **lhes** foi revelado o papel que deverão desempenhar.
Sobre o pronome destacado acima, afirma-se com correção, considerada a norma-padrão escrita:

(A) está empregado em próclise, mas poderia adequadamente estar enclítico à forma verbal.
(B) pode ser apropriadamente substituído por "à elas", posicionada a expressão após a palavra *revelado*.
(C) constitui um dos complementos exigidos pela forma verbal presente na oração.
(D) está empregado com sentido possessivo, como se tem em "Dois equívocos comprometeram-lhe o texto".
(E) dado o contexto em que está inserido, se sofrer elipse, não altera o sentido original da frase.

5) (FCC — Fundação Carlos Chagas — Defensoria Pública do Estado do Rio Grande do Sul — Defensor Público)
As nações alcançam em época determinada o pleno desenvolvimento de sua individualidade; e parece ***que já alcançastes o vosso***.
O segmento em negrito na frase acima está redigido de modo apropriado. Considerada a norma-padrão escrita no que se refere a regên-

cia verbal, a frase em que o trecho destacado está também formulado corretamente é:

(A) Definiu claramente **com que pontos de referência o grupo deveria aferir os melhores candidatos.**
(B) O professor **cujo trabalho o rapaz atribuía grande valor** aposentou-se.
(C) A garota **por quem ele se incompatibilizou na última reunião** já saiu do grupo.
(D) O processo **que ele, indevidamente, se descurou** acarretou-lhe crítica e muitas dívidas.
(E) Antes que terminasse sua gestão, **favoreceu a alguns funcionários por aumento de salário.**

6) (FCC — Fundação Carlos Chagas — Defensoria Pública do Estado do Rio Grande do Sul — Defensor Público)
Considerando a norma-padrão escrita na língua, afirma-se com correção:

(A) Em *Quanto à China, continua velada na sua longa noite, brilhando apenas para si própria*, o gerúndio exprime ideia de condição.
(B) Transpondo, para o discurso direto, o discurso indireto presente em *ouvi o finado William Gifford Palgrave [...] perguntar ao comandante do navio que vantagem lhe parecia ter advindo da descoberta da América*, a forma obtida é: "... — Comandante, que vantagem lhe parecia ter advindo da descoberta da América?"
(C) Transposição da frase *a curiosa questão havia sido proposta seriamente para um prêmio pela Academia de Lyon* para a voz ativa gerará adequadamente a forma verbal "propusera".
(D) Em *não passa [...] de uma declamação oca, onde não há nada a colher*, o pronome "onde" está devidamente empregado, como o está a palavra que se destaca em "Gosta de falar de improviso, é **aonde**, na maioria das vezes, ele peca".
(E) Em *O livro merece por isso ser conservado, mas a época em que foi escrito, 1787, não permitia ainda que se pudesse avaliar a contribuição do Novo Mundo para o bem-estar da humanidade*, é necessário um reparo, pois a forma "à época", com acento indicativo da crase, é, no contexto, obrigatória.

7) (Exame Nacional do Ensino Médio — ENEM — 2º dia — Caderno Amarelo)

O Brasil é sertanejo
Que tipo de música simboliza o Brasil? Eis uma questão discutida há muito tempo, que desperta opiniões extremadas. Há fundamentalistas que desejam impor ao público um tipo de som nascido das raízes socioculturais do país. O samba. Outros, igualmente nacionalistas, desprezam tudo aquilo que não tem estilo. Sonham com o império da MPB de Chico Buarque e Caetano Veloso. Um terceiro grupo, formado por gente mais jovem, escuta e cultiva apenas a música internacional, em todas as vertentes. E mais ou menos ignora o resto.

A realidade dos hábitos musicais do brasileiro agora está claro, nada tem a ver com esses estereótipos. O gênero que encanta mais da metade do país é o sertanejo, seguido de longe pela MPB e pelo pagode. Outros gêneros em ascensão, sobretudo entre as classes C, D e E, são o funk e o religioso, em especial o gospel. Rock e música eletrônica são músicas de minoria.

É o que demonstra uma pesquisa pioneira feita entre agosto de 2012 e agosto de 2013 pelo Instituto Brasileiro de Opinião Pública e Estatística (Ibope). A pesquisa "Tribos musicais — o comportamento dos ouvintes de rádio sob uma nova ótica" faz um retrato do ouvinte brasileiro e traz algumas novidades. Para quem pensava que a MPB e o samba ainda resistiam como baluartes da nacionalidade, uma má notícia: os dois gêneros foram superados em popularidade. O Brasil moderno não tem mais o perfil sonoro dos anos 1970, que muitos gostariam que se eternizasse. A cara musical do país agora é outra.

GIRON, Luís Antônio. "O Brasil é sertanejo". *Época*. São Paulo. 01 out. 2013. Disponível em: <https://epoca.globo.com/vida/noticia/2013/11/o-brasil-be-sertanejob.html>.

O texto objetiva convencer o leitor de que a configuração da preferência musical dos brasileiros não é mais a mesma da dos anos 1970. A estratégia de argumentação para comprovar essa posição baseia-se no(a)

(A) apresentação dos resultados de uma pesquisa que retrata o quadro atual da preferência popular relativa à música brasileira.
(B) caracterização das opiniões relativas a determinados gêneros, considerados os mais representativos da brasilidade, como meros estereótipos.
(C) uso de estrangeirismos, como *rock*, *funk* e gospel, para compor um estilo próximo ao leitor, em sintonia com o ataque aos nacionalistas.
(D) ironia com relação ao apego a opiniões superadas, tomadas como expressão de conservadorismo e anacronismo, com o uso das designações "império" e "baluarte".
(E) contraposição a impressões fundadas em elitismo e preconceito, com a alusão a artistas de renome para melhor demonstrar a consolidação da mudança do gosto musical popular.

Texto para as questões de 8 a 13.

Depois de muita reflexão, o milionário americano Nelson Rockefeller concluiu que "o principal problema das pessoas de baixa renda é a pobreza". Pode-se rir da obviedade da observação, mas a "pérola" de sabedoria é uma falácia. "A renda é uma dimensão
5 muito relevante para a análise da pobreza e da desigualdade e não é à toa que as comparações internacionais focam esta dimensão. Entretanto nosso esforço no Centro de Estudos da Metrópole (CEM) tem se orientado a examinar a pobreza e a desigualdade em suas múltiplas facetas, porque a situação de pobreza de um
10 indivíduo é resultado da combinação de diferentes aspectos, além da renda", explicou a diretora do CEM, a cientista política Marta Arretche, em entrevista concedida em 2010. "Estes são: seu acesso ao mercado formal de trabalho, aos serviços públicos e a vínculos sociais e associativos. A situação de desproteção de um indivíduo
15 é resultado dessas múltiplas dimensões." A partir dessa constatação, o CEM priorizou, em sua agenda de pesquisas, formas de socialização, redes sociais, padrões de segregação residencial e a eficácia e extensão das políticas públicas sobre esse estado de coisas. "Nossas pesquisas revelaram um aparente paradoxo: que
20 um cenário econômico/emprego negativo pode coexistir com melhorias nos indicadores sociais, mesmo nas regiões de favelas", analisa a diretora. "A pobreza até pode estar sendo atenuada, mas

por outro lado a desigualdade pode estar sendo reproduzida", avisa a pesquisadora.

> HAAG, Carlos. "Uma metrópole em metamorfose ambulante".
> *Fapesp 50 anos*. São Paulo, mai. 2012. p. 213-215. Disponível em: <https://revistapesquisa.fapesp.br/2012/08/22/uma-metr%C3%B3pole-em-metamorfose-ambulante/>.

8) (Universidade de São Paulo — USP — Vice-Reitoria Executiva de Administração — Bibliotecário)
No texto, a expressão "a 'pérola' de sabedoria" (linha 4) deve ser interpretada como uma referência
(A) à reflexão profunda que levou a uma conclusão insignificante.
(B) ao conhecimento revelado na descrição dos problemas sociais.
(C) ao comentário tautológico proferido pelo milionário americano.
(D) à perspicácia do estrangeiro na interpretação da causa da pobreza.

9) (Universidade de São Paulo — USP — Vice-Reitoria Executiva de Administração — Bibliotecário)
O termo "falácia" (linha 4) pode ser substituído, sem que se modifique o sentido do texto, por

(A) suposição.
(B) axioma.
(C) desafio.
(D) falsidade.

10) (Universidade de São Paulo — USP — Vice-Reitoria Executiva de Administração — Bibliotecário)
Está corretamente indicada, de acordo com o texto, a correspondência de sentido entre as expressões em:

(A) "esta dimensão" (linha 6) = "a análise da pobreza e da desigualdade" (linha 5).
(B) "a situação de desproteção de um indivíduo" (linha 14) = "esse estado de coisas" (linhas 18/19).
(C) "múltiplas facetas" (linha 9) = "vínculos sociais e associativos" (linhas 13/14).
(D) "formas de socialização" (linhas 16/17) = "melhorias nos indicadores sociais" (linha 21).

11) (Universidade de São Paulo — USP — Vice-Reitoria Executiva de Administração — Bibliotecário)
De acordo com a entrevistada, suas pesquisas revelaram um "aparente paradoxo" (linha 19), que assim se explica: É possível que

(A) a diminuição da pobreza e o aumento da desigualdade estejam ocorrendo ao mesmo tempo.
(B) o aumento do desemprego produza reflexos negativos nos variados indicadores sociais.
(C) o cenário econômico positivo acarrete melhores condições de vida às regiões metropolitanas.
(D) a redução da desigualdade social contraponha-se à ampliação da oferta de emprego.

12) (Universidade de São Paulo — USP — Vice-Reitoria Executiva de Administração — Bibliotecário)
A afirmação correta acerca de uma expressão presente no texto é:

(A) "à toa" (linha 6) tem o sentido contrário ao de "a esmo".
(B) "além da renda" (linhas 10/11) corresponde a "excetuando-se a renda".
(C) "dessa constatação" (linha 15/16) refere-se à tomada de decisão do CEM.
(D) "até pode estar sendo atenuada" (linha 23) equivale a "inclusive pode estar atenuando-se".

13) (Universidade de São Paulo — USP — Vice-Reitoria Executiva de Administração — Bibliotecário)
Os dois-pontos foram empregados no texto (linhas 13 e 19) para introduzir, no primeiro caso, uma enumeração e, no segundo, uma

(A) conjectura.
(B) elucidação.
(C) conclusão.
(D) reiteração.

14) (Universidade de São Paulo — USP — Vice-Reitoria Executiva de Administração — Bibliotecário)
Lê-se, no texto da propaganda de uma operadora de telefonia:

ESTAMOS TRABALHANDO PARA QUE, A CADA DIA, SUA VIDA TENHA MAIS CONEXÕES E SUAS CONEXÕES, MAIS QUALIDADE.

A justificativa para o emprego da vírgula no trecho "e suas conexões, mais qualidade" também serve para a seguinte frase:

(A) Em pouco tempo, tudo pode mudar.
(B) Diga-lhe a verdade, mesmo que fique brava.
(C) A filha cursa Matemática e o filho, Química.
(D) Trabalha muito, sem nenhum descanso.

15) (Ministério da Fazenda — Secretaria Executiva — Analista Administrativo — ANAC — ESAF)
Assinale a opção que preenche as lacunas do texto de forma que o torne coeso, coerente e gramaticalmente correto.

O transporte internacional passou __1__ ser utilizado em larga escala depois da II Guerra Mundial, por aviões cada vez maiores e mais velozes. A introdução dos motores __2__ jato, usados pela primeira vez em aviões comerciais (Comet), em 1952, pela BOAC (empresa de aviação comercial inglesa), deu maior impulso __3__ aviação como meio de transporte. No final da década de 1950, começaram __4__ ser usados os Caravelle, de fabricação francesa (Marcel Daussaud/Sud Aviation). Nos Estados Unidos, entravam em serviço em 1960 os jatos Boeing 720 e 707 e dois anos depois o Douglas DC-8 e o Convair 880. Em seguida apareceram os aviões turbo-hélices, mais econômicos e de grande potência. Soviéticos, ingleses, franceses e norte-americanos passaram __5__ estudar a construção de aviões comerciais cada vez maiores, para centenas de passageiros, e __6__ dos chamados "supersônicos", __7__ velocidades duas ou três vezes maiores que a do som. Nesse item dos supersônicos, __8__ estrelas internacionais foram o Concorde (franco-britânico) e o Tupolev (russo), que transportavam 144 passageiros e voaram até os anos 90, mas, devido aos elevados custos de manutenção, passagens e combustíveis, eles acabaram por ter as suas produções suspensas.

<http://www.portalbrasil.net/aviacao_historia.htm>.
Acesso em: 13/12/2015. Com adaptações.

	1	2	3	4	5	6	7	8
(A)	a	à	a	a	a	a	à	às
(B)	a	a	a	à	à	a	a	as
(C)	à	a	à	à	a	à	à	às
(D)	a	à	à	a	à	a	à	às
(E)	a	a	à	a	a	a	a	as

Atenção: O texto abaixo refere-se às questões de números 16 a 20.

Da soberania do indivíduo

SÃO PAULO — Alguns leitores ficaram um pouco bravos comigo porque eu afirmei na coluna de ontem que a legislação sobre costumes de um Estado moderno deve sempre seguir a inspiração liberal e não a conservadora. Diferentemente do que sugeriram certos missivistas, não escrevi isso porque minhas preferências pessoais coincidem com as ideias ditas progressistas, mas porque existe uma diferença qualitativa no papel que as duas visões de mundo reservam para a lei.

Na visão conservadora, é legítimo que o Estado opere ativamente para promover a coesão social, mesmo que, para isso, force o indivíduo a conformar-se ao "statu quo". Não dá para dizer que não funcione. Em que pese um certo autoritarismo intrínseco, sociedades que colocam os interesses coletivos acima dos individuais tendem a apresentar menores índices de violência interpessoal e menos desigualdade. Costumam ser menos inventivas também, mas esse é outro problema.

Já para os liberais, a ênfase recai sobre a liberdade individual. Bem no espírito de John Stuart Mill, atitudes e comportamentos, por mais exóticos que pareçam, só podem ser legitimamente proibidos ou limitados se resultarem em dano objetivo e demonstrável para terceiros. Caso contrário, "sobre si mesmo, seu corpo e sua mente, o indivíduo é soberano".

A implicação mais óbvia dessa diferença é que, enquanto a perspectiva liberal permite que cada grupo viva segundo suas próprias convicções, ainda que numa escala menor que a do todo, a concepção conservadora exige que as franjas minoritárias renunciem a seus valores. Trocando em miúdos, existem vários projetos de lei para proibir ou limitar o aborto e o casamento gay, mas não há nenhum com o intuito de torná-los obrigatórios. Numa época em que consensos sociais podem mudar rapidamente, conservadores deveriam ser os principais interessados numa legislação bem liberal.

SCHWARTSMAN, Hélio. "Da soberania do indivíduo". *Folha de S. Paulo*. São Paulo, 24 out. 2015. Disponível em: <https://www1.folha.uol.com.br/colunas/helioschwartsman/2015/10/1698017-da-soberania-do-individuo.shtml>.

16) (Vestibular — PUC/SP)
No primeiro parágrafo do texto de Hélio Schwartsman, as duas visões de mundo às quais o autor se refere são

(A) a progressista e a liberal.
(B) a qualitativa e a quantitativa.
(C) a dos missivistas e a dos progressistas.
(D) a liberal e a conservadora.

17) (Vestibular — PUC/SP)
Ainda no primeiro parágrafo, ao justificar seu ponto de vista sobre as diferenças das visões de mundo, o autor estabelece uma relação de

(A) concessão.
(B) causa.
(C) inclusão.
(D) dúvida.

18) (Vestibular — PUC/SP)
No texto de Hélio Schwartsman, as aspas sinalizam, respectivamente,

(A) palavra estrangeira e dito popular.
(B) expressão latina e citação direta de autor.
(C) palavra em latim e conceito de uma regra social.
(D) palavra em sentido figurado e provérbio.

19) (Vestibular — PUC/SP)
Considere a ordem em que são empregados os pronomes demonstrativos evidenciados no texto de Hélio Schwartsman e aponte a que se referem.

(A) conjunto de leis sobre costumes de um Estado moderno que tem de ser constantemente guiado pela inspiração liberal; legitimidade de o Estado operar de forma ativa em prol da coesão social.
(B) composição de leis que deliberam sobre práticas do Estado moderno; visão conservadora que considera ilegítima a forma de promover a coesão social.
(C) legislação sobre comportamento de um Estado moderno cujas bases são conservadoras; visão liberal que considera legítimo o Estado trabalhar ativamente para a coesão social.
(D) rol de leis de natureza liberal que o Estado moderno pretende promover para contestar a inspiração conservadora; legitimidade de o Estado trabalhar ativamente para promover a coesão social.

20) (Vestibular — PUC/SP)

No último parágrafo do texto *Da soberania do indivíduo*, o autor emprega a expressão corrente "trocando em miúdos", cujo significado é

(A) confrontar detalhadamente.
(B) explicar minuciosamente.
(C) limitar rapidamente.
(D) trocar ligeiramente.

Racionalidade e tolerância no contexto pedagógico
Nadja Hermann — PUCRS

Stuart Mill (1806-1873) acrescenta à ideia de tolerância religiosa a importância do pluralismo, da liberdade de opinião e crença, baseado na independência do indivíduo. A liberdade compreende a "liberdade de pensamento e de sentimento, absoluta independência de opinião e de sentimento em todos os assuntos, práticos ou especulativos, científicos, morais ou teológicos" (MILL, 2000, p. 21). Desse modo,

Stuart Mill defende a tolerância a partir de um princípio bastante simples de que

> a autoproteção constitui a única finalidade pela qual se garante à humanidade individual ou coletivamente, interferir na liberdade de ação de qualquer um. O único propósito de se exercer legitimamente o poder sobre qualquer membro de uma comunidade civilizada, contra sua vontade, é evitar danos aos demais. [...] Na parte que diz respeito apenas a si mesmo, sua independência é, de direito, absoluta. Sobre si mesmo, seu corpo e sua mente, o indivíduo é soberano (2000, p. 18).
>
> MILL, John Stuart. "A liberdade". In: ____. *A liberdade, utilitarismo*.
> Trad. Eunice Ostrensky. São Paulo: Martins Fontes, 2000.
> HERMANN, Nadja. "Racionalidade e tolerância no contexto pedagógico".
> Publicado no site do Grupo de Pesquisa "Racionalidade e Formação".
> Disponível em: <http://w3.ufsm.br/gpracioform/artigo%2002.pdf>.

Atenção: As questões de números 21 a 24 referem-se aos textos "Da soberania do indivíduo" e "Racionalidade e tolerância no contexto pedagógico".

21) (Vestibular — PUC/SP)
    Em relação aos dois textos, é correto afirmar que

    (A) o texto de Hélio Schwartsman e o de Nadja Hermann circulam em situações comunicativas idênticas, por isso os leitores de ambos são exatamente os mesmos.
    (B) ambos circulam em contextos diferentes, mas têm o mesmo propósito comunicativo por serem textos de entretenimento.
    (C) ambos são artigos, mas apresentam diferenças em função do contexto de produção: o primeiro é artigo de opinião; o segundo, artigo científico.
    (D) o texto de Schwartsman cita Stuart Mill para referendar o que defende, e o de Hermann faz uma citação direta também de Mill para contestar a soberania do indivíduo sobre si mesmo.

22) (Vestibular — PUC/SP)
Os parênteses empregados por Nadja Hermann, de acordo com a ordem em que aparecem do texto, têm a função de

(A) assinalar o período em que Mill viveu e a fonte de onde foi retirada a citação.
(B) discriminar a citação e a época em que o filósofo nasceu e morreu.
(C) discernir quando e onde nasceu Stuart Mill.
(D) indicar informações irrelevantes para um texto acadêmico.

23) (Vestibular — PUC/SP)
Indique o princípio de Stuart Mill do qual tanto Hélio Schwartsman como Nadja Hermann se valem para sustentar suas ideias.

(A) Tolerância religiosa e importância do pluralismo, da liberdade de opinião e crença, com base na coerção do indivíduo.
(B) A legitimidade de o Estado operar de modo ativo "para promover a coesão social, mesmo que, para isso, force o indivíduo a conformar-se ao 'statu quo'".
(C) O autoritarismo inerente a "sociedades que colocam os interesses coletivos acima dos individuais tendem a apresentar menores índices de violência interpessoal e menos desigualdade".
(D) "Sobre si mesmo, seu corpo e sua mente, o indivíduo é soberano."

24) (Vestibular — PUC/SP)
Para tratar da concepção de liberdade, Nadja Hermann retoma Stuart Mill para afirmar que

(A) o livre-arbítrio só não leva em conta a tolerância religiosa para exercer com legitimidade a liberdade dos indivíduos.
(B) a liberdade de opinião e crença baseia-se em ideais cujo maior propósito é exercer legitimamente o poder sobre qualquer membro de uma comunidade civilizada, contra sua vontade.
(C) a autonomia e a independência do indivíduo implicam renúncia a assuntos de ordem prática ou especulativa e até mesmo assuntos de natureza científica, moral ou teológica.
(D) a liberdade abrange ampla e total autonomia tanto de opinião como de sentimento em assuntos das mais diversas ordens.

Texto para as questões 25 e 26.

Cruz e Souza. Rio de Janeiro: F.Briguiet & Cie. Editores, [189-?].
Fundação Biblioteca Nacional.

Acrobata da dor

Gargalha, ri, num riso de tormenta, como um palhaço, que desengonçado, nervoso, ri, num riso absurdo, inflado de uma ironia e de uma dor violenta.

Da gargalhada atroz, sanguinolenta, agita os guizos, e convulsionado salta, gavroche,[1] salta clown, varado pelo estertor[2] dessa agonia lenta...

Pedem-se bis e um bis não se despreza! Vamos! retesa os músculos, retesa nessas macabras piruetas d'aço...

E embora caias sobre o chão, fremente[3], afogado em teu sangue estuoso[4] e quente, ri! Coração, tristíssimo palhaço.

Cruz e Sousa

[1] **gavroche**: garotos de Paris, figuradamente artista.
[2] **estertor**: respiração anormal própria de moribundos.
[3] **fremente**: vibrante, agitado, violento.
[4] **estuoso**: que ferve, ardente, febril.

25) (ESPM — Escola Superior de Propaganda e Marketing — Prova P — Vestibular)
Assinale o item em que a expressão utilizada possui uma carga semântica que destoa das demais:

(A) "riso de tormenta"
(B) "gargalhada atroz, sanguinolenta"
(C) "agonia lenta"
(D) "Pedem-se bis"
(E) "macabras piruetas"

26) (ESPM — Escola Superior de Propaganda e Marketing — Prova P — Vestibular)
Assinale a alternativa em que a indicação entre parênteses não está de acordo com o verso:

(A) "Gargalha, ri, num riso de tormenta," (pleonasmo vicioso)
(B) "salta, gavroche, salta clown, varado" (assonância)
(C) "Da gargalhada atroz, sanguinolenta," (sinestesia)
(D) "nessas macabras piruetas d'aço..." (metáfora)
(E) "afogado em teu sangue estuoso e quente," (aliteração)

27) (Especialista Legislativo — FGV — ALERJ)
Em todas as frases abaixo há estrangeirismos; indique o item em que se afirma corretamente algo sobre o estrangeirismo sublinhado:

(A) "O currículo foi entregue à secretária do colégio" / adaptação gráfica da forma latina *curriculum*;
(B) "O álibi apresentado ao juiz foi o suficiente para inocentar o acusado" / utilização da forma latina original;
(C) "O xampu era vendido pela metade do preço" / tradução da forma inglesa *shampoo*;
(D) "As aulas de marketing eram as mais interessantes" / adequação gráfica de palavra inglesa;
(E) "Os encontros dos adolescentes eram sempre no mesmo point da praia" / tradução de palavra portuguesa.

28) (FEPESE — Prefeitura de Balneário Camboriú — SC — Analista Legislativo)
Assinale a alternativa que apresenta o vício de linguagem da frase "Ele prendeu o delinquente em sua casa".

(A) colisão
(B) cacófato
(C) pleonasmo
(D) barbarismo
(E) ambiguidade

29) (Orhion Consultoria — Prefeitura de Jaguariúna — SP — Procurador Jurídico)

Hino Nacional Brasileiro

Ouviram do Ipiranga as margens plácidas
De um povo heroico o brado retumbante,
E o sol da liberdade, em raios fúlgidos,
Brilhou no céu da pátria nesse instante.
Se o penhor dessa igualdade
Conseguimos conquistar com braço forte,
Em teu seio, ó liberdade,
Desafia o nosso peito a própria morte!
Ó pátria amada,
Idolatrada,
Salve! Salve!
Brasil, um sonho intenso, um raio vívido
De amor e de esperança à terra desce,
Se em teu formoso céu, risonho e límpido,
A imagem do cruzeiro resplandece.
Gigante pela própria natureza,
És belo, és forte, impávido colosso,
E o teu futuro espelha essa grandeza.
Terra adorada,
Entre outras mil,
És tu, Brasil,
Ó pátria amada!
Dos filhos deste solo és mãe gentil,
Pátria amada,
Brasil!
Deitado eternamente em berço esplêndido,
Ao som do mar e à luz do céu profundo,
Fulguras, ó Brasil, florão da América,
Iluminado ao sol do novo mundo!

Do que a terra mais garrida
Teus risonhos, lindos campos têm mais flores;
"Nossos bosques têm mais vida",
"Nossa vida" no teu seio "mais amores".
Ó pátria amada,
Idolatrada,
Salve! Salve!
Brasil, de amor eterno seja símbolo
O lábaro que ostentas estrelado,
E diga o verde-louro dessa flâmula
— Paz no futuro e glória no passado.
Mas, se ergues da justiça a clava forte,
Verás que um filho teu não foge à luta,
Nem teme, quem te adora, a própria morte.
Terra adorada
Entre outras mil,
És tu, Brasil,
Ó pátria amada!
Dos filhos deste solo és mãe gentil,
Pátria amada,
Brasil!

DUQUE-ESTRADA, Joaquim Osório. Hino Nacional Brasileiro.
Disponível em: <http://www2.planalto.gov.br/conheca-a-presidencia/acervo/simbolos-nacionais/hinos/hino-nacional-brasileiro-1/view>.

Assinale a alternativa CORRETA que contém a figura de linguagem que pode ser observada na primeira estrofe:

(A) zeugma e hipérbato
(B) hipérbato e prosopopeia
(C) hipérbato e metonímia
(D) aliteração e zeugma

30) (FEPESE — CIDASC — Médico Veterinário)

Assinale a alternativa que apresenta **correta** análise do vício de linguagem presente.

(A) Sua rúbrica está ilegível! (arcaísmo)
(B) Ele advinhou o que eu queria lhe contar. (barbarismo)

(C) Nunca gaste além do necessário, pois o tempo é de economia! (pleonasmo)
(D) Subiu para cima e viu uma surpresa inesperada. (cacófato)
(E) Pedro, pedreiro, pintor, patriota pinta paisagens paradisíacas. (obscuridade)

31) (COPEVE-UFAL — Enfermeiro)

[...]
Olha
Será que é uma estrela
Será que é mentira
Será que é comédia
Será que é divina
A vida da atriz
Se ela um dia despencar do céu
E se os pagantes exigirem bis
E se o arcanjo passar o chapéu
E se eu pudesse entrar na sua vida

HOLANDA, Francisco Buarque; LOBO, Edu. Beatriz. Lobo Music Produções Artísticas Ltda e Marola Edições Musicais Ltda.

Dadas as proposições sobre os versos de Chico Buarque,

I. O substantivo **pagantes** em "*E se os pagantes exigirem bis*" é coerente com a profissão da personagem, já que se trata de uma atriz.
II. Uma figura de linguagem presente nesses versos e ligada, principalmente, ao ritmo é a anáfora.
III. A expressão anafórica **E se...** encontra-se acompanhada de diferentes sujeitos que desempenham ações com significados diversos; entretanto, a impressão geral do contexto pode ser a de condição.

verifica-se que está(ão) correta(s)

(A) I, apenas.
(B) II, apenas.
(C) III, apenas.
(D) II e III apenas.
(E) I, II e III.

32) (Makiyama — SESCOOP — Analista de Compras e Licitações)

Analise as orações a seguir:

I. O pai ordenou que o garoto entrasse para dentro imediatamente.
II. Todas as professoras foram unânimes na decisão.
III. Amanhã você deve retornar novamente ao trabalho.
IV. Ana deve encarar seus problemas de frente.

Qual vício de linguagem se apresenta majoritariamente nas frases acima?

(A) cacofonia
(B) arcaísmo
(C) pleonasmo
(D) vulgarismo
(E) solecismo

GABARITO COMENTADO DO PASSO 5

1) Gabarito: D
Comentário:
A questão envolve variados conceitos gramaticais.
A) Incorreto: o substantivo "respeito" rege preposição a e o termo regido admite artigo as, portanto o correto é "respeito às normas".
B) Incorreto: o mesmo solecismo (erro gramatical) de regência "respeito às normas", acrescido do erro de concordância do verbo atendesse que deveria estar no plural (atendessem), uma vez que se refere ao pronome que, cujo antecedente é ações. O verbo atender, nessa acepção, pode ser transitivo direto ("atendesse as demandas da sociedade") ou indireto ("atendesse às demandas da sociedade").
C) Incorreto: 1º) o verbo obstar não é pronominal; 2º) o sujeito "o esgotamento do modelo burocrático" está no singular, portanto há erro de concordância verbal. O correto é: "O esgotamento do modelo de administração burocrática (...) obstava a criatividade (...)".
E) Incorreto: O verbo impedir está na voz passiva, portanto é necessária a presença do pronome apassivador se, a fim de que o sujeito não se confunda com o objeto direto. Como o sujeito é composto, o correto é: "impediam-se a criatividade e a autonomia dos profissionais encarregados (...)".

2) Gabarito: A
Comentário:
A palavra "então", nesse texto, é um advérbio com o mesmo sentido que se pode observar na opção A.

3) Gabarito: C
Comentário:
A opção C está correta porque o pronome "sua" já não deixa explícito se a referência era a William Palgrave. O emprego do pronome "lhe", logo a seguir, gerou maior falta de clareza, porque, como esse pronome já havia sido empregado pouco antes em referência ao comandante do navio, criou ambiguidade indesejável à clareza do trecho.

4) Gabarito: C
Comentário:
A opção correta é a C, porque o pronome "lhe" é um complemento exigido pelo verbo na voz passiva analítica "foi revelado". As demais opções estão erradas porque
    A) a próclise é obrigatória, considerando que o advérbio de negação "não" leva o pronome à posição anterior ao verbo;
    B) a crase não pode ocorrer antes do pronome pessoal "elas" por dois motivos importantes: 1º) não há presença de artigo "as"; 2º) há um grave erro de concordância: crase de preposição a + artigo a, antecedendo pronome no plural;
    D) o pronome "lhes", no enunciado, não tem sentido possessivo;
    E) com a elipse do pronome há, sim, alteração no sentido do trecho.

5) Gabarito: A
Comentário:
A opção correta é a A, porque a locução verbal "deveria aferir", nessa acepção, pede complemento objeto direto (os melhores candidatos). Corrigindo as regências teríamos:
    B) "a cujo trabalho o rapaz atribuía" (atribuir a);
    C) "com quem ele se incompatibilizou" (incompatibiliza-se com);
    D) "de que ele, indevidamente, se descurou" (descura-se de);
    E) "favoreceu alguns funcionários" (favorecer alguém).

6) Gabarito: C
Comentário:
A opção C é a correta. Assim:
    1º) a Academia de Lyon — agente da passiva passa a sujeito na voz ativa;
    2º) havia sido proposta — verbo no pretérito mais-que-perfeito composto na voz passiva passa ao pretérito mais-que-perfeito simples na voz ativa;
    3º) a curiosa questão — sujeito na voz passiva passa a objeto direto na voz ativa;
    4º) os adjuntos adverbiais na voz passiva são mantidos na voz ativa.
Resultado: A Academia de Lyon propusera, seriamente, a curiosa questão para um prêmio.
Corrigindo as demais opções:
    A) O gerúndio exprime ideia de ação em processo.
    B) "— Comandante, que vantagem lhe parece (...)".

D) Os dois são diferentes: 1º) pronome relativo — "(...) declamação oca, em que/na qual" (o pronome "onde" só é empregado em relação a lugar); 2º) advérbio de lugar — "(...) é onde, na maioria (...)".
E) A grafia "a época" está correta. Neste caso não pode haver crase, porque a preposição pedida pelo adjunto adverbial que marca a circunstância de tempo do verbo <u>escrever</u> na voz passiva é <u>em</u>, portanto poderíamos ter "na época" (em+a = na), mas nunca "à época" (a+a = à).

7) Gabarito: A
Comentário:
A argumentação, nesse texto, foi fundamentada pela comprovação de dados.
O terceiro parágrafo do texto, logo no início, apresenta um argumento irrefutável: o resultado de "uma pesquisa pioneira" realizada pelo Ibope.

8) Gabarito: C
Comentário:
O candidato pode ficar em dúvida entre marcar a opção A ou C. Uma análise cuidadosa da opção A o levará a perceber que uma "pérola de sabedoria" não é uma "reflexão", mas uma conclusão. A opção C é a mais adequada, porque há um vício de linguagem (tautologia) na declaração de Rockefeller, uma vez que, se a pessoa tem baixa renda, é certo que ser pobre é redundante (é um pleonasmo vicioso ou tautologia).

9) Gabarito: D
Comentário:
A palavra que ao substituir "falácia" não lhe altera o sentido é "falsidade", sabendo-se que "suposição" significa 'hipótese'; "axioma", uma 'máxima'; e "desafio", uma 'ação que demanda muito esforço, algo difícil de realizar'.

10) Gabarito: B
Comentário:
A expressão "esse estado de coisas" "retoma" a situação de "desproteção de um indivíduo", uma vez que é essa "desproteção" que, uma vez constatada, levou o CEM a direcionar sua agenda de pesquisas visando a "esse estado de coisas" (de desproteção).

11) Gabarito: A
Comentário:
O paradoxo é uma figura de pensamento que consiste em usar expressões que, em princípio, parecem excludentes. É isso exatamente que acontece na opção A.

12) Gabarito: D
Comentário:
A opção D está correta, porque a palavra "até", nesse contexto, indica inclusão e substituí-la por "inclusive" não altera o sentido inicial.

13) Gabarito: B
Comentário:
Os dois-pontos foram empregados para elucidar, isto é, explicar o "paradoxo" ao qual foi feita uma referência.

14) Gabarito: C
Comentário:
A vírgula foi empregada no trecho destacado no enunciado da questão para marcar o zeugma (= omissão de um verbo já mencionado anteriormente) do verbo "ter". O mesmo ocorre na opção C com o verbo "cursar".

15) Gabarito: E
Comentário:
O preenchimento das colunas, de acordo com a norma-padrão da língua, deve ser:
1ª coluna — preposição *a* é exigida pelo verbo "passar" numa locução verbal com infinitivo em que não é possível a presença do artigo *a*, o que impede o emprego de *a* acentuado ("passou *a* ser");
2ª coluna — preposição *a*, parte integrante da locução adverbial "a jato", com substantivo masculino;
3ª coluna — contração do artigo definido *a* com a preposição *a* exigida pelo verbo "dar", cuja predicação é verbo transitivo direto e indireto. O objeto direto (não preposicionado) é o termo "maior impulso" e o objeto indireto, iniciado por preposição *a* pedida pelo verbo "dar", é "à aviação" (o substantivo feminino "aviação" é precedido de artigo *a* que, contraído com a preposição *a*, exigida pelo verbo "dar", gera a crase *à*);
4ª coluna — preposição *a* exigida pelo verbo "começar" e parte da locução verbal com infinitivo "começaram a ser";

5ª coluna — preposição *a* parte da locução verbal "passaram a estudar" (é importante lembrar que antes de verbo nunca ocorre crase, porque não é possível a presença do artigo);
6ª coluna — artigo *a* pertencente ao substantivo *construção* que, por elipse (figura que evita a repetição de um termo mencionado anteriormente), foi omitido nesse trecho;
7ª coluna — preposição *a* parte da expressão "a velocidades duas ou três vezes maiores";
8ª coluna — artigo *as* que antecede o substantivo "estrelas", sujeito; portanto, sem presença de preposição.

16) Gabarito: D
Comentário:
Focar a atenção no parágrafo indicado no enunciado da questão é um passo importante para que o candidato não se distraia com o desenrolar do texto e acabe por perder tempo tendo de retomar a leitura em busca do que foi questionado. Ler o texto uma vez para tomar conhecimento do assunto como um todo é fundamental, mas depois ele deve se concentrar no que está sendo pedido em cada questão.
A questão não é sobre qual visão de mundo o autor segue, mas a quais se refere no primeiro parágrafo, e ele é claro quando afirma que "existe uma diferença qualitativa no papel que as duas visões de mundo [liberal e conservadora, citadas acima] reservam para a lei". Portanto, opção D.

17) Gabarito: B
Comentário:
O foco do candidato deve permanecer no primeiro parágrafo. Ainda no trecho "existe uma diferença qualitativa no papel que as duas visões de mundo reservam para a lei", é possível perceber que essa é a causa [opção B] com que justifica seu ponto de vista.

18) Gabarito: B
Comentário:
Respectivamente, as aspas sinalizam no
1º caso — tratar-se de uma expressão latina: *statu quo* (2º parágrafo);
2º caso — uma citação; o autor cita diretamente John Stuart Neil: "sobre si mesmo, seu corpo e sua mente, o indivíduo é soberano" (3º parágrafo).

19) Gabarito: A
Comentário:
O pronome demonstrativo anafórico é empregado como importante elemento coesivo, retomando palavra, expressão, um trecho ou mesmo uma ideia anteriormente referida no texto. O primeiro emprego do demonstrativo (1º parágrafo) retoma o trecho "a legislação sobre costumes de um Estado moderno deve sempre seguir a inspiração liberal e não a conservadora" que, na opção A, foi reescrito sem alteração de sentido. O segundo emprego do demonstrativo (2º parágrafo) retoma o trecho "é legítimo que o Estado opere ativamente para promover a coesão social" que, na opção A, recebeu uma redação que transmite essa mesma ideia.

20) Gabarito: B
Comentário:
A expressão "trocando em miúdos" usada normalmente no padrão informal da língua pode ser substituída, na norma-padrão, por "explicar minuciosamente".

21) Gabarito: C
Comentário:
O texto "Da soberania do indivíduo" é um artigo de opinião porque é escrito em primeira pessoa e apresenta o posicionamento do autor em relação ao tema; já o texto "Racionalidade e tolerância no contexto pedagógico" é um artigo científico porque é redigido de maneira impessoal e objetiva para, de forma didática, apresentar o princípio a partir do qual Stuart Mill defende a tolerância.

22) Gabarito: A
Comentário:
Respectivamente os parênteses foram empregados no texto de Nadja Hermann para:
1º) no início do primeiro parágrafo: indicar o ano de nascimento e morte de Stuart Mill;
2º) no final do primeiro parágrafo: indicar a fonte de onde foi retirada a citação entre aspas.

23) Gabarito: D
Comentário:
Tanto Hélio Schwartsman quanto Nadja Hermann pautam seus artigos no princípio de Stuart Mill "sobre si mesmo, seu corpo e sua mente, o

indivíduo é soberano", ou seja, ambos focam seus artigos na liberdade individual, desde que não resulte "em dano objetivo e demonstrável para terceiros" (Hélio Schwartsman).

24) Gabarito: D
Comentário:
Comparando-se os dois textos é possível perceber que para tratar de liberdade os dois autores citam Stuart Mill para referendar o princípio de que "a liberdade de pensamento e de sentimento" deve ser plena.

25) Gabarito: D
Comentário:
A significação das palavras está intimamente relacionada com o mundo das ideias e dos sentimentos; entre as ideias, entre os pensamentos não há separação absoluta, por isso é que as associações se estabelecem, sem cessar, de uns para os outros. No poema, as expressões destacadas nas opções A, B, C e E pertencem ao mesmo campo semântico de sofrimento, de dor e desconforto do palhaço, enquanto a opção D destoa por pertencer ao campo semântico da alegria com que o público insensível à dor do palhaço só percebe a representação que ele encena.

26) Gabarito: A
Comentário:
Nas opções
    A) o pleonasmo "ri, num riso" não é vazio de significação, isto é, uma repetição ou redundância sem qualquer intenção expressiva. Ao contrário, ao afirmar que o palhaço "gargalha, ri, num riso de tormenta", o emprego não só do pleonasmo, mas da antítese que o segue, acentua a dor, expressa na tristeza do riso do palhaço;
    B) a assonância está presente na rima da vogal tônica "a" em sa, sa, ra;
    C) sinestesia é a mistura de sentidos, de sensações: audição — "gargalhada" — e visão — "sanguinolenta";
    D) a metáfora está presente na comparação implícita: "macabras piruetas [duras como feitas] d'aço...";
    E) a aliteração é o apoio rítmico que consiste em repetir fonemas em palavras simetricamente dispostas.

27) Gabarito: A
Comentário:
O candidato pode tender a marcar a opção C, mas uma leitura mais atenta da afirmativa deste item o levará a perceber que a forma xampu é a adaptação gráfica para o português da forma inglesa *shampoo*, não a sua tradução. A opção A é a correta: a forma latina *curriculum* foi adaptada para o português "currículo".

28) Gabarito: E
Comentário:
A ambiguidade é um vício de linguagem porque pela duplicidade de sentido da frase pode provocar interpretação equivocada por não apresentar clareza, o que na forma escrita da língua é fundamental.
Esse recurso é usado muitas vezes para construção do humor, em histórias em quadrinhos, textos publicitários, etc., mas exceto no emprego intencional, com objetivos específicos, a ambiguidade deve ser evitada.
No exemplo apresentado no enunciado da questão não fica claro se o delinquente foi preso na casa de quem o capturou ou se foi preso em sua própria casa.

29) Gabarito: B
Comentário:
A forte inversão dos termos da oração denomina-se hipérbato, que é possível perceber logo nos primeiros versos da primeira estrofe: "Ouviram do Ipiranga as margens plácidas/ De um povo heroico o brado retumbante,/ E o sol da liberdade, em raios fúlgidos,/ Brilhou no céu da pátria nesse instante."
(As margens plácidas do Ipiranga ouviram o brado retumbante de um povo heroico e, nesse instante, o sol da liberdade, em raios fúlgidos, brilhou no céu da pátria.)
A prosopopeia, ou personificação, é a figura segundo a qual os seres inanimados ou irracionais agem e sentem como se fossem humanos, o que se pode observar, também, nos dois primeiros versos da primeira estrofe quando as margens plácidas de um riacho são capazes de ouvir o brado retumbante de um povo heroico.

30) Gabarito: B
Comentário:
A alternativa cujo vício de linguagem está de acordo com o exemplo é a B, uma vez que a ausência da vogal *i* em "adivinhou" é um erro de

ortografia que — junto aos erros de pronúncia, de prosódia, de flexões, de significado, etc. — caracteriza o barbarismo.

31) Gabarito: E
Comentário:
As três proposições estão corretas:

I — "pagantes" pertence ao campo semântico de "atriz" porque a este substantivo pode ser associado numa relação coerente de termos referentes à profissão.
II — Anáfora é a repetição da mesma palavra ou expressão em começo de frases diferentes, o que ocorre em "será que é" e em "e se". É um recurso estilístico muito usado nos poemas para dar mais realce ao pensamento e ao ritmo.
III — A expressão "e se" é anafórica e vem acompanhada de sujeitos diferentes (note que na afirmação foi usada a palavra "acompanhada" e não "apresentam", porque os sujeitos diferentes referem-se aos verbos "exigir", "passar" e "entrar", respectivamente) com os quais estabelece relação de condição.

32) Gabarito: C
Comentário:
Ocorre pleonasmo vicioso nas orações dos exemplos I: "*entrasse para dentro*"; II: "*todas* as professoras foram *unânimes*"; III: "*retornar novamente*" e IV: "*encarar* seus problemas *de frente*".

Passo 6

Estrutura das palavras

Elementos estruturais das palavras, renovação do léxico (criação de palavras), lexemática (semântica estrutural)

ELEMENTOS ESTRUTURAIS DAS PALAVRAS

Morfema
Chama-se *morfema* a unidade mínima dotada de significação que integra a palavra.

Os diversos tipos de morfema: radical e afixos
Radical é o núcleo em que repousa o significado relacionado com as noções do nosso mundo (ações, estados, qualidades, ofícios, seres em geral, etc.).
A palavra se constitui de dois tipos de *morfema*: o que expressa o significado das noções do mundo, chamado significado *lexical* ou *externo* (o *radical*), e outro que expressa o significado *gramatical* ou *interno* (os *afixos*, representados pelos morfemas de flexão e os morfemas de *derivação*).

Vogal temática: o tema
Entre o radical e os afixos pode aparecer a *vogal temática*, que é classificatória, pois distingue os nomes e os verbos em grupos ou classes conhecidos por *grupos nominais* (*casa* / *livro* / *ponte* / *pente*) e *grupos verbais*. A união do radical com vogal temática chama-se *tema*.

Nos nomes as vogais temáticas estão representadas na escrita pelos grafemas -*a*, -*o* e -*e* (*casa, livro, ponte*), e nos verbos, por -*a*, -*e* e -*i* (*trabalhar, escrever, partir*).

Os nomes terminados por vogal tônica ou por consoante perdem sua vogal temática no singular: *fé, mar, paz, mal*. Por isso, são chamados *atemáticos*.

Morfemas livres e presos
Diz-se que o morfema é *livre* quando tem forma que pode aparecer com vida autônoma no discurso; em caso contrário, diz-se que é *preso*.

Um radical pode ter uma variante que só aparece como forma presa. A variante do morfema se chama *alomorfe*.

Podem os elementos ser todos livres (*apor, compor, guarda-chuva*), ou todos presos (*agrícola, perceber*), ou, ainda, combinados os tipos (*agricultura, gasoduto*).

Palavras indivisíveis e divisíveis
Indivisível é a palavra que só possui como elemento mórfico o radical: *mar, sol, ar, é, hoje, lápis, luz*.

Divisível é a palavra que, ao lado do radical, pode desmembrar-se em outros elementos mórficos: *mares* (*mar-e-s*).

Diz-se *simples* a palavra divisível que só possui um radical.

Por causa da nova aplicação de significado que os afixos comunicam ao radical, as palavras simples se dividem em *primitivas* e *derivadas*.

Primitiva é a palavra simples que não resulta de outra dentro da língua portuguesa: *livro, belo, barco*.

Derivada é a palavra simples que resulta de outra fundamental: *livraria, embelezar, barquinho*.

Composta é a palavra que possui mais de um radical: *guarda-chuva, lanígero, planalto*.

Chama-se, em gramática descritiva, *radical primário* ou *irredutível* aquele a que se chega dentro da língua portuguesa e é comum a todas as palavras de uma mesma família. Por exemplo: desregularizar- → desregulariz- → regulariz- → regular- → regul- → reg- (radical primário).

Palavras cognatas: família de palavras
Chamam-se *cognatas* as palavras que pertencem a uma família de radical e significação comuns: *corpo, corporal, incorporar, corporação, corpúsculo, corpanzil*.

Não se confunda aparência formal com palavras cognatas; pode tratar-se de falsos cognatos. É o caso, por exemplo, da aproximação indevida que se faz entre *faminto* 'com fome' e *famigerado* 'famoso' (do radical *fama*).

Afixos: sufixos e prefixos. Interfixos

Sufixos

O sufixo forma nova palavra, emprestando à base uma ideia acessória e marcando-lhe a categoria (substantivo, adjetivo, verbo, advérbio) a que pertence.

Os sufixos são *nominais* (formadores de substantivos e adjetivos), *verbais* (de verbo) e o único adverbial, que é *-mente*, que se prende a adjetivos uniformes ou, quando biformes, à forma feminina: *firme* → *firmemente*; *cômoda* → *comodamente*.

Prefixos

O prefixo empresta ao radical uma nova significação e se relaciona semanticamente com as preposições. Os prefixos, em geral, se agregam a verbos ou a adjetivos: *in-feliz*, *des-leal*, *sub-terrâneo*. São menos frequentes os derivados em que os prefixos se agregam a substantivos; os que mais ocorrem são, na realidade, deverbais, como em *des-empate*. Ao contrário dos sufixos, que assumem valor morfológico, os prefixos têm mais força significativa; podem aparecer como formas livres e não servem, como os sufixos, para determinar uma nova categoria gramatical. Nem sempre existe em português a preposição que corresponde ao prefixo empregado: *intermédio* (cf. preposição *entre*), *combater* (cf. preposição *com*), etc.

Interfixos

Chamam-se *interfixos* elementos formais átonos que, sem função gramatical e significativa, servem de ligação entre a base e o sufixo.

Alguns autores preferem, em vez de interfixos, ver um conglomerado de sufixos resultante de um alongamento de sufixo, como se vê no derivado *ridicularizar*, de *ridículo*, no lugar de *ridiculizar*.

Vogais e consoantes de ligação

Também não têm função gramatical e semântica as vogais e consoantes de ligação que, na formação de novas palavras, se intercalam entre a base e o sufixo para facilitar a pronúncia ou para evitar hiatos, principalmente quando o radical termina por vogal tônica: *chá-l-eira*, etc. Em português, temos duas vogais de ligação: *i* e *o*. A vogal *i* aparece na composição de elementos latinos (*lanígero, dentifrício*) e *o*, nos elementos gregos: *gasômetro*.

Fenômenos que ocorrem na ligação de elementos mórficos
Os principais são:
1) *Haplologia* ou *braquilogia*: simplificação para evitar reduplicações de sílabas: *caridade + oso* → *caridoso* (por *caridadoso*).
2) *Fusão*: origem de ditongos ou crase: *canal + s* → **canale*[15] *+ s* → *canaes* (três sílabas) → *canais* (duas sílabas, pela origem do ditongo).
3) *Supressão* de:
   a) segmento medial pertencente a qualquer das bases: *petrodólar*.
   b) elemento final: *narcótico* → *narcotizar*.
   c) elemento final por cruzamento de bases: *motel* (motor + hotel).

> **Obs.**: A supressão pode ocorrer pelo processo de formação de palavras chamado *abreviação* e *combinação*.

Morfema zero
Por oposição à presença de morfema, a ausência deste indica morfema zero.

Acumulação de elementos mórficos
Chama-se *acumulação* a possibilidade de uma mesma desinência acumular duas funções: nos verbos, o *-o* é uma desinência número-pessoal e também secundariamente uma desinência modo-temporal (DNP + DMT) da 1ª pessoa do presente do indicativo.

Neutralização e sincretismo
Oposto ao fenômeno da acumulação, há o fenômeno da *neutralização*, que consiste na suspensão de uma marca de oposição distintiva existente na língua: a oposição *masculino x feminino*: *menino x menina* pode anular-se ou neutralizar-se no plural, pois *meninos* (não ocorre a neutralização com *meninas*) pode indicar não apenas o plural de *meni-*

---

[15] O uso de * significa que a expressão não está documentada ou é hipotética.

nos (Daniel e Filipe), mas também o conjunto de *menino(s)* e *menina(s)* (*Daniel + Clarice + Filipe*).

Não se deve confundir a neutralização com *sincretismo*, que é a ausência de manifestação de marca material num paradigma ou numa de suas seções. Assim, no paradigma verbal do português, a 1ª e 3ª pessoas se distinguem em outras seções (*canto/canta*; *cantei/cantou*), mas não se distinguem, por exemplo, no imperfeito (*cantava/cantava*; *saía/saía*).

A intensidade, a quantidade, o timbre e os elementos mórficos

Muitas vezes, a intensidade, a quantidade e o timbre servem para ressaltar uma noção gramatical. O acento intensivo se mostra decisivo para distinguir o adjetivo, o verbo e o substantivo em *sábia*, *sabia* e *sabiá*.

A maior demora numa sílaba em regra traduz uma ênfase estilística da palavra:

"Idiota! Trezentos e sessenta contos não se entregam nem à mão de Deus Padre! Idiota! *Idioota!... Idioooota...*" [Monteiro Lobato]

A mudança de timbre (metafonia) concorre com a desinência da palavra para caracterizar o gênero, o número ou a pessoa do verbo: *caroço* (singular com *o* tônico fechado) → *caroços* (plural com *o* tônico aberto); *esse/essa*; *fez/fiz*, etc.

Suplementação nos elementos mórficos

A suplementação consiste em suprir uma forma com auxílio de outra oriunda de radical diferente. O verbo *ser* é anômalo porque, nas suas flexões, pede o concurso de mais de um radical.

Procede-se também a uma suplementação na conjugação dos verbos defectivos: *acautelo-me, acautelas-te, acautela-se, precavemo-nos, precaveis-vos, acautelam-se*, se quisermos suprir as faltas do verbo *precaver-se* com o verbo sinônimo *acautelar-se*.

Parassíntese

O processo consiste na entrada *simultânea* de prefixo e sufixo, de tal modo que não existirá na língua a forma ou só com prefixo ou só com sufixo; é o caso de *claro* para formar *aclarar*, em cujo processo entram concomitantemente o prefixo *a-* e o final *-ar*, elemento de flexão verbal que funciona, por acumulação, como sufixo.

Hibridismo

Entende-se por *hibridismo* o processo de formação de palavra em que entram elementos de línguas diferentes. Assim, *sociologia* é um hibridismo, porque encerra um elemento de origem latina (*socio-*: 'sociedade') e outro grego (*-logia*: 'estudo', 'tratado').

RENOVAÇÃO DO LÉXICO (CRIAÇÃO DE PALAVRAS)

O convívio da vida em sociedade favorece a criação de palavras para atender às necessidades culturais, científicas e da comunicação de um modo geral. Chamam-se *neologismos* as palavras que vêm ao encontro dessas necessidades renovadoras.

Entre os procedimentos formais de criação de palavras temos a *composição* e a *derivação* (*prefixal* e *sufixal*).

Outra fonte de revitalização lexical são os *empréstimos*, isto é, palavras e elementos gramaticais tomados (empréstimos) ou traduzidos (*calcos linguísticos*) de outra comunidade linguística dentro da mesma língua histórica (regionalismos, nomenclaturas técnicas e gírias), ou de outras línguas estrangeiras — inclusive grego e latim —, que são incorporados ao léxico da língua comum.

Conceito de composição e de lexia

Composição é a junção de dois ou mais radicais identificáveis pelo falante numa unidade nova de significado único e constante: *papel-moeda*, *boquiaberto*.

Um tipo especial de composição é a *lexia*, que consiste na formação de sintagmas complexos que podem ser constituídos de mais de dois elementos: *negócio da China* ('transação comercial vantajosa'), *pé de chinelo* ('diz-se da pessoa de poucos recursos'), *pé-frio* (azarento), *pé-quente* (sortudo).

A associação dos componentes das palavras compostas se pode dar por:

a) Justaposição: *guarda-roupa*, *mãe-pátria*, *vaivém*. Os elementos conservam certa individualidade acentual, que é indicada, em regra, na escrita, pelo hífen.

b) Aglutinação: *planalto*, *auriverde*, *fidalgo*. Os elementos estão ligados mais intimamente, já que um deles perde o seu acento tônico vocabular.

Derivação

A **derivação** consiste em formar palavras a partir de outra primitiva por meio de afixos. De modo geral, os derivados se formam dos radicais de tipo latino em vez dos de tipo português, quando este sofreu a evolução própria da história da língua: *áureo* (e não *ouro*), *capilar* (e não *cabelo*), *aurícula* (e não *orelha*), etc.

Os afixos se dividem, em português, em *prefixos* (se vêm antes do radical) ou *sufixos* (se vêm depois). Daí a divisão em *derivação prefixal* e *sufixal*.

Derivação sufixal: *livraria, livrinho, livresco*.
Derivação prefixal: *reter, deter, conter*.

Os principais **prefixos** que ocorrem em português são de procedência latina ou grega. Ainda que os prefixos latinos tenham o mesmo significado de seus correspondentes gregos, formando assim palavras sinônimas, estas em regra não se podem substituir mutuamente, porque têm esferas semânticas diferentes.

Prefixos e elementos originariamente latinos
ab-, abs- (afastamento, separação): abstrair, abuso
ad-, a- (movimento para; aproximação; adicionamento; passagem para outro estado; às vezes não tem significação própria): adjunto, apor

> **Obs.**: Não confundir com o *a* sem significação de certas palavras como *alevantar, assentar, atambor*.

ante- (anterioridade; precedência — no tempo ou no espaço): antessala, antelóquio, antegozar, antevéspera
ambi- (duplicidade): ambiguidade, ambidestro
bene-, bem-, ben- (bem, excelência de um fato ou ação): bendizer, benfazejo
bis-, bi-, bin- (dois, duplicidade): bisneto, biciclo, binóculo
circum-, circu- (em roda de): circunferência, circulação
cis- (posição aquém) cisalpino, cisatlântico, cisandino, cisplatino
cum-, com-, con-, co-, cor- (companhia, sociedade, concomitância): cumplicidade, compadre, companheiro, condutor, colaborar, corroborar
contra- (oposição, situação fronteira; o *a* final pode passar a *o* diante de certas derivações do verbo): contramarchar, contrapor, contramuro, controverter. Em *contra-almirante* tem a ideia de 'imediatamente abaixo' ao posto de *vice-almirante*.
de- (movimento para baixo, separação, intensidade): depenar, decompor. Às vezes alterna com des-: decair — descair.

de(s)-, di(s)- (negação, ação contrária, cessação de um ato ou estado; ablação; intensidade): desventura, discordância, difícil (dis + fácil), desinfeliz, desfear (= fazer muito feio), desmudar (= mudar muito)
dis- (duplicidade, separação, diversidade de partes): dissecar ('cortar em dois'), disjungir ('separar duas coisas que estavam juntas'), dispor
ex-, es-, e- (movimento para fora; mudança de estado; esforço): esvaziar, evadir, expatriar, expectorar, emigrar, esforçar

> **Obs.**: Às vezes alterna-se com *des-, dis-*: escampado e descampado; extenso e distenso; esguedelhar e desguedelhar; esmaiar e desmaiar; estripar e destripar; desapropriar e espropriar; desfiar e esfiar; desencarcerar e excarcerar; deserdar e exerdar.

em-, en-, e-, in- (movimento para dentro; passagem para um estado ou forma; guarnecimento; revestimento): embeber, enterrar, enevoar, ingerir

> **Obs.**: Às vezes alterna-se a forma prefixada com outra sem prefixo: couraçar e encouraçar, cavalgar e encavalgar, trajar e entrajar, viuvar e enviuvar, bainhar e embainhar.

extra- (fora de, além de; superioridade; o *a* final passa, às vezes, a *o*): extradição, extralegal, extrafino, extroverter
in-, im-, i- (sentido contrário, negação, privação): impenitente, incorrigível, ilegal, ignorância

> **Obs.**:
> → Às vezes parece atribuir ao derivado o mesmo valor semântico da forma de base: incruento, incrueldade.
> → Algumas vezes indica no que alguma coisa se transforma, isto é, mudança de estado: incinerar ('reduzir a cinzas'), inflamável ('que se transforma em chama', 'que se transforma em fogo'), etc.

infra- (abaixo): infra-assinado

inter-, entre- (posição no meio, reciprocidade): entreter, interpor, intercâmbio
intro- (dentro): introduzir
intra- (posição interior, movimento para dentro; o *a* final passa, às vezes, a *o*): intramuscular, introverter, introduzir
justa- (posição ao lado, perto de): justapor, justalinear (que se faz junto de cada linha)
ob-, o- (posição em frente): obstar, opor
pene- (quase): península (quase ilha), penúltima (quase a última, e não "antes da última")
per- (através de, coisa ou ação completa, intensidade): percorrer, perfazer, perdurar, persentir (sentir profundamente)
pluri- (muito): pluricelular
pos-, post- (posição posterior, no tempo e no espaço): postônico, pós-escrito, posfácio
primo- (primeiro): primogênito
pre- (anteriormente, antecedência, superioridade): prefácio, prever, predomínio
pro- (movimento para a frente, em lugar de, em proveito de): progredir, projeção, prooração
re- (movimento para trás, repetição, reciprocidade, intensidade): regredir, refazer, ressaudar (saudar mutuamente), ressaltar, rescaldar (escaldar muito)
retro- (para trás): retroceder, retroagir
satis- (suficiente): satisfazer
semi- (metade de; quase; que faz as vezes de): semicírculo, semibárbaro, semivogal
so-, sob-, sub-, sus- (embaixo de, imediatamente abaixo num cargo ou função; inferioridade, ação pouco intensa): soterrar, sobestar, submarino, sustentar, supor
sobre- (nas formações vernáculas), **super-, supra-** (nas formações eruditas) (posição superior, saliência; parte final de um ato ou fenômeno; em seguida; excesso): sobrestar, superfície, supracitado, superlotado
soto-, sota- (posição inferior, inferioridade; logo após): soto-pôr, soto-mestre, sota-voga
trans-, tras-, tres-, tra-, tre- (além de, através de, passar de um lugar a outro; intensidade): transportar, traduzir, transladar, tresloucar, tresmalhar, tresnoitar, trespassar, tresler,[16] tresgastar

---

[16] *Tresler* é ler além do que está escrito, podendo, portanto, significar 'ler mal', 'ler sem entender'.

> **Obs.:**
> → Não se há de confundir *três* (numeral) com *tres-* (de *trans*): tresdobrar (triplicar);
> → Às vezes *trans-* é empregado como antônimo de *cis-*: *transalpino* e *transandino*, por exemplo, opõem-se a *cisalpino* e *cisandino*;
> → Também em certas palavras se podem alternar as variantes deste prefixo: transpassar, traspassar, trespassar; transmontar, tramontar.

tris-, tri-, tres-, tre- (três): trissílabo, triciclo
ultra- (além de, excesso, passar além de): ultrapassar, ultrafino
un-, uni- (unidade): uniforme
vice-, vis- (em lugar de, imediatamente abaixo num cargo ou função): vice-presidente, visconde

Prefixos e elementos originariamente gregos

a-, an- este último antes de vogal (privação, negação, insuficiência, carência; contradição): afônico, anemia, anônimo, anoxia, amoral
aná- (inversão, mudança, reduplicação): anabatista, anacrônico, analogia, anatomia, anáfora
anfí- (duplicidade, ao redor, dos dois lados): anfíbio, anfibologia, anfiteatro
antí- (oposição, ação contrária): antídoto, antártico, antípodas, antiaéreo
apó- (afastamento): apologia, apocalipse
árqui-, arce- (superioridade hierárquica, primazia, excesso): arquiduque, arquimilionário, arcediago
catá- (movimento para baixo): catacumba, catarata, católico
di- (duplicidade, intensidade): dilema, dissílabo, ditongo
diá-, di- (através de): diálogo (conversa entre pessoas), diagrama

> **Obs.:** Pensando-se que *diálogo* é conversa de dois, tem-se empregado erradamente *triálogo* para conversa de três. Para mais de uma pessoa é sempre *diálogo*.

dis- (dificuldade): dispepsia, disenteria
ec-, ex-, exo-, ecto- (exterioridade, movimento para fora, separação): eczema, exegese, êxodo, exônimo (nome estrangeiro aportuguesado: *Florença* por *Firenze*), exógeno, ectoderma
en-, em-, e- (interioridade): encômio, encíclica, enciclopédia, emblema, elipse
endo- (movimento em direção para dentro): endocarpo, endovenosa, endônimo (nome estrangeiro não aportuguesado: *Firenze*)
ento- (interior): entófito (planta que vive dentro de outra)
epí- (sobre, em cima de): epiderme, epitáfio
eu- (excelência, perfeição; bondade): eufonia, euforia, eufemismo
hemi- (metade, divisão de duas partes): hemiciclo, hemisfério
hipér- (excesso): hipérbole, hipérbato
hipó- (posição inferior): hipocrisia, hipótese, hipoteca
metá- (mudança, sucessão): metamorfose, metáfora, metonímia
pará- (proximidade, semelhança; defeito, vício; intensidade): parábola, paradigma, paralela, paramnésia
perí- (em torno de): perímetro, período, periscópio
poli- (multiplicidade): polissílabo, politeísmo
pró- (anterioridade): prólogo, prognóstico, profeta
prós- (adjunção, em adição a): prosélito, prosódia
proto- (início, começo, anterioridade): protótipo, proto-história, protomártir
sin-, sim-, si- (conjunto, simultaneidade): sinagoga, sinopse, simpatia, silogeu
tele- (distância, afastamento, controle feito à distância): telégrafo, telepatia, teleguiado

Os **sufixos** dificilmente aparecem com uma só aplicação; em regra, revestem-se de múltiplas acepções. A noção de aumento corre muitas vezes paralela à de coisa grotesca e se aplica às ideias pejorativas: *poetastro, mulheraça*. Os sufixos que formam nomes diminutivos traduzem ainda carinho: *mãezinha, paizinho, maninho*. Outras vezes, alguns sufixos assumem valores especiais (por exemplo: *florão* não se aplica em geral a 'flor grande', mas a uma espécie de ornato de arquitetura), enquanto outros perdem o seu primitivo significado, como *carreta, camisola*. Por fim, cabe assinalar que temos sufixos de várias procedências; os latinos e gregos são os mais comuns nas formações eruditas.

Além dos processos gerais típicos de formação de palavras (composição e derivação), possui o português mais os seguintes: ***formação*** *regressiva (deverbal), abreviação, reduplicação, conversão, intensificação* e *combinação*.

A *formação regressiva* consiste em criar palavras por analogia, pela subtração de algum sufixo, dando a falsa impressão de serem vocábulos derivantes: de *atrasar* tiramos *atraso*; de *embarcar, embarque*; de *pescar, pesca*; de *gritar, grito*.

A *abreviação* consiste no emprego de uma parte da palavra pelo todo. É comum não só no falar coloquial, mas ainda na linguagem cuidada, por brevidade de expressão: *extra* por *extraordinário* ou *extrafino*.

Pode-se incluir como caso especial da abreviação o processo de se criarem palavras, com vitalidade no léxico, mediante a leitura (isoladamente ou não) das letras que compõem siglas, como, por exemplo: ONU (Organização das Nações Unidas) e PUC (Pontifícia Universidade Católica).

A *reduplicação*, também chamada *duplicação silábica*, consiste na repetição de vogal ou consoante, acompanhada quase sempre de alternância vocálica, geralmente para formar uma palavra imitativa: *tique-taque, reco-reco, bangue-bangue, bombom*.

Este é o processo geralmente usado para formar as onomatopeias.

A *conversão* consiste no emprego de uma palavra fora de sua classe normal: Terrível palavra é um *não*.

Entre os casos de conversão podemos incluir a passagem de uma unidade da palavra (geralmente a final) à palavra isolada: *Estamos no século dos ismos e das logias.*

Inclui-se também entre os casos frequentes de conversão o emprego do adjetivo como advérbio, tanto no registro informal quanto no formal: O aluno leu *rápido*.

O emprego da forma plena do advérbio com o sufixo *-mente* (O aluno leu *rapidamente*) é mais comum no registro formal.

> **Obs.:** Os casos de conversão recebiam o nome de *derivação imprópria*. Como a conversão não repercute na estrutura do significante de base, muitos estudiosos não a incluem como processo especial de formação de palavras.

A *intensificação* é um caso especial pelo qual se deseja traduzir a intensificação ou expressividade semântica de uma palavra já existente, mediante o alargamento de sufixos, quase sempre -*izar*, ou, às vezes, por modelos franceses ou ingleses: *agilizar* por *agir*; *veiculizar* por *veicular*.

A **combinação** é um caso especial de composição em que a nova unidade resulta da combinação de parte de cada um dos dois termos que entram na formação dela: *português + espanhol* → *portunhol*; *Bahia + Vitória* → *Bavi*. São comuns na linguagem jocosa: *sofrer + professor* → *sofressor*; *aborrecer + adolescente* → *aborrescente*.

Radicais gregos mais usados em português

aér, aér-os (ar, vapor): aeronauta, aerostato, aéreo
ángel-os, anggel-os (enviado, mensageiro): anjo, evangelho
ag-o, agog-os (conduzir, condutor): demagogo, pedagogo
ag-ón, on-os (combate, luta): agonia, antagonista
agr-os (campo): agronomia
aithér (céu): etéreo
âtlon (certame): atleta
aiti-a, eti-a (causa): etiologia
ácr-on, ákr-on (alto, extremidade): acrópole, acrobata, acróstico
alg-os (sofrimento, dor): nevralgia, nostalgia
állos (outro): alopatia
alpha (a = 1ª letra do alfabeto): alfabeto
ánem-os (vento, sopro): anemoscópio, anêmona
ant-os, anth-os (flor): antologia
ántrop-os, ánthrop-os (homem): filantropo, misantropo, antropófago
arc-aios, arch-aios (antigo): arcaico, arqueologia
arc, arkh-ê (governo): anarquia, monarquia
arc, arch-os (chefe que comanda): monarca
aritm-ós, arithm-ós (número): aritmética, logaritmo
árct-os (urso): ártico, antártico
astér, ast(e)r-os (estrela): asteroide, astronomia
atmós (vapor): atmosfera
aut-ós (si mesmo): autógrafo, autonomia
bál-o, báll-o (projetar, lançar): balística, problema, símbolo
bár-is, bár-ys, bar-os (pesado, grave): barítono, barômetro
bibl-íon (livro): bibliófilo, biblioteca
bi-os (vida): biografia, anfíbio
cianos, kyanos (azul): cianídrico
cir, quir-os, cheir, cheir-os (mão): quiróptero, cirurgia, quiromancia
cion, kyon (cão): cinegética

col-é, khol-é (bílis): melancolia
cor-os, corea, chor-os (coro): coreia (dança em coro), coreografia
clorós, klorós (verde): clorofila
cron-os, chron-os (tempo): crônico, cronologia, isócrono, anacronismo
crom-a, khrom-a (cor): cromolitografia
chiliai, chilia (mil): quilômetro, quilograma
cris-ós, chrys-ós (ouro): crisóstomo, crisálida, crisântemo
cratos, kratos (força): democracia
cripto, kripto (escondo): criptônimo, criptografia
dáctil-os, dáktyl-os (dedo): datilografia ou dactilografia
deca, deka (dez): decassílabo, decálogo
dem-os (povo): democracia, epidemia
derm-a (pele): epiderme, paquiderme
dis, di (dois): dissílabo, ditongo
dis, dys (dificuldade): digestão, dispepsia, dissimetria
do-ron (dom, presente): dose, antídoto, Pandora
dox-a (opinião): ortodoxo, paradoxo
dra-ma, atos (ação, drama): drama, dramático, melodrama
drom-os (corrida, curso): hipódromo, pródromo
dínam-is, dýnam-is (força): dinâmica, dinamômetro
edr-a (base, lado): pentaedro, poliedro
electra, elektr-on (âmbar, eletricidade): elétrico, eletrômetro
estoma, stoma (boca): estômago, estomatite
erg-on (obra, trabalho), daí os sufixos -urgo, -urgia: metalurgia, dramaturgo, energia
escafe, scaphe (barco): escafandro
énter-a (entranhas, intestino): enterite, disenteria
estásis, stásis (ação de estar): hipóstase
etn-os, ethn-os (raça, nação): étnico, etnografia
étimos, étymos (verdadeiro): etimologia
gam-os (casamento), daí gamo (o que se casa): polígamo, bígamo, criptógamo
gastér, gast(e)-ros (ventre, estômago): gastrônomo, gastralgia
gê, geo (Terra): geografia, geologia
genes-is (ação de gerar): gênese, hidrogênio
gén-os (gênero, espécie): homogêneo, heterogêneo
giné, gyné (mulher): ginecologia
giminós, gyminós (nu): ginástica
gloss-a ou glott-a (língua): glossário, glotologia, epiglote
gon-ía (ângulo): polígono, diagonal
gon-ós (formação, geração): cosmogonia, teogonia

gráf-o, gráph-o (escrever), daí **graph-ia** (descrição), **graph-o** (que escreve)
gramm-a (o que está escrito): geografia, telégrafo, telegrama
hágios (sagrado): hagiologia, hagiólogo
hem-a, haim-a, atos (sangue): anemia, hemorragia
here-o, haire-o (tomar, escolher): heresia, herético
helios (sol): helioscópio, heliotrópio
hemér-a (dia): efêmero, efemérides
hemi (metade): hemiciclo
héter-os (outro; diferente): heterodoxo, heterogêneo
heptá (sete): heptassílabo
hex (seis): hexágono
hier-os (sagrado): hierarquia, hieróglifo
híp-os, hípp-os (cavalo): hipódromo, hipófago
hol-os (entregue de todo, inteiramente): ológrafo, holocausto
hom-os, homeo (semelhante, o mesmo): homogêneo, homônimo, homeopatia
hor-a (hora): horóscopo
horáo (vejo), **hórama** (visão): panorama
hid-or, hyd-or (água), daí **hidro, hydro**, como elemento de composição: hidrogênio, hidrografia
ic-ón, eik-ón, on-os (imagem): ícono, iconoclasta
ict-io, icht-yo, yos (peixe): ictiologia, ictiófago
ídios (próprio, particular): idioma, idiotismo
id-os, êid-os (forma), donde procede oide (que se assemelha a): elipsoide
isos (igual): isócrono, isotérmico
kak-ós, cac-os (mau): cacofonia, cacografia
kall-os, cal-os (belo), **kallos** (beleza): caligrafia
kard-ia, card-ia (coração): cardíaco, pericárdio
karp-os, carp-os (fruto): pericarpo, endocarpo
kephal-e, cefal-e (cabeça): cefalalgia, encéfalo
klino, clino (inclino): ênclise, próclise
kosm-os, cosm-os (ordem; mundo, adorno): cosmografia, cosmopolita, cosmético
koinós, coinós (em comum): cenobita
krat-os, crat-os (poder): democrático, aristocrático
kykl-os, cicl-os (círculo): hemiciclo, bicicleta
leg-o (digo, escolho): prolegômeno, ecletismo
lepís, lepídeos (escama): lepidóptero
lamban-o (tomar), **daí leps-is** (ação de tomar), **lemma** (coisa tomada): epilepsia, lema, dilema

lithos, litos (pedra): monólito, litografia
log-os (discurso, tratado, ciência): diálogo, arqueologia, bacteriologia, epílogo
maqu-e, mach-e (combate): logomaquia
macr-ós, makr-ós (comprido, longo): macróbio
man-ía (mania, loucura, gosto apaixonado por): bibliomania, monomania
manteí-a, manci-a (adivinhação, profecia): cartomancia, quiromancia
martis, mártyros (testemunha): mártir, martirólogo
mazós, mastós (mama, seio): mastodonte, mastologia
mégas, megále, mega (grande): megalomania, megalócito
mélas, mélan, mélanos (negro): melancolia, melanésia
mélos (música, canto): melodia, melodrama
méros (parte): pentâmero
mésos (meio): Mesopotâmia, mesoderme
meter, metros (mãe): metrópole
métron (medida): barômetro, termômetro
mikrós, micrós (pequeno): micróbio, microscópio
mimos (que imita): mimetismo, mímica
mis, mys, myós (músculo): miocárdio
misos (ódio): misantropo
mnéme, mnémon (memória, que se lembra): amnésia, mnemotécnica
mónos (um só): monólogo, monólio
morphé, morfé (forma): morfologia
mythos, mitos (fábula, mito): mitologia
myria, míria plural de myríos (dez mil): miriâmetro, miriápode
naûs (nau): navio, náutica
nekrós, necrós (morto, cadáver): necrópole, necrologia
né-os (novo): neologismo, neófito
nes-os (ilha): micronésia, melanésia
nêuron (nervo): nevralgia, neurastenia
nóm-os (lei, administração, porção): astronomia, autonomia
od-e (canto): paródia
od-ús, hodós (caminho, via): êxodo, método, período
odus, odóntos (dente): odontologia
októ, octó (oito): octossílabo
ónima, ónom-a, ónyma (nome): pseudônimo, sinônimo
ófis, ofid, óphis (serpente): ofídio
oftalmos, ophthalmós (olho, vista): oftalmia, oftalmoscópio
ôicos, ôikos (casa): economia, paróquia
optikos (que se refere a visão): miopia, autópsia

oram-a (vista): cosmorama, panorama
órnis, órnitos, órmithos (ave): ornitologia
óros (montanha): orografia
ortós, orthós (direito, reto): ortodoxo, ortografia, ortopedia
ostéon (osso): osteologia, perióstevo, osteoporose
osmós (impulso): osmose
óxis, óxys (ácido, agudo): oxigênio, paroxismo
paideia, pedia (educação): enciclopédia, Ciropedia (pequeno tratado escrito por Xenofonte sobre a educação e reino de Ciro, o Velho)
pais, pes, pedos, paidós (criança, menino): pedagogia, pedagogo, ortopedia[17]
paleos, palaiós (antigo): paleontologia, paleografia
pas, pan, pantós (todos): panorama, panóplia, panteísmo, pantógrafo
pátos, páthos (afecção, doença, modo de sentir): patologia, simpatia
pente (cinco): pentágono, pentassílabo
phago, phagêin, fag-o (comer): antropófago, hipófago
pháino, fan-o, fen-o (fazer aparecer, brilhar): diáfano, fenômeno
phemi, femi (eu digo, falo): eufemismo, profeta
phéro, fero, forós (eu levo, trago; que leva), **phor-ós** (que leva): fósforo, semáforo
phylon, filon (folha): clorofila
philos, filos (amigo): filarmonia, filantropo
phísis, físis (natureza): fisionomia
phobe-os, fobeo, fobos (temer, fazer fugir), daí **phob-os**: hidrófobo, anglófobo, russófobo
phos, photós, fos, fotós (luz): fósforo, fotografia
phrásis, frasis (ato de dizer): perífrase
plut-os, plout-os (riqueza): plutocracia
phon-é, fon-é (voz articulada): cacofonia
poléo (vendo): monopólio
pólis (cidade): acrópole, metrópole, necrópole
pépsis (cozimento): dispepsia
polys, polis (muito): poligamia, polígono, policromia, polinésia, policlínica
pus, podós, pous (pé): antípoda, miriápode
pétalon (pétala): minopétalo
protos (primário, primeiro): protagonista, protocolo, protozoário, protoplasma
plésso (eu bato, firo): apoplexia

---

[17] Inicialmente aplicada a criança; hoje se estende a todos os humanos de qualquer idade.

pseudos (falsidade, mentira): pseudônimo
pleurá, pleurón (lado, flanco): pleurite
psiqué, psyché (alma): psicologia, metempsicose
pnêuma, pnêumatos (que respira, sopra): pneumático, dispneia
pterón (asa): quiróptero, coleóptero
pir, pir-os, pyr, pyr-os (fogo, febre): pirotécnico, antipirina
poiéo (eu faço): onomatopeia
potamós (rio): hipopótamo
pile, pule (porta): piloro
ptissis, ptyssis (escarro): hemoptise
re-o, rhe-o (eu corro, fluo): catarro, diarreia
sarx, sarkós (carne): sarcoma, sarcófago
semion, semêion (sinal): semiologia, semântica
sepo (apodreço): antissético, antisséptico
síderos (ferro): siderurgia, siderita, siderografia
sperma (semente): esperma, espermatozoide
stéllo (eu envio): epístola
sticos, stikos (verso): hemistíquio, dístico
sism-os, seism-os, daí sism (estremecimento): sismologia, sísmico
scopé-o, skopéo (eu examino), daí scópio (que faz ver): telescópio, microscópio, osciloscópio
sofós, sophós (sábio): filósofo
statós, estatós (que se mantém): aeróstato, hidrostática
sphaira, esfera (esfera): atmosfera
stilos, estilo (coluna): peristilo
stere-ós, estere-ós (sólido): estereótipo, estereomia
stratos, estratos (exército): estratégia
streph-o, estref-o (eu viro, volto): apóstrofe, catástrofe
táfos, táphos (túmulo): epitáfio, cenotáfio
temno (divido): anatomia
tauto por to auto (o mesmo): tautologia
táxis (arranjo, ordem): sintaxe
taumatos, tháumatos (prodígio, milagre): taumaturgo
técne, téchne (conhecimento intuitivo): politécnico
teras, teratos (prodígio, fenômeno, monstro): teratologia
tema, théma (ato de colocar): anátema
têle (longe): telégrafo, telefone, telescópio
tétara, tetra (quatro): tetraedro
te-os, the-os (deus): teologia, teocracia, politeísmo
termós, thermós (calor): termômetro

tésis, thésis (ação de pôr, ter): antítese, síntese
tréfo, trepho (alimento): atrofia
tome (cortadura, seção): tomo, átomo, estereotomia
trépo (eu volto, mudo): heliotrópico
tópos (lugar): tópico, topografia, atopia
triás, triados, tres, tria (três): trinômio, tríade
traum-a, atos (ferimento): traumático
tip-os, typ-os (tipo, caráter): tipografia, arquétipo
zô-on (animal, ser vivo): zoologia, zoófito

Radicais latinos mais usados em português[18]

aequus, a, um (direito, justo): adequar, equação, equidade, igual, iníquo
ager, agri (campo): agrário, agricultor, agrícola, peregrino
ago, agis, egi, actum, ágere (impelir, fazer): ágil, ator, coagir, exigir, indagar, pródigo
alter, a, um (outro): alterar, alternância, altruísmo, outro
ango, angis, anxi, ángere (apertar): angina, ângulo, angústia, ânsia, angusto
audio, audis, audivi, auditum, audire (ouvir): auditório, audiência
bellum, i (pugna, combate): belonave, beligerante
bos, bovis (boi): bovino
cado, cadis, cécidi, casum, cádere (cair): acidente, cadente, incidir, ocaso
caedo, caedis, cecidi, caesum, caédere (cortar): cesariana, cesura, conciso, incisão, precisar. Há numerosos derivados deste radical sob a forma cida, cidio, cuja significação é 'matar': fratricida, homicida, infanticida, matricida, patricida, regicida, uxoricida, suicida, fratricídio, homicídio, suicídio, etc.
candeo, candes, cándui, candere (embranquecer): cândido, candura, incandescer
cano, canis, cécini, cantantum, cantum, cánere (cantar, celebrar, predizer [este na língua religiosa]): canoro, cântico, cantilena, acento. Há numerosos derivados em -cínio: vaticínio (canto do vate, no significado de profeta), galicínio (canto do galo), tirocínio.
cápio, capis, cepi, captum, cápere (tomar): antecipar, cativo, emancipar, incipiente, mancebo
caput, cápitis (cabeça): cabeça, capitão, capital, decapitar, precipício
caveo, caves, cavi, cautum, cavere (ter cuidado): cautela, incauto, precaver-se

---

[18] Indicamos com acento agudo os proparoxítonos e os assim considerados.

cedo, cedis, cessi, cessum, cédere (ceder): cessão, concessão, conceder
cerno, cernis, crevi, cretum, cérnere (passar pelo crivo): discernir, cerne, concernir
clamo, clamas, clamavi, clamatum, clamare (chamar): proclamar, clamador
clarus, clara, clarum (claro): claridade, clareza
colo, colis, colui, cultum, cólere (cultivar, habitar): agrícola, colônia, culto, íncola, inquilino, cultura, (agri-, avi-, hort-, pisci-, triti-, vini-, etc.)
cor, cordis (coração): acordo, discórdia, misericórdia, recordar
dico, dicis, dixi, dictum, dícere (dizer): abdicar, bendito, dicionário, ditador, fatídico, maledicência
do, das, dedi, datum, dare (dar): data, doação, editar, perdoar, recôndito
doceo, doces, docui, doctum, docere (ensinar): docente, documento, doutor, doutrina, indócil
duo, duae, duo (dois): dobro, dual, duelo, duplicata, dúvida
duco, ducis, duxi, ductum, dúcere (guiar, levar, dirigir, atribuir): conduto, duque, educação, dútil, produzir, tradução, viaduto. Deste radical há numerosos derivados em duzir (a-, con-, de-, intro-, pro-, re-, se-, tra-, etc.).
edo, edis[es], edi, esum, esse, édere (comer): comer, comida, comestível (cum + edo)
eo, is, ivi, itum, ire (ir): comício, circuito, itinerário, transitivo, subir
facio, facis, feci, factum, fácere (fazer): afeto, difícil, edificar, facínora, infecto, malefício, perfeito, suficiente. Há numerosos derivados em ficar (clari-, falsi-, grati-, puri-, etc.)
fero, fers, tuli, latum, ferre (levar, conter): ablativo, aferir, conferência, fértil, oferecer, prelado, relação
frango, frangis, fregi, fractum, frángere (quebrar): fração, frágil, infringir, naufrágio, refratário
fundo, fundis, fudi, fusum, fúndere (derreter): fútil, funil, refutar, fundir (con-, di-, in-, re-), confuso, difuso, profuso
gero, geris, gessi, gestum, gérere (levar, gerar): beligerância, exagero, famigerado, gerúndio, registro
gigno, gignis, génui, génitum, gígnere (produzir): genitor, genital
iáceo, iaces, iacui [part. fut. iaciturus], iacere (jazer): jazigo, jacente, adjacente, subjacente
grádior, gráderis, gressus sum, gradi (avançar andando): egresso, ingressar
iácio, iacis, ieci, iactum, iácere (lançar): abjecto, jato, jeito, injeção, sujeito
lac, lactis (leite): lácteo, lactante, lactente, leiteria, laticínio
láteo, lates, latui, latum, latere (estar escondido): latente

lego, legis, legi, lectum, légere (ler): florilégio, legível, leitura, lente
lóquor, lóqueris, locutus sum, loqui (falar): colóquio, eloquência, locução, prolóquio
ludo, ludis, lusi, lusum, lúdere (jogar): ludopédio, lúdico
místeo, misces, miscui, mistum (e mixtum) **miscere** (misturar): mexer, misturar, miscível
mitto, mittis, misi, missum, míttere (mandar): demitir, emissão, missionário, remeter, promessa
móneo, mones, mónui, mónitum, monere (advertir, fazer lembrar): admoestar, admonitor
méntior, mentiris, mentitus sum, mentiri (mentir): mentir, mentira
móveo, moves, movi, motum, movere (mover): motorista, motriz, comoção, móvel
nascor, násceris, natus sum, nasci (nascer): natal, nativo, nascituro, renascimento
nosco, noscis, novi, notum, nóscere (conhecer): incógnita, noção, notável
opus, óperis (obra): obra, cooperar, operário, opereta, opúsculo
os, oris (boca): oral, oralidade
pátior, páteris, passus sum, pati (sofrer): compatível, paciente, paixão, passional, passivo
péndeo, pendis, pependi, pensum, pendere (pender): suspenso
pes, pedis (pé): pedal, pé
plico, plicas, plicavi ou plicui, plicatum ou plícitum, plicare (fazer pregas, dobrar): aplicar, chegar, cúmplice, explicar, implícito, réplica
pono, ponis, pósui, pósitum, pónere (colocar): aposto, dispositivo, disponível, posição, posto
quaero, quaeris, quaesivi ou quaesii, quaesitum, quaérere (procurar): adquirir, inquirir, quesito, questão, questor
rápio, rapis, rápui, raptum, rápere (roubar): rapto, raptar, rapinagem
rego, regis, rexi, rectum, régere (dirigir): correto, reitor, regência, regime, reto
rumpo, rumpis, rupi, ruptum, rúmpere (romper): corrupção, corruptela, roto, ruptura, erupção
scribo, scribis, scripsi, scriptum, scríbere (escrever): escritor, escritura
seco, secas, secui, sectum, secare (cortar): bissetriz, inseto, secante, seção, segador, segmento
sédeo, sedes, sedi, sessum, sedere (estar sentado): sedestre
solvo, solvis, solvi, solutum, sólvere (desunir): absolver, dissoluto, resolver, solução, solúvel
spécio, specis, spexi, spectum, spécere (ver): aspecto, espetáculo, perspectiva, prospecto, respeito, suspeito

sto, stas, steti, statum, stare (estar): estado, distância, estante, obstáculo, substância

sterno, sternis, stravi, stratum, stérnere (estender por cima): consternar, estrada, estratificar, prostrar

sumo, sumis, sumpsi (tomar, apoderar-se): assumir, consumir, sumptum, súmere sumidade, sumário

tango, tangis, tétigi, tactum, tángere (tocar): contagioso, contingência, tato, contato, atingir

tendo, tendis, tetendi (estender): atender, distenso, contente, tensum ou tentum, téndere extenso, pretensão

téneo, tenes, ténui, tentum, tenere (ter, segurar): contentar, abstinência, tenaz, sustentar, tenor, detento

trado, tradis, trádidi, tráditum, trádere (trazer): tradição, extraditar

tríbuo, tríbuis, tríbui, tributum, tribúere (repartir): atribuir, retribuir

tórqueo, torques, torsi, tortum, torquere (torcer): extorsão, tortura, extorquir, tortuoso, distorção

verto, vertis, verti, versum, vértere (tornar, voltar): verter, versão

vídeo, vides, vidi, visum, videre (ver): evidência, próvido, vidente, visionário, previdência

vénio, venis, veni, ventum, venire (vir): vir, vinda

vivo, vivis, vixi, victum, vívere (viver): vida, viver

volvo, volvis, volvi, volutum, vólvere (envolver): devolver, envolto, revolução

LEXEMÁTICA (SEMÂNTICA ESTRUTURAL)

No estudo da estrutura do conteúdo (significado) importa distinguir as *relações de significação* das *relações de designação*. As relações de significação manifestam-se entre significados dos signos linguísticos, enquanto as de designação são relações entre os signos linguísticos e as realidades extralinguísticas por eles designadas e representadas no discurso: *A porta está aberta* e *A porta não está fechada* não são orações *sinônimas*, porque não têm o mesmo significado. São orações *equivalentes na designação*, porque apontam para a mesma realidade extralinguística.

A disciplina que estuda a estruturação das relações de significação recebe o nome de *lexemática*. Só os lexemas ou palavras lexemáticas entram nesse campo, porque só eles são "estruturáveis", isto é, só eles se opõem por traços distintivos.

Cada unidade de conteúdo léxico expresso no sistema linguístico é um *lexema*. Uma unidade cujo conteúdo é idêntico ao conteúdo comum de duas ou mais unidades de um campo é um *arquilexema*. Os traços distintivos que caracterizam os lexemas chamam-se *semas*.

Por exemplo, o campo lexical de "assento": "assento" é o arquilexema desse campo, que tem como lexemas, em português, entre outros que deixaremos de lado: *cadeira, poltrona, sofá, canapé, banco e divã*.
Como traços distintivos dos lexemas proporemos os seguintes *semas* ou *traços distintivos*:
S1: 'objeto construído para a gente se sentar'
S2: 'com encosto'
S3: 'para uma pessoa'
S4: 'com braços'
S5: 'com pés'
S6: 'feito de material rijo'
Levando-se em conta que a presença do sema será indicado por + e sua ausência ou presença opcional por –, teremos:

	S1	S2	S3	S4	S5	S6
banco	+	–	–	–	+	+
cadeira	+	+	+	–	+	+
poltrona	+	+	+	+	+	–
sofá	+	+	–	+	+	–
divã	+	–	+	–	+	–
canapé	+	+	–	+	+	+

Pelo exposto, vê-se que não basta dizer, por exemplo, que "*banco* é um objeto construído para a pessoa se sentar", pois tal definição se aplicaria indistintamente a todos os lexemas incluídos no campo léxico, isto é, ao arquilexema *assento*. Com base nos semas, isto é, nos traços distintivos que separam os lexemas arrolados no exemplo, diremos que "banco é um objeto construído para a pessoa se sentar, com material rijo (madeira, ferro, cimento), dotado de pés, em geral sem encosto".

Estruturas secundárias

As *estruturas paradigmáticas* secundárias correspondem ao domínio da formação de palavras e podem manifestar-se por estruturas de *derivação* e de *composição*.

As *estruturas sintagmáticas* são *solidariedades*, isto é, relações entre dois lexemas pertencentes a campos diferentes dos quais um está compreendido, em parte ou totalmente, no outro, como traço distintivo (sema), que limita sua combinação.

Alterações semânticas

1) Figuras de palavras
No decorrer de sua história nem sempre a palavra guarda seu significado *etimológico*, isto é, *originário*. Por motivos variadíssimos, ultrapassa os limites de sua primitiva "esfera semântica" e assume valores novos.
Entre as causas que motivam a mudança de significação das palavras, as principais são:

a) *Metáfora* — mudança de significado motivada pelo emprego em solidariedades, em que os termos implicados pertencem a classes diferentes, mas, pela combinação, se percebem também como assimilados: *cabelos* **de neve**; **pesar** *as razões*; **doces** *sonhos*; **boca** *do estômago*; **dentes** *do garfo*; **costas** *da cadeira*; **braços** *do sofá*; *gastar* **rios** *de dinheiro*; **vale** *de lágrimas*; *o* **sol** *da liberdade*; *os dias* **correm**; *a noite* **caiu**, etc.

b) *Metonímia* — mudança de significado pela proximidade de ideias:
1 — causa pelo efeito, ou vice-versa, ou o produtor pelo objeto produzido: *ler Machado de Assis* (isto é, *um livro escrito por Machado de Assis*).
2 — o tempo ou o lugar pelos seres que se acham no tempo ou lugar: *a nação* (isto é, *os componentes da nação*).
3 — o continente pelo conteúdo, ou vice-versa: *comi dois pratos* (isto é, *a porção da comida que dois pratos continham*).
4 — o todo pela parte, ou vice-versa: *encontrar um teto amigo* (isto é, *uma casa*).
5 — a matéria pelo objeto: *uma prata* (isto é, *moeda de prata*).
6 — o lugar pelo produto ou características, ou vice-versa: *havana* (isto é, *charutos da cidade de Havana*).
7 — o abstrato pelo concreto: *praticar a caridade* (isto é, *atos de caridade*).
8 — o sinal pela coisa significada, ou vice-versa: *o trono* (isto é, *o monarca*).

c) **Antonomásia** — substituição de um nome próprio por um comum ou vice-versa, com intuito explicativo, elogioso, irônico, etc.: *a cidade luz* (em referência a Paris); o *Salvador* (em referência a Jesus Cristo), etc.

d) **Catacrese** — mudança do significado por esquecimento do significado original: *embarcar no trem*; *calçar as luvas*; *abismo sem fundo*; *correta ortografia*, etc.

e) **Braquilogia ou abreviação** — as diversas acepções de uma palavra devidas à elipse do determinante, ou vice-versa: *dou-lhe a minha palavra* (isto é, *palavra de honra*).

f) **Eufemismo** — mudança de sentido pela suavização da ideia:
1 — para a morte: *entregar a alma a Deus*; *dar o último suspiro* (literários), etc.
2 — para a bebida: *água que gato (passarinho) não bebe*.
O tabu linguístico pode favorecer o aparecimento de expressões eufemísticas.

g) **Sinestesia** — translação semântica que implica uma transposição sensorial em diferentes campos de sensação corporal: *uma mentira fria* (tato) *e amarga* (paladar); *uma gargalhada* (audição) *luminosa* (visão).

h) **Alterações semânticas por influência de um fato de civilização** — *cor* [ó] (saber, guardar, ter de *cor* = de memória) relembra-nos a época em que a anatomia antiga fazia do coração a sede dos sentimentos, da inteligência, da memória.

i) **Etimologia popular ou associativa** — a tendência que o falante — culto ou inculto — revela em aproximar uma palavra a um determinado significado, com o qual verdadeiramente não se relaciona: *inconteste* (= sem testemunho) passa a sinônimo de 'incontestável'; *falaz* (= falso, enganador) é aproximado de 'falador'.

2) Figuras de pensamento

a) **Antítese** — oposição de palavras ou ideias: *um riso de tormenta*; *uma alegria dolorosa*; *tinha um olhar angelical e uma mente diabólica*.

b) *Apóstrofe* — invocação a seres reais ou imaginários: *Oh, tu que tens de humano o gesto e o peito*; *Meu Deus, mostre-me um caminho.*

c) *Hipérbole* — expressão que envolve um exagero: *Ela é um poço de vaidade.*

d) *Ironia* — dizer algo por expressão às avessas (por exemplo: "Bonito!" como expressão de reprovação).

e) *Oximoro* — figura em que se combinam palavras de sentido oposto que parecem excluir-se mutuamente, mas que, no contexto, reforçam a expressão: *obscura claridade, silêncio ensurdecedor.*

f) *Paradoxo* — consiste na expressão de pensamentos antitéticos aparentemente absurdos: *Vivo sem viver em mim.*

g) *Prosopopeia* (também chamada personificação) — figura que consiste em dar vida a coisa inanimada, ou atribuir características humanas a objetos, animais ou mortos: *Minha experiência diz o contrário do que me dizem*; *O relógio cansou de trabalhar*; "As *estrelas*, grandes olhos curiosos, *espreitavam* através da folhagem." [Eça de Queirós]

Além dessas figuras ocorrem expressões e termos usados em algumas ciências da linguagem, como os seguintes:

a) *Eu lírico* — primeira pessoa gramatical fictícia não identificável com o autor.

b) *Função fática* (ou *de contato*) — função da linguagem que interrompe, enlaça ou dá novos aspectos à mensagem. A função fática está centrada na eficiência do canal de comunicação e faz uso de palavras ou expressões que buscam checar e prolongar o contato entre emissor e destinatário. São exemplos: *Alô!*, *Entenderam?*, *Sério?*, *Olha...*, *Veja bem...*, *Está me ouvindo?*, *Como é?*, entre outros.

c) *Função referencial* — função da linguagem que consiste em o emissor se restringir a assinalar os fatos de modo objetivo. A mensagem está centrada naquilo de que se fala, normalmente com o uso da 3ª pessoa.

d) Hiperônimo — vocábulo de sentido mais genérico em relação a outro, com o qual tem traços semânticos comuns. Por exemplo: *assento* é hiperônimo de *cadeira*, de *poltrona*, etc.; *animal* é hiperônimo de *leão*; *flor* é hiperônimo de *malmequer*, de *rosa*, etc.

e) Hipônimo — vocábulo de sentido mais específico em relação a outro, com o qual tem traços semânticos comuns. Por exemplo: *cadeira* é hipônimo de *assento*; *leão* é hipônimo de *animal*, etc.

f) Metalinguagem — utilização da linguagem para falar da própria linguagem (por exemplo, um texto que fale de como devemos escrever).

Outros aspectos semânticos

a) Polissemia

É o fato de haver uma só forma (significante) com mais de um significado unitário pertencentes a campos semânticos diferentes: *manga* (de camisa ou de candeeiro) — *manga* (fruto) — *manga* (= bando, ajuntamento) — *manga* (parede).

É preciso não confundir a polissemia léxica ou *homofonia* com variação semântica ou polivalência no falar (ato de fala), que consiste na diversidade de acepções (sentidos) de um mesmo significado da língua segundo os valores contextuais, ou pela designação, isto é, graças ao conhecimento dos "estados de coisas" extralinguísticos: o *leão* do circo e o *leão* do imposto de renda.

b) Homonímia

Por *homonímia* entende a tradição: "propriedade de duas ou mais formas, inteiramente distintas pela significação ou função, terem a mesma estrutura fonológica, os mesmos fonemas, dispostos na mesma ordem e subordinados ao mesmo tipo de acentuação"; como exemplo: um homem *são*; *São* Jorge; *são* várias as circunstâncias.

Dentro da homonímia, alude-se, em relação à língua escrita, aos *homófonos* distinguidos por ter cada qual um grafema diferente, de acordo com o sistema ortográfico: *coser* 'costurar', *cozer* 'cozinhar'; *expiar* 'sofrer', *espiar* 'olhar sorrateiramente'; *seção* 'divisão', *sessão* 'reunião', *cessão* 'ato de ceder', 'concessão'.

c) Sinonímia

É o fato de haver mais de uma palavra com semelhante significação, podendo uma estar em lugar da outra em determinado contexto, apesar dos diferentes matizes de sentido ou de carga estilística: *casa, lar, morada, residência, mansão.*

d) Antonímia

É o fato de haver palavras que entre si estabelecem uma oposição *contraditória* (*vida; morte*), *contrária* (*chegar; partir*) ou *correlativa* (*irmão; irmã*).

e) Paronímia

É o fato de haver palavras parecidas na sua estrutura fonológica e diferentes no significado. Os parônimos dão margem a frequentes erros de impropriedade lexical: **descrição** (ato de descrever) e **discrição** (qualidade de quem é discreto); **emergir** (ir de dentro para fora ou para a superfície) e **imergir** (ir de fora para dentro, para o fundo); **iminente** (pendente, próximo para acontecer) e **eminente** (ilustre); **infringir** (transgredir, violar) e **infligir** (aplicar pena, castigo); **intimorato** (destemido, intrépido) e **intemerato** (puro, imaculado); **proscrever** (proibir) e **prescrever** (aconselhar); **ratificar** (confirmar) e **retificar** (corrigir); **tráfego** (trânsito) e **tráfico** (comércio).

QUESTÕES DO PASSO 6

1) (IBGE — Analista — Análise de Projetos — Tipo 1 — Superior — FGV Projetos)
A polissemia — possibilidade de uma palavra ter mais de um sentido — está presente em todas as frases abaixo, EXCETO em:

(A) Não deixe para amanhã o que pode fazer hoje;
(B) CBN: a rádio que toca a notícia;
(C) Na vida tudo é passageiro, menos o motorista;
(D) Os dentes do pente mordem o couro cabeludo;
(E) Os surdos da bateria não escutam o próprio barulho.

2) (ENEM — Exame Nacional do Ensino Médio)

   Um ato de criatividade pode contudo gerar um modelo produtivo. Foi o que ocorreu com a palavra *sambódromo*, criativamente formada com a terminação -(ó)dromo (= corrida), que figura em *hipódromo*, *autódromo*, *cartódromo*, formas que designam itens culturais da alta burguesia. Não demoraram a circular, a partir de então, formas populares como *rangódromo*, *beijódromo*, *camelódromo*.
   AZEREDO, J. C. *Gramática Houaiss da língua portuguesa*. São Paulo: Publifolha, 2008.

   Existe coisa mais descabida do que chamar de sambódromo uma passarela para desfile de escolas de samba? Em grego, *-dromo* quer dizer "ação de correr, lugar de corrida", daí as palavras *autódromo* e *hipódromo*. É certo que, às vezes, durante o desfile, a escola se atrasa e é obrigada a correr para não perder pontos, mas não se desloca com a velocidade de um cavalo ou de um carro de Fórmula 1.
   GULLAR, Ferreira. "Quando o errado está certo". *Folha de S.Paulo*. São Paulo, 20 jun. 2010. Ilustrada. Disponível em: <https://www1.folha.uol.com.br/fsp/ilustrad/fq2006201030.htm>.

Há nas línguas mecanismos geradores de palavras. Embora o segundo texto apresente um julgamento de valor sobre a formação da palavra *sambódromo*, o processo de formação dessa palavra reflete

(A) o dinamismo da língua na criação de novas palavras.
(B) uma nova realidade limitando o aparecimento de novas palavras.
(C) a apropriação inadequada de mecanismos de criação de palavras por leigos.
(D) o reconhecimento da impropriedade semântica dos neologismos.
(E) a restrição na produção de novas palavras com o radical grego.

3) (Poder Judiciário — Tribunal de Justiça de São Paulo — Fundação Vunesp)
A Polícia Militar prendeu, nesta semana, um homem de 37 anos, acusado de _____ de drogas e _____ à avó de 74 anos de idade. Ele foi preso em _____ com uma pequena quantidade de drogas no bairro Irapuá II, em Floriano, após várias denúncias de vizinhos. De acordo com o Comandante do 3º BPM, o acusado era conhecido na região pela atuação no crime.

www.cidadeverde.com/floriano. Acesso em 23 jun. 2013. Adaptado.

De acordo com a norma-padrão da língua portuguesa, as lacunas do texto devem ser preenchidas, respectivamente, com:

(A) tráfico... mal-tratos... flagrante
(B) tráfego... maltratos... fragrante
(C) tráfego... maus-trato... flagrante
(D) tráfico... maus-tratos... flagrante
(E) tráfico... mau-trato... fragrante

Leia o texto a seguir, para responder às questões de números 4 a 6.

Por herança da evolução, o homem tem uma tendência a se concentrar no que pode dar errado. Nas cavernas do Pleistoceno, gerava mais descendentes quem tinha medo de ataques e antecipava problemas. A ansiedade garantiu nossa sobrevivência, mas nos faz enxergar a realidade de um jeito enviesado. Nos aterrorizamos com ameaças mesmo quando há motivos para ficarmos tranquilos.
 É perfeitamente racional ser otimista em momentos ruins. Tome como exemplo os anos 80, quando o Brasil teve sua pior crise econômica. A economia decepcionava, mas vivíamos uma pequena revolução da medicina. Até aquela década, era preciso lidar com gastrites e úlceras a vida inteira. O escritor Nelson Rodrigues acordava todas as madrugadas para amestrar a úlcera com mingau. Então

um laboratório farmacêutico criou um remédio simples que inibe a produção de ácido gástrico. Úlceras que, antes duravam décadas, hoje são resolvidas com omeprazol, em poucos dias — a um custo de poucos reais.

> NARLOCH, Leandro. "Fique tranquilo e aproveite: em 2015 e nos próximos anos, o mundo vai melhorar ainda mais". Veja. com, 1 mai. 2015. Disponível em: <https://veja.abril.com.br/blog/cacador-de-mitos/fique-tranquilo-e-aproveite-em-2015-e-nos-proximos-anos-o-mundo-vai-melhorar-ainda-mais/>.

4) (Câmara Municipal de São José do Rio Preto — Advogado — Vunesp) Segundo o autor,

(A) a crise econômica dos anos 80 incrementou a natalidade, pois o importante, nessa ocasião, era a sobrevivência.
(B) no período Pleistoceno, o homem vivia como caçador e coletor, visando à sua evolução.
(C) o omeprazol, criado há dez anos, constitui um bálsamo capaz de eliminar o ácido gástrico.
(D) é nas madrugadas que as gastrites atacam com maior força, apesar do uso do omeprazol.
(E) o aumento da prole, no Pleistoceno, assegurando a continuação da vida, foi fruto do temor.

5) (Câmara Municipal de São José do Rio Preto — Advogado — Vunesp) Assinale a alternativa em que se observa o emprego da linguagem figurada.

(A) ... o homem tem uma tendência a se concentrar no que pode dar errado.
(B) É perfeitamente racional ser otimista em momentos ruins.
(C) O escritor Nelson Rodrigues acordava todas as madrugadas para amestrar a úlcera com mingau.
(D) Nas cavernas do Pleistoceno, gerava mais descendentes quem tinha medo de ataques e antecipava problemas.
(E) Úlceras que, antes duravam décadas, hoje são resolvidas com omeprazol, em poucos dias.

6) (Câmara Municipal de São José do Rio Preto — Advogado — Vunesp) Considerando o emprego e a colocação dos pronomes, assinale a alternativa em que a substituição das palavras, em destaque, pelo pronome está correta.

(A) ... antecipava problemas. (antecipava-lhes)
(B) A ansiedade garantiu nossa sobrevivência,... (A ansiedade garantiu-a)
(C) ... nos faz enxergar a realidade... (nos faz enxergar-la)
(D) ... quando o Brasil teve sua pior crise econômica. (quando o Brasil teve-a)
(E) ... acordava todas as madrugadas para amestrar a úlcera... (acordava todas as madrugadas para amestrar-lhe)

Leia o texto a seguir, para responder às questões de números 7 a 12.

Em sua essência, empresas como o Google e o Facebook estão no mesmo ramo de negócio que a Agência de Segurança Nacional (NSA) do governo dos EUA. Elas coletam uma grande quantidade de informações sobre os usuários, armazenam, integram e utilizam essas informações para prever o comportamento individual e de um grupo, e depois as vendem para anunciantes e outros mais. Essa semelhança gerou parceiros naturais para a NSA, e é por isso que eles foram abordados para fazer parte do PRISM, o programa de vigilância secreta da internet. Ao contrário de agências de inteligência, que espionam linhas de telecomunicações internacionais, o complexo de vigilância comercial atrai bilhões de seres humanos com a promessa de "serviços gratuitos". Seu modelo de negócio é a destruição industrial da privacidade. E mesmo os maiores críticos da vigilância da NSA não parecem estar pedindo o fim do Google e do Facebook.

Considerando-se que, em 1945, grande parte do mundo passou a enfrentar meio século da tirania em consequência da bomba atômica, em 2015 enfrentaremos a propagação inexorável da vigilância em massa invasiva e a transferência de poder para aqueles conectados às suas superestruturas. É muito cedo para dizer se o lado "democrático" ou o lado "tirânico" da internet finalmente vencerá. Mas reconhecê-los — e percebê-los como o campo de luta — é o primeiro passo para se posicionar efetivamente junto com a grande maioria das pessoas.

A humanidade agora não pode mais rejeitar a internet, mas também não pode se render a ela. Ao contrário, temos que lutar por ela. Assim como os primórdios das armas atômicas inauguraram a Guerra Fria, a lógica da internet é a chave para entender a iminente guerra em prol do centro intelectual da nossa civilização.

> ASSANGE, Julian. "Assange: Negócio do Google e Facebook é destruir a privacidade". *New York Times* via UOL, 16 dez 2014. Disponível em: <https://www.viomundo.com.br/voce-escreve/julian-assange.html>.

7) (Tribunal de Contas do Estado de São Paulo — Agente de Fiscalização de TI e Segurança da Informação — Vunesp)
De acordo com o texto, empresas como o Google e o Facebook assemelham-se a agências de inteligência, porque

(A) fortalecem a segurança dos usuários, garantindo-lhes a privacidade.
(B) exploram sem limites as informações dos usuários, oferecendo-lhes segurança.
(C) rechaçam a invasão à privacidade dos usuários, lutando para garanti-la.
(D) manipulam informações dos usuários, objetivando prever comportamentos.
(E) ignoram o comportamento dos usuários, limitando a capacidade crítica desses.

8) (Tribunal de Contas do Estado de São Paulo — Agente de Fiscalização de TI e Segurança da Informação — Vunesp)
O texto deixa claro que

(A) a humanidade tende a render-se à internet, já que é impossível pensar criticamente em relação ao tipo de poder que está se estabelecendo com esta.
(B) a relação comercial entre as grandes empresas e os seus usuários está comprometida, pois estes não acreditam mais na promessa de serviços gratuitos.
(C) a privacidade dos usuários da internet está comprometida em razão do interesse comercial subjacente às práticas das grandes empresas.
(D) a relação das agências de vigilância cada vez mais tem se distanciado do seu papel original, ou seja, a obtenção de informações secretas.
(E) a relação de poder, hoje, é mais transparente, a ponto de agências de vigilância firmarem pactos de cooperação com empresas comerciais.

9) (Tribunal de Contas do Estado de São Paulo — Agente de Fiscalização de TI e Segurança da Informação — Vunesp)
Nas orações — ... em 2015 enfrentaremos a propagação **inexorável** da vigilância em massa invasiva... — (segundo parágrafo) e — ... para entender a **iminente** guerra em prol do centro intelectual da nossa civilização. — (terceiro parágrafo), os termos em destaque significam, respectivamente,

(A) intermitente e fácil de se evitar.
(B) implacável e prestes a acontecer.
(C) indevida e difícil de se concretizar.
(D) inestimável e vista como imprescindível.
(E) imparcial e pronta para eclodir.

10) (Tribunal de Contas do Estado de São Paulo — Agente de Fiscalização de TI e Segurança da Informação — Vunesp)
Leia as passagens do texto:
... e é por isso que **eles** foram abordados para fazer parte do PRISM... (primeiro parágrafo)
Seu modelo de negócio é a destruição industrial da privacidade. (primeiro parágrafo)
Ao contrário, temos que lutar por **ela**. (terceiro parágrafo)
Os pronomes em destaque referem-se, respectivamente, aos termos:

(A) os usuários / o Google e o Facebook / a humanidade.
(B) o Google e o Facebook / o complexo de vigilância comercial / a internet.
(C) os anunciantes e outros mais / as agências de inteligência / a internet.
(D) o comportamento individual e o de grupo / a NSA / a civilização.
(E) os parceiros naturais da NSA / o programa de vigilância secreta / a privacidade.

11) (Tribunal de Contas do Estado de São Paulo — Agente de Fiscalização de TI e Segurança da Informação — Vunesp)
Assinale a alternativa em que a reescrita do trecho está em conformidade com a norma-padrão da língua portuguesa e com os sentidos do texto.

(A) Elas coletam uma grande quantidade de informações sobre os usuários, armazenam, integram e utilizam essas informações... (primeiro parágrafo) = Elas coletam uma grande quantidade de informações relativas à seus usuários, armazenam, integram e utilizam-as...
(B) E mesmo os maiores críticos da vigilância da NSA não parecem estar pedindo o fim do Google e do Facebook. (primeiro parágrafo) = E os mesmos maiores críticos da vigilância da NSA não parecem estar pedindo o fim do Google e do Facebook.
(C) ... em 2015 enfrentaremos a propagação inexorável da vigilância em massa invasiva e a transferência de poder... (segundo parágrafo) = ... em 2015 a propagação inexorável da vigilância em massa invasiva e a transferência de poder, será enfrentada por nós...
(D) Mas reconhecê-los — e percebê-los como o campo de luta — é o primeiro passo para se posicionar... (segundo parágrafo) = Portanto reconhecê-los — ou perceber eles como o campo de luta — é o primeiro passo para se posicionar...
(E) A humanidade agora não pode mais rejeitar a internet, mas também não pode se render a ela. (terceiro parágrafo) = A humanidade agora não pode mais se render à internet nem pode rejeitá-la.

12) (Tribunal de Contas do Estado de São Paulo — Agente de Fiscalização de TI e Segurança da Informação — Vunesp)
_____ os parceiros naturais para que _____ parte do PRISM devido _____ entre eles e a NSA no que tange _____ utilização dos dados.
De acordo com a norma-padrão da língua portuguesa, as lacunas da frase são preenchidas, respectivamente, com:

(A) Abordaram-se... fizessem... à semelhança... à
(B) Abordou-se... fizessem... a semelhança... da
(C) Abordaram-se... fizesse... a semelhança... a
(D) Abordou-se... fizessem... à semelhança... a
(E) Abordaram-se... fizesse... semelhança... da

13) (Exame Nacional do Ensino Médio — ENEM — 2º dia — Caderno Amarelo)

Em bom português

No Brasil, as palavras envelhecem e caem como folhas secas. Não é somente pela gíria que a gente é apanhada (aliás, já não se usa mais a primeira pessoa, tanto do singular como do plural: tudo é "a gente"). A própria linguagem corrente vai-se renovando e a cada dia uma parte do léxico cai em desuso.

Minha amiga Lila, que vive descobrindo essas coisas, chamou minha atenção para os que falam assim:

— Assisti a uma fita de cinema com um artista que representa muito bem.

Os que acharam natural essa frase, cuidado! Não sabendo dizer que viram um filme com um ator que trabalha bem. E irão ao banho de mar em vez de ir à praia, vestido de roupa de banho em vez de biquíni, carregando guarda-sol em vez de barraca. Comprarão um automóvel em vez de comprar um carro, pegarão um defluxo em vez de um resfriado, vão andar no passeio em vez de passear na calçada. Viajarão de trem de ferro e apresentarão sua esposa ou sua senhora em vez de apresentar sua mulher.

SABINO, Fernando. *Folha de S.Paulo*. São Paulo, 13 abr. 1984.

A língua varia no tempo, no espaço e em diferentes classes socioculturais. O texto exemplifica essa característica da língua, evidenciando que

(A) o uso de palavras novas deve ser incentivado em detrimento das antigas.
(B) a utilização de inovações no léxico é percebida na comparação de gerações.
(C) o emprego de palavras com sentidos diferentes caracteriza diversidade geográfica.
(D) a pronúncia e o vocabulário são aspectos identificadores da classe social a que pertence o falante.
(E) o modo de falar específico de pessoas de diferentes faixas etárias é frequente em todas as regiões.

Leia o texto para responder as questões de números 14 a 19.

Em 3 de novembro de 1957, a cadela Laika se tornava o primeiro animal da Terra a ser colocado em órbita. A bordo da nave soviética Sputnik2, ela morreu horas depois do lançamento, mas pôde entrar para a história da corrida espacial. O animal escolhido para ir ao espaço era uma vira-latas de 6kg de nome kudriavka. Depois os soviéticos decidiram renomeá-la como Laika. Sua cabine tinha espaço para ela ficar deitada ou em pé. Comida e água eram providenciadas em forma de gelatina. Ela tinha uma proteção e eletrodos para monitorar seus sinais vitais. Os primeiros dados da telemetria mostraram que ela estava agitada, mas comia a ração. Apesar de toda a preparação, ela morreu devido a uma combinação de superaquecimento e pânico, deixando alguns cientistas tristes.

14) (Câmara Municipal do Recife — Arquiteto — FGV Projetos)
O texto pode ser incluído entre os textos de tipo:

(A) narrativo com traços descritivos;
(B) descritivo com traços dissertativo-expositivos;
(C) descritivo com traços dissertativo-argumentativos;
(D) dissertativo argumentativo com traços narrativos;
(E) dissertativo expositivo com traços descritivos.

15) (Câmara Municipal do Recife — Arquiteto — FGV Projetos)
O texto, inicialmente, se refere a uma "cadela" e, mais tarde, se refere a ela como "animal", estabelecendo uma relação de anáfora por meio de um hiperônimo. O mesmo aconteceria no seguinte par de palavras:

(A) soviéticos / russos;
(B) gelatina / alimento;
(C) morrer / falecer;
(D) história / conhecimento;
(E) espaço / universo.

16) (Câmara Municipal do Recife — Arquiteto — FGV Projetos)
No texto há duas ocorrências do vocábulo "mas"; em ambos os casos, esse vocábulo:

(A) marca uma oposição entre dois segmentos;
(B) indica posicionamentos críticos diante de algum fato;
(C) explicita uma relação lógica entre dois termos;
(D) introduz um aspecto positivo após a citação de algo negativo;
(E) esclarece alguma ideia anterior.

17) (Câmara Municipal do Recife — Arquiteto — FGV Projetos)
A frase "o animal escolhido para ir ao espaço" traz uma segunda oração na forma reduzida; a forma adequada dessa mesma oração, caso desenvolvida, é:

(A) o animal escolhido para que vá ao espaço;
(B) o animal escolhido para a ida ao espaço;
(C) o animal escolhido para que fosse ao espaço;
(D) o animal escolhido a fim de ir ao espaço;
(E) o animal escolhido para que tivesse ido ao espaço.

18) (Câmara Municipal do Recife — Arquiteto — FGV Projetos)
Na frase "deixando alguns cientistas tristes", há a presença de uma forma verbal no gerúndio. A frase abaixo em que a forma sublinhada pertence a uma categoria verbal diferente é:

(A) Laika esteve _viajando_ pelo espaço.
(B) muitos ficaram _lamentando_ a morte da cadelinha.
(C) nem todos estavam _participando_ da corrida espacial.
(D) a cadela tinha _vindo_ para o centro espacial.
(E) a nave espacial estava _superaquecendo_.

19) (Câmara Municipal do Recife — Arquiteto — FGV Projetos)
Em "pôde entrar para a corrida espacial" há somente uma oração, pois "pôde entrar" é uma locução verbal; a frase abaixo em que há somente uma oração é:

(A) a tripulação mandou desembarcar a mercadoria;
(B) a cadela sentiu estremecer a nave;
(C) a cadelinha quis sair da nave espacial;
(D) os cientistas deixaram morrer o animal;
(E) a cadelinha via chegar a ração.

Leia o texto a seguir para responder as questões de números 20 e 21.

O Brasil é um exemplo de país para o qual a modernidade, em todas as fases de sua história nos últimos cinco séculos, impõe-se, sobretudo, como abertura aos ventos de fora.

5   Com o neoliberalismo, é frequente o abandono da ideia do nacional brasileiro, com a sedução de um imaginário influenciado por forte apelo da técnica e aceitação tranquila da força totalitária dos fatores da globalização. Em todos os casos, avulta como corrente condutora e força propulsora e indiscutível a modernidade alienígena e alienante.

10 Que seria uma modernidade à brasileira e como poderemos alcançá-la? Cumpriria, em primeiro lugar, não enxergar a modernidade como um dogma, uma obrigação, um credo.

Em duas palavras, isso implicaria não seguir o conselho do poeta Rimbaud, para quem a modernidade era algo a tomar a qualquer
15 preço. Ao contrário, o que se postula é uma modernidade guiada por um objetivo nacional brasileiro.

Se antes isso já era possível, agora o é muito mais, embora nos façam crer que há apenas uma opção, um caminho, com vistas à construção do futuro. A grande originalidade do presente período
20 histórico é a visibilidade, em todos os cantos do mundo, das novas possibilidades oferecidas por ele e a consciência de que é possível uma multiplicidade de combinações. Essas não têm que ser obrigatoriamente condutoras de alienação, podendo construir-se a partir de um modo de ser característico da nação considerada como um
25 todo, uma edificação secular onde as mudanças não suprimam a identidade, mas renovem o seu sentido a partir das novas realidades. Não se trata, assim, de recusar o mundo, mas de assegurar um movimento conjunto, em que o país não seja exclusivamente tributário, mas soberanamente partícipe na produção de uma história universal.

SANTOS, Milton. "Por um modelo brasileiro de modernidade".
Jornal da Ciência, 17 out. 2000. Disponível em: <http://www.oocities.org/br/madsonpardo/ms/artigos/msa03.htm>.

20) (ANAC — Agência Nacional de Aviação Civil — Analista Administrativo — ESAF)
Em relação às ideias do texto, assinale a opção correta.

(A) É necessário impedir a atuação de influências estrangeiras para se construir uma modernidade nacional.
(B) O neoliberalismo costuma construir um imaginário adverso da ideia de globalização da técnica.
(C) No presente período histórico, resta uma opção com vistas à construção do futuro e da modernidade.
(D) A multiplicidade de combinações de influências é condutora de alienação, o que impede o modo de ser característico de uma nação.
(E) No rumo à modernidade, o Brasil não deve ser apenas devedor da contribuição de outros países, mas parceiro do mundo globalizado.

21) (ANAC — Agência Nacional de Aviação Civil — Analista Administrativo — ESAF)
Assinale a opção em que a substituição sugerida para o termo usado no texto provoca erro gramatical ou incoerência textual.

(A) "avulta" (linha 7) > **sobressai**
(B) "poderemos" (linha 10) > **poderíamos**
(C) "alcançá-la" (linha 11) > **alcançar-lhe**
(D) "embora" (linha 17) > **conquanto**
(E) "com vistas à" (linha 18) > **para a**

22) (ANAC — Agência Nacional de Aviação Civil — Analista Administrativo — ESAF)
Em relação às estruturas linguísticas do texto, assinale a opção correta.

    Não vamos discorrer sobre a pré-história da aviação, sonho dos antigos egípcios e gregos, que representavam alguns de seus deuses por figuras aladas, nem sobre o vulto de estudiosos do problema, como Leonardo da Vinci, que no século XV construiu um modelo
5   de avião em forma de pássaro. Pode-se localizar o início da aviação nas experiências de alguns pioneiros que, desde os últimos anos do século XIX, tentaram o voo de aparelhos então denominados mais

pesados do que o ar, para diferenciá-los dos balões, cheios de gases, mais leves do que o ar.
10   Ao contrário dos balões, que se sustentavam na atmosfera por causa da menor densidade do gás em seu interior, os aviões precisavam de um meio mecânico de sustentação para que se elevassem por seus próprios recursos. O brasileiro Santos Dumont foi o primeiro aeronauta que demonstrou a viabilidade do voo do mais pesado do
15   que o ar. O seu voo no "14-Bis" em Paris, em 23 de outubro de 1906, na presença de inúmeras testemunhas, constituiu um marco na história da aviação, embora a primazia do voo em avião seja disputada por vários países.

<http://www.portalbrasil.net_historia.htm>. Acesso em: 13 dez. 2015. Com adaptações.

(A) O emprego de vírgula após "Vinci" (linha 4) justifica-se para isolar oração subordinada de natureza restritiva.
(B) Em "Pode-se" (linha 5) o pronome "e" indica a noção de condição.
(C) A substituição de "então" (linha 8) por "naquela época" prejudica as informações originais do texto.
(D) Em "se sustentavam" (linha 10) e "se elevassem" (linha 12) o pronome "se" indica voz reflexiva.
(E) O núcleo do sujeito de "constituiu" é 14-Bis (linha 16).

23) (ANAC — Agência Nacional de Aviação Civil — Analista Administrativo — ESAF)
Assinale a opção que preenche as lacunas do texto de forma que o torne coeso, coerente e gramaticalmente correto.

No período de 1907 a 1910, Santos Dumont realizou inúmeros voos com o monoplano Demoiselle. Patrono da Aeronáutica e da Força Aérea Brasileira __1__ recebeu a patente de Marechal do Ar, __2__ considerado, até hoje, o brasileiro que mais se destacou na história da aviação mundial. Ao voo de Santos Dumont __3__ um período de competição entre países da Europa e os Estados Unidos na conquista de recordes de velocidade e distância. Com a I Guerra Mundial, a aviação tomaria considerável impulso, em virtude do uso dos aviões __4__ arma de grande poder ofensivo, mas seria na década de 1920/1930 que esse avanço se consolidaria. Desde antes da I Guerra Mundial, atravessar o Atlântico sem escalas era a meta dos aeronautas e projetistas de aviões. Em 1919, Raymond Orteig, de Nova Iorque, ofereceu um prêmio de US$ 25.000,00 __5__ quem voasse de Nova Iorque a Paris, sem escalas.

"História da Aviação Civil". Portal Brasil. Disponível em: <https://www.portalbrasil.net/aviacao_historia.htm>.

	1	2	3	4	5
(A)	de onde	vem sendo	Continuou	de	para
(B)	da qual	e é	seguiu-se	como	a
(C)	de quem	Seria	Decorreu	por	de
(D)	do qual	Sendo	Seguiu	com	Em
(E)	das quais	tendo sido	Veio	tendo	por

24) (ANAC — Agência Nacional de Aviação Civil — Analista Administrativo — ESAF)
Em relação ao texto, assinale a opção correta.

    O icônico voo do 14-Bis foi oficialmente registrado pela Comissão do Aeroclube da França, que concedeu ao inventor brasileiro o prêmio Archdeacon, ou seja, 3000 francos para quem voasse 25 metros com um objeto mais pesado que o ar.
5   O prêmio não exigia que o aparelho tivesse motor e, portanto, podia contar com o auxílio de balão para a sustentação. Santos Dumont começou seus experimentos para conquistar os céus com dirigíveis, que ele catalogava por números. Foram 14 ao todo.
    Foi em 1906 que, deixando de lado os dirigíveis, Santos Du-
10 mont começou a investigar os planadores. Em julho de 1906, Santos Dumont construiu uma máquina híbrida, um planador acoplado a um balão de hidrogênio, o mesmo utilizado no nº 14. Ao batizá-lo, chamou-o de 14-Bis, o 14 de novo.
    Resolveu depois retirar o balão de hidrogênio. Dumont perce-
15 beu que, ainda que o balão facilitasse a decolagem, dificultava o voo. Para que ele se mantivesse no ar, o motor de 24 cavalos-vapor foi substituído por um de 50. O biplano decolou na primeira tentativa, às 16h45, ficando 6 segundos no ar e cruzando uma distância de 60

metros, mais que o dobro da distância necessária para a vitória. Reza
20 a lenda que os juízes ficaram tão maravilhados que se esqueceram de
cronometrar e não homologaram o recorde. No entanto, não havia
como contestar.

"Você sabe de onde vem o Dia do Aviador?" Agência Nacional de
Aviação Civil. 23 out. 2015. Disponível em: <http://www.anac.gov.
br/noticias/2015/voce-sabe-de-onde-vem-o-dia-do-aviador>.

(A) A palavra "icônico" (linha 1) está sendo empregada com o sentido de *reduzido, curto*.
(B) Preserva-se a correção gramatical e o sentido original do período ao se substituir "portanto" (linha 5) por *porquanto*.
(C) A palavra "híbrida" (linha 11) está sendo empregada com o sentido de *composta de elementos de naturezas diferentes*.
(D) Em "por um de" (linha 17) há elipse do termo "balão" após "um".
(E) O sentido da palavra "homologaram" (linha 21) no texto é *desconheceram*.

25) (Ministério da Fazenda — Secretaria Executiva — Analista Administrativo — ANAC — ESAF)
Assinale a opção em que a substituição sugerida provoca erro gramatical e/ou incoerência textual.

Terceiro maior mercado de aviação do mundo, o Brasil deu um salto de 17 posições no ranking de segurança operacional da aviação civil em relação à última auditoria realizada pela Organização de Aviação Civil Internacional (OACI). Em 2009, a Agência Nacional
5 de Aviação Civil (ANAC) obteve aprovação de 87,6% e passou a ocupar a 21ª posição nessa avaliação. Hoje está em quarto lugar. O Universal Safety Oversight Audit Programme — Continuous Monitoring Approach (USOAP CMA) tem como objetivo promover a segurança operacional da aviação global por meio de auditorias e
10 missões presenciais regulares nos sistemas de vigilância de segurança em todos os 191 Estados-Membros da OACI. A auditoria foi realizada na sede da ANAC, em Brasília, recentemente. Esses resultados demonstram o empenho dos servidores da Agência na regulação e gerenciamento da segurança operacional. Vale lembrar que a Agência
15 Nacional de Aviação Civil (ANAC) também obteve bom desempenho na auditoria do *Universal Security Audit Program* (USAP), programa

similar da OACI direcionado à área de *security* (segurança contra atos de interferência ilícita), alcançando 97% na avaliação.

"Brasil entre melhores avaliados em segurança operacional".
Agência Nacional de Aviação Civil, 18 nov. 2015. Disponível em:
<http://www.anac.gov.br/noticias/2015/brasil-entre-
melhores-avaliados-em-seguranca-operacional>.

(A) "deu um salto" (linhas 1/2) > **obteve um avanço**
(B) "nessa avaliação" (linha 6) > **nesse ranking**
(C) "tem como objetivo" (linha 8) > **objetivam**
(D) "empenho" (linha 13) > **esforço**
(E) "desempenho" (linha 15) > **resultado**

Atenção: O texto a seguir refere-se às questões de números 26 a 33.

SALTANDO AS MURALHAS DA EUROPA

De um lado está a Europa da abundância econômica e da estabilidade política. De outro, além do Mediterrâneo, uma extensa faixa assolada pela pobreza e por violentos conflitos. O precário equilíbrio rompeu-se de uma vez com o agravamento da guerra civil na Síria. Da Síria, mas também do Iraque e do Afeganistão, puseram-se em marcha os refugiados. Atrás deles, ou junto com eles, marcham os migrantes econômicos da África e da Ásia. No maior fluxo migratório desde a Segunda Guerra Mundial, os desesperados e os deserdados saltam as muralhas da União Europeia.

Muralhas? Em tempos normais, os portais da União Europeia estão abertos para os refugiados, mas fechados para os imigrantes. Não vivemos tempos normais. Os países da Europa Centro-Oriental, Hungria à frente, fazem eco à xenofobia da extrema-direita, levantando as pontes diante dos refugiados. Vergonhosamente, a Grã-Bretanha segue tal exemplo, ainda que com menos impudor.

A Alemanha, seguida hesitantemente pela França, insiste num outro rumo, baseado na lógica demográfica e nos princípios humanitários. Angela Merkel explica a seus parceiros que a Europa precisa agir junta para passar num teste ainda mais difícil que o da crise do euro. "O futuro da União Europeia será moldado pelo que fizermos agora", alerta a primeira-ministra alemã.

Mundo, outubro de 2015.

26) (Instituto Federal de Educação, Ciência e Tecnologia do Rio de Janeiro — Técnico Administrativo em Educação — Fundação BIO-RIO) O título dado ao texto — Saltando as muralhas da Europa — representa:

(A) uma crítica aos imigrantes que não respeitam as leis internacionais.
(B) uma referência a uma ameaça à segurança da União Europeia.
(C) uma alusão à dificuldade da Europa em aceitar refugiados.
(D) um elogio à política alemã de aceitar imigrantes e refugiados.
(E) uma indicação das dificuldades dos refugiados diante de dificuldades políticas.

27) (Instituto Federal de Educação, Ciência e Tecnologia do Rio de Janeiro — Técnico Administrativo em Educação — Fundação BIO-RIO) "De um lado está a Europa da abundância econômica e da estabilidade política. De outro, além do Mediterrâneo, uma extensa faixa assolada pela pobreza e por violentos conflitos". Esse primeiro período do texto se estrutura:

(A) a partir da antítese de elementos diversos.
(B) no confronto entre duas épocas de valores distintos.
(C) com base na comparação de duas civilizações diferentes.
(D) com fundamento na oposição política e religiosa.
(E) na semelhança entre regiões europeias, africanas e asiáticas.

28) (Instituto Federal de Educação, Ciência e Tecnologia do Rio de Janeiro — Técnico Administrativo em Educação — Fundação BIO-RIO) De alguns segmentos do texto o leitor pode fazer uma série de inferências. A inferência inadequada do segmento "O precário equilíbrio rompeu-se de uma vez com o agravamento da guerra civil na Síria" é:

(A) já havia uma guerra civil na Síria há algum tempo.
(B) existia um tênue equilíbrio nas tensões da região.
(C) haviam ocorrido rompimentos em países do local referido.
(D) a guerra civil na Síria envolvia outros países vizinhos.
(E) um conflito interno de um país pode afetar nações próximas.

29) (Instituto Federal de Educação, Ciência e Tecnologia do Rio de Janeiro — Técnico Administrativo em Educação — Fundação BIO-RIO) O segmento do texto em que predomina uma visão objetiva é:

(A) "A Alemanha, seguida hesitantemente pela França, insiste num outro rumo, baseado na lógica demográfica e nos princípios humanitários."
(B) "Angela Merkel explica a seus parceiros que a Europa precisa agir junta para passar num teste ainda mais difícil que o da crise do euro."
(C) "Os países da Europa Centro-Oriental, Hungria à frente, fazem eco à xenofobia da extrema-direita, levantando as pontes diante dos refugiados."
(D) "Vergonhosamente, a Grã-Bretanha segue tal exemplo, ainda que com menos impudor."
(E) "No maior fluxo migratório desde a Segunda Guerra Mundial, os desesperados e os deserdados saltam as muralhas da União Europeia."

30) (Instituto Federal de Educação, Ciência e Tecnologia do Rio de Janeiro — Técnico Administrativo em Educação — Fundação BIO-RIO) Xenofobia significa "aversão pelo estrangeiro"; a palavra abaixo cuja explicação etimológica está correta é:

(A) fotofobia / aversão por fotografias.
(B) acrofobia / aversão por locais altos.
(C) aerofobia / aversão por viagens aéreas.
(D) homofobia / aversão ao gênero humano.
(E) tanatofobia / aversão por doenças.

31) (Instituto Federal de Educação, Ciência e Tecnologia do Rio de Janeiro — Técnico Administrativo em Educação — Fundação BIO-RIO) "O futuro da União Europeia será moldado pelo que fizermos"; a forma inadequada da correspondência entre os tempos verbais sublinhados é:

(A) seria/fizessem.
(B) é/fazem.
(C) era/faziam.
(D) fora/fizeram.
(E) foi/façam

32) (Instituto Federal de Educação, Ciência e Tecnologia do Rio de Janeiro — Técnico Administrativo em Educação — Fundação BIO-RIO)

"Em tempos normais, os portais da União Europeia estão abertos para os refugiados, mas fechados para os imigrantes". Entre "refugiados" e "imigrantes" há uma diferença:

(A) econômica e religiosa.
(B) religiosa e política.
(C) política e causal.
(D) causal e social.
(E) social e econômica.

33) (Instituto Federal de Educação, Ciência e Tecnologia do Rio de Janeiro — Técnico Administrativo em Educação — Fundação BIO-RIO) O autor do texto mostra um conjunto de posições políticas; o posicionamento que não é defendido no texto é:

(A) favorável à política adotada pela Alemanha.
(B) oposta ao posicionamento da Inglaterra.
(C) condenatória dos imigrantes e favorável aos refugiados.
(D) contrária aos políticos da extrema-direita.
(E) irônica em relação à posição da França.

Obs.: Os textos associados às questões 34 a 39 não foram incluídos no livro por não serem determinantes para a resolução das mesmas.
Referências:
GABRIEL, Pedro. "O menino que tinha medo de poesia". Blog da Intrínseca, 25 mar. 2014. Disponível em: <https://www.intrinseca.com.br/blog/2014/03/o-menino-que-tinha-medo-de-poesia/>.
BRYNER, Jeanna. A mulher que não sente absolutamente nada. Tradução Natasha Romanzoti. Hypescience, 26 dez. 2010. Disponível em: <https://hypescience.com/mulher-que-nao-sente-medo-de-nada-ajuda-cientistas-a-estudar-o-cerebro>. Disponível em: <https://www.livescience.com/9125-woman-fear-intrigues--scientists.html>.
BANDEIRA, Manuel. "Consoada". In: *Bandeira de bolso: uma Antologia Poética*. Porto Alegre, RS: L&PM, 2012, p. 133.

> MELLO, Raphaela de Campos. "Autossabotagem: o medo de ser feliz". *Exame*. São Paulo, 22 out. 2012. Disponível em: <https://exame.abril.com.br/estilo-de-vida/autossabotagem-o-medo-de-ser-feliz/>.
> SILVA, Sarah Westphal Batista da. "Quase". Recantodasletras.com. Disponível em: <https://www.recantodasletras.com.br/cronicas/3107075>.

34) (Formação e Graduação — Ministério da Defesa — Exército Brasileiro — Departamento de Ciência e Tecnologia — Instituto Militar de Engenharia — IME)
"Depois, para a prova de francês, não tive **escolha**..." / "É o **quase** que me incomoda...". Assinale a opção em que as palavras em destaque nos trechos acima foram formadas, respectivamente, pelos mesmos processos daquelas destacadas nos trechos a seguir:

(A) "Em todos os **cenários**, ela não mostrou nenhum medo" / "**Agora**, o estudo envolvendo essa paciente"
(B) "O **nada** não ilumina,..." / "...o **amor** enlouquece,..."
(C) "Ter uma **doença** pequena..." / "De **nada** adianta cercar um coração vazio ou economizar alma"
(D) "**Estudos** anteriores com a mesma paciente..." / "Ainda pior que a convicção do **não**,..."
(E) "**Desconversava**, lia outra coisa." / "Com **cada** coisa em seu lugar."

35) (Formação e Graduação — Ministério da Defesa — Exército Brasileiro — Departamento de Ciência e Tecnologia — Instituto Militar de Engenharia — IME)
Nos textos, observam-se alguns termos **"se"** em destaque. A análise desse termo foi feita de forma correta em:

(A) "...mas não **se** sabia se ela tinha a capacidade de sentir medo..." — conjunção subordinativa adverbial condicional.
(B) "...pode-**se** dizer que o sofrimento dela não tem a intensidade profunda e real suportada por outros sobreviventes de traumas." — partícula de realce.

(C) "A cada passo dado você sente que a felicidade **se** afasta alguns metros?" — conjunção subordinativa adverbial temporal.
(D) "Isso **se** chama autossabotagem." — conjunção integrante.
(E) "...porque continuam recebendo atenção dos pais e **se** eximem de enfrentar as dificuldades da fase adulta..." — pronome reflexivo.

36) (Formação e Graduação — Ministério da Defesa — Exército Brasileiro — Departamento de Ciência e Tecnologia — Instituto Militar de Engenharia — IME)
Assinale a alternativa em que o termo em destaque possui classificação sintática diferente daquele destacado no trecho a seguir:

"Achava-me incapaz **de pertencer àquilo**."

(A) "...afogava-me na incompreensão **de um soneto**."
(B) "...ela não conseguia reconhecer expressões faciais **de medo**..."
(C) "...mas que se sentia chateada e irritada **com o que aconteceu**."
(D) "...ela tem uma incapacidade **de detectar e evitar situações ameaçadoras**..."
(E) "...ou que subestima nossa capacidade **de lidar com a vitória**."

37) (Formação e Graduação — Ministério da Defesa — Exército Brasileiro — Departamento de Ciência e Tecnologia — Instituto Militar de Engenharia — IME)
Observe os trechos a seguir:

"Um romance **cujo** fim é instantâneo ou indolor não é romance." / "...diria-**lhe** que a poesia não é nenhum decassílabo de sete cabeças."

Os pronomes em destaque desempenham, respectivamente, a função de:

(A) adjunto adverbial / objeto indireto.
(B) objeto indireto / objeto direto.
(C) adjunto adnominal / objeto indireto.
(D) adjunto adnominal / adjunto adverbial.
(E) objeto indireto / objeto indireto.

38) (Formação e Graduação — Ministério da Defesa — Exército Brasileiro — Departamento de Ciência e Tecnologia — Instituto Militar de Engenharia — IME)

"**Podia ser o verso mais delicado do mundo**, eu tinha medo." O fragmento em destaque expressa ideia de:

(A) Causa.
(B) Finalidade.
(C) Condição.
(D) Concessão.
(E) Consequência.

39) (Formação e Graduação — Ministério da Defesa — Exército Brasileiro — Departamento de Ciência e Tecnologia — Instituto Militar de Engenharia — IME)
Assinale a opção em que a função sintática do termo em destaque é diferente daquela exercida pelos demais.

(A) "Eu sempre escolhia o poema mais curto da lista **que** a escola sugeria."
(B) "Além disso, durante três meses ela carregou um diário **que** informatizava sua emoção…"
(C) "Pode ser aquela espinha **que** apareceu no nariz no dia daquele encontro especial…"
(D) "É o quase **que** me incomoda…"
(E) "Basta pensar nas oportunidades **que** escaparam pelos dedos…"

40) (Vestibular para Administração e Ciências Econômicas — INSPER)

Adão Iturrusgarai. *Folha de S.Paulo*. São Paulo, 22 jan. 2013.

A expressividade da tirinha de Adão Iturrusgarai é gerada pela presença do(a)

(A) deslizamento de sentido do verbo "escrever", que ironiza um gênero literário.
(B) uso de referências intertextuais que promovem a construção da visão crítica.
(C) combinação de elementos gráficos e verbais que exploram a função fática de linguagem.
(D) jogo poético que sugere a dificuldade do processo de criação literária.
(E) emprego de sentenças proverbiais que satirizam ensinamentos morais.

Texto para as questões de números 41 e 42.

Talvez algum dia, nas próximas décadas, você esbarre nessa crônica pela internet. Talvez uma tia comente, "lembro de um texto que o teu pai te escreveu quando você era bebê, era sobre uma praça, acho, cê já leu?" Talvez eu mesmo te mostre, na adolescência, vai saber?

Essa crônica é sobre uma praça, sim, sobre uma tarde que a gente passou na praça, no dia 5 de abril de 2016 (ontem). Não é nenhuma história extraordinária a que vou te contar. É uma história simples, feita de elementos simples como é feita a maior parte da vida da gente, esses 99% de que a gente desdenha, sempre esperando por acontecimentos extraordinários. Mas acontecimentos extraordinários são raros, como a própria palavra "extraordinários" já diz, aí a vida passa e a gente não aproveitou. Pois hoje você me fez aproveitar a vida, Daniel, por isso resolvi te escrever, agradecendo.

PRATA, Antonio. "Carta pro Daniel". *Folha de S.Paulo*. São Paulo, 10 abr. 2016. Disponível em: <http://www1.folha.uol.com.br/colunas/antonioprata/2016/04/1759346-carta-pro-daniel.shtml>.

41) (Vestibular para Administração e Ciências Econômicas — INSPER) Essa crônica é escrita numa linguagem informal, o que se percebe

(A) pela referência precisa à data dos acontecimentos: "5 de abril de 2016".
(B) pelo uso de vocativos carinhosos, como "a gente", "cê" e "Daniel".

(C) pela falta de uniformidade de tratamento para se referir a Daniel.
(D) pelo emprego raro da palavra "extraordinários", o que explica as aspas.
(E) pela alusão à tia, única personagem que valoriza a norma-padrão.

42) (Vestibular para Administração e Ciências Econômicas — INSPER) No texto, o fato de o narrador começar fazendo referência à própria crônica é um exemplo de

(A) metáfora, o que é muito comum em textos de natureza literária.
(B) função referencial, pois valoriza a transmissão de uma informação.
(C) metalinguagem, uma vez que o assunto do texto é o próprio código.
(D) ironia, figura de linguagem dominante em crônicas jornalísticas.
(E) função fática, já que seu objetivo é provocar seus interlocutores.

43) (ESPM — Escola Superior de Propaganda e Marketing — Prova P — Vestibular)

La Victoria de Samotracia. Museu do Louvre/ Creative Commons. Foto: Marie-Lan Nguyen.

Levando-se em conta que Filippo Marinetti, fundador do movimento futurista, rejeitou o passado e defendeu a extinção de museus e cidades antigas, ao afirmar que "um automóvel é mais belo que a Vitória de Samotrácia", ele só **não** usou com essa frase:

(A) eufemismo, já que automóvel apenas suaviza a natural ideia de superioridade sobre uma estátua.
(B) metonímia, em que o automóvel substitui toda modernidade veloz e a Vitória de Samotrácia substitui a arte grega.
(C) comparação ou símile, pois para o autor o automóvel é mais belo artisticamente que a estátua grega.
(D) metáfora, em que o automóvel simboliza o moderno e a estátua simboliza o antigo.
(E) antítese, pois contrapõe o conjunto da modernidade ao conjunto do passadismo.

44) (Especialista Legislativo — FGV — ALERJ)
O vocábulo abaixo que é formado pelo processo de parassíntese é:

(A) pré-história;
(B) inconstitucional;
(C) perigosíssimo;
(D) embarque;
(E) desalmado.

45) (Analista Judiciário — Direito — UFMT — TJ — MT)
Na língua portuguesa, há muitas palavras parecidas, seja no modo de falar ou no de escrever. A palavra *sessão*, por exemplo, assemelha-se às palavras cessão e seção, mas cada uma apresenta sentido diferente. Esse caso, mesmo som, grafias diferentes, denomina-se homônimo homófono. Assinale a alternativa em que todas as palavras se encontram nesse caso.

(A) conserto, pleito, ótico
(B) cheque, descrição, manga
(C) serrar, ratificar, emergir
(D) taxa, cesta, assento

46) (Analista Judiciário — Direito — UFMT — TJ — MT)

A fuga dos rinocerontes
Espécie ameaçada de extinção escapa dos caçadores da maneira mais radical possível — pelo céu.

    Os rinocerontes-negros estão entre os bichos mais visados da África, pois sua espécie é uma das preferidas pelo turismo de caça. Para tentar salvar alguns dos 4.500 espécimes que ainda restam na natureza, duas ONGs ambientais apelaram para uma solução extrema: transportar os rinocerontes de helicóptero. A ação utilizou helicópteros militares para remover 19 espécimes — com 1,4 tonelada cada um — de seu habitat original, na província de Cabo Oriental, no sudeste da África do Sul, e transferi-los para a província de Lampopo, no norte do país, a 1.500 quilômetros de distância, onde viverão longe dos caçadores. Como o trajeto tem áreas inacessíveis de carro, os rinocerontes tiveram de voar por 24 quilômetros. Sedados e de olhos vendados (para evitar sustos caso acordassem), os rinocerontes foram içados pelos tornozelos e voaram entre 10 e 20 minutos. Parece meio brutal? Os responsáveis pela operação dizem que, além de mais eficiente para levar os paquidermes a locais de difícil acesso, o procedimento é mais gentil.

BADÔ, Fernando. "A fuga dos rinocerontes". *Superinteressante*, 15 jan. 2012. Disponível em: <https://super.abril.com.br/ciencia/a-fuga-dos-rinocerontes/>.

Na construção da coesão textual, a relação entre hiperônimos e hipônimos é fundamental, pois contribuem para a retomada de sentido no texto. Marque com 1 as palavras que no texto funcionam como hiperônimos e com 2 as que funcionam como hipônimos.
( ) Espécie
( ) Espécimes
( ) Rinocerontes-negros
( ) Bichos
Assinale a sequência correta.

(A) 1, 1, 2, 1
(B) 2, 2, 1, 1
(C) 1, 2, 1, 2
(D) 2, 1, 1, 2

47) (Procurador Municipal — FEPESE — Prefeitura de Balneário Camboriú — SC)
Assinale a alternativa **correta** sobre parônimos e seus significados

(A) Infligir (aplicar uma pena); infringir (desobedecer)
(B) Cede (lugar onde funciona um governo); sede (vontade de beber água)
(C) Descrição (ser discreto); discrição (representar algo ou alguém por palavras)
(D) Deferir (discordar); diferir (concordar)
(E) Comprimento (saudação); cumprimento (extensão)

48) (Psicólogo — FUNDEP [Gestão de Concursos] — ALERJ)

> **Obs.:** O texto (BOUER, Jairo. "A importância da família estruturada". *Época*. São Paulo, 11 jul. 2016. Disponível em:<https://epoca.globo.com/colunas-e-blogs/jairo-bouer/noticia/2016/07/importancia-da-familia-estruturada.html>.) de onde foi retirado o objeto desta questão não foi incluído no livro por não ser determinante para a resolução da mesma.

Leia o trecho a seguir.
"[...] a realidade diária na vida desses jovens continuará a ser a gravidez na adolescência, a violência e a **criminalidade**."
Assinale a alternativa em que a palavra destacada **não** foi formada pelo mesmo processo de formação de palavras daquele que originou a palavra destacada no trecho anterior.

(A) "O pai de Waldik é **caminhoneiro** e não vivia com a mãe."
(B) "[...] taxa **alarmante** que resiste a baixar nas regiões mais carentes."
(C) "A criança precisa ter muita **autoestima** e persistência para buscar nesse horizonte nebuloso um projeto de vida."
(D) "A mãe e a avó, nessa família brasileira que cresce cada vez mais **matriarcal** [...]."

49) (Compesa — Analista de Gestão — Administrador — FGV)

A Política de Tolerância Zero

Suas vozes frágeis e seus corpos miúdos sugerem que elas não têm mais de 7 anos, mas já conhecem a brutal realidade dos desaventurados cuja sina é cruzar fronteiras para sobreviver. O drama dessas crianças tiradas dos braços de seus pais e mães pela "política de tolerância zero" do governo americano tem comovido o mundo e dividido o país do presidente Donald Trump. Os relatos são de solidão e desespero para essas famílias divididas, que, não raro, mal podem se comunicar com o mundo exterior e não conseguem informações sobre o paradeiro de seus parentes após terem cruzado a fronteira do México para os EUA em busca de uma vida menos difícil. Em vez de encontrarem a realização de seu "sonho americano", elas vêm sendo recebidas por essa prática de hostilidade reforçada na zona fronteiriça, que já separou mais de 2300 crianças de seus pais desde abril.

TRAIANO, Heloísa. "Crianças apartadas dos pais". *Época*. São Paulo, 21 jun. 2018. Disponível em: <https://epoca.globo.com/mundo/noticia/2018/06/criancas-apartadas-dos-pais.html>.

"Isso é inacreditável. Autoridades do governo Trump estão enviando bebês e crianças pequenas... desculpem... há pelo menos três...". Foi o que conseguiu dizer Rachel Maddow, âncora da MSNBC, antes de se render às lágrimas ao tentar noticiar esse drama infantil latino-americano, num vídeo que já viralizou.

TRAIANO, Heloísa. "Crianças apartadas dos pais". *Época*. São Paulo, 21 jun. 2018. Disponível em: <https://epoca.globo.com/mundo/noticia/2018/06/criancas-apartadas-dos-pais.html>.

"O drama dessas <u>crianças tiradas dos braços de seus pais e mães</u>."

Nesse segmento do texto há um exemplo sublinhado de linguagem figurada denominada

(A) ironia
(B) eufemismo
(C) metáfora
(D) metonímia
(E) hipérbole

50) (Quadrix — CONTER — Advogado — CRTR)

"...Olha, a radiografia mostra uma condensação em base direita associada a um discreto derrame pleural."

"Que alívio! Eu tava morrendo de medo de ser pneumonia!"

www.meusnervos.com.br

Solon Maia.

Observe o texto do segundo quadrinho:

"*Que alívio! Eu tava morrendo de medo de ser pneumonia!*"

Sobre ele, analise as seguintes análises:

I. A linguagem é absolutamente formal e segue, sem nenhum pequeno desvio, a norma-culta da língua.
II. A expressão "morrendo de medo" traduz um exagero por parte do personagem que representa o paciente; exagero esse comum na linguagem cotidiana.
III. A palavra "alívio" recebe acento pela mesma razão de o receber "sério".

Está correto o que se afirma em:

(A) I, somente
(B) I e II somente
(C) I e III somente
(D) II e III somente
(E) III, somente

51) (COPEVE — UFAL — Administrador)

A questão refere-se ao trecho abaixo.

— Qual o bicho que anda com as patas?
— O pato.

<http://educamais.com/adivinhas-sobre-animais/>

A confusão na hora de responder a pergunta é gerada pela palavra "patas" e se justifica
I.   por ter gerado ambiguidade;
II. pela polissemia da palavra;
III. pela sinonímia da palavra;
IV. pela homonímia da palavra.
Dos itens acima, verifica-se que está (ão) correto(s)

(A) III, apenas.
(B) IV, apenas.
(C) I e II apenas.
(D) I, II e IV, apenas.
(E) I, II, III e IV.

52) (IBADE — Professor de Educação Básica 3 — Língua Portuguesa — SEE-PB)

Obs.: O texto (CORTELLA, Mario Sergio. "Além do ano letivo". *Revista Educação*, São Paulo, p. 38-38, 01 dez. 2001.) de onde foi retirado o objeto desta questão não foi incluído no livro por não ser determinante para a resolução da mesma.

Em "Se eu contar para eles que tinha seletor, que fazia barulho clac, clac, clac" há um recurso expressivo denominado:

(A metonímia
(B) onomatopeia
(C) hipérbato
(D) sinédoque
(E) apóstrofe

53) (CONSULPLAN — SEDUC-PA — Professor Classe I — Português)

O verbo for
Vestibular de verdade era no meu tempo. Já estou chegando, ou já cheguei, à altura da vida em que tudo de bom era no meu tempo; meu e dos outros coroas (...)
O vestibular de Direito a que me submeti, na velha Faculdade de Direito da Bahia, tinha só quatro matérias: português, latim, francês ou inglês, e sociologia, sendo que esta não constava dos currículos do curso secundário e a gente tinha que se virar por fora. Nada de cruzinhas, múltipla escolha ou matérias que não interessassem diretamente à carreira. Tudo escrito ruibarbosianamente quando possível, com citações decoradas, preferivelmente (...)
Quis o irônico destino, uns anos mais tarde, que eu fosse professor da Escola de Administração da Universidade Federal da Bahia e me designassem para a banca de português, com prova oral e tudo. Eu tinha fama de professor carrasco, que até hoje considero injustíssima, e ficava muito incomodado com aqueles rapazes e moças pálidos e trêmulos diante de mim. Uma certa vez, chegou um sem o menor sinal de nervosismo, muito elegante, paletó, gravata e abotoaduras vistosas. A prova oral era bestíssima. Mandava o candidato ler umas dez linhas em voz alta (sim, porque alguns não sabiam ler) e depois se perguntava o que queria dizer uma palavra trivial ou outra, qual era o plural de outra e assim por diante.
Esse mal sabia ler, mas não perdia a pose. Não acertou a responder nada. Então, eu, carrasco fictício, peguei no texto uma frase em que a palavra "for" tanto podia ser do verbo "ser" quanto do verbo "ir". Pronto, pensei. Se ele distinguir qual é o verbo, considero-o um gênio, dou quatro, ele passa e seja o que Deus quiser.
— Esse "for" aí, que verbo é esse?
Ele considerou a frase longamente, como se eu estivesse pedindo que resolvesse a quadratura do círculo, depois ajeitou as abotoaduras e me encarou sorridente.
— Verbo for.
— Verbo o quê?
— Verbo for.
— Conjugue aí o presente do indicativo desse verbo.
— Eu fonho, tu fões, ele fõe — recitou ele impávido. — Nós fomos, vós fondes, eles fõem.

Não, dessa vez ele não passou. Mas, se perseverou, deve ter acabado passando e hoje há de estar num posto qualquer do Ministério da Administração ou na equipe econômica, ou ainda aposentado como marajá, ou as três coisas. Vestibular, no meu tempo, era muito mais divertido do que hoje e, nos dias que correm, devidamente diplomado, ele deve estar fondo para quebrar. Fões tu? Com quase toda a certeza, não. Eu tampouco fonho. Mas ele fõe.

RIBEIRO, João Ubaldo. O Conselheiro Come,
RJ, Editora Nova Fronteira, 2000.

Segundo o autor, "*Quis o irônico destino, uns anos mais tarde, que eu fosse professor da Escola de Administração da Universidade Federal da Bahia [...]*" (Terceiro parágrafo). O sujeito da primeira oração do trecho destacado remete-nos ao emprego de figura de linguagem que demonstra:

(A) ironia
(B) exagero
(C) metáfora
(D) personificação

Texto para responder às questões 54 e 55.

54) (2º Exame de Qualificação — UERJ)

A pressa de acabar

Evidentemente nós sofremos agora em todo o mundo de uma dolorosa moléstia: a pressa de acabar. Os nossos avós nunca tinham pressa. Ao contrário. Adiar, aumentar, era para eles a suprema delícia. Como os relógios, nesses tempos remotos, não eram maravilhas de
5   precisão, os homens mediam os dias com todo o cuidado da atenção.
Sim! Em tudo, essa estranha pressa de acabar se ostenta como a marca do século. Não há mais livros definitivos, quadros destinados a não morrer, ideias imortais. Trabalha-se muito mais, pensa-se muito mais, ama-se mesmo muito mais, apenas sem fazer a digestão e sem
10 ter tempo de a fazer.
Antigamente as horas eram entidades que os homens conheciam imperfeitamente. Calcular a passagem das horas era tão complicado

como calcular a passagem dos dias. Inventavam-se relógios de todos os moldes e formas.

15 Hoje, nós somos escravos das horas, dessas senhoras inexoráveis* que não cedem nunca e cortam o dia da gente numa triste migalharia de minutos e segundos. Cada hora é para nós distinta, pessoal, característica, porque cada hora representa para nós o acúmulo de várias coisas que nós temos pressa de acabar. O relógio era um objeto
20 de luxo. Hoje até os mendigos usam um marcador de horas, porque têm pressa, pressa de acabar.

O homem mesmo será classificado, afirmo eu já com pressa, como o *Homus cinematographicus*. Nós somos uma delirante sucessão de fitas cinematográficas. Em meia hora de sessão tem-se um
25 espetáculo multiforme e assustador cujo título geral é: Precisamos acabar depressa.

O homem de agora é como a multidão: ativo e imediato. Não pensa, faz; não pergunta, obra; não reflete, julga.

O homem cinematográfico resolveu a suprema insanidade:
30 encher o tempo, atopetar o tempo, abarrotar o tempo, paralisar o tempo para chegar antes dele. Todos os dias (dias em que ele não vê a beleza do sol ou do céu e a doçura das árvores porque não tem tempo, diariamente, nesse número de horas retalhadas em minutos e segundos que uma população de relógios marca, registra e desfia), o
35 pobre diabo sua, labuta, desespera com os olhos fitos nesse hipotético poste de chegada que é a miragem da ilusão.

Uns acabam pensando que encheram o tempo, que o mataram de vez. Outros desesperados vão para o hospício ou para os cemitérios. A corrida continua. E o Tempo também, o Tempo insensível
40 e incomensurável, o Tempo infinito para o qual todo o esforço é inútil, o Tempo que não acaba nunca! É satanicamente doloroso. Mas que fazer?

João do Rio

RIO, João do. "A Pressa de acabar". In: *Cinematógrafo: crônicas cariocas*. Rio de Janeiro: ABL, 2009, p. 266-271.

*inexoráveis — que não cedem, implacáveis

"Hoje, nós somos escravos das horas, dessas senhoras inexoráveis que não cedem nunca" (linha 15). Neste fragmento, o autor emprega uma figura de linguagem para expressar o embate entre o homem e o tempo. Essa figura de linguagem é conhecida como:

(A) ironia
(B) hipérbole
(C) eufemismo
(D) personificação

55) (2º Exame de Qualificação — UERJ)

"Nós somos uma delirante sucessão de fitas cinematográficas (linha 23). Ao comparar os seres humanos com filmes, o autor estabelece uma crítica. No contexto, essa crítica pode ser sintetizada pelo seguinte termo:
(A) insubordinação das hierarquias
(B) coisificação das pessoas
(C) arrogância desmedida
(D) intolerância moral

56) (2º Exame de Qualificação — UERJ)

André Dhamer

"A internet é um tribunal..." A afirmação acima configura um exemplo de metáfora. A partir da análise desse exemplo, pode-se definir "metáfora" como:
(A) alusão negativa
(B) simbologia crítica
(C) representação parcial
(D) comparação subentendida

57) (Consórcio CEDERJ — Graduação a distância)

O que Lima Barreto pode ensinar ao Brasil de hoje
Denilson Botelho

  Lima Barreto (1881-1922) viveu numa época de transições. No seu aniversário de sete anos, viu a abolição ser festejada em praça pública na companhia do pai, registrando as lembranças do episódio em seu Diário íntimo. No ano seguinte, em 1889, viu a monarquia
5 dar lugar à república. E passou a juventude e o resto de sua curta existência — faleceu aos 41 anos — enfrentando os desafios de ser negro num país que aboliu a escravidão, mas não fez com que a liberdade viesse acompanhada dos direitos de cidadania pelos quais temos lutado desde então. Da mesma forma, vivenciou também
10 os desafios de uma república que se fez excludente, frustrando a expectativa por um regime democrático.
  Mas por que devemos ler Lima Barreto hoje? São vários os motivos, mas um deles revela-se da maior importância. Nos últimos anos, os grandes grupos empresariais de mídia têm contribuído de-
15 cisivamente para demonizar a política. A pregação de um discurso anticorrupção tem se revestido de um moralismo sem precedentes e, ao mesmo tempo, esterilizante. Muitos são aqueles que têm sido levados a recusar o debate político sob o argumento tolo, generalizante e perigoso que sugere que todo político é ladrão e corrupto.
20 A estratégia abre espaço para a figura enganosa do "gestor", que, fingindo renegar a política, governa para contemplar os interesses de poucos em detrimento da maioria.
  O fato é que encontramos em Lima Barreto um vigoroso antídoto para lidar com essa situação, pois estamos diante de um escritor que
25 fez da literatura a arte do engajamento. Escrever era para ele uma forma efetiva de participar dos acontecimentos. Os mais de 500 artigos e crônicas que publicou em dezenas de jornais e revistas do Rio de Janeiro — assim como seus romances e contos — não deixavam escapar nenhum tema importante em discussão na época. Lima
30 não se esquivava do debate e muito menos de opinar e apresentar enfaticamente os seus pontos de vista, geralmente urdidos com base nas leituras que fazia quase obsessivamente. Em síntese, escrever era fazer política, era participar da vida política do país e isso resultou

numa literatura militante, que nos leva a perceber a centralidade da
35 política em nossas vidas.

> BOTELHO, Denilson. "O que Lima Barreto pode ensinar ao
> Brasil de hoje". *Carta Capital*. São Paulo, 25 jul. 2017. Disponível
> em: <https://www.cartacapital.com.br/educacaoartigo/o-
> que-lima-barreto-pode-ensinar-ao-brasil-de-hoje/>.

Em "ser negro num <u>país que aboliu a escravidão</u>, mas <u>não fez com que a liberdade viesse acompanhada dos direitos de cidadania</u> pelos quais temos lutado desde então" (linhas 6-9), observa-se uma figura de linguagem denominada
(A) antífrase.
(B) hipérbole.
(C) metonímia.
(D) personificação.

58) (2º Exame de Qualificação — UERJ)

O termo *megahipercorporações* é formado por um processo que enfatiza o tamanho e o poder das corporações econômicas atuais. Essa ênfase é produzida pelo emprego de:
(A) sufixos de caráter aumentativo
(B) prefixos com sentido semelhante
(C) radicais de combinação obrigatória
(D) desinências de significado específico

59) (CONSULPLAN — Câmara de Belo Horizonte — MG — Procurador)

> **Obs.:** O texto (BRUM, Eliane. "O despreparo da geração mais preparada". *Portal Raízes*. Disponível em: <https://www.portal-raizes.com/28-2/>.) de onde foi retirado o objeto desta questão não foi incluído no livro por não ser determinante para a resolução da mesma.

No título do texto ("O despreparo da geração mais preparada"), a autora utiliza palavras que são formadas a partir de um mesmo radical "despreparo" e "preparada". O prefixo empregado em uma delas possui o mesmo sentido expresso pelo destacado em:

(A) ateu, inativo.
(B) decair, decrescer.
(C) aversão, amovível.
(D) adventício, contrasselar

60) (NUCEPE — SEDUC-PI — Professor Temporário — Língua Portuguesa)

> **Obs.**: O texto (FARACO, Carlos Alberto. *Norma culta brasileira: desatando alguns nós*. São Paulo: Parábola editorial, 2008, p. 158) de onde foi retirado o objeto desta questão não foi incluído no livro por não ser determinante para a resolução da mesma.

Pode-se afirmar **corretamente** que a palavra "gramatiquice"

(A) apresenta, em sua formação, morfema derivacional evidenciado em prefixo.
(B) apresenta, em sua formação, morfemas derivacionais evidenciados em prefixo e sufixo ao mesmo tempo.
(C) apresenta, em sua formação, morfema derivacional evidenciado em sufixo.
(D) é desprovida de sufixo em sua formação.
(E) aceitaria um prefixo para formar nova palavra.

61) (IADES — SES-DF — Técnico de Contabilidade)

> **Obs.**: O texto (BARBOSA, Daniela. "Oito atitudes que ajudam a preservar sua saúde mental". *Exame*. São Paulo, 12 jun. 2017. Disponível em: <https://exame.abril.com.br/estilo-de-vida/8-a-titudes-que-ajudam-a-preservar-sua-saude-mental/>.) de onde foi retirado o objeto desta questão não foi incluído no livro por não ser determinante para a resolução da mesma.

De acordo com o processo de formação de palavras do texto, assinale a alternativa que indica, respectivamente, uma palavra formada por derivação parassintética e uma formada por derivação prefixal e sufixal.

(A) "nutricional" e "desequilibrada"
(B) "fundamental" e "cientificamente"
(C) "regularmente" e "incontáveis"
(D) "mergulhar" e "dificilmente"
(E) "enfraquecer" e "infelizmente"

62) (FAURGS — TJ-RS — Técnico em Eletrônica)

Obs.: O texto (ESSENFELDER, Renato. "Em tempos de carnaselfie, ninguém quer parecer ridículo". *O Estado de S. Paulo*. São Paulo, 12 fev. 2018. Disponível em: <http://emais.estadao.com.br/blogs/renato-essenfelder/em-tempos-de-carnaselfie-ninguem-quer-parecer-ridiculo/>.) de onde foi retirado o objeto desta questão não foi incluído no livro por não ser determinante para a resolução da mesma.

Qual dos exemplos abaixo **NÃO** é constituído exclusivamente pelo processo de formação de palavras *derivação por sufixação*?

(A) proliferação
(B) bacanudo
(C) embebedar
(D) celular
(E) censurar

63) (IF-CE — Tecnólogo — Turismo)

O elemento mórfico em destaque está **inadequadamente** identificado na palavra da opção

(A) Livr**o** — vogal temática
(B) **Nasc**eram — radical
(C) Adjacente**s** — desinência de número
(D) Cont**a** — desinência de gênero
(E) Fala**s** — desinência número-pessoal

64) (DEPSEC — UNIFAP — Administrador)

> **Obs.:** O texto (CARTA DA TERRA. Ministério do Meio Ambiente. Disponível em: <http://www.mma.gov.br/informma/item/8071-carta-da-terra>) de onde foi retirado o objeto desta questão não foi incluído no livro por não ser determinante para a resolução da mesma.

Utilizando-se das letras (F) para indicar flexão e (D) para indicar derivação, diga qual sequência exprime os processos morfológicos pelos quais passaram as palavras destacadas no excerto:

"A segurança jurídica e econômica deve fortalecer os setores público e privado **responsáveis** pelos serviços de **abastecimento** de água e **saneamento**, com foco na universalização, transparência e modicidade tarifária, devendo reconhecer **abordagens** baseadas na comunidade."

(A) F, D, F, D
(B) F, D, D, F
(C) D, D, F, F
(D) D, F, F, D
(E) D, F, D, F

65) (IBADE — SEDURB-PB — Agente de Controle Urbano)

> **Obs.:** O texto (MIWA, Jéssica. "A era do descartável: seu lixo diz muito sobre você". *The Greenest Post*, 14 ago. 2014. Disponível em: <https://thegreenestpost.com/o-seu-lixo-diz-muito-sobre-voce-a-era-do-descartavel/>.) de onde foi retirado o objeto desta questão não foi incluído no livro por não ser determinante para a resolução da mesma.

O substantivo LIMPEZA foi formado pelo processo de:

(A) derivação prefixal
(B) derivação sufixal
(C) derivação parassintética
(D) composição por justaposição
(E) composição por aglutinação

66) (FGV — TJ-AL — Técnico Judiciário — Área Jurídica)
O item abaixo em que os dois vocábulos citados NÃO fazem parte da mesma família de palavras é:
(A) falir / falência
(B) provir / provisão
(C) deter / detenção
(D) dispensar / dispensa
(E) fugir / fuga

67) (IF-ES — Administrador)

A tirinha a seguir deve ser utilizada para a questão.

Tira da Turma da Mônica nº 5198, Banco de Imagens
MSP. © Mauricio de Sousa Editora Ltda.

O sentido de "Posso usar o seu sapato" é diferente para o Cascão e para o Cebolinha. Isso se deve à

(A) sinonímia
(B) antonímia
(C) polissemia
(D) eufemismo
(E) catacrese

GABARITO COMENTADO DO PASSO 6

1) Gabarito: A
Comentário:
Na opção A há apenas um significado para a afirmativa, enquanto em B "tocar" pode significar "pegar" ou "fazer soar um instrumento"; em C "passageiro" pode ser "breve" ou "viajante em transporte coletivo"; em D e E "dentes" e "surdo" são catacreses e, ao mesmo tempo, personificações.

2) Gabarito: A
Comentário:
Ambos os textos apontam a criação de novas palavras como parte do processo dinâmico da língua (apesar de o texto II fazer um julgamento de valor sobre a formação da palavra "sambódromo"). Afinal, uma língua viva nunca está pronta, mas se faz continuamente graças à criatividade do falante.

3) Gabarito: D
Comentário:
Algumas palavras em português apresentam grafias semelhantes ou pronúncias semelhantes. É preciso cuidado na hora de empregá-las, tanto na forma escrita quanto oralmente. De acordo com a norma-padrão apenas a opção D preenche adequadamente as lacunas.

4) Gabarito: E
Comentário:
Estão incorretas, por não terem sido contempladas pelo autor, as opções:
A) não há referência à incrementação da natalidade nos anos 80.
B) não há referências ao fato do homem do período Pleistoceno caçar e coletar visando à sua evolução.
C) o autor menciona que "até aquela década" (80, portanto) não havia um medicamento que combatesse a úlcera e que a descoberta do omeprazol foi o remédio simples que resolveu o problema.
D) em momento algum houve menção ao fato de a úlcera atacar com mais força de madrugada.

A opção E é a única adequada ao exposto no texto, conforme é possível constatar no primeiro parágrafo.

5) Gabarito: C
Comentário:
A linguagem é figurada quando uma palavra assume um significado diferente daquele que lhe é próprio, com o objetivo de maior expressividade ao texto. Na opção C temos o verbo "amestrar" empregado no sentido figurado, uma vez que animais xucros (não domados) são amestrados (= amansados) e as dores figuradamente ao serem amestradas ganham um colorido diferente, a dor ganha vida dentro do estômago e o agride como se o escoiceasse, portanto só muito mingau para amestrá-la.

6) Gabarito: B
Comentário:
Somente a opção B está correta; as demais opções apresentam incorreções de acordo com a norma-padrão, porque:
    A) o verbo *antecipar* pede objeto direto (pronome *os*), portanto *antecipava-os*.
    C) o verbo *chegar* pede objeto direto (pronome *a*), mas por estar no infinitivo termina em *-r* que, ao receber o pronome oblíquo *a*, perde o *r* e o pronome recebe a forma *la*, e passa, também, a obedecer a regra de acentuação gráfica dos oxítonos, portanto *enxergá-la*.
    D) o verbo *ter* pede objeto direto (o pronome *o*), mas nas orações subordinadas desenvolvidas o pronome deve ficar proclítico ao verbo, portanto "quando o Brasil *a teve*".
    E) o verbo *amestrar* pede objeto direto (pronome *a*) e, pelo mesmo motivo explicado na opção C, toma a forma *amestrá-la*.

7) Gabarito: D
Comentário:
Logo no primeiro parágrafo, encontramos a sinalização para a resposta à questão com a informação de que "Elas coletam uma grande quantidade de informações (...) para prever o comportamento individual e de um grupo".

8) Gabarito: C
Comentário:
Após leitura atenta do texto, o candidato percebe que o gabarito é a opção C.

9) Gabarito: B
Comentário:
O candidato deve tomar cuidado para não confundir *iminente* com seu parônimo *eminente*. Ambas as formas são corretas, mas possuem significados bem diferentes: *iminente* (= que está prestes a acontecer); *eminente* (= que está em posição de destaque ou elevada). Daí ser B a opção correta.

10) Gabarito: B
Comentário:
Para perceber que termos os pronomes retomam, é necessário que o candidato releia os trechos que antecedem as passagens destacadas no enunciado da questão. Feito isto, não restará dúvida de que a opção B é aquela em que os pronomes destacados encontram, respectivamente, os termos a que se referem.

11) Gabarito: E

12) Gabarito: A
Comentário:
A primeira lacuna deve ser preenchida com o verbo no plural, porque a oração está na voz passiva pronominal e o verbo deve concordar com o sujeito "os parceiros naturais", que está no plural. A segunda lacuna deve ser preenchida também com o verbo no plural para concordar com o antecedente do pronome relativo *que* (parceiros), uma vez que este exerce função sintática de sujeito. A terceira lacuna deve ser preenchida com *à semelhança*, porque a locução *devido a* termina em preposição e o substantivo *semelhança* é antecedido por artigo definido *a*, fato que gera a crase (devido a + a semelhança = devido à semelhança). A quarta lacuna deve ser preenchida com *à*, uma vez que o verbo *tanger* (= referir-se), nessa acepção, rege preposição *a*, e o substantivo *utilização* é antecedido por artigo definido *a* (tange a + a utilização = tange à utilização).

13) Gabarito: B
Comentário:
Embora não haja uma clara alusão à comparação de gerações, é possível percebê-la conforme o autor vai fazendo as comparações da utilização das palavras em como era "antes" e como é "agora". O candidato pode ficar em dúvida quanto à opção E, mas esta fica definitivamente descartada ao referir-se a "todas as regiões", porque, ao contrário da alusão

implícita às diferentes gerações, não há quaisquer indícios de referência à diversidade geográfica.

14) Gabarito: A
Comentário:
O texto 7 é narrativo, porque conta um fato que ocorreu em determinado tempo e espaço, envolvendo personagens (com apresentação, desenvolvimento e conclusão), o tempo verbal predominante é o pretérito, esse texto apresenta ainda traços descritivos por descrever em especial a personagem principal, a cadela Laika. Não foi mencionado em nenhuma opção de resposta, mas seu objetivo principal é a informação.

15) Gabarito: B
Comentário:
A relação anafórica se dá pela retomada de um termo ou expressão mencionada anteriormente, portanto retomar o termo "cadela" pelo vocábulo "animal" é "uma relação de anáfora por meio de um hiperônimo", porque substitui uma palavra de sentido mais específico ("cadela") por outra de sentido mais genérico ("animal"), considerando a mesma relação semântica. Na opção B encontramos, entre os vocábulos, uma relação anafórica por meio de hiperônimo: "gelatina", termo mais restrito em sua significação, e "alimento", mais genérico.

16) Gabarito: A
Comentário:
A conjunção *mas* tem sentido adversativo e, em ambas as ocorrências no texto, essa ideia é observada.

17) Gabarito: C
Comentário:
A oração adverbial final reduzida de infinitivo está corretamente desenvolvida na opção C, porque o verbo "ir" deve ficar no pretérito imperfeito do subjuntivo, uma vez que a oração a que ela está subordinada apresenta a forma verbal no pretérito imperfeito do indicativo.

18) Gabarito: D
Comentário:
O gerúndio, de um modo geral, é marcado pela desinência *-ndo*, mas, no caso do verbo *vir*, que é fortemente irregular, a desinência *-ndo* marca não só o gerúndio como também o particípio. O candidato não teria qualquer

dúvida quanto a escolher a opção D, caso lembrasse que, nesta opção, a forma verbal destacada é a do pretérito mais-que-perfeito composto do indicativo e os tempos compostos são formados por verbo auxiliar *ter* ou *haver* + particípio do verbo principal (nunca o gerúndio ou o infinitivo). Com exceção da alternativa D, as outras apresentam gerúndio, caracterizado pela desinência *-ndo* (*viajando, lamentando, participando, superaquecendo*). Na opção D, *vindo* só aparentemente tem a desinência de gerúndio *-ndo*. Na realidade, a desinência é *-do*, característica do particípio. Houve, historicamente, a queda da vogal temática *i* (*vin-i-ndo, vinndo*), tornando-o homófono e homógrafo ao gerúndio (vi-ndo). Isto ocorre com o verbo *vir* e derivados.

19) Gabarito: C
Comentário:
Nem sempre a aproximação de dois ou mais verbos constitui uma locução verbal; a intenção da pessoa que fala ou escreve é que determinará a existência ou inexistência da locução. Na opção A, os verbos "mandou" e "desembarcar" indicam que "mandar" é uma ação que tem como objeto direto "desembarcar a mercadoria". O mesmo tipo de relação ocorre nas opções B, com os verbos "sentiu" e "estremecer"; D, com os verbos "deixaram" e "morrer", e E, com os verbos "via" e "chegar". Já na opção C, que é o gabarito, a expressão verbal "quis sair" explicita uma ação somente, cujo adjunto adverbial de lugar "da nave espacial" é o único objetivo da declaração.

20) Gabarito: E
Comentário:
Uma leitura atenta do texto leva o candidato a identificar no trecho em que o autor afirma que o Brasil deve ser parceiro do mundo globalizado, assegurando "um movimento conjunto, em que o país não seja exclusivamente tributário, mas soberanamente partícipe na produção de uma história universal", a sinalização que o levará a optar pela letra E.

21) Gabarito: C
Comentário:
A opção C apresenta erro gramatical, porque o verbo "alcançar" foi empregado com o sentido de "atingir" (um objetivo, uma meta); nesse caso ele é transitivo direto e pede complemento não preposicionado: objeto direto, pronome pessoal átono *o*, que não pode ser substituído por *lhe* (= a ele, a ela), cuja função é objeto indireto.

22) Gabarito: D
Comentário:
A opção D é o gabarito da questão, porque a palavra *se* é pronome reflexivo nos dois momentos, significando que o sujeito é ao mesmo tempo agente e paciente das ações de "sustentar" e "elevar". Estão incorretas porque
- A) o emprego da vírgula isola uma oração subordinada adjetiva de natureza explicativa e não restritiva;
- B) a palavra *se* não indica noção de condição, isto é, não é uma conjunção subordinativa condicional, mas sim um pronome apassivador;
- C) a substituição não prejudica as informações originais do texto, uma vez que ambas apresentam ideia de tempo;
- E) o núcleo do sujeito de "constituiu" é *voo*.

23) Gabarito: B
Comentário:
Logo na primeira lacuna já se pode perceber que a opção B é o gabarito, mas vamos analisar cada uma separadamente:
1ª lacuna — deve ser preenchida por um pronome relativo que, entre as opções apresentadas, só pode ser "da qual", pois o antecedente "Força Aérea Brasileira" é substantivo feminino e, por ser uma instituição, não aceita os pronomes onde e quem, o que anula todas as outras possibilidades;
2ª lacuna — aqui seria possível optar por "e é" ou "sendo", mas, como a opção D tornou-se inaceitável por estar o pronome relativo antecedido de artigo o que não concorda com seu antecedente contraído com a preposição de, a escolha só pode recair por "e é";
3ª lacuna — nessa coluna a forma verbal "seguiu-se" é a que mais se adequa ao texto;
4ª coluna — a palavra "como" é, semanticamente, a mais adequada por ter ideia de comparação;
5ª coluna — o verbo "oferecer", nessa acepção, é transitivo direto e indireto, sendo o objeto direto "um prêmio de U$ 25.000,00" e o objeto indireto "a quem voasse de Nova Iorque a Paris, sem escalas".

24) Gabarito: C
Comentário:
A opção C está correta, é o gabarito. As demais alternativas estão incorretas porque:
- A) o adjetivo "icônico" não apresenta o sentido de "reduzido, curto", mas o de "simbólico", "o que simboliza";

B) a conjunção "portanto" tem valor conclusivo, e a conjunção "porquanto", explicativo. Substituir uma pela outra altera profundamente o sentido original do trecho;
D) não há elipse do termo "balão", mas sim do termo "motor" após "um";
E) o sentido do verbo "homologaram" não é "desconheceram", mas sim "confirmaram", reconheceram oficialmente.

25) Gabarito: C
Comentário:
Todas as reescrituras sugeridas estão de acordo com a norma-padrão da língua, exceto a opção C, porque o verbo "objetivar", embora semanticamente adequado ao substituir a oração "tem como objetivo", deve ficar no singular, para concordar com o sujeito "O Universal Safety Oversight Audit Programe — Continuous Monitoring Approach (USOAP CMA)".

26) Gabarito: E
Comentário:
A base para esta resposta é percebida nos trechos: "De um lado está a Europa da abundância econômica e da estabilidade política. De outro, além do Mediterrâneo, uma extensa faixa assolada pela pobreza e por violentos conflitos"; e "os desesperados e os deserdados saltam as muralhas da União Europeia".

27) Gabarito: A
Comentário:
É clara a posição antitética dos elementos apontados nos dois lados que se encontram em pontos opostos, não só fisicamente ("de um lado" x "de outro") como também econômica e socialmente: "abundância econômica e da estabilidade política" x "extensa faixa assolada pela pobreza e por violentos conflitos".

28) Gabarito: D

29) Gabarito: B
Comentário:
O trecho mais objetivo é o da opção B, por empregar termos bastante preciosos como "explica" e "precisa agir junta".

30) Gabarito: B
Comentário:
O elemento de composição grego *fob(o)-* ou *-fobia* (= medo) está presente em todas as palavras. Cada uma das acepções os combina a outro elemento, formando uma palavra composta em que se unem ao radical grego
  A) *foto-* (= luz), portanto *fotofobia* é 'aversão à luz';
  B) *acr(o)-* (= alto); *acrofobia*, então, é 'aversão a locais altos'. Este é o gabarito;
  C) *aer(o)-* (= ar); *aerofobia*, então, é 'aversão ao ar livre ou a correntes de ar';
  D) *hom(o)-* (= semelhante); *homofobia* é 'aversão a quem gosta de ser humano do mesmo gênero';
  E) *tanat(o)-* (= morte) [*Thanatus*, na mitologia grega, era a 'personificação da morte']; então, *tanatofobia* é 'aversão à morte'.

31) Gabarito: E
Comentário:
Todas as opções são possíveis, exceto a E, porque, ao empregar o verbo "ser" no pretérito perfeito do indicativo na primeira oração, a segunda oração deve ter o verbo "fazer" no pretérito mais-que-perfeito do indicativo: "fizeram"; da forma como foi colocado, no presente do subjuntivo, não há correlação temporal entre as formas verbais.

32) Gabarito: C
Comentário:
"Refugiados" são pessoas que saem de seu país de origem por temores de perseguição; "imigrantes" são aqueles que saem de seu país de origem para se estabelecer em uma nação estrangeira, temporária ou permanentemente, com residência fixa (legal ou ilegal). O imigrante sai voluntariamente de sua pátria, enquanto o refugiado se vê obrigado a abandonar seu país sob pena de morrer ou ser preso por motivos políticos, religiosos, etc.

33) Gabarito: C
Comentário:
Após uma leitura atenta do texto é possível perceber que o autor não apresenta uma postura "condenatória dos imigrantes e favorável aos refugiados".

34) Gabarito: D
Comentário:
Os processos de formação das palavras destacadas são, respectivamente:
– "escolha": derivação regressiva ou deverbal, ou seja, a palavra não é formada por acréscimo, mas por redução. Normalmente substantivos formam-se a partir de verbos (escolher → escolha), daí receber também o nome de deverbal. Na opção D "estudos" (estudar → estudo).
– (o) "quase": formada por conversão, o processo que consiste no emprego de uma palavra fora de sua classe normal ([o] quase — o advérbio que se transformou em substantivo pela anteposição do artigo). Na opção D: "[do] não": advérbio substantivado pela anteposição do artigo **o**, presente na contração de preposição **de** com o artigo **o**.

35) Gabarito: E
Comentário:
A classe da palavra *se* está:
    A) incorreta porque **se** é pronome apassivador, presente na voz passiva pronominal (ou passiva reflexa);
    B) incorreta porque **se** é pronome apassivador;
    C) incorreta porque **se** é pronome reflexivo;
    D) incorreta porque **se** é pronome apassivador;
    E) correta.

36) Gabarito: B
Comentário:
Na frase destacada no enunciado, o termo "de pertencer àquilo" exerce a função de complemento nominal. Nas opções A, C, D e E os termos destacados são, também, complementos nominais. Somente na opção B, o termo "de medo", cuja classe gramatical é locução adjetiva, exerce a função sintática de adjunto adnominal.

37) Gabarito: C
Comentário:
As palavras destacadas são, respectivamente, o pronome relativo "cujo" e o pronome substantivo pessoal oblíquo "lhe" que exercem função sintática de adjunto adnominal ("o fim do romance [cujo]") e objeto indireto (lhe) pedido pelo verbo "dizer" que é transitivo direto (objeto direto: "que a poesia não é nenhum decassílabo de sete cabeças") e indireto (objeto indireto: "lhe").

É importante observar que há um emprego inadequado do pronome *lhe*, que não pode, de acordo com a norma-padrão da língua, estar enclítico a verbo no futuro do pretérito do indicativo. A língua-padrão recomenda a mesóclise (dir-lhe-ia) embora a linguagem informal não abrace esse emprego do pronome oblíquo átono.

38) Gabarito: D
Comentário:
A oração destacada no enunciado da questão é uma oração subordinada adverbial concessiva reduzida que, na forma desenvolvida, apresenta de forma clara a conjunção subordinativa adverbial concessiva: "Ainda que fosse o verso mais delicado do mundo." Caso o candidato queira, essa questão também pode ser resolvida pela observação da relação semântica entre as orações: o narrador sente medo, ainda que o verso fizesse a concessão de ter o máximo de delicadeza.

39) Gabarito: A
Comentário:
Para resolver esta questão, o candidato precisa identificar a função sintática do pronome relativo em cada uma das opções para encontrar aquela em que a função sintática é diferente.
É importante não se precipitar, ou seja, se encontrar uma que acredita ser diferente, parar e marcar logo a opção. É sempre mais aconselhável analisar todas, para ter certeza de que não se incorreu em algum erro de análise. Na opção:
- A) o pronome tem como antecedente o substantivo "poema" ("a escola sugeria o poema mais curto da lista [que]): objeto direto;
- B) o antecedente do pronome é o substantivo "diário" (um diário [que] informatizava sua emoção"): sujeito;
- C) o antecedente do pronome é o substantivo "espinha" (aquela espinha [que] apareceu no nariz..."): sujeito;
- D) o antecedente é o substantivo "quase" ("o quase [que] me incomoda"): sujeito;
- E) o antecedente do pronome é o substantivo "oportunidades" ("oportunidades [que] escaparam pelos dedos"): sujeito.

40) Gabarito: B
Comentário:
Um jovem escritor está sem criatividade para escolher o enredo de seu livro, e todas as alternativas apresentadas por ele são contra-argumen-

tadas por um personagem que mostra, através de enredos de clássicos (intertextualidade), como as ideias do principiante são pouco originais.

41) Gabarito: C
Comentário:
A crônica está em linguagem informal para acentuar o tom afetivo com que o pai se dirige ao filho. O candidato pode ficar em dúvida entre marcar a opção B ou C uma vez que ambas parecem ser verdadeiras. É importante, então, analisar mais detalhadamente cada uma delas.
Na opção B há o vocativo "Daniel", mas "a gente" e "cê" não são vocativos, o que invalida a resposta apesar de todos os exemplos pertencerem a linguagem informal.
Na opção C não há exemplos, mas uma releitura do texto confirma mistura dos tratamentos "tu" e "você": "um texto que o <u>teu</u> pai <u>te</u> escreveu quando <u>você</u> era bebê", comum na linguagem informal, para se referir a Daniel.

42) Gabarito: C
Comentário:
A metalinguagem é usada quando o comunicador volta-se para falar de seu próprio texto, como ocorre no caso da crônica de Antonio Prata. Esse é o gabarito.
A metáfora é uma figura de linguagem que faz uma comparação sem o uso de conectivo, estabelecendo uma equivalência conotativa, como "lábios de mel", por exemplo.
A função referencial se preocupa com a informação; a função fática, em verificar a eficiência do canal de comunicação: nenhuma delas encontra fundamento no texto.
A ironia é uma figura que expressa o oposto do que se deseja transmitir, em tom de crítica. Não há qualquer traço de ironia no texto.

43) Gabarito: A
Comentário:
A opção
- A) está incorreta porque não há eufemismo — suavizar uma ideia triste, desagradável — no exemplo destacado;
- B) está correta; há metonímia — o emprego da parte pelo todo — no exemplo de usar o automóvel pela modernidade;
- C) está correta — há comparação em "o automóvel é mais belo artisticamente que a estátua grega";

D) está correta — há metáfora ao se expressar a ideia de que "o automóvel simboliza o antigo";
E) está correta — a antítese — aproximação dos opostos — está presente no "conjunto da modernidade "contrapondo-se ao "conjunto do passadismo".

44) Gabarito: E
Comentário:
Os processos de formação das palavras relacionadas nesta questão, todos por derivação, são:
A) pré-história: prefixal;
B) inconstitucional: prefixal e sufixal;
C) perigosíssimo: sufixal;
D) embarque: regressiva (ou deverbal);
E) desalmado: parassintética. Este é o gabarito.

45) Gabarito: D
Comentário:
A opção em que todas as palavras apresentam homônimos homófonos é a D, porque temos *taxa, tacha*; *cesta, sexta, sesta*; *assento, acento*. Nas demais opções há homônimos homófonos (palavras com grafias diferentes, mas com pronúncias iguais) em:
A — apenas em *conserto, concerto*;
B — *cheque, xeque. Manga* não é somente homófono, mas um homônimo perfeito (homófono e homógrafo), porque em todos os significados apresenta o mesmo som e a mesma grafia. *Descrição* e *discrição* são parônimos;
C — apenas em *serrar, cerrar*. São parônimos: *ratificar, retificar*; *emergir, imergir*.

46) Gabarito: A
Comentário:
Uma relação de hiperonímia é estabelecida com base na menor especificidade do significado de um vocábulo; portanto hiperônimo é o vocábulo cujo significado é menos específico. Como "espécie", "espécimes" e "bichos" apresentam significados mais amplos, mais genéricos, são hiperônimos, enquanto "rinocerontes-negros", por apresentar significado mais específico, mais restrito, é um hipônimo.

47) Gabarito: A
Comentário:
Na opção
- A) os significados dos parônimos estão corretos;
- B) os homônimos "cede" e "sede" têm os significados parcialmente adequados, porque "sede" está correto, mas "cede" é a 3ª pessoa do presente do indicativo do verbo "ceder";
- C) os parônimos "descrição" e "discrição" estão com os significados trocados.
- D) os parônimos "deferir" e "diferir" significam "atender" e "ser diferente; divergir; adiar", respectivamente;
- E) os parônimos "comprimento" e "cumprimento" estão com suas definições trocadas, uma vez que "comprimento" significa "extensão" e "cumprimento" é que é "saudação".

48) Gabarito: C
Comentário:
O processo de formação da palavra "criminalidade" é derivação sufixal. As palavras destacadas nas opções A, B e D — "caminhoneiro", "patriarcal" e "matriarcal" — são formadas por derivação sufixal; já "autoestima" é formada por derivação prefixal.

49) Gabarito: D
Comentário:
Metonímia é a figura que consiste em usar uma palavra em lugar da outra, com que tem relação de significado.
No segmento destacado temos um exemplo de metonímia em "crianças tiradas dos braços", já que a palavra "braços" foi empregada em lugar de "famílias", ou seja, é o emprego da parte (os braços) pelo todo (família).

50) Gabarito: D
Comentário:
A questão exige do candidato conhecimento de três conteúdos distintos.
A opção I está incorreta porque a linguagem empregada pelo personagem é coloquial e está em perfeita harmonia com a imagem que representa um homem que aparenta não só ter pouca instrução como também não ter conhecimento do padrão formal da língua.
A opção II está correta: o uso da hipérbole é comum na linguagem coloquial.

A opção III está correta: a palavra "alívio" recebe acento gráfico pela mesma regra de acentuação gráfica de "sério", uma vez que ambas são paroxítonas terminadas em ditongo crescente.

51) Gabarito: D
Comentário:
As opções I, II e IV estão corretas: "pata", 'fêmea de pato' e "pata", 'pé de animal' são homônimos. A escolha foi intencional exatamente para gerar ambiguidade, o que provocou humor.
Como há uma só forma (significante) com mais de um significado, tem-se também polissemia.

52) Gabarito: B
Comentário:
Onomatopeia é a figura que consiste em criar palavras para tentar imitar sons ou até mesmo vozes dos animais. No exemplo destacado, o som do seletor de canais das antigas tevês é reproduzido por meio das palavras "clac, clac, clac".

53) Gabarito: D
Comentário:
Ao atribuir uma característica própria dos seres humanos — "irônico" — ao "destino", sujeito da primeira oração do trecho destacado no enunciado ("quis o irônico destino, uns anos mais tarde"), o autor personifica o destino.

54) Gabarito: D
Comentário:
O autor atribui a "horas" características próprias de seres humanos ao tratá-las como "senhoras inexoráveis", o que caracteriza a personificação.

55) Gabarito: B
Comentário:
Nesta questão ocorre o inverso do observado na questão anterior. O autor, a fim de estabelecer uma crítica ao humano do século XXI, o "homus cinematographicus", atribui a este ser — incluindo a si mesmo no processo ao empregar a 1ª pessoa do plural ("nós somos"), com o verbo "ser", que expressa estado permanente — características próprias dos objetos, privando o ser humano de seu fundamental ponto de definição: a humanidade.

56) Gabarito: D
Comentário:
Metáfora é, por definição, a figura que tem como base uma comparação subentendida, uma vez que a conjunção comparativa não aparece claramente: o autor, quando afirma que "a internet é um tribunal", está comparando de forma subentendida a "internet" a um "tribunal" [de júri] — no seu espaço próprio, o "tribunal virtual" da internet julga como um tribunal de júri também o faz no espaço que lhe é próprio.

57) Gabarito: D
Comentário:
A figura de linguagem presente no trecho destacado é a personificação, porque são atribuídas ao país ações próprias do ser humano: abolir a escravidão e não conferir à liberdade advinda desta abolição os direitos de cidadania.

58) Gabarito: B
Comentário:
Os prefixos gregos "mega" (grande) e "hipér-" (excesso) aglutinados ao vocábulo "corporações" intensificam "o tamanho e o poder das corporações econômicas atuais" por meio de um neologismo muito comum à linguagem informal quando se deseja enfatizar ou mesmo exagerar o significado de uma palavra.

59) Gabarito: A
Comentário:
Na palavra "despreparo" há presença do prefixo "des", cujo significado é 'negação'.
A opção em que os prefixos empregados correspondem ao prefixo "des" de "despreparo" é a opção A: "ateu" — prefixo "a" (= negação) — 'não acredita em Deus', e "inativo" — prefixo "in" (= negação) — 'não está ativo'. O candidato pode ficar em dúvida com a opção B: o prefixo "de", de "decair" e "decrescer", que aparenta ter o mesmo significado que "des" de "despreparo", trata-se de uma armadilha, uma vez que em "decair" e em "decrescer" o prefixo "de" indica 'movimento para baixo' e 'redução, diminuição'.

60) Gabarito: C
Comentário:
A palavra "gramatiquice" é formada por derivação sufixal (gramática + -ice).

61) Gabarito: E
Comentário:
O enunciado da questão é claro ao determinar que as palavras devem ser: a primeira formada por derivação parassintética e a segunda por derivação prefixal e sufixal.
Ocorre derivação parassintética quando a palavra criada recebe, ao mesmo tempo, prefixo e sufixo: "enfraquecer" (não existe o verbo "fraquecer" nem o substantivo "enfraque").
Ocorre derivação prefixal e sufixal quando a palavra criada recebe prefixo e sufixo não simultaneamente: "infelizmente" (o adjetivo "infeliz" e o advérbio "felizmente" são vocábulos que existem na língua portuguesa).

62) Gabarito: C
Comentário:
Derivação por sufixação é o processo de formação de palavra segundo o qual ao radical é acrescentado um sufixo. Somente o vocábulo "embebedar", dos relacionados na questão em análise, foi formado por derivação parassintética, ou seja, por acréscimo simultâneo de prefixo e sufixo (não existe o verbo "bebedar" nem o adjetivo "embebede" na língua portuguesa).

63) Gabarito: D
Comentário:
A única opção em que o elemento mórfico destacado foi identificado de forma inadequada é a D, porque em "conta" o morfema -*a* não identifica o gênero do substantivo, uma vez que "conto" não é o masculino de "conta". O morfema -*a*, neste caso, é vogal temática nominal.

64) Gabarito: B
Comentário:
Os nomes podem ser flexionados em gênero e número. No enunciado foram destacados três substantivos e um adjetivo. Um dos substantivos e o adjetivo estão flexionados em número: "abordagens" e "responsáveis", respectivamente.
Já os vocábulos "abastecimento" e "saneamento" não estão flexionados e apresentam o sufixo "-mento", formador de substantivo que indica

ação (no caso as ações de abastecer e sanear, respectivamente), portanto derivados por sufixação.

65) Gabarito: B
Comentário:
O vocábulo "limpeza" é formado pelo radical "limp-" + sufixo "-eza", formador de substantivo que indica resultado da ação (no caso a ação de limpar), portanto derivado por sufixação.

66) Gabarito: B
Comentário:
Para que os vocábulos pertençam à mesma família de palavras, ou família etimológica, é necessário que sejam derivados do mesmo radical. A opção B é a única em que os radicais são diferentes: "provir" — radical "prov-" (= vir, ter origem em) e "provisão" — radical "provis-" (= prover, provimento).

67) Gabarito: C
Comentário:
A polissemia é um recurso linguístico de que o chargista se apropria a fim de criar o humor do texto. É exatamente a multiplicidade de significados que o vocábulo "sapato" pode assumir no contexto, ou seja, a polissemia da palavra "sapato" que faz a quebra de expectativa do leitor, gerando humor.

Passo 7

Fonemas (valores e representações)

Fonética e fonologia, ortoepia, prosódia

FONÉTICA E FONOLOGIA

I. Fonética descritiva

Chamam-se *fonemas* as unidades combinatórias que pertencem ao sistema de sons de uma língua, dotados de valor distintivo nas palavras que os humanos produzem para expressar e comunicar ideias e sentimentos.

Fonemas não são letras
Não confundir *fonema* com *letra* (ou *grafema*). Fonema é uma realidade acústica, opositiva, realidade que nosso ouvido registra; enquanto *letra*, também chamada *grafema*, é o símbolo empregado para representar na escrita o sistema sonoro de uma língua. Na representação dos fonemas põe-se o símbolo entre barras inclinadas: *bem* /bẽy/. Na representação fonética das semivogais *i* e *u*, que na ortografia são representadas pelas letras *i/e* (nos vocábulos *sério* e *áureo*) e *u/o* (nas palavras *água* e *goela*), usam-se, respectivamente, os símbolos /y/ e /w/, denominados iode e vau (uau).

Fonética e Fonologia

Fonologia não se opõe a *Fonética*. A Fonologia estuda o número de oposições utilizadas e suas relações mútuas, enquanto a Fonética experimental determina a natureza física e fisiológica das distinções observadas.

A proferição de uma unidade fônica pode mudar em virtude da vizinhança de fonemas. A este fonema de proferição alterada se dá o nome de *alofone* ou *variante de fonema*.

Vogais e consoantes

A voz humana se compõe de *tons* (sons musicais) e *ruídos*, que o nosso ouvido distingue com perfeição. Esta divisão corresponde, em suas linhas gerais, às *vogais* (= tons) e às *consoantes* (= ruídos).

As *vogais* são fonemas durante cuja articulação a cavidade bucal se acha completamente livre para a passagem do ar para a atmosfera. As *consoantes* são fonemas durante cuja produção a cavidade bucal está total ou parcialmente fechada, constituindo, assim, num ponto qualquer, um obstáculo à saída da corrente expiratória.

Na língua portuguesa a base da *sílaba* ou o elemento *silábico* é a *vogal*; os elementos *assilábicos* são a *consoante* e a *semivogal*.

Classificação das vogais

Classificam-se as vogais, segundo a Nomenclatura Gramatical Brasileira (NGB), de acordo com quatro critérios:

a) Quanto à *zona de articulação*: as vogais podem ser *média*, *anteriores* e *posteriores*.

b) Quanto à *intensidade*: as vogais podem ser *tônicas* ou *átonas*.

c) Quanto ao *timbre*: as vogais podem ser *abertas* ou *fechadas*.

d) Quanto ao papel das *cavidades bucal e nasal*: as vogais podem ser *orais* ou *nasais*.

A Nomenclatura Gramatical Brasileira não levou em conta a elevação gradual da língua, o que distingue as vogais em: 1 — *vogal baixa*: /a/; 2 — *vogais médias* com dois graus de elevação: /é/, /ó/ e /ê/, /ô/; 3 — *vogais altas*: /i/, /u/. A distinção do /é/ aberto de *sede* (edifício) para o /ê/ fechado de *sede* (de beber água) só é possível graças a este quinto critério.

Semivogais. Encontros vocálicos: ditongos, tritongos e hiatos

Chamam-se **semivogais** as vogais *i* e *u* (orais ou nasais) quando assilábicas, as quais acompanham a vogal numa mesma sílaba. Os encontros vocálicos dão origem aos *ditongos, tritongos* e *hiatos*.

Ditongo é o encontro de uma vogal e de uma semivogal, ou vice-versa, na mesma sílaba: *pai, mãe, água, cárie, mágoa, rei*.

Os ditongos podem ser:
a) *crescentes* (gl*ó*r*i*a, q*u*ando) ou *decrescentes* (b*ai*xo, b*em*). Diz-se crescente quando começa pela semivogal: *ua* (água), *ia* (glória). Diz-se decrescente quando começa pela vogal: *ai* (b*ai*xo), bem (= bẽi).
b) *orais* (eq*ue*stre) ou *nasais* (m*ui*to). Os ditongos nasais são sempre fechados, enquanto os orais podem ser *abertos* (*pai, céu, rói, ideia*) ou *fechados* (*meu, doido, veia*).
Nos ditongos nasais são nasais a vogal e a semivogal, mas só se coloca o til sobre a vogal: *mãe*.

Os principais **ditongos crescentes** são:
Orais:
1) /ya/: glória, pátria, diabo, área, nívea
2) /ye/: (= yi): cárie, calvície
3) /yé/: dieta
4) /yo/: vário, médio, áureo, níveo
5) /yó/: mandioca
6) /yô/: piolho
7) /yu/: miudeza
8) /wa/: água, quase, dual, mágoa, nódoa
9) /wi/: linguiça, tênue
10) /wó/: quiproquó
11) /wô/: aquoso
12) /wo/ (= uu): oblíquo
13) /wê/: coelho
14) /wé/: equestre, goela

> **Obs.:** A divisão silábica obedecerá às normas ortográficas, isto é, serão sempre *di-a-bo, man-di-o-ca, pi-o-lho, mi-ú-do, du-al, má-goa, sé-rie, gló-ria*. Este descompasso entre a realidade fonética e a ortografia só não será observado na divisão de sílabas métricas dos versos.

Nasais:
1) /yã/: cr*ia*nça
2) /wã/: q*ua*ndo
3) /wẽ/: freq*ue*nte, quinq*uê*nio, dep*oe*nte
4) /wĩ/: arg*ui*ndo, q*ui*nquênio, m*oi*nho

Os principais **ditongos decrescentes** são:
Orais:
1) /ay/: pai, baixo, traidor
2) /ay/ (a fechado e, às vezes, nasalado): faina, paina, andaime
3) /aw/: pau, cacaus, ao
4) /éy/: réis, coronéis
5) /êy/: lei, jeito, fiquei
6) /éw/: céu, chapéu
7) /êw/: leu, cometeu
8) /iw/: viu, partiu
9) /óy/: herói, anzóis
10) /ôy/: boi, foice
11) /ow/: vou, roubo, estouro
12) /uy/: fui, azuis

Nasais:
1) /ãy/: alemães, cãibra (= ãy), faina, paina, andaime
2) /ãw/: pão, amaram (= amárão)
3) /ẽy/: bem (= bẽi), ontem (= ontẽi)
4) /õy/: põe, senões
5) /ũy/: mui (= mũi), muito (= mũito)

> **Obs.:** Nos ditongos nasais decrescentes /ẽy/, /ãy/ e /ãw/, a semivogal pode não vir representada na escrita. Escrevemos a interjeição *hem!* ou *hein!*, sendo que, a rigor, a primeira grafia é mais recomendável.

Tritongo é o encontro de uma vogal entre duas semivogais numa mesma sílaba. Os tritongos podem ser *orais* e *nasais*.

Orais:
1) /way/: q*uai*s, parag*uai*o
2) /wey/: enxag*uei*, averig*uei*s
3) /wiw/: delinq*uiu*
4) /wow/: apazig*uou*

Nasais:
1) /wãw/: mín*guam*, sag*uão*, q*uão*
2) /wẽy/: delinq*uem*, enxá*guem*
3) /wõy/: sag*uões*

> **Obs.:** Nos tritongos nasais /wãw/ e /wẽy/ a última semivogal pode não vir representada graficamente: mínguam, enxáguem.

Hiato é o encontro de duas vogais em sílabas diferentes por guardarem sua individualidade fonética: sa*í*da, ca*a*tinga, m*oi*nho.

Nos encontros vocálicos costumam ocorrer dois fenômenos: a *diérese* e a *sinérese*.

Chama-se **diérese** à passagem de semivogal a vogal, transformando, assim, o ditongo num hiato: *trai-ção* = *tra-i-ção*; *vai-da-de* = *va-i-da-de*; *cai* = *ca-i*.

Chama-se **sinérese** à passagem de duas vogais de um hiato a um ditongo crescente: *su-a-ve* = *sua-ve*; *pi-e-do-so* = *pie-do-so*; *lu-ar* = *luar*.

De acordo com a Nomenclatura Gramatical Brasileira (NGB) classificam-se as consoantes segundo quatro critérios:

a) Quanto ao *modo de articulação*: as consoantes podem ser *oclusivas, constritivas* e *nasais*. As constritivas se subdividem em *fricativas, laterais* e *vibrantes*.

b) Quanto à *zona de articulação*: as consoantes podem ser *bilabiais; labiodentais; linguodentais; alveolares; palatais; velares*.

c) Quanto ao papel das *cordas vocais*: as consoantes podem ser *surdas* e *sonoras*.

d) Quanto ao papel das *cavidades bucal* e *nasal*: as consoantes podem ser *orais* e *nasais*.

Encontro consonantal e dígrafo

Chamamos de **encontro consonantal** o seguimento imediato de duas ou mais consoantes de um mesmo vocábulo. Há encontros consonânticos pertencentes à mesma sílaba ou a sílabas diferentes.

O encontro consonantal /cs/ é representado graficamente pela letra *x*: *anexo, fixo*.

Não se há de confundir *dígrafo* ou *digrama* com encontro consonantal.

Dígrafo é o emprego de duas letras para a representação gráfica de um só fonema, já que uma delas é letra diacrítica (aquela que se junta a outra para lhe dar valor fonético especial e constituir um dígrafo. Em português, as letras diacríticas são *h, r, s, c, ç, u* para os dígrafos consonantais e *m* e *n* para os dígrafos vocálicos).

Há dígrafos para representar consoantes e vogais nasais. Os dígrafos para consoantes são os seguintes, todos inseparáveis, com exceção de *rr* e *ss, sc, sç, xc, xs*:

ch: chá   *xs*: exsudar /essu/ ('transpirar')
lh: malha   *rr*: carro
nh: banha   *ss*: passo
sc: nascer   *qu*: quero
sç: nasça   *gu*: guerra
xc: exceto

Para as vogais nasais:
am ou *an*: campo, canto
em ou *en*: tempo, vento
im ou *in*: limbo, lindo
om ou *on*: ombro, onda
um ou *un*: tumba, tunda

2. Fonética expressiva ou Fonoestilística

Muitas vezes utilizamos os fonemas para melhor evocar certas noções.

É deste emprego que surgem as *aliterações*, as *onomatopeias* e os *vocábulos expressivos*.

Aliteração — é a repetição de fonema, vocálico ou consonântico, igual ou parecido, para descrever ou sugerir acusticamente o que temos em mente expressar, quer por meio de uma só palavra ou por unidades mais extensas.

A aliteração tanto pode servir ao estilo solene e culto como pode estar presente nas manifestações de espontânea expressividade popular, conforme se vê nos provérbios, nas frases feitas, nos modos de dizer populares: *são e salvo, cara ou coroa, de cabo a rabo*, etc. O que importa acentuar é que a aliteração ocorre mais na exteriorização psíquica e no apelo do *que* na comunicação intelectiva.

Onomatopeia — é o emprego de fonema em vocábulo para descrever ou sugerir acusticamente um objeto pela ação que exprime. São frequentes as onomatopeias que traduzem as vozes dos animais (*uivar*) e os sons das coisas: (*tique-taque, ciciar*).

Vocábulo expressivo — é o que não imita um ruído, mas sugere a ideia do ser que se quer designar com a ajuda do valor simbólico de seus fonemas: *tremeluzir, jururu, ziriguidum, borogodó*.

Encontros de fonemas e eufonia

Muitas vezes certos encontros de fonemas produzem efeito desagradável que repugna o ouvido e, por isso, cumpre evitar, sempre que possível.

Entre os efeitos acústicos condenados estão: a *colisão*, o *eco*, o *hiato* e a *cacofonia*.

Colisão — é o encontro de consoantes que produz desagradável efeito acústico:
"Se eu tenho de morrer na flor dos anos,
Meu Deus! não *seja já*." [Casimiro de Abreu]

Eco — é a repetição, com pequeno intervalo, de palavras que terminam de modo idêntico:
Estas palavras subordinam frases em que se exprime condi*ção* necessária à realiza*ção* ou *não* realiza*ção* da a*ção* principal.

Hiato — o hiato de vogais tônicas torna-se desagradável principalmente quando formado pela sucessão de palavras:
Hoje *há aula*.

Cacofonia ou **cacófato** — é o encontro de sílabas de duas ou mais palavras que forma um novo termo de sentido inconveniente ou ridículo em relação ao contexto:

"Ora veja *como ela* está estendendo as mãozinhas inexperientes para a chama das velas..." [Camilo Castelo Branco] (como ela = com moela)
Esse time *nunca ganha*.

ORTOEPIA

Ortoepia ou *ortoépia* é a parte da gramática que trata da correta pronúncia dos fonemas.

Preocupa-se não apenas com o conhecimento exato dos valores fonéticos dos fonemas, mas ainda com o ritmo, a entoação e expressão convenientes à boa elocução. A leitura em voz alta é excelente exercício para desenvolver tais competências.

Certos hábitos de grafia tendentes a preservar letras gregas e latinas que não constituem fonemas em português acabaram levando a que tais letras passassem a ser incorretamente proferidas. É o caso do dígrafo *sc* de *nascer, piscina*, etc.

Outras más soluções do sistema gráfico favorecem pronúncias, como ocorre com *sublinhar* (b-li), *ab-rogar* (ab-r), *ab-rupto* (ab-r), que já se ouvem como se aí estivesse grupo consonantal: *su-bli-nhar, a-brup-to*.

PROSÓDIA

Prosódia é a parte da fonética que trata do correto conhecimento da sílaba predominante, chamada *sílaba tônica*.

Sílaba é um fonema ou grupo de fonemas emitido num só impulso expiratório.

Em português, o elemento essencial da sílaba é a *vogal*.

Quanto ao número de sílabas, dividem-se os vocábulos em:
a) *monossílabos* (se têm uma sílaba): *é, há, mar, de, dê*;
b) *dissílabos* (se têm duas sílabas): *casa, amor, darás, você*;
c) *trissílabos* (se têm três sílabas): *cadeira, átomo, rápido, cômodo*;
d) *polissílabos* (se têm mais de três sílabas): *fonética, satisfeito, camaradagem, inconvenientemente*.

Numa palavra nem todas as sílabas são proferidas com a mesma intensidade e clareza. Há uma sílaba que se sobressai às demais por ser proferida com mais esforço muscular e mais nitidez e, por isso, se chama *tônica*. As outras sílabas se dizem *átonas* e podem estar antes (*pretônicas*) ou depois (*postônicas*) da tônica. Nas sílabas fortes repousa o *acento tônico do vocábulo* (*acento da palavra* ou *acento vocabular*).

Em português, quanto à posição do acento tônico, os vocábulos de duas ou mais sílabas podem ser:
a) *oxítonos*: o acento tônico recai na *última* sílaba: *material, principal, café*;
b) *paroxítonos*: o acento recai na *penúltima* sílaba: *barro, poderoso, Pedro*;
c) *proparoxítonos*: o acento tônico recai na *antepenúltima* sílaba: *sólida, felicíssimo*.

Incluem-se entre os oxítonos os monossílabos tônicos, como já faziam os gregos.

Acento de intensidade

O acento de intensidade desempenha importante papel linguístico, decisivo para a significação da palavra. Assim, *sábia* é adjetivo, sinônimo de *erudita*; *sabia* é forma do pretérito imperfeito do indicativo do verbo *saber*; *sabiá* é substantivo designativo de conhecido pássaro. *Retifica* é verbo e *retífica*, substantivo.

Isoladas, as palavras regulam sua sílaba tônica pela etimologia, isto é, pela sua origem; mas, na sucessão de vocábulos, deixa de prevalecer o acento da palavra para entrar em cena o *acento da oração* ou *oracional* ou *frásico*, pertencente a cada *grupo de força*.

Chama-se *grupo de força* à sucessão de dois ou mais vocábulos que constituem um conjunto fonético subordinado a um acento tônico predominante.

A distribuição dos grupos de força e a alternância de sílabas proferidas mais rápidas ou mais demoradas, mais fracas ou mais fortes, conforme o que temos em mente expressar, determinam certa cadência do contexto à qual chamamos *ritmo*. *Prosa* e *verso* possuem ritmo. No verso o ritmo é essencial e específico; na prosa apresenta-se livre, variando pela iniciativa de quem fala ou escreve.

Vocábulos tônicos e átonos: os clíticos

Nestes grupos de força certos vocábulos perdem seu acento próprio para unir-se a outro que os segue ou que os precede. Dizemos que tais vocábulos são *clíticos* (que se inclinam) ou *átonos* (porque se acham destituídos de seu acento vocabular). Aquele vocábulo que, no grupo de força, mantém sua individualidade fonética é chamado *tônico*. Ao conjunto se dá o nome de *vocábulo fonético*: *o rei* /urrey/; *deve estar* /devistar/.

Os clíticos, em geral monossílabos, se dizem *proclíticos* se precedem o vocábulo tônico a que se incorporam para constituir o grupo de força: *o‿rei // ele‿disse /.*

Dizem enclíticos se vêm depois do vocábulo tônico: *disse‿me // ei‿lo /.*

Os vocábulos átonos proclíticos, perdendo seu acento próprio para se subordinarem ao do tônico seguinte, resistem menos à pressa com que são proferidos, e acabam por sofrer reduções na sua extensão fonética. Dentre os numerosos exemplos de próclise lembraremos aqui:

a) a passagem de hiato a ditongo, em virtude de uma vogal passar a semivogal (sinérese):
"E à noite, quando o céu é puro e limpo,
Teu chão tinges de azul — *tuas* ondas correm." [Gonçalves Dias]

b) O desaparecimento da vogal da primeira sílaba de um dissílabo; para > pra: Isto é *pra* mim.

c) O desaparecimento da sílaba final de um dissílabo: *cento* > *cem*: *cem* páginas; *santo* > *são*: *São João*.

d) outras reduções como *senhor* > *seu*: *seu* João; *está* > *tá* (coloquial).

Silabada é o erro de prosódia que consiste na deslocação do acento tônico de uma palavra. Ignorar qual é a sílaba tônica de uma palavra, diz Gonçalves Viana, é ficar na impossibilidade de proferi-la.

Numerosas palavras existem que oferecem dúvidas quanto à posição da sílaba tônica.

São oxítonas, entre outras:

aloés	Gulbenkian	recém
cateter	masseter	refém
Cister	mister (ser mister = ser necessário)	ruim
harém	Nobel	sutil
Gibraltar	novel	ureter

São paroxítonas, entre outras:

acórdão
alanos
alcácer, alcáçar
Alcmena
algaravia
âmbar
ambrosia (alimento)
 [cf. ambrósia]
Antioquia
arcediago
arrátel
avaro
avito
aziago
azimute
barbaria
batavo
berbere
cânon
caracteres
cartomancia
cenobita
ciclope
Ciropedia
clímax
cromossomo
decano
dúctil
edito (lei, decreto)
 [cf. édito]
efebo
Epifania (Festa dos
 Reis Magos)
Epiteto (filósofo grego)
 [cf. epíteto]

erudito
esquilo [cf. Ésquilo —
 dramaturgo da
 Grécia Antiga]
estalido
Eufrates
exegese
êxul
filantropo
flébil
fluido (*ui* ditongo)
fórceps (tb. fórcipe)
fortuito (*ui* ditongo)
Ganimedes
grácil
gólfão
gratuito (*ui* ditongo)
gúmex
harpia
hissope
homizio
hosana
húmus
Hungria
ibero
ímpar
impio (cruel) [cf. ímpio]
inaudito
índex
látex
leucemia
levedo (subst. e verbo)
 [cf. lêvedo (adj.)]
libido
Lombardia

maquinaria
médão (duna)
matula (súcia; farnel)
Mileto
misantropo
Mitridates
necropsia
néctar
nenúfar
Normandia
opimo
orégão
oximoro (tb. oximóron)
Pandora
pegada
pletora
policromo
Pólux
Priapo
pudico
Quéops (tb. Quéope)
quiromancia
refrega
Salonica
Samaria
Sardanapalo
simulacro
sótão
talassa
Tentúgal
Tessalonica
têxtil
tétum
Tibulo
tulipa

São proparoxítonas, entre outras (incluindo-se os vocábulos terminados por ditongo crescente):

acônito	boêmio (adj.)	*habitat* (lat.)
ádvena	bólido (tb. bólide)	hégira
aeródromo	brâmane	hélade
aerólito	cáfila	hipódromo
ágape	cáspite	homonímia
álacre	cânhamo	horóscopo
álcali	Cárpatos	idólatra
álcool	cérbero	ímpio (sem fé)
alcíone	Centímano	ímprobo
alcoólatra	cizânia	*incipit* (lat.)
álibi (tb. lat. *alibi*)	Cleópatra	ínclito
alvíssaras	condômino	íngreme
âmago	cotilédone	iníquo
amálgama	crástino	ínterim
ambrósia (planta)	crisântemo	invólucro
anátema	Dâmocles	Ládoga
Ândrocles	década	Láquesis
andrógino	díptero	Leucótoe
anélito	écloga	leucócito
anêmona	édito (ordem judicial)	lêvedo (adj. —
anódino	Éfeso	fermentado)
antídoto	égide	máxime ou *maxime* (lat.)
antífona	êmbolo	Mérope
antífrase	enxárcia	monólito
antístrofe	éolo	Nêmesis
ápode	epíteto (alcunha)	Niágara
áptero	épsilon	númida
areópago	escâncaras (às)	ômega
aríete	Ésquilo	ômicron
arquétipo	estratégia	Órcadas
assédio	etíope	orquídea
autóctone	*excipit* (lat.)	pântano
ávido	êxodo	páramo
azáfama	fac-símile	Pégaso
azêmola	fagócito	Péricles
barbárie	farândula	périplo
bátega	férula	plêiade (-a)
bávaro	fíbula	polígono
bígamo	gárrulo	Praxíteles
bímano	grandíloquo	Polígono

prístino	revérbero	trânsfuga
prófugo	sátrapa	úmbrico
pródromo	Semíramis	vândalo
protótipo	sinonímia	végeto
quadrúmano	Sísifo	zéfiro
Quíloa	síndrome	zênite
quírie	Sófia	Zópiro
réquiem	Tâmisa	Zósimo
resfôlego (subst.)	Termópilas	

Palavras que admitem dupla prosódia

Ájax	ou	Ajax
acróbata	ou	acrobata
álea	ou	aleia
alópata	ou	alopata
anídrido	ou	anidrido
bênção	ou	benção
biópsia	ou	biopsia
boêmia (subst.)	ou	boemia (subst., Brasil)
Cloe (ó)	ou	Cloé
Dário	ou	Dario
Gândavo	ou	Gandavo
geodésia	ou	geodesia
hieróglifo	ou	hieroglifo
homília	ou	homilia
Madagáscar	ou	Madagascar (mais geral)
nefelíbata	ou	nefelibata
Oceânia	ou	Oceania
ômega	ou	omega
ônagro	ou	onagro
ortoépia	ou	ortoepia
projétil	ou	projetil
réptil	ou	reptil
reseda (ê)	ou	resedá
sóror	ou	soror
zângão	ou	zangão
zênite	ou	zenite

QUESTÕES DO PASSO 7

1) (ENEM — Exame Nacional do Ensino Médio)

Assum preto
Tudo em vorta é só beleza
Sol de abril e a mata em frô
Mas assum preto, cego dos óio
Num vendo a luz, ai, canta de dor
Tarvez por ignorança
Ou mardade das pió
Furaro os óio do assum preto
Pra ele assim, ai, cantá mió
Assum preto veve sorto
Mas num pode avuá
Mil veiz a sina de uma gaiola
Desde que o céu, ai, pudesse oiá

GONZAGA, Luiz; TEIXEIRA, Humberto. "Assum Preto". Editora e Importadora Musical Fermata do Brasil Ltda. Disponível em: <http://www.luizgonzaga.mus.br/>.

As marcas da variedade regional registradas pelos compositores de "Assum preto" resultam da aplicação de um conjunto de princípios ou regras gerais que alteram a pronúncia, a morfologia, a sintaxe ou o léxico. No texto, é resultado de uma mesma regra a:

(A) pronúncia das palavras "vorta" e "veve".
(B) pronúncia das palavras "tarvez" e "sorto".
(C) flexão verbal encontrada em "furaro" e "cantá".
(D) redundância nas expressões "cego dos óio" e "mata em frô".
(E) pronúncia das palavras "ignorança" e "avuá".

Obs.: O texto ("Saúde Ocupacional — Depressão: uma nova doença ocupacional?" Viaseg.com, 10 jun. 2005. Disponível em: <http://www.viaseg.com.br/noticia/3965-saude_ocupacional.html>) de onde foi retirado o objeto das questões 2 a 5 não foi incluído no livro por não ser determinante para a resolução das mesmas, pois o enunciado já destaca o que é relevante.

2) (Prefeitura Municipal de Campo Bom — RS — Arquiteto — FUNDA-TEC — Fundação Universidade Empresa de Tecnologia e Ciências) Em alguns vocábulos, pela sua grafia, tende-se a pronunciar um fonema a mais. Das seguintes palavras retiradas do texto, esse fenômeno NÃO ocorre em:

(A) psiquiatra.
(B) diagnosticado.
(C) humanização.
(D) técnicas.
(E) característica.

3) (Prefeitura Municipal de Campo Bom — RS — Arquiteto — FUNDA-TEC — Fundação Universidade Empresa de Tecnologia e Ciências) O substantivo "vítima" e o verbo "vitima" são praticamente semelhantes na grafia: só o que os diferencia é a acentuação gráfica do primeiro. Todas as palavras a seguir, caso tenham seus acentos gráficos retirados, originarão verbos corretamente grafados, EXCETO:

(A) Médico.
(B) Desânimo.
(C) Penitenciárias.
(D) Saúde.
(E) Pública.

4) (Prefeitura Municipal de Campo Bom — RS — Arquiteto — FUNDA-TEC — Fundação Universidade Empresa de Tecnologia e Ciências) Assinale a alternativa cujas palavras NÃO sejam acentuadas graficamente por causa das mesmas regras que prescrevem a grafia, respectivamente, de *país*, *insônia* e *até*.

(A) baú — anágua — sofá
(B) juízes — memória — café
(C) faísca — história — está
(D) raízes — infâmia — rodapé
(E) índole — difíceis — chapéu

5) (Professor PEB I — Educação Especial — BIG Advice — Prefeitura de Martinópolis — SP)
"Saí **correndo** e **peguei** um **táxi** que era bem **antigo**."
Ao somarmos os fonemas e letras das palavras em destaque, obteremos:

(A) 23 letras e 23 fonemas.
(B) 23 letras e 21 fonemas.
(C) 24 letras e 24 fonemas.
(D) 24 letras e 22 fonemas.
(E) 24 letras e 21 fonemas.

6) (Enfermeiro [HUJB — UFCG] — Instituto AOCP — EBSERH)

> **Obs.:** O texto (CALLIGARIS, Contardo. "Somos os maiores inimigos da nossa possibilidade de pensar". *Folha de S. Paulo*. São Paulo, 29 set. 2016. Disponível em:<http://www1.folha.uol.com.br/colunas/contardocalligaris/2016/09/1817706-somos-os-maiores-inimigos-de-nossa-possibilidade-de-pensar.shtml>) de onde foi retirado o objeto desta questão não foi incluído no livro por não ser determinante para a resolução da mesma.

Referente ao trecho "Eu mesmo me surpreendo: em geral, acho chatérrimos os profetas do apocalipse, que estão com medo de que o mundo se torne líquido ou coisa que valha.", é correto afirmar que

(A) a palavra "surpreendo" possui tanto encontro consonantal quanto dígrafo e "profetas" está flexionada no feminino plural.
(B) a palavra "mesmo" é invariável e tanto a palavra "apocalipse" quanto a palavra "profetas" possuem dígrafo.
(C) a expressão "em geral" pode ser substituída, sem prejuízo de valor para a compreensão do texto, pela palavra "geralmente" e as palavras "chatérrimos" e "líquido" têm acentuação justificada pela mesma regra.
(D) o verbo "acho" é transitivo direto e o verbo "surpreendo" está na forma nominal do particípio passado.
(E) tanto a expressão "me surpreendo" como a expressão "se torne" são reflexivas, ou seja, o sujeito pratica e, ao mesmo tempo, sofre a ação e o sujeito do verbo "estão" é "chatérrimos".

7) (FCEP — Monitor Artístico — AMAUC)
Assinale a alternativa na qual o vocábulo compõe-se respectivamente por 7 letras e 8 fonemas:
(A) chocado
(B) técnica
(C) exemplo
(D) táxi
(E) prefixo

8) (SAMAE de Caxias do Sul-RS — Assistente de Planejamento — Objetiva)
Em relação à fonologia, numerar a 2ª coluna de acordo com a 1ª e, após, assinalar a alternativa que apresenta a sequência CORRETA:

(1) Encontro vocálico: ditongo decrescente.
(2) Encontro vocálico: ditongo crescente.
(3) Dígrafo.
(4) Encontro consonantal.

( ) Quente.
( ) Cripta.
( ) Mausoléu.
( ) Conchas.
( ) Reino.

(A) 4 - 4 - 2 - 4 - 3.
(B) 3 - 4 - 2 - 4 - 1.
(C) 1 - 3 - 1 - 4 - 1.
(D) 3 - 4 - 2 - 3 - 2.
(E) 3 - 4 - 1 - 3 - 1.

9) (SAMAE de Caxias do Sul-RS — Assistente de Planejamento — Objetiva)
Em relação à acentuação viciosa, analisar os itens abaixo, considerando-se a exata pronúncia das palavras e sua classificação quanto ao acento tônico, evitando-se uma silabada, denominação dada ao erro de prosódia:

I — São oxítonas: "ruim", "mister", "Nobel", "ureter", etc.

II — São paroxítonas: "ibero", "rubrica", "avaro", "ciclope", "misantropo", etc.

III — São proparoxítonas: "ômega", "ágape", "aerólito", "ínterim", "arquétipo", etc.

Está(ão) CORRETO(S):
(A) Todos os itens.
(B) Somente o item III.
(C) Somente os itens I e II.
(D) Somente os itens I e III.
(E) Somente os itens II e III.

10) (IOBV — Prefeitura de Chapecó — SC — Engenheiro de Trânsito)

Sobre os vícios de linguagem, é comum ouvirmos, na linguagem do dia a dia, expressões desagradáveis como "preciso ir-**me já**" ou "bo**ca dela**". Nestes casos, diga a que vício de linguagem correspondem tais exemplos.

(A) solecismo
(B) redundância
(C) barbarismo
(D) cacófato

GABARITO COMENTADO DO PASSO 7

1) Gabarito: B
Comentário:
A opção em que ocorre o mesmo fenômeno na pronúncia regional é a B, porque nas palavras "tarvez" e "sorto" se dá a mudança do fonema /l/ por /r/ em final de sílaba, comum em algumas regiões, especialmente do interior do país.

2) Gabarito: C
Comentário:
No uso coloquial é comum o vício de linguagem de quem profere os fonemas /p/, /g/ ou /k/ (fonemas apontados na questão) como se estivessem seguidos de /e/ ou /i/, formando sílaba independente (/**pi**siquiatra/). Chama-se a isso barbarismo e deve ser evitado.
A única palavra, entre as apontadas na questão, em que não é possível ocorrer esse erro de ortoepia é "humanização", porque sendo a letra "h" mero sinal etimológico não é pronunciada.

3) Gabarito: D
Comentário:
A questão trata de palavras denominadas homônimas homógrafas (mesma grafia — independentemente de apresentar ou não acento gráfico — e pronúncia diferente). Este é o caso das opções
  A) médico (substantivo) — (eu) medico (verbo);
  B) desânimo (substantivo) — (eu) desanimo (verbo);
  C) penitenciárias (substantivo) — (tu) penitenciarias (verbo);
  E) pública (adjetivo) — (ele) publica (verbo).
Na opção D, a simples retirada do acento gráfico não a inclui no grupo das demais. Esta é, então, a opção que atende ao proposto no enunciado da questão.

4) Gabarito: E
Comentário:
As palavras destacadas no enunciado da questão são acentuadas graficamente porque:
país — apresenta "i" tônico, como segunda vogal do hiato, formando sílaba com a letra "s";
insônia — é paroxítona terminada em ditongo crescente;
até — é oxítona terminada em "e".

As opções A, B, C e D apresentam exemplos para as regras de acentuação gráfica exemplificadas no enunciado. A opção E é a única a relacionar exemplos que remetem a outras regras:
índole — é proparoxítona (e todos são acentuados graficamente);
chapéu — é oxítona terminada em ditongo aberto "eu".

5) Gabarito: E
Comentário:
Fonemas não são letras. Fonema é a realidade registrada pela audição, enquanto letra é um sinal gráfico empregado para representar na escrita o som registrado em determinada língua; por isso, muitas vezes, um mesmo fonema pode ser realizado por letras diferentes (por exemplo: jeito e agenda — letras j e g, fonema /j/). Quando um só fonema é representado por duas letras, ocorre o *dígrafo*: caso de "correndo" (dois dígrafos: "rr" e "en"), "peguei" (um dígrafo: "gu") e "antigo" (um dígrafo: "an"), em que os dígrafos "rr" e "gu" representam sons consonantais, e "an", som de vogal nasal.
No caso da palavra "táxi" ocorre um dífono (letra "x" equivale a /ks/), isto é, uma letra somente corresponde a dois fonemas (outros exemplos: *oxítono*, *tórax*, etc.). Diferente do "x" da palavra "elixir", que vale por um só fonema.
Ao somarmos as letras das palavras destacadas, na contagem literal, cada letra escrita equivale a uma unidade, mas somando-se os fonemas temos quatro dígrafos ("rr", "en", "gu" e "an") que equivalem, cada um, a apenas uma unidade sonora, visto que são dígrafos, e a letra "x" que equivale a duas unidades sonoras, por ser um dífono. Assim, temos 24 letras e 21 fonemas (as 24 letras, menos 4 dígrafos, mais 1 dífono).

6) Gabarito: C
Comentário:
A opção C está correta. Estão incorretas as demais opções, porque
   A) a palavra "surpreendo" apresenta encontro consonantal ***rp*** e dígrafo ***en***, mas o feminino plural de "profetas" é "profetizas";
   B) a palavra "mesmo", no trecho destacado no enunciado, pode variar em gênero e número, dependendo de a que pessoa o pronome "eu" se refere, e as palavras "apocalipse" e "profetas" não possuem dígrafos, somente encontros consonantais "ps" e "pr", respectivamente;

D) o verbo "acho" é transitivo direto, mas o verbo "surpreendo" está no presente do indicativo ("surpreendido" é o particípio do verbo "surpreender");
E) as expressões "me surpreendo" e "se torne" são reflexivas, mas o sujeito do verbo "estão" é o pronome relativo "que", cujo antecedente é "profetas".

7) Gabarito: E
Comentário:
No caso da palavra "prefixo" ocorre um *dífono* (letra "x" equivale a /ks/), isto é, uma letra somente corresponde a dois fonemas (outros exemplos: *oxítono, táxi, tórax*, etc.). Portanto, "prefixo" possui 7 letras e 8 fonemas.

8) Gabarito: E
Comentário:
Quando um só fonema é representado por duas letras, ocorre o *dígrafo*: caso de "quente" (dígrafo "qu") e conchas (dígrafo "ch"). Em "cripta" temos o encontro consonantal "cr"; em "mausoléu", o ditongo decrescente (vogal + semivogal) "eu"; e, em "reino", o ditongo decrescente "ei". Portanto, 3 - 4 - 1 - 3 - 1. Repare que nenhuma lacuna foi preenchida com a opção 2 (ditongo crescente), e não há problema algum nisso. O candidato inseguro, muitas vezes, deixa-se influenciar por aspectos como este ao assinalar uma das alternativas.

9) Gabarito: A
Comentário:
Na opção A todos os vocábulos são oxítonos. O estudante pode ficar em dúvida quanto a "mister" por confundi-lo com o estrangeirismo "mister", cuja pronúncia, em inglês, soa como paroxítono para nós, mas vale lembrar que "mister" (sílaba tônica "ter") é substantivo e significa 'ser necessário'.

10) Gabarito: D
Comentário:
O cacófato é um efeito provocado pelo encontro de sílabas em palavras diferentes que formam um som desagradável, uma palavra grosseira ou, até mesmo, obscena.
Nos exemplos apresentados no enunciado estão destacadas as sílabas que colocadas em contato formam palavras grosseiras, ou seja, formam cacófato.

Passo 8

Ortografia e novo Acordo Ortográfico

CONCEITO E PRINCÍPIOS NORTEADORES

Ortografia é um sistema oficial convencional pelo qual se representa na escrita uma língua.

Em geral, nas línguas modernas, o sistema de grafia oficial regula-se por princípios gerais que procuram, além do uso, estabelecer razoável compromisso entre a *pronúncia* e a *etimologia*, isto é, a tradição oral e a origem e história das palavras.

Na ortografia do Português, usa-se o sistema *misto*. Assim, *hoje* se escreve com *h-* inicial, porque procede do advérbio latino *hodie*, e *farmácia* com *f-* inicial e não *ph* (*pharmacia*), porque o *ph-* grego se pronuncia como /f/. Por este sistema ficamos habilitados a distinguir homófonos (isto é, palavras que se pronunciam da mesma forma, como, por exemplo, *chá* e *xá*; *passo* e *paço*; *seção*, *sessão* e *cessão*). Todas as línguas de cultura usam dessas grafias para distinguir as palavras de significados diferentes. Tais distinções gráficas só não alcançam as palavras ditas *convergentes*, isto é, aquelas que, de origens diferentes, apresentam um mesmo resultado fonético como homônimos: *são* (procedente do latim *sanu-*, 'sadio', da próclise de *santo* (São João) e da terceira pessoa do plural do verbo *sunt*). É o que ocorre com as diversas origens de *manga*.

O sistema ortográfico oficial em vigor no Brasil, em Portugal e em outros países lusófonos é o que foi estabelecido nas bases do novo Acordo Ortográfico da Língua Portuguesa, aprovado em 1990, em Lisboa, pela Academia das Ciências de Lisboa, Academia Brasileira de Letras e delegações de Angola, Cabo Verde, Guiné-Bissau, Moçambique, São Tomé e Príncipe, com a adesão da delegação de observadores da Galiza (sendo posteriormente autorizada pela Comunidade dos Países de Língua Portuguesa — CPLP a adesão do Timor-Leste).

Talvez por não conhecer o histórico da sistematização ortográfica segundo princípios técnicos, alguns críticos reclamam do não envolvimento dos utentes da língua na iniciativa. Ora, uma sistematização da norma ortográfica é um assunto técnico, e só com o respaldo dos técnicos essa proposta pode chegar a bons resultados. Também são assuntos técnicos que vão orientar, por exemplo, uma mudança no sistema métrico, ou ações profiláticas para sanar uma epidemia, ou medidas para a crise hídrica; não são soluções nascidas de conduta plebiscitária para resolver todos esses casos. Os princípios científicos que regeram a primeira sistematização técnica da ortografia portuguesa, em 1911, passaram a ser as linhas mestras das subsequentes alterações que chegaram até nossos dias. A validade desses primeiros princípios também sempre esteve presente no exercício linguístico de todos nós. Desprezando pequenos melhoramentos técnicos e enfrentando, pela primeira vez a fundo, o problema complexo da hifenização, o Acordo de 1990 respeitou em quase sua totalidade os princípios da sistematização ortográfica de 1945, vigente em Portugal até nossos dias. Neste sentido não cabe aos portugueses a rejeição a esse Acordo, porque a única mudança efetiva para eles se resumiu na abolição da consoante não articulada de palavras como *diretor* (por *director*), *Egito* (por *Egipto*), o que os brasileiros aceitamos desde mais tempo, por representar um progresso e simplificação na técnica mais fácil de grafar as palavras, especialmente em relação às crianças que começam a entrar no mundo da língua escrita.

Vale lembrar que ortografia única não significa pronúncia única; cada país continuará a seguir seus hábitos de pronúncia fixados pela tradição histórica.

SISTEMA ORTOGRÁFICO VIGENTE NO BRASIL

O alfabeto da língua portuguesa é formado por 26 letras, cada uma delas com uma forma minúscula e outra maiúscula:

a A (á)   j J (jota)   s S (esse)
b B (bê)   k K (capa ou cá)   t T (tê)
c C (cê)   l L (ele)   u U (u)
d D (dê)   m M (eme)   v V (vê)
e E (é ou ê)   n N (ene)   w W (dáblio)
f F (efe)   o O (ó)   x X (xis)
g G (gê ou guê)   p P (pê)   y Y (ípsilon)
h H (agá)   q Q (quê)   z Z (zê)
i I (i)   r R (erre)

Os nomes de letras sugeridos aqui não excluem outras formas de as designar.

> **Obs.:**
> → Além dessas letras, usam-se o *ç* (cê-cedilhado ou cê-cedilha) e os seguintes dígrafos: *rr* (erre duplo), *ss* (esse duplo), *ch* (cê-agá), *lh* (ele-agá), *nh* (ene-agá), *gu* (gê/guê-u), *qu* (quê-u), *sc* (esse-cê), *sç* (esse-cê-cedilha), *xc* (xis-cê), *xs* (xis-esse).
> → Escrevem-se *rr* e *ss* quando, entre vogais, representam os sons simples de *r* e *s* iniciais; e *cc* ou *cç* quando o primeiro soa distintamente do segundo: *carro, farra, massa, passo; convicção, occipital*, etc.
> Duplicam-se o *r* e o *s* todas as vezes que a um elemento terminado em vogal se segue, sem interposição do hífen, palavra começada por uma daquelas letras: *albirrosado, arritmia, altíssono, derrogar, girassol, prerrogativa, pressentir, ressentimento, sacrossanto*, etc.

ACENTUAÇÃO GRÁFICA

A – Monossílabos ditos tônicos

Levam acento agudo ou circunflexo os monossílabos terminados em:
a) -a, -as: *já, lá, vás*;
b) -e, -es: *fé, lê, pés*;
c) -o, -os: *pó, dó, pós, sós*.

B – Vocábulos de mais de uma sílaba

1) OXÍTONOS (ou agudos)
Levam acento agudo ou circunflexo os oxítonos terminados em:
a) -a, -as: *cajás, vatapá, ananás, carajás*;
b) -e, -es: *você, café, pontapés*;
c) -o, -os: *cipó, jiló, avô, carijós*;
d) -em, -ens: *também, ninguém, vinténs, armazéns*.

Daí sem acento: *aqui, caqui, poti, caju, urubus*.

2) PAROXÍTONOS (ou graves)
Levam acento agudo ou circunflexo os paroxítonos terminados em:
a) -i, -is: *júri, cáqui, beribéri, lápis, tênis*;
b) -us: *vênus, vírus, bônus*;
c) -r: *caráter, revólver, éter*;
d) -l: *útil, amável, nível, têxtil* (não *téxtil*);
e) -x: *tórax, fênix, ônix*;
f) -n: *éden, hífen* (mas: *edens, hifens*, sem acento);
g) -um, -uns: *álbum, álbuns, médium*;
h) -ão, -ãos: *órgão, órfão, órgãos, órfãos*;
i) -ã, -ãs: *órfã, ímã, órfãs, ímãs*;
j) -ps: *bíceps, fórceps*;
k) -on(s): *rádon, rádons*.

Obs.: Devem ser acentuados os nomes técnicos terminados em *-om*: *iândom, rádom* (variante de *rádon*).

3) PROPAROXÍTONOS (ou esdrúxulos)
Levam acento agudo ou circunflexo todos os proparoxítonos: *cálido, tépido, cátedra, sólido, límpido, cômodo*.

C – Casos especiais

a) São sempre acentuadas as palavras oxítonas com os ditongos abertos grafados *-éis*, *-éu(s)* ou *-ói(s)*: *anéis, batéis, fiéis, papéis; céu(s), chapéu(s), ilhéu(s), véu(s); corrói(s)* (flexão de *corroer*), *herói(s), remói(s)* (flexão de *remoer*), *sói(s)* (flexão de *soer*), *sóis* (plural de *sol*).

b) Não são acentuadas as palavras paroxítonas com os ditongos abertos *-ei* e *-oi*, uma vez que existe, no espaço lusófono, oscilação em muitos casos entre a pronúncia aberta e fechada: *assembleia, boleia, ideia,* tal como *aldeia, baleia, cadeia, cheia, meia; coreico, epopeico, onomatopeico, proteico; alcaloide, apoio* (do verbo *apoiar*), tal como *apoio* (substantivo), *Azoia, boia, boina, comboio* (substantivo), tal como *comboio, comboias,* etc. (do verbo *comboiar*), *dezoito, estroina, heroico, introito, jiboia, moina, paranoico, zoina.*

Obs.: Receberá acento gráfico a palavra que, mesmo incluída neste caso, se enquadrar em regra geral de acentuação, como ocorre com *blêizer, contêiner, destróier, gêiser, Méier,* etc., porque são paroxítonas terminadas em *-r*.

c) Não se acentuam os encontros vocálicos fechados: *pessoa, patroa, coroa, boa, canoa; teu, judeu, camafeu; voo, enjoo, perdoo, coroo.*

Obs.: Será acentuada a palavra que, mesmo incluída neste caso, se enquadrar em regra geral de acentuação gráfica, como ocorre com *herôon* (Br.) / *heróon* (Port.), paroxítona terminada em *-n*.

d) Não levam acento gráfico as palavras paroxítonas que, tendo respectivamente vogal tônica aberta ou fechada, são homógrafas de artigos, contrações, preposições e conjunções átonas. Assim, não se distinguem pelo acento gráfico: *para* (á) [flexão de *parar*] e *para* [preposição]; *pela(s)* (é) [substantivo e flexão de *pelar*] e *pela(s)* [combinação de *per* e *la(s)*]; *pelo* (é) [flexão de *pelar*] e *pelo(s)* (ê) [substantivo e combinação de *per* e *lo(s)*]; *pera* (ê) [substantivo] e *pera* (é) [preposição antiga]; *polo(s)* (ó) [substantivo] e *polo(s)* [combinação antiga e popular de *por* e *lo(s)*], etc.

Obs.: Seguindo esta regra, também perde o acento gráfico a forma *para* (do verbo *parar*) quando entra num composto separado por hífen: *para-balas, para-brisa(s), para-choque(s), para-lama(s)*, etc.

e) Levam acento agudo o *i* e *u* quando representam a segunda vogal tônica de um hiato, desde que não formem sílaba com *r, l, m, n, z* ou não estejam seguidos de *nh*: *saúde, viúva, saída, caído, faísca, aí, Grajaú; juiz* (mas *juízes*), raiz (mas *raízes*), *paul, ruim, ruins, rainha, moinho.*

f) Não leva acento a vogal tônica dos ditongos *iu* e *ui*: *caiu, retribuiu, tafuis, pauis.*

g) Não são acentuadas as vogais tônicas *i* e *u* das palavras **paroxítonas** quando estas vogais estiverem precedidas de ditongo decrescente: *baiuca, bocaiuva, boiuno, cauila* (var. *cauira*), *cheiinho* (de *cheio*), *feiinho* (de *feio*), *feiura, feiudo, maoismo, maoista, saiinha* (de *saia*), *taoismo, tauismo.*

Obs.:
→ Na palavra *eoípo* (= denominação dos primeiros ancestrais dos cavalos), a pronúncia normal assinala hiato (e-o), razão por que tem acento gráfico.
→ A palavra paroxítona *guaíba* não perde o acento agudo porque a vogal tônica *i* está precedida de ditongo crescente.

h) Serão acentuadas as vogais tônicas *i* e *u* das palavras **oxítonas** quando mesmo precedidas de ditongo decrescente estão em posição final, sozinhas na sílaba, ou seguidas de *s*: *Piauí, teiú, teiús, tuiuiú, tuiuiús.*

Obs.: Se, neste caso, a consoante final for diferente de *s*, tais vogais **não serão acentuadas**: *cauim, cauins.*

i) Grafa-se a 3ª pessoa de alguns verbos da seguinte maneira:

1. quando termina em *-em* (monossílabos):
3ª pess. sing.   3ª pess. pl.
-em   -êm
ele tem   *eles têm*
ele vem   *eles vêm*
2. quando termina em *-ém*:
3ª pess. sing.   3ª pess. pl.
-ém   -êm
ele contém   *eles contêm*
ele convém   *eles convêm*
3. quando termina em *-ê* (*crê, dê, lê, vê* e derivados):
3ª pess. sing.   3ª pess. pl.
-ê   -eem
ele crê   *eles creem*
ele revê   *eles reveem*

j) Levam acento agudo ou circunflexo os vocábulos paroxítonos terminados por ditongo oral átono, quer decrescente ou crescente: *ágeis, devêreis, jóquei, túneis, área, espontâneo, ignorância, imundície, lírio, mágoa, régua, tênue.*

k) Leva acento agudo ou circunflexo a forma verbal terminada em *a, e, o* tônicos, seguida de *lo, la, los, las: fá-lo, fá-los, movê--lo-ia, sabê-lo-emos, trá-lo-ás.*

> **Obs.:** Pelo último exemplo, vemos que se o verbo estiver no futuro poderá haver dois acentos: *amá-lo-íeis, pô-lo-ás, fá-lo-íamos.*

l) Também leva acento agudo a vogal tônica *i* das formas verbais **oxítonas** terminadas em *-air* e *-uir*, quando seguidas de *-lo(s), -la(s)*, caso em que perdem o *r* final, como em: *atraí-lo(s)* [de *atrair-lo(s)*]; *atraí-lo(s)-ia* [de *atrair-lo(s)-ia*]; *possuí-la(s)* [de *possuir-la(s)*]; *possuí-la(s)-ia* [de *possuir-la(s)-ia*].

> **Obs.:** Tradicionalmente na imprensa, as formas paroxítonas e oxítonas com duplicação da vogal *i* são grafadas sem acento gráfico: *xiita, tapiira, tapii.*

m) Não levam acento os prefixos paroxítonos hifenados terminados em -r e -i: *inter-helênico, super-homem, semi-histórico*.

> **Obs.:**
> → Os verbos *arguir* e *redarguir* não levam acento agudo na vogal tônica *u* nas formas rizotônicas (aquelas cuja sílaba tônica está no radical): *arguo, arguis, argui, arguem; argua, arguas*, etc.
> → Os verbos do tipo de *aguar, apaniguar, apaziguar, apropinquar, averiguar, desaguar, enxaguar, obliquar, delinquir* e afins podem ser conjugados de duas formas: ou têm as formas rizotônicas (cuja sílaba tônica recai no radical) com o *u* do radical tônico, mas sem acento agudo; ou têm as formas rizotônicas com *a* ou *i* do radical com acento agudo: averiguo (ou averíguo), *averiguas* (ou *averíguas*), *averigua* (ou *averígua*), etc.; *averigue* (ou *averígue*), *averigues* (ou *averígues*), etc.; *delinquo* (ou *delínquo*), *delinques* (ou *delínques*), etc.; *delinqua* (ou *delínqua*), *delinquas* (ou *delínquas*), etc.
> → O verbo *delinquir*, tradicionalmente dado como defectivo (ou seja, verbo que não é conjugado em todas as pessoas), é tratado como verbo que tem todas as suas formas. O Acordo também aceita duas possibilidades de pronúncia, quando a tradição padrão brasileira na gramática para este verbo só aceitava sua conjugação nas formas arrizotônicas. Assim, com a tonicidade na vogal *i*, mais comum no Brasil — presente do indicativo: *delínquo, delínques, delínque, delinquimos, delinquis, delínquem*; presente do subjuntivo: *delínqua, delínquas, delínqua, delinquamos, delinquais, delínquam*. Ou com a tonicidade na vogal *u*, mais comum em Portugal — presente do indicativo: *delinquo* (/ú/), *delinques* (/ú/), *delinque* (/ú/), *delinquimos, delinquis, delinquem* (/ú/); presente do subjuntivo: *delinqua* (/ú/), *delinquas* (/ú/), *delinqua* (/ú/), *delinquamos, delinquais, delinquam* (/ú/)].
> → Em conexão com os casos citados acima, é importante mencionar que os verbos em -*ingir* (*atingir, cingir, constringir, infringir, tingir*, etc.) e os verbos em -*inguir* sem a pronúncia do *u* (*distinguir, extinguir*, etc.) têm grafias absolutamente regulares (*atinjo, atinja, atinge, atingimos*, etc.; *distingo, distinga, distingue, distinguimos*, etc.).

n) Não leva trema o *u* dos grupos *gue, gui, que, qui*, mesmo quando for pronunciado e átono: *aguentar, arguição, eloquência, frequência, tranquilo*.

o) Leva acento circunflexo diferencial a sílaba tônica da 3ª pessoa do singular do pretérito perfeito *pôde*, para distinguir-se de *pode*, forma da mesma pessoa do presente do indicativo.

p) Não se usa acento gráfico para distinguir as palavras oxítonas homógrafas (que possuem a mesma grafia), mas heterofônicas (pronunciadas de formas diferentes), do tipo de *cor* (ô) (substantivo) e *cor* (ó) (elemento da locução *de cor*); *colher* (ê) (verbo) e *colher* (é) (substantivo).

Obs.: A forma verbal *pôr* continuará a ser grafada com acento circunflexo para se distinguir da preposição átona *por*.

q) Não é acentuada nem recebe apóstrofo a forma monossilábica *pra*, redução de *para*. Ou seja, são **incorretas** as grafias *prá* e *p'ra*.

r) Pode ser ou não acentuada a palavra *fôrma* (substantivo), distinta de *forma* (substantivo; 3ª pessoa do singular do presente do indicativo ou 2ª pessoa do singular do imperativo do verbo *formar*). A grafia *fôrma* (com acento gráfico) deve ser usada apenas nos casos em que houver ambiguidade, como nos versos do poema "Os sapos": "Reduzi sem danos / A fôrmas a forma." [Manuel Bandeira]

O emprego do acento grave

Emprega-se o acento grave nos casos de crase e como acento diferencial. Para este assunto, ver o tópico *Preposição* (Passo 2).

a) Na contração da preposição *a* com as formas femininas do artigo ou pronome demonstrativo *o*: *à* (de *a* + *a*), *às* (de *a* + *as*).

b) Na contração da preposição *a* com o *a* inicial dos demonstrativos *aquele*, *aquela*, *aqueles*, *aquelas* e *aquilo* ou ainda da mesma preposição com os compostos *aqueloutro* e suas flexões: *àquele(s)*, *àquela(s)*, *àquilo*; *àqueloutro(s)*, *àqueloutra(s)*.

c) Na contração da preposição *a* com os pronomes relativos *a qual, as quais*: *à qual, às quais*.

O TREMA

O trema não é usado em palavras portuguesas ou aportuguesadas.

> **Obs.:**
> → O trema ocorre em palavras derivadas de nomes estrangeiros que o possuem: *hübneriano*, de *Hübner*; *mülleriano*, de *Müller*, etc.
> → O trema poderá ser usado para indicar, quando for necessário, a pronúncia do *u* em vocabulários ortográficos e dicionários: *lingueta* (gü), *líquido* (qü ou qu), *linguiça* (gü), *equidistante* (qü ou qu).
> → Com o fim do trema em palavras portuguesas ou aportuguesadas, não houve modificação na pronúncia dessas palavras.

O HÍFEN

A — Nos compostos:
1º) Emprega-se o hífen nos compostos sem elemento de ligação quando o 1º termo, por extenso ou reduzido, está representado por forma substantiva, adjetiva, numeral ou verbal: *ano-luz, arco-íris*.

> **Obs.:**
> → As formas empregadas adjetivamente do tipo *afro-, anglo-, euro-, franco-, indo-, luso-, sino-* e assemelhadas continuarão a ser grafadas **sem hífen** em empregos em que só há uma etnia: *afrodescendente, anglofalante, anglomania, eurocêntrico, eurodeputado, lusofonia, sinologia*, etc. Porém escreve-se com hífen quando houver mais de uma etnia: *afro-brasileiro, anglo-saxão, euro-asiático*, etc.

→ Com o passar do tempo, alguns compostos perderam a noção de composição e passaram a se escrever aglutinadamente, como é o caso de: *girassol, madressilva, pontapé,* etc. Já se escrevem aglutinados: *paraquedas, paraquedistas* (e afins, *paraquedismo, paraquedístico*) e *mandachuva*.

→ Os outros compostos com a forma verbal *para-* seguirão sendo separados por hífen conforme a tradição lexicográfica: *para-brisa(s), para-choque, para-lama(s),* etc.

→ Os outros compostos com a forma verbal *manda-* seguirão sendo separados por hífen conforme a tradição lexicográfica: *manda-lua, manda-tudo.*

→ A tradição ortográfica também usa o hífen em outras combinações vocabulares: *abaixo-assinado, assim-assim, ave-maria, salve-rainha.*

→ Os compostos formados com elementos repetidos, com ou sem alternância vocálica ou consonântica, por serem compostos representados por formas substantivas sem elemento de ligação, ficarão: *blá-blá-blá, lenga-lenga, reco-reco, tico-tico, zum-zum-zum, pingue-pongue, tique-taque, trouxe-mouxe, xique-xique* (= chocalho; cf. *xiquexique* = planta), *zás-trás, zigue-zague,* etc. Os derivados, entretanto, não serão hifenizados: *lengalengar, ronronar, zunzunar,* etc.

→ Não se separam por hífen as palavras com sílaba reduplicativa oriundas da linguagem infantil: *babá, titio, vovó, xixi,* etc.

2º) Emprega-se o hífen nos compostos sem elemento de ligação quando o 1º elemento está representado pelas formas *além, aquém, recém, bem* e *sem*: *além-Atlântico, aquém-Pireneus, recém-casado, bem-vindo, sem-cerimônia.*

Obs.: Em muitos compostos o advérbio *bem* aparece aglutinado ao segundo elemento, quer este tenha ou não vida à parte quando o significado dos termos é alterado: *bendito* (= abençoado), *benfazejo, benfeito* [subst.] (= benefício); cf. *bem-feito* [adj.] = feito com capricho, harmonioso, e *bem feito!* [interj.], *benfeitor, benquerença* e afins: *benfazer, benfeitoria, benquerer, benquisto, benquistar.*

3º) Emprega-se o hífen nos compostos sem elemento de ligação quando o 1º elemento está representado pela forma *mal* e o 2º elemento começa por *vogal, h* ou *l*: *mal-afortunado, mal-entendido, mal-estar, mal-humorado, mal-informado, mal-limpo*. Porém: *malcriado, malvisto*, etc.

> **Obs.**: *Mal* com o significado de 'doença' grafa-se com hífen: *mal-caduco* (= epilepsia), *mal-francês* (= sífilis), desde que não haja elemento de ligação. Se houver, não se usará hífen: *mal de Alzheimer*.

4º) Emprega-se o hífen nos nomes geográficos compostos pelas formas *grã, grão*, ou por forma verbal ou, ainda, naqueles ligados por artigo: *Grã-Bretanha, Abre-Campo, Baía de Todos-os-Santos*.

> **Obs.**:
> → Serão hifenizados os adjetivos gentílicos (ou seja, adjetivos que se referem ao lugar onde se nasce) derivados de nomes geográficos compostos que contenham ou não elementos de ligação: *belo-horizontino, mato-grossense-do-sul, juiz-forano, cruzeirense-do-sul, alto-rio-docense*.
> → Escreve-se com hífen *indo-chinês*, quando se referir à Índia e à China, ou aos indianos e chineses, diferentemente de *indochinês* (sem hífen), que se refere à Indochina.

5º) Emprega-se o hífen nos compostos que designam espécies botânicas (planta e fruto) e zoológicas, estejam ou não ligadas por preposição ou qualquer outro elemento: *abóbora-menina, andorinha-do-mar, andorinha-grande, bem-me-quer* (mas *malmequer*).

> **Obs.**: Os compostos que designam espécies botânicas e zoológicas grafados com hífen pela norma acima não serão hifenizados quando tiverem aplicação diferente dessas espécies. Por exemplo: *não-me--toques* (com hífen), quando se refere a certas espécies de plantas, e *não me toques* (sem hífen) com o significado de 'melindres'.

B — Nas locuções:
Não se emprega o hífen nas locuções, sejam elas substantivas, adjetivas, pronominais, adverbiais, prepositivas ou conjuncionais, salvo algumas exceções já consagradas pelo uso (como é o caso de *água-de-colônia, arco-da-velha, cor-de-rosa, mais-que-perfeito, pé-de-meia, ao deus-dará, à queima-roupa*). Vale lembrar que, se na locução há algum elemento que já tenha hífen, será conservado este sinal: *à trouxe-mouxe, cara de mamão-macho, bem-te-vi de igreja*.

Obs.:
→ Expressões com valor de substantivo, do tipo *deus nos acuda, salve-se quem puder, um faz de contas, um disse me disse, um maria vai com as outras, bumba meu boi, tomara que caia, aqui del rei*, devem ser grafadas sem hífen. Da mesma forma serão usadas sem hífen locuções como: *à toa* (adjetivo e advérbio), *dia a dia* (substantivo e advérbio), *arco e flecha, calcanhar de aquiles, comum de dois, general de divisão, tão somente, ponto e vírgula*.
→ Não se emprega o hífen nas locuções latinas usadas como tais, não substantivadas ou aportuguesadas: *ab initio, ab ovo, ad immortalitatem, ad hoc, data venia, de cujus, carpe diem, causa mortis, habeas corpus, in octavo, pari passu, ex libris*. Mas: o *ex-libris*, o *habeas-corpus, in-oitavo*, etc.

C — Nas sequências de palavras:
Emprega-se o hífen para ligar duas ou mais palavras que ocasionalmente se combinam, formando não propriamente vocábulos, mas encadeamentos vocabulares, como: a divisa *Liberdade-Igualdade-Fraternidade*, a ponte *Rio-Niterói*; e nas combinações históricas ou até mesmo ocasionais de topônimos, como: *Áustria-Hungria, Alsácia-Lorena, Angola-Brasil, Tóquio-Rio de Janeiro*, etc.

D — Nas formações com prefixos:
1º) Emprega-se o hífen quando o 1º elemento termina por vogal igual à que inicia o 2º elemento: *anti-inфеccioso, anti-inflamatório, contra-almirante, eletro-ótica, micro-ondas*.

> **Obs.:**
> → Incluem-se neste princípio geral todos os prefixos terminados por vogal: *agro-* (= terra), *albi-, alfa-, ante-, anti-, ântero-, arqui-, áudio-, auto-, bi-, beta-, bio-, contra-, eletro-, euro-, ínfero-, infra-, íntero-, iso-, macro-, mega-, multi-, poli-, póstero-, pseudo-, súpero-, neuro-, orto-, sócio-,* etc. Então, se o 1º elemento terminar por vogal diferente daquela que inicia o 2º elemento, escreve-se junto, sem hífen: *anteaurora, antiaéreo, aeroespacial, agroindustrial*.
> → Nas formações com os prefixos *co-, pro-, pre-* e *re-*, estes unem-se ao segundo elemento, mesmo quando iniciado por *o* ou *e*: *coabitar, coautor, coedição, coerdeiro; proativo* (ou *pró-ativo*), *procônsul, propor; preeleito* (ou *pré-eleito*), *preembrião* (ou *pré-embrião*), *preeminência, preenchido; reedição, reedificar, reeducação, reelaborar, reeleição*.

2º) Emprega-se o hífen quando o 1º elemento termina por consoante igual à que inicia o 2º elemento: *ad-digital, inter-racial, sub-base, super-revista,* etc.

> **Obs.:** Formas como *abbevilliano, addisoniano, addisonismo, addisonista* se prendem a nomes próprios estrangeiros: *Abbeville, Addison*.

3º) Emprega-se o hífen quando o 1º elemento termina acentuado graficamente, *pós-, pré-, pró-*: *pós-graduação, pós-tônico; pré-datado, pré-escolar; pró-africano, pró-europeu*.

> **Obs.:** Pode haver, em certos usos, alternância entre *pre-* e *pré-, pos-* e *pós-*; neste último caso, deve-se usar o hífen: *preesclerótico/pré-esclerótico, preesclerose/pré-esclerose, preeleito/pré-eleito, prerrequisito/pré-requisito; postônico/pós-tônico*.

4º) Emprega-se o hífen quando o 1º elemento termina por *m* ou *n* e o 2º elemento começa por *vogal, h, m* ou *n: circum-escolar, circum-hospitalar, circum-murado, circum-navegação, pan-africano, pan-harmônico, pan-mágico, pan-negritude.*

5º) Emprega-se o hífen quando o 1º elemento é um dos prefixos *ex-* (anterioridade ou cessação), *sota-, soto-, vice-, vizo-: ex-almirante, sota-almirante, soto-almirante, soto-pôr* (mas sobrepor), *vice-presidente, vizo-rei.*

> **Obs.:** Em *sotavento* e *sotopor* os prefixos não têm o mesmo significado de *vice-, vizo-*, daí não se enquadrarem na regra anterior.

6º) Emprega-se o hífen quando o 1º elemento termina por *vogal, r* ou *b* e o 2º elemento se inicia por *h: anti-herói, hiper-hidrose, sub-humano.*

> **Obs.:**
> → Nos casos em que não houver perda do som da vogal final do 1º elemento, e o elemento seguinte começar com *h*, serão usadas as duas formas gráficas: *carbo-hidrato* e *carboidrato; zoo-hematina* e *zooematina*. Já quando houver perda do som da vogal final do 1º elemento, consideraremos que a grafia consagrada deve ser mantida: *cloridrato, cloridria, clorídrico, quinidrona, sulfidrila, xilarmônica, xilarmônico*. Devem ficar como estão as palavras que, fugindo a este princípio, já são de uso consagrado, como *reidratar, reumanizar, reabituar, reabitar, reabilitar* e *reaver*.
> → Não se emprega o hífen com prefixos *des-* e *in-* quando o 2º elemento perde o *h* inicial: *desumano, inábil, inumano*, etc.
> → Embora não tratado no Acordo, pode-se incluir neste caso o prefixo *an-* (por exemplo: *anistórico, anepático, anidrido*). Na sua forma reduzida *a-*, quando seguido de *h*, a tradição manda hifenizar e conservar o *h* (por exemplo: *a-histórico, a-historicidade*).
> → Não se emprega o hífen com as palavras *não* e *quase* com função prefixal: *não agressão, não fumante; quase delito, quase equilíbrio*, etc.

7º) Emprega-se o hífen quando o 1º elemento termina por *b* (*ab-, ob-, sob-, sub-*) ou *d* (*ad-*) e o 2º elemento começa por *r*: *ab-rupto, ob-rogar, sob-roda, sub-rogar*.

> **Obs.**: *Adrenalina, adrenalite* e afins já são exceções consagradas pelo uso.

8º) Quando o 1º elemento termina por vogal e o 2º elemento começa por *r* ou *s*, não se usa hífen, e estas consoantes devem duplicar-se: *antessala, antirreligioso, autorregulamentação, biorritmo*.

> **Obs.**: Excepcionalmente, para garantir a integridade do nome próprio usado como tal, recomenda-se a grafia com hífen em casos como *anti-Stalin, anti-Iraque, anti-Estados Unidos*, usos frequentes na imprensa, mas não lembrados no texto do Acordo. As formas derivadas seguem a regra dos prefixos, como em: *antistalinismo / antiestalinismo, desestalinização*.

E — Nas formações com sufixo:
Emprega-se hífen apenas nas palavras terminadas por sufixos de origem tupi-guarani que representam formas adjetivas, como *-açu* (= grande), *-guaçu* (= grande), *-mirim* (= pequeno), quando o 1º elemento termina por vogal acentuada graficamente ou quando a pronúncia exige a distinção gráfica dos dois elementos: *amoré-guaçu, anajá-mirim, andá--açu, capim-açu, Ceará-Mirim*. Por isso, sem hífen: *Mojiguaçu, Mojimirim*.

F — O hífen nos casos de ênclise, mesóclise (tmese) e com o verbo haver:
1º) Emprega-se o hífen na ênclise e na mesóclise: *amá-lo, dá-se, deixa-o, partir-lhe; amá-lo-ei, enviar-lhe-emos*.
2º) Não se emprega o hífen nas ligações da preposição *de* às formas monossilábicas do presente do indicativo do verbo *haver*: *hei de, hás de, hão de*, etc.

Obs.:
→ Embora estejam consagradas pelo uso as formas verbais *quer* e *requer*, dos verbos *querer* e *requerer*, ao lado de *quere* e *requere*, estas últimas formas conservam-se, no entanto, nos casos de ênclise: *quere-o(s), requere-o(s)*.
→ Usa-se também o hífen nas ligações de formas pronominais enclíticas ao advérbio *eis* (*eis-me, ei-lo*) e ainda nas combinações de formas pronominais do tipo *no-lo* (nos + [l]o), *no-las* (nos + [l]as), quando em próclise ao verbo (por exemplo: Esperamos que *no-lo* comprem).

O APÓSTROFO

São os seguintes os casos de emprego do apóstrofo:

A — Para cindir graficamente uma contração ou aglutinação vocabular quando um elemento ou fração respectiva pertence propriamente a um conjunto vocabular distinto: *d'Os Lusíadas; d'Os Sertões; n'Os Lusíadas.*

B — Para fazer uma contração ou aglutinação vocabular quando um elemento ou fração respectiva é forma pronominal e se lhe quer dar realce com o uso da maiúscula: *d'Ele; n'Ele.*

C — Nas ligações das formas *santo* e *santa* a nomes do hagiológio quando importa representar a elisão das vogais finais *o* e *a*: *Sant'Ana*.

D — Para assinalar, no interior de certas formações, a elisão do *e* da preposição *de*, em combinação com substantivos: *borda-d'água; cobra-d'água; copo-d'água.*

E — Para indicar a supressão de uma letra ou letras no verso, por exigência da metrificação: *c'roa; esp'rança.*

F — Para reproduzir certas pronúncias populares: *'tá; 'teve*, etc.

> **Obs.:**
> → Evite-se a repetição do artigo: *por O Globo* (em vez de pelo *O Globo*), em *A Ordem*, em vez de na *A Ordem*, etc.
> → Deve-se evitar a prática: *dos Lusíadas, na Ordem* porque altera o título da obra ou da publicação.
> → Os tratados de ortografia, bem como alguns gramáticos modernos, têm condenado o emprego da combinação de preposição, especialmente *de*, com artigo, pronome e vocábulo iniciado por vogal pertencente a sujeito, em construções do tipo sintático *Está na hora da onça beber água*; *É tempo do inverno chegar*. Mas essas construções pertencem à tradição literária de todos os tempos, além de serem eufonicamente mais naturais. Por isso devem ser válidas as construções com ou sem a combinação referida. Para mais informações sobre este assunto, ver o tópico *Regência* (Passo 4).

DIVISÃO SILÁBICA

A divisão de qualquer vocábulo, assinalada pelo hífen, em regra se faz pela soletração, e não pelos seus elementos constitutivos segundo a etimologia.

Na translineação (ou seja, na passagem para a linha seguinte quando se está escrevendo um texto) de uma palavra composta ou de uma combinação de palavras em que há um hífen, ou mais, se a partição coincide com o final de um dos elementos ou membros, por clareza gráfica, se deve repetir o hífen no início da linha seguinte.

EMPREGO DAS INICIAIS MAIÚSCULAS E MINÚSCULAS

Emprega-se letra inicial maiúscula:
1º) No começo do período, verso ou citação direta.

> **Obs.:** Alguns poetas usam, à espanhola, a minúscula no princípio de cada verso, quando a pontuação o permite.

2º) Nos substantivos próprios de qualquer espécie, bem como os cognomes e alcunhas.

> **Obs.:**
> → As formas onomásticas que entram na formação de palavras do vocabulário comum escrevem-se com inicial minúscula quando se afastam de seu significado primitivo, excetuando-se os casos em que esse afastamento não ocorre: *joão-de-barro*; mas: *além-Brasil, doença de Chagas*.
> → Os nomes de povos escrevem-se com inicial minúscula, não só quando designam habitantes ou naturais de um estado, província, cidade, vila ou distrito, ainda quando representam coletivamente uma nação: *amazonenses, suíços*.
> → Os nomes comuns que acompanham os nomes próprios designativos de estados, províncias, cidades, etc. e de acidentes geográficos são escritos com minúsculas: *estado* do Rio de Janeiro; *rio* Parnaíba; a *baía* de Sepetiba; a *ilha* de São Luís.

3º) Nos nomes próprios de eras históricas e épocas notáveis: *Idade Média, Quinhentos* (o século XVI).

> **Obs.:** Os nomes dos meses escrevem-se com inicial minúscula.

4º) Nos nomes de vias e lugares públicos: *Avenida Rio Branco, Largo da Carioca*.

5º) Nos nomes que designam altos conceitos religiosos, políticos ou nacionalistas: *Igreja* (Católica, Apostólica, Romana), *Nação, Estado*.

> **Obs.:** Esses nomes se escrevem com inicial minúscula quando são empregados em sentido geral ou indeterminado.

6º) Nos nomes que designam artes, ciências, ou disciplinas, bem como nos que sintetizam, em sentido elevado, as manifestações do engenho e do saber: *Agricultura, Arquitetura, Filologia Portuguesa, Direito, Medicina, Matemática, Pintura, Arte, Ciência, Cultura,* etc.

> **Obs.:** Os nomes *idioma, idioma pátrio, língua, língua portuguesa, vernáculo* e outros análogos escrevem-se com inicial maiúscula quando empregados com especial relevo.

7º) Nos nomes que designam altos cargos, dignidades ou postos: *Papa, Cardeal, Presidente da República, Ministro da Educação, Embaixador, Secretário de Estado.*

8º) Nos nomes de repartições, corporações ou agremiações, edifícios e estabelecimentos públicos ou particulares: *Diretoria-Geral do Ensino, Ministério das Relações Exteriores.*

9º) Nos títulos de livros, jornais, revistas, produções artísticas, literárias e científicas: *Correio da Manhã, Revista Filológica.*

> **Obs.:**
> → Não se escrevem com maiúscula inicial as partículas monossilábicas que se acham no interior de vocábulos compostos ou de locuções ou expressões que têm iniciais maiúsculas: *Queda do Império, O Crepúsculo dos Deuses.*
> → Nos bibliônimos, após o primeiro elemento, que é com maiúscula, os demais vocábulos podem ser escritos com minúscula, salvo nos nomes próprios nele contidos, tudo em grifo.

10º) Nos nomes de fatos históricos e importantes, de atos solenes e de grandes empreendimentos públicos: *Centenário da Independência do Brasil, Descobrimento da América, Reforma Ortográfica.*

> **Obs.:** Os nomes de festas pagãs ou populares escrevem-se com inicial minúscula: *carnaval, entrudo.*

11º) Nos nomes de escolas de qualquer espécie ou grau de ensino: *Faculdade de Filosofia, Escola Superior de Comércio, Colégio Pedro II.*

12º) Nos nomes comuns, quando personificados ou individuados, e de seres morais ou fictícios: *A Capital da República, moro na Capital.*

13º) Nos nomes dos pontos cardeais, quando designam regiões: *Os povos do Oriente; o falar do Norte é diferente do falar do Sul; a guerra do Ocidente,* etc.

> **Obs.**: Os nomes dos pontos cardeais escrevem-se com iniciais minúsculas quando designam direções ou limites geográficos: *Percorri o país de norte a sul e de leste a oeste.*

14º) Nos nomes, adjetivos, pronomes e expressões de tratamento ou reverência: *D.* (Dom ou Dona), *Sr.* (Senhor).

> **Obs.**: As formas que se acham ligadas a essas expressões de tratamento devem ser também escritas com iniciais maiúsculas: *D. Abade, Ex.ma Sra. Diretora.*

15º) Nas palavras que, no estilo epistolar, se dirigem a um amigo, a um colega, a uma pessoa respeitável, as quais, por deferência, consideração ou respeito, se queira realçar por esta maneira: *caro Colega, meu prezado Mestre, estimado Professor.*

Nomes próprios

1º) Os nomes próprios personativos, locativos e de qualquer natureza estão sujeitos às mesmas regras estabelecidas para os nomes comuns.
2º) Para salvaguardar direitos individuais, quem o quiser manterá em sua assinatura a forma consuetudinária.

> **Obs.**: Não sendo o próprio que assine o nome com a grafia e a acentuação do modo como foi registrado, a indicação do seu nome obedecerá às regras estabelecidas pelo sistema ortográfico vigente.

3º) Os topônimos de origem estrangeira devem ser usados com as formas vernáculas de uso vulgar; e, quando não têm formas vernáculas, transcrevem-se consoante as normas estatuídas pela Conferência de Geografia de 1926.

4º) Os topônimos de tradição histórica secular não sofrem alteração alguma na sua grafia, quando já esteja consagrada pelo consenso diuturno dos brasileiros.

> **Obs.:** Os compostos e derivados desses topônimos obedecerão às normas gerais do vocabulário comum.

PALAVRAS E EXPRESSÕES QUE MERECEM ATENÇÃO

1. Abaixo / A baixo
   a) Abaixo:
   1) interjeição; grito de indignação ou reprovação: *Abaixo o orador!*
   2) advérbio = embaixo; em categoria inferior; depois: *Abaixo de Deus, os pais./Pegue lá abaixo.*
   b) A baixo = contrário a "de alto": *Rasgou as roupas de alto a baixo.*

2. Acerca de / Cerca de / A cerca de / Há cerca de
   a) Acerca de = a respeito de: *Falamos acerca de futebol.*
   b) Cerca de = durante; aproximadamente: *Falamos cerca de duas horas.*
   c) A cerca de = ideia de distância: *Fiquei a cerca de três metros de distância.*
   d) Há cerca de = existe aproximadamente; aproximadamente no passado: *Há cerca de mil alunos lá fora./Falamos há cerca de uma hora.*

3. Acima / A cima
   a) Acima:
   1) atrás: *Exemplo citado acima.*
   2) em grau ou categoria superior: *De quinze anos acima.*
   3) em graduação superior a: *Muito acima dos bens materiais, a paz do espírito.*

4) de preferência; em lugar superior; por cima; sobre: *Buscamos, acima de tudo, o reino de Deus.*
5) de cima (interjeição): *Eia! Acima, coração!*
b) A cima — contrário a "de baixo": *Costurou a roupa de baixo a cima.*

4. Afim / A fim de
a) Afim = semelhança; parentesco; afinidade: *São duas pessoas afins.*
b) A fim de = com o propósito de; com o objetivo de; com a finalidade de: *Estudou a fim de passar no vestibular.* (Ou: *Estudou a fim de que passasse no vestibular.*)

5. Afora / A fora
a) Afora = fora; à exceção de; exceto: *Todos irão, afora você.*
b) A fora = para fora. Também se usa apenas *fora*: *Pela vida a fora.* (Ou: *Pela vida fora.*)

6. Aparte / À parte
a) Aparte
1) verbo = separar: *Não aparte os animais.*
2) substantivo = interrupção: *O orador recebeu um aparte.*
b) À parte — locução adverbial = em separado; separadamente; particularmente: *Isso será marcado à parte.*

7. À toa
a) locução adjetiva = ordinário; desprezível; sem valor: *Ele é um homem à toa.*
b) locução adverbial = ao acaso; sem rumo; sem razão: *Andava à toa na rua.* / *Ele é um homem que reclama à toa.*

8. À vontade
a) locução substantiva = informalidade; sem-cerimônia: *Não me agrada esse à vontade com que você fala.*
b) locução adverbial = sem preocupação; livremente: *Fique à vontade.* / *Sirva-se à vontade.*

9. Apedido / A pedido
a) Apedido — substantivo = publicação especial em jornal: *Li, no jornal, violento apedido do candidato.*

b) A pedido — locução adverbial = conforme pedido, solicitação: *Aceite o cargo a pedido do diretor.*

10. Bem-feito / Benfeito / Bem feito!
a) Bem-feito — adjetivo = feito com capricho; elegante: *Foi um trabalho bem-feito. / A modelo tinha um corpo bem-feito.*
b) Benfeito — substantivo = benfeitoria: *Fizeram benfeitos no apartamento.*
c) Bem feito! — interjeição = expressa contentamento diante de algo negativo acontecido a alguém: *O gato a arranhou? Bem feito! Não devia tê-lo maltratado.*

11. Bem-posto / Bem posto
a) Bem-posto = elegante: *O noivo apresentou-se muito bem-posto.*
b) Bem posto = posto corretamente: *O botão está bem posto.*

12. Boa-vida / Boa vida
a) Boa-vida = pessoa que não tem o hábito de trabalhar e busca viver bem sem se esforçar, ou que tem uma vida tranquila, sem precisar se preocupar com nada: *Você é um boa-vida.*
b) Boa vida = vida tranquila; vida boa: *Aposentado, passou a ter boa vida.*

13. Abaixo-assinado / Abaixo assinado
a) Abaixo-assinado = documento: *Os alunos entregaram o abaixo-assinado ao diretor.*
b) Abaixo assinado = que após, embaixo, a sua assinatura; que assinou um documento coletivo: *Os moradores abaixo assinados solicitam um efetivo da polícia.*

14. Conquanto / Com quanto
a) Conquanto = embora; se bem que; ainda que: *Li tudo, conquanto não me interessasse o assunto.*
b) Com quanto = indicação de quantidade: *Com quanto dinheiro você veio? / Não sabe com quanto amigo conta.*

15. Contanto / Com tanto
a) Contanto = dado que; sob condição de que; uma vez que: *Contanto que você chegue cedo, fico feliz.*

b) Com tanto = indicação de quantidade: *Já não posso com tanto barulho.*

16. Contudo / Com tudo
   a) Contudo = não obstante; porém; todavia: *Poderia falar, contudo preferi ficar calado.*
   b) Com tudo — preposição + pronome = total: *Fui embora, e ele ficou com tudo.*

17. Dantes / De antes
   a) Dantes — advérbio = antigamente: *Dantes se vivia melhor.*
   b) De antes — preposição + advérbio = em tempo anterior: *Os problemas já vêm de antes da guerra.*

18. Debaixo / De baixo
   a) Debaixo
   1) em situação inferior: *Será bom que caia quando ninguém estiver debaixo.*
   2) na dependência; em decadência: *Ficamos debaixo e tivemos que entregar-nos.*
   3) sob: *Jaz agora debaixo da terra.*
   4) no tempo de; por ocasião de: *Caíram estes sucessos debaixo de outro governo.*
   5) em situação inferior a: *Escondem-se debaixo da cama.*
   b) De baixo
   1) a parte inferior: *Comprei roupa de baixo.*
   2) contrário a "a cima": *Olhou-o de baixo a cima.*

19. Demais / De mais
   a) Demais
   1) pronome indefinido = outros: *Chame os demais alunos.*
   2) advérbio de intensidade = excessivamente: *Ele fala demais.*
   3) palavra continuativa = além disso: *Demais, quem trabalhou fui eu.*
   b) De mais — locução adjetiva = muito. (Opõe-se a *de menos*.): *Comi pão de mais. / Não tem nada de mais sair cedo.*

20. Detrás / De trás
   a) Detrás = na parte posterior; em seguida, depois: *Ali fica a casa; detrás, a piscina. / Chegaram um detrás do outro.* (Por detrás — pela retaguarda: *Dizer mal de alguém por detrás.*)

b) De trás = atrás: *Boa educação vem de trás.* / *O brincalhão cutucou o colega da frente e o de trás.*

21. **Devagar / De vagar**
    a) Devagar = lentamente; sem pressa: *Devagar se vai ao longe.*
    b) De vagar = de descanso: *Pinto nos momentos de vagar.*

22. **Dia a dia (sem hífen)**
    a) locução substantiva = a vida cotidiana: *O dia a dia é que preocupa.*
    b) locução adverbial = dia após dia: *Fazemos tarefas dia a dia.* / *A planta crescia dia a dia.*

23. **Em vez de / Ao invés de**
    a) Em vez de = em lugar de: *Em vez de comprar um sítio, comprou três.*
    b) Ao invés de = ao contrário de: *O elevador, ao invés de subir, desceu.*

24. **Enfim / Em fim**
    a) Enfim = afinal; finalmente: *Enfim você chegou.*
    b) Em fim = no fim: *Ele está em fim de carreira.*

25. **Enquanto / Em quanto**
    a) Enquanto — conjunção = ao passo que: *Tu dormes, enquanto ele trabalha.*
    b) Em quanto — preposição + pronome = qual; por quanto: *Em quanto tempo você vai?* / *Em quanto pode ficar o conserto?*

26. **Malcriado / Mal criado**
    a) Malcriado = sem educação: *Chofer malcriado.*
    b) Mal criado = tratado mal: *É um cafezal mal criado.*

27. **Malgrado / Mau grado**
    a) Malgrado = apesar de (se **não** estiver seguido de preposição): *Malgrado o edital, passei.*
    b) Mau grado
    1) contra a vontade: *Ele trabalha de mau grado.*
    2) apesar de (se estiver seguido de preposição): *Mau grado ao tempo, sairei.*

28. Nenhum / Nem um

a) Nenhum — pronome indefinido usado para reforçar a negativa *não*, podendo ser substituído pelo indefinido *algum* posposto: *Não tínhamos nenhuma dívida até aquele momento.* (= Não tínhamos dívida *alguma* até aquele momento). Sem ênfase, *nenhum* vem geralmente anteposto ao substantivo: *Você não tem nenhum parente na polícia?*

b) Nem um = um só que fosse: *Não fabricamos, ainda, nem um carro.*

29. Porquanto / Por quanto

a) Porquanto — conjunção = visto que: *Apresso-me, porquanto o tempo voa.*

b) Por quanto = que total de; a quantidade de; por que preço: *Não sei por quanto tempo posso contar com sua ajuda. / Por quanto venderam a casa?*

30. Porquê / Porque / Por quê / Por que

a) Porquê — substantivo = equivalente a "o motivo"; "a causa": *Sei o porquê do choro.*

b) Porque — conjunção = a oração equivale a "por esta razão": *Faltei porque estava doente.*

c) Por quê — no fim de período ou seguido de pausa: *Você faltou por quê? / Se não entendeste por quê, a obrigação era perguntar.*

d) Por que
1) nas interrogativas diretas: *Por que faltaste à aula ontem?*
2) nas interrogativas indiretas: *Perguntaram por que faltaste à aula ontem.*
3) quando igual a 'motivo pelo qual'; 'por qual razão': *Bem sabes por que não compareci. / A avaliação é negativa em todas as áreas e não há por que esperar qualquer reversão. / Por que praticar esportes.*
4) quando igual a 'por qual': *Bem sabes por que motivo não compareci.*
5) quando ocorre preposição mais conjunção integrante: *Anseio por que venhas logo.*

31. Portanto / Por tanto

a) Portanto = por conseguinte: *Nada fazes, portanto nada podes esperar.*

b) Por tanto = por este preço; designa quantidade: *Compro, mas por tanto. / Fique com o livro por tanto tempo quanto necessário.*

32. Porventura / Por ventura
a) Porventura = por acaso: *Avise-me se porventura sair.*
b) Por ventura = por sorte: *Não estudei; passei por ventura feliz!*

33. Sem-cerimônia / Sem cerimônia
a) Sem-cerimônia = descortesia: *A sua sem-cerimônia foi excessiva.*
b) Sem cerimônia = à vontade: *Sirva-se sem cerimônia.*

34. Sem-fim / Sem fim
a) Sem-fim = número ou quantidade indeterminada: *Foi um sem-fim de bebidas e doces.*
b) Sem fim = sem término: *É uma estrada sem fim.*

35. Sem-número / Sem número
a) Sem-número = inumerável; sem conta: *Tenho um sem-número de novidades.*
b) Sem número = ausência de numeração: *Esta folha está sem número.*

36. Se não / Senão
a) Se não
1) conjunção + advérbio = caso não: *Se não pagas, não entras.* / *Lia diariamente dois jornais, se não [lia] três.*
2) pronome + advérbio: se não = não se: *O que se não deve dizer.*
b) Senão
1) substantivo = defeito: *Ela não tem um senão de que possa falar.*
2) conjunção = mas também: *Era a melhor da turma, senão de toda a escola.*
3) preposição (palavra de exclusão) = exceto: *A quem, senão a meu pai, devo recorrer?*
4) depois de palavra negativa ou como segundo elemento dos pares aditivos *não... senão, não só... senão (também)*: *Nada me dói, senão procuraria médico.* / *Ninguém te viu, senão todos já saberiam.* / *Não me amoles senão eu grito.* / *Não só me ajudou, senão também me hospedou.*
5) conjunção = caso contrário: *Estude, senão não passará no concurso.*

37. Sobretudo / Sobre tudo
a) Sobretudo
1) especialmente; principalmente: *Estudei muito, sobretudo porque estou querendo passar no colégio.*

2) casacão, capa: *O frio nos obrigou a usar sobretudo.*
b) Sobre tudo = a respeito de tudo: *Eles conversam sobre tudo.*

38. Tampouco / Tão pouco
a) Tampouco = também não; nem: *Ele não estuda tampouco trabalha.*
b) Tão pouco = muito pouco: *Ele estudou tão pouco que não passou.*

39. Ao nível de / Em nível de
a) Ao nível de = à altura de; no mesmo plano de: *O barco estava ao nível do mar.*
b) Em nível de (ou no nível de) — indica uma esfera de ação ou pensamento e pode ser substituída pelas expressões "em termos de", "no que diz respeito a", "em relação a": *Isso foi resolvido em nível de governo estadual.* /*"Algo para se lidar no nível da intuição apenas, da aceitação sem perguntas."* [Ana Maria Machado]

> **Obs.**: Nestes usos, a expressão "a nível de" não atende à norma-padrão da língua.

40. Ao encontro de / De encontro a
a) Ao encontro de — indica aproximação: *As minhas ideias vão ao encontro das suas.*
b) De encontro a — indica posição contrária: *As minhas ideias, infelizmente, vão de encontro às suas.*

41. Em princípio / A princípio
a) Em princípio = de maneira geral, sem entrar em particularidades: *Em princípio, concordo com tudo isso.*
b) A princípio = no início: *A princípio, eu lecionava inglês; agora, leciono francês.*

42. Através de (= por dentro de, por entre; de um lado a outro; no decorrer de)
Só use *através de*, e não *através a*: *A luz do sol passou através da vidraça.*/ *Através dos séculos, dos anos.*

QUESTÕES DO PASSO 8

1) (Analista de Finanças e Controle — AFC/STN — ESAF)
Os trechos abaixo constituem um texto adaptado do Editorial do *Jornal do Brasil*, 18/9/2008. Assinale a opção em que há erro gramatical.

(A) A elevação dos termômetros da crise nos mercados financeiros — que emite sinais perturbadores de que será longa e ruidosa — tem encontrado lenitivos consideráveis na economia brasileira.
(B) Essa contestação, no entanto, não aplaca as exigências impostas ao país: é preciso encontrar mecanismos sólidos de redução dos habituais riscos de contaminação.
(C) De que a saúde da economia brasileira vai bem só as mentes insensatas discordarão. É incontestável que o Brasil exibe hoje índices de vulnerabilidade bem mais baixos do que os que apresentavam à alguns anos.
(D) As perspectivas são positivas e os indicadores econômicos são favoráveis para a expansão econômica contínua e segura.
(E) Tanto é que a taxa de investimento no segundo trimestre deste ano registrou crescimento de 5,4% em relação ao trimestre anterior, permitindo expansão de 1,4% do PIB entre os dois períodos.

2) (Auditor Fiscal da Receita Federal do Brasil — ESAF)
Assinale a opção que corresponde a erro gramatical ou de grafia de palavra inserido na transcrição do texto.

A Receita Federal nem sempre teve **esse** (1) nome. Secretaria da Receita Federal é apenas a mais recente denominação da Administração Tributária Brasileira nestes cinco séculos de existência. Sua criação **tornou-se** (2) necessária para modernizar a máquina arrecadadora e fiscalizadora, bem como para promover uma maior integração entre o Fisco e os Contribuintes, facilitando o cumprimento **expontâneo** (3) das obrigações tributárias e a solução dos eventuais problemas, bem como o acesso **às** (4) informações pessoais privativas de interesse de cada cidadão. O surgimento da Secretaria da Receita Federal representou um significativo avanço na facilitação do cumprimento das obrigações tributárias, contribuindo para o aumento da arrecadação **a partir** (5) do final dos anos 60.

(Adaptado de http://www.receita.fazenda.gov.br/srf/
historico.htm. Acesso em: 17 mar. 2014.)

(A) (1)
(B) (2)
(C) (3)
(D) (4)
(E) (5)

3) (ESAF — Escola de Administração Fazendária — Analista de Planejamento e Orçamento)
Assinale a opção que contém erro de grafia.

(A) A doença Hanseníase, popularmente conhecida como lepra, chegou ao Brasil ainda no século 16. Por uma profunda falta de conhecimento sobre a doença, altamente infecciosa, as pessoas contaminadas eram isoladas compulsoriamente nos chamados leprosários. Lugares com pouca estrutura e sem lei, onde cada um deveria dar conta de si. O primeiro asilo-colônia ou sanatório para Hansenianos foi fundado em Recife no ano de 1714.
(B) Mas foi somente na década de 1920 que a doença se tornou um problema nacional. A fim de combate-la, foi criada a Inspetoria de Profilaxia e Combate à Lepra e Doenças Venéreas e, com isso, mais de dez estabelecimentos foram construídos. Segundo Guilherme Gorgulho Braz, jornalista e mestre de Divulgação Científica e cultura, "entre as décadas de 1920 e 1950, o Brasil contou com quarenta asilos-colônia, 80% deles inaugurados na Era Vargas, entre 1930 e 1945".
(C) "A hanseníase, ou lepra, foi estigmatizada em todo o mundo. Em grande parte, por ser, em muitos casos, uma doença degenerativa que evidencia quem é portador dela (manifestações cutâneas em partes do corpo que são visíveis, nas mãos e no rosto, por exemplo)", explica o pesquisador documental sobre a história da hanseníase no Brasil, Vicente Saul Moreira dos Santos.
(D) Em 1949, o isolamento de pacientes de hanseníase nos leprosários virou lei federal e vigorou até 1986. Totalmente isolados da sociedade considerada sadia, esses pacientes sofriam diversos

tipos de alienação; aos que conseguiam alta, se reinserir fora dos leprosários não era tarefa fácil.

(E) O nome "lepra" não é mais utilizado. A "lepra" teve sua nomenclatura modificada gradualmente nos registros oficiais do Brasil para 'hanseníase', a partir da década de 1970, em grande parte graças ao esforço do médico Abrahão Rotberg (1912-2006), que foi diretor do Departamento de Dermatologia Sanitária de São Paulo, explica Guilherme.

(Adaptado da reportagem "A época dos leprosários", de Lais Modelli, Revista *Caros amigos*, ano XIX, nº 220, julho 2015.)

4) (Prefeitura Municipal de Indiaporã — Coordenador / Professor — Projeto Esporte Social)
Está **incorretamente** escrito:

(A) Papisa
(B) Agiotagem
(C) Alfanje
(D) Pichar
(E) Girau

5) (TRF — 1ª Região — Analista e Técnico Judiciário — Área Apoio Especializado — Especialidade Biblioteconomia)
Considere a tirinha reproduzida abaixo.

Orlandeli.

Seguindo-se a regra determinada pelo novo Acordo Ortográfico, tal como referida no primeiro quadrinho, também deixaria de receber o acento agudo a palavra:

(A) Tatuí.
(B) graúdo.
(C) baiúca.
(D) cafeína.
(E) Piauí.

6) (ESAF — Analista Técnico-Administrativo, Arquiteto, Contador, Engenheiro e Pedagogo)
Assinale a opção que corresponde a erro gramatical ou de grafia na transcrição do texto.

O mais recente **censo** (1) agropecuário, de 2006, mostrou o impacto da assistência técnica e da extensão rural na renda **alferida** (2) pelos produtores. "Enquanto os grandes e médios produtores que não recebem assistência técnica **obtêm** (3) um valor básico de produção de R$ 232 por hectare, os que contam com esse serviço conseguem R$ 996 na mesma área", conforme a mensagem enviada **pelo** (4) governo ao Congresso para justificar a criação da Anater.

Como mostram esses números, a assistência técnica e a extensão rural **podem** (5) mais do que quadruplicar a renda nas médias e grandes propriedades. Nas propriedades familiares, o impacto é semelhante: o valor da produção passa de R$ 639 para R$ 2.309 por hectare.

"Mais tecnologia para o campo". *Folha de S.Paulo*. São Paulo, 19 jun. 2013. Disponível em: <https://opiniao.estadao.com.br/noticias/geral,mais-tecnologia-para-o-campo-imp-,1044236>.

(A) 1
(B) 2
(C) 3
(D) 4
(E) 5

7) (ESAF — Analista Técnico-Administrativo, Arquiteto, Contador, Engenheiro e Pedagogo)
Assinale a opção que corresponde a erro gramatical ou de grafia.

Segunda maior **etnia** (1) indígena da região central do Brasil, com mais de 27 mil indivíduos, os terenas **reinvindicam** (2) há anos a posse de várias propriedades rurais exploradas por criadores de gado, a maioria com titulação em cartório e sujeita a (3) cobrança de impostos. A disputa **se** (4) arrasta, tendo a Justiça alternado decisões contraditórias, ora concedendo a posse aos fazendeiros, ora atendendo recursos da parte dos índios. O fato é que, **à** (5) falta de referências sólidas que permitam decisão cabal, surge um vácuo que tem sido, infelizmente, típico da questão indígena no país.

Estado de Minas, 7 mar. 2013, com adaptações.

(A) 1
(B) 2
(C) 3
(D) 4
(E) 5

8) (ESAF — Analista Técnico-Administrativo, Arquiteto, Contador, Engenheiro e Pedagogo)
Os trechos a seguir constituem um texto adaptado de *O Globo* de 7/6/2013. Assinale a opção que foi transcrita com erro gramatical.

(A) Para que a economia consiga trilhar por um caminho sustentável nos próximos anos, com crescimento razoável, preços e contas externas sob controle, o país precisará incrementar significativamente suas exportações.
(B) Essa expansão dependerá de vários fatores, mas entre os principais está uma eficiente estrutura portuária, pois é pelos terminais marítimos e fluviais que são movimentados acerca de 90% das cargas do comércio exterior brasileiro.
(C) O Brasil necessita tanto de terminais para carga geral, capazes de receber os navios gigantes que chegam a transportar mais de cinco mil vagões de carga de uma vez, como de portos que possibilitem o embarque de líquidos e sólidos.

(D) É no agronegócio e na produção de minérios, petróleo e biocombustíveis que temos mais possibilidades de exportar, pelas vantagens comparativas que o país ainda reúne nesses itens.

(E) E tanto maior será a competitividade se houver portos adequados para embarque de tais mercadorias, conjugados também a uma satisfatória rede de transportes rodoviária, ferroviária, hidroviária e por dutos.

9) (UFPR — Prefeitura Municipal de Colombo — Professor)
Em que frase estão corretos o uso e a grafia da expressão sublinhada?

(A) É fácil compreender o por que de terem se separado.
(B) Não querem tratar da doença por que não podem.
(C) Ele gostaria de saber por que sua mãe se separou de seu pai.
(D) Cuidar da mente desde sempre é bom por que então as doenças da velhice se revelam mais fáceis de tratar.
(E) E não vão assistir ao filme por que?

10) (Ministério do Desenvolvimento, Indústria e Comércio Exterior — Analista de Comércio Exterior — ESAF)
O texto abaixo foi transcrito com adaptações. Assinale a opção que corresponde a erro gramatical ou de grafia de palavra.

Em alguns países mais afetados pela crise global, como os Estados Unidos, a indústria buscou aumentar sua competitividade por meio da forçada redução dos custos de produção, **o que** (1) implicou demissões em massa. Mesmo com menos trabalhadores, a indústria manteve ou ampliou a produção, alcançando ganhos notáveis de produtividade. Mesmo que **aceitasse** (2) arcar com um custo social tão alto, dificilmente o Brasil **alcançaria** (3) resultados econômicos tão rápidos. O aumento da produtividade do trabalhador brasileiro é limitado, entre outros fatores, pela **defazagem** (4) nos investimentos em educação. Com **escassez** (5) de trabalhadores qualificados, exigidos cada vez mais pelo mercado de trabalho, os salários de determinadas funções tendem a subir bem mais do que a produtividade média do setor, o que afeta o preço dos bens finais.

"Muito além do câmbio". *Folha de S.Paulo*. São Paulo, 24 mar. 2012. Disponível em: <https://opiniao.estadao.com.br/noticias/geral,muito-alem-do-cambio-imp-,852661>.

(A) 1
(B) 2
(C) 3
(D) 4
(E) 5

11) (Ministério do Desenvolvimento, Indústria e Comércio Exterior — Analista de Comércio Exterior — ESAF)
O texto abaixo foi transcrito com adaptações. Assinale a opção que corresponde a erro gramatical ou de grafia de palavra.

Poucos dias depois de **estender** (1) a cobrança de 6% do Imposto sobre Operações Financeiras — IOF para os empréstimos externos de cinco anos (antes eram taxados apenas os de três anos), como parte da guerrilha que **mantém** (2) para conter a valorização do real **frente ao** (3) dólar, o ministro da Fazenda não apenas reconheceu que sacrifica sua fé no câmbio flutuante, como admitiu haver efeitos colaterais da medida que terão de ser **mitigados** (4). De fato, o aumento do custo desse tipo de empréstimo ajuda o governo a rejeitar o capital oportunista, que aqui vem apenas para tirar vantagem de nossas taxas de juros elevadas, mas **ingeta** (5) problema na veia dos exportadores que precisam financiar suas operações no exterior. Ele fez questão de reforçar sua disposição de continuar atirando com todas as armas contra o excesso de liquidez mundial, provocado pelo tsunami cambial promovido pelos bancos centrais europeu e norte-americano.

"Os reais desafios para o câmbio". *Correio Braziliense*.
Brasília, 15 mar. 2012. Opinião, p. 20.

(A) 1
(B) 2
(C) 3
(D) 4
(E) 5

12) (Universidade de São Paulo — USP — Vice-Reitoria Executiva de Administração — Bibliotecário)
A frase em que todas as palavras estão corretamente grafadas é:

(A) Fazia juz ao obsequio, mas quis evitar quaisquer maledicencias.
(B) Os não-fumantes queriam tão somente garantir seu direito a saude.
(C) Em apoio ao colega, o exequente logo pôs fim à querela.
(D) Foi mal-sucedido na última prova, porisso não lhe coube o trofeu.

13) (Ministério da Fazenda — Secretaria Executiva — Analista Administrativo — ANAC — ESAF)
Assinale a opção correspondente a erro de grafia inserido no texto.

Há alguma **controvérsia** (1) entre o primeiro voo da história, entre Santos Dumont e os irmãos Orville e Wilbur Wright. No entanto, deve-se lembrar que grandes invenções como o avião são **converjências** (2) de vários outros experimentos e feitos anteriores, em uma época de **intensa** (3) atividade científica. Assim como o cinema, o rádio, o balão de ar quente e várias outras invenções da modernidade, não há um inventor único, apenas aquele que consegue **convencer** (4) mais pessoas de que a invenção é sua.

Independentemente disso, o 14-Bis fez seu **inesquecível** (5) voo no dia 23 de outubro de 1906, pelas mãos de um brasileiro, marcando para sempre a data no mundo e em nosso país. A data foi transformada em Dia do Aviador pela Lei n. 218, de 4 de julho de 1936, pelo então Presidente do Brasil, Getúlio Vargas.

"Você sabe de onde vem o Dia do Aviador?", Agência Nacional de Aviação Civil, 23 out. 2015. Disponível em: <http://www.anac.gov.br/noticias/2015/voce-sabe-de-onde-vem-o-dia-do-aviador> (com adaptações).

(A) controvérsia
(B) converjências
(C) intensa
(D) convencer
(E) inesquecível

Texto para as questões de números 14 e 15.

Amar, e não saber, não ter coragem
Para dizer que amor que em nós sentimos;
Temer qu'olhos profanos nos devassem
O templo, onde a melhor porção da vida
Se concentra; onde avaros recatamos
Essa fonte de amor, esses tesouros

Inesgotáveis d'ilusões floridas;
Sentir, sem que se veja, a quem se adora,
Compr'ender, sem lhe ouvir, seus pensamentos,
Segui-la, sem poder fitar seus olhos,
Amá-la, sem ousar dizer que amamos,
E, temendo roçar os seus vestidos,
Arder por afogá-la em mil abraços:
Isso é amor, e desse amor se morre!

DIAS, Gonçalves. *Poesia e prosa completas.*
Rio de Janeiro: Nova Aguilar, 1998.

14) (Vestibular para Administração e Ciências Econômicas — INSPER)
O uso dos apóstrofos em "qu'olhos" e "Compr'ender" serve para indicar a

(A) supressão de letras, para evidenciar a uniformidade métrica dos versos.
(B) maneira como as palavras eram pronunciadas no português arcaico.
(C) falta de preocupações rítmicas do poeta, que se vale de versos brancos.
(D) valorização das rimas internas, sem as quais o texto perderia musicalidade.
(E) elipse fonética, que consiste em acrescentar sons a palavras já existentes.

15) (Vestibular para Administração e Ciências Econômicas — INSPER)
Considerando o último verso da estrofe transcrita, pode-se afirmar que o amor, para o eu lírico,

(A) sempre pode levar a um profundo sofrimento.
(B) só existe quando é plenamente revelado.
(C) é mais intenso se não é retribuído.
(D) mistura ousadia e compreensão.
(E) quando é verdadeiro, pode matar.

16) (Contador Júnior — IESES — GasBrasiliano)
Assinale a alternativa em que haja ERRO quanto ao emprego das regras de acentuação gráfica.

(A) Os fatos sobrevém às exigências da assembleia.
(B) A boia inflável, em náutica, é importantíssima.
(C) Os indivíduos não têm necessidade de destacar a feiura das coisas.
(D) O androide é um autômato que tem figura de homem e imita seus movimentos.

17) (Agente administrativo — IDIB — Prefeitura de Limoeiro do Norte — CE)
A alternativa que preenche as lacunas com a **CORRETA** ortografia é:
Quando se conheceram, _____ dois anos, descobriram uma _____: ambos queriam buscar exemplos de _____ sociais pelo mundo para _____ em prática no Brasil.

(A) há — coincidência — projetos — pôr
(B) a — conincidência — progetos — pôr
(C) há — coincidência — progetos — por
(D) á — conhecidência — projetos — pôr

18) (Auxiliar em Administração — COMVEST UFAM — UFAM)
Leia o texto a seguir:

Foi na minha última viagem ao Perú que entrei em uma baiúca muito agradável. Apesar de simples, era bem frequentada. Isso podia ser constatado pelas assinaturas (ou simples rúbricas) dispostas em quadros afixados nas paredes do estabelecimento, algumas delas de pessoas famosas. Insisti com o garçom para também colocar a minha assinatura, registrando ali a minha presença. No final, o ônus foi pesado: a conta veio muito salgada. Tudo seria perfeito se o tempo ali passado, por algum milagre, tivesse sido gratuíto.

Assinale a alternativa que apresenta palavra em que a acentuação está **CORRETA**, de acordo com a Reforma Ortográfica em vigor:

(A) gratuíto
(B) Perú
(C) ônus
(D) rúbricas
(E) baiúca

19) (Economista Júnior — IESES — GasBrasiliano)
Assinale a alternativa **INCORRETA** de acordo com as regras vigentes sobre a aplicação ou não do hífen:

(A) Sabiá-da-serra, dia a dia, mão de obra.
(B) Pan-americano, recém-chegado, ex-presidente.
(C) Portacopos, superresistente, subraça.
(D) Infravermelho, sub-base, antissemita.

20) (Procurador Jurídico — Quadrix — CRO — PR)

A Vida com Logan

> ENTÃO, HOJE VAMOS APENAS *EX-TRAIR* UM DENTINHO, CERTO?

> ISSO MESMO.

> ESTÁ BEM. MAS EU AINDA TENHO UMA *DÚVIDA*...

> ...POR QUE ARRANCAR UM DENTE *MEU*, AJUDA NO TRATAMENTO *DELE*?

Flavio F. Soares. *A vida com Logan.*

As palavras "está" e "dúvida" estão corretamente acentuadas nos quadrinhos. Assinale a alternativa em que as palavras sejam acentuadas, respectivamente, por essas mesmas regras.

(A) "comitê" e "pânico".
(B) "tártaro" e "dúbio".
(C) "pátria" e "túnel".
(D) "guaraná" e "vírus".
(E) "êxito" e "rococó".

21) (Analista de Gestão — Advogado — IESES — CEGÁS)

Há um uso regido pela gramática normativa que estabelece regras. Às vezes, elas são divertidas. Por exemplo: existe uma parte da gramática que trata da produção oral das palavras, ou seja, como pronunciar ou onde cairia a sílaba tônica de cada termo. Você tem dúvida, por exemplo, deve-se dizer rubrica ou rúbrica? Esse setor da gramática resolve.

Sobre os recursos de construção desse parágrafo, analise com atenção as proposições a seguir. Depois, assinale a alternativa que contenha conclusão correta sobre as mesmas.

I. A forma "há" do verbo *haver* é impessoal, pois não tem sujeito claro no período em que aparece.
II. A crase presente em "às vezes" justifica-se pelo fato de haver a presença de artigo mais preposição, exigida pela regência do verbo, diante de palavra feminina.
III. A palavra "rubrica" tem apenas uma forma correta para ser escrita, que é a paroxítona.
IV. Em "Você tem dúvida, por exemplo, deve-se dizer rubrica ou rúbrica", o autor utilizou corretamente pela colocação do pronome em próclise, pois a vírgula obriga que essa seja a forma correta de acordo com a norma-padrão.

(A) Estão corretas apenas as proposições I e IV.
(B) Estão corretas apenas as proposições I, II e III.
(C) Estão corretas apenas as proposições II e IV.
(D) Estão corretas apenas as proposições I e III.

22) (Economista Júnior — IESES — GasBrasiliano)

> **Obs.:** O texto (BIZZOCCHI, Aldo. A "língua" do pensamento. *Língua Portuguesa*, ano 7, nº 75, jan. 2012, p. 54-55) de onde foi retirado o objeto desta questão não foi incluído no livro por não ser determinante para a resolução da mesma.

Há algumas ocorrências de porque/por que, destacadas no texto. Agora assinale a alternativa que contenha as palavras que completem corretamente os espaços nas proposições a seguir:

I. O caminho _____ venho é mais longo.
II. Não há nenhum _____ que não tenha resposta.
III. As razões _____ falou não ficaram claras.
IV. Ninguém falou, não se sabe _____.

(A) I. por que; II. por quê; III. porque; IV. porquê.
(B) I. por que; II. porquê; III. por que; IV. por quê.
(C) I. porque; II. por que; III. porque; IV. por que.
(D) I. porque; II. porquê; III. por que; IV. porque.

23) (Agente Fiscal de Posturas — MS CONCURSOS — Prefeitura de Piraúba — MG)
Com referência às palavras "mas" (conjunção), "más" (adjetivo) e "mais" (advérbio), assinale a alternativa incorreta:

(A) A espada vence, mais não convence.
(B) Fiz tudo muito calmamente: devagar se chega mais depressa.
(C) Aquelas mulheres são más.
(D) O Sol, isto é, a mais próxima das estrelas, comanda a vida terrestre.

24) (Técnico em Mecânica — NC — UFPR)

> **Obs.:** O texto ("O vírus da Zika", *Folha de S.Paulo*, 7 dez. 2016) de onde foi retirado o objeto desta questão não foi incluído no livro por não ser determinante para a resolução da mesma.

Considere o seguinte trecho:

Devido _____ presença de mais de 40 espécies de mosquitos, _____ floresta Zika, em Uganda, foi o local em que se identificou o vírus pela primeira vez, _____ mais de 60 anos.

Assinale a alternativa que preenche corretamente as lacunas.

(A) à — há — a.
(B) a — à — há.
(C) há — à — a.
(D) há — a — há.
(E) à — a — há.

25) (Administrador — IF — SUL)
Escolha uma das expressões indicadas entre parênteses de modo a completar adequadamente os períodos.

I. Necessitamos urgentemente desvendar as fontes geradoras da violência, _____ sabermos como despertar as fontes geradoras de paz. (a fim de / afim de)
II. Projetos de tese _____ promoção da cultura de paz no país vêm sendo desenvolvidos por diferentes segmentos da sociedade. (a cerca da / acerca da)
III. O governo deve investir em segurança, _____ a população começará a fazer justiça com as próprias mãos. (se não / senão)
IV. Segurança pública é um direito de _____ cidadão e é requisito de exercício da cidadania. (todo / todo o)

A sequência que completa correta e respectivamente as lacunas dos períodos é

(A) a fim de / acerca da / senão / todo.
(B) afim de / a cerca da / se não / todo o.
(C) a fim de / a cerca da / senão / todo o.
(D) afim de / acerca da / se não / todo.

26) (Especialista Legislativo — FGV — ALERJ)
Uma carta de leitor do jornal *O Globo* mostrava o seguinte texto em 1988: "Levando um amigo ao Hospital Souza Aguiar, notei uma dedicação <u>heróica</u> dos médicos no trabalho <u>nocturno</u>. Um dos

atendimentos de urgência necessitava de uma vacina <u>antirrábica</u>, que não havia em estoque, mas que foi rapidamente adquirida. Ainda se <u>vêem</u> profissionais como antigamente e minha <u>idéia</u> é divulgar esse trabalho para servir de exemplo".

O Globo, 2 out. 1988.

Segundo o sistema ortográfico oficial vigente em 2013, o vocábulo que está corretamente grafado é:

(A) heróica;
(B) nocturno;
(C) antirrábica;
(D) vêem;
(E) idéia.

27) (Técnico de Nível Superior — INSTITUTO CIDADES — MinC)

> **Obs.:** O texto (OLIVEIRA, Marcus Eduardo de. "Por uma pedagogia ambiental". *Ecodebate*, 26 fev. 2013. Disponível em: <https://www.ecodebate.com.br/2013/02/26/por-uma-pedagogia-ambiental-artigo-de-marcus-eduardo-de-oliveira/>) de onde foi retirado o objeto desta questão não foi incluído no livro por não ser determinante para a resolução da mesma.

No trecho destacado, há palavras que receberam acento e outras que deveriam ser acentuadas, mas que não foram. São elas: "pedagogia ambiental deve desenvolver canais que permitam maior politização do consumo, incluindo noções basicas e essenciais para evitar o desperdicio de alimentos e enfatizar praticas que favoreçam os processos de reciclagem".

http://revistasustentabilidade.com.br/por-uma-
pedagogia-ambiental/ — Adaptado.

(A) Básicas — desperdício — práticas
(B) Básicas — essênciais — ênfatizar
(C) Essênciais — desperdício — ênfatizar
(D) Incluíndo — desperdício — práticas
(E) Incluíndo — essênciais — práticas

28) (Professor de Língua Portuguesa — FGV — SEE — PE)
As opções a seguir apresentam pares de palavras que podem ser escritas em um ou dois vocábulos alterando-se o sentido, *à exceção de uma*. Assinale-a.

(A) acerca de / a cerca de.
(B) sobretudo / sobre tudo.
(C) abaixo / a baixo.
(D) debaixo / de baixo.
(E) derrepente / de repente.

29) (Analista de TIC I — Infraestrutura — CAIP — IMES — Prefeitura de São Paulo — SP)
Complete o espaço de cada frase com o termo correto dos parênteses.

I — _____ surgem os sonhos por vezes perturbadores? (De onde / Aonde)
II — Se durante o sonho ____ algo que fisicamente nos gera algum tipo de incômodo, isto pode manifestar-se sob a forma de pesadelo. (há / a)
III — Dependendo dos alimentos que consumimos no jantar, poderemos ter uma noite _____ dormida. (mal / mau)
IV — Ter pesadelos de vez em quando é algo normal, mas se por alguma razão tem estes sonhos regularmente, recomendamos-lhe que visite um especialista _____ de detectar a causa desse problema. (afim / a fim)

Assinale a alternativa correta.

(A) I. De onde — II. há — III. mal — IV. a fim
(B) I. Onde — II. a — III. mau — IV. a fim
(C) I. Onde — II. há — III. mal — IV. afim
(D) I. De onde — II. a — III. mau — IV. a fim

30) (Técnico Judiciário — Área Administrativa — FCC — TRF — 5ª REGIÃO)

> **Obs.:** O texto (CAVALCANTE, Rodolfo Coelho. *Cordel*. Introdução de Eno Theodoro Wanke. São Paulo: Hedra, 2000, p. 34-35) de onde foi retirado o objeto desta questão não foi incluído no livro por não ser determinante para a resolução da mesma.

Rodolfo produziu muito, mas não é a sua atividade pessoal como autor e comerciante de folhetos que o torna tão importante para o movimento cordelista. Tampouco seu trabalho na indústria do cordel, que já estava bem firmada quando ele apareceu. Nunca, aliás, possuiu impressora própria.

Os elementos grifados na frase acima têm, respectivamente, o sentido de:

(A) também não — a propósito
(B) não mais que — porém
(C) muito menos — qual seja
(D) tal e qual — portanto
(E) ainda assim — por sinal

31) (Tecnólogo — Área Turismo — IF — CE)
Uma das palavras **mal** e **mau** está empregada **corretamente** na frase da opção

(A) *Mal* chegou ao apartamento, começou a telefonar para os parentes.
(B) O chefe está muito estressado. Creio que ele esteja de *mau* com a vida.
(C) Os documentos estavam *mau* dispostos sobre a mesa, então ninguém sabia por onde o processo se iniciava.
(D) Deve-se evitar fazer o *mau* às pessoas.
(E) Seu *mal* humor ultrapassa todos os limites.

32) (Promotor de Justiça — Vespertina — MPE — SC)
Está gramaticalmente correta esta frase:
Não faço cessão dos meus direitos!

( ) Certo
( ) Errado

33) (Técnico de Tecnologia da Informação — COSEP — UFJF)
Tendo em vista a ortografia oficial de Língua Portuguesa, assinale a alternativa em que o emprego do hífen está **INCORRETO**:

(A) Porta-retrato.
(B) Micro-ondas.
(C) Conta-corrente.
(D) Auto-retrato.
(E) Cor-de-rosa.

34) (Procurador — FGV — ALERJ)
O vocábulo abaixo que contraria as novas regras ortográficas é:

(A) herói;
(B) anti-inflacionário;
(C) co-réu;
(D) minissaia;
(E) hiperinflação.

35) (Assessor Jurídico — Jota Consultoria — Câmara de Mesópolis — SP)
Deve haver hífen em:

(A) Eletroótica.
(B) Antissemita.
(C) Coadministrar.
(D) Neorrealismo.
(E) Desumano.

36) (Técnico de Nível Superior — FGV — SSP — AM)

> **Obs.:** O texto (ALBINO, Carolina N. "Os bebés e a televisão". *Sapolifestyle*. Disponível em: <https://lifestyle.sapo.pt/familia/bebe/artigos/os-bebes-e-a-televisao>) de onde foi retirado o objeto desta questão não foi incluído no livro por não ser determinante para a resolução da mesma.

"Os bebés têm uma necessidade muito grande de interação."
Sobre os acentos e sinais gráficos presentes nas palavras desse segmento, a afirmação correta é:

(A) o vocábulo "bebê" só pode ser grafado com circunflexo.
(B) o vocábulo "têm" recebe acento circunflexo por ter som nasal.
(C) o vocábulo "têm" mostra número plural por meio do acento circunflexo.
(D) no vocábulo "interação", o til mostra que a vogal *a* é oral.
(E) no vocábulo "bebés", o acento mostra que a vogal acentuada deve ser pronunciada fechada.

37) (Revisor de texto — FUNIVERSA — IF — AP)

> **Obs.:** O texto (ILARI, Rodolfo. "O Estruturalismo lingüístico: alguns caminhos". *In*: MUSSALIN, F.; BENTES, A.C. (Orgs.) *Introdução à Linguística: fundamentos epistemológicos*. São Paulo: Cortez, 2004, p. 53-92. v. 3) de onde foi retirado o objeto desta questão não foi incuído no livro por não ser determinante para a resolução da mesma.

São acentuadas graficamente de acordo com a mesma regra de acentuação gráfica as palavras

(A) "Além" e "têm".
(B) "vernáculo" e "raízes".
(C) "veículos" e "português".
(D) "língua" e "fictícias".
(E) "português" e "têm".

38) (Analista de Tecnologia da Informação — Desenvolvimento — IF — SE)

> VEJAMOS O QUE MAIS MUDA NESSE ACORDO.

ACENTO AGUDO
Desaparece nos ditongos abertos "ei" e "oi" das palavras paroxítonas.

> SÓ FALTA EU ACHAR AQUI NESSA JOÇA, QUE DIACHO SIGNIFICA ISSO DE "DITONGO" E "PAROXÍTONA"...

FLIP FLAP FLIP FLAP FLAP

Orlandeli. Disponível em: <http://blogdoorlandeli.zip.net/>.

A tirinha de Orlandeli apresenta uma das mudanças que entrou em vigor em 1º de janeiro de 2016 com o novo Acordo Ortográfico, o único formato da língua reconhecido no Brasil e nos demais países de língua portuguesa. Neste sentido, sobre o novo Acordo Ortográfico julgue os itens abaixo:

I. Segundo a regra descrita na tirinha, não mais se acentuam palavras como *ideia*, *assembleia*, *jiboia* e *heroico*.
II. A escrita dos vocábulos "autoescola, infraestrutura e minissaia" justifica-se porque não se usa hífen quando o prefixo termina em vogal diferente da que inicia o segundo elemento.

III. Não existe trema na língua portuguesa, exceto em nomes próprios estrangeiros e seus derivados.
IV. As palavras "baiúca" e "feiúra" devem ser acentuadas por se tratar de "U" tônico em paroxítonas precedidas de ditongo.

Está **CORRETO** o que se afirma em:

(A) I, II, III e IV
(B) I, II e III
(C) I e III
(D) I, III e IV

39) (Odontólogo — FUNRIO — IF — BA)
Assinale a única alternativa que mostra uma frase escrita inteiramente de acordo com as regras de acentuação gráfica vigentes.

(A) Nas aulas de Ciências, construí uma mentalidade ecológica responsável.
(B) Nas aulas de Inglês, conheci um pouco da gramática e da cultura inglêsa.
(C) Nas aulas de Sociologia, gostei das idéias evolucionistas e de estudar ética.
(D) Nas aulas de Artes, estudei a cultura indígena, o barrôco e o expressionismo.
(E) Nas aulas de Educação Física, eu fazia exercícios para gluteos, adutores e tendões.

40) (Analista Judiciário — Psicologia — TJ-PR)
Em relação às normas ortográficas da língua portuguesa em vigor, é **CORRETO** afirmar:

(A) Segundo o novo Acordo Ortográfico da língua portuguesa, o acento diferencial de palavras homógrafas como **pelo** (verbo pelar) e **pelo** (substantivo) foi mantido.
(B) A acentuação gráfica das palavras **deficiência**, **comunitária**, **infância** e **precedência** justifica-se pela mesma regra do novo Acordo Ortográfico: todas as palavras paroxítonas são acentuadas.
(C) Em relação à eliminação do emprego do hífen, as palavras a seguir respeitam o novo Acordo Ortográfico: **autoeducação**, **extraoficial**, **coeditor** e **contraexemplo**.

D) O Novo Acordo manteve o hífen nas palavras compostas por justaposição cujos elementos constituem uma unidade semântica, mas mantêm uma tonicidade própria, como em: **aero-espacial, bem-te-vi, ave-maria.**

E) As palavras **ideia, jiboia, heroi** e **feiura** tiveram o acento agudo eliminado após o novo Acordo Ortográfico.

GABARITO COMENTADO DO PASSO 8

1) Gabarito: C
Comentário:
A alternativa C apresenta erro gramatical no trecho "apresentava à alguns anos". O correto é empregar o verbo <u>haver</u>, porque se refere a fato passado: apresentava há alguns anos. Alguns professores mais apegados ao rigor da tradição gramatical só aceitariam o verbo no pretérito imperfeito <u>havia</u>, em vista da correlação dos tempos verbais: <u>apresentava</u> e <u>havia</u>. A língua moderna agasalha os dois empregos.

2) Gabarito: C
Comentário:
A grafia da palavra "espontâneo" causa dúvida em face da diversidade regional de sua pronúncia: ora /x/, ora /s/. A grafia correta é com a letra "s", conforme consta no Vocabulário Ortográfico da Academia Brasileira de Letras — ABL.

3) Gabarito: B
Comentário:
A questão requer leitura bastante atenta à grafia de cada palavra. Há apenas um erro ortográfico, mais especificamente de acentuação gráfica na opção B. O vocábulo "combate-la" deve receber acento circunflexo no "e", porque, segundo as regras de acentuação gráfica, todas as palavras oxítonas terminadas em *a/as, e/es, o/os* levam acento agudo ou circunflexo, inclusive as formas verbais terminadas em **a, e, o** tônicos seguidas de *lo, la, los, las* (que é o caso do verbo combatê-la).

4) Gabarito: E
Comentário:
A grafia correta é *jirau*, com *j*.

5) Gabarito: C
Comentário: Em *baiuca* (vocábulo paroxítono), temos o ditongo decrescente /ai/, por isso o *u* tônico da sílaba seguinte deixa de ter o acento gráfico, por não auidas de "s".

6) Gabarito: B
Comentário:
A opção que apresenta erro é a B, porque a grafia correta é "auferida" e significa 'obtida, conseguida'.

7) Gabarito: B
Comentário:
Na opção B o verbo não está grafado segundo a norma-padrão da língua. A grafia correta é "reivindicam" e significa "reclamam", "tentam reaver".

8) Gabarito: B
Comentário:
O emprego da locução "acerca de" foi confundido com "cerca de", o que implica incoerência textual provocada por erro gramatical. A locução prepositiva "acerca de" pode introduzir adjunto adverbial de assunto ou matéria tratada e significa 'a respeito de' ("Falamos *acerca de* futebol"); já a locução adverbial "cerca de" quer dizer 'aproximadamente', que é o significado coerente com o texto (cerca de [aproximadamente] 90% das cargas).

9) Gabarito: C
Comentário:
Somente a opção C está correta. Nas demais há incorreção porque:
  A) a grafia deve ser numa palavra só e com acento circunflexo por se tratar de substantivo, sinônimo de "razão, motivo": "É fácil compreender o porquê de terem se separado."
  B e D) a grafia deve ser numa só palavra por se tratar de conjunção causal: "Não querem tratar da doença porque não podem" e explicativa: "Cuidar da mente desde sempre é bom, porque então as doenças da velhice se revelam mais fáceis de tratar."
  E) a grafia deve ser em duas palavras, mas com acento circunflexo por estar em posição tônica, em último lugar na frase interrogativa: "E não vai assistir ao filme por quê?"

10) Gabarito: D
Comentário:
Todos os casos apresentados são de ortografia, exceto o primeiro, que trata de pronome relativo que tem como antecedente o pronome demonstrativo; percebe-se, aí, a tentativa de confundir o candidato para que ele acredite tratar-se da palavra *que* como substantivo. O candidato deve lembrar que quando substantivo a palavra *que* significa 'algo indefinido ou, especialmente, algo complexo, difícil'. Quanto à grafia das demais palavras, caso o candidato tenha dúvidas, vale a pena lembrar que
1º) o pretérito imperfeito do subjuntivo tem como desinência -sse, portanto todo verbo nesse tempo e modo vai ser grafado com essa desinência;

2º) os verbos regulares não apresentam alteração gráfica no radical nem nas desinências, portanto, se o verbo *alcançar* tem como radical <u>alcanc</u>, *alcançaria* está grafado corretamente, porque a letra "c" foi substituída por "ç" para uma adaptação fonética;
3º) as palavras derivadas mantêm o radical da primitiva: *escasso* — escassez, *defasado* — defasagem. Aí está o erro ortográfico.

11) Gabarito: E
Comentário:
Todas as palavras estão grafadas corretamente — inclusive *mantém*, que é oxítona, portanto recebe acento gráfico na terminação -em —, exceto a da opção E, porque *injetar* é um verbo regular, portanto o radical não muda, e as desinências seguem o paradigma (ou modelo) da 1ª conjugação. O candidato deve lembrar, ainda, que palavras derivadas mantêm o mesmo radical. Assim: *injetar* — injetável, injeção, injetado.

12) Gabarito: C
Comentário:
A única opção em que todas as palavras estão grafadas de acordo com as normas ortográficas é a C. Nas demais, a grafia correta é:
    A)   jus / obséquio / maledicências;
    B)   não fumantes / à saúde;
    D)   malsucedido / por isso / troféu.

13) Gabarito: B
Comentário:
De acordo com as normas ortográficas, a palavra *convergências* deve ser grafada com a letra *g* e não com *j*.

14) Gabarito: A
Comentário:
O apóstrofo é um sinal gráfico que indica suspensão de uma letra, normalmente uma vogal. No poema de Gonçalves Dias, o apóstrofo foi empregado para manter a métrica de versos decassílabos, isto é, versos com 10 sílabas métricas em todo o poema.
É importante não confundir apóstro*fo* com apóstro*fe*, que é uma figura de linguagem. A apóstrofe consiste em uma interrupção realizada por um orador ou escritor para se dirigir a pessoas ou coisas, ausentes ou presentes, reais ou fictícias. Um exemplo famoso é o verso "Deus! ó Deus! Onde estás que não respondes?", do poeta Castro Alves em *Vozes d'África*.

15) Gabarito: E
Comentário:
O último verso é claro — "Isso é amor, e desse amor se morre!". Para o eu lírico o amor verdadeiro pode matar. O gabarito é, sem dúvida, a letra E.

16) Gabarito: A
Comentário:
As palavras "assembleia", "feiura" e "androide" não mais recebem acento gráfico segundo as regras do novo Acordo Ortográfico; portanto a grafia dessas palavras está de acordo com a norma ortográfica vigente da língua. As palavras "exigências", "inflável", "náutica", "importantíssima", "indivíduos" e "autômato" são acentuadas graficamente segundo as regras gerais de acentuação gráfica das palavras paroxítonas e proparoxítonas, que não foram alteradas com o Novo Acordo.
Os verbos "sobrevêm" e "têm" devem receber acento circunflexo para concordar com os sujeitos "Os fatos" e "Os indivíduos", respectivamente, porque os núcleos desses sujeitos estão no plural. Segundo as regras de acentuação gráfica, nos verbos "vir" (e derivados, no caso "sobrevir") e "ter" (e derivados) a 3ª pessoa do singular do presente do indicativo não deve receber acento gráfico, seguindo as regras gerais de acentuação gráfica dos monossílabos tônicos, enquanto, na 3ª pessoa do plural do mesmo tempo e modo, devem ser acentuadas graficamente a fim de deixar clara a concordância com sujeito no plural; portanto, o correto é: "Os fatos sobrevêm às exigências da assembleia."

17) Gabarito: A
Comentário:
O preenchimento das lacunas deve ser:
1ª lacuna: "há" — emprega-se a forma verbal "há" sempre que, nas indicações de tempo, a referência for feita ao passado.
2ª lacuna: "coincidência" — esta é a grafia correta; de acordo com o Vocabulário Ortográfico da Língua Portuguesa (VOLP) acentua-se a palavra terminada por ditongo átono.
3ª coluna: "projetos" — esta é a grafia correta de acordo com VOLP.
4ª coluna: "pôr" — com o novo Acordo Ortográfico, não se usará mais acento gráfico para distinguir palavras homógrafas (aquelas que possuem a mesma grafia, mas significados diferentes). Exceções: *pôr* (verbo) continuará acentuado para se distinguir da preposição *por*; e *pôde* (pretérito perfeito do indicativo) continuará acentuado para se distinguir de *pode* (presente do indicativo).

18) Gabarito: C
Comentário:
O novo Acordo Ortográfico manteve a acentuação das palavras paroxítonas terminadas em "-us", tais como ônus, húmus, vírus, etc.

As palavras "gratuito" e "rubricas" são paroxítonas e, mesmo antes do novo Acordo Ortográfico, não eram acentuadas graficamente; ambas são pronunciadas, muitas vezes, de forma inadequada, o que constitui um erro, segundo a norma-padrão da língua.

A palavra "baiuca" deixou de ser acentuada graficamente conforme o novo Acordo Ortográfico porque se prescinde de acento agudo nas vogais tônicas grafadas *i* e *u* das palavras paroxítonas, quando estas vogais estiverem precedidas de ditongo decrescente: *baiuca, feiura, maoista*, etc.

19) Gabarito: C
Comentário:
Na opção C, as palavras estão grafadas de forma incorreta, de acordo com a norma ortográfica da língua, porque em:
– "porta-copos" emprega-se o hífen, uma vez que é uma palavra composta por justaposição sem termo de ligação em que o 1º elemento é um substantivo;
– "super-resistente" emprega-se o hífen, por ser uma palavra formada por prefixação em que o 1º elemento, o prefixo, termina por consoante idêntica à que inicia o 2º elemento;
– "sub-raça" emprega-se o hífen, já que é uma palavra formada por prefixação em que o 1º elemento, o prefixo, termina em -b (-sob, -sub, por exemplo) e o 2º elemento começa por "r".

20) Gabarito: A
Comentário:
Entre as palavras apontadas nas opções, as únicas que seguem, respectivamente, as mesmas regras de acentuação gráfica de "está" e "dúvida", destacadas no enunciado são "comitê": oxítonas terminadas em -a, -as, -e, -es, -o, -os, -em ou -ens são acentuadas, o que é o caso de "est_á_" e "comit_ê_" — e "dúvida" e "pânico": todas as proparoxítonas são acentuadas, que é o caso de "d_ú_-vi-da" e "p_â_-ni-co".

21) Gabarito: D
Comentário:
A proposição

I. está correta: na oração "*Há* um uso regido pela gramática normativa", o verbo "haver" está empregado no sentido de "existir" e é impessoal, isto é, esta oração é sem sujeito;
II. está incorreta: a crase presente em "às vezes" justifica-se pelo fato de ser esta uma locução adverbial em que o substantivo que a constitui (vezes) é feminino;
III. está correta: de acordo com a norma-padrão, a palavra "rubrica" tem somente uma grafia e uma pronúncia correta, que é "ru<u>bri</u>ca" (paroxítona que não deve ser acentuada graficamente);
IV. está incorreta: na informação se fala de próclise quando na realidade do exemplo o pronome está em ênclise ao verbo auxiliar ("deve-se dizer"). A vírgula não é elemento que obrigue estar o pronome em próclise ao verbo ("se deve dizer").

22) Gabarito: B
Comentário:
Deve-se preencher a lacuna com
I. preposição "por" — pedida pelo verbo "vir" para indicar o lugar por onde vem — e pronome relativo "que" — cujo antecedente é o substantivo "caminho": "o caminho por que (= pelo qual) venho" (venho pelo caminho);
II. "porquê", numa só palavra e com acento circunflexo, porque se trata de um substantivo: seu significado é de "motivo" e vem precedido de artigo;
III. preposição "por" — pedida pelo verbo "falar" para indicar o motivo pelo qual falou — e pronome relativo "que" — cujo antecedente é o substantivo "razões": "as razões por que (= pelas quais) falou" (falou pelas razões);
IV. "por quê" por estar isolado, no final da frase.

23) Gabarito: A
Comentário:
A questão apresenta uma armadilha para o candidato menos atento, pois, logo após identificar corretamente as grafias das palavras "mas/más/mais", solicita que somente a opção em que há incorreção seja marcada, sem dar nenhum destaque ao fato. Este tipo de exercício é muito importante para que o candidato se habitue a manter-se atento e nunca, por acreditar que uma questão parece fácil, responda de forma distraída, apressada, sem conectar-se com cada detalhe da proposição.
A única opção incorreta é A, porque a segunda oração apresenta sentido oposto ao que foi exposto na primeira, o que só torna possível — a fim de manter a coesão e coerência da declaração — o emprego de uma conjunção adversativa, no caso "mas".

24) Gabarito: E
Comentário:
É importante ficar atento ao sentido do texto, para não confundir a grafia do artigo definido feminino "a" com a da preposição "a", da contração da preposição com o artigo "à" ou da forma verbal "há". Esta questão é um bom exercício para se perceber as nuances desse emprego.
Na primeira coluna, a preposição "a" é parte da locução "devido a". O artigo definido feminino "a" antecede o substantivo "presença", porque este substantivo não está sendo empregado em sentido indeterminado: caso isso ocorresse não haveria emprego do artigo definido "a" e, portanto, não ocorreria crase, uma vez que é exatamente a contração, ou fusão, da preposição "a" — presente na locução — com o artigo "a" que dá origem ao "à" que preenche de forma adequada a primeira lacuna.
Na segunda coluna, há presença apenas do artigo feminino que, anteposto ao substantivo "floresta", tem o objetivo de determiná-la. O espaço, então, deve ser preenchido com o artigo definido feminino "a".
Na terceira coluna, há indicação de tempo e, havendo referência a tempo passado, emprega-se o verbo "haver", que, neste caso, deverá ficar, sempre, na 3ª pessoa do singular. A lacuna deve ser preenchida com a forma verbal "há".

25) Gabarito: A
Comentário:
As colunas devem ser preenchidas com:
I. a locução prepositiva "a fim de" por apresentar, na frase, o significado de "com o propósito de, com o objetivo de";
II. a locução "acerca de" por apresentar, na frase, o significado de "a respeito de";
III. a conjunção "senão" por apresentar, na frase, o sentido de "do contrário";
IV. o pronome "todo" por apresentar, na frase, a ideia de "qualquer; seja qual for" e não "por inteiro".

26) Gabarito: C
Comentário:
Segundo o Acordo Ortográfico da Língua Portuguesa, ora vigente em todos os países lusófonos,
– não se acentuam graficamente os ditongos representados por *ei* e *oi* da sílaba tônica das palavras paroxítonas, dado que existe oscilação em muitos casos entre a pronúncia aberta e fechada, portanto as palavras "heroica" e "ideia" não são mais grafadas com acento agudo;

– não se acentuam graficamente as formas verbais paroxítonas que contêm um *e* tônico oral fechado em hiato com a terminação *-em* da 3ª pessoa do plural do presente do indicativo ou do subjuntivo, portanto a forma verbal "veem" não é mais grafada com acento circunflexo;
– elimina-se o *c* na sequência consonântica *ct* nos casos em que são invariavelmente mudos nas pronúncias cultas da língua. Este é o caso de "noturno";
– nas formações por prefixação, não se emprega o hífen quando o 1º elemento termina por vogal e o 2º elemento começa por *r* ou *s*, devendo estas consoantes duplicar-se. Este é o caso de "antirrábica", o gabarito da questão.

27) Gabarito: A
Comentário:
De acordo com a norma-padrão da língua, as grafias corretas são "básicas" e "práticas", porque levam acento agudo ou circunflexo todos os proparoxítonos; a palavra "desperdício" deve ser acentuada porque levam acento agudo ou circunflexo os vocábulos terminados por ditongo oral átono, quer decrescente ou crescente.

28) Gabarito: E
Comentário:
Nas opções A, B, C e D as duas grafias apresentadas são possíveis, de acordo com a norma-padrão, com a devida alteração de sentido. Somente a opção E está em desacordo com o padrão da língua: escrever "de repente" em uma única palavra.

29) Gabarito: A
Comentário:
As lacunas devem ser preenchidas, de acordo com o sentido expresso nas frases com
I. "de onde" para referir-se ao lugar de onde "surgem os sonhos", uma vez que o verbo surgir pede preposição "de";
II. o verbo "haver", que, por ter o sentido de "existir" na frase, deve ficar na 3ª pessoa do singular;
III. o advérbio "mal", uma vez que indica o modo como se pode dormir;
IV. a locução prepositiva "a fim (de)", por ter o significado de "com o propósito de, com o objetivo de, com a finalidade de".

30) Gabarito: A
Comentário:
O advérbio "tampouco" pode ser substituído, sem alteração de sentido, por "também não" e foi empregado para enfatizar a negação. A palavra denotativa de retificação "aliás" pode ser substituída pela expressão "a propósito" sem que haja alteração no sentido do trecho.

31) Gabarito: A
Comentário:
O emprego está adequado na opção A, porque é um advérbio de tempo e, portanto, deve ser grafado "mal".
Nas demais opções por ser advérbio deve ser grafado "mal" em B, C e E e, por ser adjetivo, deve ser grafado "mau" na opção E.

32) Gabarito: Certo
Comentário:
Na acepção em que é empregado na frase, o substantivo "cessão" significa 'ato de ceder'. Este vocábulo é homônimo homófono de "seção" — 'ato de secionar; divisão; parte de um todo, etc.' (por exemplo: seção de brinquedos de uma loja) — e "sessão" — 'espaço de tempo em que se realiza uma atividade' (por exemplo: sessão de cinema).

33) Gabarito: D
Comentário:
As palavras apresentadas nas opções A, B, C e E apresentam os hifens corretamente colocados; já na opção D, a grafia correta é "autorretrato": quando o 1º elemento da palavra é prefixo que termina em vogal (auto-) e o 2º elemento começa com "r" ("retrato") não se usa hífen e a consoante "r" deve ser duplicada.

34) Gabarito: C
Comentário:
Segundo o novo Acordo Ortográfico, a grafia de
1º) "herói" está correta — os ditongos abertos "ei", "eu" e "oi" recebem acento gráfico nos monossílabos tônicos e oxítonos, que é o caso de "herói";
2º) "anti-inflacionário" está correta — devem ser grafadas com hífen as palavras em que o 1º elemento é um prefixo terminado pela mesma vogal com que se inicia o 2º elemento;
3º) "corréu" (e não co-réu), "minissaia" e "hiperinflação" são as grafias corretas, porque escrevem-se de forma aglutinada, isto é, sem hífen, as

palavras em que o primeiro elemento é um prefixo terminado por vogal diferente da letra com que se inicia o 2º elemento (no caso de o 2º elemento começar por "r" ou "s", estas letras serão dobradas).

35) Gabarito: A
Comentário:
A grafia correta é "eletro-ótica", porque os elementos do vocábulo composto devem ser ligados por hífen quando o 1º elemento termina por vogal igual à que inicia o 2º elemento.

36) Gabarito: C
Comentário:
A) Em algumas (poucas) palavras oxítonas terminadas em -*e* tônico, geralmente provenientes do francês, esta vogal, por ser articulada nas pronúncias culta e regional ora como aberta ora como fechada, admite tanto acento agudo como o circunflexo, que é o caso de "bebê", que também pode ser grafado "bebé";
B) O vocábulo "têm" recebe acento gráfico na 3ª pessoa do plural do presente do indicativo para diferenciar-se da 3ª pessoa do singular e não para indicar som nasal;
C) Está correta;
D) O que ocorre é exatamente o oposto: o til no vocábulo "interação" mostra que a vogal é nasal.
E) O que ocorre é exatamente o oposto: o acento agudo, em português, abre o som da vogal, portanto a pronúncia neste caso deve ser /é/ e não /ê/, como ocorre na língua francesa.

37) Gabarito: D
Comentário:
A mesma regra de acentuação gráfica ocorre apenas na opção D: palavras terminadas em ditongo oral átono, sejam eles crescentes ou decrescentes, recebem acento gráfico.
Na opção A: a palavra "além" é oxítona terminada em -*em*, e o verbo "têm" recebe acento circunflexo por estar na 3ª pessoa do plural.
Na opção B: "vernáculo" é proparoxítono, e todos os proparoxítonos são acentuados graficamente; já "raízes" apresenta hiato em que o "i" é a segunda vogal, sozinha na sílaba tônica.
Na opção C: "veículos" é proparoxítona — por isto é acentuada graficamente —, e "português" é oxítona terminada em -*es*, o que justifica o acento gráfico.

Na opção E: "português" é oxítono terminado em -*es* e "têm" leva acento circunflexo na 3ª pessoa do plural do presente do indicativo para diferenciar-se da 3ª pessoa do singular "tem".

38) Gabarito: C
Comentário:
Para que uma afirmativa seja considerada certa é necessário que a correção se aplique a todos os termos que a integram. Neste caso encontram-se somente as afirmativas I e III.
A afirmativa II está parcialmente correta, porque não devem ser ligadas por hífen palavras cujo prefixo termina por vogal diferente da que inicia o segundo elemento, caso em que se enquadram os exemplos "autoescola" e "infraestrutura". Mas ocorre erro ao se colocar dentro desta regra a palavra "minissaia", cujo prefixo termina em vogal, e o 2º elemento é iniciado por consoante; neste caso, duplicam-se o *r* e o *s* todas as vezes que a um elemento de composição terminado em vogal se segue, sem interposição do hífen, palavra começada por uma daquelas letras.
A afirmativa IV está incorreta porque com o novo Acordo Ortográfico deixaram de ser acentuadas as vogais tônicas *i* e *u* das palavras **paroxítonas** quando estas vogais estão precedidas de ditongo decrescente, que é o caso de "baiuca" e "feiura".

39) Gabarito: A
Comentário:
Na opção A todas as palavras que compõem a frase estão de acordo com as regras ortográficas vigentes. Quanto às demais opções, estão incorretas as palavras:
    B) "inglêsa" por não haver regra de acentuação gráfica que justifique o emprego do acento circunflexo;
    C) "idéias" porque no novo Acordo Ortográfico ficou estabelecido que os ditongos tônicos abertos *ei, eu, oi* das palavras paroxítonas deixam de receber acento gráfico;
    D) "barrôco" por não haver regra de acentuação gráfica que justifique o emprego do acento circunflexo;
    E) "gluteos" (sem acento) porque levam acento agudo ou circunflexo os vocábulos terminados por ditongo oral átono, quer decrescente ou crescente, portanto "glúteos".

40) Gabarito: C
Comentário:
Na alternativa A, o acento diferencial dessas palavras foi abolido, e não mantido; na B, a regra determina que se acentuem os paroxítonos terminados por ditongo átono; na D, **aeroespacial** deve ser escrito junto, sem hífen (nas formações com prefixos, se o 1º elemento terminar por vogal diferente daquela que inicia o 2º elemento, escreve-se junto, sem hífen); e na E, **herói**, oxítono, continua acentuado (com o novo Acordo Ortográfico, h*eroi*co, paroxítono, é que perdeu o acento gráfico). Portanto, a alternativa C é o gabarito.

Passo 9

Pontuação

O enunciado não se constrói com um amontoado de palavras e orações. Estas se organizam segundo princípios gerais de dependência e independência sintática e semântica, recobertos por unidades melódicas e rítmicas que sedimentam estes princípios. Proferidas as palavras e orações sem tais aspectos melódicos e rítmicos, o enunciado estaria prejudicado na sua função comunicativa. Os sinais de pontuação, que já vêm sendo empregados desde muito tempo, procuram garantir no texto escrito esta solidariedade sintática e semântica. Por isso, uma pontuação errônea produz efeitos tão desastrosos à comunicação quanto o desconhecimento dessa solidariedade a que nos referimos. Imaginem os prejuízos de comunicação causados por má interpretação de frases como estas, por exemplo: *Não pode passar* e *Não, pode passar.*

PONTO

O ponto simples final, que é dos sinais o que denota maior pausa, serve para encerrar períodos que terminem por qualquer tipo de oração que não seja a interrogativa direta, a exclamativa e pelas reticências.

É empregado ainda, sem ter relação com a pausa oracional, para acompanhar muitas palavras abreviadas: *p.*, *2.ª*, etc.

Quando o período, oração ou frase termina por abreviatura, não se coloca o ponto final adiante do ponto abreviativo, pois este, quando coincide com aquele, tem dupla serventia. Exemplo: "O ponto abreviativo põe-se depois das palavras indicadas abreviadamente por suas iniciais ou por algumas das letras com que se representam, v.g.: *V. Sa; Il.mo; Ex*a, etc." [Ernesto Carneiro Ribeiro]

Com frequência, aproxima-se das funções do ponto e vírgula e do travessão, que às vezes aparecem em seu lugar.

PONTO PARÁGRAFO

Um grupo de períodos cujas orações se prendem pelo mesmo centro de interesse é separado por ponto. Quando se passa de um para outro centro de interesse, impõe-se-nos o emprego do ponto parágrafo, iniciando-se a escrever, na outra linha, com a mesma distância da margem com que começamos o escrito.

Na linguagem oficial dos artigos de lei, o parágrafo é indicado por um sinal especial (§).

PONTO DE INTERROGAÇÃO

Põe-se no fim da oração enunciada com entonação interrogativa ou de incerteza, real ou fingida, também chamada retórica. Enquanto a interrogação conclusa de final de enunciado requer maiúscula inicial da palavra seguinte, a interrogação interna, quase sempre fictícia, não exige essa inicial maiúscula da palavra seguinte:
"Pensas que eu e meus avós ganhamos o dinheiro em casas de jogos ou a vadiar pelas ruas? Pelintra!" [Machado de Assis]
"— Nhonhô, diga a estes senhores como é que se chama seu padrinho.
— Meu padrinho? é o Excelentíssimo Senhor coronel Paulo Vaz Lobo Cesar de Andrade e Sousa Rodrigues de Matos." [Machado de Assis]

O ponto de interrogação, à semelhança dos outros sinais, não pede que a oração termine por ponto final, exceto, naturalmente, se for interna. "— Esqueceu alguma cousa? perguntou Marcela de pé, no patamar." [Machado de Assis]

A interrogação indireta, não sendo enunciada em entonação especial, dispensa ponto de interrogação (por exemplo: *Gostaria de saber se você esqueceu alguma coisa*). No nosso sistema gráfico, o ponto de interrogação da pergunta cuja resposta seria "sim" ou "não" é o mesmo usado na pergunta de resposta completa.

No diálogo pode aparecer sozinho ou acompanhado do de exclamação para indicar o estado de dúvida do personagem diante do fato:
"— Esteve cá o homem da casa e disse que do próximo mês em diante são mais cinquenta...
— ?!..." [Monteiro Lobato]

PONTO DE EXCLAMAÇÃO

Põe-se no fim da oração enunciada com entonação exclamativa:
"Mas, na morte, que diferença! Que liberdade!" [Machado de Assis]
Põe-se o ponto de exclamação depois de uma interjeição:
"Olé! exclamei." [Machado de Assis]
"Ah! brejeiro!" [Idem]
Aplicam-se ao ponto de exclamação as mesmas observações feitas ao ponto de interrogação, no que se refere ao emprego do ponto final e ao uso da maiúscula ou minúscula inicial da palavra seguinte. Há escritores que denotam a gradação da surpresa através da narração com aumento progressivo do ponto de exclamação ou de interrogação:
"E será assim até que um senhor Darwin surja e prove a verdadeira origem do *Homo sapiens*...
— ?!
— Sim. Eles nomear-se-ão *Homo sapiens* apesar do teu sorriso, Gabriel, e ter-se-ão como feitos por mim de um barro especial e à minha imagem e semelhança.
— ?!!"
[Monteiro Lobato]

RETICÊNCIAS

Denotam interrupção ou incompletude do pensamento (ou porque se quer deixar em suspenso, ou porque os fatos se dão com breve espaço de tempo intervalar, ou porque o nosso interlocutor nos toma a palavra), ou hesitação em enunciá-lo. Vejamos alguns exemplos retirados de obras de Machado de Assis:
"Ao proferir estas palavras havia um tremor de alegria na voz de Marcela; e no rosto como que se lhe espraiou uma onda de ventura..."
"Não imagina o que ela é lá em casa; fala na senhora a todos os instantes, e aqui parece uma pamonha. Ainda ontem... Digo, Maricota?"

"— Moro na rua...
— Não quero saber onde mora, atalhou Quincas Borba."
Postas no fim do enunciado, as reticências dispensam o ponto final, como se pode ver nos exemplos acima.
Se as reticências servem para indicar uma enumeração inconclusa, podem ser substituídas por *etc*.
Na transcrição de um diálogo, as reticências indicam a não resposta do interlocutor.
Numa citação, as reticências podem ser colocadas no início, no meio ou no fim, para indicar supressão no texto transcrito, em cada uma dessas partes. Quando há supressão de um trecho de certa extensão, costuma-se usar uma linha pontilhada. Depois de um ponto de interrogação ou exclamação podem aparecer as reticências.

VÍRGULA

Emprega-se a vírgula:
a) para separar termos coordenados, ainda quando ligados por conjunção (no caso de haver pausa).
"Sim, eu era esse garção bonito, airoso, abastado." [Machado de Assis]
"— Ah! brejeiro! Contanto que não te deixes ficar aí inútil, obscuro, e triste" [*Idem*].

> **Obs.:**
> → Na série de sujeitos seguidos imediatamente de verbo, o último sujeito da série não é separado do verbo por vírgula:
> "Carlos Gomes, Vítor Meireles, Pedro Américo, José de Alencar tinham-nas começado." [Carlos de Laet]
> → Não se usa vírgula na enunciação de numerais por extenso: Trezentos e cinquenta e três mil quatrocentos e oitenta e cinco (353.485).

b) para separar orações coordenadas aditivas, ainda que sejam iniciadas pela conjunção *e*, proferidas com pausa:
"Gostava muito das nossas antigas dobras de ouro, e eu levava-lhe quanta podia obter." [Carlos de Laet]

"No fim da meia hora, ninguém diria que ele não era o mais afortunado dos homens; conversava, chasqueava, e ria, e riam todos" [*Idem*]

c) para separar orações coordenadas alternativas (*ou, quer,* etc.), quando proferidas com pausa:
Ele sairá daqui logo, *ou eu me desligarei do grupo.*

> **Obs.**: Vigora esta norma quando *ou* exprimir retificação: "Teve duas fases a nossa paixão, *ou* ligação, *ou* qualquer outro nome, que eu de nomes não curo (...)." [Machado de Assis] Se denota equivalência, não se separa por vírgula o *ou* posto entre dois termos: Solteiro *ou* solitário se prende ao mesmo termo latino.

d) nas aposições, exceto no especificativo, principalmente quando o aposto está representado por uma expressão de certa extensão:
"[...] ora enfim de uma casa que ele meditava construir, para residência própria, *casa de feitio moderno,* porque a dele era das antigas, [...]"
[Machado de Assis]
Pedro II, *imperador do Brasil,* teria gostado de ser professor.
Mas
Pedro *o Cru* passou para a história como um grande apaixonado.

e) para separar, em geral, os pleonasmos e as repetições (quando não têm efeito superlativante):
"*Nunca, nunca,* meu amor!" [Machado de Assis]
Mas
A casa é *linda linda.* (= lindíssima).

> **Obs.**: É facultativo o emprego da vírgula para marcar o complemento verbal transposto (topicalizado) quando aparece repetido por pronome oblíquo:
> O lobo, viu-o o caçador. (Ou: O lobo viu-o o caçador.)
> Ao rico, não lhe devo. (Ou: Ao rico não lhe devo.)

f) para separar ou intercalar vocativos; nas cartas a pontuação é vária (em geral, vírgula)[19] e na redação oficial usam-se dois-pontos.
João, onde comprou esse livro?

g) para separar as orações adjetivas de valor explicativo:
"perguntava a mim mesmo por que não seria melhor deputado e melhor marquês do que o Lobo Neves, — eu, *que valia mais*, muito mais do que ele, — ..." [Machado de Assis]

h) para separar, quase sempre, as orações adjetivas restritivas de certa extensão, principalmente quando os verbos de duas orações diferentes se juntam:
"No meio da confusão *que produzira por toda a parte este acontecimento inesperado e cujo motivo e circunstâncias inteiramente se ignoravam*, ninguém reparou nos dois cavaleiros..." [Alexandre Herculano]

Obs.: Esta pontuação pode ocorrer ainda que separe por vírgula o sujeito expandido pela oração adjetiva:
"*Os que falam em matérias que não entendem*, parecem fazer gala da sua própria ignorância." [Marquês de Maricá]
"*O mais que entender*, é que estou apaixonado dele..." [Lúcio de Mendonça]

i) para separar o pronome relativo de oração adjetiva restritiva do termo mais próximo, já que seu antecedente é o termo mais distante:
"O juiz tem de ser pontual no exame dos dados da informação, que [isto é, *os dados*] não lhe permitam erro ao aplicar a sentença." [Mário de Alencar]

j) para separar as orações intercaladas:
"Não lhe posso dizer com certeza, *respondi eu*; mas se me dá licença, [...]." [Machado de Assis]

---

[19] Não se põe vírgula nas expressões enfáticas *sim senhor*, *não senhor*: "A infelicidade deu um pulo medonho: notei que Madalena namorava os caboclos da lavoura. Os caboclos, *sim senhor*." [Guimarães Rosa]

k) para separar, em geral, adjuntos adverbiais que precedem o verbo e as orações adverbiais que vêm antes ou no meio da sua principal:
"Eu mesmo, *até então*, tinha-vos em má conta..." [Machado de Assis]
"[...] mas, *como as pestanas eram rótulas*, o olhar continuava o seu ofício [...]" [*Idem*]

l) para separar, nas datas, o nome do lugar:
Rio de Janeiro, 8 de agosto de 1961.

m) para separar as partículas e expressões de explicação, correção, continuação, conclusão, concessão:
"[...] e, *não obstante*, havia certa lógica, certa dedução [...]" [Machado de Assis]
Sairá amanhã, *aliás*, depois de amanhã.

n) para separar as conjunções e advérbios adversativos (*porém, todavia, contudo, entretanto*), principalmente quando pospostos:
"A proposta, *porém*, desdizia tanto das minhas sensações últimas..." [Machado de Assis]

o) para indicar, às vezes, a elipse do verbo:
Ele sai agora; eu, logo mais.

p) para assinalar a interrupção de um seguimento natural das ideias e se intercalar um juízo de valor ou uma reflexão subsidiária.
"Estava tão agastado, *e eu não menos*, que entendi oferecer um meio de conciliação: dividir a prata." [Machado de Assis]

q) para desfazer possível má interpretação resultante da distribuição irregular dos termos da oração, separa-se por vírgula a expressão deslocada:
"De todas as revoluções, *para o homem*, a morte é a maior e a derradeira." [Marquês de Maricá]

DOIS-PONTOS

Usam-se dois-pontos:
a) na enumeração, explicação, notícia subsidiária:[20]
Comprou dois presentes: um livro e uma caneta.
"(Viegas) padecia de um reumatismo teimoso, de uma asma não menos teimosa e de uma lesão de coração: era um hospital concentrado." [Marquês de Maricá]
"Queremos governos perfeitos com homens imperfeitos: disparate." [Marquês de Maricá]

b) nas expressões que se seguem aos verbos *dizer, retrucar, responder* (e semelhantes) e que encerram a declaração textual, ou que assim julgamos, de outra pessoa:
"Não me quis dizer o que era: mas, como eu instasse muito:
— Creio que o Damião desconfia alguma coisa." [Machado de Assis]
Às vezes, para caracterizar textualmente o discurso do interlocutor, vem acompanhada de aspas a transcrição, e raras vezes de travessão:
"Ao cabo de alguns anos de peregrinação, atendi às súplicas de meu pai:
— Vem, dizia ele na última carta; se não vieres depressa acharás tua mãe morta!" [Machado de Assis]

c) nas expressões que, enunciadas com entonação especial, sugerem, pelo contexto, causa, explicação ou consequência:
"Explico-me: o diploma era uma carta de alforria." [Machado de Assis]

d) nas expressões que apresentam uma quebra da sequência das ideias:
"Sacudiu o vestido, ainda molhado, e caminhou para a alcova.
— Não! bradei eu; não hás de entrar... não quero... Ia a lançar-lhe as mãos: era tarde; ela entrara e fechara-se." [Machado de Assis]

---

[20] A imprensa moderna usa e abusa dos dois-pontos para resumir, às vezes numa síntese de pensamento difícil de ser acompanhada, certas notícias. *Verão: cidade desprotegida das chuvas.*

PONTO E VÍRGULA

Representa uma pausa mais forte que a vírgula e menos que o ponto, e é empregado:

a) num trecho longo, onde já existam vírgulas, para enunciar pausa mais forte:
"Enfim, cheguei-me a Virgília, que estava sentada, e travei-lhe da mão; D. Plácida foi à janela." [Machado de Assis]

b) para separar as adversativas em que se quer ressaltar o contraste:
"Não se disse mais nada; mas de noite Lobo Neves insistiu no projeto." [Machado de Assis]

c) na redação oficial, para separar os diversos itens de um considerando, lei ou outro documento.

TRAVESSÃO

Não confundir o travessão com o traço de união ou hífen e com o traço de divisão empregado na partição de sílabas (*ab-so-lu-ta-men-te*) e de palavras no fim de linha. O travessão pode substituir vírgulas, parênteses, colchetes, para assinalar uma expressão intercalada:
"[...] e eu falava-lhe de mil cousas diferentes — do último baile do Catete, da discussão das câmaras, de berlindas e cavalos —, de tudo, menos dos seus versos ou prosas." [Machado de Assis]
Usa-se simples se a intercalação termina o texto; em caso contrário, usa-se o travessão duplo:
"Duas, três vezes por semana, havia de lhe deixar na algibeira das calças — umas largas calças de enfiar —, ou na gaveta da mesa, ou ao pé do tinteiro, uma barata morta." [Machado de Assis]

> **Obs.:** Como se vê pelo exemplo, pode haver vírgula depois de travessão.
> Pode denotar uma pausa mais forte:
> "[...] e se estabelece uma cousa que poderemos chamar — solidariedade do aborrecimento humano." [Machado de Assis]

> Pode indicar ainda a mudança de interlocutor, na transcrição de um diálogo:
> "— Ah! respirou Lobo Neves, sentando-se preguiçosamente no sofá.
> — Cansado? perguntei eu.
> — Muito; aturei duas maçadas de primeira ordem [...]" [Machado de Assis]
> Neste caso, pode, ou não, combinar-se com as aspas.

PARÊNTESES E COLCHETES

Os parênteses assinalam um isolamento sintático e semântico mais completo dentro do enunciado, além de estabelecer maior intimidade entre o autor e o seu leitor. Em geral, a inserção do parêntese é assinalada por uma entonação especial.

Quando uma pausa coincide com o fim da construção parentética, o respectivo sinal de pontuação deve ficar depois dos parênteses, mas, estando a proposição ou a frase inteira encerrada pelos parênteses, dentro deles se põe a competente notação:

"Não, filhos meus (deixai-me experimentar, uma vez que seja, convosco, este suavíssimo nome); não: o coração não é tão frívolo, tão exterior, tão carnal, quanto se cuida." [Rui Barbosa]

"A imprensa (quem o contesta?) é o mais poderoso meio que se tem inventado para a divulgação do pensamento." (Carta inserta nos Anais da Biblioteca Nacional, vol. I) [Carlos de Laet]

Intimamente ligados aos parênteses pela sua função discursiva, os colchetes são utilizados quando já se acham empregados os parênteses, para introduzirem uma nova inserção.

Também se usam para preencher lacunas de textos ou ainda para introduzir, principalmente em citações, adendos ou explicações que facilitam o entendimento do texto. Nos dicionários e gramáticas, explicitam informações como a ortoépia, a prosódia, etc., no que também podem ser usados os parênteses.

ASPAS

De modo geral, usamos como aspas o sinal [" "]; mas pode haver, para empregos diferentes as aspas simples [' '], ou invertidas (simples ou duplas) [' '], [" "]. Nos trabalhos científicos sobre línguas, as aspas simples referem-se a significados ou sentidos: *amare*, lat. '*amar*' port. Às vezes, usa-se nesta aplicação o sublinhado (cada vez menos frequente no texto impresso) ou o itálico. As aspas também são empregadas para dar a certa expressão sentido particular (na linguagem falada é em geral proferida com entoação especial) para ressaltar uma expressão dentro do contexto ou para apontar uma palavra como estrangeirismo ou gíria:

> **Obs.**: Escrevendo, ressaltamos a expressão também com o sublinhado, o que, nos textos impressos, corresponde ao emprego de tipo diferente:
> "— Sim, mas percebo-o agora, porque só agora nos surgiu a ocasião de enriquecer. Foi uma sorte grande que Deus nos mandou.
> — Deus...
> — Deus, sim, e você o ofendeu afastando-a com o pé." [Monteiro Lobato]
> "Você já reparou Miloca, na 'ganja' da Sinhazinha? Disse uma sirigaita de 'beleza' na testa." [Monteiro Lobato]
> Quando uma pausa coincide com o final da expressão ou sentença que se acha entre aspas, coloca-se o competente sinal de pontuação depois delas, se encerram apenas uma parte da proposição; quando, porém, as aspas abrangem todo o período, sentença, frase ou expressão, a respectiva notação fica abrangida por elas: "Aí temos a lei", dizia o Florentino. "Mas quem as há de segurar? Ninguém." [Rui Barbosa]

ALÍNEA

Tem a mesma função do parágrafo, pois denota diversos centros de assuntos e, como este, exige mudança de linha. Geralmente vem indicada por número ou letra seguida de um traço curvo, semelhante ao que fecha parêntese para assinalar subdivisão da matéria tratada:
Os substantivos podem ser:

a) *próprios*
b) *comuns*

CHAVE

A chave [{ }] tem aplicação maior em obras de caráter científico.

ASTERISCO[21]

O asterisco (*) é colocado depois e em cima de uma palavra do trecho para se fazer uma citação ou comentário qualquer sobre o termo ou o que é tratado no trecho (neste caso o asterisco se põe no fim do período).

Emprega-se ainda um ou mais asteriscos depois de uma inicial para indicar uma pessoa cujo nome não se quer ou não se pode declinar: o Dr.*, B.**, L.***.

Em estudos de linguagem, o asterisco indica etimologia hipotética, ou, ainda, serve para assinalar palavra, expressão ou frase agramatical.

---

[21] Costuma-se ouvir este vocábulo deturpado para *asterístico*. *Asterisco* quer dizer *estrelinha*, nome devido à sua forma.

QUESTÕES DO PASSO 9

1) (SMESP — Professor de Língua portuguesa — tipo 1 — SP — FGV — Superior)
Um artigo de Marcuschi se intitula "*Oralidade e ensino de língua: uma questão pouco 'falada'*".
No título do artigo de Marcuschi, as aspas na palavra "*falada*" indicam

   (A) o desvio semântico do termo, da linguagem lógica para a figurada.
   (B) a informação da presença de mais discussões orais que trabalhos escritos sobre o tema.
   (C) uma crítica à ausência de discussões sobre o ensino da oralidade.
   (D) um alerta sobre o excesso de espaço didático dedicado à língua falada.
   (E) uma denúncia contra a total ausência do ensino de língua falada nas escolas.

2) (IBGE — Analista — Análise de Projetos — tipo 1 — Superior — FGV Projetos)
A frase abaixo, de Millôr Fernandes, que exemplifica o emprego da vírgula por inserção de um segmento entre sujeito e verbo é:

   (A) "O difícil, quando forem comuns as viagens interplanetárias, será a gente descobrir o planeta em que foram parar as bagagens";
   (B) "Quando um quer, dois brigam";
   (C) "Para compreender a situação do Brasil, já ninguém discorda, é necessário um certo distanciamento. Que começa abrindo uma conta numerada na Suíça";
   (D) "Pouco a pouco o carnaval se transfere para Brasília. Brasília já tem, pelo menos, o maior bloco de sujos";
   (E) "Mal comparando, Platão era o Pelé da Filosofia".

3) (ESAF — Escola de Administração Fazendária — Analista de Planejamento e Orçamento)
Leia atentamente o texto abaixo:

O homem é um animal. Porém, não é "apenas mais um animal". Ele é único. Só o homem, entre todas as espécies, tem uma capacidade a que chamaremos, por falta de melhor termo, capacidade de simbolizar.

5   Ela é a capacidade de originar, definir e atribuir significados, de forma livre e arbitrária, a coisas e acontecimentos no mundo externo, bem como de compreender esses significados. Eles não podem ser percebidos e avaliados com os sentidos. Por exemplo, água benta é diferente de água comum. Ela tem um valor que a distingue da água comum, e esse
10 valor é significativo para milhões de pessoas. Como a água comum se torna água benta? A resposta é simples: os seres humanos atribuem-lhe esse significado e estabelecem a sua importância. O significado, por sua vez, pode ser compreendido por outros seres humanos. Se não fosse assim, não faria sentido para eles. Simbolizar, portanto, envolve a possibilidade de criar, atribuir e compreender significados.

> WHITE, Leslie A., DILLINGHAM, Beth. *O conceito de cultura*. Tradução de Teresa Dias Carneiro. Rio de Janeiro: Contraponto, 2009.

Sobre o uso da pontuação, assinale a opção <u>incorreta</u>.

(A) O ponto final do primeiro período (linha 1) pode ser substituído por ponto e vírgula, sem contrariar as regras de pontuação.
(B) O autor grafou a expressão "apenas mais um animal" (linha 1) entre aspas para atribuir-lhe um tom sarcástico e negativo.
(C) A expressão "por falta de melhor termo" (linha 3) pode ser encerrada entre travessões ou parênteses.
(D) A vírgula localizada antes da oração "e esse valor é significativo para milhões de pessoas" (linhas 8 e 9) é facultativa e serve para destacar a ideia contida naquela oração.
(E) No trecho "envolve a possibilidade de criar, atribuir e compreender significados" (linhas 13 e 14), a vírgula presente entre os verbos justifica-se por separar termos coordenados.

4) (ESAF — Escola de Administração Fazendária — Analista de Planejamento e Orçamento)
Assinale a opção correta quanto ao uso da pontuação.

(A) Uma das sequências mais famosas da história do cinema, o banho da atriz sueca Anita Ekberg (1931-2015) na Fontana di Trevi, no filme *La dolce vita*, de Fellini, ajudou a cristalizar, na imaginação de muita gente, uma imagem romântica da capital italiana, Roma.
(B) O belo cenário onde a loura se banhou, enquanto chamava o galã Marcello Mastroiani (1924-1996), no entanto hoje, atrai visitantes bem menos nobres.

(C) No auge do verão europeu, a fonte, um dos principais pontos turísticos da cidade invadida por ratos, que assustam milhares de turistas que a visitam diariamente.
(D) À infestação dos roedores, somam-se outros problemas romanos como o excesso de lixo nas ruas, por conta da ineficiência dos serviços públicos, os atrasos no transporte coletivo, e os inúmeros casos de corrupção na administração, da capital que parece viver um dos piores momentos de sua história recente.
(E) Em julho, quem passasse, pelos parques da cidade, ficaria surpreso, com o estado de desleixo desses locais.

ROCHA, Paula. "A degradação de Roma". *Isto é*. São Paulo, n° 2383, 5 ago. 2015.

5) (Coren/SP — Administrador de Banco de Dados — Fundação Vunesp) Seguindo a norma-padrão da língua portuguesa, a frase — Um levantamento mostrou que os adolescentes americanos consomem em média 357 calorias diárias dessa fonte. — recebe o acréscimo correto das vírgulas em:

(A) Um levantamento mostrou, que os adolescentes americanos consomem em média 357 calorias, diárias dessa fonte.
(B) Um levantamento mostrou que, os adolescentes americanos consomem, em média 357 calorias diárias dessa fonte.
(C) Um levantamento mostrou que os adolescentes americanos consomem, em média, 357 calorias diárias dessa fonte.
(D) Um levantamento, mostrou que os adolescentes americanos, consomem em média 357 calorias diárias dessa fonte.
(E) Um levantamento mostrou que os adolescentes americanos, consomem em média 357 calorias diárias, dessa fonte.

Leia a tira para responder às questões de números 6 e 7.

© Joaquín S. Lavado Tejón (QUINO), TODA MAFALDA/Fotoarena.

6) (Fundação Vunesp — Câmara Municipal de Itatiba — Advogado)
A fala do segundo quadrinho da tira permanece correta, após o acréscimo de vírgula(s), de acordo com a norma-padrão da língua portuguesa, em:

(A) Vamos ver: na semana que, vem vou comprar duas revistinhas novas.
(B) Vamos ver: na semana que vem, vou comprar duas revistinhas novas.
(C) Vamos ver: na semana que vem vou, comprar duas revistinhas novas.
(D) Vamos ver: na semana que vem vou comprar, duas revistinhas novas.
(E) Vamos ver: na, semana que vem vou comprar duas, revistinhas novas.

7) (Fundação Vunesp — Câmara Municipal de Itatiba — Advogado)
Considere as seguintes falas da tira.
... vou **comprar duas revistinhas novas**. /... será que vou **comprá-las**...
Nas falas, observa-se o uso correto do pronome substituindo a expressão "duas revistinhas". Assinale a alternativa em que o pronome que substitui a expressão em destaque no primeiro segmento de frase também está corretamente empregado, de acordo com a norma-padrão da língua portuguesa.

(A) Bastante gente **usa o amplo acesso**... / Bastante gente **usa-no**...
(B) ... uma minoria da população que **comete crimes**... /... uma minoria da população que **comete-nos**...
(C) ... projeto de lei que **cria apostas esportivas *on-line*...** /... projeto de lei que **lhes** cria...
(D) ... o cidadão que **acessa uma página**... /... o cidadão que lhe **acessa**...
(E) ... se não **apaga as fronteiras**... /... se não **as** apaga...

8) (ESAF — Analista Técnico-Administrativo, Arquiteto, Contador, Engenheiro e Pedagogo)
Assinale a opção que justifica corretamente o fato de o segmento grifado estar entre vírgulas.

Lucio Costa concebeu Brasília como *civitas* e como *urbs* — a cidade tem um duplo caráter. Por um lado, é a cidade do poder, dos símbolos, das representações, das cerimônias (*civitas*); por outro, a cidade secular da vida cotidiana dos habitantes (*urbs*). E ele não concebeu a Esplanada como uma "pura" civitas. Alguns não sabem que há no projeto uma clara indicação de um edifício baixo, <u>conectando os blocos ministeriais entre si</u>, que abrigaria serviços diversos. Nunca foi feito. Noutras palavras, o arquiteto também trazia serviços da vida cotidiana para o coração da *civitas*. Lucio Costa tinha por referência afetiva as cidades europeias, continentais ou inglesas. E, nelas, sagrado e secular, uso cotidiano e excepcional misturam-se para definir alguns dos espaços urbanos mais fortes da história.

HOLANDA, Frederico. "Sagrado e profano". *Correio Braziliense*. Brasília, 17 jun. 2013. Opinião. p.11.

O segmento grifado é

(A) aposto.
(B) adjunto adverbial.
(C) oração de natureza restritiva.
(D) oração reduzida de gerúndio de natureza explicativa.
(E) oração principal intercalada no período entre outras orações.

9) (ESAF — Analista Técnico-Administrativo, Arquiteto, Contador, Engenheiro e Pedagogo)
Os trechos a seguir constituem um texto adaptado do jornal *Valor Econômico* de 21/6/2013. Assinale a opção transcrita de forma gramaticalmente correta.

(A) Um tempo razoável pode se passar até que os mercados globais encontrem um ponto de equilíbrio, depois do anúncio do fim da era dos trilionários pacotes de alívio monetário no EUA.
(B) Sobre os mercados emergentes recae grande parte do ajuste, pois a grande liquidez disseminada por três versões de afrouxamento quantitativo teve seu principal destino nos países mais dinâmicos durante a grande crise de 2008 e que puxavam a recuperação global.
(C) As correções estão sendo violentas, especialmente nas bolsas e moedas emergentes, enquanto os juros americanos estão sob

pressão de alta. Mas o fim do mundo não está próximo, apesar de os mercados darem novamente essa impressão.

(D) Se o cronograma do *Federal Reserve System* — Fed estiverem certos, o Banco Central americano para de bombear recursos ao mercado. A liquidez continuará excessiva até que entre em cena a política monetária restritiva, prevista para 2015.

(E) Com rendimentos negativos nos títulos de grande segurança, como os do Tesouro Americano, e custos de financiamento de posições absurdamente baixo para os padrões históricos, boa parte dos ativos foi inflada por uma demanda a normal. Agora, os preços procuram novo nível.

10) (UFPR — Prefeitura Municipal de Colombo — Professor)
Assinale entre as alternativas abaixo a única em que o uso da vírgula é facultativo.

(A) Em 1989, ocorreu a primeira eleição direta no Brasil depois da ditatura militar.
(B) Barack Obama, atual presidente dos Estados Unidos, ocupa o cargo desde 2009.
(C) Vicente Guerrero, Anastasio Bustamante e Miguel Barragán foram presidentes mexicanos da assim chamada Primeira República Federalista.
(D) João Goulart, que faleceu em 1976, obteve anulação de sua cassação política somente em 2013.
(E) Senhora Presidenta, uma carta para Vossa Excelência!

11) (Tribunal de Justiça Militar do Estado de São Paulo — Agente Administrativo Judiciário — Vunesp)
Assinale a alternativa em que o emprego da vírgula está correto

(A) Ismael, após as aulas percorreu o pátio todo o jardim e a quadra, de esportes.
(B) Ismael após as aulas, percorreu, o pátio, todo o jardim e a quadra de esportes.
(C) Ismael, após as aulas percorreu, o pátio, todo o jardim e a quadra de esportes.
(D) Ismael, após as aulas, percorreu todo o pátio, todo o jardim e a quadra de esportes.

(E) Ismael, após as aulas, percorreu, o pátio todo o jardim, e a quadra de esportes.

12) (Ministério do Desenvolvimento, Indústria e Comércio Exterior — Analista de Comércio Exterior — ESAF)
Os trechos a seguir compõem um texto adaptado do Editorial da *Folha de S.Paulo* de 29/3/2012.
Assinale a opção em que o fragmento foi transcrito de forma gramaticalmente correta.

(A) Houveram muitas mudanças nas condições externas e internas da economia, que contribuíram para a estagnação da indústria brasileira. Do lado externo, os altos preços das matérias-primas exportadas pelo Brasil encorpam a entrada de divisas e valoriza o real.
(B) Internamente, a renda do trabalho ampliada por políticas salariais e previdenciárias generosas, estimula o consumo e o setor de serviços. O resultado seria a especialização da economia nos setores primário e terciário, cuja forte geração de emprego, em troca de menor competitividade industrial.
(C) A perda de mercado para importações, por sua vez, não seriam um problema, já que boa parte delas seria compras de bens de capital para investimento e modernização do parque industrial.
(D) Não se deve considerar que exportações de poucos produtos primários sejam confiáveis, pois uma inversão de preços traria problemas às contas externas. No que se refere às importações de bens de capital, é fato que o uso de equipamentos importados melhora a produtividade, mas a perda da base de conhecimento é uma ameaça para o futuro do país.
(E) É temerário considerar que, um país de renda média e com baixa escolaridade, como o Brasil possa manter tal padrão de crescimento. Serviços que geram renda, hoje, são atividades complexas como *design* industrial e *marketing*, de alto conteúdo intelectual.

13) (Ministério do Desenvolvimento, Indústria e Comércio Exterior — Analista de Comércio Exterior — ESAF)
Os trechos a seguir constituem um texto adaptado do Editorial de *O Globo* de 20/3/2012. Assinale a opção correta quanto ao emprego dos sinais de pontuação.

(A) Estudo recente de uma instituição americana, mostra que, em termos da produtividade do trabalho, estamos atrás da Argentina, do Chile, do México, do Uruguai, do Peru e da Colômbia, para citar apenas algumas nações sul-americanas. Superamos apenas a Bolívia e Equador.
(B) O aumento da escolaridade, foi um passo à frente, pois os jovens estarão mais aptos ao aprendizado necessário, a um bom desempenho em suas profissões e atividades do que as gerações anteriores.
(C) Porém, para se nivelar aos parâmetros, até mesmo, da maioria dos países do continente, o Brasil, terá de andar bem mais rápido.
(D) O país já se encontra em um estágio no qual os saltos de produtividade não ocorrerão sem investimentos mais expressivos. Além de equipamentos, automação e outras ferramentas da tecnologia, parte desses investimentos precisará estar voltada para os recursos humanos.
(E) É recente (menos de vinte anos) um envolvimento mais vigoroso do poder público, nesse esforço, para qualificar os recursos humanos disponíveis. Até então, a iniciativa partia de instituições privadas ou das empresas, muitas vezes agindo de maneira isolada.

14) (ESPM — Escola Superior de Propaganda e Marketing — prova P — Vestibular)
A reivindicação do massacre na Charlie Hebdo pela facção da Al-Qaeda na Península Arábica recoloca em primeiro plano um movimento afastado da mídia pelos sucessos militares da Organização do Estado Islâmico.

> VERCUEIL, Julien. "Funesta rivalidade entre a Al-Qaeda e a Organização do Estado Islâmico". *Le Monde Diplomatique Brasil*. São Paulo, edição 91, 4 fev. 2015. Disponível em: <https://diplomatique.org.br/funesta-rivalidade-entre-a-al-qaeda-e-a-organizacao-do-estado-islamico/>

Das afirmações abaixo sobre o uso da vírgula, assinale a única correta:

(A) o segmento "pela facção da al-Qaeda na Península Arábica" é um adjunto adnominal e deveria estar entre vírgulas.
(B) poderia haver uma vírgula após o sujeito "A reivindicação do massacre na Charlie Hebdo".
(C) deveria haver uma vírgula após o objeto direto "um movimento afastado".

(D) deveria haver uma vírgula após a forma verbal "recoloca".
(E) o segmento "em primeiro plano" é um adjunto adverbial intercalado e poderia estar entre vírgulas.

15) (Especialista Legislativo — FGV — ALERJ)

> **Obs.**: O texto (CORBIN, Alain (Org.) *História do Cristianismo*. São Paulo: Martins Fontes. 2009. p. XIII.) de onde foi retirado o objeto desta questão não foi incluído no livro por não ser determinante para a resolução da mesma.

"Entender os debates mais recentes sobre a colonização, as práticas humanitárias, a bioética, o choque de culturas também / supõe um conhecimento do cristianismo, dos elementos fundamentais da sua doutrina, das peripécias que marcaram sua história, das etapas da sua adaptação ao mundo."

O trecho acima foi separado em duas partes por uma barra inclinada. Sobre o emprego das vírgulas nessas duas partes, é correto afirmar que:

(A) marcam a presença de enumerações de termos nas duas partes;
(B) indicam, respectivamente, a presença de aposto e da enumeração de termos;
(C) documentam a presença de apostos explicativos nos dois segmentos;
(D) mostram, nos dois segmentos, inserções de termos;
(E) indicam, respectivamente, a presença de enumeração e de aposto explicativo.

Texto para as questões 16 e 17.

> **Obs.**: O texto (KFOURI, Juca. "Salve o Hino do Brasil". *Blog do Juca Kfouri*, 4 out. 2015. Disponível em: <https://blogdojuca.uol.com.br/2015/10/salve-o-hino-do-brasil/?o?hino?do?brasil/>) de onde foi retirado o objeto das questões 16 e 17 não foi incluído no livro por não ser determinante para a resolução das mesmas.

16) (Vestibular para Administração e Ciências Econômicas — INSPER — A) Nas frases a seguir, extraídas da coluna de Juca Kfouri, incluímos uma vírgula (indicada entre parênteses) em determinado ponto. A única vírgula que **NÃO** seria aceitável está em:

(A) *Que o Hino seja tocado antes de jogos da Seleção ou em circunstâncias especiais (,) é aceitável*
(B) *De alguns anos para cá (,) virou lei em muitos Estados a obrigatoriedade da execução do Hino*
(C) *a banalização virou esculhambação (,) e a intenção de fazer por força de lei um momento de educação cívica virou apenas desrespeito*
(D) *Em todos os jogos (,) é mera vulgarização*
(E) *Quando se trata de jogos contra times estrangeiros (,) comete-se a falta de educação*

17) (Vestibular para Administração e Ciências Econômicas — INSPER — A)
O verso do *Hino* citado pelo colunista ("verás que um filho teu não foge à luta") poderia ser reescrito, respeitando o padrão culto da língua e mantendo o sentido original, da seguinte forma:

(A) verás que um filho seu não foge à luta
(B) verá que um filho teu não foge à luta
(C) verá que um filho seu não foge da luta
(D) vereis que um filho teu não foge da luta
(E) vereis que um filho vosso não foge na luta

18) (ENEM — 1º dia — Caderno amarelo)

O homem disse, Está a chover, e depois, Quem é você, Não sou daqui, Anda à procura de comida, Sim, há quatro dias que não comemos, E como sabe que são quatro dias, É um cálculo, Está sozinha, Estou com o meu marido e uns companheiros. Quantos são, Ao todo, sete. Se estão a pensar em ficar conosco, tirem daí o sentido, já somos muitos, Só estamos de passagem, Donde vêm, Estivemos internados desde que a cegueira começou, Ah, sim, a quarentena, não serviu de nada, Por que diz isso, Deixaram-nos sair, Houve um incêndio e nesse momento percebemos que os soldados que nos vigiavam tinham desaparecido, E saíram, Sim, Os vossos soldados devem ter sido dos últimos a cegar, toda a gente está cega, Toda a gente, a cidade toda, o país,

SARAMAGO, J. *Ensaio sobre a cegueira*. São Paulo: Cia. das Letras, 1995.

A cena retrata as experiências das personagens em um país atingido por uma epidemia. No diálogo, a violação de determinadas regras de pontuação

(A) revela uma incompatibilidade entre o sistema de pontuação convencional e a produção do gênero romance.
(B) provoca uma leitura equivocada das frases interrogativas e prejudica a verossimilhança.
(C) singulariza o estilo do autor e auxilia na representação do ambiente caótico.
(D) representa uma exceção às regras do sistema de pontuação canônica.
(E) colabora para a construção da identidade do narrador pouco escolarizado.

GABARITO COMENTADO DO PASSO 9

1) Gabarito: C
Comentário:
As aspas foram empregadas para evitar o ruído na comunicação, uma vez que (principalmente no texto escrito, no qual a informação é menos perceptível) a ausência delas deixaria o leitor confuso quanto à intenção comunicativa.

2) Gabarito: A
Comentário:
Na opção A o sujeito "O difícil" e o verbo "será" estão separados pela oração adverbial ("quando forem comuns as viagens interplanetárias"), que deve ficar entre vírgulas por estar intercalada à principal ("O difícil será a gente descobrir o planeta").

3) Gabarito: B
Comentário:
A opção B está incorreta, porque não há qualquer traço sarcástico e negativo na expressão entre aspas. A intenção é a de realçar o fato de que o homem é um animal especial, único.

4) Gabarito: A
Comentário
A única opção em que a pontuação foi empregada corretamente foi A. Observe que "no filme *La dolce vita*" e "na imaginação de muita gente" são adjuntos adverbiais que, por estarem intercalados, estão entre vírgulas. Já o termo "Roma" é um aposto explicativo, o que justifica estar entre vírgulas.

5) Gabarito: C
Comentário:
As vírgulas foram empregadas de acordo com a norma-padrão na opção C, para separar o adjunto adverbial. Vale ressaltar que a alternativa A está incorreta porque a vírgula foi usada para separar o verbo do complemento; na B, não se pode usar vírgula após o *que* que introduz uma oração subordinada substantiva; na D as duas vírgulas estão separando, indevidamente, o sujeito do predicado; e na E a primeira vírgula também separa sujeito e predicado.

6) Gabarito: B
Comentário:
De acordo com a norma-padrão emprega-se a vírgula para separar oração adverbial que precede a oração principal.

7) Gabarito: E
Comentário:
O pronome oblíquo átono está empregado de acordo com a norma-padrão na opção E, porque é um pronome de terceira pessoa do plural que retoma a expressão "as fronteiras" (= elas) e fica proclítico ao verbo por causa da presença do advérbio de negação ("não").

8) Gabarito: D
Comentário:
As vírgulas foram empregadas para separar a oração subordinada adjetiva de natureza explicativa reduzida de gerúndio.

9) Gabarito: C
Comentário:
O trecho gramaticalmente correto é o da opção C. No primeiro momento as vírgulas isolam a expressão explicativa "especialmente nas bolsas e moedas emergentes"; no segundo momento a vírgula foi empregada para separar a oração subordinada adverbial. Nas demais opções há sempre um ponto em desacordo com a norma-padrão. Nas opções

A) erro de concordância: o artigo *o* da contração *no* deve ficar no plural, porque a sigla EUA deve ser lida Estados Unidos da América, portanto *nos EUA*;

B) o verbo *recair* segue o modelo de *cair* e, na 3ª pessoa do singular do presente do indicativo, é grafada "recai";

D) erro de concordância: o verbo *estar*, bem como o predicativo *certo*, devem ficar no singular para concordar com o sujeito simples: "o cronograma do *Federal Reserve System* — Fed *estiver certo*";

E) o adjetivo *anormal* escreve-se junto e significa "fora do comum, fora do padrão".

10) Gabarito: A
Comentário:
O emprego da vírgula é facultativo na opção A, porque adjuntos adverbiais podem ou não ser separados por vírgula, especialmente quando de pequena extensão, que é o caso da frase: "Em 1989, ocorreu (...)" ou "Em 1989 ocorreu (...)".

11) Gabarito: D
Comentário:
Na opção D, o emprego das vírgulas está de acordo com a norma-padrão, porque: no primeiro caso separa o adjunto adverbial — "após as aulas" — que precede o verbo e, no segundo caso, separa termos coordenados — "pátio, todo o jardim".

12) Gabarito: D
Comentário:
Apenas na opção D está correto o emprego da vírgula:
1º) antes da conjunção *pois* para marcar o início da oração coordenada;
2º) para separar a oração subordinada adverbial "no que se refere às importações de bens de capital" da principal.

13) Gabarito: D
Comentário:
Todas as vírgulas foram adequadamente colocadas na opção D. Nas demais opções há incorreção no emprego da vírgula porque
- A) logo no início da frase percebe-se o sujeito separado por vírgula do verbo do predicado, o que não está de acordo com a norma-padrão. O correto é "Estudo recente de uma instituição americana mostra...";
- B) o sujeito também aparece separado por vírgula do predicado. O correto é "O aumento da escolaridade foi um passo à frente";
- C) o mesmo erro: sujeito separado do verbo do predicado por vírgula. O correto é: "... o Brasil terá de andar bem mais rápido";
- E) não se separa o complemento nominal do substantivo (nome) a que se refere. O correto é "... um envolvimento mais vigoroso do poder público nesse esforço, para qualificar...".

14) Gabarito: E
Comentário:
A opção E está correta porque, de acordo com a norma-padrão, o adjunto adverbial pode vir ou não separado por vírgula quando for de pequena extensão.

15) Gabarito: A
Comentário:
Nos dois segmentos, as vírgulas foram empregadas para separar elementos de uma enumeração.

16) Gabarito: A
Comentário:
A única opção em que a vírgula não pode ser empregada é A, porque a primeira oração é subordinada substantiva subjetiva e não pode ser separada da oração principal por vírgula.

17) Gabarito: C
Comentário:
Para respeitar a norma-padrão da língua e manter o sentido original, a opção correta é a C, porque na opção
- A) o verbo "ver" está na 2ª pessoa do singular em desacordo com o pronome "seu" que é de 3ª pessoa do singular;
- B) o verbo "ver" está na 3ª pessoa do singular em desacordo com o pronome "teu" que é de 2ª pessoa do singular;
- C) o verbo "ver" e o pronome estão concordando na 3ª pessoa do singular. Este é o gabarito;
- D) o verbo "ver" está na 2ª pessoa do plural em desacordo com o pronome "teu" que é de 2ª pessoa do singular;
- E) o verbo "ver" está na 2ª pessoa do plural, concorda com o pronome, que é de 2ª pessoa do plural, mas altera o sentido original ao substituir a preposição "de" (sentido de sair de um lugar) por "em" (sentido de estar dentro de uma situação).

18) Gabarito: C
Comentário:
Há momentos em que os sinais de pontuação podem ser empregados fora de seu uso habitual — gramatical — para ser usados como recurso estilístico.

No trecho destacado, a vírgula afasta-se de seu emprego padrão para substituir todos os demais sinais de pontuação. A vírgula passa a ser um sinal de pontuação cego, não percebe os limites de seu emprego e, de forma singular, corrobora para o caos que toma conta do ambiente. Todos, personagens e pontuação, estão cegos e caminham pelo texto de forma caótica em busca de um ponto de apoio que não conseguem encontrar: os personagens em busca de um pouso, e as vírgulas à procura de um ponto — observe que o parágrafo é encerrado com vírgula.

Passo 10

Compreensão e interpretação de textos (intelecção textual)

FECHANDO O CÍRCULO

O falar em geral, do plano *universal* da linguagem, implica falar segundo as regras elementares do pensar em conformidade com o conhecimento geral que o homem tem do mundo e das coisas nele existentes. Enfim, as pessoas têm de ser *congruentes* no falar e no entender os outros. Bom exercício desta atividade é a *interpretação* e a *compreensão* de textos escritos. Por isso, esta Gramática não poderia terminar sem chamar a sua atenção para tão importante assunto.

OS DEZ MANDAMENTOS PARA ANÁLISE DE TEXTOS NUM TESTE DE INTERPRETAÇÃO

1. Ler duas vezes o texto. A primeira para tomar contacto com o assunto; a segunda para observar como o texto está articulado; desenvolvido, exposto.
2. Observar que um parágrafo em relação ao outro pode indicar uma continuação ou uma conclusão ou, ainda, uma falsa oposição.
3. Sublinhar, em cada parágrafo, a ideia mais importante (tópico frasal).
4. Ler com muito cuidado os enunciados das questões para entender direito a intenção do que foi pedido.
5. Sublinhar palavras como: erro, incorreto, correto, etc., para não se confundir no momento de responder à questão.

6. Escrever, ao lado de cada parágrafo ou de cada estrofe, a ideia mais importante contida neles.
7. Não levar em consideração o que o autor quis dizer, mas sim o que ele disse; escreveu.
8. Se o enunciado mencionar *tema* ou *ideia principal*, deve-se examinar com atenção a introdução e/ou a conclusão.
9. Se o enunciado mencionar *argumentação*, deve preocupar-se com o desenvolvimento.
10. Tomar cuidado com os vocábulos relatores (os que remetem a outros vocábulos do texto: pronomes relativos, pronomes pessoais, pronomes demonstrativos, etc.).

COMPREENSÃO E INTERPRETAÇÃO DE TEXTOS

Compreensão de texto — consiste em analisar o que realmente está escrito, ou seja, coletar dados do texto.

Interpretação de texto — consiste em saber o que se infere (conclui) do que está escrito.

TRÊS ERROS CAPITAIS NA ANÁLISE DE TEXTOS

1. Extrapolação

É o fato de se fugir do texto. Ocorre quando se interpreta o que não está escrito. Muitas vezes são fatos reais, mas que não estão expressos no texto. Deve-se ater somente ao que está relatado.

2. Redução

É o fato de se valorizar uma parte do contexto, deixando de lado a sua totalidade. Deixa-se de considerar o texto como um todo para se ater apenas à parte dele.

3. Contradição

É o fato de se entender justamente o contrário do que está escrito. É bom que se tome cuidado com algumas palavras, como: "pode"; "deve"; "não"; verbo "ser", etc.

LINGUÍSTICA TEXTUAL

Para não se ser ludibriado pela articulação do contexto, é necessário que se esteja atento à *coesão* e à *coerência* textuais.
Coesão textual é o que permite a ligação entre as diversas partes de um texto. Pode-se dividir em três segmentos: *coesão referencial, coesão sequencial* e *coesão recorrencial*.

1. Coesão referencial — é a que se refere a outro(s) elemento(s) do mundo textual:
De você só quero *isto*: a sua amizade (antecipação de uma palavra gramatical → "isto" = "a sua amizade").

2. Coesão sequencial — é feita por conectores ou operadores discursivos, isto é, palavras ou expressões responsáveis pela criação de relações semânticas (causa, condição, finalidade, etc). São exemplos de conectores: *mas, dessa forma, portanto, então*, etc.:
Ele é rico, *mas* não paga as suas dívidas. (O vocábulo "mas" não faz referência a outro vocábulo; apenas conecta [liga] uma ideia a outra, transmitindo a ideia de *compensação*.)

3. Coesão recorrencial — é realizada pela repetição de vocábulos ou de estruturas frasais semelhantes:
Os carros *corriam, corriam, corriam*.

Coerência textual é a relação que se estabelece entre as diversas partes do texto, criando uma unidade de sentido. Está ligada ao entendimento, à possibilidade de interpretação daquilo que se ouve ou lê.
Um fato normal é a coesão textual levar à coerência; porém pode haver texto com a presença de elementos coesivos, e não apresentar coerência.
Veja o texto: O presidente George W. Bush está descontente com o grupo Talibã. Estes eram estudantes da escola fundamentalista. Eles, hoje, governam o Afeganistão. Os afegãos apoiam o líder Osama Bin

Laden. Este foi aliado dos Estados Unidos quando da invasão da União Soviética ao Afeganistão.
Comentário:
Ninguém pode dizer que falta coesão a este parágrafo. Mas de que se trata mesmo? Do descontentamento do presidente dos Estados Unidos? Do grupo Talibã? Do povo afegão? Do Osama Bin Laden? Embora o parágrafo tenha coesão, não apresenta coerência, entendimento.

> **Obs.**: Pode ainda um texto apresentar coerência e não apresentar elementos coesivos.

INTERTEXTUALIDADE OU POLIFONIA

Consiste em apresentar a fala de outra pessoa, ou do próprio autor em outro texto.

Pode ser expressa por meio de paráfrases (reprodução de um enunciado de forma diversa, geralmente mais extensa, mas sem alterar seu sentido, com o intuito de esclarecer), ou paródias (obra que imita outra no tema, na estrutura, no vocabulário, etc., com intenção satírica ou jocosa), ou citações (transcrição de outro texto, ou referência a ele).

No poema "Escapulário", de Oswald de Andrade ("No Pão de Açúcar / De cada dia / Dai-nos Senhor [...]), observa-se que a intertextualidade aparece sob a forma de paródia do discurso religioso.

TIPOLOGIA TEXTUAL

Pode-se dizer que existem basicamente três tipos de texto: o *descritivo*, o *narrativo* e o *dissertativo*.

I. Texto descritivo

A descrição assemelha-se ao retrato, procura transmitir ao leitor a imagem que se tem de um ser mediante a percepção dos cinco sentidos: tato, gustação, olfato, visão e audição.
Exemplo:

"Eram sapatos de homem, de bico fino, sem cadarço, de couro marrom. Ainda novos. Porém recobertos de uma poeira fina, parecendo açúcar de confeiteiro." [Heloisa Seixas, *Revista de Domingo, Jornal do Brasil*, 21/10/2001]

2. Texto narrativo

A narração é a forma de composição que consiste no relato de um fato real ou imaginário. O texto narrativo compõe-se de exposição, enredo e desfecho; e os elementos centrais são as personagens, as ações e as ideias.
Exemplo:
"Há coisas que só acontecem nos Estados Unidos. A *Federal Aviation Association*, FAA, investiga como um porco — isso mesmo, um porco — de 135 kg conseguiu embarcar na primeira classe de um Boeing 757. E mais, nele viajou por seis horas. Segundo os relatos, o animal foi embarcado no dia 17 de outubro no voo 107 sem escalas da companhia *US Airways* que saiu da Filadélfia para Seatle." [*Jornal do Brasil*, 1/11/2000]

3. Texto dissertativo

A dissertação é a forma de composição que consiste na posição pessoal sobre determinado assunto. O discurso dissertativo pode ser:
   a) *expositivo*: consiste numa apresentação, explicação, sem o propósito de convencer o leitor. Não há intenção expressa de criar debate, pela contestação de posições contrárias às nossas.
   Exemplo:
"Eu, se tivesse um filho, não me meteria a chefiá-lo como se ele fosse um soldado de chumbo. Teria que lhe dar uma certa autonomia, para que pudesse livremente escolher o seu clube de futebol, procurar os seus livros, opinar à mesa, sem que esta aparência de liberdade fosse além dos limites. Não queria que parecesse um ditador, nem tampouco um escravo. Os meninos mandões e os meninos passivos são duas deformações desagradáveis." [Edições *O Cruzeiro — O Vulcão e a Fonte*]

   b) *argumentativo*: consiste numa opinião que tenta convencer o leitor de que a razão está do lado de quem escreveu o texto. Para isso, lança-se mão de um raciocínio lógico, coerente, baseado na evidência de provas.

Exemplo:
"Em geral as pessoas morrem em torno dos trinta anos e são sepultadas por volta dos setenta. Leva quarenta anos para os outros perceberem que aquela pessoa está morta. Lembre-se: a vida é sempre uma incerteza. Somente o que é morto é certo, fixo, sólido." [Revista *Motivação & Sucesso*, Empresa ANTHROPOS Consulting]

QUESTÕES DO PASSO 10

1) (Analista de Finanças e Controle — AFC/STN — ESAF)
Assinale a asserção correta em relação aos sentidos e expressões linguísticas do trecho.

    Derrotada sistematicamente nos tribunais superiores, a Advocacia-Geral da União (AGU) resolveu editar um pacote com oito súmulas, reconhecendo direitos dos servidores públicos federais. O gesto põe fim a pendências jurídicas que se arrastavam havia décadas e serve de alento para quem ainda busca reaver ou manter benefícios funcionais. Com as súmulas, os advogados públicos ficam automaticamente desobrigados a contestar decisões desfavoráveis (...). Esclarece a AGU: "O servidor sabia que se entrasse na Justiça ganharia, mas a União, por dever, mesmo sabendo que perderia, tinha de recorrer. As oito medidas acabam com isso". Entre as súmulas está a que reconhece o direito de pagamento do auxílio-alimentação retroativo ao servidor em férias ou licença entre outubro de 1996 e dezembro de 2001.

PIRES, Luciano Pires. "AGU aceita direitos do servidor".
Correio Brasiliense. Brasília, 20 set. 2008. p.23.

(A) O particípio "Derrotada" (linha 1) e o gerúndio "reconhecendo" (linha 3) constam no texto como sujeito oculto.
(B) No lugar do sintagma "O gesto" (linha 4) poderia ser empregado, sem prejuízo da coerência textual, qualquer dos sintagmas **Este ato, Tal medida, O feito**.
(C) O segmento "que se arrastavam havia décadas" (linhas 4 e 5) é resumido, sem incorreção gramatical, da seguinte maneira: **de haviam décadas**.
(D) Reescreve-se, mantendo-se a correção gramatical e a coerência textual, o período "para quem ainda busca reaver ou manter benefícios funcionais" (linhas 5 e 6) do seguinte modo: **para que se reavenham ou mantenham benefícios funcionais**.
(E) Substitui-se, com correção gramatical e sem alteração de sentido, o segmento "ficam automaticamente desobrigados a contestar decisões desfavoráveis" (linhas 6 e 7) por: **não ficam automaticamente obrigados a ratificar decisões favoráveis**.

2) (Analista de Finanças e Controle — AFC/STN — ESAF)
Assinale a opção em que a relação de referência está <u>incorreta</u>.

O Brasil vive hoje seu primeiro momento plenamente democrático. Todas as experiências anteriores ou foram autoritárias ou tinham algumas características da democracia, mas não a realizavam por completo. Boa parte desse resultado político se deve à Constituição
5   de 1988, num sentido mais amplo que as regras por ela determinadas. Além do arcabouço institucional original, o espírito que norteou a confecção do texto constitucional e o aprendizado posterior têm produzido efeitos democratizantes na vida política brasileira.
Ainda há, no plano da cidadania, distância entre o Brasil legal e o
10   Brasil real. As formas de participação extraeleitoral ainda são subaproveitadas. Grande parte da população não as usa.

ABRUCIO, Fernando. "1988, o ano em que aprendemos a democracia".
Época. São Paulo, 12 set. 2008. Disponível em: <http://revistaepoca.
globo.com/Revista/Epoca/0,,ERT12399-15273-12399-3934,00.html>.

(A) "seu" (linha 1) se refere a "Brasil" (linha 1)
(B) "a" (linha 3) se refere a "democracia" (linha 3)
(C) "desse resultado político" (linha 4) se refere a "foram autoritárias" (linha 2)
(D) "ela" (linha 5) se refere a "Constituição de 1988" (linhas 4 e 5)
(E) "as" (linha 11) se refere a "formas de participação extraeleitoral" (linha 10)

3) (Analista de Finanças e Controle — AFC/STN — ESAF)
Os trechos a seguir constituem um texto adaptado do Editorial do *Jornal do Brasil*, 15/9/2008, que estão desordenados. Ordene-os nos parênteses e assinale a opção correspondente.

(   ) O resultado desse levantamento aponta para uma elevação da temperatura e para a redução das chuvas em parte da Floresta Amazônica, o que poderia transformar, nas próximas décadas, a maior e mais importante reserva de biodiversidade mundial num imenso semiárido.

(   ) Estudo apresentado em Belém pelo Instituto Nacional de Pesquisas Espaciais (INPE) revela dados alarmantes sobre a devastação em dois Estados da Federação: o Pará e o Maranhão, que, somados, correspondem a 18% do território brasileiro e a 30% da Amazônia Legal.

( ) Explicando melhor esse resultado: o documento mostra que o clima da região se tornará cada vez mais quente e seco, com reduções de chuva que podem ficar entre 2 e 4 milímetros por dia, no período de 2071-2100, quando comparado com o atual clima da região.

( ) Se no plano interno o país conseguir reverter o cenário dramático antecipado pelos relatórios, alcançar um relativo grau de crescimento sustentável e mantiver a política de incentivo aos biocombustíveis, o país terá um enorme *handicap* na hora de cobrar das nações mais ricas, historicamente as maiores responsáveis pela poluição global, mas também as mais reticentes quanto à aceitação de metas de redução de gases poluentes, o uso racional dos recursos naturais.

( ) A temperatura deve aumentar em toda a região leste do Pará até o Nordeste, chegando até 7 graus nas regiões do leste da Amazônia e no norte do Maranhão (levando-se em consideração um cenário mais pessimista, com alta concentração de gases do efeito estufa) ou até 4 graus acima do atual, em condições mais otimistas.

(A) 2, 3, 1, 5, 4
(B) 4, 3, 2, 1, 5
(C) 4, 5, 3, 2, 1
(D) 2, 1, 3, 5, 4
(E) 4, 1, 2, 3, 5

4) (Auditor Fiscal da Receita Federal do Brasil — ESAF)
Em relação às estruturas linguísticas do texto, assinale a opção incorreta:

  O conceito brasileiro cordial cai por terra ante a violência que se alastra de norte a sul do país. Não se fala aqui apenas de atos imoderados como os praticados pelos black blocs, ou de ação de justiceiros que algemam pessoas a poste; ou de bandidos que ateiam fogo a
5 ônibus e a seres humanos; ou de sequestros relâmpagos que assustam cidadãos e lhes limitam o direito de ir e vir; ou de homicídios que ultrapassam cifras registradas em países em guerra. Fala-se do crime de racismo. Discriminar adultos e crianças com base na cor da pele

é, além de caduco, inaceitável. Baseia-se no prejulgamento de que
10 há seres superiores e inferiores não em decorrência de obras por eles
realizadas, mas de característica física biologicamente herdada. Além
da punição prevista em lei, impõem-se ações aptas a evitar que cenas
de preconceito se repitam. Entre elas, campanhas governamentais
destinadas à mudança de mentalidade da população. O brasileiro
15 pode tornar-se cordial de fato. Ser movido pelo coração pressupõe
valores humanistas e democráticos. Conviver com as diferenças é
fruto da civilização.

"Racismo inaceitável". *Correio Braziliense.*
Brasília, 18 fev. 2014. Opinião. p.12.

(A) Mantém-se a correção gramatical do período e o respeito às suas informações originais ao se substituir "ante a" (linha 1) por **diante da**.
(B) O segmento "que algemam pessoas a poste" (linha 4) tem natureza restritiva em relação a "justiceiros".
(C) Preserva-se a correção gramatical ao se reescrever "lhes limitam" (linha 6) como **limitam a eles**.
(D) O termo "caduco" (linha 9) está sendo empregado com o sentido de **ultrapassado, sem validade, vencido**.
(E) O pronome "elas" (linha 13) retoma o antecedente "cenas de preconceito" (linhas 12 e 13)

5) (Auditor Fiscal da Receita Federal do Brasil — ESAF)

Os trechos a seguir compõem um texto adaptado do jornal *Estado de Minas Gerais*, de 18/2/2014, mas estão desordenados. Assinale nos parênteses a ordem sequencial correta em que devem aparecer para compor um texto coeso e coerente. Coloque 1 no trecho que deve iniciar o texto e assim sucessivamente. Em seguida, assinale a opção correspondente.

( ) Esse poder Legislativo é o mais apto a ouvir e repercutir a voz das ruas, os desejos e as preocupações do povo. E a segurança pública tem se tornado a maior de todas as causas que afligem as pessoas, principalmente as que vivem em grandes cidades.

( ) Nos últimos anos, com o crescimento do crime praticado por menores, tem crescido o número dos que defendem a redução da idade de responsabilidade penal para 16 anos. É igualmente veemente a defesa da manutenção da idade atual, 18 anos, o que torna a matéria altamente polêmica.
( ) Ter a iniciativa de propor e votar leis é uma das funções que a sociedade, por meio da Constituição, atribuiu ao Legislativo e espera que esse poder, o mais aberto e democrático do regime democrático, cumpra esse papel.
( ) Mas todo esse aparato da segurança acionado em defesa do cidadão corre o risco de produzir resultados inferiores ao desejado em função de falhas ou de falta de atualização da legislação.
( ) Por isso mesmo são bem-vindas medidas como o reforço do policiamento ostensivo e aumento da vigilância e da ação das autoridades para conter a criminalidade.
( ) Um dos problemas mais complexos quanto a essa atualização legislativa no Brasil é o do menor infrator, que, na maioria das grandes cidades brasileiras, já foi promovido a menor criminoso. Há sobre essa questão um grande debate na sociedade brasileira.

(A) 1, 3, 6, 2, 5, 4
(B) 2, 6, 1, 4, 3, 5
(C) 4, 5, 2, 6, 1, 3
(D) 3, 1, 4, 5, 6, 2
(E) 5, 2, 3, 1, 4, 6

6) (Auditor Fiscal da Receita Federal do Brasil — ESAF)

Assinale a opção que preenche a lacuna do texto de forma a torná-lo gramaticalmente correto, coeso e coerente.

Normalmente o Estado de Direito é confundido com o Estado Constitucional (Estado Democrático de Direito), entretanto, isto é um equívoco. _____
_____
_____
_____

Com efeito, se é a legislação que serve de parâmetro para atuação estatal, então, esta mesma legislação, por conseguinte, é livre. Em tais Estados (Estado de Direito), o absolutismo do rei é substituído pelo absolutismo do parlamento (supremacia do parlamento e não da Constituição).

REIS JÚNIOR, Ari Timóteo dos. "Tributação no Estado Democrático de Direito: Apontamentos sobre os impostos federais". Âmbito Jurídico. com.br. Disponível em: <http://www.ambito-juridico.com.br/site/index.php?n_link=revista_artigos_leitura&artigo_id=8873>.

(A) Conquanto, no Estado Constitucional, a constituição funciona como fundamento de validade de toda ordem jurídica, disciplinando não só a atuação do Executivo e Judiciário, como também do legislativo, vigendo, aí sim, a supremacia da constituição.

(B) Embora, no Estado Constitucional, o legislador encontra limites jurídicos nas normas constitucionais, as quais traçam o perfil de cada exação, de forma que a competência tributária é delimitada através da conjugação das normas que tratam especificamente de cada tributo com os princípios constitucionais.

(C) Daí podermos concluir que, no Brasil, por força de uma série de disposições constitucionais, não há falar em poder tributário (incontrastável, absoluto), mas, tão somente, em competência tributária (regrada, disciplinada pelo Direito).

(D) Isso porque no Estado de Direito os atos do Executivo e do Judiciário estão submetidos ao princípio da legalidade; contudo, o Legislativo é livre para atuar, já que esse princípio não pode ser aplicado, por imposição lógica, à legislação.

(E) Portanto, poder tributário tinha a Assembleia Constituinte, que era soberana. Ela realmente tinha um poder ilimitado, inclusive em matéria tributária. Contudo, a partir do momento em que foi promulgada a Constituição, o Poder Tributário retornou ao povo, restando aos poderes constituídos as competências tributárias.

7) (Auditor Fiscal da Receita Federal do Brasil — ESAF)
Em relação às estruturas linguísticas do texto, assinale a opção correta:

O Subsecretário de Aduana e Relações Internacionais da Receita Federal comentou os resultados das atividades aduaneiras em 2013. De acordo com o Subsecretário, os números corroboram uma série de avanços nos processos administrados pela Receita Federal como,
5   por exemplo, na questão de controle de exportações e importações.

"Dentro da diretriz de ter mais agilidade, celeridade e transparência, conseguimos reduzir tempos de despacho aduaneiro tanto na exportação quanto na importação, e o destaque é que na exportação a redução do tempo foi da ordem de 34%."
10 Ressaltou ainda que houve melhora nos resultados de controle, com aumento nos valores de créditos lançados na auditoria, fiscalização e incremento no número de operações nas fronteiras do país. Ao longo de 2013, foram realizadas 2.999 operações de vigilância e repressão ao contrabando e descaminho. O número representa
15 um crescimento de 11,9% em relação ao mesmo período de 2012. A apreensão total de mercadorias processadas pela Receita resultou em um montante de R$1,68 bilhão. Entre as mercadorias apreendidas encontram-se produtos falsificados, tóxicos, medicamentos, entre outros.

"Modernização de sistemas reduz tempo de processos de comércio exterior". Receita Federal, 11 fev. 2014. Disponível em: <http://receita.economia.gov.br/noticias/ascom/2014/fevereiro/modernizacao-de-sistemas-reduz-tempo-de-processos-de-comercio-exterior>.

(A) Mantêm-se as informações originais do período se a palavra "corroboram" (linha 3) for substituída por **enfraquecem** ou **reduzem**.
(B) O emprego da primeira pessoa do plural em "conseguimos" (linha 7) significa que o autor se refere a uma parcela específica do povo brasileiro moradores de fronteiras.
(C) Prejudica-se a correção gramatical do período e a coerência textual ao se substituir "foram realizadas" (linha 13) por **realizaram-se**.
(D) Mantém-se a correção gramatical do período e a coerência textual ao se substituir "encontram-se" (linha 17) por **foi encontrado**.
(E) O emprego de vírgula em "produtos falsificados, tóxicos, medicamentos," (linha 18) justifica-se por isolar elementos da mesma função sintática componentes de uma enumeração.

8) (Auditor Fiscal da Receita Federal do Brasil — ESAF)
Assinale a opção em que a reescrita do trecho sublinhado preserva a correção gramatical e respeita a coerência textual.

Independentemente de sua inserção na esfera pública ou privada, as ouvidorias são norteadas por princípios comuns, ainda não regulamentados, destacando-se a acessibilidade, a confidencialidade, a independência e a transparência. Se efetivas, podem contribuir para a solução de alguns dos complexos problemas contemporâneos, muitas vezes gerados pela redução dos espaços de diálogo.

SPERLING, Paulo Otto von. "Ouvidorias, eficiência e efetivação de direitos". *Correio Braziliense*. Brasília, 18 mar. 2014. Opinião. p. 5.

(A) Quando efetivas, a solução de alguns problemas, complexos e contemporâneos pode ser contribuída, quando gerados, muitas vezes, pela diminuição dos espaços de diálogo.
(B) Efetivas, podem solucionar a contribuição de alguns dos problemas, complexos e contemporâneos, muitas vezes gerados no diálogo em reduzidos espaços.
(C) Sendo efetivas, podem contribuir para solucionar alguns dos complexos problemas contemporâneos, gerados, muitas vezes, pela diminuição do diálogo.
(D) Em sendo efetivas, alguns dos complexos problemas contemporâneos pode ter solução, muitas vezes gerados pelo reduzido espaço para diálogo.
(E) Caso efetivas, a solução de alguns dos complexos problemas contemporâneos pode ser sua contribuição, gerados pela redução, muitas vezes, dos espaços de diálogo.

9) (ENEM — Redação e linguagens, códigos e suas tecnologias, matemática e suas tecnologias)

Apesar de
Não lembro quem disse que a gente gosta de uma pessoa não por causa de, mas apesar de. Gostar daquilo que é gostável é fácil: gentileza, bom humor, inteligência, simpatia, tudo isso a gente tem em estoque na hora em que conhece uma pessoa e resolve conquistá-la. Os defeitos ficam guardadinhos nos primeiros dias e só então, com a convivência, vão saindo do esconderijo e revelando-se no dia a dia. Você então descobre que ele não é apenas gentil e doce, mas também um tremendo casca-grossa quando trata os próprios funcionários. E ela não é apenas segura e determinada, mas uma chorona que passa 20 dias por mês com TPM. E que ele ronca, e que ela diz palavrão demais, e que ele é supersticioso por bobagens, e que ela enjoa na estrada, e que ele não gosta de criança, e que ela não gosta de cachorro, e agora? Agora, convoquem o amor para resolver essa encrenca.

MEDEIROS, M. Revista *O Globo*, nº 790, jun. 2011 (adaptado).

Há elementos de coesão textual que retomam informações no texto e outros que as antecipam. Nos trechos, o elemento de coesão sublinhado que antecipa uma informação do texto é

(A) "Gostar daquilo que é gostável é fácil [...]".
(B) "[...] tudo isso a gente tem em estoque [...]".
(C) "[...] na hora em que conhece uma pessoa [...]".
(D) "[...] resolve conquistá-la".
(E) "[...] para resolver essa encrenca".

10) (ENEM — Redação e linguagens, códigos e suas tecnologias, matemática e suas tecnologias)

    Eu acho um fato interessante... né... foi como meu pai e minha mãe vieram se conhecer... né... que... minha mãe morava no Piauí com toda família... né... meu... meu avô... materno no caso... era maquinista... ele sofreu um acidente... infelizmente morreu... minha mãe tinha cinco anos... né... e o irmão mais velho dela... meu padrinho... tinha dezessete e ele foi obrigado a trabalhar... foi trabalhar no banco... e... ele foi... o banco... no caso... estava... com um número de funcionários cheio e ele teve que ir para outro local e pediu transferência prum local mais perto de Parnaíba que era a cidade onde eles moravam e por engano o... o... escrivão entendeu Paraíba... né... e meu... e minha família veio parar em Mossoró que era exatamente o local mais perto onde tinha vaga pra funcionário do Banco do Brasil e: ele foi parar na rua do meu pai... né... e começaram a se conhecer... namoraram onze anos... né... pararam algum tempo... brigaram... é lógico... porque todo relacionamento tem uma briga... né... e eu achei esse fato muito interessante porque foi uma coincidência incrível... né... como vieram a se conhecer... namoraram e hoje... e até hoje estão juntos... dezessete anos de casados...

    CUNHA, Maria Angélica Furtado da (Org.). *Corpus, discurso & gramática: a língua falada e escrita na cidade de Natal.* Natal: EdUFRN, 1998.

Na produção dos textos, orais ou escritos, articulamos as informações por meio de relações de sentido. No trecho de fala, a passagem "brigaram"... é lógico... porque todo relacionamento tem uma briga", enuncia uma justificativa em que "brigaram" e "todo relacionamento tem uma briga" são, respectivamente,

(A) causa e consequência.
(B) premissa e conclusão.
(C) meio e finalidade.
(D) exceção e regra.
(E) fato e generalização.

11) (ENEM — Redação e linguagens, códigos e suas tecnologias, matemática e suas tecnologias)

A educação física ensinada a jovens do ensino médio deve garantir o acúmulo cultural no que tange à oportunização de vivência das práticas corporais; a compreensão do papel do corpo no mundo da produção, no que tange ao controle sobre o próprio esforço, e do direito ao repouso e ao lazer, a iniciativa pessoal nas articulações coletivas relativas às práticas corporais comunitárias; a iniciativa pessoal para criar, planejar ou buscar orientação para suas próprias práticas corporais; a intervenção política sobre as iniciativas públicas de esporte e lazer.

Disponível em: www.portal.mec.gov.br. Acesso em: 19 ago. 2012.

Segundo o texto, a educação física visa propiciar ao indivíduo oportunidades de aprender a conhecer e a perceber, de forma permanente e contínua, o seu próprio corpo, concebendo as práticas corporais como meios para

(A) ampliar a interação social.
(B) atingir padrões de beleza.
(C) obter resultados de alta *performance*.
(D) reproduzir movimentos predeterminados.
(E) alcançar maior produtividade no trabalho.

12) (ENEM — Redação e linguagens, códigos e suas tecnologias, matemática e suas tecnologias)

"Ela é muito diva!", gritou a moça aos amigos, com uma câmera na mão. Era a quinta edição da *Campus Party*, a feira da internet que acontece anualmente em São Paulo, na última terça-feira, 7. A diva em questão era a cantora de tecnobrega Gaby Amarantos, a "Beyoncé do Pará". Simpática, Gaby sorriu e posou pacientemente para todos os cliques. Pouco depois, o *rapper* Emicida, palestrante ao lado da paraense e do também *rapper* MV Bill, viveria a mesma tietagem. Se cenas como essa hoje em dia fazem parte do cotidiano de Gaby e Emicida, ambos garantem que isso se deve à dimensão que suas carreiras tomaram através da internet — o sucesso na rede era justamente o assunto da palestra. Ambos vieram da periferia e são marcados pela disponibilização gratuita ou a preços muito baixos de seus discos, fenômeno que ampliou a audiência para além dos subúrbios paranaenses e paulistanos. A dupla até já realizou uma apresentação em conjunto, no Beco 203, casa de *shows* localizada no Baixo Augusta, em São Paulo, frequentada por um público de classe média alta.

"Gaby Amarantos e Emicida, a música nos tempos de Internet". *Carta Capital*. São Paulo, 12 fev. 2012. Disponível em: <http://dev.cartacapital.com.br/cultura/gaby-amarantos-e-emicida-a-musica-nos-tempos-de-internet/>.

As ideias apresentadas no texto estruturam-se em torno de elementos que promovem o encadeamento das ideias e a progressão do tema abordado. A esse respeito, identifica-se no texto em questão que

(A) a expressão "pouco depois", em "Pouco depois, o *rapper* Emicida", indica permanência de estado de coisas no mundo.
(B) o vocábulo "também", em "e também *rapper* MV Bill", retoma coesivamente a expressão "o *rapper* Emicida".
(C) o conectivo "se", em "Se cenas como essa", orienta o leitor para conclusões contrárias a uma ideia anteriormente apresentada.
(D) o pronome indefinido "isso", em "isso se deve", marca uma remissão a ideias do texto.
(E) as expressões "a cantora de tecnobrega Gaby Amarantos, a 'Beyoncé do Pará'", "ambos" e "a dupla" formam uma cadeia coesiva por retomarem as mesmas personalidades.

13) (ENEM — Redação e linguagens, códigos e suas tecnologias, matemática e suas tecnologias)

O acervo do Museu da Língua Portuguesa é o nosso idioma, um "patrimônio imaterial" que não pode ser, por isso, guardado e exposto em uma redoma de vidro. Assim, o museu, dedicado à valorização e difusão da língua portuguesa, reconhecidamente importante para a preservação de nossa identidade cultural, apresenta uma forma expositiva diferenciada das demais instituições museológicas do país e do mundo, usando tecnologia de ponta e recursos interativos para a apresentação de seus conteúdos.

Disponível em: www.museulinguaportuguesa.org.br.
Acesso em: 16 ago. 2012 (adaptado).

De acordo com o texto, embora a língua portuguesa seja um "patrimônio imaterial", pode ser exposta em um museu. A relevância desse tipo de iniciativa está pautada no pressuposto de que

(A) a língua é um importante instrumento de constituição social de seus usuários.
(B) o modo de falar o português padrão deve ser divulgado ao grande público.
(C) a escola precisa de parceiros na tarefa de valorização da língua portuguesa.
(D) o contato do público com a norma-padrão solicita o uso de tecnologia de última geração.
(E) as atividades lúdicas dos falantes com sua própria língua melhoram com o uso de recursos tecnológicos.

14) (ENEM — Redação e linguagens, códigos e suas tecnologias, matemática e suas tecnologias)

O último longa de Carlão acompanha a operária Silmara, que vive com o pai, um ex-presidiário, numa casa da periferia paulistana. Ciente de sua beleza, o que lhe dá certa soberba, a jovem acredita que terá um destino diferente do de suas colegas. Cruza o caminho de dois cantores por quem é apaixonada. E constata, na prática, que o romantismo dos contos de fada tem perna curta.

VOMERO, M. F. Romantismo de araque. *Vida simples*, n.121, ago. 2012.

Reconhece-se, nesse trecho, uma posição crítica aos ideais de amor e felicidade encontrados nos contos de fada. Essa crítica é traduzida

(A) pela descrição da dura realidade da vida das operárias.
(B) pelas decepções semelhantes às encontradas nos contos de fada.
(C) pela ilusão de que a beleza garantiria melhor sorte na vida e no amor.
(D) pelas fantasias existentes apenas na imaginação de pessoas apaixonadas.

(E) pelos sentimentos intensos dos apaixonados enquanto vivem o romantismo.

15) (ENEM — Redação e linguagens, códigos e suas tecnologias, matemática e suas tecnologias)

Adoçante
Quatro gotas do produto contêm 0,04kcal e equivalem ao poder adoçante de 1 colher (de chá) de açúcar.
Ingredientes — água, sorbitol, edulcorantes (sucralose e acesulfame de potássio); conservadores: benzoato de sódio e ácido benzoico, acidulante ácido cítrico e regulador de acidez citrato de sódio.
Não contém glúten.
Informação nutricional — porção de 0,12ml (4 gotas). Não contém quantidade significativa de carboidratos, proteínas, gorduras totais, gordura trans, fibra alimentar e sódio.
Consumir preferencialmente sob orientação de nutricionista ou médico.

Cosmed Indústria de Cosméticos e Medicamentos S/A. Barueri, SP.

Esse texto, rótulo de um adoçante, tem como objetivo transmitir ao leitor informações sobre a

(A) composição nutricional do produto.
(B) necessidade de consultar um especialista antes do uso.
(C) medida exata de cada ingrediente que compõe a fórmula.
(D) quantidade do produto que deve ser consumida diariamente.
(E) correspondência calórica existente entre o adoçante e o açúcar.

16) (ESAF — Escola de Administração Fazendária — Analista de Planejamento e Orçamento)
Leia os trechos a seguir e ordene-os de modo a preservar a coerência e a coesão textual.

(   ) A palavra "filosofia" deriva dos termos gregos *filos* (amante, amigo) e *sofia* (sabedoria, saber). A junção desses dois termos é atribuída, tradicionalmente, a Pitágoras.
(   ) Neste sentido, o filósofo seria apenas um amigo ou amante do saber e a filosofia significaria o amor à sabedoria.

( ) Seguindo a linha de seu mestre Sócrates, que reconhecia nada saber, parecia-lhe que a ninguém era possível apossar-se da verdade.
( ) Atribui-se também a origem dessa composição a Platão, que teria questionado a ideia de posse do saber, comum aos pensadores do seu tempo.
( ) Diz-se que Pitágoras, ao ser perguntado pelo príncipe Leonte sobre a origem de sua sabedoria, teria respondido que era apenas um filósofo, assumindo assim a posição não de um sábio, mas de alguém que buscava a sabedoria.

CABRAL, Cleides Antonio. *Filosofia*. São Paulo: Editora Pilares, 2006. p.11.

(A) (5), (2), (4), (1) e (3)
(B) (2), (3), (5), (1) e (4)
(C) (1), (5), (3), (2) e (4)
(D) (4), (3), (1), (2) e (5)
(E) (1), (5), (4), (3) e (2)

17) (ESAF — Escola de Administração Fazendária — Analista de Planejamento e Orçamento)
Leia com atenção o texto abaixo.

O filósofo e doutor em educação Mário Sérgio Cortella, 61 anos, começa a entrevista dizendo: "Hoje, o Boko Haram matou cem pessoas no norte de Camarões. Todo dia há notícias assim". O grupo fanático que ele menciona tenta fazer da Nigéria, vizinha de
5 Camarões, uma república islâmica. E usa a barbárie para suplantar a marginalização política, econômica e social a que fora relegado pelos últimos governos. Essa facção sanguinária tornou-se conhecida do público ao sequestrar 200 meninas nigerianas numa escola, em 2014. Muitas foram estupradas. Disputam o noticiário as degolas de civis
10 por outro bando de radicais, o Estado Islâmico, e, ainda, os rescaldos do atentado ao semanário francês *Charlie Hebdo*, com a rejeição generalizada aos que professam o islamismo, a religião maometana que não prega o ódio — muito menos a matança.

ZAIDAN, Patrícia. "Todo preconceituoso é covarde. O ofendido precisa compreender isso", afirma Mário Sergio Cortella. Contioutra.com, 5 jul. 2015. Disponível em: <https://www.contioutra.com/todo-preconceituoso-e-covarde-o-ofendido-precisa-compreender-isso-afirma-mario-sergio-cortella/>

Assinale a opção <u>incorreta</u> a respeito do uso das estruturas linguísticas do texto.

(A) As expressões "O grupo fanático que ele menciona" (linhas 3 e 4) e "Essa facção sanguinária" (linha 7) referem-se a Boko Haram (linha 2).
(B) O termo "muitas" (linha 9) da oração "Muitas foram estupradas" retoma "cem pessoas no norte de Camarões" (linha 3).
(C) O pronome "ele" (linha 4), na oração "que ele menciona", refere-se a Mário Sérgio Cortella (linha 1).
(D) O sujeito de "Disputam o noticiário" (linha 9) é "as degolas de civis por outro bando de radicais, o Estado Islâmico, e, ainda, os rescaldos do atentado ao semanário *Charlie Hebdo*" (linhas 9-11).
(E) O travessão, antes da expressão "muito menos a matança" (linha 13), serve para enfatizar essa expressão e pode ser substituído por vírgula sem causar erro gramatical.

18) (ESAF — Escola de Administração Fazendária — Analista de Planejamento e Orçamento)
Leia os trechos que se seguem e ordene-os de modo a preservar a coerência e a coesão textual.

( ) Desde então, Bruna nunca mais deixou de usar Avonex, nome comercial da betainterferona 1, medicamento de alto custo fornecido pelo Sistema Único de Saúde (SUS).
( ) Com esclerose múltipla, a publicitária Bruna Rocha Silveira foi aprovada para doutorado em educação na Universidade Federal do Rio Grande do Sul (UFRGS).
( ) A ponto de desistir do curso, passou a experimentar uma medicação.
( ) A doença forçava-a a andar com uma bengala e provocava tremores nas mãos, o que dificultava a locomoção e a impedia de fazer anotações em aula.
( ) Então, os tremores desapareceram e ela pôde passar a andar sem a bengala.

(Adaptado da reportagem "Luta para tratar a esclerose múltipla", de Warner Bento Filho, *Correio Braziliense*. 1 ago 2015).

A sequência correta obtida é:

(A) (1), (2), (4), (5) e (3).
(B) (2), (3), (5), (1), e (4).
(C) (2), (4), (3), (5) e (1).
(D) (4), (3), (1), (2) e (5).
(E) (5), (1), (3), (2) e (4).

19) (ESAF — Escola de Administração Fazendária — Analista de Planejamento e Orçamento)
Leia com atenção o texto abaixo:

  Um estudo demonstrou que é possível transportar amostras de sangue em drones pequenos para a realização de exames sem alterar a qualidade da amostra. A estratégia pode ajudar a tornar exames de rotina mais acessíveis em regiões isoladas, com pouco acesso por estrada, por exemplo. A pesquisa que chegou a essa conclusão — feita pela Universidade Johns Hopkins, nos Estados Unidos — foi publicada na revista científica Plos One nesta quarta-feira (29).
  O que os cientistas queriam avaliar era se as amostras não perdem a qualidade depois de jornadas de até 40 minutos a bordo do drone. Além do tempo do percurso, preocupava os pesquisadores a aceleração no lançamento do veículo e o impacto quando o drone pousa em seu destino. "Tais movimentos poderiam destruir células do sangue ou fazer com que o sangue coagulasse, então eu pensava que todo o tipo de teste de sangue poderia ser afetado, mas nosso estudo mostra que eles não foram afetados e isso foi legal", disse o médico patologista Timothy Amukele, da Escola de Medicina da Universidade Johns Hopkins.

"Drone pode transportar amostra de sangue para exame em zonas remotas". G1, 30 jul. 2015.
Disponível em: <http://g1.globo.com/bemestar/noticia/2015/07/drone-pode-transportar-amostra-de-sangue-para-exame-em-zonas-remotas.html>

Indique a opção incorreta no que diz respeito às estruturas linguísticas do texto.

(A) A oração "que é possível transportar amostras de sangue em drones pequenos para a realização de exames sem alterar a qualidade da amostra" (linhas 1-3) tem função de objeto direto.
(B) No período "Além do tempo do percurso, preocupava os pesquisadores a aceleração no lançamento do veículo e o impacto

quando o drone pousa em seu destino" (linhas 10-12), o verbo, se grafado no plural, causa ambiguidade.
(C) A expressão "Tais movimentos" (linha 12) refere-se ao lançamento e ao pouso do drone.
(D) Na oração "mas nosso estudo mostra que eles não foram afetados" (linhas 14 e 15), o pronome "eles" refere-se a "Tais movimentos" (linha 12).
(E) No trecho "A pesquisa que chegou a essa conclusão — feita pela Universidade Johns Hopkins, nos Estados Unidos — foi publicada na revista científica *Plos One*" (linha 5-7), os travessões podem ser substituídos por parênteses sem acarretar erro de pontuação.

20) (ESAF — Escola de Administração Fazendária — Analista de Planejamento e Orçamento)
Numere os fragmentos abaixo, de maneira a compor um texto coeso e coerente.

( ) No plano geográfico, é notória a unidade da América Latina como fruto de sua continuidade continental.
( ) Ainda hoje, nós, latino-americanos, vivemos como se fôssemos um arquipélago de ilhas que se comunicam por mar e pelo ar e que com mais frequência se voltam para fora, para os grandes centros econômicos mundiais, do que para dentro.
( ) Efetivamente, a unidade geográfica jamais funcionou aqui como fator de unificação, porque as distintas implantações coloniais das quais nasceram as sociedades latino-americanas coexistiram sem conviver, ao longo dos séculos. Cada uma delas se relacionava diretamente com a metrópole colonial.
( ) Toda a vastidão continental se rompe em nacionalidades singulares.
( ) A essa base física, porém, não corresponde uma estrutura sociopolítica ativa e interatuante.

(A) (1), (5), (4), (3), (2)
(B) (2), (3), (5), (1), (4)
(C) (2), (4), (3), (5), (1)
(D) (4), (3), (1), (2), (5)
(E) (1), (3), (2), (4), (5)

21) (ESAF — Escola de Administração Fazendária — Analista de Planejamento e Orçamento)
Numere os fragmentos abaixo, de maneira a compor um texto coeso e coerente.

( ) Este parece ser um problema para um país que, a partir de 1992, quer-se dentro de um mundo globalizado.
( ) Um dos pontos dominantes é o grande número de resenhas de livros "clássicos" traduzidos pela primeira vez no Brasil.
( ) É verdade que o número de editoras citadas no Mais! é maior, mas o espaço é regionalizado, com a hegemonia dos lançamentos das editoras do eixo Rio-São Paulo.
( ) Aqui há um rebaixamento de um procedimento modernista: sabemos que o intelectual modernista pode ser pensado como um tradutor, como um pedagogo, e o que acontece agora é que o suplemento retoma esse procedimento, porém, "deslumbrado".
( ) O Mais! parece oferecer uma compensação para este "atraso", traduzindo e publicando grande quantidade de textos de autores estrangeiros de renome na cena intelectual, como Darton, Kurz, Bloom, Derrida e, ao mesmo tempo, oferecendo regularmente espaço para as traduções literárias dos Irmãos Campos.

Adaptado de Valdir Prigol, "Leituras do presente: narrativas de comemoração no Mais!" da *Folha de S.Paulo*, p. 31.

(A) (1), (5), (4), (3), (2)
(B) (2), (3), (5), (1), (4)
(C) (3), (2), (1), (5), (4)
(D) (5), (3), (1), (2), (4)
(E) (3), (5), (4), (1), (2)

22) (ENEM — Exame Nacional do Ensino Médio)

O rap, palavra formada pelas iniciais de *rhythm and poetry* (ritmo e poesia), junto com as linguagens da dança (o *break dancing*) e das artes plásticas (o grafite), seria difundido, para além dos guetos, com o nome de cultura *hip hop*. O *break dancing* surge como uma dança de rua. O grafite nasce de assinaturas inscritas pelos jovens com sprays nos muros, trens e estações de metrô de Nova York. As linguagens do *rap*, do *break dancing* e do grafite se tornaram os pilares da cultura *hip hop*.

DAYRELL, Juarez. *A música entra em cena: o rap e o funk na socialização da juventude*. Belo Horizonte: UFMG, 2005.

Entre as manifestações da cultura *hip hop* apontadas no texto, o *break* se caracteriza como um tipo de dança que representa aspectos contemporâneos por meio de movimentos:

(A) retilíneos, como crítica aos indivíduos alienados.
(B) improvisados, como expressão da dinâmica da vida urbana.
(C) suave, como sinônimo da rotina dos espaços públicos.
(D) ritmados pelas solas dos sapatos, como símbolo de protesto.
(E) cadenciados, como contestação às rápidas mudanças culturais.

23) (ENEM — Exame Nacional do Ensino Médio)

Primeiro surgiu o homem nu de cabeça baixa. Deus veio num raio. Então apareceram os bichos que comiam os homens. E se fez o fogo, as especiarias, a roupa, a espada e o dever. Em seguida se criou a filosofia, que explicava como não fazer o que devia ser feito. Então surgiram os números racionais e a História, organizando os eventos sem sentido. A fome desde sempre, das coisas e das pessoas. Foram inventados o calmante e o estimulante. E alguém apagou a luz. E cada um se vira como pode, arrancando as cascas das feridas que alcança.

BONASSI, F. "15 cenas do descobrimento de Brasis". In: MARICONI, I. (Org). *Os cem melhores contos do século*. Rio de Janeiro: Objetiva, 2001.

A narrativa enxuta e dinâmica de Fernando Bonassi configura um painel evolutivo da história da humanidade. Nele, a projeção do olhar contemporâneo manifesta uma percepção que

(A) recorre à tradição bíblica como fonte de inspiração para a humanidade.
(B) desconstrói o discurso da filosofia a fim de questionar o conceito de dever.
(C) resgata a metodologia da história para denunciar as atitudes irracionais.
(D) transita entre o humor e a ironia para celebrar o caos da vida cotidiana.
(E) satiriza a matemática e a medicina para desmistificar o saber científico.

24) (ENEM — Exame Nacional do Ensino Médio)

Embalagens usadas e resíduos devem ser descartados adequadamente

Todos os meses são recolhidas das rodovias brasileiras centenas de milhares de toneladas de lixo. Só nos 22,9 mil quilômetros das rodovias paulistas são 41,5 mil toneladas. O hábito de descartar embalagens, garrafas, papéis e bitucas de cigarro pelas rodovias persiste e tem aumentado nos últimos anos. O problema é que o lixo acumulado na rodovia, além de prejudicar o meio ambiente, pode impedir o escoamento da água, contribuir para as enchentes, provocar incêndios, atrapalhar o trânsito e até causar acidentes. Além dos perigos que o lixo representa para os motoristas, o material descartado poderia ser devolvido para a cadeia produtiva. Ou seja, o papel que está sobrando nas rodovias poderia ter melhor destino. Isso também vale para os plásticos inservíveis, que poderiam se transformar em sacos de lixo, baldes, cabides e até acessórios para os carros.

Disponível em: www.girodasestradas.com.br. Acesso em: 31 jul. 2012.

Os gêneros textuais correspondem a certos padrões de composição de texto, determinados pelo contexto em que são produzidos, pelo público a que eles se destinam, por sua finalidade. Pela leitura do texto apresentado, reconhece-se que sua função é

(A) apresentar dados estatísticos sobre a reciclagem no país.
(B) alertar sobre os riscos da falta de sustentabilidade do mercado de recicláveis.
(C) divulgar a quantidade de produtos reciclados retirados das rodovias brasileiras.
(D) revelar os altos índices de acidentes nas rodovias brasileiras poluídas nos últimos anos.
(E) conscientizar sobre a necessidade de preservação ambiental e de segurança nas rodovias.

25) (ENEM — Exame Nacional do Ensino Médio)

Riscar o chão para sair pulando é uma brincadeira que vem dos tempos do Império Romano. A amarelinha original tinha mais de cem metros e era usada como treinamento militar. As crianças romanas, então, fizeram imitações reduzidas do campo utilizado pelos soldados e acrescentaram numeração nos quadrados que deveriam ser pulados. Hoje as amarelinhas variam nos formatos geométricos e na quantidade de casas. As palavras "céu" e "inferno" podem ser escritas no começo e no final do desenho, que é marcado no chão com giz, tinta ou graveto.

Disponível em: www.biblioteca.ajes.edu.br.
Acesso em: 20 maio 2015 (adaptado).

Com base em fatos históricos, o texto retrata o processo de adaptação pelo qual passou um tipo de brincadeira. Nesse sentido, conclui-se que as brincadeiras comportam o(a)

(A) caráter competitivo que se assemelha às suas origens.
(B) delimitação de regras que se perpetuam com o tempo.
(C) definição antecipada do número de grupos participantes.
(D) objetivo de aperfeiçoamento físico daqueles que a praticam.
(E) possibilidade de reinvenção no contexto em que é realizada.

26) (ENEM — Exame Nacional do Ensino Médio)

Por que as formigas não morrem quando postas em forno de micro-ondas?

As micro-ondas são ondas eletromagnéticas com frequência muito alta. Elas causam vibração nas moléculas de água, e é isso que aquece a comida. Se o prato estiver seco, sua temperatura não se altera. Da mesma maneira, se as formigas tiverem pouca água em seu corpo, podem sair incólumes. Já um ser humano não se sairia tão bem quanto esses insetos dentro de um forno de micro-ondas superdimensionado: a água que compõe 70% do seu corpo aqueceria. Micro-ondas de baixa intensidade, porém, estão por toda a parte, oriundas da telefonia celular, mas não há comprovação de que causem problemas para a população humana.

OKUNO, Emico. "Por que as formigas não morrem quando postas em forno de micro-ondas?" *Revista Pesquisa FAPESP*, edição 194, abr. 2012. Disponível em: <https://revistapesquisa. fapesp.br/2012/04/10/pergunte-aos-pesquisadores-5/>

Os textos constroem-se com recursos linguísticos que materializam diferentes propósitos comunicativos. Ao responder à pergunta que dá título ao texto, o autor tem como objetivo principal

(A) defender o ponto de vista de que as ondas eletromagnéticas são inofensivas.
(B) divulgar resultados de recentes pesquisas científicas para a sociedade.
(C) apresentar informações acerca das ondas eletromagnéticas e de seu uso.
(D) alertar o leitor sobre os riscos de usar as micro-ondas em seu dia a dia.
(E) apontar diferenças fisiológicas entre formigas e seres humanos.

27) (ENEM — Exame Nacional do Ensino Médio)

Rede social pode prever desempenho profissional, diz pesquisa

Pense duas vezes antes de postar qualquer item em seu perfil nas redes sociais. O conselho, repetido à exaustão por consultores de carreira por aí, acaba de ganhar um status, digamos, mais científico. De acordo com resultados da pesquisa, uma rápida análise do perfil nas redes sociais pode prever o desempenho profissional do candidato a uma oportunidade de emprego. Para chegar a essa conclusão, uma equipe de pesquisadores da Northern Illinois University, University of Evansville e Auburn University pediu a um professor universitário e dois alunos para analisarem perfis de um grupo de universitários.

Após checar fotos, postagens, número de amigos e interesses por 10 minutos, o trio considerou itens como consciência, afabilidade, extroversão, estabilidade emocional e receptividade. Seis meses depois, as impressões do grupo foram comparadas com a análise de desempenho feita pelos chefes dos jovens que tiveram seus perfis analisados. Os pesquisadores encontraram uma forte correlação entre as características descritas a partir dos dados da rede e o comportamento dos universitários no ambiente de trabalho.

Disponível em: http://exame.abril.com.br.
Acesso em: 29 fev. 2012 (adaptado).

As redes sociais são espaços de comunicação e interação *on-line* que possibilitam o conhecimento de aspectos da privacidade de seus usuários. Segundo o texto, no mundo do trabalho, esse conhecimento permite

(A) identificar a capacidade física atribuída ao candidato.
(B) certificar a competência profissional do candidato.

(C) controlar o comportamento virtual e real do candidato.
(D) avaliar informações pessoais e comportamentais sobre o candidato.
(E) aferir a capacidade intelectual do candidato na resolução de problemas.

28) (ENEM — Exame Nacional do Ensino Médio)

As narrativas indígenas se sustentam e se perpetuam por uma tradição de transmissão oral (sejam as histórias verdadeiras dos seus antepassados, dos fatos e guerras recentes ou antigos; sejam as histórias de ficção, como aquelas da onça e do macaco). De fato, as comunidades indígenas nas chamadas "terras baixas da América do Sul" (o que exclui as montanhas dos Andes, por exemplo) não desenvolveram sistemas de escrita como os que conhecemos, sejam alfabéticos (como a escrita do português), sejam ideogramáticos (como a escrita dos chineses) ou outros. Somente nas sociedades indígenas com estratificação social (ou seja, já divididas em classes), como foram os astecas e os maias, é que surgiu algum tipo de escrita. A história da escrita parece mesmo mostrar claramente isso: que ela surge e se desenvolve — em qualquer das formas — apenas em sociedades estratificadas (sumérios, egípcios, chineses, gregos etc.). O fato é que os povos indígenas no Brasil, por exemplo, não empregavam um sistema de escrita, mas garantiram a conservação e continuidade dos conhecimentos acumulados, das histórias passadas e, também, das narrativas que sua tradição criou, através da transmissão oral. Todas as tecnologias indígenas se transmitiram e se desenvolveram assim. E não foram poucas: por exemplo, foram os índios que domesticaram plantas silvestres e, muitas vezes, venenosas, criando o milho, a mandioca (ou macaxeira), o amendoim, as morangas e muitas outras mais (e também as desenvolveram muito; por exemplo, somente do milho criaram cerca de 250 variedades diferentes em toda a América).

D'ANGELIS, Wilmar Rocha. "Histórias dos índios lá em casa: narrativas indígenas e tradição oral popular no Brasil". In: SILVA, René M. da Costa (Org.). *Cultura Popular e Educação*. Brasília: Ministério da Educação, Secretaria de Educação à Distância, 2008, p. 141-149. Disponível em: <http://www.portalkaingang.org/Historias_dos_indios.pdf>.

A escrita e a oralidade, nas diversas culturas, cumprem diferentes objetivos. O fragmento aponta que, nas sociedades indígenas brasileiras, a oralidade possibilitou

(A) a conservação e a valorização dos grupos detentores de certos saberes.
(B) a preservação e a transmissão dos saberes e da memória cultural dos povos.
(C) a manutenção e a reprodução dos modelos estratificados de organização social.
(D) a restrição e a limitação do conhecimento acumulado a determinadas comunidades.
(E) o reconhecimento e a legitimação da importância da fala como meio de comunicação.

29) (ENEM — Exame Nacional do Ensino Médio)

>Exmo Sr. Governador:
>Trago a V. Exa. um resumo dos trabalhos realizados pela Prefeitura de Palmeira dos Índios em 1928.
>[...]
>ADMINISTRAÇÃO
>Relativamente à quantia orçada, os telegramas custaram pouco. De ordinário vai para eles dinheiro considerável. Não há vereda aberta pelos matutos que prefeitura do interior não ponha no arame, proclamando que a coisa foi feita por ela; comunicam-se as datas históricas ao Governo do Estado, que não precisa disso; todos os acontecimentos políticos são badalados. Porque se derrubou a Bastilha — um telegrama; porque se deitou pedra na rua — um telegrama; porque o deputado F. esticou a canela — um telegrama.
>Palmeira dos Índios, 10 de janeiro de 1929.
>GRACILIANO RAMOS
>
>RAMOS, Graciliano. *Viventes das Alagoas*. São Paulo: Martins Fontes, 1962.

O relatório traz a assinatura de Graciliano Ramos, na época, prefeito de Palmeira dos Índios, e é destinado ao governo do estado de Alagoas. De natureza oficial, o texto chama a atenção por contrariar a norma prevista para esse gênero, pois o autor:

(A) emprega sinais de pontuação em excesso.
(B) recorre a termos e expressões em desuso no português.
(C) apresenta-se na primeira pessoa do singular, para conotar intimidade com o destinatário.
(D) privilegia o uso de termos técnicos, para demonstrar conhecimento especializado.
(E) expressa-se em linguagem mais subjetiva, com forte carga emocional.

30) (ENEM — Exame Nacional do Ensino Médio)

Um dia, meu pai tomou-me pela mão, minha mãe beijou-me a testa, molhando-me de lágrimas os cabelos e eu parti. Duas vezes fora visitar o Ateneu antes da minha instalação. Ateneu era o grande colégio da época. Afamado por um sistema de nutrido reclame, mantido por um diretor que de tempos a tempos reformava o estabelecimento, pintando-o jeitosamente de novidade, como os negociantes que liquidam para recomeçar com artigos de última remessa; o Ateneu desde muito tinha consolidado crédito na preferência dos pais, sem levar em conta a simpatia da meninada, a cercar de aclamações o bombo vistoso dos anúncios. O Dr. Aristarco Argolo de Ramos, da conhecida família do Visconde de Ramos, do Norte, enchia o império com o seu renome de pedagogo. Eram boletins de propaganda pelas províncias, conferências em diversos pontos da cidade, a pedidos, à substância, atochando a imprensa dos lugarejos, caixões, sobretudo, de livros elementares, fabricados às pressas com o ofegante e esbaforido concurso de professores prudentemente anônimos, caixões e mais caixões de volumes cartonados em Leipzig, inundando as escolas públicas de toda a parte com a sua invasão de capas azuis, róseas, amarelas, em que o nome de Aristarco, inteiro e sonoro, oferecia-se ao pasmo venerador dos esfaimados de alfabeto dos confins da pátria. Os lugares que não procuravam eram um belo dia surpreendidos pela enchente, gratuita, espontânea, irresistível! E não havia senão aceitar a farinha daquela marca para o pão do espírito.

POMPEIA, Raul. *O Ateneu*. São Paulo: Scipione, 2005.

Ao descrever o Ateneu e as atitudes de seu diretor, o narrador revela um olhar sobre a inserção social do colégio demarcado pela

(A) ideologia mercantil da educação, repercutida nas vaidades pessoais.
(B) interferência afetiva das famílias, determinantes no processo educacional.
(C) produção pioneira de material didático, responsável pela facilitação do ensino.
(D) ampliação do acesso à educação, com a negociação dos custos escolares.
(E) cumplicidade entre educadores e famílias, unidos pelo interesse comum do avanço social.

31) (ENEM — Exame Nacional do Ensino Médio)

A pátria
Ama, com fé e orgulho, a terra em que nasceste!
Criança! Não verás nenhum país como este!
Olha que céu! Que mar! Que rios! Que floresta!
A Natureza, aqui, perpetuamente em festa,
É um seio de mãe a transbordar carinhos.
Vê que vida há no chão! Vê que vida há nos ninhos,
Que se balançam no ar, entre os ramos inquietos!
Vê que luz, que calor, que multidão de insetos!
Vê que grande extensão de matas, onde impera,
Fecunda e luminosa, a eterna primavera!
Boa terra! Jamais negou a quem trabalha
O pão que mata a fome, o teto que agasalha...
Quem com o seu suor a fecunda e umedece,
Vê pago o seu esforço, e é feliz, e enriquece!
Criança! Não verás país nenhum como este:
Imita na grandeza a terra em que nasceste!

BILAC, Olavo. *Poesias infantis*. Rio de Janeiro: Francisco Alves, 1929.

Publicado em 1904, o poema "A pátria" harmoniza-se com um projeto ideológico em construção na Primeira República. O discurso poético de Olavo Bilac ecoa esse projeto, na medida em que:

(A) a paisagem natural ganha contornos surreais, como o projeto brasileiro de grandeza.
(B) a prosperidade individual, como a exuberância da terra, independe de políticas de governo.

(C) os valores afetivos atribuídos à família devem ser aplicados também aos ícones nacionais.
(D) a capacidade produtiva da terra garante ao país a riqueza que se verifica naquele momento.
(E) a valorização do trabalhador passa a integrar o conceito de bem-estar social experimentado.

32) (ENEM — Exame Nacional do Ensino Médio)

A emergência da sociedade da informação está associada a um conjunto de profundas transformações ocorridas desde as últimas duas décadas do século XX. Tais mudanças ocorrem em dimensões distintas da vida humana em sociedade, as quais interagem de maneira sinérgica e confluem para projetar a informação e o conhecimento como elementos estratégicos, dos pontos de vista econômico-produtivo, político e sociocultural. A sociedade da informação caracteriza-se pela crescente utilização de técnicas de transmissão, armazenamento de dados e informações a baixo custo, acompanhadas por inovações organizacionais, sociais e legais. Ainda que tenha surgido motivada por um conjunto de transformações na base técnico-científica, ela se investe de um significado bem mais abrangente.

LEGEY, L.-R.; ALBAGLI, S. Disponível em: www.dgz.org.br. Acesso em: 4 dez. 2012 (adaptado).

O mundo contemporâneo tem sido caracterizado pela crescente utilização das novas tecnologias e pelo acesso à informação cada vez mais facilitado. De acordo com o texto, a sociedade da informação corresponde a uma mudança na organização social porque

(A) representa uma alternativa para a melhoria da qualidade de vida.
(B) associa informações obtidas instantaneamente por todos e em qualquer parte do mundo.
(C) propõe uma comunicação mais rápida e barata, contribuindo para a intensificação do comércio.
(D) propicia a interação entre as pessoas por meio de redes sociais.
(E) representa um modelo em que a informação é utilizada intensamente nos vários setores da vida.

33) (ENEM — Exame Nacional do Ensino Médio)

Poesia quentinha

Projeto literário publica poemas em sacos de pão na capital mineira
Se a literatura é mesmo o alimento da alma, então os mineiros estão diante de um verdadeiro banquete. Mais do que um pãozinho com manteiga, os moradores do bairro de Barreiro, em Belo Horizonte (MG), estão consumindo poesia brasileira no café da manhã. Graças ao projeto "Pão e Poesia", que faz do saquinho de pão um espaço para veiculação de poemas, escritores como Affonso Romano de Sant'Anna e Fernando Brant dividem espaço com estudantes que passaram por oficinas de escrita poética. São ao todo 250 mil embalagens, distribuídas em padarias da região de Belo Horizonte, que trazem a boa literatura para o cotidiano de pessoas, além de dar uma chance a escritores novatos de verem seus textos impressos. Criado em 2008 por um analista de sistemas apaixonado por literatura, o "Pão e Poesia" já recebeu dois prêmios do Ministério da Cultura.

Língua Portuguesa, nº 71, set. 2011.

A proposta de um projeto como o "Pão e Poesia" objetiva inovar em sua área de atuação, pois:

(A) privilegia novos escritores em detrimento daqueles já consagrados.
(B) resgata poetas que haviam perdido espaços de publicação impressa.
(C) prescinde de critérios de seleção em prol da popularização da literatura.
(D) propõe acesso à literatura a públicos diversos.
(E) alavanca projetos de premiações antes esquecidos.

34) (ENEM — Exame Nacional do Ensino Médio)

No ano de 1985 aconteceu um acidente muito grave em Angra dos Reis, no Rio de Janeiro, perto da aldeia guarani de Sapukai. Choveu muito e as águas pluviais provocaram deslizamentos de terras das encostas da Serra do Mar, destruindo o Laboratório de Radioecologia da Central Nuclear Almirante Álvaro Alberto, construída em 1970 num lugar que os índios tupinambás, há mais de 500 anos, chamavam de

Itaorna. O prejuízo foi calculado na época em 8 bilhões de cruzeiros. Os engenheiros responsáveis pela construção da usina nuclear não sabiam que o nome dado pelos índios continha informação sobre a estrutura do solo, minado pelas águas da chuva. Só descobriram que Itaorna, em língua tupinambá, quer dizer "pedra podre", depois do acidente.

FREIRE, J. R. B. Disponível em: www.taquiprati.com.br.
Acesso em: 1 ago. 2012 (adaptado).

Considerando-se a história da ocupação na região de Angra dos Reis mencionada no texto, os fenômenos naturais que a atingiram poderiam ter sido previstos e suas consequências minimizadas se:

(A) o acervo linguístico indígena fosse conhecido e valorizado.
(B) as línguas indígenas brasileiras tivessem sido substituídas pela língua geral.
(C) o conhecimento acadêmico tivesse sido priorizado pelos engenheiros.
(D) a língua tupinambá tivesse palavras adequadas para descrever o solo.
(E) o laboratório tivesse sido construído de acordo com as leis ambientais vigentes na época.

35) (ENEM — Exame Nacional do Ensino Médio)

Obesidade causa doença

A obesidade tornou-se uma epidemia global, segundo a Organização Mundial da Saúde, ligada à Organização das Nações Unidas. O problema vem atingindo um número cada vez maior de pessoas em todo o mundo, e entre as principais causas desse crescimento estão o modo de vida sedentário e a má alimentação. Segundo um médico especialista em cirurgia de redução de estômago, a taxa de mortalidade entre homens obesos de 25 a 40 anos é 12 vezes maior quando comparada à taxa de mortalidade entre indivíduos de peso normal. O excesso de peso e de gordura no corpo desencadeia e piora problemas de saúde que poderiam ser evitados. Em alguns casos, a boa notícia é que a perda de peso leva à cura, como no caso da asma, mas em outros, como o infarto, não há solução.

FERREIRA, Thaís. "Obesidade causa doença?" Época. São Paulo, 27 fev. 2009. Disponível em: <http://revistaepoca.globo.com/Revista/Epoca/0,,EMI62327-15257,00-OBESIDADE+CAUSA+DOENCA.html>.

O texto apresenta uma reflexão sobre saúde e aponta o excesso de peso e de gordura corporal dos indivíduos como um problema, relacionando-o ao:

(A) padrão estético, pois o modelo de beleza dominante na sociedade requer corpos magros.
(B) equilíbrio psíquico da população, pois esse quadro interfere na autoestima das pessoas.
(C) quadro clínico da população, pois a obesidade é um fator de risco para o surgimento de diversas doenças crônicas.
(D) preconceito contra a pessoa obesa, pois ela sofre discriminação em diversos espaços sociais.
(E) desempenho na realização das atividades cotidianas, pois a obesidade interfere na *performance*.

36) (ENEM — Exame Nacional do Ensino Médio)

Posso mandar por *e-mail*?

Atualmente, é comum "disparar" currículos na internet com a expectativa de alcançar o maior número possível de selecionadores. Essa, no entanto, é uma ideia equivocada: é preciso saber quem vai receber seu currículo e se a vaga é realmente indicada para seu perfil, sob risco de estar "queimando o filme" com um futuro empregador. Ao enviar o currículo por *e-mail*, tente saber quem vai recebê-lo e faça um texto sucinto de apresentação, com a sugestão a seguir:
Assunto: Currículo para a vaga de gerente de *marketing*
Mensagem: Boa tarde. Meu nome é José da Silva e gostaria de me candidatar à vaga de gerente de *marketing*. Meu currículo segue anexo.

Guia da língua 2010: modelos e técnicas.
Língua Portuguesa, 2010 (adaptado).

O texto integra um guia de modelos e técnicas de elaboração de textos e cumpre a função social de:

(A) divulgar padrão oficial de redação e envio de currículos.
(B) indicar um modelo de currículo para pleitear uma vaga de emprego.
(C) instruir o leitor sobre como ser eficiente no envio de currículo por *e-mail*.

(D) responder a uma pergunta de um assinante da revista sobre o envio de currículo por *e-mail*.
(E) orientar o leitor sobre como alcançar o maior número possível de selecionadores de currículos.

37) (ENEM — Exame Nacional do Ensino Médio)

    Tudo era harmonioso, sólido, verdadeiro. No princípio. As mulheres, principalmente as mortas do álbum, eram maravilhosas. Os homens, mais maravilhosos ainda, ah, difícil encontrar família mais perfeita. A nossa família, dizia a bela voz de contralto da minha avó. Na nossa família, frisava, lançando em redor olhares complacentes, lamentando os que não faziam parte do nosso clã. [...]
    Quando Margarida resolveu contar os podres todos que sabia naquela noite negra da rebelião, fiquei furiosa. [...]
    É mentira, é mentira!, gritei tapando os ouvidos. Mas Margarida seguia em frente: tio Maximiliano se casou com a inglesa de cachos só por causa do dinheiro, não passava de um pilantra, a loirinha feiosa era riquíssima. Tia Consuelo? Ora, tia Consuelo chorava porque sentia falta de homem, ela queria homem e não Deus, ou o convento ou o sanatório. O dote era tão bom que o convento abriu-lhe as portas com loucura e tudo. "E tem mais coisas ainda, minha queridinha", anunciou Margarida fazendo um agrado no meu queixo. Reagi com violência: uma agregada, uma cria e, ainda por cima, mestiça. Como ousava desmoralizar meus heróis?

TELLES, Lygia Fagundes. *A estrutura da bolha de sabão*. Rio de Janeiro: Rocco, 1999.

Representante da ficção contemporânea, a prosa de Lygia Fagundes Telles configura e desconstrói modelos sociais. No trecho, a percepção do núcleo familiar descortina um (a)
(A) convivência frágil ligando pessoas financeiramente dependentes.
(B) tensa hierarquia familiar equilibrada graças à presença da matriarca.
(C) pacto de atitudes e valores mantidos à custa de ocultações e hipocrisias.
(D) tradicional conflito de gerações protagonizado pela narradora e seus tios.
(E) velada discriminação racial refletida na procura de casamentos com europeus.

Leia o texto para responder as questões de números 38 a 40.

    Metrópoles desenvolvidas arcam com parte do custo do transporte público. Fazem-no não só por populismo dos políticos locais, mas também para imprimir mais eficiência ao sistema. E, se a discussão se dá em termos de definir o nível ideal de subsídio, a gratuidade deixa de ser um delírio para tornar-se a posição mais extrema num leque de possibilidades.

    Sou contra a tarifa zero, porque traz uma outra classe de problemas que já foi bem analisada pelo pessoal da teoria dos jogos: se não houver pagamento individual, aumenta a tendência de as pessoas usarem ônibus até para andar de uma esquina a outra, o que é ruim para o sistema e para a saúde.

    Para complicar mais, vale lembrar que a discussão surge no contexto de prefeituras com orçamentos apertados e áreas ainda mais prioritárias como educação e saúde para atender.

SCHWARTSMAN, Hélio. "Tarifa zero, um delírio?"
Folha de S.Paulo, 21 jun. 2013 (adaptado).

38) (Poder Judiciário — Tribunal de Justiça de São Paulo — Fundação Vunesp)
O autor se diz contrário à tarifa zero, porque

(A) o uso indiscriminado dos ônibus poderia comprometer o atual modal de transporte urbano.
(B) a qualidade do sistema de transporte urbano requer ínfimos investimentos para funcionar.
(C) a população pode querer tarifas zero em outros serviços púbicos essenciais.
(D) o pagamento individual aumenta a tendência de as pessoas usarem o transporte urbano.
(E) a redução na tarifa implicaria melhoria no sistema de transportes e prejuízos à saúde.

39) (Poder Judiciário — Tribunal de Justiça de São Paulo — Fundação Vunesp)
A ideia central do texto pode ser sintetizada da seguinte forma, em conformidade com a norma-padrão da língua portuguesa:

(A) Daqui à pouco teremos à passagem gratuita.
(B) Não existe condições de se implantar a passagem gratuita.
(C) É necessário a implementação da passagem gratuita.
(D) O povo prefere mais passagem paga que gratuita.
(E) A passagem barata é preferível à gratuita.

40) (Poder Judiciário — Tribunal de Justiça de São Paulo — Fundação Vunesp)
Quanto aos sentidos que encerra o período — Fazem-no não só por populismo dos políticos locais mas também para imprimir mais eficiência ao sistema. — equivale a

(A) Fazem-no por populismo dos políticos locais e também para imprimir mais eficiência ao sistema.
(B) Fazem-no por populismo dos políticos locais embora apenas para imprimir mais eficiência ao sistema.
(C) Fazem-no por populismo dos políticos locais, portanto ainda para imprimir mais eficiência ao sistema.
(D) Fazem-no não por populismo dos políticos locais, porém só para imprimir mais eficiência ao sistema.
(E) Fazem-no não por populismo dos políticos locais, todavia para imprimir mais eficiência ao sistema.

Leia o texto para responder as questões de números 41 a 43.

Um falso dilema tomou conta do mercado brasileiro de trabalho diante da escalada sistemática de ofertas de vagas e ausência de candidatos para preenchê-las. Importar ou não mão de obra de fora, eis a questão. Gastaram-se horas em debates e movimentos de resistência contra uma alternativa que parece inevitável. O caso da contratação de seis mil médicos estrangeiros para distribuí-los por regiões mais remotas do Brasil gerou uma celeuma sem-fim sobre a qualidade da formação desses candidatos, necessidade de testes adicionais de conhecimento, dificuldades com a língua etc. E no "deixa disso" esqueceu-se de abordar o básico: como resolver o problema do apagão de profissionais qualificados, em vários níveis de ensino, inclusive o técnico, que está prejudicando o desenvolvimento adequado da produção nacional?

"A saída da mão de obra importada". *IstoÉ Dinheiro*, 24 mai. 2013.
Disponível em: <https://www.istoedinheiro.com.br/noticias/dinheiro-da-redacao/20130524/saida-mao-obra-importada/3057.shtml>.

41) (Poder Judiciário — Tribunal de Justiça de São Paulo — Fundação Vunesp)
Em sua argumentação sobre a contratação de mão de obra estrangeira, o autor deixa claro que

(A) a preocupação com a contratação dos médicos estrangeiros, soma-se à de profissionais qualificados em vários níveis de ensino, inclusive o técnico, necessários à produção nacional.
(B) a dispersão decorrente dos debates sobre a questão deixa de considerar questões mais diretas, como, por exemplo, a qualidade da formação desses candidatos estrangeiros.
(C) a falta de profissionais qualificados afeta diversos segmentos da economia brasileira e, em muitos casos, a importação de mão de obra estrangeira é uma saída necessária.
(D) o problema com a falta de mão de obra qualificada está localizado nas regiões remotas do Brasil, razão pela qual não se justifica a celeuma sem-fim sobre a questão.
(E) a ênfase na questão dos profissionais estrangeiros lança luzes sobre a questão da educação brasileira e sua responsabilidade na formação de profissionais qualificados.

42) (Poder Judiciário — Tribunal de Justiça de São Paulo — Fundação Vunesp)
O termo "dilema", no início do texto, é sinônimo de

(A) certeza
(B) paradoxo
(C) parcialidade
(D) contundência
(E) indecisão

43) (Poder Judiciário — Tribunal de Justiça de São Paulo — Fundação Vunesp)
Na passagem — ... e ausência de candidatos para preenchê-las. —, substituindo-se o verbo *preencher* por *concorrer* e atendendo-se à norma-padrão, obtém-se:

(A) ... e ausência de candidatos para concorrer a elas.
(B) ... e ausência de candidatos para concorrer à elas.
(C) ... e ausência de candidatos para concorrer-lhes.

(D) ... e ausência de candidatos para concorrê-las.
(E) ... e ausência de candidatos para lhes concorrer.

Atenção: As questões de números 44 a 47 referem-se ao texto abaixo.

O caso Montaigne na tradição literária da amizade não é propriamente uma exceção. Como os povos felizes, que — já se disse — não têm história: os sentimentos vitais, contentes e continentes, poucas vezes, enquanto vigem, dublam-se em reflexão e discurso. Por isso, certamente, a clave da perda marca tanto essa literatura e a tinge tão estranhamente de melancolia. (É que talvez os relevos dos grandes sentimentos humanos só se deixem mesmo apalpar pelo avesso: a falta permite, mais facilmente, sondar a profundidade do pleno, a dor, do contentamento.) Com efeito, ao pensarmos nos grandes textos sobre a amizade, vêm-nos de imediato à lembrança a bela dissertação do Lélio de Cícero, brotada do interior de seu luto pela morte de Cipião, o sensível capítulo das *Confissões* de Santo Agostinho dedicado à memória do amigo, ou mesmo o *Fédon* de Platão e seu relato pungente da morte de Sócrates. Montaigne tem pois predecessores ilustres, e, explicitamente, incorpora o seu texto nessa linhagem.

E, no entanto, ao ler seu ensaio (livro I, 28), sentimos que dissoa bastante do andamento mais moderado dessas composições da tradição. Sua dissertação, sentimos logo, engata alturas mais elevadas, vibra de modo mais intenso. Montaigne radicaliza. Com ele a grandeza daquelas amizades se expande num elemento mais vasto, desafia a moderação, vai ao superlativo. A estreita proximidade das almas se ultrapassa; chega à fusão e assim toca o sublime.

CARDOSO, Sérgio. *Paixão da igualdade, paixão da liberdade: a amizade em Montaigne. Os sentidos da paixão.* São Paulo: Cia. das Letras, 1987. p.162-3.

44) (TJ/RJ — Analista Judiciário — Especialidade Analista de Sistemas) Com a comparação feita no início do texto, o autor sugere que

(A) a felicidade é uma quimera tanto para o indivíduo quanto para os povos, o que é comprovado pelas memórias individuais e pelos registros históricos.
(B) o indivíduo tem em comum com um povo o hábito de não refletir sobre os acontecimentos senão nos momentos de maior felicidade.

(C) a história de indivíduos e povos é uma oscilação constante entre momentos de felicidade e momentos de dor.
(D) o sentimento de amizade que une os indivíduos não é diferente daquele que unifica um povo, vínculo responsável pela felicidade de todos.
(E) os períodos de felicidade, ao contrário dos momentos de dor, não costumam ser registrados nem pelos povos, nem pelos indivíduos.

45) (TJ/RJ — Analista Judiciário — Especialidade Analista de Sistemas) Dentre as características da dissertação de Montaigne que podem ser apreendidas do texto, é correto mencionar:

(A) A tendência ao misticismo, inteiramente ausente dos relatos de seus predecessores, mesmo o de Santo Agostinho.
(B) A opção por um relato mais imponente e vigoroso, em lugar do tom comedido que seus predecessores adotam.
(C) O predomínio da imaginação, o que permite incluir o relato antes no campo da ficção, ainda que sublime, do que no da memória.
(D) Um radicalismo político extremado, que não tem lugar nos relatos politicamente inócuos de seus predecessores.
(E) A ausência do tema da morte, onipresente nos textos de seus predecessores, o que faz do relato uma verdadeira celebração da vida.

46) (TJ/RJ — Analista Judiciário — Especialidade Analista de Sistemas) O sentido do elemento grifado NÃO está expresso adequadamente, entre parênteses e em negrito, ao final da transcrição em:

(A) ... ou mesmo o Fédon de Platão e seu relato **pungente** da morte de Sócrates. (**sereno**)
(B) Com ele a grandeza daquelas amizades se expande num elemento mais vasto, desafia a moderação, vai ao **superlativo**. (**ponto mais alto**)
(C) ... os sentimentos vitais, contentes e continentes, poucas vezes, enquanto **vigem**, dublam-se em reflexão e discurso. (**vigoram**)

(D) Com efeito, ao pensarmos nos grandes textos sobre a amizade, vêm-nos de imediato à **lembrança** a bela dissertação... (**memória**)

(E) **Com efeito**, ao pensarmos nos grandes textos sobre a amizade, vêm-nos... (**De fato**)

47) (TJ/RJ — Analista Judiciário — Especialidade Analista de Sistemas) (É que talvez os relevos dos grandes sentimentos humanos só se deixem mesmo apalpar pelo avesso: a falta permite, mais facilmente, sondar a profundidade do pleno, a dor, do contentamento.)

Atente para as afirmações seguintes sobre a pontuação empregada na frase acima, transcrita do primeiro parágrafo do texto.

I. O uso dos parênteses para isolar a frase justifica-se por se tratar de uma digressão que, embora relacionada à reflexão feita no parágrafo, interrompe momentaneamente o fluxo do pensamento.
II. Os dois-pontos introduzem um segmento que constitui, de certo modo, uma ressalva ao que se afirma no segmento imediatamente anterior.
III. As vírgulas que isolam o segmento mais facilmente poderiam ser retiradas sem prejuízo para a correção e a lógica.

Está correto o que se afirma em

(A) I, apenas.
(B) I e II, apenas.
(C) I e III, apenas.
(D) II e III, apenas.
(E) I, II e III.

Atenção: As questões de números 48 a 51 referem-se ao texto abaixo.

Entre a palavra e o ouvido

Nossos ouvidos nos traem, muitas vezes, sobretudo quando deciframos (ou acham que deciframos) palavras ou expressões pela pura sonoridade. Menino pequeno, gostava de ouvir uma canção dedicada a uma mulher misteriosa, dona Ondirá. Um dia pedi que alguém a cantasse, disse não saber, dei a deixa: "Tão longe, de mim distante, Ondirá, Ondirá, teu pensamento?" Ganhei uma gargalhada em resposta. Um dileto amigo achava esquisito o grande Nat King

Cole cantar seu amor por uma misteriosa espanhola, uma tal de dona Quiçás... O ator Ney Latorraca afirma já ter sido tratado por seu Neila. Neila Torraca, é claro. Agora me diga, leitor amigo: você nunca foi apresentado a um velhinho chamado Fulano Detal?

Armando Fuad. Inédito.

48) (TJ/RJ — Analista Judiciário — Especialidade Médico)
Com base nos casos narrados no texto, é correto afirmar que, por vezes, entre a palavra e o ouvido,

(A) nossa capacidade criativa faz com que recusemos sons muito usuais, substituindo-os por outros, mais exóticos.
(B) ocorre um tipo de interferência no modo de recepção que distorce inteiramente o sentido original da mensagem.
(C) uma falha do aparelho auditivo deforma o som captado, levando o receptor a entender outra coisa.
(D) a mensagem original se perde porque se ouve uma expressão já adulterada pela má pronúncia de terceiros.
(E) buscamos reconhecer uma sonoridade apenas por seu efeito acústico, sem lhe emprestar nenhum sentido.

49) (TJ/RJ — Analista Judiciário — Especialidade Médico)
Está INADEQUADO o emprego do elemento sublinhado na frase:

(A) E dona Quiçás, <u>a quem</u> Nat King Cole jamais teve a honra de ser apresentado, morará ainda em Madri?
(B) A traição <u>a que</u> por vezes está sujeita nossa audição pode ter resultados divertidos.
(C) Os sons das palavras, <u>a cujos</u> poucas vezes dedicamos plena atenção, podem ser bastante enganosos.
(D) A melodia e o ritmo de uma frase, <u>em cujo</u> embalo podemos nos equivocar, valem pelo efeito poético.
(E) E afinal, por onde andará dona Ondirá, senhora misteriosa <u>de quem</u> o leitor foi fã cativo, quando menino?

50) (TJ/RJ — Analista Judiciário — Especialidade Médico)
É correto afirmar que, ao se valer da expressão

(A) *Menino pequeno*, o autor torna implícito a ela um sentido de **temporalidade**.

(B) *sobretudo quando deciframm (...) pela pura sonoridade*, o autor se refere **exclusivamente** ao equívoco causado pela recepção dos sons.
(C) *Ganhei uma gargalhada em resposta*, o autor não deixa entrever qual teria sido a pergunta.
(D) *uma tal de dona Quiçás*, o autor faz ver que o ouvinte se confundiu por não conhecer a personagem.
(E) *Neila Torraca*, o autor se vale de um equívoco de audição inteiramente distinto do que ocorreu em *Fulano Detal*.

51) (TJ/RJ — Analista Judiciário — Especialidade Médico)
É preciso corrigir, por falhas diversas, a seguinte frase:

(A) É possível elaborar-se uma longa lista de palavras e expressões em cuja recepção sonora verificam-se os mais curiosos equívocos.
(B) Quem ouve mal não tem necessariamente mau ouvido; pode ter sido afetado pelo desconhecimento de um contexto determinado.
(C) Quem não destorce o que ouviu de modo torto acaba por permanecer longe do caminho reto da compreensão.
(D) Pelos sons exóticos das palavras, nos impregnamos da melodia poética a cujo encanto se rendem, imantados, os nossos ouvidos.
(E) Há sons indiscrimináveis, como os que se apanha do rádio mau sintonizado ou de uma conversa aliatória, entre terceiros.

Atenção: Considere o texto abaixo para responder às questões de números 52 a 55.

DEPOIMENTO

Fernando Morais (jornalista)

O que mais me surpreendia, na Ouro Preto da infância, não era o ouro dos altares das igrejas. Nem o casario português recortado contra a montanha. Isso eu tinha de sobra na minha própria cidade, Mariana, a uma légua dali. O espantoso em Ouro Preto era o Grande Hotel — um prédio limpo, reto, liso, um monólito branco que contrastava com o barroco sem violentá-lo. Era "o Hotel do Niemeyer" diziam. Deslumbrado com a construção, eu acreditava que seu criador (que supunha chamar-se "Nei Maia") fosse mineiro — um marianense, quem sabe?

A suspeita aumentou quando, ainda de calças curtas, mudei-me para Belo Horizonte. Era tanto Niemeyer que ele só podia mesmo ser mineiro. No bairro de Santo Antônio ficava o Colégio Estadual (a caixa d'água era o lápis, o prédio das classes tinha a forma de uma régua, o auditório era um mataborrão). Numa das pontas da vetusta Praça da Liberdade, Niemeyer fez pousar suavemente uma escultura de vinte andares de discos brancos superpostos, um edifício de apartamentos cujo nome não me vem à memória. E, claro, tinha a Pampulha: o cassino, a casa do baile, mas principalmente a igreja. Com o tempo cresceram as calças e a barba, e saí batendo perna pelo mundo. E não parei de ver Niemeyer. Vi na França, na Itália, em Israel, na Argélia, nos Estados Unidos, na Alemanha. Tanto Niemeyer espalhado pelo planeta aumentou minha confusão sobre sua verdadeira origem. E hoje, quase meio século depois do alumbramento produzido pela visão do "Hotel do Nei Maia", continuo sem saber onde ele nasceu. Mesmo tendo visto um papel que prova que foi na Rua Passos Manuel número 26, no Rio de Janeiro, estou convencido de que lá pode ter nascido o corpo dele. A alma de Oscar Niemeyer, não tenham dúvidas, é mineira.

MORAIS, Fernando. "Depoimento". In: SCHARLACH, Cecília (Coord.). *Niemeyer 90 anos: poemas testemunhos cartas*. São Paulo: Fundação Memorial da América Latina, 1998. p. 29.

52) (TRF — 1ª Região — Analista Judiciário — Área Apoio Especializado Especialidade Biblioteconomia)
O sentido das palavras "surpreendia" e "espantoso" (ambas do primeiro parágrafo) é posteriormente retomado no texto pela palavra:

(A) suspeita.
(B) vetusta.
(C) suavemente.
(D) memória.
(E) alumbramento.

53) (TRF — 1ª Região — Analista Judiciário — Área Apoio Especializado Especialidade Biblioteconomia)
No contexto do texto, o autor utiliza os pronomes "seu" (no primeiro parágrafo) e "sua" (no último) para se referir, respectivamente, a:

(A) Nei Maia e Oscar Niemeyer.

(B) Grande Hotel e Oscar Niemeyer.
(C) Ouro Preto e Hotel do Nei Maia.
(D) Mariana e Rua Passos Manuel.
(E) Hotel do Niemeyer e Rio de Janeiro.

54) (TRF — 1ª Região — Analista Judiciário — Área Apoio Especializado Especialidade Biblioteconomia)
A afirmação do último parágrafo "E não parei de ver Niemeyer", no contexto do texto, permite a pressuposição de que o autor

(A) manteve contato pessoal com o arquiteto no exterior.
(B) revisitou o hotel construído pelo arquiteto em Mariana.
(C) encontrou diversas obras do arquiteto em suas viagens.
(D) comprovou em documentos a origem mineira do arquiteto.
(E) divulgou a beleza da obra do arquiteto no exterior.

55) (TRF — 1ª Região — Analista Judiciário — Área Apoio Especializado — Especialidade Biblioteconomia)

No último parágrafo, as aspas são utilizadas para destacar o
(A) nome indevido que na infância o jornalista atribuía ao criador do prédio.
(B) apelido com que o arquiteto era conhecido em sua terra de origem.
(C) modo correto de se pronunciar o sobrenome do arquiteto.
(D) título do papel que prova o local de nascimento do jornalista.
(E) jeito correto de escrever o nome do hotel cinquenta anos antes.

56) (ESAF — Analista Técnico-Administrativo, Arquiteto, Contador, Engenheiro e Pedagogo)

Em relação às ideias do texto, assinale a opção correta.
A consciência de defesa do meio ambiente está institucionalizada e felizmente é uma realidade que se espalha pela sociedade brasileira. Escolas, organizações não governamentais, instituições públicas e privadas, empresas, empresários, trabalhadores, todos são capazes de demonstrar preocupação com a preservação da vida no planeta para as populações de amanhã. Talvez não tanto quanto exige o problema, mas o suficiente para ver os sinais de que a depredação da natureza pode levar ao fim de todos. Essa é uma tarefa gigantesca quando

olhamos para os enormes desafios — como promover o crescimento econômico sem agredir a natureza —, mas por serem tão evidentes os riscos comuns a todos, a questão passa a ser a rapidez com que temos que atuar. Os sinais estão aí, palpáveis: a agressão ambiental que compromete a natureza é visível a todos e o processo produtivo já acendeu o sinal amarelo e pode desencadear graves consequências para o mundo.

Jornal do Commercio, PE, Editorial, 8 jun. 2013 (com adaptações).

(A) A preocupação com a preservação da vida no planeta tem como exclusivo objetivo as populações de amanhã.
(B) A solução de problemas ambientais independe da velocidade com que serão desencadeadas as ações práticas.
(C) A sociedade moderna já venceu o desafio de promover o crescimento econômico sem agredir a natureza.
(D) A agressão ambiental que compromete a natureza não é percebida pela sociedade e pelos governantes.
(E) As formas do processo produtivo precisam ser revistas para evitar consequências negativas em relação à natureza.

57) (ESAF — Analista Técnico-Administrativo, Arquiteto, Contador, Engenheiro e Pedagogo)
Assinale a opção que preenche a lacuna do texto de forma coesa e coerente.

Com a criação da Agência Nacional de Assistência Técnica e Extensão Rural (Anater), que depende da aprovação de um projeto de lei já enviado ao Congresso, o governo pretende aproximar ainda mais os centros de pesquisas dos produtores rurais, dos quais apenas 25% têm acesso aos conhecimentos tecnológicos. _____

_____ Com isso, o que se espera é a modernização mais rápida da agropecuária brasileira, com o aumento da produtividade e maiores ganhos para os produtores.

"Mais tecnologia para o campo". *O Estado de S.Paulo*. São Paulo, 19 jun. 2013. p.3

(A) A Anater deverá articular em nível nacional o trabalho desenvolvido pelas instituições estaduais de extensão rural de levar aos agricultores e pecuaristas as tecnologias disponíveis de produção e criação, armazenamento, processamento e de gestão dos negócios rurais.

(B) Em 1989, o governo decretou o encerramento das atividades da empresa, mas uma rápida reação do Congresso impediu que o decreto tivesse efeito prático. O governo seguinte, porém, conseguiu fechar a Embrater em 1992.

(C) Desde então, a atuação das empresas estaduais de assistência técnica e extensão rural — em São Paulo, a atividade é desempenhada pela Coordenadoria de Assistência Técnica Integral, vinculada à Secretaria da Agricultura — vem sendo coordenada por uma entidade nacional por elas criadas.

(D) Mesmo já tendo alcançado esses níveis elevados de produtividade, que lhes têm assegurado crescimento contínuo da produção de grãos com aumento bem menor da área cultivada, o Brasil ainda tem muito espaço para desenvolver sua agropecuária e oferecer mais alimentos para o mercado interno e para outros países.

(E) Dos estabelecimentos rurais registrados no País, 11% dos considerados familiares e 9% dos médios e grandes não têm nenhuma produção, de acordo com dados do governo. Mais de 1,3 milhão de estabelecimentos não obtêm receita com a atividade agropecuária.

58) (ESAF — Analista Técnico-Administrativo, Arquiteto, Contador, Engenheiro e Pedagogo)
Assinale a opção que constitui introdução coesa e coerente para o texto a seguir.

_____ Em 2000, só havia 10 cursos desse tipo. Em 2008, estavam credenciados no Ministério da Educação (MEC) 349 cursos de graduação e 255 cursos de pós--graduação *lato sensu*. Em 2005, 11 mil pessoas concluíram a licenciatura a distância. Atualmente, os alunos de cursos de graduação a distância representam 30% do total de estudantes matriculados em licenciaturas. Há seis anos, eles eram 5%. Atualmente, há 1 milhão de estudantes cursando a graduação e pós-graduação a distância. Para atender à demanda, o MEC acaba de autorizar 40 instituições de ensino a criarem 148,4 mil vagas nessa modalidade de ensino.

O Estado de S. Paulo, 17 jun. 2013 (com adaptações).

(A) O ensino a distância em cursos de graduação cresceu significativamente nos últimos anos.

(B) Ao final do período letivo, para avaliar o aproveitamento dos alunos, vários cursos aplicam provas escritas e provas práticas presenciais, enquanto outros pedem um trabalho de conclusão.
(C) Essa graduação a distância funciona por meio da distribuição de livros e apostilas e de uma plataforma na internet que permite aos estudantes acessar aulas e sugestões bibliográficas.
(D) Por terem mensalidades baixas, esses cursos a distância são os mais acessíveis para grandes parcelas da população, especialmente nas cidades do interior.
(E) Os empréstimos educacionais feitos pelo governo com base no Fundo de Financiamento Estudantil (Fies) têm uma taxa de juros muito baixa, de 34%.

59) (ESAF — Analista Técnico-Administrativo, Arquiteto, Contador, Engenheiro e Pedagogo)
Os trechos a seguir compõem um texto adaptado do Editorial da *Folha de S.Paulo*, de 17/6/2013, mas estão desordenados. Assinale nos parênteses a ordem correta para compor um texto coeso e coerente (coloque 1 no trecho inicial e assim sucessivamente) e, em seguida, assinale a opção correta.

( ) Diante de um incentivo pecuniário, é de supor que profissionais procurarão os cursos por conta própria, com efeitos melhores do que se o aperfeiçoamento fosse imposto a todos.
( ) Se já não há muita dúvida de que investimentos em educação são vitais para o Brasil avançar social e economicamente, ainda estão longe de ser um consenso quais as melhores medidas para fazer a qualidade do ensino progredir.
( ) A iniciativa é oportuna porque um dos vícios pedagógicos nacionais é dar muita ênfase a pomposas teorias educacionais e deixar de lado o bom e velho ensinar a ensinar, que tem muito mais impacto na vida do aluno e em seus resultados escolares.
( ) Essa medida segue fórmula aplicada desde 2012 para professores alfabetizadores, que recebem R$ 200 mensais para participar de programas com dois anos de duração.
( ) O Ministério da Educação caminha na direção correta para essa qualidade ao propor um sistema de bonificação para professores que se submetam a curso de aperfeiçoamento. O objetivo é sanar deficiências do docente, com foco em métodos a serem utilizados em sala de aula.

(A) 2 — 4 — 5 — 3 — 1
(B) 3 — 5 — 2 — 1 — 4
(C) 5 — 1 — 4 — 3 — 2
(D) 1 — 2 — 3 — 5 — 4
(E) 4 — 3 — 1 — 2 — 5

60) (UFPR — Prefeitura Municipal de Colombo — Professor)
As frases a seguir estão fora de ordem. Numere os parênteses, identificando a sequência textual correta.

( ) Por fim, reinjetou nos corações desses pacientes até 25 milhões de suas próprias células.
( ) Depois de um infarto do miocárdio o tempo urge: se a irrigação sanguínea não for restabelecida em poucas horas, os tecidos do coração começam a morrer e sua regeneração é impossível. Ao menos era o que se pensava até há pouco.
( ) Com sua equipe, o médico retirou um pequeno fragmento de tecido do coração dos pacientes, isolou suas células-tronco adultas e as multiplicou.
( ) Recentemente, Eduardo Marbán, cardiologista do Instituto do Coração Cedars-Sinai, em Los Angeles (EUA), conseguiu regenerar parcialmente o músculo enfraquecido de 17 pacientes de infarto, de um total de 25.
( ) Graças a essa terapia, um ano depois a quantidade de tecido danificado havia sido reduzida entre 12% e 24%. As células-tronco se desenvolveram e formaram novos tecidos cardíacos.

Adaptado da Revista *GEO*, nº 40, p. 15.

Assinale a alternativa que apresenta a numeração correta, de cima para baixo.

(A) 5 — 2 — 1 — 4 — 3.
(B) 4 — 1 — 3 — 2 — 5.
(C) 4 — 2 — 3 — 5 — 1.
(D) 3 — 4 — 1 — 2 — 5.
(E) 5 — 1 — 2 — 4 — 3.

61) (UFPR — Prefeitura Municipal de Colombo — Professor)

Leia o período a seguir:

Minha mãe está com Alzheimer. Ela, que se separou de meu pai há muito anos, foi pega, de novo, pelo alemão. Não é exatamente igual ao filme *Para sempre Alice*. Não há um desespero permanente de que se está perdendo as faculdades mentais, porque também o diagnóstico é esquecido. Imagino que existam muitos percursos de apagamento. E suponho que tais trajetos mantenham alguma relação com a vida que se levou até então.

DUNKER, Christian Ingo Lenz. "Alzheimer. Vejo em minha mãe, para manter-se como sujeito; irritação, agressividade, depressão e isolamento parecem ser os últimos bastiões do desejo de ficar". *Mente e Cérebro*, jan. 2016. Disponível em: <http://www2.uol.com.br/vivermente/artigos/alzheimer.html>

Com base na leitura do período acima, assinale a alternativa correta.

(A) A mãe do autor foi acometida novamente por uma doença, que havia tido quando era casada com o pai dele.
(B) No filme *Para sempre Alice*, alguém se desespera por ver suas faculdades mentais desaparecendo, porém esquece esse diagnóstico.
(C) Diferentemente do que ocorre no filme *Para sempre Alice*, a mãe do autor não se desesperou pela separação conjugal.
(D) O autor supõe que, no decorrer da doença de Alzheimer, a memória de cada doente possa se apagar de forma diversa, segundo o que cada um viveu.
(E) A mãe do autor voltou a casar-se, e de novo com um alemão, mas infelizmente já estava com Alzheimer.

62) (Ministério do Desenvolvimento, Indústria e Comércio Exterior — Analista de Comércio Exterior — ESAF)
Assinale a opção que constitui continuação coesa, coerente e gramaticalmente correta para o texto abaixo.

O governo concedeu R$ 97,8 bilhões em benefícios fiscais a empresas, nos últimos cinco anos, e adotou dezenas de medidas para conter a valorização cambial e proteger a indústria da concorrência estrangeira — mas tudo isso teve resultados insignificantes, como demonstra o fraco desempenho brasileiro no mercado internacional de manufaturados. Incapaz de acompanhar o crescimento do mercado interno, a indústria de transformação perdeu espaço no Brasil para os concorrentes de fora e cresceu em 2011 apenas 0,1%, ou quase nada.

Adaptado do Editorial, *O Estado de S.Paulo*, 29 mar. 2012.

(A) Por isso esse protecionismo seja uma forma de compensar a falta de uma estratégia minimamente eficaz. O resultado só poderá ser o desperdício de mais dinheiro, esforços e oportunidades.
(B) Esses investidores tomam dinheiro barato na Europa e aplicam no Brasil, em troca de juros altos. A ação defensiva, nesse caso, é justificável, embora pouco eficaz.
(C) Além disso, é consenso entre esses empresários, administradores e governantes que é preciso aplicar muito mais dinheiro em máquinas, equipamentos e obras de infraestrutura.
(D) Portanto, diante desse bom desempenho é um erro atribuir os problemas nacionais a fatores externos. Mas é preciso responsabilizar os bancos centrais do mundo rico por uma parcela importante dos males econômicos do País.
(E) Sem competitividade, essa indústria é superada pelos produtores instalados nas economias mais dinâmicas e mal consegue manter, mesmo na América do Sul, posições conquistadas em tempos melhores.

63) (Ministério do Desenvolvimento, Indústria e Comércio Exterior — Analista de Comércio Exterior — ESAF)
Assinale a opção que preenche de forma coesa, coerente e gramaticalmente correta a lacuna do trecho a seguir.

Brasil, Rússia, Índia, China e África do Sul são mais do que cinco economias emergentes em expansão num mundo em crise. Reunidas sob o acrônimo Brics, abrigam mais de 40% da população global e somam perto de US$ 14 trilhões de PIB, ou seja, quase um quinto das riquezas produzidas no planeta. É natural que busquem maior participação no cenário internacional — o que seria facilitado por uma atuação conjunta, em bloco.

_____
_____

A instituição permitiria aos países reduzir a dependência econômica em relação aos Estados Unidos e à União Europeia, em sérias dificuldades. Mais do que isso, a experiência poderia depois ser replicada para dar um pontapé inicial para mudanças políticas não apenas voltadas ao desenvolvimento sustentável, como também à segurança e à paz no universo, com um rearranjo das regras e dos organismos internacionais.

Adaptado do *Correio Braziliense*, 27 mar. 2012.

(A) Maior dos Brics, a China, segunda potência mundial, tem PIB de US$ 7,4 trilhões e reservas cambiais superiores a US$ 3 trilhões. Contudo, é uma ditadura que ganha mercados mundo afora com vantagens artificiais, como a desvalorização da moeda, o yuan, um calo inclusive para o Brasil, invadido por produtos chineses em condições desfavoráveis de competitividade.

(B) Assim, reconhecer a necessidade de promover correções de rumo internas é desafio de primeira ordem para os cinco emergentes. Aproximações bilaterais, vale lembrar, também terminam por fortalecer o quinteto emergente.

(C) A Rússia, por sua vez, apresenta desenvolvimento relativo e hoje consolida-se como economia de mercado ainda sob olhares desconfiados de parte dos governantes de outros países do globo.

(D) Os demais países têm abismos sociais a superar, problemas de desigualdades evidentes, o que deixa o bloco, formalizado ou não, distante da pose de referência internacional na questão do desenvolvimento humano.

(E) Avançar na criação de um banco de desenvolvimento, proposto pelo primeiro-ministro indiano, como alternativa ao Banco Mundial — Bird e ao Fundo Monetário Internacional — FMI, já seria grande passo.

64) (Ministério do Desenvolvimento, Indústria e Comércio Exterior — Analista de Comércio Exterior — ESAF)
Assinale a opção em que a reescrita do trecho altera as relações semânticas entre as informações do texto.

(A) Um acúmulo de fatores mais e menos antigos conspirou para deprimir a indústria brasileira, especialmente o segmento de transformação, nos últimos anos. • A indústria brasileira, especialmente o segmento de transformação, nos últimos anos, foi deprimida em decorrência de um acúmulo de fatores mais e menos antigos.

(B) Infraestrutura precária, custos elevados de mão de obra, carga tributária alta e educação insuficiente são alguns dos antigos problemas que afloraram com toda intensidade quando a crise internacional acentuou a tendência de apreciação do real e aumentou a concorrência mundial. • Quando a crise internacional acentuou a tendência de apreciação do real e aumentou a concorrência mundial, antigos problemas afloraram com toda intensidade, tais como: infraestrutura precária, custos elevados de mão de obra, carga tributária alta e educação insuficiente.

(C) O custo da mão de obra industrial no Brasil, de US$ 10,08 por hora, é um terço do verificado nos Estados Unidos e Japão, mas é maior do que o de países como o México, cuja indústria automobilística vem preocupando Brasília, e, naturalmente, do que o da China. • É um terço do verificado nos Estados Unidos e Japão, cuja indústria automobilística vem preocupando Brasília, o custo da mão de obra industrial no Brasil, de US$ 10,08 por hora, mas é maior do que o de países como o México, e, naturalmente, do que o da China.

(D) Nesse espaço de tempo, o câmbio teve uma valorização de 40% em termos reais, frente a uma cesta de 15 moedas, o que deixou a indústria brasileira com dificuldades de competir não só com a China, mas também com a Alemanha. • O câmbio teve uma valorização de 40% em termos reais, frente a uma cesta de 15 moedas, nesse espaço de tempo, o que deixou a indústria brasileira com dificuldades de competir não só com a China, mas também com a Alemanha.

(E) Os custos da indústria brasileira vêm subindo continuamente. A folha de salários da indústria aumentou 25% desde 2005 em reais, já descontada a inflação. A energia elétrica, um importante indicador da infraestrutura, ficou 28% mais cara, apesar da abundância de recursos hídricos. Com a valorização do real, os custos tornaram-se ainda maiores. • Vêm subindo continuamente os custos da indústria brasileira. Aumentou 25% em reais desde 2005, já descontada a inflação, a folha de salários da indústria. Ficou 28% mais cara, apesar da abundância de recursos hídricos, a energia elétrica, um importante indicador da infraestrutura. Os custos tornaram-se ainda maiores com a valorização do real.

65) (Exame Nacional do Ensino Médio — ENEM — 2º dia — Caderno Amarelo)

Em uma escala de 0 a 10, o Brasil está entre 3 e 4 no quesito segurança da informação. "Estamos começando a acordar para o problema. Nessa história de espionagem corporativa, temos muita lição a fazer. Falta consciência institucional e um longo aprendizado. A sociedade caiu em si e viu que é uma coisa que nos afeta", diz S.P., pós-doutor em segurança da informação. Para ele, devem ser estabelecidos canais de denúncia para esse tipo de situação. De acordo com o conselheiro do Comitê Gestor da Internet (CGI), o Brasil tem condições de desenvolver tecnologia própria para garantir a segurança dos dados do país, tanto do governo quanto da população. "Há uma massa de conhecimento dentro das universidades e em empresas inovadoras que podem contribuir propondo medidas para que possamos mudar isso [falta de segurança] no longo prazo." Ele acredita que o governo tem de usar o seu poder de compra de *softwares* e *hardwares* para a área da segurança cibernética, de forma a fomentar essas empresas, a produção de conhecimento na área e a construção de uma cadeia de produção nacional.

SARRES, Carolina. "Especialistas ouvidos por CPI alertam para baixa segurança da informação no Brasil". *Agência Brasil*, 22 out. 2013. Disponível em: <http://www.ebc.com.br/noticias/brasil/2013/10/especialistas-ouvidos-por-cpi-alertam-para-baixa-seguranca-da-informacao-no>.

Considerando-se o surgimento da espionagem corporativa em decorrência do amplo uso da internet, o texto aponta uma necessidade advinda desse impacto, que se resume em

(A) alertar a sociedade sobre os riscos de ser espionada.
(B) promover a indústria de segurança da informação.
(C) discutir a espionagem em fóruns internacionais.
(D) incentivar o aparecimento de delatores.
(E) treinar o país em segurança digital.

66) (Exame Nacional do Ensino Médio — ENEM — 2º dia — Caderno Amarelo)

O boxe está perdendo cada vez mais espaço para um fenômeno relativamente recente do esporte, o MMA. E o maior evento de Artes Marciais Mistas do planeta é o *Ultimate Fighting Championship*, ou simplesmente UFC. O ringue, com oito cantos, foi desenhado para deixar os lutadores com mais espaço para as lutas. Os atletas podem usar as mãos e aplicar golpes de jiu-jítsu. Muitos podem falar que a modalidade é uma espécie de vale-tudo, mas isso já ficou no passado: agora, a modalidade tem regras e acompanhamento médico obrigatório para que o esporte apague o estigma negativo.

CORREIA, David. "UFC: saiba como o MMA nocauteou o boxe em oito golpes". *Veja*. São Paulo, 10 jun. 2011. Disponível em: <https://veja.abril.com. br/esporte/ufc-saiba-como-o-mma-nocauteou-o-boxe-em-oito-golpes/>.

O processo de modificação das regras do MMA retrata a tendência de redimensionamento de algumas práticas corporais, visando enquadrá-las em um determinado formato. Qual o sentido atribuído a essas transformações incorporadas historicamente ao MMA?

(A) A modificação das regras busca associar valores lúdicos ao MMA, possibilitando a participação de diferentes populações como atividade de lazer.
(B) As transformações do MMA aumentam o grau de violência das lutas, favorecendo a busca de emoções mais fortes tanto aos competidores como ao público.
(C) As mudanças de regras do MMA atendem à necessidade de tornar a modalidade menos violenta, visando sua introdução nas academias de ginástica na dimensão da saúde.
(D) As modificações incorporadas ao MMA têm por finalidade aprimorar as técnicas das diferentes artes marciais, favorecendo o desenvolvimento da modalidade enquanto defesa pessoal.
(E) As transformações do MMA visam delimitar a violência das lutas, preservando a integridade dos atletas e enquadrando a modalidade no formato do esporte de espetáculo.

67) (Exame Nacional do Ensino Médio — ENEM — 2º dia — Caderno Amarelo)

Uso de suplementos alimentares por adolescentes
    Evidências médicas sugerem que a suplementação alimentar pode ser benéfica para um pequeno grupo de pessoas, aí incluídos atletas competitivos, cuja dieta não seja balanceada. Tem-se observado que adolescentes envolvidos em atividade física ou atlética estão usando cada vez mais tais suplementos. A prevalência desse uso varia entre os tipos de esportes, aspectos culturais, faixas etárias (mais comum em adolescentes) e sexo (maior prevalência em homens). Poucos estudos

se referem a frequência, tipo e quantidade de suplementos usados, mas parece ser comum que as doses recomendadas sejam excedidas.

A mídia é um dos importantes estímulos ao uso de suplementos alimentares ao veicular, por exemplo, o mito do corpo ideal. Em 2001, a indústria de suplementos alimentares investiu globalmente US$ 46 bilhões em propaganda, como meio de persuadir potenciais consumidores a adquirir seus produtos. Na adolescência, período de autoafirmação, muitos deles não medem esforços para atingir tal objetivo.

ALVES, C.; LIMA, R. J. Pediatr. v. 85, nº 4, 2009 (fragmento).

Sobre a associação entre a prática de atividades físicas e o uso de suplementos alimentares, o texto informa que a ingestão desses suplementos

(A) é indispensável para as pessoas que fazem atividades físicas regularmente.
(B) é estimulada pela indústria voltada para adolescentes que buscam um corpo ideal.
(C) é indicada para atividades físicas como a musculação com fins de promoção da saúde.
(D) direciona-se para adolescentes com distúrbios metabólicos e que praticam atividades físicas.
(E) melhora a saúde do indivíduo que não tem uma dieta balanceada e nem pratica atividades físicas.

68) (Exame Nacional do Ensino Médio — ENEM — 2º dia — Caderno Amarelo)

João Guedes, um dos assíduos frequentadores do boliche do capitão, mudara-se da campanha havia três anos. Três anos de pobreza na cidade bastaram para o degradar. Ao morrer, não tinha um vintém nos bolsos e fazia dois meses que saíra da cadeia, onde estivera preso por roubo de ovelha. A história de sua desgraça se confunde com a da maioria dos que povoam a aldeia de Boa Ventura, uma cidadezinha distante, triste e precocemente envelhecida, situada nos confins da fronteira do Brasil com o Uruguai.

MARTINS, Cyro. *Porteira fechada*. Porto Alegre: Movimento, 2001.

Comecei a procurar emprego, já topando o que desse e viesse, menos complicação com os homens, mas não tava fácil. Fui na feira, fui nos bancos de sangue, fui nesses lugares que sempre dão para descolar algum, fui de porta em porta me oferecendo de faxineiro, mas tava todo mundo escabreado pedindo referências, e referências eu só tinha do diretor do presídio.

FONSECA, Rubem. *Feliz Ano Novo*. São Paulo: Cia. das Letras, 1989.

A oposição entre campo e cidade esteve entre as temáticas tradicionais da literatura brasileira. Nos fragmentos dos dois autores contemporâneos, esse embate incorpora um elemento novo: a questão da violência e do desemprego.

As narrativas apresentam confluência, pois nelas o(a)

(A) criminalidade é algo inerente ao ser humano, que sucumbe a suas manifestações.
(B) meio urbano, especialmente o das grandes cidades, estimula uma vida mais violenta.
(C) falta de oportunidades na cidade dialoga com a pobreza do campo rumo à criminalidade.
(D) êxodo rural e a falta de escolaridade são causas da violência nas grandes cidades.
(E) complacência das leis e a inércia das personagens são estímulos à prática criminosa.

69) (Exame Nacional do Ensino Médio — ENEM — 2º dia — Caderno Amarelo)

Linotipos
O Museu da Imprensa exibe duas linotipos. Trata-se de um tipo de máquina de composição de tipos de chumbo, inventada em 1884 em Baltimore, nos Estados Unidos, pelo alemão Ottmar Mergenthaler. O invento foi de grande importância por ter significado um novo e fundamental avanço na história das artes gráficas. A linotipia provocou, na verdade, uma revolução porque venceu a lentidão da composição dos textos executada na tipografia tradicional, em que o texto era composto à mão, juntando tipos móveis um por um. Constituía-se, assim, no principal meio de composição tipográfica até 1950. A linotipo, a partir do final do século XIX, passou a produzir impressos a baixo custo, o que levou informação às massas, democratizou a informação. Promoveu uma revolução na educação. Antes

da linotipo, os jornais e revistas eram escassos, com poucas páginas e caros. Os livros didáticos eram também caros, pouco acessíveis.

Disponível em: http://portal.in.gov.br. Acesso em: 23 fev. 2013 (adaptado).

O texto apresenta um histórico da linotipo, uma máquina tipográfica inventada no séc. XIX e responsável pela dinamização da imprensa. Em termos sociais, a contribuição da linotipo teve impacto direto na

(A) produção vagarosa de materiais didáticos.
(B) composição aprimorada de tipos de chumbo.
(C) montagem acelerada de textos para impressão.
(D) produção acessível de materiais informacionais.
(E) impressão dinamizada de imagens em revistas.

70) (Exame Nacional do Ensino Médio — ENEM — 2º dia — Caderno Amarelo)

Cordel resiste à tecnologia gráfica

O Cariri mantém uma das mais ricas tradições da cultura popular. É a literatura de cordel, que atravessa os séculos sem ser destruída pela avalanche de modernidade que invade o sertão lírico e telúrico. Na contramão do progresso, que informatizou a indústria gráfica, a Lira Nordestina, de Juazeiro do Norte, e a Academia dos Cordelistas do Crato conservam em suas oficinas, velhas máquinas para impressão dos seus cordéis. A chapa para impressão do cordel é feita à mão, letra por letra, um trabalho artesanal que dura cerca de uma hora para confecção de uma página. Em seguida, a chapa é levada para a impressora, também manual, para imprimir. A manutenção desse sistema antigo de impressão faz parte da filosofia do trabalho. A outra etapa é a confecção da xilogravura para a capa do cordel. As xilogravuras são ilustrações populares obtidas por gravuras talhadas em madeira. A origem da xilogravura nordestina até hoje é ignorada. Acredita-se que os missionários portugueses tenham ensinado sua técnica aos índios, como uma atividade extra catequese, partindo do princípio religioso que defende a necessidade de ocupar as mãos para que a mente não fique livre, sujeita aos maus pensamentos, ao pecado. A xilogravura antecedeu ao clichê, placa fotomecanicamente gravada em relevo sobre metal, usualmente zinco, que era utilizada nos jornais impressos em rotoplanas.

VICELMO, Antônio. "Cordel resiste à tecnologia gráfica". *Diário do Nordeste*, 21 mai. 2005. Disponível em: <https://diariodonordeste.verdesmares.com.br/editorias/regiao/cordel-resiste-a-tecnologia-grafica-1.501754>

A estratégia gráfica constituída pela união entre as técnicas da impressão manual e da confecção da xilogravura na produção de folhetos de cordel

(A) realça a importância da xilogravura sobre o clichê.
(B) oportuniza a renovação dessa arte na modernidade.
(C) demonstra a utilidade desses textos para a catequese.
(D) revela a necessidade da busca das origens dessa literatura.
(E) auxilia na manutenção da essência identitária dessa tradição popular.

71) (Exame Nacional do Ensino Médio — ENEM — 2º dia — Caderno Amarelo)

A História, mais ou menos
    Negócio seguinte. Três reis magrinhos ouviram um plá de que tinha nascido um Guri. Viram o cometa no Oriente e tal e se flagraram que o Guri tinha pintado por lá. Os profetas, que não eram de dar cascata, já tinham dicado o troço: em Belém, da Judeia, vai nascer o Salvador, e tá falado. Os três magrinhos se mandaram. Mas deram o maior fora. Em vez de irem direto para Belém, como mandava o catálogo, resolveram dar uma incerta no velho Herodes, em Jerusalém. Pra quê! Chegaram lá de boca aberta e entregaram toda a trama. Perguntaram: Onde está o rei que acaba de nascer? Vimos sua estrela no Oriente e viemos adorá-lo. Quer dizer, pegou mal. Muito mal. O velho Herodes, que era um oligão, ficou grilado. Que rei era aquele? Ele que era o dono da praça. Mas comeu em boca e disse: Joia. Onde é que esse guri vai se apresentar? Em que canal? Quem é o empresário? Tem baixo elétrico? Quero saber tudo. Os magrinhos disseram que iam flagrar o Guri e na volta dicavam tudo para o coroa.
VERISSIMO, Luis Fernando. *O nariz e outras crônicas*. São Paulo: Ática, 1994.

Na crônica de Verissimo, a estratégia para gerar o efeito de humor decorre do(a)

(A) linguagem rebuscada utilizada pelo narrador no tratamento do assunto.
(B) inserção de perguntas diretas acerca do acontecimento narrado.
(C) caracterização dos lugares onde se passa a história.
(D) emprego de termos bíblicos de forma descontextualizada.
(E) contraste entre o tema abordado e a linguagem utilizada.

72) (Exame Nacional do Ensino Médio — ENEM — 2º dia — Caderno Amarelo)

O negócio

Grande sorriso do canino de ouro, o velho Abílio propõe às donas que se abasteçam de pão e banana: — Como é o negócio? De cada três dá certo com uma. Ela sorri, não responde ou é uma promessa a recusa: — Deus me livre, não! Hoje não... Abílio interpelou a velha: — Como é o negócio?

Ela concordou e, o que foi melhor, a filha também aceitou o trato. Com a dona Julietinha foi assim. Ele se chegou: — Como é o negócio?

Ela sorriu, olhinho baixo. Abílio espreitou o cometa partir. Manhã cedinho saltou a cerca. Sinal combinado, duas batidas na porta da cozinha. A dona saiu para o quintal, cuidadosa de não acordar os filhos. Ele trazia a capa de viagem, estendida na grama orvalhada. O vizinho espionou os dois, aprendeu o sinal. Decidiu imitar a proeza. No crepúsculo, pum-pum, duas pancadas fortes na porta. O marido em viagem, mas não era dia do Abílio. Desconfiada, a moça surgiu à janela e o vizinho repetiu: — Como é o negócio? Diante da recusa, ele ameaçou: — Então você quer o velho e não quer o moço? Olhe que eu conto!

TREVISAN, Dalton. *Mistérios de Curitiba*. Rio de Janeiro: Record, 1979.

Quanto à abordagem do tema e aos recursos expressivos, essa crônica tem um caráter

(A) filosófico, pois reflete sobre as mazelas sofridas pelos vizinhos.
(B) lírico, pois relata com nostalgia o relacionamento da vizinhança.
(C) irônico, pois apresenta com malícia a convivência entre vizinhos.
(D) crítico, pois deprecia o que acontece nas relações de vizinhança.
(E) didático, pois expõe uma conduta a ser evitada na relação entre vizinhos.

73) (Exame Nacional do Ensino Médio — ENEM — 2º dia — Caderno Amarelo)

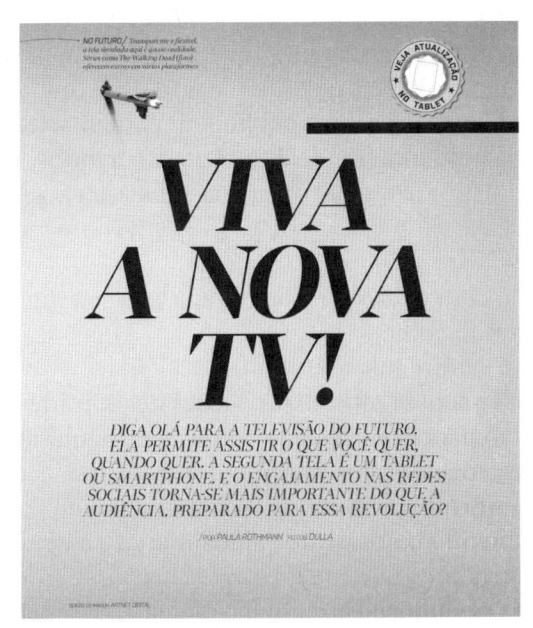

Info, nº 324. São Paulo, dez. 2012. p.61. Conteúdo Abril.

O texto introduz uma reportagem a respeito do futuro da televisão, destacando que as tecnologias a ela incorporadas serão responsáveis por

(A) estimular a substituição dos antigos aparelhos de TV.
(B) contemplar os desejos individuais com recursos de ponta.
(C) transformar a televisão no principal meio de acesso às redes sociais.
(D) renovar técnicas de apresentação de programas e de captação de imagens.
(E) minimizar a importância dessa ferramenta como meio de comunicação de massa.

74) (Exame Nacional do Ensino Médio — ENEM — 2º dia — Caderno Amarelo)

Blog é concebido como um espaço onde o blogueiro é livre para expressar e discutir o que quiser na atividade da sua escrita, com a escolha de imagens e sons que compõem o todo do texto veiculado pela internet, por meio dos posts. Assim, essa ferramenta deixa de ter como única função a exposição de vida e/ou rotina de alguém — como em um diário pessoal —, função para qual serviu inicialmente e que o popularizou, permitindo também que seja um espaço para a discussão de ideias, trocas e divulgação de informações.

A produção dos blogs requer uma relação de troca, que acaba unindo pessoas em torno de um ponto de interesse comum. A força dos blogs está em possibilitar que qualquer pessoa, sem nenhum conhecimento técnico, publique suas ideias e opiniões na web e que milhões de outras pessoas publiquem comentários sobre o que foi escrito, criando um grande debate aberto a todos.

LOPES, B. O. "A linguagem dos blogs e as redes sociais". Disponível em: www.fateczl.edu.br. Acesso em: 29 abr. 2013 (adaptado).

De acordo com o texto, o blog ultrapassou sua função inicial e vem se destacando como

(A) estratégia para estimular relações de amizade.
(B) espaço para exposição de opiniões e circulação de ideias.
(C) gênero discursivo substituto dos tradicionais diários pessoais.
(D) ferramenta para aperfeiçoamento da comunicação virtual escrita.
(E) recurso para incentivar a ajuda mútua e a divulgação da rotina diária.

75) (Exame Nacional do Ensino Médio — ENEM — 2º dia — Caderno Amarelo)

Talvez pareça excessivo o escrúpulo do Cotrim, a quem não souber que ele possuía um caráter ferozmente honrado. Eu mesmo fui injusto com ele durante os anos que se seguiram ao inventário de meu pai. Reconheço que era um modelo. Arguiam-no de avareza, e cuido que tinham razão; mas a avareza é apenas a exageração de uma virtude, e as virtudes devem ser como os orçamentos: melhor é o saldo que o déficit. Como era muito seco de maneiras, tinha inimigos que chegavam a acusá-lo de bárbaro. O único fato alegado neste particular era o de mandar com frequência escravos ao calabouço, donde eles desciam a escorrer sangue; mas, além de que ele só mandava os perversos e os fujões, ocorre que, tendo longamente contrabandeado em escravos, habituara-se de certo modo ao trato um pouco mais duro que esse gênero de negócio requeria, e não se pode honestamente atribuir à índole original de um homem o que é puro efeito de relações sociais. A prova de que o Cotrim tinha sentimentos pios encontrava-se no seu amor aos filhos, e na dor que padeceu quando morreu Sara, dali a alguns meses; prova irrefutável, acho eu, e não única. Era tesoureiro de uma confraria, e irmão de várias irmandades, e até irmão remido de uma destas, o que não se coaduna muito com a reputação da avareza; verdade é que o benefício não caíra no chão: a irmandade (de que ele fora juiz) mandara-lhe tirar o retrato a óleo.

ASSIS, Machado de. *Memórias póstumas de Brás Cubas*. Rio de Janeiro: Nova Aguilar, 1992.

Obra que inaugura o Realismo na literatura brasileira, *Memórias póstumas de Brás Cubas* condensa uma expressividade que caracterizaria o estilo machadiano: a ironia.

Descrevendo a moral de seu cunhado, Cotrim, o narrador-personagem Brás Cubas refina a percepção irônica ao

(A) acusar o cunhado de ser avarento para confessar-se injustiçado na divisão da herança paterna.
(B) atribuir a "efeito de relações sociais" a naturalidade com que Cotrim prendia e torturava os escravos.
(C) considerar os "sentimentos pios" demonstrados pelo personagem quando da perda da filha Sara.
(D) menosprezar Cotrim por ser tesoureiro de uma confraria e membro remido de várias irmandades.
(E) insinuar que o cunhado era um homem vaidoso e egocêntrico, contemplado com um retrato a óleo.

76) (Exame Nacional do Ensino Médio — ENEM — 2º dia — Caderno Amarelo)

Ditado popular é uma frase sentenciosa, concisa, de verdade comprovada, baseada na secular experiência do povo, exposta de forma poética, contendo uma norma de conduta ou qualquer outro ensinamento.

WEITZEL, A. H. *Folclore literário e linguístico*. Juiz de Fora: Esdeva, 1984.

Rindo brincalhona, dando-lhe tapinhas nas costas, prima Constança disse isto, dorme no assunto, ouça o travesseiro, não tem melhor conselheiro.

Enquanto prima Biela dormia no assunto, toda a casa se alvoroçava.

[Prima Constança] ia rezar, pedir a Deus para iluminar prima Biela. Mas ia também tomar suas providências. Casamento e mortalha, no céu se talha. Deus escreve direito por linhas tortas. O que for soará. Dizia os ditados todos, procurando interpretar os desígnios de Deus, transformar os seus desejos nos desígnios de Deus. Se achava um instrumento de Deus.

DOURADO, Autran. *Uma vida em segredo*. Rio de Janeiro: Francisco Alves, 1990.

O uso que prima Constança faz dos ditados populares, no segundo texto, constitui uma maneira de utilizar o tipo de saber definido no primeiro texto, porque

(A) cita-os pela força do hábito.
(B) aceita-os como verdade absoluta.
(C) aciona-os para justificar suas ações.
(D) toma-os para solucionar um problema.
(E) considera-os como uma orientação divina.

77) (Exame Nacional do Ensino Médio — ENEM — 2º dia — Caderno Amarelo)

No Brasil, a origem do *funk* e do *hip-hop* remonta aos anos 1970, quando da proliferação dos chamados "bailes *black*" nas periferias dos grandes centros urbanos. Embalados pela *black music* americana, milhares de jovens encontravam nos bailes de final de semana uma alternativa de lazer antes inexistente. Em cidades como o Rio de Janeiro ou São Paulo, formavam-se equipes de som que promoviam bailes onde foi se disseminando um estilo que buscava a valorização da cultura negra, tanto na música como nas roupas e nos penteados. No Rio de Janeiro ficou conhecido como "Black Rio". A indústria fonográfica descobriu o filão e, lançando discos de "equipe" com as músicas de sucesso nos bailes, difundia a moda pelo restante do país.

DAYRELL, Juarez. *A música entra em cena: o rap e o funk na socialização da juventude*. Belo Horizonte: UFMG, 2005.

A presença da cultura hip hop no Brasil caracteriza-se como uma forma de

(A) lazer gerada pela diversidade de práticas artísticas nas periferias urbanas.
(B) entretenimento inventada pela indústria fonográfica nacional.

(C) subversão de sua proposta original já nos primeiros bailes.
(D) afirmação de identidade dos jovens que a praticam.
(E) reprodução da cultura musical norte-americana.

78) (Exame Nacional do Ensino Médio — ENEM — 2º dia — Caderno Amarelo)

>Há qualquer coisa de especial **nisso** de botar a cara na janela em crônica de jornal — eu não fazia **isso** há muitos anos, enquanto me escondia em poesia e ficção. Crônica algumas vezes também é feita, intencionalmente, para provocar. Além do mais, em certos dias mesmo o escritor mais escolado não está lá grande coisa. Tem os que mostram sua cara escrevendo para reclamar: moderna demais, antiquada demais. **Alguns** discorrem sobre o assunto, e é gostoso compartilhar ideias. Há os textos que parecem passar despercebidos, outros rendem um montão de recados: "Você escreveu exatamente o que eu sinto", "Isso é exatamente o que falo com meus pacientes", "É isso que digo para meus pais", "Comentei com minha namorada". Os estímulos são valiosos pra quem nesses tempos andava meio **assim**: é como me botarem no colo — também eu preciso. Na verdade, nunca fui tão posta no colo por leitores como na janela do jornal. De modo que está sendo ótima, essa brincadeira séria, com alguns textos que iam acabar neste livro, outros espalhados por aí. Porque eu levo a sério ser sério... mesmo quando parece que estou brincando: **essa** é uma das maravilhas de escrever. Como escrevi há muitos anos e continua sendo a minha verdade: palavras são meu jeito mais secreto de calar.
>
>LUFT, L. *Pensar é transgredir*. Rio de Janeiro: Record, 2004.

Os textos fazem uso constante de recursos que permitem a articulação entre suas partes. Quanto à construção do fragmento, o elemento

(A) "nisso" introduz o fragmento "botar a cara na janela em crônica de jornal".
(B) "assim" é uma paráfrase de "é como me botarem no colo".
(C) "isso" remete a "escondia em poesia e ficção".
(D) "alguns" antecipa a informação "É isso que digo para meus pais".
(E) "essa" recupera a informação anterior "janela do jornal".

79) (Exame Nacional do Ensino Médio — ENEM — 2º dia — Caderno Amarelo)

Era um dos meus primeiros dias na sala de música. A fim de descobrirmos o que deveríamos estar fazendo ali, propus à classe um problema. Inocentemente perguntei: — O que é música? Passamos dois dias inteiros tateando em busca de uma definição. Descobrimos que tínhamos de rejeitar todas as definições costumeiras porque elas não eram suficientemente abrangentes.

O simples fato é que, à medida que a crescente margem a que chamamos de vanguarda continua suas explorações pelas fronteiras do som qualquer definição se torna difícil. Quando John Cage abre a porta da sala de concerto e encoraja os ruídos da rua a atravessar suas composições, ele ventila a arte da música com conceitos novos e aparentemente sem forma.

SCHAFER, R. Muray. *O ouvido pensante*. São Paulo: Unesp, 1991.

A frase "Quando John Cage abre a porta da sala de concerto e encoraja os ruídos da rua a atravessar suas composições", na proposta de Schafer de formular uma nova conceituação de música, representa a

(A) acessibilidade à sala de concerto como metáfora, num momento em que a arte deixou de ser elitizada.
(B) abertura da sala de concerto, que permitiu que a música fosse ouvida do lado de fora do teatro.
(C) postura inversa à música moderna, que desejava se enquadrar em uma concepção conformista.
(D) intenção do compositor de que os sons extramusicais sejam parte integrante da música.
(E) necessidade do artista contemporâneo de atrair maior público para o teatro.

80) (Exame Nacional do Ensino Médio — ENEM — 2º dia — Caderno Amarelo)

Censura moralista

Há tempos que a leitura está em pauta. E, diz-se, em crise. Comenta-se esta crise, por exemplo, apontando a precariedade das práticas de leitura, lamentando a falta de familiaridade dos jovens com livros, reclamando da falta de bibliotecas em tantos municípios, do preço dos livros em livrarias, num nunca acabar de problemas e de carências. Mas, de um tempo para cá, pesquisas acadêmicas vêm dizendo que talvez não seja exatamente assim, que brasileiros leem, sim, só que leem livros que as pesquisas tradicionais não levam em conta. E, também de um tempo para cá, políticas educacionais têm tomado a peito investir em livros e em leitura.

LAJOLO, M. Disponível em: www.estadao.com.br.
Acesso em: 2 dez. 2013 (fragmento).

Os falantes, nos textos que produzem, sejam orais ou escritos, posicionam-se frente a assuntos que geram consenso ou despertam polêmica. No texto, a autora

(A) ressalta a importância de os professores incentivarem os jovens às práticas de leitura.
(B) critica pesquisas tradicionais que atribuem a falta de leitura à precariedade de bibliotecas.
(C) rebate a ideia de que as políticas educacionais são eficazes no combate à crise de leitura.
(D) questiona a existência de uma crise de leitura com base nos dados de pesquisas acadêmicas.
(E) atribui a crise da leitura à falta de incentivos e ao desinteresse dos jovens por livros de qualidade.

81) (Câmara Municipal do Recife — Arquiteto — FGV Projetos)

"Alguns alimentos têm as características modificadas quando entram em contato com o ar porque ocorre uma troca de umidade. Os pães ficam duros porque têm muita água, e os biscoitos amolecem devido ao fato de quase não levarem água."

"Por que, com o tempo, os pães endurecem e os biscoitos amolecem?"
Galileu, mai. 2009. Disponível em: <http://revistagalileu.globo.com/Revista/
Galileu/0,,EDG86881-7946-214,00-POR+QUE+COM+O+TEMPO+O
S+PAES+ENDURECEM+E+OS+BISCOITOS+AMOLECEM.html>.

Em relação ao primeiro período do texto, o segundo período funciona como:

(A) oposição a uma afirmação anterior;
(B) retificação de algo afirmado;

(C) repetição, em outras palavras, de algo já dito;
(D) exemplificação de um fato;
(E) explicação de um conceito.

82) (Ministério da Fazenda — Secretaria Executiva — Analista Administrativo — ANAC — ESAF)
Assinale a opção que preenche a lacuna do texto de forma que o torne coeso, coerente e gramaticalmente correto.

No final da década de 60 e início da década de 70 surgiram modelos capazes de transportar até 400 passageiros, como o Boeing 747, o Douglas DC-10, o Lockheed Tristar L-1011 — todos norte-americanos — e mais recentemente o Airbus (consórcio europeu), além do Douglas MD-11 e os Boeing 767 e 777 — também norte-americanos. _____

_____. Esse voo era efetuado pela companhia aérea francesa Air France. A velocidade exigia uma aerodinâmica compatível e por isso os aviões eram mais estreitos. A Air France, a British Airways e a Aeroflot (russa) operaram essas aeronaves. A rota mais badalada era Paris-Nova Iorque, feita em apenas 4h30m. No final também houve interesse dos sheiks árabes, e foram realizados alguns voos para o oriente.

"História da Aviação Civil". *Portal Brasil*. Disponível em: <https://www.portalbrasil.net/aviacao_historia.htm>.

(A) Os supersônicos comerciais, o Tupolev 144 e o Concorde iniciaram linhas regulares, tendo sido a primeira inaugurada em janeiro de 1976, cobrindo o percurso Rio de Janeiro-Paris em menos de sete horas, com uma escala em Dacar, para reabastecimento (em aviões comerciais regulares, o voo dura por volta de 11 horas, sem escalas).
(B) No final do século XX, a Boeing (americana) e a Airbus (europeia) passaram a dominar o mercado mundial de grandes jatos. A Boeing incorporou a Douglas, a Lockheed passou a produzir apenas aviões militares e outras novas empresas chegaram ao mercado internacional com força, como a holandesa Fokker, a brasileira Embraer e a canadense Bombardier.

(C) Portanto, a partir de 2009 começaram a voar comercialmente os gigantes Airbus A-380, de dois andares e capacidade para quase 500 passageiros, e o Boeing 747-8, seu concorrente (uma evolução do Boeing 747.400). Um Concorde da Air France acabou caindo em Paris após decolagem no Aeroporto Charles de Gaulle, e a empresa francesa acabou antecipando sua suspensão.

(D) Destaque também para o Boeing 787 Dreamliner, que é feito com partes plásticas e novos produtos desenvolvidos pela NASA chamados "composites", que, segundo a fabricante norte-americana, trará maior durabilidade e diminuição de peso (com consequente menor consumo de combustíveis e aumento na capacidade para passageiros e cargas).

(E) Em 1931, Wiley Post e Harold Gatty fizeram a primeira viagem relativamente rápida ao redor do mundo, no monoplano "Winnie Mae": percorreram 15.474 milhas em 8 dias e 16 horas. Em 1933, Post realizaria sozinho o voo ao redor do mundo em 7 dias e 19 horas. Em 1938, Howard Hughes faria, num bimotor, a volta ao mundo em 3 dias e 19 horas.

83) (Ministério da Fazenda — Secretaria Executiva — Analista Administrativo — ANAC — ESAF)
Assinale a opção que apresenta informação correta depreendida do texto.

Com a pesquisa O Brasil que voa — Perfil dos Passageiros, Aeroportos e Rotas do Brasil é possível saber quem são os passageiros, quais as principais rotas que utilizam, quais as rotas que desejam ver implantadas e quais são os municípios influenciados por cada um dos 65 aeroportos. A pesquisa, feita em parceria com a Empresa de Planejamento e Logística (EPL), confirma que a democratização do transporte aéreo, o mais utilizado hoje pela população, é uma realidade. No ano passado, quase metade dos passageiros (45%) ganhava entre dois e dez salários mínimos — 6,1%, dois; 17,2%, entre dois e cinco; e 21,7%, entre cinco e dez. Enquanto o número de passageiros cresceu 170% entre 2004 e 2014, o preço das passagens caiu 48% no mesmo período.

<http://www.anac.gov.br/Noticia.aspx/ttCD_CHAVE+1957&slCD_ ORIGEM=29>. Acesso em: 13 dez. 2015 (com adaptações).

(A) A utilização do transporte aéreo é atualmente uma prerrogativa das classes da população que têm alto poder aquisitivo.

(B) Os municípios de todas as regiões brasileiras se desenvolvem de forma plena independentemente da influência de aeroportos.
(C) O transporte rodoviário ainda é o preferido pelos brasileiros em virtude do menor custo em relação ao transporte aéreo.
(D) A democratização do transporte aéreo se concretiza pelo acesso da população de baixa ou média renda a esse serviço.
(E) Os usuários do transporte aéreo brasileiro são aqueles que pertencem a faixas da população que recebem mais de dez salários mínimos por mês.

84) (Ministério da Fazenda — Secretaria Executiva — Analista Administrativo — ANAC — ESAF)
Assinale a opção em que a referência coesiva está incorretamente indicada.

A Agência Nacional de Aviação Civil (ANAC) emitiu, no dia 30 de novembro de 2015, o Certificado de Tipo para a aeronave MBB--BK117 D-2, comercialmente denominada EC145 T2, fabricada pela *Airbus Helicopters Deutschland* (AHD). Com a emissão do certificado pela Agência, a aeronave já pode ser comercializada e operada em todo o território brasileiro.

O EC145 T2 é o mais novo modelo de helicóptero da família MBB-BK117 e foi originalmente certificado pela Agência Europeia de Segurança para a Aviação Civil (EASA) em abril de 2014. De acordo com a fabricante, o aparelho foi desenvolvido com foco específico nas operações policiais e modelado num trabalho conjunto com pilotos de corporações, visando a atender as necessidades operacionais do segmento.

"ANAC certifica novo modelo de helicóptero". Agência Nacional de Aviação Civil, 11 dez. 2015. Disponível em: <http://www.anac.gov.br/noticias/2015/anac-certifica-novo-modelo-de-helicoptero>

(A) "certificado" (linha 4) > "**Certificado de Tipo**" (linha 2)
(B) "Agência" (linha 5) > "**Agência Nacional de Aviação Civil (ANAC)**" (linha 1)
(C) "aeronave" (linha 5) > "**aeronave MBB-BK117 D-2, comercialmente denominada** C145 T2" (linha 3).
(D) "fabricante" (linha 10) > "*Airbus Helicopters Deutschland* (AHD)" (linha 4)
(E) "segmento" (linha 13) > "**trabalho conjunto**" (linha 11)

85) (Ministério da Fazenda — Secretaria Executiva — Analista Administrativo — ANAC — ESAF)
Assinale a opção que apresenta ideia corretamente depreendida do texto.

Produzido por Marco Altberg e sua esposa Maiza Figueira de Mello, o documentário "Panair: Uma história de amor com o Brasil" traz de volta a história glamourosa daquela que foi uma das mais importantes companhias aéreas do Brasil e que desperta saudades em todos aqueles que tiveram a oportunidade de voar em suas aeronaves ou que simplesmente ficavam observando os aviões cruzarem os céus com a tradicional faixa verde, levando as cores do Brasil para o mundo inteiro. Responsável pela popularização do transporte aéreo no país, a empresa teve suas atividades interrompidas em 1965, num corriqueiro despacho oficial injustificável. Até hoje essa história permanece sem explicações satisfatórias. É uma mancha na história da aviação brasileira, que a justiça ainda não explicou e que ofuscou o brilho dos famosos *Constellations*, tirou o permanente sorriso do rosto das aeromoças, guardou o impecável uniforme nas gavetas, mas não pôde apagar a estima e a saudade que ficou no coração do brasileiro.

<http://www.areliquia.com.br//Artigos%20Anteriores/58Panair.
htm>. Acesso em: 13 dez. 2015 (com adaptações).

(A) A causa do fechamento da Panair foi o excesso de gastos e a falência inevitável.
(B) O filme focaliza a história de enriquecimento súbito do empresário que criou a Panair.
(C) Ficavam admirando os aviões no céu as pessoas que tinham medo de voar no Constellation.
(D) A interrupção das atividades da Panair ainda não foi plenamente esclarecida pela justiça.
(E) O filme provoca ressentimento contra a companhia em quem trabalhou na Panair.

86) (Ministério da Fazenda — Secretaria Executiva — Analista Administrativo — ANAC — ESAF)
Assinale a opção em que o trecho preenche a lacuna do texto de forma que o torne coeso, coerente e gramaticalmente correto.

O primeiro voo com passageiros da Panair foi feito em 1931, entre as cidades de Belém e Rio de Janeiro. Nesta época, todos os pilotos eram americanos. O primeiro piloto brasileiro foi o Coronel Luis Tenan, que assumiu o comando de uma das aeronaves em 1935. Antes disso, a Panair chegou até a Amazônia e sua atuação naquela região foi fundamental para que o governo levasse alimentos e remédios a pontos quase inatingíveis da selva. _____

_____

_____ Para fazer essa travessia, a empresa tinha à disposição os modernos Constellations. O primeiro voo foi realizado em 27 de abril de 1941. O destino era Londres, mas antes houve paradas nas cidades de Recife, Dakar, Lisboa e Paris. Em menos de três anos depois desta viagem inaugural, a Panair já havia realizado mil voos para a Europa, transportando mais de 60 mil passageiros.

<http://www.areliquia.com.br//Artigos%20Anteriores/58Panair.htm>. Acesso em: 13 dez. 2015 (com adaptações).

(A) Mas, nem só de sucesso foi escrita a história da Panair. No início dos anos 50, alguns acidentes sérios começaram a causar problemas às companhias aéreas, mas a Panair foi uma das empresas que sofreram acidentes mais graves, com grande número de vítimas fatais.

(B) Do dia para a noite quase cinco mil pessoas perderam seus empregos e uma boa parte delas, a razão de viver. O sofrimento foi grande por causa do relacionamento afetuoso entre a diretoria e os empregados, cultivado durante os 35 anos de existência da Panair. Era como se fossem uma grande família.

(C) Esses tristes acontecimentos contribuíram para abalar a confiança que o povo brasileiro depositava na Panair, considerada um verdadeiro orgulho nacional. Mas sua imagem não seria afetada ao ponto de "esfriar" o amor que havia entre aqueles aviões, comandantes e comissárias com a nossa gente.

(D) Depois de dominar o mercado interno e inaugurar hangares e aeroportos nas principais cidades brasileiras, a Panair volta-se, a partir de 1941, para as rotas internacionais, principalmente cruzando o Atlântico.

(E) Foram os aviões da Panair que transportaram a seleção brasileira para as vitoriosas campanhas nas copas de 58 e 62, realizadas respectivamente na Suécia e no Chile.

Considere o texto abaixo para responder às questões de números 87 a 95

Segundo o filósofo americano Michael Sandel, da Universidade Harvard, estamos em uma época em que todas as relações, sejam emocionais, sejam cívicas, estão tendendo a ser tratadas pela lógica da economia de mercado. Diz ele que passa da hora de abrir-se um amplo debate sobre o processo que, "sem que percebamos, sem que tenhamos decidido que é para ser assim, nos faz mudar de uma economia de mercado para uma sociedade de mercado". Já chegamos a ela? Felizmente ainda não, mas estamos a caminho.

A economia de mercado é o corolário da democracia no campo das atividades produtivas. Mas o que seria uma "sociedade de mercado"? É uma sociedade em que os valores sociais, a vida em família, a natureza, a educação, a saúde, até os direitos cívicos podem ser comprados e vendidos. Em resumo, uma sociedade em que todas as relações humanas tendem a ser mediadas apenas pelo seu aspecto econômico.

Sandel reafirma sempre que, com todos os seus defeitos, o mercado ainda é a forma mais eficiente de organizar a produção e de distribuir bens. Reconhece que a adoção de economias de mercado levou a prosperidade a regiões do globo que nunca a haviam conhecido. Enfatiza, também, que, junto a essa economia de mercado, vem quase sempre o desenvolvimento de instituições democráticas, ambas baseadas na liberdade. Os riscos apontados são, segundo ele, de outra natureza. Ele alerta para o fato de que, por ser tão eficiente na economia, a lógica econômica está invadindo todos os outros domínios da vida em sociedade.

Adaptado de: Jones Rossi e Guilherme Rosa.
Veja, 21 nov. 2012. p. 75-77.

87) (Ministério Público do Estado do Amazonas — Agente Técnico Economista — FCC-Fundação Carlos Chagas)
O filósofo citado no texto

(A) censura certa tendência das economias de mercado em sociedades mais desenvolvidas, que acabam interferindo no mercado interno de nações menos privilegiadas economicamente.
(B) defende uma eventual sociedade de mercado caracterizada pela evolução das relações econômicas, em que tudo, incluindo-se até mesmo os valores, deve ser comercializado.
(C) reconhece o valor da economia de mercado, porém se preocupa com a tendência atual de comercialização dos valores sociais, fato que tende a desvirtuá-los.
(D) aceita a interferência das regras da economia em todos os campos da atividade humana, ainda que seja necessário incluir os valores sociais nas mesmas condições de bens e de produtos.
(E) afirma que a liberdade democrática presente em uma sociedade de mercado justifica a comercialização, tanto de bens e de produtos, quanto dos valores que norteiam essa sociedade.

88) (Ministério Público do Estado do Amazonas — Agente Técnico Economista — FCC-Fundação Carlos Chagas)
Conclui-se corretamente do texto que

(A) sociedades bem desenvolvidas são aquelas que conseguem valorizar as relações humanas de acordo com as leis da economia de mercado.
(B) valores sociais vêm se transformando, atualmente, em objetos de transações comerciais, segundo a lógica de mercado.
(C) economia de mercado e sociedade de mercado são conceitos que se fundiram atualmente, pois o preço direciona todas as transações de compra e venda.
(D) sociedade de mercado é aquela que recebe, atualmente, os benefícios conjuntos da economia e da democracia, gerados pela economia de mercado.
(E) relações humanas podem ser objetos habituais de negociação entre partes interessadas, em respeito à liberdade democrática vigente na economia de mercado.

89) (Ministério Público do Estado do Amazonas — Agente Técnico Economista — FCC-Fundação Carlos Chagas)
Em relação ao segundo parágrafo, é correto afirmar:

(A) insiste na importância econômica prioritária dos fenômenos sociais.
(B) traz informações referentes ao filósofo citado anteriormente.
(C) retoma a importância do atual desenvolvimento econômico.
(D) contém uma opinião destinada a criticar o que vem sendo exposto.
(E) introduz esclarecimentos necessários à compreensão do assunto.

90) (Ministério Público do Estado do Amazonas — Agente Técnico Economista — FCC-Fundação Carlos Chagas)
A economia de mercado é o corolário da democracia no campo das atividades produtivas. A constatação que justifica a afirmativa acima, considerando-se o contexto, está na

(A) lógica econômica que abrange as relações humanas existentes na sociedade.
(B) prosperidade observada em várias regiões do globo.
(C) abrangência mundial de uma economia de mercado.
(D) liberdade em que se baseia a economia de mercado.
(E) organização e na distribuição de bens a todas as regiões do planeta.

91) (Ministério Público do Estado do Amazonas — Agente Técnico Economista — FCC-Fundação Carlos Chagas)
Os riscos apontados são, segundo ele, de outra natureza. (último parágrafo)
A outra natureza a que se refere o filósofo diz respeito

(A) ao desenvolvimento econômico resultante da comercialização de quaisquer bens, inclusive os valores cívicos, observado em várias regiões do globo.
(B) à ausência de um amplo debate sobre as vantagens obtidas por uma sociedade de mercado ao adotar as regras estabelecidas pela economia de mercado.
(C) aos novos rumos a serem definidos em uma sociedade democrática, no sentido de que suas instituições preservem os valores cívicos.
(D) à atual tendência observada na sociedade em mediar todas as relações humanas pela lógica da economia de mercado.

(E) a um eventual comprometimento da liberdade democrática que caracteriza a economia de mercado, caso esta seja transformada em uma sociedade de mercado.

92) (Ministério Público do Estado do Amazonas — Agente Técnico Economista — FCC-Fundação Carlos Chagas)
Identifica-se noção de causa no segmento grifado em:

(A) ... <u>por ser tão eficiente na economia</u>, a lógica econômica está invadindo todos os outros domínios da vida em sociedade.
(B) ... <u>sem que tenhamos decidido que é para ser assim</u>, nos faz mudar de uma economia de mercado para uma sociedade de mercado.
(C) Felizmente ainda não, <u>mas estamos a caminho</u>.
(D) ... em que os valores sociais, a vida em família, a natureza, a educação, a saúde, <u>até os direitos cívicos podem ser comprados e vendidos</u>.
(E) ... <u>com todos os seus defeitos</u>, o mercado ainda é a forma mais eficiente de organizar a produção...

93) (Ministério Público do Estado do Amazonas — Agente Técnico Economista — FCC-Fundação Carlos Chagas)

... "sem que percebamos, sem que tenhamos decidido que é para ser assim, nos faz mudar de uma economia de mercado para uma sociedade de mercado".
O segmento transcrito acima constitui

(A) resumo de todo o desenvolvimento posterior do texto.
(B) transcrição exata das palavras do filósofo citado no texto.
(C) hipótese contrária ao que havia sido afirmado anteriormente.
(D) insistência em uma afirmativa que enumera vantagens da época moderna.
(E) dúvida quanto ao valor econômico de certos produtos estabelecido pelo mercado.

94) (Ministério Público do Estado do Amazonas — Agente Técnico Economista — FCC-Fundação Carlos Chagas)
De acordo com o texto, o segmento grifado nas frases abaixo que se refere à expressão "sociedade de mercado" é:

(A) Mas o que seria uma "sociedade de mercado"? (segundo parágrafo)
(B) ... que nunca a haviam conhecido. (terceiro parágrafo)
(C) ... estamos em uma época em que todas as relações... (primeiro parágrafo)
(D) Sandel reafirma sempre que, com todos os seus defeitos... (terceiro parágrafo)
(E) Já chegamos a ela? (primeiro parágrafo)

95) (Ministério Público do Estado do Amazonas — Agente Técnico Economista — FCC-Fundação Carlos Chagas)
Já chegamos a ela? (primeiro parágrafo)
O verbo flexionado nos mesmos tempo e modo em que se encontra o grifado acima, considerando seu emprego no texto, está em:

(A) ... que, junto a essa economia de mercado, vem quase sempre o desenvolvimento de instituições democráticas...
(B) Felizmente ainda não, mas estamos a caminho.
(C) ... que a adoção de economias de mercado levou a prosperidade a regiões do globo...
(D) ... sem que tenhamos decidido...
(E) Os riscos apontados são, segundo ele, de outra natureza.

96) (Ministério Público do Estado do Amazonas — Agente Técnico Economista — FCC-Fundação Carlos Chagas)

Muitos economistas acreditam que o mercado não altera a qualidade ou o caráter dos bens. A opinião de muitos economistas é verdadeira quando se trata de bens materiais. Bens materiais são aparelhos de televisão ou carros. Não é verdade quando se trata de bens imateriais, por exemplo, os valores sociais.

As afirmativas acima estão devidamente articuladas em um parágrafo, com clareza e correção, em:

(A) Contudo muitos economistas acreditam que o mercado não altera a qualidade ou o caráter dos bens, é uma opinião verdadeira quando se trata de bens materiais. Como os aparelhos de televisão ou carros. Mas também não é verdadeira referindo-se a bens imateriais; por exemplo os valores sociais.

(B) De acordo com a crença de muitos economistas, o mercado não altera a qualidade ou o caráter dos bens. Essa opinião é verdadeira em relação aos bens materiais, tais como aparelhos de televisão ou carros; não é verdade, porém, quando se trata de bens imateriais, como são, por exemplo, os valores sociais.

(C) O mercado não altera a qualidade ou o caráter dos bens, diz a opinião verdadeira dos economistas que acreditam nela. Quando se trata de bens materiais, quer dizer, aparelhos de televisão ou carros; não é verdadeira porque se refere aos valores sociais, ou bens imateriais, por exemplo.

(D) Muitos economistas concordam com a crença que o mercado não altera a qualidade ou o caráter dos bens materiais; tal como os aparelhos de televisão ou os carros. Que é opinião verdadeira, porém não sendo assim quando se referem os bens imateriais, por exemplo, como valores sociais.

(E) A qualidade ou o caráter dos bens não altera o mercado, onde está a crença verdadeira de muitos economistas. Com a opinião que os bens materiais, aparelhos de televisão ou carros; não acreditando ser verdade para os bens imateriais, como valores sociais, por exemplo.

97) (Ministério Público do Estado do Amazonas — Agente Técnico Economista — FCC-Fundação Carlos Chagas)

Existem vários critérios para aferir a igualdade.
A igualdade é um conceito complexo.
A igualdade não se confunde com o igualitarismo.
O igualitarismo defende que todos devem ser iguais em tudo.
O igualitarismo rejeita a diversidade da condição humana.

As afirmativas acima estão articuladas com clareza e correção, mantendo-se o sentido original, em:

(A) A igualdade não se confunde com o igualitarismo, sendo um conceito complexo. Esse defende que todos devem ser iguais em tudo, apesar dos vários critérios para aferir a igualdade; porém, rejeitando a diversidade da condição humana.

(B) A igualdade é um conceito complexo, porque existem vários critérios para aferir-lhe. O igualitarismo, defendendo que todos

devem ser iguais em tudo, não se confunde com eles, ao rejeitar a diversidade da condição humana.
(C) Por ser um conceito complexo, existem vários critérios para aferir a igualdade. Esta não se confunde com o igualitarismo, que defende que todos devem ser iguais em tudo, rejeitando, assim, a diversidade da condição humana.
(D) Conceito complexo, visto que existem vários critérios para aferir a igualdade, não se confunde com o igualitarismo, em que defende que todos devem ser iguais em tudo. Tal como o igualitarismo rejeita, portanto, a diversidade da condição humana.
(E) Defendendo que todos devem ser iguais em tudo, o igualitarismo rejeita a diversidade da condição humana, como a igualdade. Conceito complexo, por existirem vários critérios para aferir a igualdade, não se confundindo com o igualitarismo.

98) (Vestibular para Administração e Ciências Econômicas — INSPER)

A preguiça de pensar

Costuma-se dizer que o filósofo Gottfried Wilhelm Leibniz (1646-1716) denunciou o seguinte raciocínio: "Quando estamos doentes, só há duas possibilidades: ou ficamos curados ou continuamos doentes."

Ao pensar dessa maneira, ignoramos a possibilidade de sermos curados em certa medida, mas não completamente, o que não nos impede de ter uma vida saudável.

De acordo com o raciocínio, um diabético, por exemplo, será sempre um doente, mesmo se sua vida for perfeitamente saudável tomando insulina.

Leibniz dizia que, por trás desse pensamento, há um fatalismo, ou seja, uma crença de que o futuro é sempre determinado, sem que as pessoas possam interferir nas determinações e relativizá-las.

Um raciocínio parecido com esse é o que diz: "Ou você é meu amigo ou é meu inimigo." Não se leva em conta a possibilidade de que alguém não seja nosso amigo, mas também não seja nosso inimigo. É uma espécie de "raciocínio à George Bush", ex-presidente norte-americano que gostava de tomar por inimigos quem não venerasse o american way of life (estilo de vida americano).

MARTINS, Miguel. "A preguiça de pensar". *Carta Capital*. São Paulo, 3 out. 2014. Disponível em: http://www.cartaeducacao.com.br/artigo/a-preguica-%E2%80%A8de-pensar/. Acesso em: 21 abr. 2016.

Por meio das ilustrações exploradas, o autor do texto "A preguiça de pensar" chama a atenção para o perigo de posicionamentos.

(A) preconceituosos.
(B) duvidosos.
(C) maniqueístas.
(D) relativistas.
(E) conservadores.

99) (Vestibular para Administração e Ciências Econômicas — INSPER)

(...) Quanto ao outro original, aquela história de um casamento malsucedido, Dom Casmurro, detectamos um problema na trama: afinal, Capitu traiu ou não o marido? Isso não fica claro. Talvez fosse preciso reescrever o texto adotando outro ponto de vista que não o de Bentinho, parte interessada em nos fazer crer ter sido ele vítima de adultério. E se a narradora fosse a prima Justina, que "dizia francamente a Pedro o mal que pensava de Paulo, e a Paulo o que pensava de Pedro?". Parece-nos uma voz mais isenta, capaz de narrar os acontecimentos com a distância que o enredo exige.

BENDER, Maria Emília. "Se nos permite uma sugestão". *Piauí*, edição 115, abr. 2016. p. 60. Disponível em: <https://piaui.folha. uol.com.br/materia/se-nos-permite-uma-sugestao/>.

No texto, de caráter humorístico e ficcional, simula-se a possível reação de um editor ao avaliar os originais de *Dom Casmurro*, de Machado de Assis. O conselho dado por ele para o escritor realista revela

(A) a falta de conhecimento sobre a obra, visto que o romance é narrado em 3ª pessoa.
(B) a insensibilidade de perceber que, ainda que o relato se apresente em 1ª pessoa, garante-se a isenção necessária.
(C) a ingenuidade com que a obra foi lida, visto que, ainda que de modo implícito, a certeza sobre o adultério é dada.
(D) a falta de percepção para a reflexão proposta na obra: a impossibilidade de se conhecer o outro por completo.
(E) o desconhecimento de que as digressões tão frequentes na obra constituem recurso para garantir o distanciamento em relação aos fatos narrados.

100) (Vestibular para Administração e Ciências Econômicas — INSPER)

Não vira em minha vida a formosura,
Ouvia falar nela cada dia,
E ouvida me incitava, e me movia
A querer ver tão bela arquitetura:
Ontem a vi por minha desventura
Na cara, no bom ar, na galhardia
De uma mulher, que em Anjo se mentia:
De um Sol, que se trajava em criatura:
Matem-me, disse eu vendo abrasar-me,
Se esta a cousa não é, que encarecer-me
Sabia o mundo, e tanto exagerar-me:
Olhos meus, disse então por defender-me,
Se a beleza heis de ver para matar-me,
Antes olhos cegueis, do que eu perder-me.

GUERRA, Gregório de Matos. "Pondera agora com mais atenção a formosura de D. Ângela". *Blog Biblioteca Municipal Murilo Mendes*, 13 abr. 2009. Disponível em: <http://bibliotecamunicipalmurilomendes. blogspot.com.br/2009/04/gregorio-de-matos.html>.

Uma das características estilísticas do poema é a valorização de aspectos sensoriais. No texto, tal valorização pode ser identificada por meio

(A) dos elogios à beleza da mulher contemplada.
(B) da associação entre mulher e imagens bucólicas.
(C) do desejo do eu lírico de encontrar alívio na morte.
(D) da curiosidade do eu lírico diante de comentários sobre uma mulher.
(E) da seleção de vocábulos relacionados a audição, tato e visão.

101) (Vestibular para Administração e Ciências Econômicas — INSPER)

> Um resumo da internet?
>
> Pessoas usando tecnologia do século XXI...
>
> Para emitir opiniões do século XIX.

André Dahmer.

A crítica do texto atinge, principalmente,

(A) a liberdade de expressão das sociedades democráticas.
(B) a pouca profundidade dos debates políticos no século XIX.
(C) a tendência moderna de ler resumos, e não obras completas.
(D) as opiniões antiquadas que são encontradas na internet.
(E) a preocupação excessiva com a tecnologia no século XXI.

102) (Vestibular para Administração e Ciências Econômicas — INSPER)

Quem trabalha com roedores em laboratório sabe que colocar no mesmo ambiente animais de ninhadas diferentes costuma não dar certo. Em geral os machos adultos se agridem mutuamente e eliminam os filhotes mais novos, mesmo quando todos, adultos e recém-nascidos, são filhos dos mesmos pais. O comportamento, chamado de infanticídio, é frequente entre ratos e camundongos e, segundo estudo publicado em 2014 na revista *Science*, é compartilhado com pouco mais de uma centena de espécies de mamíferos — de predadores como ursos e leões a primatas como chimpanzés, babuínos e gorilas. Experimentos feitos pelo biólogo Fabio Papes e sua equipe no Instituto de Biologia da Universidade Estadual de Campinas (IB-Unicamp) começam a desvendar parte do mistério que cerca esse comportamento e a identificar os mecanismos moleculares que, em certas situações, levam os camundongos a cometerem infanticídio.

ZORZETTO, Ricardo. "Na raiz do infanticídio animal". *Revista Pesquisa FAPESP*, edição 242, abr. 2016. Disponível em: <https://revistapesquisa.fapesp.br/2016/04/19/na-raiz-do-infanticidio-animal/>.

Segundo o texto, o infanticídio é uma prática

(A) muito mais comum entre roedores do que entre predadores ou primatas.
(B) cuja explicação começa a ser dada por pesquisadores brasileiros.
(C) que ocorre entre animais que não possuem os mesmos pais biológicos.
(D) menos frequente entre camundongos, como mostra a revista *Science*.
(E) conhecida por todos que trabalham com mamíferos em laboratório.

103) (Vestibular para Administração e Ciências Econômicas — INSPER)

Os ministros do Supremo Tribunal Federal (STF) negaram nesta quinta-feira (14) cinco recursos que questionavam o processo de impeachment da presidente Dilma Rousseff — da validade do relatório de Jovair Arantes aprovado na Comissão Especial da Câmara na segunda-feira (11) à forma como será realizada a votação no plenário da Casa, no domingo (17).

O STF começou a sessão extraordinária analisando uma Ação Direta de Inconstitucionalidade (ADI) pedida pelo PCdoB sobre o rito de votação do processo definido pelo presidente da Câmara dos Deputados, Eduardo Cunha (PMDB-RJ). O PCdoB solicitava a adoção da chamada de deputados para votação em ordem alfabética, tal como ocorreu no processo de impeachment de Collor em 1992.

O Plenário decidiu indeferir a liminar por 6 a 4, considerando que a votação intercalada entre deputados, um do Norte e um do Sul, não é inconstitucional. Votaram pelo indeferimento da liminar os ministros Teori Zavascki, Rosa Weber, Luiz Fux, Cármen Lúcia, Gilmar Mendes e Celso de Mello. (...)

"Supremo nega liminares e mantém votação de processo do impeachment no domingo". *Época.* São Paulo, 14 abr. 2016. Disponível em: <https://epoca.globo.com/tempo/noticia/2016/04/stf-nega-liminar-e-mantem-votacao-de-impeachment-da-forma-como-cunha-definiu.html>.

O fragmento transcrito, embora faça parte de texto jornalístico, utiliza, por causa do assunto tratado, termos técnicos específicos do Direito, como ocorre em

(A) "a votação no plenário"
(B) "sessão extraordinária"
(C) "presidente da Câmara dos Deputados"
(D) "adoção da chamada de deputados"
(E) "decidiu indeferir a liminar"

104) (ESPM — Escola Superior de Propaganda e Marketing — prova P — Vestibular)

Em uma das frases ocorre uma ambiguidade ou duplo sentido. Identifique-a:

(A) Ex-presidente recorreu ao Comitê da ONU acusando o juiz de violar seus direitos.
(B) Sem placa orientadora, taxistas evitam corredor de ônibus, mesmo após liberação pela Prefeitura.
(C) "Pokemon Go" leva jogadores à caça em cemitérios e igrejas no Brasil.
(D) Líderes governamentais com tensões e saias-justas na mala vão à China para o G20.
(E) O ministro do STF afirmou que os integrantes do Ministério Público Federal devem "calçar as sandálias da humildade".

105) (FUVEST — Fundação Universitária para o Vestibular — USP — prova V)

A arma da propaganda

O governo Médici não se limitou à repressão.
Distinguiu claramente entre um setor significativo mas minoritário da sociedade, adversário do regime, e a massa da população que vivia um dia a dia de alguma esperança nesses anos de prosperidade
5   econômica. A repressão acabou com o primeiro setor, enquanto a propaganda encarregou-se de, pelo menos, neutralizar gradualmente o segundo. Para alcançar este último objetivo, o governo contou com o grande avanço das telecomunicações no país, após 1964. As facilidades de crédito pessoal permitiram a expansão do número de residências
10 que possuíam televisão: em 1960, apenas 9,5% das residências urbanas

tinham televisão; em 1970, a porcentagem chegava a 40%. Por essa época, beneficiada pelo apoio do governo, de quem se transformou em porta-voz, a TV Globo expandiu-se até se tornar rede nacional e alcançar praticamente o controle do setor. A propaganda governamental
15 passou a ter um canal de expressão como nunca existira na história do país. A promoção do "Brasil grande potência" foi realizada a partir da Assessoria Especial de Relações Públicas (AERP), criada no governo Costa e Silva, mas que não chegou a ter importância nesse governo. Foi a época do "Ninguém segura este país", da marchinha Pra Frente, Brasil,
20 que embalou a grande vitória brasileira na Copa do Mundo de 1970.

FAUSTO, Boris. *História concisa do Brasil*. São Paulo: Imprensa Oficial, 2001. p. 267.

Nos trechos "acabou com o primeiro <u>setor</u>" (linha 5) e "alcançar praticamente o controle do <u>setor</u>" (linha 14), a palavra sublinhada refere-se, respectivamente, a

(A) aliados; população.
(B) adversários; telecomunicações.
(C) população; residências urbanas.
(D) maiorias; classe média.
(E) repressão; facilidades de crédito.

Texto para as questões 106 e 107.

Seria ingenuidade procurar nos provérbios de qualquer povo uma filosofia coerente, uma arte de viver. É coisa sabida que a cada provérbio, por assim dizer, responde outro, de sentido oposto. A quem preconiza o sábio limite das despesas, porque "vintém poupado, vintém ganhado", replicará o vizinho farrista, com razão igual: "Da vida nada se leva." (...)
Mais aconselhável procurarmos nos anexins não a sabedoria de um povo, mas sim o espelho de seus costumes peculiares, os sinais de seu ambiente físico e de sua história. As diferenças na expressão de uma sentença observáveis de uma terra para outra podem divertir o curioso e, às vezes, até instruir o etnógrafo.
Povo marítimo, o português assinala semelhança grande entre pai e filho, lembrando que "filho de peixe, peixinho é". Já os húngaros, ao formularem a mesma verdade, não pensavam nem em peixe, nem

em mar; ao olhar para o seu quintal, notaram que a "maçã não cai longe da árvore".

RÓNAI, Paulo. *Como aprendi o português e outras aventuras*. Rio de Janeiro: Edições de Janeiro, 2014.

106) (FUVEST — Fundação Universitária para o Vestibular — USP — prova V)
No texto, a função argumentativa do provérbio "Da vida nada se leva" é expressar uma filosofia de vida contrária à que está presente em "vintém poupado, vintém ganhado".
Também é contrário a esse último provérbio o ensinamento expresso em:

(A) Mais vale pão hoje do que galinha amanhã.
(B) A boa vida é mãe de todos os vícios.
(C) De grão em grão a galinha enche o papo.
(D) Devagar se vai ao longe.
(E) É melhor prevenir do que remediar.

107) (FUVEST — Fundação Universitária para o Vestibular — USP — prova V)
Considere as seguintes afirmações sobre os dois provérbios citados no terceiro parágrafo do texto.

I. A origem do primeiro, de acordo com o autor, está ligada à história do povo que o usa.
II. Em seu sentido literal, o segundo expressa costumes peculiares dos húngaros.
III. A observação das diferenças de expressão entre esses provérbios pode, segundo o pensamento do autor, ter interesse etnográfico.

Está correto apenas o que se afirma em

(A) I.
(B) II.
(C) III.
(D) I e II.
(E) I e III.

108) (ENEM — 1º dia — Caderno amarelo)

O mundo revivido
Sobre esta casa e as árvores que o tempo esqueceu de levar. Sobre o curral de pedra e paz e de outras vacas tristes chorando a lua e a noite sem bezerros. Sobre a parede larga deste açude onde outras cobras verdes se arrastavam, e pondo o sol nos seus olhos parados iam colhendo sua safra de sapos. Sob as constelações do sul que a noite armava e desarmava: as Três Marias, o Cruzeiro distante e o Sete-Estrelo. Sobre este mundo revivido em vão, a lembrança de primos, de cavalos, de silêncio perdido para sempre.
DOBAL, Hindemburgo. *A província deserta*. Rio de Janeiro: Artenova, 1974.

No processo de reconstituição do tempo vivido, o eu lírico projeta um conjunto de imagens cujo lirismo se fundamenta no

(A) inventário das memórias evocadas afetivamente.
(B) reflexo da saudade no desejo de voltar à infância.
(C) sentimento de inadequação com o presente vivido.
(D) ressentimento com as perdas materiais e humanas.
(E) lapso no fluxo temporal dos eventos traduzidos na cena.

109) (ENEM — 1º dia — Caderno amarelo)

Instituto Patrícia Galvão

Campanhas publicitárias podem evidenciar problemas sociais. O cartaz tem como finalidade

(A) alertar os homens agressores sobre as consequências de seus atos.
(B) conscientizar a população sobre a necessidade de denunciar a violência doméstica.
(C) instruir as mulheres sobre o que fazer em casos de agressão.
(D) despertar nas crianças a capacidade de reconhecer atos de violência doméstica.
(E) exigir das autoridades ações preventivas contra a violência doméstica.

110) (ENEM — 1º dia — Caderno amarelo)

Segundo quadro

Uma sala da prefeitura. O ambiente é modesto. Durante a mutação, ouve-se um dobrado e vivas a Odorico, "viva o prefeito" etc. Estão em cena Dorotéa, Juju, Dirceu, Dulcinéa, o vigário e Odorico. Este último, à janela, discursa.

ODORICO — Povo sucupirano! Agoramente já investido no cargo do Prefeito, aqui estou a receber a confirmação, a ratificação, a autenticação e por que não dizer a sagração do povo que me elegeu.

Aplausos vêm de fora

ODORICO — Eu prometi que o meu primeiro ato como prefeito seria ordenar a construção do cemitério.

Aplausos, aos quais se incorporam as personagens em cena.

ODORICO — (Continuando o discurso:) Botando de lado os entretantos e partindo pros finalmentes, é uma alegria poder anunciar que prafrentemente vocês já poderão morrer descansados, tranquilos e desconstrangidos, na certeza de que vão ser sepultados aqui mesmo, nesta terra morna e cheirosa de Sucupira. E quem votou em mim, basta dizer isso ao padre na hora da extrema-unção, que tem enterro e cova de graça, conforme o prometido.

GOMES, Dias. *O bem-amado*. Rio de Janeiro: Ediouro, 2012.

O gênero peça teatral tem o entretenimento como uma de suas funções. Outra função relevante do gênero, explícita nesse trecho de *O bem amado*, é

(A) criticar satiricamente o comportamento de pessoas públicas.
(B) denunciar a escassez de recursos públicos nas prefeituras do interior.
(C) censurar a falta de domínio da língua-padrão em eventos sociais.
(D) despertar a preocupação da plateia com a expectativa de vida dos cidadãos.
(E) questionar o apoio irrestrito de agentes públicos aos gestores governamentais.

III) (UFU — Processo seletivo — 1º dia — Prova comum)

Há uma pequena árvore na porta de um bar, todos passam e dão uma beliscada na desprotegida árvore. Alguns arrancam folhas, alguns só puxam e outros, às vezes, até arrancam um galho. O homem que vive na periferia é igual a essa pequena árvore, todos passam por ele e arrancam-lhe algo de valor. A pequena árvore é protegida pelo dono do bar, que põe em sua volta uma armação de madeira; assim, ela fica segura, mas sua beleza é escondida. O homem que vive na periferia, quando resolve buscar o que lhe roubaram, é posto atrás das grades pelo sistema. Tentam proteger a sociedade dele, mas também escondem sua beleza.

FERRÉZ. *Capão Pecado*. São Paulo: Labortexto, 2000.

Tomada isoladamente, a proposição "Tentam proteger a sociedade dele" poderia ser considerada ambígua. Para explicitar o sentido que essa oração assume no contexto em que foi empregada, a expressão "a sociedade dele" deve ser substituída por

(A) a sociedade contra ele.
(B) a sociedade para ele.
(C) a sociedade com ele.
(D) a sua sociedade.

112) (UFU — Processo seletivo — 1º dia — Prova comum 2)

Uma das principais teorias sobre a chegada dos primeiros humanos às Américas é de que eles teriam migrado da Ásia, usando uma rota pela costa do Pacífico durante o final da última era glacial. O nível do mar caiu, e isso pode ter revelado ligações terrestres entre os dois continentes, que nossos antepassados aproveitaram para ir de um ao outro. Apesar de ser uma teoria bastante plausível, ela tinha um problema: não havia nada que a comprovasse. Até agora.
Um estudo realizado por pesquisadores da Universidade Victoria (Canadá) e publicado nesta quarta-feira, 28, na revista científica *Plos One*, mostrou que 29 pegadas de 13 mil anos foram encontradas sob sedimentos em uma ilha da Columbia Britânica, na costa canadense do Oceano Pacífico. Considerando-se que a era glacial entrou em declínio há 11,2 mil anos, tanto a idade quanto a localização das pegadas batem exatamente com a teoria da migração.

SALI, Felipe. "Cientistas encontram pegadas dos primeiros humanos na América". *Superinteressante*. São Paulo, 29 mar. 2018. Disponível em: <https://super.abril.com.br/ciencia/cientistas-encontram-pegadas-dos-primeiros-humanos-na-america/>.

Publicado em uma revista de vulgarização científica, o texto foi produzido com o objetivo de

(A) informar sobre a descoberta de uma evidência que confirma uma das principais teorias sobre a migração dos homens para o continente americano.
(B) opinar sobre a falta de evidências que confirmem uma das principais teorias sobre a migração dos homens para o continente americano.
(C) comparar duas teorias conflitantes sobre a migração dos homens para o continente americano.
(D) resumir as principais teorias sobre a migração dos homens para o continente americano.

GABARITO COMENTADO DO PASSO 10

1) Gabarito: B
Comentário:
Apesar de ter sido a questão selecionada para o tópico "Compreensão e interpretação de textos", ela envolve variados conceitos gramaticais. A opção B está correta, porque, sem prejuízo do sentido, é possível substituir "o gesto" por "este ato", "tal medida" ou "o feito", uma vez que todas essas expressões se referem ao ato da AGU mencionado anteriormente: "editar um pacote de oito súmulas, reconhecendo direitos dos servidores funcionais". As demais opções estão incorretas porque:
- A) O sujeito simples "a Advocacia-Geral da União" serve aos dois verbos citados.
- C) O verbo *haver* é impessoal e, por isso, não pode ser flexionado.
- D) O verbo *reaver* é defectivo. Sua conjugação segue o modelo de *haver*, mas somente nas pessoas em que há presença da letra *v*, portanto a forma *reavenham* é inaceitável.
- E) "Desobrigados" pode ser substituído por "não ficam obrigados", mas "contestar" apresenta sentido exatamente oposto a "ratificar" (= confirmar).

2) Gabarito: C
Comentário:
A opção C está incorreta, porque a expressão "desse resultado político" remete ao fato de "o Brasil" viver hoje "seu primeiro momento plenamente democrático" mencionado anteriormente.

3) Gabarito: D
Comentário:
Essa questão tem como objetivo avaliar a capacidade de estruturar o pensamento com clareza, lógica, coerência.
O primeiro passo é encontrar o tópico frasal, isto é, a frase que apresenta o assunto a ser tratado: um estudo foi apresentado: frase 2.
O segundo passo é buscar os pontos que explicam o tópico frasal: o estudo apresentou resultado: frase 1.
Na sequência, o resultado vai ser melhor explicado: frase 3.
Continuando: o que vai acontecer?: frase 5.
Conclusão: Apresenta uma solução: frase 4.

4) Gabarito: E
Comentário:
A opção E está incorreta, porque o pronome "elas" retoma o antecedente "ações aptas a evitar que cenas de preconceito se repitam", portanto o substantivo que é realmente retomado pelo pronome substantivo "elas" é "ações" e não "cenas", o que tornaria o texto incoerente.

5) Gabarito: B
Comentário:
Para colocar os parágrafos em ordem sequencial de forma que garanta coesão e coerência, é fundamental identificar a ponta de onde se poderá começar a desatar esse nó.
O ponto de partida é identificar o tópico frasal, isto é, sobre o que o texto trata? A resposta está no terceiro trecho da redação: "Ter a iniciativa de propor e votar leis é uma das funções [...] papel" (Este é o nº 1 da sequência). O pronome demonstrativo "esse" conecta o segundo parágrafo ao primeiro, desenvolvendo o tema ao retomar o substantivo "legislativo": "Esse poder Legislativo" (O primeiro trecho é o nº 2 da sequência). O terceiro parágrafo conclui o segundo por meio do conector conclusivo: "Por isso mesmo são bem-vindas [...] criminalidade". (O 5º trecho é o nº 3 da sequência). O texto poderia ter sido encerrado aí, mas após a conclusão foi levantada uma questão: essa conclusão não é a ideal. A continuidade do texto se dá por meio de um ponto a ser questionado: as ações propostas na conclusão não serão satisfatórias porque a legislação apresenta falhas. (O 4º trecho é o nº 4 da sequência). Por que não é possível combinar legislação e resultado prático? O grande nó é o menor infrator. (O último trecho é o nº 5 da sequência). Não vem sendo possível harmonizar a legislação aos anseios da sociedade uma vez que não há uma posição definida da população quanto ao menor infrator. (O 2º trecho é o nº 6 da sequência). Logo a numeração que dá uma sequência coesa e coerente ao texto é 2, 6, 1, 4, 3, 5.

6) Gabarito: D
Comentário:
As opções A e B não estabelecem relação de sentido com o parágrafo inicial, porque iniciadas por conjunções concessivas (*conquanto* e *embora*) não permitem continuidade coerente ao texto. As opções C e E também não podem dar sequência coerente ao parágrafo inicial, uma vez que o tópico frasal necessita de ser explicado (por que a afirmativa inicial é um equívoco?). Essas opções nos oferecem conclusões, o que não é aceitável.

Já a opção D, por meio do pronome "isso", retoma o vocábulo "equívoco" iniciando a explicação necessária a uma continuidade coesa e coerente com o primeiro parágrafo.

7) Gabarito: E
Comentário:
A opção E está correta porque as vírgulas realmente separam uma enumeração de elementos da mesma função sintática coordenados entre si. As demais opções estão incorretas porque:
  A) O verbo "corroborar" significa "confirmar", "ratificar"; "enfraquecer" significa "debilitar" e "reduzir", "tornar menor", "resumir", "diminuir". Pode-se concluir, então, que fazer a substituição sem alterar a informação é impossível.
  B) Não foi o autor que fez a declaração usando a 1ª pessoa do plural, mas o subsecretário de Aduana e Relações Internacionais da Receita Federal que, ao falar do desempenho da secretaria que representa, para incluir a si mesmo entre os responsáveis pelo trabalho, empregou "conseguimos".
  C) Não há prejuízo algum, uma vez que a substituição da voz passiva analítica pela sintética está de acordo com a norma-padrão da língua.
  D) A correção gramatical, nesse caso, fica prejudicada, porque, ao se fazer a mudança da voz passiva sintética para a analítica, não foram respeitados tempo e pessoa verbal, tornando o trecho incoerente. O correto é "foram encontrados".

8) Gabarito: C
Comentário:
A opção C é a única que atende plenamente ao solicitado, porque mantém a ideia de condição para contribuir efetivamente na solução de alguns problemas contemporâneos complexos. As demais opções ora apresentam erro gramatical, como é o caso da letra D ("alguns complexos problemas contemporâneos pode ter"), ora texto truncado, como em A ("a solução de alguns problemas, complexos e contemporâneos pode ser contribuída"), ora alteram o texto, como em B ("podem solucionar a contribuição de alguns problemas") ou E ("a solução de alguns dos complexos problemas contemporâneos pode ser sua contribuição").

9) Gabarito: A
Comentário:
O elemento coesivo que antecipa uma informação é "daquilo" (= "que é gostável"), os demais retomam informações:
   A) "tudo isso" (= "gentileza […] simpatia");
   B) "que" (= "na hora");
   C) "la" (= uma pessoa);
   D) "essa" (= "ele não é apenas gentil e doce […] não gosta de cachorro").

10) Gabarito: E
Comentário:
Analisemos as opções apresentadas. Em princípio "brigaram" pode ser causa, premissa, meio ou fato, mas não exceção a uma regra, já que o texto mesmo explicita que "todo relacionamento tem uma briga" (esta é a regra), logo a letra D não é uma opção a ser considerada. Se "brigaram" fosse a causa não poderia ter como consequência "todo relacionamento tem uma briga", muito pelo contrário, "brigaram" seria a consequência. Então, a opção A também está eliminada. "Brigaram" sendo premissa, "todo relacionamento tem uma briga" não é uma conclusão coerente, porque esta, sim, é que seria a premissa. A opção B está fora. Como meio? Não. "Brigaram" não foi o meio para atingir o objetivo de que "todo relacionamento tem uma briga". Opção C, descartada. E como fato? Sim, "brigaram" foi um fato. Aconteceu. E de forma geral, isto é, geralmente, "todo relacionamento tem uma briga". Eis o gabarito: E.

11) Gabarito: A
Comentário:
A variada enumeração, no texto, dos benefícios da prática de educação física só pode nos remeter à opção A, uma vez que todas as outras opções apontam objetivos específicos: padrões de beleza; alta *performance*; reproduzir movimentos predeterminados e maior produtividade no trabalho.

12) Gabarito: D
Comentário:
O elemento responsável por conectar ideias precisa "costurar" o texto de forma coesa, tecendo-o de forma que a "costura" não se rompa. Para isso é necessário ligar pontos passados a futuros de modo que não haja "buracos" no tecido textual, portanto o conectivo de coesão deve ligar um "ponto" anterior ao seguinte com a agulha (conectivo) e a linha (sentido

coerente) selecionadas especialmente para aquele tecido (o texto). Como isso se aplica a esse texto? Na opção:
A) "pouco depois" implica situação futura, uma situação dinâmica, nada de "permanência de estado".
B) O vocábulo "também" denota a inclusão de MV Bill na mesma profissão de Emicida. Não retoma o *rapper*.
C) O conectivo "se" não introduz ideias contrárias.
D) O pronome "isso", sim, remete coesivamente a ideias apresentadas anteriormente, "costurando" (emendando) de forma precisa "cenas como essa" como consequência do fato do sucesso de suas carreiras por meio da internet (é importante frisar que é uma edição da *Campus Party*). Eis a resposta correta, apesar da classificação equivocada do pronome "isso" como indefinido, quando na verdade é demonstrativo.
E) As expressões "ambos" e "dupla" não remetem a Gaby Amarantos, mas a ela e ao *rapper* Emicida.

13) Gabarito: A
Comentário:
A opção A é a única que atende à importância da língua como um produto cultural "que não pode ser (...) guardado e exposto em uma redoma de vidro".

14) Gabarito: C
Comentário:
O trecho "a jovem acredita que terá um destino diferente do de suas colegas" nos remete à opção C. O verbo "acreditar" deixa clara a ilusão de Silmara. As opções D e E falam de pessoas apaixonadas, o que não é o caso de Silmara, porque sua paixão é a de fã e não a de amante. A opção A afirma que a descrição da dura realidade das operárias é que traduz a crítica proposta pelo texto. Impossível: não existe esta descrição. B também apresenta uma proposição falsa ao comparar a decepção de Silmara às encontradas nos contos de fada, mas em tais contos não há decepções.

15) Gabarito: A
Comentário:
A interpretação de textos de gêneros diversos vem sendo bastante explorada nos concursos. Esse texto, rótulo de um produto, informa claramente sua composição nutricional, portanto a resposta é a opção A.

16) Gabarito: E
Comentário:
O ponto inicial nesse tipo de questão é identificar sobre que assunto o texto vai tratar, ou seja, qual dos parênteses apresenta o tema. Lendo com atenção, percebe-se que a apresentação do tema está logo no primeiro parêntese, que recebe, então, o número 1. Agora é perceber qual dos parágrafos tem o elemento de coesão capaz de estabelecer a conexão com o primeiro. "Pitágoras" é o ponto que "costura" adequadamente um parágrafo no outro. O segundo parágrafo é, então, o quinto parêntese. O desenvolvimento do texto segue com a ligação do terceiro parágrafo ao segundo por meio do vocábulo "também" que, por ter sentido aditivo, reforça o exposto anteriormente. O terceiro parágrafo é o quarto parêntese. O desenvolvimento é aprofundado no quarto parágrafo quando se aponta Sócrates como possível explicação ao questionamento levantado por Platão, exposto no terceiro parágrafo. O quarto parágrafo é o terceiro parêntese. O último parágrafo é iniciado por uma expressão de sentido conclusivo: "neste sentido" (poderia ser *logo, então, sendo assim, concluindo,* etc.). A conclusão é o segundo parêntese.

17) Gabarito: B
Comentário:
Todas as opções estão corretas, exceto B, porque o termo "muitas" retoma a expressão "200 meninas nigerianas" apresentada anteriormente. Muitas dessas meninas é que foram estupradas.

18) Gabarito: E
Comentário:
1º passo: Qual dos trechos introduz o tema do texto? De que o texto vai tratar?
Bruna tem esclerose múltipla e foi aprovada no doutorado. O segundo trecho é o número 1.
2º passo: Que termo "costura" o segundo parágrafo ao primeiro? A palavra "doença" retoma "esclerose múltipla". A doença é um problema para Bruna assumir o curso. O quarto trecho é o número 2.
3º passo: A expressão "a ponto de desistir do curso" retoma o problema de "tremores nas mãos" apresentado no parágrafo anterior. O terceiro trecho é o número 3.
4º passo: A medicação foi efetiva? A resposta é iniciada pelo elemento coesivo "então". O quinto trecho é o número 4.

5º passo: Conclusão da história: o uso de medicação resolve o problema apresentado inicialmente. O primeiro trecho é o número 5.

19) Gabarito: D
Comentário:
Todas as opções estão corretas, exceto a letra D, porque o pronome "eles" não retoma a expressão "tais movimentos", mas sim o vocábulo "drones". Observe que na opção C há preocupação dos movimentos de aceleração e impacto do drone provocarem alteração nos exames, mas como eles (os drones) não foram afetados por esses movimentos, as amostras de sangue ficam preservadas: esse é o motivo de alegria do patologista.

20) Gabarito: A

21) Gabarito: C
Comentário:
3º trecho: apresentação do tema – "É verdade que o número de editoras citadas no Mais! é maior (...) Rio-São Paulo." – número 1;
2º trecho: desenvolvimento – "Um dos pontos dominantes [dessa hegemonia] é o grande (...) Brasil." – número 2;
1º trecho: continua o desenvolvimento – "Este parece ser um problema para um país [Brasil] que (...) globalizado." – número 3;
5º trecho: continua o desenvolvimento – "O Mais! parece oferecer uma compensação para esse 'atraso' [problema], traduzindo (...) Irmãos Campos". – número 4;
4º trecho: conclusão: – "Aqui há o rebaixamento de um procedimento modernista (...) o que acontece agora é que o suplemento retoma esse procedimento, porém: deslumbrado'". – número 5

22) Gabarito: B
Comentário:
O texto aponta, na cultura *hip hop*, uma mistura de linguagens que lhe são características. Ressalta, ainda, que o *break* é uma dança de rua, portanto, livre, o que leva a inferir que nela predominam os movimentos improvisados e que a criatividade na improvisação é um elemento fundamental, portanto B é a melhor opção de resposta.

23) Gabarito: D
Comentário:
O narrador é irônico ao resumir, por meio do humor, o "caos da vida cotidiana".

24) Gabarito: E
Comentário:
O texto tem como objetivo principal conscientizar as pessoas de que a preservação do meio ambiente é vantajosa em todos os níveis, porque só não gera mais segurança nas rodovias, como também transforma o lixo, que tantas vidas prejudica, em objetos que podem facilitar a vida de todos.

25) Gabarito: E
Comentário:
Se o texto explicita que a amarelinha foi modificada pelas crianças romanas para ser usada nas brincadeiras infantis, isto é, num contexto diametralmente oposto ao dos soldados romanos, a alternativa E é a que melhor atende ao proposto no enunciado da questão.

26) Gabarito: C
Comentário:
O título do texto visa despertar o interesse do leitor, mas o principal objetivo do texto é explicar o funcionamento das ondas eletromagnéticas e seu uso, portanto opção C.

27) Gabarito: D
Comentário: O texto é claro em seu objetivo: uma pesquisa concluiu que a partir de "uma rápida análise do perfil nas redes sociais" é possível prever "o desempenho profissional do candidato a uma oportunidade de emprego", portanto, se deseja avaliar informações pessoais e comportamentais sobre um candidato, acessar as redes sociais é um bom instrumento para "prever o desempenho profissional do candidato a uma oportunidade de emprego".

28) Gabarito: B
Comentário:
Pela leitura do texto, pode-se depreender que as sociedades indígenas brasileiras preservaram e transmitiram sua memória e sua cultura por meio da oralidade.

29) Gabarito: E
Comentário:
Graciliano foge à objetividade de um texto oficial para expressar, por meio da ironia – linguagem mais subjetiva –, uma crítica aos prefeitos pelo excesso de telegramas enviados para comunicar fatos corriqueiros.

30) Gabarito: A
Comentário:
Os trechos "Afamado por um sistema de nutrido reclame, mantido por um diretor (...) como os negociantes que liquidam para recomeçar com artigos de última remessa" e "o nome de Aristarco, inteiro e sonoro, oferecia-se (...) confins da pátria" deixam clara a ideologia mercantil da educação repercutida na vaidade pessoal de Aristarco, o diretor do Ateneu.

31) Gabarito: B
Comentário:
A resposta a essa questão vem resumida nos versos: "Boa terra! Jamais negou a quem trabalha / O pão que mata a fome, o teto que agasalha... / Quem com o seu suor a fecunda e umedece, / Vê pago o seu esforço, e é feliz, e enriquece!" Aí está o ponto de vista do poeta: a prosperidade individual independe de políticas do governo, porque é concedida pela exuberância da terra.

32) Gabarito: E
Comentário:
O uso de novas tecnologias e o acesso à informação cada vez mais fácil viabilizam uma intensa troca de informações entre os vários setores da vida, portanto o gabarito é E.

33) Gabarito: D
Comentário:
O projeto "Pão e Poesia" ao imprimir em saquinho de pão poesia brasileira de escritores renomados e novatos propicia a públicos diversos o acesso à literatura.

34) Gabarito: A
Comentário:
A partir da leitura do texto é possível depreender que, se o acervo linguístico indígena fosse mais valorizado, se reconheceria o significado de

"Itaorna" (pedra podre) como um alerta para o perigo de deslizamento e, certamente, não se teria construído naquele local.

35) Gabarito: C
Comentário:
Ao afirmar que "o excesso de peso e de gordura no corpo desencadeia e piora problemas de saúde que poderiam ser evitados", o texto deixa claro seu alerta quanto à obesidade ser um fator de risco não só para o surgimento, como também, para o agravamento de diversas doenças crônicas.

36) Gabarito: C
Comentário:
É importante observar o verbo que inicia cada uma das opções. Pode-se perceber com esta análise que somente as opções C e E apresentam verbos compatíveis com a proposta do texto: instruir e orientar. Como a opção E fica imediatamente descartada, porque apresenta uma orientação oposta à apresentada no texto, que é: analisar se o seu perfil é adequado à vaga a que se candidata, informar-se sobre quem vai receber seu currículo e então enviar um *e-mail* a essa pessoa com uma apresentação sucinta de suas habilidades para o preenchimento da vaga.

37) Gabarito: C
Comentário:
A narradora inicia descrevendo a família perfeita a que se orgulha de pertencer, e fica "furiosa" com a decisão da personagem Margarida de quebrar o pacto familiar congelado nas fotos que revelam somente o exterior inerte e pacífico em seu aprisionamento no papel da família perfeita. Com a decisão de Margarida vêm à tona "os podres" até então "mantidos à custa de ocultações e hipocrisias".

38) Gabarito: A
Comentário:
Ao afirmar que a tarifa zero é "ruim para o sistema", o autor acredita que haverá comprometimento no atual modal de transporte urbano, uma vez que mais pessoas usarão o transporte público para se locomover em pequenas distâncias.

39) Gabarito: E
Comentário:
A opção correta é a letra E, porque está em conformidade com a norma-padrão quanto à regência do verbo *preferir*, que se estende ao advérbio "preferível". As demais opções são incorretas porque:
   A) A locução "daqui a pouco" apresenta apenas preposição "a" e em "a passagem" tem-se apenas artigo, que inicia o objeto direto ("Daqui a pouco teremos a passagem");
   B) O verbo "existir" deve ficar no plural para concordar com o sujeito "condições" (existem condições);
   C) Com a expressão "é necessário" o adjetivo só fica invariável quando não se determinar o gênero e/ou o número do substantivo ("é necessário implementação" ou "é necessária a implementação");
   D) A regência do verbo "preferir" foi empregada fora da norma-padrão que é preferir uma coisa à outra ("prefere passagem paga a gratuita").

40) Gabarito: A
Comentário:
A locução "e também" tem valor aditivo; portanto, a única opção em que a conexão das orações é realizada com o valor semântico de adição é a opção A. Nas demais alternativas temos valor:
   (B) concessivo;
   (C) conclusivo;
   (D) adversativo e
   (E) adversativo.

41) Gabarito: C
Comentário:
O autor deixa clara a sua opinião ao questionar "Como resolver o problema do apagão de profissionais qualificados(...)?".

42) Gabarito: E
Comentário:
Dilema é uma situação problemática de indecisão, pois é preciso escolher entre duas saídas contraditórias e insatisfatórias.

43) Gabarito: A
Comentário:
O verbo *concorrer* no sentido de "apresentar-se como candidato; competir" pertence a um tipo especial de verbo transitivo indireto cujo complemento preposicionado não será substituído por *lhe(s)*, mas sim por outro tipo de construção indireta começada pela preposição pedida pelo verbo (aqui por *a*: *concorrer a*), seguida dos pronomes tônicos *mim, ti, si, nós, vós, ele(s), ela(s)* (neste caso, *a elas*). Este tipo de construção é classificado como complemento relativo, e não objeto indireto. Portanto, concorrer *a elas*, e não concorrer-lhes.

44) Gabarito: E

45) Gabarito: B

46) Gabarito: A
Comentário:
Só não é possível substituir, sem alteração de sentido, a palavra *pungente* por *sereno*, porque *pungente* significa "comovente".

47) Gabarito: C
Comentário:
O que se afirma em II não é correto, porque os dois-pontos introduzem uma explicação para que fique mais claro para o leitor o exposto anteriormente.

48) Gabarito: B
Comentário:
Muitas vezes a audição, especialmente nas crianças – uma vez que ainda não têm grande domínio do vocabulário – ou naqueles que estão, por algum motivo, com a atenção focada no interlocutor, cria distorções no sentido original da mensagem que podem ser divertidas ou, até mesmo, constrangedoras.

49) Gabarito: C
Comentário:
O pronome relativo *cujo* (e variantes) refere-se a um antecedente e a um consequente, porque exerce a função sintática de adjunto adnominal. Na opção D, por exemplo, os antecedentes do pronome *cujo* são "a melodia e o ritmo" e o consequente é "embalo" ("no embalo da melodia

e do ritmo"). Na opção C não ocorre isto, o pronome *cujos* fica sem consequente. Os pronomes relativos que devem ser empregados nesse caso são *a que* ou *aos quais*: Os sons das palavras, *a que/aos quais* poucas vezes dedicamos...

50) Gabarito: A
Comentário:
Opções de resposta com palavras completamente includentes ou excludentes precisam ser vistas com muita cautela pelo candidato, porque, por serem muito radicais, normalmente devem ser descartadas como a melhor opção de resposta. É este o caso da opção B. Ao afirmar que "o autor se refere exclusivamente", a alternativa elimina qualquer possibilidade de exceção e note que, no texto, fica explícito que o fato ocorre "muitas vezes". A opção correta é a A, porque, ao usar a expressão "menino pequeno", fica implícito que o fato ocorreu num outro tempo, na infância do narrador.

51) Gabarito: E
Comentário:
As grafias corretas são: *mal* sintonizado e a*leatória.

52) Gabarito: E
Comentário:
As palavras "surpreendia" e "espantoso" estão no mesmo campo semântico de "alumbramento".

53) Gabarito: B
Comentário:
O pronome "seu" retoma o termo "Grande Hotel" ("seu criador": o criador do Grande Hotel) e "sua", "Oscar Niemeyer" ("sua verdadeira origem": a origem de Oscar Niemeyer).

54) Gabarito: C
Comentário:
Ao afirmar que não havia parado de ver Niemeyer mundo afora, o autor nos permite perceber que viajando pelos mais diversos países encontrou sempre obras arquitetônicas de Oscar Niemeyer.

55) Gabarito: A
Comentário:
No último parágrafo, ao referir-se ao hotel de Ouro Preto – conhecido como o hotel de Niemeyer – o autor quer deixar claro para o leitor que, na infância, nomeava o hotel de forma indevida, na sua inocência.

56) Gabarito: E
Comentário:
A opção A deve ser observada com atenção, porque a presença da expressão "exclusivo objetivo" já nos leva a olhá-la com desconfiança por seu significado restritivo. A leitura atenta do texto nos permite perceber no trecho final como melhor resposta a opção E: "Os sinais estão aí, palpáveis: a agressão ambiental que compromete a natureza é visível a todos e o processo produtivo já acendeu o sinal amarelo e pode desencadear graves consequências para o mundo."

57) Gabarito: A
Comentário:
O único trecho a estabelecer relação coesa e coerente com o fragmento anterior e o final do texto é o da opção A. É coerente, porque apresenta como a Anater "pretende aproximar" os "centros de pesquisas dos produtores rurais" e é coeso ao empregar, por exemplo, o vocábulo "articular" para referir-se à forma como a Anater pretende "aproximar" "centros de pesquisas de produtores rurais". A coesão e a coerência são estabelecidas, também, entre o trecho da opção A e a parte final do texto, por meio do pronome demonstrativo "isso", que, por ter valor anafórico, necessita estabelecer relação com o que foi apresentado anteriormente (isso = o trabalho da Anater).

58) Gabarito: A
Comentário:
É importante observar no início do texto apresentado a presença do pronome demonstrativo "esse" ("só havia 10 cursos desse tipo") que é anafórico e, portanto, é imprescindível, para haver coerência textual, que haja uma palavra, expressão ou trecho que esse pronome retome. O tipo de curso a que o pronome se refere é o do "ensino a distância", portanto apenas a opção A apresenta o elemento que conecta a introdução (opção A) ao desenvolvimento do texto de forma coesa e coerente.

59) Gabarito: C
Comentário:
Em questões desse tipo é importante identificar a opção que apresenta o tópico frasal do texto, isto é, sobre o que vai se tratar.
Número 1: o tópico frasal encontra-se no segundo trecho: "Se já não há muita dúvida de que os investimentos em educação são vitais para o Brasil avançar social e economicamente, ainda estão longe de ser um consenso quais as melhores medidas para fazer a qualidade do ensino progredir";
Número 2: no quinto trecho, o pronome anafórico *essa* ("O Ministério da Educação caminha na direção correta para *essa* qualidade..."), retoma de forma coesa a expressão "qualidade de ensino";
Número 3: no quarto trecho, o texto continua a ser desenvolvido de forma coerente, usando-se mais uma vez, como recurso de coesão, o pronome demonstrativo: "Essa medida segue fórmula..." retomando "um sistema de bonificação para professores que se submetem a curso de aperfeiçoamento", no parágrafo nº 2;
Número 4: no terceiro trecho, a coesão se dá por meio da expressão "A iniciativa é oportuna...", que retoma, no parágrafo anterior — o número 3 – os "R$ 200 mensais";
Número 5: finalmente, no primeiro trecho está a conclusão do autor: "Diante de um incentivo pecuniário, é de supor que profissionais procurarão os cursos por conta própria, com efeitos melhores do que se o aperfeiçoamento fosse imposto a todos."

60) Gabarito: B
Comentário:
O primeiro passo é buscar o tópico frasal, depois ir correlacionando os trechos a partir dos elementos coesivos que estabelecem a coerência textual até a conclusão do texto.
Número 1: Tópico frasal – segundo trecho: "Depois de um infarto do miocárdio (...) é impossível."
Número 2: O termo "recentemente" retoma a expressão "ao menos era o que se pensava até há pouco", portanto o quarto trecho.
Número 3: "O médico" costura o terceiro trecho ao anterior retomando o nome "Eduardo Marbán": terceiro trecho.
Número 4: "Por fim" é o elemento de coesão que aponta como o médico Eduardo Marbán concluiu, com sua equipe, a regeneração do músculo cardíaco dos 17 pacientes: primeiro trecho.
Número 5: "Um ano depois" conclui o texto, apontando a eficácia de todo o trabalho descrito anteriormente: quinto trecho.

61) Gabarito: D

62) Gabarito: E
Comentário:
O candidato deve ficar muito atento para perceber qual elemento estabelece a coesão correta na continuação do texto.
A expressão "sem competitividade" é a que "costura" de forma coesa e coerente a opção E ao parágrafo inicial, porque é um aprofundamento do exposto em "Incapaz de acompanhar o crescimento do mercado interno, a indústria de transformação [note que o pronome *essa* é anafórico: essa indústria – a indústria de transformação] perdeu espaço".

63) Gabarito: E
Comentário:
Nesse tipo de questão é importante o candidato estar atento para perceber os elementos de coesão textual que "costurarão" o trecho a ser inserido entre os parágrafos apresentados de forma harmônica e coerente. É importante ler os parágrafos dados com atenção, a fim de buscar a "ponta" para começar a costura do texto. A ponta é a palavra "instituição", no último parágrafo. É necessário encontrar em uma das opções uma instituição que estabelecerá a ligação entre os parágrafos. Apenas a opção E menciona uma instituição, a "criação de um banco de desenvolvimento". Aí está a expressão retomada pelo vocábulo "instituição" que liga o trecho E ao último parágrafo. "Avançar na criação de um banco de desenvolvimento" é o elemento de coesão com o primeiro parágrafo, porque retoma "uma atuação conjunta".

64) Gabarito: C
Comentário:
A reescritura dos trechos não altera o sentido em todas as opções, exceto em C, porque o pronome relativo *cuja* não apresenta os mesmos antecedentes e consequentes do trecho original, provocando alteração de sentido na reescritura da frase.
Vejamos: "Cujo" sempre tem função adjetiva, pede antecedente e consequente expressos e exprime que o antecedente é possuidor do ser indicado pelo substantivo a que se refere: "países como o *México* (antecedentes), cuja *indústria automobilística* (consequente do México)"; "nos *Estados Unidos e Japão* (antecedentes), cuja *indústria automobilística* (consequente – indústria automobilística dos Estados Unidos e Japão).

65) Gabarito: B
Comentário:
O candidato encontra no trecho "O Brasil tem condições de desenvolver tecnologia própria para garantir a segurança dos dados do país, tanto do governo quanto da população" a chave para responder a questão.

66) Gabarito: E
Comentário:
A compreensão textual vem sendo cada vez mais exigida nos concursos, especialmente porque se o candidato capta a intencionalidade do comunicador, seja por meio da linguagem verbal (escrita ou falada) e não verbal (imagem, cor, gestual, som, corporal, etc.), ou a combinação das duas, ele (o candidato) mostrará, também, nas entrelinhas, que conhece a gramática da língua e a domina de tal forma que é capaz de integrá-la à compreensão textual. Nesta questão, por meio da enumeração das qualidades do MMA (ringue "desenhado para deixar os lutadores com mais espaço"; os atletas podem "aplicar golpes de jiu-jítsu"; "a modalidade tem regras e acompanhamento médico obrigatório") é possível perceber que essas "transformações visam delimitar a violência das lutas, preservando a integridade dos atletas".

67) Gabarito: B
Comentário:
É possível notar logo no primeiro parágrafo que o autor considera os adolescentes o público-alvo da mídia, quando afirma "adolescentes (...) estão usando cada vez mais tais suplementos", "a prevalência desse uso varia" e por faixa etária é "mais comum em adolescentes". No segundo parágrafo, colocar a mídia como "um dos importantes estímulos ao uso de suplementos alimentares ao veicular, por exemplo, o mito do corpo ideal" aponta para a opção B como correta.

68) Gabarito: C
Comentário:
Os textos dialogam na medida em que tratam da falta de oportunidades no campo, conduzindo o homem à cidade em busca de melhor sorte, mas o que ocorre é que a cidade também não oferece as oportunidades esperadas, e o que resulta disso é a criminalidade, a desesperança, a morte.

69) Gabarito: D
Comentário:
Ao afirmar que "a linotipo (...) levou informação às massas, democratizou a informação. Promoveu uma revolução na educação" o texto dá ao candidato a base necessária para marcar a opção D.

70) Gabarito: E
Comentário:
A intenção do autor é clara ao afirmar que a literatura de cordel "mantém uma das mais ricas tradições da cultura popular" sem perder sua "essência identitária".

71) Gabarito: E
Comentário:
O humor é construído a partir da linguagem empregada no texto, cujo tema: o nascimento de Cristo que, normalmente, é narrado em linguagem formal foi relatado com gírias, o que é totalmente inesperado por contrastar com "o tema abordado".

72) Gabarito: C
Comentário:
A pergunta ambígua presente em todo o texto é o principal recurso usado pelo autor para assegurar a malícia do humor irônico com que aborda o tema.

73) Gabarito: B
Comentário:
A chave para o gabarito está logo no início do texto: "Diga olá para a televisão do futuro. *Ela permite assistir ao que você quer, quando quer.*"

74) Gabarito: B
Comentário:
A fundamentação para responder a essa questão pode ser encontrada nos trechos "deixa de ter como única função a exposição de vida e/ou rotina de alguém" para se tornar um espaço em que "qualquer pessoa" pode publicar "suas ideias e opiniões" que poderão ser comentadas por "milhões de outras pessoas", criando "um grande debate aberto a todos".

75) Gabarito: B
Comentário:
De forma sutil e refinada, o narrador é bastante irônico ao afirmar – logo após descrever o tratamento cruel que Cotrim dispensava aos escravos – que "não se pode honestamente atribuir à índole original de um homem o que é puro efeito de relações sociais".

76) Gabarito: C
Comentário:
Prima Constança, ao repetir todos os provérbios que podem justificar suas ações, reitera a definição de ditado popular do primeiro texto, porque, por meio dos ditados populares, está externando em "uma frase sentenciosa, concisa, de verdade comprovada" os "desígnios de Deus".

77) Gabarito: D
Comentário:
De acordo com o texto, inicialmente grupos de jovens se reuniam em "bailes embalados pela *black music* americana". Esses jovens foram amadurecendo seu propósito de "valorização da cultura negra, tanto na música como nas roupas" e firmando a identidade da cultura *hip-hop* no Brasil.

78) Gabarito: A
Comentário:
A coesão textual se dá por meio do pronome demonstrativo "nisso" que remete ao trecho imediatamente posterior "botar a cara na janela em crônica de jornal".

79) Gabarito: D
Comentário:
Ao afirmar no texto que abrindo a porta John Cage "encoraja os ruídos da rua a atravessar suas composições" e que com essa atitude "ventila a arte da música com conceitos novos", o autor já dá ao candidato a base para marcar a opção D nesta questão.

80) Gabarito: D
Comentário:
A autora do texto, fundamentada em pesquisas acadêmicas, "questiona a existência de uma crise de leitura" ao afirmar que os "brasileiros leem, sim, só que leem livros que as pesquisas tradicionais não levam em conta".

81) Gabarito: D
Comentário:
O segundo período aponta exemplos que objetivam justificar o fato apresentado no primeiro período.

82) Gabarito: A
Comentário:
É importante, neste tipo de questão, que o candidato perceba a direção que o texto aponta, antes de buscar o trecho que vai ligar de forma coesa e coerente seu início ao final. O tópico frasal apresenta o tema: "no final da década de 60 e início da década de 70 surgiram modelos capazes de transportar até 400 passageiros". A partir daí, o autor cita exemplos: o Boeing 747, o Douglas DC-10, o Lockheed Tristar L-1011; mais recentes: o Airbus, o Douglas MD-11 e os Boing 767 e 777. O candidato, então, percebe a gradação na modernidade e potência dos aviões exemplificados. A tendência é chegar a um ápice de potência e velocidade, o que indica o Concorde. A chave para que a opção A seja definitivamente marcada está no pronome anafórico "esse" que abre o último segmento do texto. Ele deve retomar uma palavra, expressão ou mesmo uma ideia: "*esse* voo era efetuado pela companhia aérea francesa Air France": que voo é *esse*? O voo Rio-Paris. O pronome *esse* retoma "o percurso Rio de Janeiro-Paris em menos de sete horas". Portanto, a opção A é o gabarito.

83) Gabarito: D
Comentário:
O candidato pode perceber no trecho "a democratização do transporte aéreo, o mais utilizado hoje pela população, é uma realidade" e nos dados estatísticos com que o autor corrobora essa afirmativa que somente a opção D está de acordo com o exposto no texto.

84) Gabarito: E
Comentário:
A expressão "trabalho em conjunto" não faz referência ao substantivo "segmento". O segmento a que o trecho se refere é o de "pilotos de corporações" com "foco específico nas operações policiais".

85) Gabarito: D
Comentário:
Uma leitura atenta leva o candidato à percepção de que as opções A, B, C e E fazem afirmativas que não encontram respaldo no texto. É necessário

muita atenção à leitura para que não se confunda o que se tem como informações extratextuais com o que está colocado no texto e é somente esse conteúdo que se deve analisar. O candidato encontra no trecho "Até hoje essa história permanece sem explicações satisfatórias" a base para marcar a opção D.

86) Gabarito: D
Comentário:
Para definir em qual das opções é possível encontrar o trecho que pode completar de forma coesa o texto, ligando com coerência o primeiro ao segundo, é importante o candidato perceber, por meio de uma leitura bem atenta, o caminho traçado pelo autor. É possível notar no primeiro trecho um breve histórico dos primórdios da Panair. "O primeiro voo": 1931; "nesta época"; "o primeiro piloto brasileiro": Coronel Luis Tenan, 1935; "antes disso, a Panair chegou até a Amazônia".
Como prosseguir?
Opção A: o trecho fala em acidentes sérios que não conectam a trajetória inicialmente descrita ao trecho final no qual a trajetória de sucesso da empresa continua.
Opção B: o trecho não mantém qualquer relação de coerência com o segmento inicial.
Opção C: "esses tristes acontecimentos"? Não há também qualquer relação de coerência com o primeiro segmento.
Opção D: aqui se observa a continuação da trajetória da empresa que "depois de dominar o mercado interno", "volta-se, a partir de 1941, para as rotas internacionais, principalmente cruzando o Atlântico" e, nesse ponto, faz a "costura" perfeita com o terceiro segmento: "para fazer essa travessia". O pronome anafórico essa é o elemento de coesão que retoma o voo "cruzando o Atlântico". Este é o trecho que completa de forma coesa e coerente o texto.
Opção E: transportaram a seleção brasileira não é "essa travessia", certo? Este trecho também não apresenta relação de coerência com o último segmento do texto.

87) Gabarito: C
Comentário:
Especialmente no segundo e terceiro parágrafos fica clara a posição de Michael Sandel. A opção C é a que melhor resume o pensamento desse filósofo quanto a seu entendimento da economia de mercado.

88) Gabarito: B
Comentário:
A fundamentação para responder a esta questão está no primeiro parágrafo, no trecho "estamos em uma época em que todas as relações, sejam emocionais, sejam cívicas, estão tendendo a ser tratadas pela lógica da economia de mercado".

89) Gabarito: E
Comentário:
No segundo parágrafo, ao levantar a questão: "Mas o que seria uma sociedade de mercado"?, o autor procura esclarecer de forma bem sucinta para que o leitor entenda melhor o perigo de a "sociedade de mercado" prevalecer sobre a "economia de mercado".

90) Gabarito: D
Comentário:
A economia de mercado só pode ser o corolário (= situação decorrente de outra; desenvolvimento ou consequência natural de algo anterior) da democracia no campo das atividades produtivas porque se baseia na liberdade.

91) Gabarito: D
Comentário:
A fundamentação para responder a esta questão está no final desse mesmo parágrafo: "Ele alerta para o fato de que, por ser tão eficiente na economia, a lógica econômica está invadindo todos os outros domínios da vida em sociedade."

92) Gabarito: A
Comentário:
A relação de causa é estabelecida no período da opção A pela oração subordinada adverbial causal reduzida de infinitivo "por ser tão eficiente na economia", cuja correspondente desenvolvida pode ser "uma vez que é tão eficiente na economia".

93) Gabarito: B
Comentário:
O candidato pode constatar que o trecho, no texto, foi transcrito entre aspas por se tratar da reprodução exata das palavras do filósofo Michael Sandel.

94) Gabarito: E
Comentário:
Na opção:
A) "o que" é um pronome interrogativo e não retoma a expressão "sociedade de mercado";
B) "a" é um pronome oblíquo que se refere a "prosperidade";
C) "em que" é um pronome relativo cujo antecedente é "uma época";
D) "que" é conjunção integrante que inicia uma oração subordinada substantiva objetiva direta;
E) "a ela" é um pronome oblíquo tônico que se refere à expressão "sociedade de mercado". Este é, portanto, o gabarito.

95) Gabarito: C
Comentário:
O verbo "chegamos" destacado no enunciado da questão está no pretérito perfeito do modo indicativo. É importante destacar que, no modo indicativo, nos verbos regulares, a primeira pessoa do plural do presente e do pretérito perfeito são homônimos perfeitos ficando, portanto, o contexto em que são empregados, responsável pela identificação do tempo verbal. No caso em análise, o pretérito perfeito é claro na forma verbal "chegamos", uma vez que o questionamento é se já foi alcançada a "sociedade de mercado".
Nas opções A, B e E as forma verbais "vem", "estamos" e "são" estão no presente do modo indicativo.
Na opção D foi empregado o presente do modo subjuntivo ("tenhamos").
Na opção C, o gabarito, temos o pretérito perfeito do modo indicativo na forma verbal "levou".

96) Gabarito: B
Comentário:
A opção em que as afirmativas estão "costuradas" com os conectores adequados, de modo que mantêm a intencionalidade comunicativa, é a letra B.

97) Gabarito: C
Comentário:
As afirmativas apresentadas no enunciado da questão foram adequadamente conectadas por pronomes e preposições – elementos de coesão textual empregados de forma tal que mantiveram a intencionalidade comunicativa na opção C.

98) Gabarito: C
Comentário:
Para responder a esta questão, o candidato não só precisa identificar o significado de cada uma das opções, como também perceber a intencionalidade comunicativa do texto.
- A) preconceituosos são os que apresentam atitudes discriminatórias, ou mesmo rejeição, em relação a pessoas, grupos, ideias, etc.;
- B) duvidosos são os que são indecisos, hesitantes;
- C) maniqueístas são os que reduzem uma questão a dois aspectos inteiramente opostos;
- D) relativistas são os que acreditam na relatividade de tudo e negam a existência de verdades absolutas;
- E) conservadores são os que defendem ideias, valores e costumes tradicionais, não são favoráveis a mudanças.

Fazendo uma atenta leitura do texto, o candidato pode destacar dois trechos fundamentais para responder a essa questão: 1ª) "quando estamos doentes, só há duas possibilidades: ou ficamos curados ou continuamos doentes"; 2ª) "Ou você é meu amigo ou é meu inimigo". Estes dois trechos deixam claro o posicionamento maniqueísta sobre o qual Juvenal Savian Filho alerta os leitores.

99) Gabarito: D
Comentário:
O suposto editor de Machado de Assis demonstra, nesse texto criado por Maria Emília Bender, desconhecer que o fato de o final da história de Capitu e Bentinho não ser claro não é "um problema na trama", mas faz parte da obra que se propõe a refletir sobre a "impossibilidade de conhecer o outro por completo".

100) Gabarito: E
Comentário:
A valorização sensorial é percebida no poema por meio da mistura dos sentidos: audição – "Ouvia falar nela" e "Ouvida me incitava"; visão – "querer ver" e "ontem a vi"; tato – "matem" e "matar-me", por exemplo.

101) Gabarito: D
Comentário:
O humor crítico da tira ocorre pelo forte contraste, quase um paradoxo, haja vista a lacuna temporal apontada na dicotomia: avanço tecnológico do séc. XXI *versus* opiniões do séc. XIX.

102) Gabarito: B
Comentário:
A fundamentação para responder a essa questão encontra-se no último período do texto, com a informação de que o biólogo Fábio Papes, do IB-Unicamp, e sua equipe "começam a desvendar" e "a identificar os mecanismos moleculares" relacionados ao infanticídio.
Vale a pena observar que o pronome "todos", na opção E, por sua característica inclusiva – "todos que trabalham com mamíferos em laboratório" – acende a luz vermelha para o candidato.

103) Gabarito: E
Comentário:
As opções A, B, C e D apresentam vocabulário próprio do campo político; somente a alternativa E cita termos técnicos do campo do Direito: "indeferir" (= emitir decisão rejeitando; dar despacho contrário; não atender a pedido, requerimento, etc.) e "liminar" (= medida provisória concedida por juiz no início de uma ação).

104) Gabarito: A
Comentário:
Na opção A, o pronome possessivo "seus" não deixa claro quem, afinal, teve os "seus" direitos violados: o "ex-presidente"?, o "Comitê da ONU"?, o "juiz"?

105) Gabarito: B
Comentário:
A palavra "setor" (linha 5) refere-se ao "setor significativo mas minoritário do regime", portanto a "adversários"; já "setor" (linha 14) refere-se ao trecho "beneficiada pelo apoio do governo, de quem se transformou em porta-voz, a TV Globo expandiu-se até se tornar rede nacional e alcançar praticamente o controle do setor", portanto "telecomunicações".

106) Gabarito: A
Comentário:
O provérbio "vintém poupado, vintém ganhado" tem como objetivo defender a prática da economia para garantir um futuro mais confortável. Dentre os provérbios apresentados, o da opção A é o que se opõe a esse adágio popular ao aconselhar exatamente o oposto: mais vale aproveitar o que se conquistou no presente, mesmo que não seja o ideal, que seja "pão hoje" do que esperar por mais no futuro, a "galinha".

107) Gabarito: E
Comentário:
A respeito dos provérbios citados no terceiro parágrafo: "Filho de peixe, peixinho é" e "maçã não cai longe da árvore", a afirmação
I. é a correta, porque o mar e os portugueses, segundo o autor, têm estreita relação;
II. é incorreta, porque não há no texto qualquer referência a maçãs expressarem costumes dos húngaros, há somente a constatação de que "a maçã", representando o filho, "não cai longe da árvore", representando a família;
III. é correta, porque o que os provérbios expressam, segundo o autor, pode ser objeto de estudos etnográficos.

108) Gabarito: A
Comentário:
O eu lírico evoca memórias de forma bastante afetiva, memórias de um tempo "de silêncio perdido para sempre".

109) Gabarito: B
Comentário:
O cartaz retrata um desenho de criança mostrando como ela vê o pai que agride a mãe – como um monstro. Ou seja, a agressão física à mãe é uma agressão psicológica a toda a família. Dessa forma o cartaz pretende conscientizar toda a população sobre a violência contra a mulher dentro de casa e, por conseguinte, o pavor que isso causa nela e nas crianças. Vemos que a campanha dirige-se a todos – e convoca todos a denunciar – quando diz "Quem bate na mulher machuca a família inteira" (fala-se dela, mulher, e não apenas para ela) e "Ligue 180. Não se cale diante da violência doméstica".

110) Gabarito: A
Comentário:
Por meio do discurso demagógico e vazio de Odorico há uma crítica ao comportamento muito comum a pessoas públicas no Brasil.

111) Gabarito: A
Comentário:
A ambiguidade pode ser desfeita pela substituição do pronome "dele" (contração da preposição *de* + pronome *ele*) pela preposição "contra", uma vez que ao "buscar o que lhe roubaram" o homem é preso para "proteger

a sociedade". Ou seja, tentam proteger a sociedade do mal que ele pode causar a ela – proteger a sociedade contra ele.

112) Gabarito: A
Comentário:
O objetivo do texto é informar sobre a descoberta das "29 pegadas de 13 mil anos" que confirmam que "uma das principais teorias sobre a chegada dos primeiros humanos às Américas é de que eles teriam migrado da Ásia".

Direção editorial
Daniele Cajueiro

Editora responsável
Janaína Senna

Produção editorial
Adriana Torres
André Marinho
Carolina Rodrigues

Preparação de originais
Cristiane Cardoso

Revisão
Ana Grillo
Carolina Leocadio
Eduardo Carneiro
Luisa Suassuna
Mariana Oliveira
Nina Lopes
Raquel Correa
Thais Entriel
Wendell Setúbal

Projeto gráfico e diagramação
Filigrana

Este livro foi impresso pela Vozes, em 2023, para a Nova Fronteira.